해커스노무사
류순건
노동법 Ⅰ·Ⅱ 기본서

🏛 해커스 공인노무사

서문

객관식 노동법 대비, 기본이론 완성!

노동법은 공인노무사 시험의 기본과목입니다. 1차 시험은 객관식 5지선다형으로 출제됩니다. 객관식은 짧은 시간 내에 지문을 읽고 정답을 찾아야 합니다. 정답을 찾기 위해서는 노동법의 기본이론을 올바르게 이해하는 것이 필수입니다. 이해 없이 암기한 것만으로는 변형되는 지문의 의미와 내용을 올바르게 이해할 수 없어 오답을 찾게 될 수밖에 없습니다.

2024년부터 40문항으로 문항수가 증가하면서 기존의 기출지문만으로 고득점을 하는데는 한계가 있습니다. 처음부터 이해를 중심으로 공부하는 것은 노동법의 고득점을 위한 방법입니다.

「해커스노무사 류순건 노동법 Ⅰ·Ⅱ 기본서」는 수험강의를 위한 목적으로, 다음과 같은 내용으로 정리하였습니다.

첫째, 출제 가능한 내용을 지문형태로 정립하였습니다.
객관식 노동법은 짧은 시간 내에 주어진 지문의 OX 여부를 판단해야 하기 때문에 객관식 시험을 효과적으로 대비하려면 지문을 반복적으로 읽고 학습하는 것이 중요합니다. 이러한 학습을 돕기 위해, 본서는 전체적인 내용을 지문처럼 짧은 문장으로 서술하였습니다.

노무사 합격을 위한
해커스 법아카데미 합격 시스템

해커스 법아카데미 **인강**

취약 부분 즉시 해결!
**질문 게시판
운영**

무제한 수강 가능+
**PC 및 모바일
다운로드 수강**

합격을 만드는
**필수 학습자료
제공**

*인강 시스템 중 무제한 수강, PC 및 모바일 다운로드 무료 혜택은 일부 종합반/패스/환급반 상품에 한함

해커스 법아카데미 **학원**

학습상담&스터디
교수님 직접관리

교수님
대면 첨삭·피드백

매일 꾸준한
**학습 밀착
출결/성적 관리**

*학원 시스템은 모집 시기별로 변경 가능성 있음

노무사시험 한 번에 합격! **해커스 법아카데미 law.Hackers.com**

둘째, 노동법의 원리과 체계를 이해할 수 있도록 구성하였습니다.
노동법을 처음 접하거나 수험기간이 짧은 수험생의 경우 지문을 암기하는 것으로 1차 시험 대비 공부를 하는 경우가 많습니다. 그러나 1차 시험 대비 공부는 곧 2차 시험 대비의 한 과정이기도 합니다. 그렇기 때문에 본서는 노동법의 기본원리와 체계까지도 이해할 수 있도록 서술하였습니다.

셋째, 최신 판례를 반영하여 최근 판례의 경향을 파악할 수 있도록 하였습니다.
출제문항수의 증가는 기존의 조문 중심의 출제경향에서 벗어나 판례의 입장을 묻는 방식으로 바뀔 것으로 예상됩니다. 특히 최신 판례는 당연히 출제가능성이 높을 수밖에 없습니다. 따라서 본서는 최신 판례를 최대한 반영하여 판례문제도 대비할 수 있도록 하였으며, 판례원문의 일부를 수록하여 전반으로 판례의 내용을 이해할 수 있도록 하였습니다.

출제문항수의 증가로 불안감을 가질 수도 있으나, 『해커스노무사 류순건 노동법 Ⅰ·Ⅱ 기본서』를 통해 자신감을 갖고 합격을 향해 한걸음 더 나아갈 수 있기를 기대합니다.

류순건

제1편 총설

제1장 노동법의 정의
제1절 노동법의 의의와 지위 ... 8
제2절 노동법의 체계 ... 9

제2장 헌법상의 노동조항
제1절 근로의 권리 ... 11
제2절 근로3권 ... 15

제3장 노동법의 법원
제1절 법원의 의의 ... 19
제2절 법원의 종류 ... 19
제3절 법원의 적용순서 ... 23

제2편 개별적 근로관계법

제1장 총설
제1절 개별적 근로관계법의 의의 ... 28
제2절 근로기준법상의 근로자 및 사용자 ... 29
제3절 근로기준법의 적용범위 ... 36
제4절 근로기준법의 기본원리 ... 42
제5절 근로기준법의 이행 ... 51

제2장 노동관계의 성립
제1절 근로계약의 의의 ... 59
제2절 근로계약의 체결 ... 60
제3절 근로계약상의 권리 및 의무 ... 72

제3장 임금
제1절 임금의 의의 ... 76
제2절 통상임금과 평균임금 ... 81
제3절 임금수준의 보호 ... 95
제4절 임금지급의 보호 ... 102
제5절 임금채권의 보호 ... 106

제4장 근로시간과 휴식
제1절 근로시간의 개념 및 보호 ... 117
제2절 근로시간의 계산 ... 118
제3절 근로시간의 신축적 운용 ... 121
제4절 연장근로 ... 125
제5절 휴게 및 휴일 ... 128
제6절 가산수당 ... 130
제7절 연차유급휴가 ... 133
제8절 특수근로자에 대한 적용제외 ... 141

제5장 여성·연소근로자 및 기간제·단시간 근로자의 보호
제1절 여성 및 연소근로자의 보호 ... 142
제2절 기간제 및 단시간근로자의 보호 ... 158
제3절 파견근로자의 보호 ... 164

제6장 안전과 보건
제1절 총칙 ... 173
제2절 안전보건관리체제 등 ... 175
제3절 안전보건교육 ... 177
제4절 유해·위험 방지 조치 ... 177
제5절 도급 시 산업재해예방 ... 179
제6절 유해·위험기계 등에 대한 조치 ... 180
제7절 유해·위험물질에 대한 조치 ... 182
제8절 근로자의 보건관리 ... 182
제9절 보칙 ... 184

제7장 재해보상
제1절 재해보상제도의 의의 ... 185
제2절 업무상 재해 ... 186
제3절 재해보상의 내용 ... 187

제8장 취업규칙
제1절 의의 ... 190
제2절 취업규칙의 작성 및 변경 ... 190

제9장 기숙사 ... 199

제10장 근로관계의 변경

- 제1절 인사이동 — 200
- 제2절 징계 — 205
- 제3절 근로관계의 이전 — 210

제11장 근로관계의 종료

- 제1절 해고 — 212
- 제2절 해고 이외의 노동관계 종료사유 — 220
- 제3절 노동관계 종료에 따른 법률관계 — 224
- 제4절 부당해고의 구제 — 232

제12장 기타 법령

- 제1절 직업안정법 — 238
- 제2절 외국인근로자의 고용 등에 관한 법률 — 242
- 제3절 근로복지기본법 — 246

제3편 집단적 노사관계법

제1장 총설 — 258

제2장 노동조합의 설립 및 운영

- 제1절 노동조합 — 259
- 제2절 노동조합의 설립 — 266
- 제3절 노동조합의 운영 — 276
- 제4절 노동조합의 해산과 조직변경 — 290
- 제5절 조합활동 — 292

제3장 단체교섭

- 제1절 총설 — 299
- 제2절 단체교섭의 당사자와 담당자 — 300
- 제3절 단체교섭의 대상 — 311
- 제4절 단체교섭의 방법 — 314

제4장 단체협약

- 제1절 총설 — 316
- 제2절 단체협약의 성립 — 316
- 제3절 단체협약의 효력 — 318
- 제4절 단체협약의 적용범위 — 326
- 제5절 단체협약의 실효 — 328
- 제6절 단체협약의 해석 — 331

제5장 노동쟁의조정제도

- 제1절 총설 — 332
- 제2절 노동쟁의조정의 절차 — 335

제6장 단체행동

- 제1절 단체행동의 개념 — 344
- 제2절 쟁의행위의 정당성 — 346
- 제3절 정당한 쟁의행위의 보호 — 362
- 제4절 위법한 쟁의행위와 책임 — 365
- 제5절 쟁의행위와 제3자와의 법적 관계 — 368
- 제6절 쟁의행위와 근로관계 — 369
- 제7절 사용자의 쟁의행위 — 373

제7장 부당노동행위제도

- 제1절 의의 — 377
- 제2절 부당노동행위의 주체와 객체 — 378
- 제3절 불이익취급 — 379
- 제4절 비열계약 — 382
- 제5절 단체교섭거부 — 384
- 제6절 지배·개입 — 386
- 제7절 부당노동행위의 구제절차 — 390

제8장 공무원·교원의 근로3권 — 396

제9장 노사협의회

- 제1절 노사협의제도의 의의 및 유형 — 405
- 제2절 노사협의회 — 405

제10장 노동위원회

- 제1절 의의 — 409
- 제2절 노동위원회의 특성 — 409
- 제3절 노동위원회의 종류 및 조직 — 410
- 제4절 노동위원회의 회의 — 414
- 제5절 노동위원회의 권한 및 의무 — 417

해커스 법아카데미
law.Hackers.com

제1편 총설

제1장 노동법의 정의
제2장 헌법상의 노동조항
제3장 노동법의 법원

제1장 노동법의 정의

제1절 노동법의 의의와 지위

Ⅰ. 노동법의 의의

1. 노동관계를 규율하는 법

노동법이란 노동관계를 규율하는 법규범의 총체를 말한다. 노동관계란 근로자가 근로를 제공하고 사용자가 임금을 지급하는 것을 주요내용으로 하는 권리의무관계이다.

2. 자본주의 사회의 법

초기 자본주의 사회에서는 사적자치를 기본이념으로 하는 시민법에 의해 노동관계가 규율되었다. 시민법이 형식적 평등을 전제로 근대사법의 3대원칙을 적용함으로써 실질적 불평등으로 인한 사회적 갈등이 발생하였다. 노동법은 노동관계에서 자본주의의 모순을 해결하기 위해 시민법의 원리를 수정함으로써 실질적인 자유와 평등을 도모하고자 등장하였다. 노동법은 자본주의 사회의 모순을 제거하기 위하여 등장한 법이지만, 사유재산제와 시장경제를 근간으로 하는 자본주의 사회를 근본적으로 부정하는 것은 아니다. 자본주의 이념을 부정하는 노예제·봉건제 또는 사회주의 사회에서 인간의 노동을 규율하는 법은 노동법이라 할 수 없다.

3. 종속노동관계를 규율하는 법

근로자는 자신의 노동력에 대한 대가를 전제로 한다는 점에서 경제적으로 종속되며, 사용자의 지휘·감독을 받게 된다는 점에서 인적으로 종속되어 있음을 의미한다. 판례 역시 사용종속관계를 근로자에 해당하기 위한 핵심징표로 판단한다는 점에서 종속노동임을 전제하고 있다.

> **참조판례** 대법 1994.12.9. 94다22859
> 근로기준법상의 근로자에 해당하는지 판단함에 있어서는 그 계약의 형식이 민법상의 고용계약인지 또는 도급계약인지에 관계없이 그 실질에 있어 근로자가 사업 또는 사업장에 임금을 목적으로 종속적인 관계에서 사용자에게 근로를 제공하였는지 여부에 따라 판단하여야 할 것이다.

4. 인간다운 생활의 실현을 기본이념으로 하는 법

노동법은 개별적 근로관계에 있어 근로기본권을 소유권에 대립시킴으로써 소유권절대의 원칙을 제한하였고, 근로계약의 기준을 국가가 설정하고 이를 강제함으로써 계약자유의 원칙도 수정하였으며, 재해보상제도의 분야에 사용자의 무과실책임을 도입함으로써 과실책임의 원칙도 극복하였다. 또한 근로3권을 헌법상 기본권으로 보호함으로써 적극적인 법적 보장의 대상으로 하고 있다.

Ⅱ. 노동법의 지위

1. 노동법과 공법·사법의 관계

노동법은 개별사용자와 근로자의 관계를 규율한다는 점에서 사법으로서의 성질을 갖는다. 노동법은 근로조건을 위반한 사용자를 형사처벌하고, 노동쟁의조정제도 및 노동위원회 제도 등을 통해 국가의 개입과 감독을 허용한다는 점에서 공법적 성질을 갖는다. 노동법은 사법과 공법의 중간영역에 속하는 법으로 사법과 공법의 성질을 모두 가지고 있다.

2. 사회법으로서의 노동법

사회법이란 사적 자치라는 시민법의 기본원리를 국가가 개입·수정하기 위하여 대두된 사법 및 공법의 중간영역에 속하는 법원리를 통칭하는 것으로 노동법, 경제법 및 사회보장법 등이 포함된다. 사적자치를 기본이념으로 하는 시민법의 적용으로 자본주의사회의 모순이 심화되면서 사회변혁운동으로 발전하게 되자 시민법상의 모순을 극복하기 위해 시민법의 원리를 수정함으로써 실질적인 자유와 평등을 도모하고자 등장한 법이 사회법이다.

3. 노동법과 다른 사회법의 구별

사회보장법·경제법과 노동법은 인간다운 생활의 실현을 추구한다는 점에서 공통되지만 노동법은 노동관계를 규율대상으로 한다는 점에서 구별된다.

제2절 노동법의 체계

Ⅰ. 개별적 근로관계법

1. 의의

개별적 근로관계법이란 근로자 개인과 사용자 사이의 근로관계의 성립·전개·종료를 둘러싼 관계를 규율하는 법을 말한다.

2. 종류

헌법 제32조 제3항은 근로조건의 기준은 인간의 존엄성을 보장하도록 법률로 정하도록 규정하고, 동조 제1항은 적정임금·최저임금의 보장을, 동조 제4항 및 제5항은 여성근로자와 연소근로자의 근로를 각각 보호하도록 규정하고 있어 취업자의 개별적 근로관계보호에 대한 헌법적 근거를 제시하고 있다. 개별적 근로관계법에는 근로기준법, 선원법, 최저임금법, 산업안전보건법, 남녀고용평등 및 일·가정 양립 지원에 관한 법률, 기간제 및 단시간근로자 보호 등에 관한 법률, 산업재해보상보험법, 근로자퇴직급여 보장법, 파견근로자 보호 등에 관한 법률 등이 있다.

Ⅱ. 집단적 노사관계법

1. 의의

집단적 노사관계법이란 근로자가 근로조건의 향상이나 사회적·경제적 지위향상을 목적으로 자주적으로 결성한 노동단체의 조직·운영 및 이 노동단체와 사용자측 사이의 단체교섭을 중심으로 전개되는 관계를 규율하는 법을 말한다.

2. 종류

헌법 제33조 제1항은 근로자의 단결권·단체교섭권 및 단체행동권을 보장한다고 규정함으로써 집단적 노사관계법의 헌법적 근거를 제시하고 있다. 집단적 노사관계법에는 노동조합 및 노동관계조정법, 공무원의 노동조합 설립 및 운영 등에 관한 법률, 교원의 노동조합 설립 및 운영에 관한 법률 등이 있다.

Ⅲ. 제3의 영역

1. 제3의 영역의 등장

노동법이 확충·발전되면서 개별적 근로관계법과 집단적 노사관계법의 어느 하나에 포섭되지 않는 제3의 영역이 등장했다.

2. 종류

노동위원회제도 또는 노동분쟁해결제도(노동위원회법), 근로자의 경영참가 내지 노사협의회를 둘러싼 근로자와 사용자 사이의 관계를 규율하는 법(근로자 참여 및 협력증진에 관한 법률), 노동시장에서의 근로자의 구직과 사용자의 고용 등을 둘러싼 관계를 규율하는 법(고용보험법 등)이 이에 해당한다.

Ⅳ. 개별적 근로관계법과 집단적 노사관계법의 관계

개별적 근로관계법은 국가의 개입을 통한 근로자의 보호 내지 계약자유의 수정·제한을 지도이념으로 하는 데 반해 집단적 노사관계법은 국가로부터의 자유 내지 집단적 노사자치를 지도이념으로 한다. 집단적 노사관계는 개별적 근로관계의 존재를 전제로 하며, 개별적 근로관계만으로는 노사당사자 간의 실질적 대등을 확보할 수 없다는 점에서 집단적 노사관계법은 개별적 근로관계법을 보완하는 역할을 한다.

헌법상의 노동조항

제1절 근로의 권리

> **헌법 제32조** ① 모든 국민은 근로의 권리를 가진다. 국가는 사회적·경제적 방법으로 근로자의 고용의 증진과 적정임금의 보장에 노력하여야 하며, 법률이 정하는 바에 의하여 최저임금제를 시행하여야 한다.
> ② 모든 국민은 근로의 의무를 진다. 국가는 근로의 의무의 내용과 조건을 민주주의원칙에 따라 법률로 정한다.
> ③ 근로조건의 기준은 인간의 존엄성을 보장하도록 법률로 정한다.
> ④ 여자의 근로는 특별한 보호를 받으며, 고용·임금 및 근로조건에 있어서 부당한 차별을 받지 아니한다.
> ⑤ 연소자의 근로는 특별한 보호를 받는다.
> ⑥ 국가유공자·상이군경 및 전몰군경의 유가족은 법률이 정하는 바에 의하여 우선적으로 근로의 기회를 부여받는다.

I. 의의 및 법적 성질

1. 의의

근로의 권리란 근로를 제공하는 데 국가나 타인의 방해를 받지 않으며 국가에 대하여 근로의 기회를 요구할 수 있는 권리를 말한다.

2. 법적 성질

근로의 권리는 자유권적 성격과 생존권적 성격을 동시에 지니고 있다. 근로의 권리는 최소한의 인간다운 생활을 할 수 있는 범위 내에서 구체적 권리의 성질을 가진다. 근로의 권리는 고용증진을 위한 사회적·경제적 정책을 요구할 수 있는 권리에 그친다(2001헌바50).

> **참조판례** 헌재 2002.11.28. 2001헌바50
> 근로의 권리는 사회적 기본권으로서, 국가에 대하여 직접 일자리(직장)를 청구하거나 일자리에 갈음하는 생계비의 지급청구권을 의미하는 것이 아니라, 고용증진을 위한 사회적·경제적 정책을 요구할 수 있는 권리에 그친다.

Ⅱ. 주체

1. 국민

근로의 권리는 국민의 권리로써 사용자와 근로계약관계를 맺고 있는 자뿐만 아니라 근로의 의사와 능력이 있는 모든 국민을 의미한다. 국민이란 대한민국의 법률에 따라 대한민국의 국적을 보유한 사람을 말한다.

2. 외국인

헌법상 근로의 권리는 '일할 자리에 관한 권리'만이 아니라 '일할 환경에 관한 권리'도 의미하는데, '일할 환경에 관한 권리'는 인간의 존엄성에 대한 침해를 방어하기 위한 권리로서 외국인에게도 인정된다(헌재 2014헌마367). 또한 외국인은 제한적으로 직장 선택의 자유를 향유할 수 있다(헌재 2007헌마1083).

> **참조판례** 헌재 2011.9.29. 2007헌마1083
> 직업의 자유 중 이 사건에서 문제되는 직장 선택의 자유는 인간의 존엄과 가치 및 행복추구권과도 밀접한 관련을 가지는 만큼 단순히 국민의 권리가 아닌 인간의 권리로 보아야 할 것이므로 외국인도 제한적으로라도 직장 선택의 자유를 향유할 수 있다고 보아야 한다.

Ⅲ. 내용

1. 근로기회제공청구권

(1) 의의

근로기회제공청구권이란 근로의 의사와 능력이 있는 자는 누구든지 국가에 대하여 근로의 기회제공을 청구할 수 있는 권리로서 근로의 권리의 본원적 내용이다.

(2) 직장존속청구권의 인정여부

근로의 권리로부터 국가에 대한 직접적인 일자리 청구권이나 직장존속청구권을 도출할 수는 없다(헌재 2001헌바50).

> **참조판례** 헌재 2002.11.28. 2001헌바50
> 근로의 권리는 사회적 기본권으로서, 국가에 대하여 직접 일자리(직장)를 청구하거나 일자리에 갈음하는 생계비의 지급청구권을 의미하는 것이 아니라, 고용증진을 위한 사회적·경제적 정책을 요구할 수 있는 권리에 그친다. 근로의 권리를 직접적인 일자리 청구권으로 이해하는 것은 사회주의적 통제경제를 배제하고, 사기업 주체의 경제상의 자유를 보장하는 우리 헌법의 경제질서 내지 기본권 규정들과 조화될 수 없다. 마찬가지 이유로 근로의 권리로부터 국가에 대한 직접적인 직장존속청구권을 도출할 수도 없다.

(3) 일할 자리에 관한 권리와 일할 환경에 관한 권리

헌법상 근로의 권리는 '일할 자리에 관한 권리'만이 아니라 '일할 환경에 관한 권리'도 의미한다. 일할 환경에 관한 권리는 인간의 존엄성에 대한 침해를 방어하기 위한 권리로서 외국인에게도 인정되며, 건강한 작업환경, 일에 대한 정당한 보수, 합리적인 근로조건의 보장 등을 요구할 수 있는 권리 등을 포함한다(헌재 2014헌마367).

> **참조판례** 헌재 2016.3.31. 2014헌마367
>
> 헌법상 근로의 권리는 '일할 자리에 관한 권리'만이 아니라 '일할 환경에 관한 권리'도 의미하는데, '일할 환경에 관한 권리'는 인간의 존엄성에 대한 침해를 방어하기 위한 권리로서 외국인에게도 인정되며, 건강한 작업환경, 일에 대한 정당한 보수, 합리적인 근로조건의 보장 등을 요구할 수 있는 권리 등을 포함한다. 여기서의 근로조건은 임금과 그 지불방법, 취업시간과 휴식시간 등 근로계약에 의하여 근로자가 근로를 제공하고 임금을 수령하는 데 관한 조건들이고, 이 사건 출국만기보험금은 퇴직금의 성질을 가지고 있어서 그 지급시기에 관한 것은 근로조건의 문제이므로 외국인인 청구인들에게도 기본권 주체성이 인정된다.

2. 생활비지급청구권

(1) 의의

생활비지급청구권이란 국가가 근로의 기회를 제공할 수 없는 경우 이에 상응하는 상당한 생활비의 지급을 국가에 청구할 수 있는 권리를 말한다.

(2) 생활비지급청구권의 인정여부

헌법상 근로의 권리는 일자리에 갈음하는 생계비지급청구권을 의미하는 것은 아니다(헌재 2001헌바50).

> **참조판례** 헌재 2002.11.28. 2001헌바50
>
> 근로의 권리는 사회적 기본권으로서, 국가에 대하여 직접 일자리(직장)를 청구하거나 일자리에 갈음하는 생계비의 지급청구권을 의미하는 것이 아니라, 고용증진을 위한 사회적·경제적 정책을 요구할 수 있는 권리에 그친다.

3. 국가의 고용증진의무

국가는 사회적·경제적 방법으로 근로자의 고용의 증진에 노력하여야 한다(헌법 제32조 제1항 2문). 사회적·경제적 방법이라 함은 일자리를 늘리고, 직업능력을 키우며, 고용정보를 제공하고, 구직자와 구인자를 연결해 주는 노동시장정책을 포함한다.

4. 적정임금 및 최저임금의 보장

국가는 적정임금의 보장에 노력하여야 하며, 최저임금제를 법률로써 시행하여야 한다(헌법 제32조 제1항 2문). 적정임금이란 근로자의 근로능력과 국가·기업의 사회적·경제적 여건 등을 고려하여 적정하다고 판단되는 임금을 말하며, 최저임금이란 본인과 그 가족이 인간다운 생활을 영위하는 데 필요한 최소한의 임금을 말한다. 적정임금의 보장은 노력의무에 불과하지만, 최저임금제의 시행은 입법위무를 부과하고 있다. 이에 따라 최저임금법이 제정되었다.

5. 근로조건법정주의

근로조건의 기준은 인간의 존엄성을 보장하도록 법률로써 정한다(헌법 제32조 제3항). 근로조건은 법률로 정하되 인간의 존엄성을 보장할 수 있는 수준 이상이어야 한다. 근로조건법정주의에 따라 근로기준법 등 개별적 근로관계법이 제정되었다.

6. 여성근로자의 보호와 차별대우의 금지

여자의 근로는 특별한 보호를 받으며, 고용·임금 및 근로조건에 있어서 부당한 차별을 받지 아니한다(헌법 제32조 제4항). 여성의 근로는 모성 및 신체적·생리적 특성으로 인하여 특별한 보호가 필요하므로 특별한 보호를 받는다. 여성의 근로는 역사적으로 차별받아 왔다는 점에서 여성이라는 이유로 고용·임금 및 근로조건에 있어서 부당한 차별을 하여서는 안 된다. 이를 위해 근로기준법과 남녀고용평등과 일·가정 양립 지원에 관한 법률에서는 남녀근로자 간의 균등대우와 여성근로자의 모성보호를 규정하고 있다.

7. 연소자의 근로보호

연소자의 근로는 특별한 보호를 받는다(헌법 제32조 제5항). 미래세대의 보호를 위한 규정이다.

8. 국가유공자·유가족 등의 근로기회보장

국가유공자·상이군경 및 전몰군경의 유가족은 법률이 정하는 바에 의하여 우선적으로 근로의 기회를 부여받는다(헌법 제32조 제6항). 국가와 민족을 수호하기 위하여 희생한 자와 그 유가족의 특별대우를 위해 국가유공자·상이군경 및 전몰군경의 유가족은 법률이 정하는 바에 의하여 우선적으로 근로의 기회를 부여한다.

9. 근로의 의무

모든 국민은 근로의 의무를 진다. 국가는 근로의 의무의 내용과 조건을 민주주의원칙에 따라 법률로 정한다(헌법 제32조 제2항). 근로의 의무는 국가는 일하지 않는 자를 돌볼 의무, 즉 노동의사를 가지지 않은 자를 위하여 그 인간다운 생활을 확보하기 위한 시책을 강구할 의무가 없다는 입법상의 지침을 표명한 것이다.

IV. 효력

1. 대국가적 효력

근로의 권리는 국가에 대한 효력을 가지므로 국가는 소극적으로 취업을 방해하거나 강요하여서는 안 되며, 적극적으로 취업의 기회를 확대하도록 노력하는 등 근로의 권리를 보장할 의무를 진다.

2. 대사인적 효력

헌법상 기본권은 객관적 가치질서로서 개인 상호 간의 관계에 대하여도 효력을 미친다. 일반 사인도 타인의 근로의 권리를 침해하여서는 안 된다. 사용자가 정당한 이유 없이 해고를 하는 것은 근로자의 근로의 권리를 침해하는 것이므로 사용자의 해고자유는 근로의 권리를 침해하지 않는 범위에서만 허용된다.

V. 제한

근로의 권리는 헌법 제37조 제2항의 일반적 법률유보조항에 따라 국가안전보장, 질서유지, 공공복리를 위해 필요한 경우에 한해 법률로 제한할 수 있다. 다만, 법률로써 근로의 권리를 제한하는 경우에도 본질적 내용을 침해할 수 없다.

제2절 근로3권

> 헌법 제33조 ① 근로자는 근로조건의 향상을 위하여 자주적인 단결권·단체교섭권 및 단체행동권을 가진다.
> ② 공무원인 근로자는 법률이 정하는 자에 한하여 단결권·단체교섭권 및 단체행동권을 가진다.
> ③ 법률이 정하는 주요방위산업체에 종사하는 근로자의 단체행동권은 법률이 정하는 바에 의하여 이를 제한하거나 인정하지 아니할 수 있다.

Ⅰ. 의의 및 법적 성질

1. 의의

근로3권이란 근로자의 단결권·단체교섭권 및 단체행동권을 통칭하는 개념이다.

2. 법적 성질

근로3권은 그 행사를 국가가 적극적으로 보호·조장하여 주도록 요구할 수 있는 생존권으로서의 성질뿐만 아니라 그 행사에 대하여 국가의 부당한 방해나 간섭을 받지 않을 자유권으로서의 성질도 함께 가진다.

> **참조판례** 헌재 1998.2.27. 94헌바13·26·95헌바44(병합)
> 근로자는 노동조합과 같은 근로자단체의 결성을 통하여 집단으로 사용자에 대항함으로써 사용자와 대등한 세력을 이루어 근로조건의 형성에 영향을 미칠 수 있는 기회를 가지게 되므로 이러한 의미에서 근로3권은 '사회적 보호기능을 담당하는 자유권' 또는 '사회권적 성격을 띤 자유권'이라고 말할 수 있다.

Ⅱ. 주체

1. 근로자

근로3권의 주체는 근로자이며, 여기서의 근로자란 노동조합 및 노동관계조정법 제2조 제1호의 "직업의 종류와 관계없이 임금, 급료 기타 이에 준하는 수입에 의하여 생활하는 자"를 말한다. 따라서 실업자나 고객봉사자도 근로3권의 주체가 될 수 있다.

2. 단체

근로자가 근로조건의 향상을 목적으로 자주적으로 단결한 단체(예 노동조합) 역시 근로3권의 주체이다.

3. 사용자

사용자에 해당하는 자는 근로3권의 상대방의 지위를 가질 뿐 근로3권의 주체가 될 수 없다.

Ⅲ. 내용

1. 단결권

(1) 의의
단결권이란 근로자가 근로조건의 향상을 위하여 자주적으로 노동조합이나 그 밖의 단결체를 조직·가입하거나 그 단결체를 운영할 권리이다.

(2) 내용
근로3권의 단결권에는 적극적 단결권만을 의미할 뿐 소극적 단결권을 포함하지 않는다[헌재 2002헌바95·96(병합)·2003헌바9(병합)]. 근로자가 노동조합을 결성하지 아니할 자유나 노동조합에 가입을 강제당하지 아니할 자유, 그리고 가입한 노동조합을 탈퇴할 자유는 근로자에게 보장된 단결권의 내용에 포섭되는 권리로서가 아니라 헌법 제10조의 행복추구권에서 파생되는 일반적 행동의 자유 또는 제21조 제1항의 결사의 자유에서 그 근거를 찾을 수 있다.

> **참조판례** 헌재 2005.11.24. 2002헌바95·96(병합)·2003헌바9(병합)
>
> 헌법 제33조 제1항은 "근로자는 근로조건의 향상을 위하여 자주적인 단결권·단체교섭권 및 단체행동권을 가진다."라고 규정하고 있다. 여기서 헌법상 보장된 근로자의 단결권은 단결할 자유만을 가리킬 뿐이고, 단결하지 아니할 자유 이른바 소극적 단결권은 이에 포함되지 않는다.

(3) 조직강제조항
제한적 조직강제를 허용하고 있는 현행 노동조합 및 노동관계조정법 제81조 제2호 단서의 union shop 조항은 헌법에 위반되지 않는다[헌재 2002헌바95·96(병합)·2003헌바9(병합)].

> **참조판례** 헌재 2005.11.24. 2002헌바95·96(병합)·2003헌바9(병합)
>
> [1] 이 사건 법률조항은 노동조합의 조직유지·강화를 위하여 당해 사업장에 종사하는 근로자의 3분의 2 이상을 대표하는 노동조합(이하 '지배적 노동조합'이라 한다)의 경우 단체협약을 매개로 한 조직강제(이른바 유니언 숍(Union Shop) 협정의 체결)를 용인하고 있다. 이 경우 근로자의 단결하지 아니할 자유와 노동조합의 적극적 단결권(조직강제권)이 충돌하게 되나, 근로자에게 보장되는 적극적 단결권이 단결하지 아니할 자유보다 특별한 의미를 갖고 있고, 노동조합의 조직강제권도 이른바 자유권을 수정하는 의미의 생존권(사회권)적 성격을 함께 가지는 만큼 근로자 개인의 자유권에 비하여 보다 특별한 가치로 보장되는 점 등을 고려하면, 노동조합의 적극적 단결권은 근로자 개인의 단결하지 않을 자유보다 중시된다고 할 것이고, 또 노동조합에 위와 같은 조직강제권을 부여한다고 하여 이를 근로자의 단결하지 아니할 자유의 본질적인 내용을 침해하는 것으로 단정할 수는 없다.
> [2] 또한 이 사건 법률조항은 단체협약을 매개로 하여 특정 노동조합에의 가입을 강제함으로써 근로자의 단결선택권과 노동조합의 집단적 단결권(조직강제권)이 충돌하는 측면이 있으나, 이러한 조직강제를 적법·유효하게 할 수 있는 노동조합의 범위를 엄격하게 제한하고 지배적 노동조합의 권한남용으로부터 개별근로자를 보호하기 위한 규정을 두고 있는 등 전체적으로 상충되는 두 기본권 사이에 합리적인 조화를 이루고 있고 그 제한에 있어서도 적정한 비례관계를 유지하고 있으며, 또 근로자의 단결선택권의 본질적인 내용을 침해하는 것으로도 볼 수 없으므로, 근로자의 단결권을 보장한 헌법 제33조 제1항 등에 위반되지 않는다.

2. 단체교섭권

(1) 의의

단체교섭권은 근로자가 그 단결체의 대표를 통하여 사용자측과 근로조건의 향상을 위하여 단체교섭을 할 권리를 말한다.

(2) 내용

단체교섭권에서는 단체협약을 체결할 권리도 포함한다[헌재 94헌바3·26·95헌바44(병합)].

> **참조판례** 헌재 1998.2.27. 94헌바13·26·95헌바44(병합)
>
> 헌법이 위 조항에서 '단체협약체결권'을 명시하여 규정하고 있지 않다고 하더라도 근로조건의 향상을 위한 근로자 및 그 단체의 본질적인 활동의 자유인 '단체교섭권'에는 단체협약체결권이 포함되어 있다고 보아야 한다.

3. 단체행동권

(1) 의의

단체행동권은 근로자가 자신의 주장을 관철하기 위하여 업무의 정상적인 운영을 저해하는 행위를 할 수 있는 권리이다.

(2) 내용

헌법상 단체행동권은 근로자측의 쟁의행위만을 보호대상으로 한다.

4. 근로3권 상호 간의 관계

근로3권 중 단체교섭권이 가장 중핵적 권리이다(대판 90도357).

> **참조판례** 대판 1990.5.15. 90도357
>
> 본래 헌법 제33조 제1항에 의하여 선명된, 이른바 노동3권은 사용자와 근로자간의 실질적인 대등성을 단체적 노사관계의 확립을 통하여 가능하도록 하기 위하여 시민법상의 자유주의적 법원칙을 수정하는 신시대적 시책으로서 등장된 생존권적 기본권들이므로 이 노동3권은 다같이 존중, 보호되어야 하고 그 사이에 비중의 차등을 둘 수 없는 권리들임에는 틀림없지만 근로조건의 향상을 위한다는 생존권의 존재목적에 비추어볼 때 위 노동3권 가운데에서도 단체교섭권이 가장 중핵적 권리이므로, 노동자에게 단체교섭권이 정당하게 확보되어 있기만 하다면 그것을 보장하는 권리로서의 단체행동권이 제한된다 해도 필요한 최소한도 내에서, 어쩔 수 없는 것으로서 사회관념상 상당한 대상조치가 마련되어 있다고 보여질 때에는 권리의 본질적인 내용을 침해하는 것으로 볼 수 없다고 할 것이다.

Ⅳ. 효과

1. 대국가적 효력

근로3권의 행사에 대해 국가는 부당한 간섭 또는 방해를 하여서는 안 되며, 근로3권의 행사를 국가가 보호해 주도록 요구할 수 있는 권리로써의 효력을 가진다. 국가가 정당한 근로3권의 행사에 대하여 형벌권을 행사하는 것은 허용될 수 없다.

2. 대사인적 효력

근로3권은 사인 상호 간의 관계에서도 직접 적용되는 기본권으로써의 효력을 가진다. 사용자는 근로자의 정당한 근로3권의 행사에 대하여 민사상 손해배상청구권이 제한되며, 사용자가 근로3권을 침해하는 행위는 부당노동행위에 해당한다.

Ⅴ. 제한

1. 일반적 법률유보

근로3권은 헌법 제37조 제2항의 일반적 법률유보조항에 따라 국가안전보장, 질서유지, 공공복리를 위해 필요한 경우에 한해 법률로 제한할 수 있다. 다만, 법률로써 근로3권을 제한하는 경우에도 본질적 내용을 침해할 수 없다.

2. 공무원

공무원인 근로자는 법률이 정하는 자에 한하여 단결권·단체교섭권 및 단체행동권을 가진다(헌법 제33장 제2항). 공무원의 헌법상 지위와 직무의 공공성을 고려한 것이다.

3. 주요방위산업체에 종사하는 근로자

법률이 정하는 주요방위산업체에 종사하는 근로자의 단체행동권은 법률이 정하는 바에 의하여 이를 제한하거나 인정하지 아니할 수 있다(헌법 제33장 제3항). 우리나라가 분단국가임을 고려한 것이다.

제3장 노동법의 법원

제1절 법원의 의의

법원(法源)이라 함은 법의 존재형식을 의미한다. 노동법의 법원은 노동법의 존재형식, 즉 노동법에 속하는 법규범을 총칭하는 개념이다.

제2절 법원의 종류

Ⅰ. 실정법

노동법의 법원으로 가장 중요한 것은 국가에서 제정한 실정법이며, 이에는 헌법과 법률이 대표적이다. 이 중에서도 헌법 제32조와 제33조에 의해 제정된 노동관계법령은 노동관계에 직접 적용되는 중요한 법원이다.

Ⅱ. 조약 등

1. 조약과 일반적으로 승인된 국제법규의 개념

조약이란 국가와 국가 간의 문서에 의한 합의를 말하고, 일반적으로 승인된 국제법규란 세계 대다수의 국가에 의해서 승인된 국제법규를 말한다.

2. 조약 등의 법원성

헌법 제6조 제1항은 "헌법에 의하여 체결·공포된 조약과 일반적으로 승인된 국제법규는 국내법과 동일한 효력을 갖는다."라고 규정하고 있다. 국회의 비준·동의를 얻어 공포된 조약과 일반적으로 승인된 국제법규는 노동관계에 있어서 법원성을 갖는다. 다만, 우리나라에서는 노동관계에 대해 일반적으로 승인된 국제법규를 인정한 바 없다.

3. 국제노동기구(ILO)

(1) 성립 및 발전

1) 성립

제1차 세계대전이 종식되고 1919년에 프랑스 파리에서 조인된 베르사유 평화조약의 제1편은 국제연맹에 관한 규정을 하였고 동 조약 제13편은 국제노동기구(International Labor Organization)의 설립에 관한 규정을 하였다. 이에 따라 ILO가 성립되었다.

2) 발전

1944년에 ILO 제26회 총회가 필라델피아에서 소집되었고 동 회의에서 필라델피아선언이 의결되었다. 필라델피아선언은 일명 "국제노동기구의 목적에 관한 선언"이라고도 불리고 있으며 그 후 1946년에 캐나다의 몬트리올에서 개최된 제29회 ILO총회에서 채택된 국제노동기구헌장 개정문서의 전문과 부속서를 구성하고 있다.

> **참고 필라델피아선언**
> 1. 노동은 상품이 아니다.
> 2. 사회의 지속적인 진보를 위하여 표현 및 결사의 자유는 불가결하다.
> 3. 일부의 빈곤은 전체의 번영에 위험하다.
> 4. 빈곤의 극복은 노동자 및 사용자대표가 정부의 대표와 동등한 지위에서 사회복지의 증진을 위하여 자유로운 토의 및 민주적 결정에 참가함으로써 국제적 노력에 의하여 수행될 것을 요망한다.

(2) 조직

1) 구성

ILO는 다른 UN 전문기구와 달리 정부대표만이 참가하는 것이 아니라 근로자와 사용자대표도 함께 참여하는 노·사·정 3자 협의기구라는 특징을 가지고 있다. ILO는 매년 개최되는 총회, 사업집행기관인 이사회 그리고 상설 국제노동사무국으로 구성되어 있다. 또한 지역회의, 산업별위원회, 그리고 전문가회의와 같은 보조기관들을 통해서도 업무를 수행한다.

2) 국제노동회의

총회는 이사회의 구성원을 선출하고, 회원국의 회비로 구성되는 예산을 승인하며, 노동·사회문제에 대한 국제토론의 장을 마련한다. 각 국가의 대표단은 4인(정부대표 2인, 노사대표 각 1인)으로 구성된다. 이들 대표는 독립하여 각기 발언권 및 투표권을 행사한다.

3) 이사회

이사회는 통상 1년에 3차례 제네바에서 개최되는데 국제노동정책이나 사업에 관한 사항을 결정하게 된다. 이사회는 28개국의 정부대표, 14개국의 사용자대표, 14개국의 근로자대표로 구성되어 있으며 인원은 총 56명이다. 이사들의 임기는 3년이며 28명의 정부대표 중에서 10명은 주요 산업국가의 이사 중에서 상임이사로 선출되고, 18명의 정부대표는 총회에서 선출된다.

4) 사무국

ILO 사무국은 이사회에서 선출한 사무총장이 통할한다.

5) 지역회의

세계의 각 지역은 지역별로 다른 지역과 구분되는 독특하고 고유한 노사관계 및 경제사정을 갖고 있다. 이에 따라 ILO는 지역별 문제에 국한된 사항을 논의하기 위한 지역회의를 설치하고 있다.

6) 산업별 위원회 제도

ILO에는 이사회에 부속되어 있는 8개의 전문위원회 이외에 각 산업별로 위원회가 설치되어 있다. 현재는 탄광, 운수, 철강, 금속, 섬유, 건축, 토목, 공공산업, 석유 및 화학공업 등 10개 산업별위원회가 설치되어 있다.

(3) ILO 협약 및 권고

ILO가 행하는 근로기준 설정에는 협약과 권고의 두 가지 종류가 있다. 협약은 가맹국이 비준함으로써 구속력을 가지는 문서이다. ILO 협약은 일반 국제조약과 마찬가지로 가맹국의 비준 또는 수락이라는 절차를 통해서만 효력이 발생한다. 권고는 협약을 보완하거나, 전세계적으로 공통되게 실시하기에는 부적합하므로 각 국가별로 개별적으로 채택한다. 권고는 기준을 권고하는 방침에 불과하다.

> **참고**
>
> 2022.4. 현재, 190개 협약 중 32개 비준[실제로 30개 비준, 해사노동협약에 따라 제53호 관리자의 자격증명서협약과 제73호 건강검진(선원)협약 자동철회]. 구체적으로는 제81호 근로감독협약, 제122호 고용정책협약, 제142호 인력자원개발협약, 제100호 동등보수협약, 제150호 노동행정협약, 제160호 노동통계협약, 제111호 차별(고용과 직업)협약, 제138호 최저연령협약, 제144호 삼자협의(국제노동기준)협약, 제159호 직업재활과고용(장애인)협약, 제19호 균등대우(재해보상)협약, 제156호 가족부양의무근로자협약, 제182호 가혹한 형태의 아동노동협약, 제26호 최저임금결정제도협약, 제131호 최저임금결정협약, 제88호 고용서비스협약, 제135호 근로자대표협약, 제170호 화학물질협약, 제162호 석면협약, 제185호 선원신분증명협약, 제155호 산업안전보건협약, 제187호 산업안전증진체계협약, 제2호 실업협약, 제47호 주40시간협약, 제115호 방사선보호협약, 제139호 직업성암협약, 선박노동협약(특별협약), 제29호 강제노동에 관한 협약, 제87호 결사의 자유 및 단결권 보호 협약, 제98호 단결권 및 단체교섭협약이다.

Ⅲ. 노동관행

1. 개념

관습노동법이라 함은 노동관계에 관한 관습법의 형식으로 존재하는 법규범을 말하고, 노동관행은 하나의 기업 내에서 계속·반복적으로 행해지는 것을 말한다.

2. 노동관행의 법원성

노동관계에 있어서는 관습법과 사실인 관습을 구별하지 않는다. 다만, 일정한 노사관행이 규범으로 인정받기 위해서는 ① 관행이 기업사회에서 일반적으로 근로관계를 규율하는 규범적 사실로서 명확히 승인되거나, ② 기업의 구성원이 일반적으로 아무런 이의도 제기하지 아니한 채 기업 내에서 사실상의 제도로 확립되어 있어야 한다(대판 92다11695).

> 📖 **참조판례** 대판 1993.1.26. 92다11695
> 사용자가 근로자의 동의를 얻지 아니하고 기업그룹 내의 다른 계열회사로 근로자를 전적시키는 관행이 있어서 그 관행이 근로계약의 내용을 이루고 있다고 인정하기 위하여는, 그와 같은 관행이 기업사회에서 일반적으로 근로관계를 규율하는 규범적인 사실로서 명확히 승인되거나, 기업의 구성원이 일반적으로 아무런 이의도 제기하지 아니한 채 당연한 것으로 받아들여 기업 내에서 사실상의 제도로서 확립되어 있지 않으면 안 된다.

Ⅳ. 자치규범

1. 자치규범의 법원성

법원의 개념을 노사당사자 간의 노사관계를 규율하는 재판규범으로 이해하는 경우 자치규범도 노동법의 법원으로 인정된다.

2. 근로계약

근로계약은 근로자와 사용자간의 주관적 권리의무를 규정하고 있으므로 가장 중요한 법원이 된다.

3. 단체협약

단체협약은 노동조합과 사용자가 단체교섭을 실시하고 그 결과 합의된 사항을 문서로 작성하고 서명 또는 날인한 것으로서 법원성이 인정된다(노동조합 및 노동관계조정법 제33조 참조).

4. 취업규칙

취업규칙은 근로자에게 적용되는 근로조건 및 복무규율 등에 관하여 사용자가 일방적으로 작성한 규범으로서 법원성이 인정된다(근로기준법 제97조 참조).

5. 조합규약

조합규약은 노동조합의 조직 및 활동·운영에 관하여 조합원이 자율적으로 정한 기본 준칙으로서 조합규약은 조합 내부의 기관이나 조합원들 상호 간에는 법원성을 가진다.

> 📖 **참조판례** 대판 2002.2.22. 2000다65086
> 노동조합은 근로자들이 자신들의 이익을 옹호하기 위하여 자주적으로 결성한 임의단체로서 그 내부의 운영에 있어 조합규약 등에 의한 자치가 보장되므로 노동조합이 조합규약에 근거하여 자체적으로 만든 신분보장대책기금관리규정은 조합규약과 마찬가지로 일종의 자치적 법규범으로서 소속조합원에 대하여 법적 효력을 가진다고 할 것이다.

V. 행정해석

행정해석은 행정관청의 유권해석으로 행정기관 내부에서는 구속력을 가지나 국민이나 재판기관을 구속하는 것은 아니므로 법원성이 인정되지 않는다.

> **참조판례** 대판 2023.4.13. 2022두47391
>
> '인정 기준'의 위임에 따른 '뇌혈관 질병 또는 심장 질병 및 근골격계 질병의 업무상 질병 인정 여부 결정에 필요한 사항'(2022.4.28. 고용노동부고시 제2022-40호)은 대외적으로 국민과 법원을 구속하는 효력이 있는 규범이라고 볼 수 없고, 근로복지공단에 대한 내부적인 업무처리지침이나 법령의 해석·적용 기준을 정해주는 '행정규칙'이라고 보아야 한다.

VI. 판례

판례의 법원성을 인정할 것인가에 대해 견해의 대립은 있으나, 성문법주의를 택하는 우리나라의 경우 법원성이 인정되지 않는다.

제3절 법원의 적용순서

I. 의의

법원의 적용순서라 함은 동일한 사실관계에 대하여 수개의 법원이 충돌하는 경우 어느 법원을 우선적으로 적용시켜야 할 것인지를 말한다.

II. 일반적 적용순서

1. 상위법 우선의 원칙

서로 다른 계층의 규범이 충돌하는 경우 상위의 규범이 하위의 규범보다 우선하여 적용된다.

2. 신법우선의 원칙

동일한 법원 상호 간에 충돌이 있는 경우 나중에 성립된 규범이 우선하여 적용된다.

3. 특별법우선의 원칙

동위의 법원 상호 간에 충돌이 있는 경우 적용범위가 넓은 일반규범보다는 적용범위가 좁은 특별규범이 우선하여 적용된다.

Ⅲ. 유리의 원칙(유리한 조건 우선의 원칙)

1. 개념

유리의 원칙이란 서로 다른 규범이 근로조건을 정하고 있는 경우 가장 유리한 근로조건을 정하고 있는 규범이 상위·하위에 상관없이 우선적으로 적용되는 원칙을 말한다.

2. 근로기준법과 다른 법원과의 적용순서

> 근로기준법 제3조(근로조건의 기준) 이 법에서 정하는 근로조건은 최저기준이므로 근로관계 당사자는 이 기준을 이유로 근로조건을 낮출 수 없다.
>
> 제15조(이 법을 위반한 근로계약) ① 이 법에서 정하는 기준에 미치지 못하는 근로조건을 정한 근로계약은 그 부분에 한하여 무효로 한다.
> ② 제1항에 따라 무효로 된 부분은 이 법에서 정한 기준에 따른다.

근로기준법이 정한 근로조건은 최저기준이며, 근로기준법의 강행성은 근로기준법의 근로조건을 하회하는 경우에 한해 적용되므로 근로기준법보다 상회하는 근로조건을 정한 근로계약, 취업규칙, 단체협약이 근로기준법보다 우선하여 적용된다.

3. 취업규칙과 근로계약의 적용순서

> 근로기준법 제97조(위반의 효력) 취업규칙에서 정한 기준에 미달하는 근로조건을 정한 근로계약은 그 부분에 관하여는 무효로 한다. 이 경우 무효로 된 부분은 취업규칙에 정한 기준에 따른다.

취업규칙보다 근로계약이 근로자에게 유리하면 근로계약이 우선 적용된다. 그러나 근로계약에서 구체적인 근로조건을 정하지 않은 경우에는 취업규칙이 변경되어도 유리한 근로계약의 적용문제는 발생하지 않는다.

> **참조판례** 대판 2022.1.13. 2020다232136
> 근로자에게 불리한 내용으로 변경된 취업규칙은 집단적 동의를 받았다고 하더라도 그보다 유리한 근로조건을 정한 기존의 개별 근로계약 부분에 우선하는 효력을 갖는다고 할 수 없다. 이 경우에도 근로계약의 내용은 유효하게 존속하고, 변경된 취업규칙의 기준에 의하여 유리한 근로계약의 내용을 변경할 수 없으며, 근로자의 개별적 동의가 없는 한 취업규칙보다 유리한 근로계약의 내용이 우선하여 적용된다. 그러나 근로기준법 제4조, 제94조 및 제97조의 규정 내용과 입법 취지를 고려할 때, 위와 같은 법리는 근로자와 사용자가 취업규칙에서 정한 기준을 상회하는 근로조건을 개별 근로계약에서 따로 정한 경우에 한하여 적용될 수 있는 것이고, 개별 근로계약에서 근로조건에 관하여 구체적으로 정하지 않고 있는 경우에는 취업규칙 등에서 정하는 근로조건이 근로자에게 적용된다고 보아야 한다.

4. 단체협약

노동조합 및 노동관계조정법 제33조가 '위반하는'이라고 규정하고 있는 점과 부당노동행위의 발생우려가 있다는 점에서 단체협약에 대해서는 유리의 원칙이 적용되지 않는다.

> **참조판례** 대판 2002.12.27. 2002두9063
>
> 단체협약의 개정 경위와 그 취지에 비추어 볼 때, 단체협약의 개정에도 불구하고 종전의 단체협약과 동일한 내용의 취업규칙이 그대로 적용된다면 단체협약의 개정은 그 목적을 달성할 수 없으므로 개정된 단체협약에는 당연히 취업규칙상의 유리한 조건의 적용을 배제하고 개정된 단체협약이 우선적으로 적용된다는 내용의 합의가 포함된 것이라고 봄이 당사자의 의사에 합치한다고 할 것이고, 따라서 개정된 후의 단체협약에 의하여 취업규칙상의 면직기준에 관한 규정의 적용은 배제된다고 보아야 할 것이다.

해커스 법아카데미
law.Hackers.com

제2편 개별적 근로관계법

제1장 총설
제2장 노동관계의 성립
제3장 임금
제4장 근로시간과 휴식
제5장 여성·연소근로자 및 기간제·단시간근로자의 보호
제6장 안전과 보건
제7장 재해보상
제8장 취업규칙
제9장 기숙사
제10장 근로관계의 변경
제11장 근로관계의 종료
제12장 기타 법령

제1장 총설

제1절 개별적 근로관계법의 의의

Ⅰ. 개별적 근로관계법의 개념

개별적 근로관계법은 개별 근로자와 사용자 간의 노동관계를 규율하는 법규를 말한다.

Ⅱ. 개별적 근로관계법의 특징

개별적 근로관계법은 인적·계속적 관계성, 조직적 노동성, 계약내용의 백지성과 탄력성, 근로자의 종속성 등을 특징으로 한다.

Ⅲ. 개별적 근로관계법의 범위

개별적 근로관계를 규율하는 법규범으로는 근로기준법, 남녀고용평등과 일·가정 양립 지원에 관한 법률, 최저임금법, 임금채권보장법, 근로자퇴직급여 보장법, 산업안전보건법, 산업재해보상보험법, 기간제 및 단시간근로자 보호 등에 관한 법률, 파견근로자 보호 등에 관한 법률 등이 있다. 근로기준법은 노동관계의 기본원칙, 임금, 근로시간, 취업규칙 등의 기본적 사항들을 포괄적으로 규정하고 있어 개별적 근로관계법의 기본법의 위치를 차지하고 있다.

제2절 근로기준법상의 근로자 및 사용자

Ⅰ. 근로자

> 근로기준법 제2조(정의) ① 이 법에서 사용하는 용어의 뜻은 다음과 같다.
> 1. "근로자"란 직업의 종류와 관계없이 임금을 목적으로 사업이나 사업장에 근로를 제공하는 사람을 말한다.

1. 의의

근로기준법상 근로자는 직업의 종류와 관계없이 임금을 목적으로 사업이나 사업장에 근로를 제공하는 자이다.

2. 근로자성 판단기준

(1) 직업의 종류 무관

근로자인지의 여부는 어떤 직업에 종사하는지는 문제되지 않는다. 정신노동, 육체노동, 사무노동의 구별도 문제가 되지 않으며 상용, 일용, 임시직, 촉탁직 등 근무형태나 직종·직급 등이 근로자여부를 판단하는 기준이 되는 것은 아니다.

(2) 임금을 목적으로 근로를 제공

임금이란 근로기준법 제2조 제1항 제5호의 임금을 말한다. '임금을 목적으로 근로를 제공한다'함은 근로자가 사용자에게 고용되어 사용자의 지휘·명령에 따라 자신의 노무를 제공하고 그 대가로 임금을 수령 받는 자를 의미한다.

(3) 사업이나 사업장에서 근로를 제공

1) 사업·사업장의 개념

사업이란 하나의 활동주체가 유기적 관련 아래 업으로서 계속적으로 하는 모든 작업을 말하고, 사업장이란 본사·공장·지점 등 그러한 작업이 수행되는 단위 장소 또는 장소적으로 구획된 사업체의 일부분을 말한다.

2) '업'으로 행해질 것

사업에 해당하기 위해서는 일정한 장소에서 유기적인 조직하에 업으로서 행해져야 한다. 업으로 할 의사가 있다면 1회적이거나 그 사업기간이 일시적이라 하더라도 근로기준법의 적용대상이 될 수 있다(대판 94다21979). 그러나 개인이 자기 집을 수선하기 위해 목수를 고용하는 것처럼 업으로 할 의사가 없는 경우에는 사업에 해당하지 않는다.

> **참조판례** 대판 1994.10.25. 94다21979
>
> 근로기준법의 적용대상 사업인지의 여부는 상시 5인 이상의 근로자를 사용하는지에 달려 있으므로 상시 5인 이상의 근로자를 사용하는 사업이라면 그 사업이 1회적이거나, 그 사업기간이 일시적이라 하여 근로기준법의 적용대상이 아니라 할 수 없다.

3) 영리유무

근로기준법이 적용되는 사업(장)은 영리유무를 묻지 않는다. 종교단체·사회사업단체 및 정치단체 등의 비영리사업에도 근로기준법은 당연히 적용된다. 그러나 순수한 종교활동이나 신앙생활은 근로기준법이 적용되지 않는다.

> **참조판례** 대판 2022.6.30. 2022도742 판결의 원심판결(2020노1052) 참조
>
> 甲 교회에는 별도로 취업규칙이나 인사규정이 존재하지 않으나, 상급단체의 인사관리 규정에 따라 피고인이 전도사를 비롯한 甲 교회 교역자들의 채용 및 면직에 관하여 최종적인 권한을 행사한 점, B는 피고인으로부터 직간접적으로 업무에 관한 구체적인 지시·감독을 받았으므로, B의 업무 내용에 예배, 심방 등 종교활동이 일부 포함되어 있더라도 오로지 본인의 신앙이나 종교적 신념에 따라 자율적으로 영위한 것이라고 보기 어려운 점, B는 채용된 이후 甲 교회로부터 매월 고정적으로 사례금 명목의 돈을 지급받았고, 위와 같은 고정급에 대하여 甲 교회에서 근로소득세 원천징수를 한 점, B는 甲 교회에서 재직하는 동안 국민연금보험과 건강보험에 甲 교회를 사업장으로 하는 '직장가입자'로 가입되어 있었던 점 등 제반 사정을 종합하면, B는 근로기준법상 근로자에 해당한다.

4) 허가여부

무허가 사업이나 법률상 금지된 사업 등과 같이 정책적·행정적 목적으로 일정한 규제를 받는 사업의 경우에는 근로기준법이 적용된다. 그러나 마약제조·판매 등과 같이 형사상 범죄를 구성하는 사업의 경우에는 근로기준법이 적용되지 않는다.

(4) 사용종속관계

1) 개념

근로자는 사용종속관계 아래서 근로를 제공하는 사람이다. 사용종속관계는 경제적 종속성뿐만 아니라 인적 종속성을 포함한다.

2) 판단기준

근로자에 해당하는지 여부는 계약의 형식보다 그 실질에 있어 근로자가 사업 또는 사업장에 임금을 목적으로 종속적인 관계에서 사용자에게 근로를 제공하였는지 여부에 따라 판단한다(대판 2004다29736).

3) 판단요소

사용종속관계에 있는지 여부는 업무 내용을 사용자가 정하고 취업규칙 또는 복무(인사)규정 등의 적용을 받으며 업무 수행 과정에서 사용자가 상당한 지휘·감독을 하는지, 사용자가 근무시간과 근무장소를 지정하고 근로자가 이에 구속을 받는지, 노무제공자가 스스로 비품·원자재나 작업도구 등을 소유하거나 제3자를 고용하여 업무를 대행케 하는 등 독립하여 자신의 계산으로 사업을 영위할 수 있는지, 노무 제공을 통한 이윤의 창출과 손실의 초래 등 위험을 스스로 안고 있는지, 보수의 성격이 근로 자체의 대상적 성격인지, 기본급이나 고정급이 정하여졌는지 및 근로소득세의 원천징수 여부 등 보수에 관한 사항, 근로 제공 관계의 계속성과 사용자에 대한 전속성의 유무와 그 정도, 사회보장제도에 관한 법령에서 근로자로서 지위를 인정받는지 등의 경제적·사회적 여러 조건을 종합하여 판단하여야 한다. 다만, 기본급이나 고정급이 정하여졌는지, 근로소득세를 원천징수하였는지, 사회보장제도에 관하여 근로자로 인정받는지 등의 사정은 사용자가 경제적으로 우월한 지위를 이용하여 임의로 정할 여지가 크기 때문에, 그러한 점들이 인정되지 않는다는 것만으로 근로자성을 쉽게 부정하여서는 안 된다(대판 2004다29736).

> **참조판례** 대판 2006.12.7. 2004다29736
>
> 근로기준법상의 근로자에 해당하는지 여부는 계약의 형식이 고용계약인지 도급계약인지보다 그 실질에 있어 근로자가 사업 또는 사업장에 임금을 목적으로 종속적인 관계에서 사용자에게 근로를 제공하였는지 여부에 따라 판단하여야 하고, 여기에서 종속적인 관계가 있는지 여부는 ① 업무 내용을 사용자가 정하고 취업규칙 또는 복무(인사)규정 등의 적용을 받으며 업무 수행 과정에서 사용자가 상당한 지휘·감독을 하는지, ② 사용자가 근무시간과 근무장소를 지정하고 근로자가 이에 구속을 받는지, ③ 노무제공자가 스스로 비품·원자재나 작업도구 등을 소유하거나 제3자를 고용하여 업무를 대행케 하는 등 독립하여 자신의 계산으로 사업을 영위할 수 있는지, ④ 노무제공을 통한 이윤의 창출과 손실의 초래 등 위험을 스스로 안고 있는지, ⑤ 보수의 성격이 근로 자체의 대상적 성격인지, 기본급이나 고정급이 정하여졌는지 및 근로소득세의 원천징수 여부 등 보수에 관한 사항, ⑥ 근로 제공 관계의 계속성과 사용자에 대한 전속성의 유무와 그 정도, ⑦ 사회보장제도에 관한 법령에서 근로자로서 지위를 인정받는지 등의 경제적·사회적 여러 조건을 종합하여 판단하여야 한다. 다만, 기본급이나 고정급이 정하여졌는지, 근로소득세를 원천징수하였는지, 사회보장제도에 관하여 근로자로 인정받는지 등의 사정은 사용자가 경제적으로 우월한 지위를 이용하여 임의로 정할 여지가 크기 때문에, 그러한 점들이 인정되지 않는다는 것만으로 근로자성을 쉽게 부정하여서는 안 된다.

3. 근로자성 판단의 구체적 사례

(1) 실업자

근로기준법상 근로자는 사업 또는 사업장에 현실적으로 근로를 제공하고 있는 고용된 자를 의미하는 것이므로 현실적인 사용종속관계가 없는 실업자는 근로기준법상 근로자라고 할 수 없다.

(2) 도급 또는 위임

계약형태가 도급 또는 위임의 형식을 빌리거나 노무제공자의 명칭이 수급인 또는 수임인이더라도 사용종속관계 아래서 노무를 제공하면 근로기준법상 근로자이다.

참고 근로기준법상 근로자로 인정한 판결	
맹인안마시술사	대판 1992.6.26. 92도674
기차역에 설치된 대합실매점의 성과급 홍익회영업원	대판 2000.11.24. 99두10209
신문사의 광고외근사원 및 판매확장요원	대판 1988.11.8. 87다카683
연출자가 업무내용을 결정하는 KBS 외부 제작요원	대판 2002.7.26. 2000다27671
방송국의 영상취재요원(VJ)	대판 2011.3.24. 2010두10754
검침·송달업무 위탁원	대판 2014.11.13. 2013다77805
원어민강사	대판 2015.6.11. 2014다88161
학원명의로 등록한 자기차량운전자	대판 2015.5.28. 2014다62749
신용카드전화상담원(텔레마케터)	대판 2016.10.27. 2016다29890
백화점입점업체와 판매용역계약체결, 매출실적에 따라 수수료를 받는 판매원	대판 2017.1.25. 2015다59146
우체국 위탁 보험관리사	대판 2013.6.27. 2011다44276
우체국과 위탁계약을 체결, 우편배달업무 수행 재택위탁집배원	대판 2019.4.23. 2016다277538
지방자치단체 위탁 법인 소속 장애인 도우미	대판 2019.4.25. 2015다228652
지방자치단체의 주민자치센터시설관리운영 자원봉사자	대판 2019.5.30. 2017두62235
영화제작사에서 영화 제작을 위해 근무한 스태프	대판 2019.10.17. 2019도9688
케이티스카이라이프의 서비스 기사	대판 2019.11.28. 2019두50168

화물운송사업자와 도급계약. 화물운송기사	대판 2021.4.29. 2019두39314
정수기회사와 위탁계약. 설치·AS·판매 엔지니어	대판 2021.8.12. 2021다222914
	대판 2021.11.11. 2020다273939
위임계약. 생활가전제품 설치·수리 기사	대판 2022.3.17. 2021다302155
의료소비자생활협동조합의 봉직의(페이닥터)	대판 2023.9.21. 2021도11675
아이돌봄지원법에 따른 아이돌보미	대판 2023.8.18. 2019다252011
헬스장과 위탁계약을 맺은 헬스트레이너	대판 2023.2.2. 2022다271814

(3) 가내근로자

타인으로부터 도구나 원료 등을 제공받고 그 작업지침에 따라 가내에서 작업을 하고 그 대가로 보수를 받는 가내근로자의 경우 도급성 노무자보다 종속관계가 인정되기 어렵다는 점에서 근로기준법상 근로자로 보기는 어렵다.

(4) 온라인 플랫폼에 기반한 차량 대여 및 기사 제공 서비스에서 운전업무를 수행한 기사

온라인 플랫폼을 매개로 근로를 제공하는 플랫폼 종사자가 근로자인지를 판단하는 경우에는 노무제공자와 노무이용자 등이 온라인 플랫폼을 통해 연결됨에 따라 직접적으로 개별적인 근로계약을 맺을 필요성이 적은 사업구조, 일의 배분과 수행 방식 결정에 온라인 플랫폼의 알고리즘이나 복수의 사업참여자가 관여하는 노무관리의 특성을 고려하여 사용종속관계 판단요소들을 적정하게 적용해야 한다(대판 2024두32973).

> **참조판례** 대판 2024.7.25. 2024두32973
>
> 근로기준법상 근로자에 해당하는지는 계약의 형식이 고용계약, 도급계약 또는 위임계약인지보다 근로제공관계의 실질이 사업 또는 사업장에 임금을 목적으로 종속적인 관계에서 근로를 제공한 것인지 여부에 따라 판단해야 한다. 여기에서 종속적인 관계인지는, 업무 내용을 사용자가 정하고 취업규칙 또는 복무(인사)규정 등의 적용을 받으며 업무수행과정에서 사용자가 상당한 지휘·감독을 하는지, 사용자가 근무시간과 근무장소를 지정하고 근로자가 이에 구속을 받는지, 노무제공자가 스스로 비품·원자재나 작업도구 등을 소유하거나 제3자를 고용하여 업무를 대행하게 하는 등 독립하여 자신의 계산으로 사업을 영위할 수 있는지, 노무제공을 통한 이윤 창출과 손실 초래 등 위험을 스스로 안고 있는지와 보수의 성격이 근로 자체의 대상적 성격인지, 기본급이나 고정급이 정하여졌는지 및 근로소득세의 원천징수 여부 등 보수에 관한 사항, 근로제공관계의 계속성과 사용자에 대한 전속성의 유무와 정도, 사회보장제도에 관한 법령에서 근로자로서 지위를 인정받는지 등의 경제적·사회적 여러 조건을 종합하여 판단해야 한다. 다만 기본급이나 고정급이 정하여졌는지, 근로소득세를 원천징수하였는지, 사회보장제도에 관하여 근로자로 인정받는지 등의 사정은 사용자가 경제적으로 우월한 지위를 이용하여 임의로 정할 여지가 크다는 점에서 그러한 점들이 인정되지 않는다는 것만으로 근로자성을 쉽게 부정해서는 안 된다. 온라인 플랫폼(노무제공과 관련하여 둘 이상의 이용자 간 상호작용을 위한 전자적 정보처리시스템을 말한다)을 매개로 근로를 제공하는 플랫폼 종사자가 근로자인지를 판단하는 경우에는 노무제공자와 노무이용자 등이 온라인 플랫폼을 통해 연결됨에 따라 직접적으로 개별적인 근로계약을 맺을 필요성이 적은 사업구조, 일의 배분과 수행 방식 결정에 온라인 플랫폼의 알고리즘이나 복수의 사업참여자가 관여하는 노무관리의 특성을 고려하여 위 요소들을 적정하게 적용해야 한다. 한편 어떤 근로자에 대하여 누가 임금 등의 지급의무를 부담하는 사용자인가를 판단할 때에도 계약의 형식이나 관련 법규의 내용에 관계없이 실질적인 근로관계를 기준으로 해야 하고, 근로기준법상 근로자인지를 판단할 때에 고려했던 여러 요소들을 종합적으로 고려해야 한다.

Ⅱ. 사용자

> 근로기준법 제2조(정의) ① 이 법에서 사용하는 용어의 뜻은 다음과 같다.
> 2. "사용자"란 사업주 또는 사업 경영 담당자, 그 밖에 근로자에 관한 사항에 대하여 사업주를 위하여 행위하는 자를 말한다.

1. 의의

"사용자"란 사업주 또는 사업경영담당자, 그 밖에 근로자에 관한 사항에 대하여 사업주를 위하여 행위하는 자를 말한다.

2. 사용자의 범위

(1) 사업주

사업주란 자기 이름으로 사업을 하는 사람을 말한다. 개인기업의 경우 기업주 개인, 법인기업의 경우 법인 그 자체를 가리킨다.

(2) 사업경영담당자

사업경영담당자라 함은 사업경영일반에 관하여 책임을 지는 자로서 사업주로부터 사업경영의 전부 또는 일부에 대하여 포괄적인 위임을 받고 대외적으로 사업을 대표하거나 대리하는 자를 말한다(예 주식회사의 대표이사, 합명회사 및 합자회사의 업무집행사원, 유한회사의 이사, 지배인, 회사정리절차개시 이후의 관리인 등).

> **참조판례** 대판 1988.11.22. 88도1162
> 근로기준법 제15조(현행 근로기준법 제2조 제1항 제2호) 소정의 근로자에게 임금지급의무를 부담하는 사업경영담당자라 함은 사업경영일반에 관하여 책임을 지는 자로서 사업주로부터 사업경영의 전부 또는 일부에 대하여 포괄적인 위임을 받고 대외적으로 사업을 대표하거나 대리하는 자를 말한다.

(3) 근로자에 관한 사항에 대하여 사업주를 위하여 행위하는 자

근로자에 관한 사항에 대하여 사업주를 위하여 행위하는 자라 함은 근로자의 인사, 급여, 후생, 노무관리 등 근로조건의 결정 또는 업무상의 명령이나 지휘감독을 하는 등의 사항에 대하여 사업주로부터 일정한 권한과 책임을 부여받은 자를 말한다.

> **참조판례** 대판 2008.10.9. 2008도5984
> 구 근로기준법 제15조는 이 법에서 '사용자'라 함은 사업주 또는 사업경영담당자 기타 근로자에 관한 사항에 대하여 사업주를 위하여 행위하는 자를 말한다고 규정하고 있다. 여기서 '근로자에 관한 사항에 대하여 사업주를 위하여 행위하는 자'라 함은 근로자의 인사·급여·후생·노무관리 등 근로조건의 결정 또는 업무상의 명령이나 지휘·감독을 하는 등의 사항에 관하여 사업주로부터 일정한 권한과 책임을 부여받은 자를 말한다.

(4) 판단방법

사용자에 해당하는지 여부는 형식적인 직명이나 직위에 따를 것이 아니라 구체적인 직책 및 업무내용 등에 비추어 실질적인 권한유무에 따라 판단한다.

> **참조판례** 대판 2012.5.24. 2010다107071 · 107088
>
> 어떤 근로자에 대하여 누가 임금 및 퇴직금의 지급의무를 부담하는 사용자인가를 판단함에 있어서도 계약의 형식이나 관련 법규의 내용에 관계없이 실질적인 근로관계를 기준으로 하여야 한다.

> **참조판례** 대판 2000.1.18. 99도2910
>
> 주식회사의 대표이사는 대외적으로는 회사를 대표하고 대내적으로는 회사의 업무를 집행할 권한을 가지는 것이므로, 특별한 사정이 없는 한 근로기준법 제15조 소정의 사업경영담당자로서 사용자에 해당한다고 할 것이나, 탈법적인 목적을 위하여 특정인을 명목상으로만 대표이사로 등기하여 두고 그를 회사의 모든 업무집행에서 배제하여 실질적으로 아무런 업무를 집행하지 아니하는 경우에 그 대표이사는 사업주로부터 사업경영의 전부 또는 일부에 대하여 포괄적인 위임을 받고 대외적으로 사업주를 대표하거나 대리하는 자라고 할 수 없으므로 사업경영담당자인 사용자라고 볼 수 없다.

3. 사용자 개념의 상대성

(1) 개념

사용자 개념의 상대성이란 한편으로는 사용자의 지위에 있으면서 다른 한편으로는 근로자의 지위도 가지고 있는 경우 개별적 근로관계법상의 보호를 받게 되는 것을 말한다.

(2) 인정범위

사업주가 아닌 사업경영담당자 및 사업주를 위하여 행위하는 자는 한편으로는 사용자에 해당되지만, 다른 한편으로는 근로계약의 당사자인 근로자에 해당될 수 있다.

> **참조판례** 대판 1992.5.12. 91누11490
>
> 근로기준법의 적용을 받는 근로자란 사용자로부터 근로의 대가를 받고 사용자에게 근로를 제공하는 자를 말하는 것이므로, 회사의 이사가 회사로부터 위임받은 사무를 처리하는 이외에 일정한 노무를 담당하고 그 대가로 일정한 보수를 지급받아 왔다면 근로기준법상의 근로자라고 볼 수 있다.

(3) 등기임원

등기임원이 담당하고 있는 전체 사무의 실질이 사용자의 지휘·감독 아래 일정한 근로를 제공하는 것에 그치는 것이라면 근로기준법상 근로자로 볼 수 있다.

> **참조판례** 대판 2015.4.23. 2013다215225
>
> 이사가 상법상 정하여진 이사로서의 업무를 실질적으로 수행하는 한편 회사의 경영을 위한 업무를 함께 담당하는 경우에, 그 담당하고 있는 전체 사무의 실질이 사용자의 지휘·감독 아래 일정한 근로를 제공하는 것에 그치는 것이 아니라면, 그 이사는 회사로부터 위임받은 사무를 처리하는 것으로 볼 수 있다.

4. 사용자개념의 확장

(1) 개념

경영전략의 변화와 고용형태의 다양화 등으로 근로계약을 맺고 있는 사용자가 아닌 외부의 제3자가 근로자에 대한 지휘감독권을 행사하는 경우에 일정한 요건을 갖추면 제3자를 당해 근로자의 사용자로 인정하는 것을 사용자 개념의 확장이라 한다.

(2) 제공기업과 사용기업

1) 묵시적 계약관계

제공기업이 사업주로서 독립성이나 독자성이 없어 그 존재가 형식적·명목적인 것에 지나지 않고 제공기업의 근로자가 제3자에 대한 종속적인 관계가 인정되는 경우 묵시적 계약관계가 성립된 것으로 보아 제3자를 제공기업 근로자의 사용자로 볼 수 있다.

> **참조판례** 대판 2020.4.9. 2019다267013
>
> 원고용주에게 고용되어 제3자의 사업장에서 제3자의 업무에 종사하는 자를 제3자의 근로자라고 할 수 있으려면, 원고용주는 사업주로서의 독자성이 없거나 독립성을 결하여 제3자의 노무대행기관과 동일시할 수 있는 등 그 존재가 형식적, 명목적인 것에 지나지 아니하고, 사실상 당해 피고용인은 제3자와 종속적인 관계에 있으며, 실질적으로 임금을 지급하는 자도 제3자이고, 또 근로제공의 상대방도 제3자이어서 당해 피고용인과 제3자 간에 묵시적 근로계약관계가 성립되어 있다고 평가될 수 있어야 한다.

2) 묵시적 계약관계인정 시 당연승격 여부

묵시적인 근로계약관계가 성립하였다고 판단되나, 매년 정기승급을 하였다는 사정만으로 당연히 매번 승격하였을 것이라고 보기는 어렵다(대법 2021다251295).

(3) 모자회사

모회사가 자회사에 대하여 주식소유, 임원파견, 업무도급 등의 방법에 의하여 자회사의 경영을 지배하는 경우에는 모회사가 자회사의 법인격을 이용한 것에 불과하여 자회사의 근로자에 대하여 모회사가 사용자의 지위를 갖는다고 할 것이다.

> **참조판례** 대판 2003.9.23. 2003두3420
>
> 위장도급의 형식으로 근로자를 사용하기 위하여 I코리아라는 법인격을 이용한 것에 불과하고, 실질적으로는 참가인이 원고들을 비롯한 근로자들을 직접 채용한 것과 마찬가지로서 참가인과 원고들 사이에 근로계약관계가 존재한다고 보아야 할 것이다.

제3절 근로기준법의 적용범위

근로기준법 제11조(적용 범위) ① 이 법은 상시 5명 이상의 근로자를 사용하는 모든 사업 또는 사업장에 적용한다. 다만, 동거하는 친족만을 사용하는 사업 또는 사업장과 가사(家事) 사용인에 대하여는 적용하지 아니한다.
② 상시 4명 이하의 근로자를 사용하는 사업 또는 사업장에 대하여는 대통령령으로 정하는 바에 따라 이 법의 일부 규정을 적용할 수 있다.
③ 이 법을 적용하는 경우에 상시 사용하는 근로자 수를 산정하는 방법은 대통령령으로 정한다.

제12조(적용 범위) 이 법과 이 법에 따른 대통령령은 국가, 특별시·광역시·도, 시·군·구, 읍·면·동, 그 밖에 이에 준하는 것에 대하여도 적용된다.

동법 시행령 제7조의2(상시 사용하는 근로자 수의 산정 방법) ① 법 제11조 제3항에 따른 "상시 사용하는 근로자 수"는 해당 사업 또는 사업장에서 법 적용 사유(휴업수당 지급, 근로시간 적용 등 법 또는 이 영의 적용 여부를 판단하여야 하는 사유를 말한다. 이하 이 조에서 같다) 발생일 전 1개월(사업이 성립한 날부터 1개월 미만인 경우에는 그 사업이 성립한 날 이후의 기간을 말한다. 이하 "산정기간"이라 한다) 동안 사용한 근로자의 연인원을 같은 기간 중의 가동 일수로 나누어 산정한다.
② 제1항에도 불구하고 다음 각 호의 구분에 따라 그 사업 또는 사업장에 대하여 5명(법 제93조의 적용 여부를 판단하는 경우에는 10명을 말한다. 이하 이 조에서 "법 적용 기준"이라 한다) 이상의 근로자를 사용하는 사업 또는 사업장(이하 이 조에서 "법 적용 사업 또는 사업장"이라 한다)으로 보거나 법 적용 사업 또는 사업장으로 보지 않는다.
1. 법 적용 사업 또는 사업장으로 보는 경우: 제1항에 따라 해당 사업 또는 사업장의 근로자 수를 산정한 결과 법 적용 사업 또는 사업장에 해당하지 않는 경우에도 산정기간에 속하는 일(日)별로 근로자 수를 파악하였을 때 법 적용 기준에 미달한 일수(日數)가 2분의 1 미만인 경우
2. 법 적용 사업 또는 사업장으로 보지 않는 경우: 제1항에 따라 해당 사업 또는 사업장의 근로자 수를 산정한 결과 법 적용 사업 또는 사업장에 해당하는 경우에도 산정기간에 속하는 일별로 근로자 수를 파악하였을 때 법 적용 기준에 미달한 일수가 2분의 1 이상인 경우
③ 법 제60조부터 제62조까지의 규정(제60조 제2항에 따른 연차유급휴가에 관한 부분은 제외한다)의 적용 여부를 판단하는 경우에 해당 사업 또는 사업장에 대하여 제1항 및 제2항에 따라 월 단위로 근로자 수를 산정한 결과 법 적용 사유 발생일 전 1년 동안 계속하여 5명 이상의 근로자를 사용하는 사업 또는 사업장은 법 적용 사업 또는 사업장으로 본다.
④ 제1항의 연인원에는 파견근로자보호 등에 관한 법률 제2조 제5호에 따른 파견근로자를 제외한 다음 각 호의 근로자 모두를 포함한다.
1. 해당 사업 또는 사업장에서 사용하는 통상 근로자, 기간제 및 단시간근로자 보호 등에 관한 법률 제2조 제1호에 따른 기간제근로자, 법 제2조 제8호에 따른 단시간근로자 등 고용형태를 불문하고 하나의 사업 또는 사업장에서 근로하는 모든 근로자
2. 해당 사업 또는 사업장에 동거하는 친족과 함께 제1호에 해당하는 근로자가 1명이라도 있으면 동거하는 친족인 근로자

Ⅰ. 기본원칙

1. 전면적용

(1) 기준

근로기준법은 상시 5명 이상의 근로자를 사용하는 모든 사업 또는 사업장에 전면적용된다.

(2) 전면적용 요건

1) 상시

상시란 상태를 말하므로 일시적으로 5명 미만이 되더라도 상태적(평균적)으로 5명 이상이면 근로기준법이 적용된다.

> **참조판례** 대판 2000.3.14. 99도1243
>
> 상시라 함은 상태라고 하는 의미로서 근로자의 수가 때때로 5인 미만이 되는 경우가 있어도 사회통념에 의하여 객관적으로 판단하여 상태적으로 5인 이상이 되는 경우에는 이에 해당한다. 여기의 근로자에는 당해 사업장에 계속 근무하는 근로자뿐만 아니라 그때 그때의 필요에 의하여 사용하는 일용근로자를 포함한다.

2) 사용하는 근로자가 5인 이상

① 상시사용하는 근로자의 산정방법

㉠ 산정기간: 상시근로자수를 산정하는 기간은 법 적용 사유 발생일 전 1개월이다. 사업이 성립한 날부터 1개월 미만인 경우에는 그 사업이 성립한 날 이후의 기간을 산정기간으로 한다. 연차유급휴가에 관한 규정(제60조부터 제62조)의 적용여부를 판단하는 경우에는 해당 사업 또는 사업장에 대하여 월 단위로 근로자 수를 산정한 결과 법 적용 사유 발생일 전 1년 동안 계속하여 5명 이상의 근로자를 사용하였어야 한다.

㉡ 상시근로자수 계산

ⓐ 원칙: 산정기간 동안 사용한 근로자의 연인원을 같은 기간 중의 가동 일수로 나누어 산정한다. 주휴일에 실제 근무하지 않은 근로자는 산정기간 동안 사용한 근로자의 연인원 및 일별 근로자수에 포함되지 않는다.

> **참조판례** 대판 2024.1.25. 2023다275998
>
> 근로기준법 제11조 제1항의 '상시 5명 이상의 근로자를 사용하는 사업 또는 사업장'이라 함은 '상시 근무하는 근로자의 수가 5명 이상인 사업 또는 사업장'이 아니라 '사용하는 근로자의 수가 상시 5명 이상인 사업 또는 사업장'을 뜻하는 것이고, 이 경우 상시란 상태(상태)를 의미하므로 근로자의 수가 때때로 5인 미만이 되는 경우가 있어도 사회통념에 의하여 객관적으로 판단하여 상태적으로 5인 이상이 되는 경우에는 이에 해당한다. 이러한 취지에 비추어 보면 주휴일은 근로기준법 제55조 제1항에 따라 주 1회 이상 휴일로 보장되는 근로의무가 없는 날이므로, 주휴일에 실제 근무하지 않은 근로자는 근로기준법 제11조 제3항의 '상시 사용하는 근로자 수'를 산정하는 기준이 되는 같은 법 시행령 제7조의2 제1항의 '산정기간 동안 사용한 근로자의 연인원' 및 같은 조 제2항 각호의 '일별 근로자 수'에 포함하여서는 아니 된다. 이때 매월 또는 매주 휴무일이 발생하는 일자나 요일이 특정되어 있고 휴무일수가 일정한 경우뿐만 아니라, 근로자들이 매월 또는 매주를 주기로 순환하여 휴무일을 가짐에 따라 휴무일이 발생하는 일자나 요일 및 휴무일수가 변동되는 경우에도 마찬가지로 근로기준법이나 근로계약 등에 따라 '휴일로 보장되는 근로의무가 없는 날'에 실제 근로자가 근무하지 않았다면 '산정기간 동안 사용한 근로자의 연인원' 및 '일별 근로자 수'에 포함되지 아니한다.

ⓑ 예외: 산정기간 동안 사용한 근로자의 연인원을 같은 기간 중의 가동 일수로 나누어 산정한 근로자수가 5인 미만인 경우라도 산정기간에 속하는 일별로 근로자 수를 파악하였을 때 법 적용 기준에 미달한 일수가 2분의 1 미만인 경우에는 5인 이상 근로자를 사용하는 사업 또는 사업장으로 본다. 반대로 산정기간 동안 사용한 근로자의 연인원을 같은 기간 중의 가동 일수로 나누어 산정한 근로자수가 5인 이상인 경우라도 산정기간에 속하는 일별로 근로자 수를 파악하였을 때 법 적용 기준에 미달한 일수가 2분의 1 이상인 경우에는 5인 미만 근로자를 사용하는 사업또는 사업장으로 본다.

② 근로자의 범위

근로자는 근로기준법 제2조 제1항 제1호에 의한 근로자를 말한다. 해당 사업 또는 사업장에서 사용하는 근로자는 기간제 및 단시간근로자 보호 등에 관한 법률 제2조 제1호에 따른 기간제근로자, 법 제2조 제8호에 따른 단시간근로자 등 고용형태를 불문하고 하나의 사업 또는 사업장에서 근로하는 모든 근로자를 말한다. 해당 사업 또는 사업장에 동거하는 친족과 함께 친족이 아닌 근로자가 1명이라도 있으면 동거하는 친족인 근로자도 상시근로자에 포함된다. 그러나 파견근로자보호 등에 관한 법률 제2조 제5호에 따른 파견근로자를 제외한다.

3) 사업 또는 사업장

① 산정단위

상시근로자수는 사업 또는 사업장 단위로 산정한다.

② 여러 장소에 있는 경우

여러 같은 장소에 있으면 1개의 사업으로 보아 산정하고, 다른 장소에 있으면 사업장별로 산정해야 한다. 다만 같은 장소에 있더라도 업종, 인사·노무 관리체계, 노동조합의 조직범위, 단체협약 적용범위 등에 관하여 독립성이 있는 사업장은 분리하여 산정하고, 장소적으로 분산되어 있더라도 현저히 소규모로서 독립성이 없는 것은 직근상위기구와 통합하여 산정해야 한다. 별개의 법인격을 가진 여러 개의 기업조직 사이에 단순한 기업 간 협력관계나 계열회사, 모자회사 사이의 일반적인 지배종속관계를 넘어 실질적으로 동일한 경제적, 사회적 활동단위로 볼 수 있을 정도의 경영상의 일체성과 유기적 관련성이 인정되는 특별한 사정이 있는 경우에는 이들을 하나의 사업 또는 사업장이라고 볼 수 있다.

> **참조판례** 대판 2024.10.25. 2023두57876
>
> 근로기준법 제11조는, 근로기준법은 상시 5명 이상의 근로자를 사용하는 모든 사업 또는 사업장에 적용하고(제1항) 상시 4명 이하의 근로자를 사용하는 사업 또는 사업장에 대하여는 대통령령으로 정하는 바에 따라 이 법의 일부 규정을 적용할 수 있다(제2항)고 규정하여 '상시 사용하는 근로자 수'를 기준으로 근로기준법의 적용 범위를 달리 규율하고 있다. 근로기준법의 적용 단위가 되는 같은 법 제11조 제1항의 '사업 또는 사업장'이라 함은 경영상의 일체를 이루면서 유기적으로 운영되는 경제적, 사회적 활동단위를 의미한다. 법인격의 분리 여부가 독립된 사업 또는 사업장에 해당하는지를 판단하는 우선적인 기준이 되므로 법인격이 다른 기업조직은 특별한 사정이 없는 한 하나의 사업 또는 사업장을 구성할 수 없음이 원칙이다. 다만 별개의 법인격을 가진 여러 개의 기업조직 사이에 단순한 기업간 협력관계나 계열회사, 모자회사 사이의 일반적인 지배종속관계를 넘어 실질적으로 동일한 경제적, 사회적 활동단위로 볼 수 있을 정도의 경영상의 일체성과 유기적 관련성이 인정되는 특별한 사정이 있는 경우에는 이들을 하나의 사업 또는 사업장이라고 볼 수 있다. 이때 복수의 기업조직이 하나의 사업 또는 사업장에 해당하는 특별한 사정이 있는지 여부는 업무의 종류, 성질, 목적, 수행 방식 및 장소가 동일한지, 업무지시와 근로자의 채용, 근로조건의 결정, 해고 등 인사 및 노무관리가 기업조직

별로 구분되지 않고 동일한 사업주체 내지 경영진에 의하여 통일적으로 행사되는지, 각 단위별 사업활동의 내용이 하나의 사업목적을 위하여 결합되어 인적·물적 조직과 재무·회계가 서로 밀접하게 관련되어 운영되는지 등과 같은 사정을 종합적으로 고려하여 신중하게 판단하여야 한다.

③ 국내사업

노동관계법은 속지주의를 원칙으로 하므로 사업은 국내에서 운영될 것을 요한다. 외국에서 운영되는 사업에 대하여는 원칙적으로 그 사업주가 내국인 내지 국내법인이더라도 적용되지 않지만, 본사가 국내에 있고 외국지점·출장소가 독립된 경영주체에 해당하지 않는 경우 그 외국지점·출장소에 근무하는 내국인 근로자에게는 근로기준법이 적용된다. 국내에서 운영되는 이상, 사업주가 내국인인가 외국인인가 또는 국내법인인가 외국법인인가에 관계없이 적용된다.

④ 국제근로관계

외국기업이 국내에서 사업활동을 영위하며 근로자를 사용하는 국제근로관계에서는 원칙적으로 국내에서 사용하는 근로자 수를 기준으로 근로기준법이 전면적으로 적용되는 상시 5명 이상의 근로자를 사용하는 사업 또는 사업장에 해당하는지 여부를 판단한다.

> **참조판례** 대판 2024.10.25. 2023두46074
>
> 근로기준법 제11조의 사업 또는 사업장은 근로기준법 적용 단위로서, 이는 근로조건의 규율, 근로자들 간의 의견 교환 및 협의, 경영상 해고를 비롯한 해고의 정당성 판단 등을 위한 기초 단위가 된다. 따라서 근로관계의 각종 규율이 통일적으로 적용될 수 있는 실질적으로 동일한 경제적, 사회적 활동단위라고 볼 수 있는 경우에 한하여 하나의 사업 또는 사업장을 구성할 수 있으므로, 근로기준법 제11조의 사업 또는 사업장은 대한민국 내에 위치한 사업 또는 사업장을 말한다고 봄이 타당하다. 외국기업이 외국에서 사용하는 근로자에 대하여는 특별한 사정이 없는 한 외국의 노동관계법령이 적용될 뿐이므로, 대한민국 근로기준법이 적용되지 않는 외국에서 사용하는 근로자 수까지 합산하여 근로기준법 제11조 제1항의 '상시 5명 이상의 근로자를 사용하는 사업 또는 사업장'에 해당하는지 여부를 판단할 수는 없다.

⑤ 국가 및 지방자치단체

국가나 지방자치단체가 공무원이 아닌 근로자를 사용하는 경우에는 그 인원수와 관계없이 적용된다.

2. 영세사업장의 부분적 적용

(1) 일부적용

상시 4명 이하의 근로자를 사용하는 사업 또는 사업장에 대하여는 일부 규정만 적용된다. 4명 이하의 근로자를 사용하는 사업 또는 사업장에 일부 규정만을 적용하도록 한 것은 헌법에 위배되지 않으며, 상시 4명 이하의 근로자를 사용하는 사업 또는 사업장에 대하여 대통령령으로 정하도록 위임한 근로기준법은 헌법에 위배되지 않는다.

> **참조판례** 헌재 1999.9.16. 98헌마310
>
> "상시 사용 근로자수 5인"이라는 기준을 분수령으로 하여 근로기준법의 전면적용 여부를 달리한 것은, 근로기준법의 확대적용을 위한 지속적인 노력을 기울이는 과정에서, 한편으로 영세사업장의 열악한 현실을 고려하고, 다른 한편으로 국가의 근로감독능력의 한계를 아울러 고려하면서 근로기준법의 법규범성을 실질적으로 관철하기 위한 입법정책적 결정으로서 거기에는 나름대로의 합리적 이유가 있다고 할 것이므로 평등원칙에 위배된다고 할 수 없다.

> **참조판례** 헌재 2019.4.11. 2013헌바112
>
> [1] 심판대상조항은 4인 이하 사업장에 대하여 근로기준법 중 어느 조항이 적용될지는 법률 아닌 대통령령으로 정하도록 하고 있다. 그러나 근로기준법 제11조 제1항에서 근로기준법을 전부적용하는 범위를 근로자 5명 이상 사용 사업장으로 한정하였고, 4인 이하 사업장에 근로기준법을 일부만 적용할 수 있도록 한 것이 심판대상조항에 의하여 법률로 명시적으로 규정되어 있는 이상, 구체적인 개별 근로기준법 조항의 적용 여부까지 입법자가 반드시 법률로써 규율하여야 하는 사항이라고 볼 수 없다. 따라서 심판대상조항이 일부적용 대상 사업장에 대해 적용될 구체적인 근로기준법 조항을 결정하는 문제를 대통령령으로 규율하도록 위임한 것이 헌법 제75조에서 금지하는 포괄위임의 한계를 준수하는 한, 법률유보원칙에 위배되지는 아니한다.
>
> [2] 비록 심판대상조항이 근로기준법의 어떤 규정을 4인 이하 사업장에 적용할지에 관한 기준을 명시적으로 두고 있지 않은 것은 사실이나, 심판대상조항의 포괄위임금지원칙 위배 여부를 판단할 때에는 근로기준법이 제정된 이래로 근로기준법의 법규범성을 실질적으로 관철하기 위하여 5인 이상 사용 사업장까지 근로기준법 전부 적용 사업장의 범위를 확대하고, 종전에는 근로기준법을 전혀 적용하지 않던 4인 이하 사업장에 대하여 근로기준법을 일부나마 적용하는 것으로 범위를 점차 확대해 나간 근로기준법 시행령의 연혁 및 심판대상조항의 입법취지와, 근로기준법 조항의 적용 여부를 둘러싼 근로자보호의 필요성과 사용자의 법 준수능력 간의 조화 등을 종합적으로 고려하여야 한다. 심판대상조항은 사용자의 부담이 그다지 문제되지 않으면서 동시에 근로자의 보호필요성의 측면에서 우선적으로 적용될 수 있는 근로기준법의 범위를 선별하여 적용할 것을 대통령령에 위임한 것으로 볼 수 있고, 그러한 근로기준법 조항들이 4인 이하 사업장에 적용되리라 예측할 수 있다. 따라서 심판대상조항은 포괄위임금지원칙에 위배되지 아니한다.

(2) 적용규정

4인 이하 사업 또는 사업장에 적용되는 규정은 다음과 같다.

제1장 총칙	제1조부터 제13조까지
제2장 근로계약	제15조, 제17조, 제18조, 제19조 제1항, 제20조부터 제22조, 제23조 제2항, 제26조, 제35조부터 제42조
제3장 임금	제43조부터 제45조, 제47조부터 제49조
제4장 근로시간과 휴식	제54조, 제55조 제1항, 제63조
제5장 여성과 연소자	제64조, 제65조 제1항·제3항(임산부와 18세 미만인 자로 한정한다), 제66조부터 제69조, 제70조 제2항·제3항, 제71조, 제72조, 제74조
제6장 안전과 보건	제76조
제8장 재해보상	제78조부터 제92조
제11장 근로감독관 등	제101조부터 제106조
제12장 벌칙	제107조부터 제116조(제1장부터 제6장까지, 제8장, 제11장의 규정 중 상시 4명 이하 근로자를 사용하는 사업 또는 사업장에 적용되는 규정을 위반한 경우로 한정한다)

Ⅱ. 예외

1. 근로기준법상의 예외

(1) 동거의 친족

1) 적용제외

동거하는 친족만을 사용하는 사업 또는 사업장에 대하여는 근로기준법이 적용되지 않는다. 가족관계임을 고려한 것이다.

2) 동거친족의 범위

친족이라 함은 민법 제777조의 8촌 이내의 혈족, 4촌 이내의 인척, 배우자를 말하며 그 요건은 민법이 정하는 바에 의한다. 동거란 생계를 같이함을 의미한다.

3) 동거의 친족 이외의 근로자

동거의 친족 이외의 근로자가 1명이라도 있으면 동거의 친족만을 사용하는 사업 또는 사업장이라 할 수 없다.

(2) 가사사용인

1) 적용제외

가사사용인에 대하여는 근로기준법이 적용되지 않는다. 가사는 업에 해당하지 않는다는 점과 사생활의 비밀을 보호하기 위한 것이다.

2) 가사사용인의 판단

가사사용인인지의 여부는 근로의 장소 및 내용 등을 그 실제에 따라 구체적으로 판단하여야 한다. 회사 총무부 소속이더라도 실질적으로 대표이사의 가정에서 가사사용인으로 근무하는 경우 가사사용인에 해당한다.

2. 특별법상의 예외

(1) 공무원

국가공무원법 등의 적용을 받는 공무원의 경우 근로기준법의 특별법으로서 근로기준법에 우선하여 적용되므로 근로기준법은 그 한도 내에서 적용되지 않는다.

(2) 사립학교교원

사립학교법은 교원의 자격·임면·복무·신분보장 및 징계 등에 대해 근로기준법과 별도로 규정하고 있으므로 사립학교법에서 규정하고 있는 근로조건에 대하여는 근로기준법의 적용이 배제된다.

(3) 선원

선원의 직무·근로조건·직업안정 및 직업훈련 등에 대해서는 선원법이 적용된다.

(4) 청원경찰

청원경찰에 대한 근로조건의 기준에 관하여는 근로기준법에 우선하여 청원경찰법령이 우선하여 적용된다.

(5) 기간제근로자 및 단시간근로자, 파견근로자

기간제근로자 및 단시간근로자, 파견근로자 등은 관련법령에서 임금 및 근로시간 등의 근로조건과 관련된 사항을 규정하고 있으면 당해 부분에 한해 근로기준법의 적용이 배제된다.

제4절 근로기준법의 기본원리

Ⅰ. 최저근로조건보장의 원칙

> 근로기준법 제1조(목적) 이 법은 헌법에 따라 근로조건의 기준을 정함으로써 근로자의 기본적 생활을 보장, 향상시키며 균형 있는 국민경제의 발전을 꾀하는 것을 목적으로 한다.
> 제3조(근로조건의 기준) 이 법에서 정하는 근로조건은 최저기준이므로 근로관계 당사자는 이 기준을 이유로 근로조건을 낮출 수 없다.

1. 의의

근로기준법에서 정하고 있는 근로조건의 기준이라 함은 최저근로기준을 말하며, 사용자는 최저근로조건보다 낮은 수준의 근로조건을 정하여서는 안 된다.

2. 내용

사용자는 최저근로기준만 충족시키면 충분한 것으로 판단하여 기존의 근로조건을 최저근로기준 수준으로 저하시켜서도 안 된다. 근로조건을 저하시킨 이유가 이 법의 기준 때문이 아니고 사회적·경제적 사정의 변화 등과 같은 객관적 타당성이 있거나, 단체협약 또는 취업규칙 등에 의한 것이라면 이는 허용된다.

Ⅱ. 근로조건대등결정의 원칙

> 근로기준법 제4조(근로조건의 결정) 근로조건은 근로자와 사용자가 동등한 지위에서 자유의사에 따라 결정하여야 한다.

1. 의의

근로자와 사용자는 형식적·실질적으로 대등한 입장에서 자유의사에 따라 근로조건을 결정하여야 한다.

2. 내용

근로조건은 근로자와 사용자의 자유의사에 따라 결정되어야 하며, 사용자가 일방적으로 근로조건을 저하시킬 수 없다. 근로기준법 제4조를 위반하여 사용자가 일방적으로 근로조건을 낮춘 경우에 대해 벌칙규정은 없다.

Ⅲ. 근로조건의 준수

> 근로기준법 제5조(근로조건의 준수) 근로자와 사용자는 각자가 단체협약, 취업규칙과 근로계약을 지키고 성실하게 이행할 의무가 있다.

1. 의의

근로관계의 당사자는 근로조건을 정한 단체협약, 취업규칙과 근로계약을 준수할 의무를 부담한다.

2. 내용

단체협약, 취업규칙과 근로계약에 정한 근로조건을 준수할 의무는 사용자뿐만 아니라 근로자에게도 있다. 이를 위반한 경우에 대한 벌칙규정은 없다.

Ⅳ. 균등대우의 원칙

> 근로기준법 제6조(균등한 처우) 사용자는 근로자에 대하여 남녀의 성(性)을 이유로 차별적 대우를 하지 못하고, 국적·신앙 또는 사회적 신분을 이유로 근로조건에 대한 차별적 처우를 하지 못한다.

1. 의의

사용자는 근로자에 대하여 성별, 국적, 신앙, 사회적 신분 등을 이유로 근로조건을 차별하여서는 안 된다. 헌법상 평등의 이념을 보장하기 위한 것이다.

2. 성립요건

(1) 차별금지사유

1) 성별

남녀의 성별을 이유로 한 차별은 금지된다. 헌법 제32조 제4항은 여성에 대한 차별을 금지하는 규정을 두고 있고 이를 구체적으로 명시한 것이다.

> **참조판례** 대판 1993.4.9. 92누15765
>
> 성별 작업구분이나 근로조건의 구분을 명확히 하지 아니한 채 남자 만 55세, 여자 만 53세로 달리 정하고 있는 것은 남녀를 차별하여 정년을 규정한 것으로 합리적인 이유 없이 남녀의 차별적 대우를 하지 못하도록 한 근로기준법 제5조와 근로자의 정년에 관하여 여성인 것을 이유로 남성과 차별해서는 아니 된다고 한 남녀고용평등법 제8조 등 강행법규에 위배되어 무효이다.

2) 국적

① 국적을 이유로 한 차별금지

국적이란 국적법상 국민으로서의 지위를 말한다. 국적을 이유로 한 차별은 금지된다. 특정 국적에 대한 차별뿐만 아니라 이중국적자나 무국적자에 대한 차별대우도 금지된다. 우리나라 국적을 가진 근로자를 인종 또는 고유(원시)국적을 이유로 차별대우하는 것도 금지된다.

② 불법체류외국인

출입국관리법을 위반한 불법체류외국인이라 하더라도 근로계약을 맺은 후에는 국내근로자와 동일하게 근로기준법이 적용된다. 다만, 당사자는 언제든지 취업자격이 없음을 이유로 근로계약을 해지할 수 있다.

> **참조판례** 대판 1995.9.15. 94누12067
>
> [1] 구 출입국관리법(1992.12.8. 법률 제4522호로 전문 개정되기 전의 것) 제15조 제1항에서 외국인이 대한민국에서 체류하여 행할 수 있는 활동이나 대한민국에 체류할 수 있는 신분 또는 지위에 관한 체류자격과 그 체류기간에 관하여 규율하면서 아울러 같은 조 제2항에서 외국인 고용제한을 규정하고 있는바, 그 입법취지가 단순히 외국인의 불법체류만을 단속할 목적으로 한 것이라고는 할 수 없고, 위 규정들은 취업자격 없는 외국인의 유입으로 인한 국내 고용시장의 불안정을 해소하고 노동인력의 효율적 관리, 국내 근로자의 근로조건의 유지 등의 목적을 효율적으로 달성하기 위하여 외국인의 취업자격에 관하여 규율하면서 취업자격 없는 외국인의 고용을 금지시키기 위한 입법목적도 아울러 갖고 있고, 이는 취업자격 없는 외국인의 고용이라는 사실적 행위 자체를 금지하고자 하는 것뿐이지 나아가 취업자격 없는 외국인이 사실상 제공한 근로에 따른 권리나 이미 형성된 근로관계에 있어서의 근로자로서의 신분에 따른 노동관계법상의 제반 권리 등의 법률효과까지 금지하려는 규정으로는 보기 어렵다.
>
> [2] 취업자격 없는 외국인이 구 출입국관리법상의 고용제한 규정을 위반하여 근로계약을 체결하였다 하더라도 그것만으로 그 근로계약이 당연히 무효라고는 할 수 없고, 취업자격은 외국인이 대한민국 내에서 법률적으로 취업활동을 가능케 하는 것이므로 이미 형성된 근로관계가 아닌 한 취업자격 없는 외국인과의 근로관계는 정지되고, 당사자는 언제든지 그와 같은 취업자격이 없음을 이유로 근로계약을 해지할 수 있다.
>
> [3] 외국인이 취업자격이 아닌 산업연수 체류자격으로 입국하여 구 산업재해보상보험법(1994.12.22. 법률 제4826호로 전문 개정되기 전의 것)의 적용대상이 되는 사업장인 회사와 고용계약을 체결하고 근로를 제공하다가 작업 도중 부상을 입었을 경우, 비록 그 외국인이 구 출입국관리법상의 취업자격을 갖고 있지 않았다 하더라도 그 고용계약이 당연히 무효라고 할 수 없고, 위 부상 당시 그 외국인은 사용 종속관계에서 근로를 제공하고 임금을 받아 온 자로서 근로기준법 소정의 근로자였다 할 것이므로 구 산업재해보상보험법상의 요양급여를 받을 수 있는 대상에 해당한다.

3) 신앙

① 신앙을 이유로 한 차별금지

신앙이란 종교적 신념뿐만 아니라 정치적 신조 등 신념도 포함한다. 신앙을 이유로 한 차별은 금지된다.

② 경향사업체

경향사업체라 함은 특정한 종교적 활동 또는 정치적 목적 등의 수행과 관련되어 영위하는 사업체로서, 이러한 경향사업체의 경우 근로자가 해당 종교나 정당의 목적에 반하는 행위를 한 경우 해고제한의 규정에 관계없이 해고 등의 차별대우를 하더라도 근로기준법 위반에 해당하지 않는다.

4) 사회적 신분

① 사회적 신분을 이유로 한 차별금지

사회적 신분이란 사회에서 차지하는 계속적이거나 상대적인 지위로서 일정한 사회적 평가가 수반되고 자신의 의사와 능력으로 피할 수 없는 사회적 위치를 말한다. 사회적 신분에는 선천적신분뿐만 아니라 후천적 신분을 포함한다. 사회적 신분을 이유로 한 차별은 금지된다.

② 고용상의 지위

무기계약직 근로자로서의 고용상 지위는 공무원에 대한 관계에서 근로기준법 제6조에서 정한 사회적 신분에 해당한다고 볼 수 없고, 공무원을 본질적으로 동일한 비교집단으로 삼을 수 없다.

> **참조판례** 대판 2023.9.21. 2016다255941 전원합의체 판결
>
> 공무원의 경우 헌법이 정한 직업공무원 제도에 따라 국가 또는 지방자치단체와 공법상 신분관계를 형성하고 각종 법률상 의무를 부담하는 점, 공무원의 근무조건은 법령의 규율에 따라 정해지고 단체협약을 통해 근로조건 개선을 도모할 수 있는 대상이 아닌 점, 전보인사에 따른 공무원 보직 및 업무의 변경가능성과 보수체계 등의 사정을 고려하면, 공무원이 아닌 사람들로서 국가 산하 국토교통부 소속 지방국토관리청장과 기간의 정함이 없는 근로계약을 체결하고 지방국토관리청 산하 국토관리사무소에서 도로의 유지·보수 업무를 하는 도로보수원 또는 과적차량 단속 등의 업무를 하는 과적단속원으로 근무하는 사람들(이하 도로보수원과 과적단속원을 통틀어 '국도관리원'이라 한다)의 무기계약직 근로자로서의 고용상 지위는 공무원에 대한 관계에서 근로기준법 제6조에서 정한 사회적 신분에 해당한다고 볼 수 없고, 공무원을 본질적으로 동일한 비교집단으로 삼을 수 없다. 위와 같이 국도관리원의 고용상 지위가 공무원에 대한 관계에서 사회적 신분에 해당한다거나 국도관리원과 같거나 유사한 업무를 담당하고 있는 운전직 공무원 및 과적단속직 공무원이 국도관리원의 비교대상이 될 수 없는 이상, 불리한 처우에 대한 합리적 이유가 인정되는지에 관하여 더 나아가 판단할 필요 없이 국가가 국도관리원에게 근로조건에 관한 차별적 처우를 했다고 볼 수 없다.

(2) 차별금지의 영역

1) 근로조건의 차별금지

근로기준법은 차별금지의 영역으로 근로조건에 대한 차별을 금지하고 있다. 근로조건이라 함은, 사용자와 근로자 사이의 근로관계에서 임금·근로시간·복지·해고 기타 근로자의 대우에 관하여 정한 조건을 말한다.

2) 채용

채용과정에서의 차별은 근로조건이 아니므로 근로기준법 제6조의 차별대우에 속하지 않는다.

> **참조판례** 대판 1992.8.14. 92다1995
>
> 근로기준법 제98조 소정의 기준에는 채용에 관한 기준은 포함되지 아니한다.

(3) 차별의 금지

1) 차별의 개념

차별이란 임금 그 밖의 근로조건 등에 있어 합리적인 이유없이 불리하게 처우하는 것을 말한다.

2) 합리적 이유가 없는 차별금지

① 개념
합리적인 이유가 없는 경우란 근로자가 제공하는 근로의 내용을 종합적으로 고려하여 달리 처우할 필요성이 인정되지 않거나 달리 처우하는 경우에도 그 방법·정도 등이 적정하지 않은 경우를 말한다.

② 판단기준
합리적인 이유가 있는지 여부는 개별 사안에서 문제가 된 불리한 처우의 내용과 사용자가 불리한 처우의 사유로 삼은 사정을 기준으로 근로자의 고용형태, 업무의 내용과 범위·권한·책임, 임금 그 밖의 근로조건 등의 결정요소 등을 종합적으로 고려하여 판단하여야 한다. 근로형태 및 근무성적 등 근로자의 근무능력에 대한 객관적 평가 등에 의한 합리적 차별대우는 근로기준법 제6조 위반이라고 볼 수 없다.

> **참조판례** 대판 2021.2.4. 2019다230134
> 단체협약이나 취업규칙에서 근로관계에서의 차별적 처우를 금지하고 있는 경우 '차별적 처우'란 사용자가 근로자를 임금 그 밖의 근로조건 등에서 합리적인 이유 없이 불리하게 처우하는 것을 가리킨다. '합리적인 이유가 없는 경우'란 근로자가 제공하는 근로의 내용을 종합적으로 고려하여 달리 처우할 필요성이 인정되지 않거나 달리 처우하는 경우에도 그 방법·정도 등이 적정하지 않은 경우를 말한다. 합리적인 이유가 있는지 여부는 개별 사안에서 문제가 된 불리한 처우의 내용과 사용자가 불리한 처우의 사유로 삼은 사정을 기준으로 근로자의 고용형태, 업무의 내용과 범위·권한·책임, 임금 그 밖의 근로조건 등의 결정요소 등을 종합적으로 고려하여 판단하여야 한다.

3) 차별의 판단방법
차별에 해당하려면 차별주체가 같은 사용자여야 한다. 차별에 해당하기 위해서는 차별을 받았다고 주장하는 사람과 비교대상자로 지목된 사람이 본질적으로 동일한 비교집단에 속해 있어야 한다.

4) 역차별
적극적 고용개선조치에 의한 역차별이나 특정 성의 보호를 위한 제도는 차별에 해당하지 않는다.

3. 효과
균등처우위반에 해당하는 경우 500만원 이하의 벌금에 처한다(제114조). 균등처우에 위반하는 단체협약, 취업규칙 등은 사법상 무효이다(대판 92누15765).

V. 강제노동금지의 원칙

> **근로기준법 제7조(강제 근로의 금지)** 사용자는 폭행, 협박, 감금, 그 밖에 정신상 또는 신체상의 자유를 부당하게 구속하는 수단으로써 근로자의 자유의사에 어긋나는 근로를 강요하지 못한다.

1. 의의
사용자는 폭행, 협박, 감금, 그 밖에 정신상 또는 신체상의 자유를 부당하게 구속하는 수단으로써 근로자의 자유의사에 어긋나는 근로를 강요해서는 안 된다. 근로자의 인격을 보호하기 위한 것이다. 강제근로라 함은 근로자의 자유로운 의사에 반하여 근로하게 하거나 이직을 방해하는 것을 말한다.

2. 성립요건

(1) 수단

강제근로가 성립하기 위해서는 폭행·협박·감금 그 밖에 정신상 또는 신체상의 자유를 부당하게 구속하는 수단을 사용하여야 한다. 폭행·협박·감금은 형법상의 개념보다 넓은 개념으로 해석된다. 족쇄, 해고위협 및 주민등록증·여권 등의 강제보관 등은 강제근로의 구체적인 수단이다. 근로계약 불이행에 대한 위약예정, 전차금상계 및 강제저축 등도 강제노동의 수단이다.

(2) 강제근로가 행해져야 하는지 여부

근로기준법 제7조 위반이 성립하기 위하여는 강제근로가 실제로 행해져야 하는 것은 아니다.

3. 효과

강제근로금지에 위반하는 경우 5년 이하의 징역 또는 5천만원 이하의 벌금에 처한다(제107조). 민법상 손해배상의 대상이 되며, 형사법상의 제재를 받을 수도 있다.

Ⅵ. 폭행의 금지

> 근로기준법 제8조(폭행의 금지) 사용자는 사고의 발생이나 그 밖의 어떠한 이유로도 근로자에게 폭행을 하지 못한다.

1. 의의

사용자는 사고의 발생이나 그 밖의 어떠한 이유로도 근로자에게 폭행을 해서는 안 된다. 근로자의 인격을 보호하기 위한 규정이다.

2. 성립요건

(1) 폭행

폭행은 사람의 신체에 대한 물리적 영향력을 행사하는 것을 말한다. 몸수색을 하는 것도 폭행에 해당한다.

(2) 폭행의 사유

폭행의 사유는 사고의 발생이나 그 밖의 어떠한 이유로든 관계없다. 사고의 발생이란 사업장에서 발생한 사고를 말하며, 고의여부나 발생원인에 대해서는 묻지 않는다.

3. 형법과의 관계

근로기준법 제8조는 근로관계에서 발생한 폭행에 한한다. 업무시간 중이더라도 업무와 관련없이 사적관계에서 발생한 폭행은 근로기준법 제8조의 위반이 아니라 형법의 적용대상이다. 반면에 업무시간외에 사업장 밖에서 발생한 폭행이더라도 업무와 관련이 있으면 근로기준법 제8조위반에 해당한다.

4. 효과

폭행금지에 위반한 경우 5년 이하의 징역 또는 5천만원 이하의 벌금에 처한다(제107조). 민법상 손해배상의 대상이 된다.

Ⅶ. 중간착취의 배제

> **근로기준법 제9조(중간착취의 배제)** 누구든지 법률에 따르지 아니하고는 영리로 다른 사람의 취업에 개입하거나 중간인으로서 이익을 취득하지 못한다.

1. 의의

누구든지 법률에 따르지 아니하고는 영리로 다른 사람의 취업에 개입하거나 중간인으로서 이익을 취득해서는 안 된다. 노동시장질서 및 건전한 근로의사를 보호하기 위한 규정이다.

2. 성립요건

(1) 주체

중간착취가 금지되는 주체는 누구든지라고 규정하고 있으므로 사용자는 물론 일반 사인 및 단체도 포함된다.

(2) 영리로 타인의 취업에 개입하거나 중간인으로서 이익을 취득하였을 것

1) 영리로 타인의 취업에 개입

영리로 타인의 취업에 개입한다고 함은 제3자가 영리로 타인의 취업을 소개 또는 알선하는 등 근로관계의 성립 또는 갱신에 영향을 주는 행위를 말하고, 취업을 원하는 사람에게 취업을 알선해 주기로 하면서 그 대가로 금품을 수령하는 정도의 행위도 포함된다고 볼 것이고, 반드시 근로관계 성립 또는 갱신에 직접적인 영향을 미칠 정도로 구체적인 소개 또는 알선행위에까지 나아가야만 하는 것은 아니다.

> **참조판례 대판 2008.9.25. 2006도7660**
> 구 근로기준법 제8조는 "누구든지 법률에 의하지 아니하고는 영리로 타인의 취업에 개입하거나 중간인으로서 이익을 취득하지 못한다."라고 규정하고 있는바, 여기서 '영리로 타인의 취업에 개입'한다고 함은 제3자가 영리로 타인의 취업을 소개 또는 알선하는 등 근로관계의 성립 또는 갱신에 영향을 주는 행위를 말한다. 그리고, 제3자가 타인의 취업에 직접·간접으로 관여하여 근로자를 착취하는 행위를 방지하고자 하는 위 규정의 입법취지와, 위 조항에 의하여 원칙적으로 금지되고 있는 타인의 취업에 개입하는 행위 중 허용되는 행위의 유형과 절차에 관하여 상세히 정하고 있는 직업안정법 등의 관련 법률 조항들을 종합적으로 고려해 볼 때, 위 조항의 '영리로 타인의 취업에 개입'하는 행위, 즉 제3자가 영리로 타인의 취업을 소개 또는 알선하는 등 근로관계의 성립 또는 갱신에 영향을 주는 행위에는 취업을 원하는 사람에게 취업을 알선해 주기로 하면서 그 대가로 금품을 수령하는 정도의 행위도 포함된다고 볼 것이고, 반드시 근로관계 성립 또는 갱신에 직접적인 영향을 미칠 정도로 구체적인 소개 또는 알선행위에까지 나아가야만 한다고 볼 것은 아니다.

2) 중간인으로서 이익 취득

중간인으로서 이익을 취득하는 행위는 근로관계의 존속 중에 사용자와 근로자 사이의 중간에서 근로자의 근로제공과 관련하여 사용자 또는 근로자로부터 이익을 취득하는 것을 말한다. 이익은 유·무형의 경제적 가치가 있는 모든 것을 포함한다. 근로자·사용자는 물론 제3자 등 누구로부터 이익을 받았는가는 문제되지 않는다.

3) 업므로 하여야 하는지 여부

영리의 목적이 있어야 하며 1회적이라도 중간착취의 배제 금지에 해당할 수 있다.

(3) 법률에 따르지 않을 것

중간착취배제는 법률에 따르지 않은 경우에 성립하며, 법률에 따르는 경우는 이에 해당하지 않는다. 직업안정법상 직업소개사업, 근로자모집사업, 근로자공급사업의 경우와 파견근로자 보호 등에 관한 법률에 의한 근로자파견사업은 허용된다.

3. 효과

중간착취배제에 위반하는 경우 5년 이하의 징역 또는 5천만원 이하의 벌금에 처한다(제107조). 민법상 손해배상의 대상이 되며, 형사법상의 제재를 받을 수도 있다.

VIII. 공민권행사의 보장

> 근로기준법 제10조(공민권 행사의 보장) 사용자는 근로자가 근로시간 중에 선거권, 그 밖의 공민권(公民權) 행사 또는 공(公)의 직무를 집행하기 위하여 필요한 시간을 청구하면 거부하지 못한다. 다만, 그 권리 행사나 공(公)의 직무를 수행하는 데에 지장이 없으면 청구한 시간을 변경할 수 있다.

1. 의의

사용자는 근로자가 근로시간 중에 선거권, 그 밖의 공민권 행사 또는 공의 직무를 집행하기 위하여 필요한 시간을 청구하면 거부하지 못한다. 근로자의 참정권 등을 보장하기 위한 규정이다.

2. 공민권

(1) 개념

공민권이라 함은 대통령·국회의원 등의 법령에 근거한 공직의 선거권·피선거권은 물론 국민투표권 등과 같이 국민으로서 공무에 참가하는 권리를 의미한다.

(2) 범위

1) 선거권 및 피신거권

근로자 스스로 입후보하는 입후보등록행위뿐만 아니라 본인의 선거운동도 포함된다. 그러나 다른 후보자를 위한 선거운동은 공민권행사에 포함되지 아니한다. 선거소송·당선소송 등의 수행을 위한 소송의 제기는 공민권의 행사이다.

2) 사법상 권리행사

민사소송·부당해고구제신청의 당사자인 경우는 사법상의 권리를 행사하는 것에 해당하므로 공민권의 행사에 포함되지 않는다.

3. 공의 직무

(1) 개념

공의 직무라 함은 법령에 근거를 두고 있는 공적인 직무를 의미한다.

(2) 범위

1) 공직취임

대통령·국회의원·지방의회의원·노동위원회 위원의 업무와 같이 법령에 의해 설치된 심의회 또는 위원회의 직무는 공의 직무에 해당한다.

2) 법령상 의무

민사소송법·형사소송법·노동위원회법 등 법령에 의한 증인·감정인의 직무, 공직선거법에 의한 입회인의 직무, 향토예비군설치법·민방위기본법 등에 근거를 둔 소집훈련 등이 이에 해당한다.

3) 노동조합의 업무

노동조합의 활동은 조합자체의 이익을 위한 것이므로 공의 직무에 포함되지 않는다.

4. 필요한 시간의 부여

(1) 시간보장

근로자가 근로시간 중이라도 공민권행사 등을 위해 필요한 시간을 청구하는 경우 사용자는 이를 거부할 수 없다. 필요한 시간에는 공민권의 행사 또는 공의 직무집행에 필요한 최소한의 시간뿐만 아니라 사전준비나 사후정리에 필요한 시간 및 왕복시간 등 부수적인 시간을 포함한 충분한 시간을 의미한다.

(2) 시간변경

공민권의 행사 또는 공의 직무를 집행하는 데 지장이 없는 한 근로자가 청구한 시간을 변경하는 것은 허용된다.

5. 임금

공민권 행사 등에 필요하여 근로하지 못한 시간에 대하여 임금을 지급해야 하는 것은 아니다. 임금지급여부는 노·사가 협의하여 단체협약·취업규칙 등으로 결정한다. 다만, 관련 법령에서 휴무 또는 휴업으로 하지 않도록 규정된 공직선거법상 공직 선거에서의 선거인명부 열람 및 투표, 향토예비군설치법과 민방위기본법에 의한 예비군 및 민방위대원의 동원·교육·훈련으로 근로하지 못한 시간에 대해서는 유급으로 해야 한다.

6. 효과

(1) 불리한 처우금지
공민권 행사 등을 위해 필요한 시간이 보장하는 범위 내에서 채무불이행 또는 징계대상이 되지 않으며 출근율 계산에서 불리하게 처우해서는 안된다.

(2) 휴직·해고
근로자가 공직당선 후에 공의직무집행이 긴 기간에 걸치게 됨으로써 근로계약상의 의무이행이 곤란하면 당사자합의로 휴직으로 처리하는 것이 바람직하나, 근로자가 거절하여 근로제공이 장기간 불가능하면 통상해고대상이 될 수 있다.

(3) 위반시 효과
사용자가 근로자의 공민권 등의 행사를 허용하지 않는 경우 2년 이하의 징역 또는 2천만원 이하의 벌금에 처한다(제110조).

IX. 기능습득자에 대한 보호

> 근로기준법 제77조(기능 습득자의 보호) 사용자는 양성공, 수습, 그 밖의 명칭을 불문하고 기능의 습득을 목적으로 하는 근로자를 혹사하거나 가사, 그 밖의 기능 습득에 관계없는 업무에 종사시키지 못한다.

제5절 근로기준법의 이행

I. 민사적 효력

> 근로기준법 제15조(이 법을 위반한 근로계약) ① 이 법에서 정하는 기준에 미치지 못하는 근로조건을 정한 근로계약은 그 부분에 한하여 무효로 한다.
> ② 제1항에 따라 무효로 된 부분은 이 법에서 정한 기준에 따른다.

1. 의의
근로기준법이 정하는 근로조건은 최저기준이므로 근로기준법이 정한 기준에 미치지 못하는 근로조건을 정한 근로계약의 사법상 효력은 무효로 한다. 근로기준법의 실효성을 확보하기 위한 것이다.

2. 내용

(1) 강행적 효력
근로계약의 내용이 근로기준법이 정하는 근로조건에 미치지 못하는 부분(부분무효)은 무효이다.

(2) 보충적 효력

무효가 되는 부분은 근로기준법이 정하는 근로조건이 적용된다.

Ⅱ. 형사적 효력

1. 의의

근로기준법은 위반한 사용자에게 벌칙을 부여함으로써 법정근로조건을 준수하도록 강제한다. 벌칙조항은 예방효과를 가지나 권리의 구제에는 한계를 갖는다.

2. 내용

(1) 벌칙적용

근로기준법 제107조 이하에서는 근로기준법 위반행위에 대한 벌칙을 규정하고 있다.

(2) 양벌규정

사업주가 위반행위를 방지하기 위하여 해당 업무에 관하여 상당한 주의와 감독을 게을리 하지 아니한 경우에는 사업주의 대리인, 사용인 그 밖의 종업원이 해당 사업의 근로자에 관한 사항에 대하여 위반 행위를 한 경우에는 행위자 외에 사업주에게도 벌금형을 과할 수 있다(제115조).

Ⅲ. 근로감독관제도

> **근로기준법 제101조(감독 기관)** ① 근로조건의 기준을 확보하기 위하여 고용노동부와 그 소속 기관에 근로감독관을 둔다.
> ② 근로감독관의 자격, 임면(任免), 직무 배치에 관한 사항은 대통령령으로 정한다.
>
> **제102조(근로감독관의 권한)** ① 근로감독관은 사업장, 기숙사, 그 밖의 부속 건물을 현장조사하고 장부와 서류의 제출을 요구할 수 있으며 사용자와 근로자에 대하여 심문(尋問)할 수 있다.
> ② 의사인 근로감독관이나 근로감독관의 위촉을 받은 의사는 취업을 금지하여야 할 질병에 걸릴 의심이 있는 근로자에 대하여 검진할 수 있다.
> ③ 제1항 및 제2항의 경우에 근로감독관이나 그 위촉을 받은 의사는 그 신분증명서와 고용노동부장관의 현장조사 또는 검진지령서(檢診指令書)를 제시하여야 한다.
> ④ 제3항의 현장조사 또는 검진지령서에는 그 일시, 장소 및 범위를 분명하게 적어야 한다.
> ⑤ 근로감독관은 이 법이나 그 밖의 노동 관계 법령 위반의 죄에 관하여 사법경찰관리의 직무를 행할 자와 그 직무범위에 관한 법률에서 정하는 바에 따라 사법경찰관의 직무를 수행한다.
>
> **제103조(근로감독관의 의무)** 근로감독관은 직무상 알게 된 비밀을 엄수하여야 한다. 근로감독관을 그만 둔 경우에도 또한 같다.
>
> **제104조(감독 기관에 대한 신고)** ① 사업 또는 사업장에서 이 법 또는 이 법에 따른 대통령령을 위반한 사실이 있으면 근로자는 그 사실을 고용노동부장관이나 근로감독관에게 통보할 수 있다.
> ② 사용자는 제1항의 통보를 이유로 근로자에게 해고나 그 밖에 불리한 처우를 하지 못한다.
>
> **제105조(사법경찰권 행사자의 제한)** 이 법이나 그 밖의 노동 관계 법령에 따른 현장조사, 서류의 제출, 심문 등의 수사는 검사와 근로감독관이 전담하여 수행한다. 다만, 근로감독관의 직무에 관한 범죄의 수사는 그러하지 아니하다.
>
> **제106조(권한의 위임)** 이 법에 따른 고용노동부장관의 권한은 대통령령으로 정하는 바에 따라 그 일부를 지방고용노동관서의 장에게 위임할 수 있다.

1. 의의

근로기준법이나 그 밖의 노동관계법령 위반여부를 감독하고 사법경찰관리의 직무를 행할 자와 그 직무범위에 관한 법률에서 정하는 바에 따라 사법경찰관의 직무를 수행하는 사람을 근로감독관이라 한다. 근로감독관제도는 1833년 영국의 '공장연소근로자보호법(공장법)'에서 최초로 도입되었다.

2. 소속

근로조건의 기준을 확보하기 위하여 고용노동부와 그 소속 기관에 근로감독관을 둔다.

3. 권한

(1) 행정적 권한

1) 내용

① 현장조사 · 자료제출요구 · 심문 · 검진

근로감독관은 사업장, 기숙사 그 밖의 부속건물을 현장조사하고 장부와 서류의 제출을 요구할 수 있으며 사용자와 근로자에 대하여 심문할 수 있고, 의사의 자격을 갖는 근로감독관 또는 '근로감독관의 위촉을 받은 의사'는 근로자를 대상으로 검진할 수 있다(위반시 5백만원 이하 과태료, 제116조).

② 보고 · 출석요구

사용자 또는 근로자는 근로기준법의 시행과 관련하여 근로감독관의 요구가 있으면 지체없이 필요한 사항에 대하여 보고하거나 출석하여야 한다(위반시 5백만원 이하 과태료, 제116조).

2) 권한행사

행정상 권한의 행사시 형사소송법상의 영장은 필요치 않으나 신분증명서와 고용노동부장관의 현장조사 또는 검진지령서를 제시하여야 한다.

(2) 사법적 권한

1) 특별사법경찰

근로감독관은 근로기준법이나 그 밖의 노동관계법령 위반의 죄에 관하여 사법경찰관의 직무를 수행한다.

2) 직무상범죄

근로감독관은 근로기준법이나 그 밖의 노동관계법령 위반의 죄에 한하여 사법적 권한을 가지므로 근로감독관의 직무상 범죄(뇌물, 직무유기 등)는 근로감독관의 사법적 권한에 속하지 않는다.

4. 의무

근로감독관은 업무를 성실히 수행할 의무를 지며, 근로기준법 위반사실을 고의로 묵과하면 3년 이하의 징역 또는 5년 이하의 자격정지에 처한다(제108조). 근로감독관은 직무수행 중이거나 직무수행을 그만둔 후에도 직무상 알게 된 비밀을 엄수해야 한다(위반 시 500만원 이하의 벌금, 제114조).

Ⅳ. 서류의 작성·보존·게시

1. 서류의 작성

(1) 근로자명부

> **근로기준법 제41조(근로자의 명부)** ① 사용자는 각 사업장별로 근로자 명부를 작성하고 근로자의 성명, 생년월일, 이력, 그 밖에 대통령령으로 정하는 사항을 적어야 한다. 다만, 대통령령으로 정하는 일용근로자에 대해서는 근로자 명부를 작성하지 아니할 수 있다.
> ② 제1항에 따라 근로자 명부에 적을 사항이 변경된 경우에는 지체 없이 정정하여야 한다.
>
> **동법 시행령 제20조(근로자 명부의 기재사항)** 법 제41조 제1항에 따른 근로자 명부에는 고용노동부령으로 정하는 바에 따라 다음 각 호의 사항을 적어야 한다.
> 1. 성명
> 2. 성(性)별
> 3. 생년월일
> 4. 주소
> 5. 이력(履歷)
> 6. 종사하는 업무의 종류
> 7. 고용 또는 고용갱신 연월일, 계약기간을 정한 경우에는 그 기간, 그 밖의 고용에 관한 사항
> 8. 해고, 퇴직 또는 사망한 경우에는 그 연월일과 사유
> 9. 그 밖에 필요한 사항
>
> **제21조(근로자 명부 작성의 예외)** 사용기간이 30일 미만인 일용근로자에 대하여는 근로자 명부를 작성하지 아니할 수 있다.

1) 작성의무

사용자는 각 사업장별로 근로자 명부를 작성하고 근로자의 성명, 생년월일, 이력, 그 밖에 대통령령으로 정하는 사항을 적어야 한다.

2) 기재사항

근로자명부에 기재하여야 할 사항은 성명, 성별, 생년월일, 주소, 이력, 종사하는 업무의 종류, 고용 또는 고용갱신 연월일, 계약기간을 정한 경우에는 그 기간, 그 밖의 고용에 관한 사항, 해고, 퇴직 또는 사망한 경우에는 그 연월일과 사유, 그 밖에 필요한 사항이다.

3) 예외

사용기간이 30일 미만인 일용근로자에 대하여는 근로자 명부를 작성하지 아니할 수 있다.

4) 위반시 벌칙

사용자가 근로자명부를 작성하지 않은 경우 500만원 이하의 과태료르 부과한다(제116조).

(2) 임금대장 및 임금명세서

> **근로기준법 제48조(임금대장 및 임금명세서)** ① 사용자는 각 사업장별로 임금대장을 작성하고 임금과 가족수당 계산의 기초가 되는 사항, 임금액, 그 밖에 대통령령으로 정하는 사항을 임금을 지급할 때마다 적어야 한다.
> ② 사용자는 임금을 지급하는 때에는 근로자에게 임금의 구성항목·계산방법, 제43조 제1항 단서에 따라 임금의 일부를 공제한 경우의 내역 등 대통령령으로 정하는 사항을 적은 임금명세서를 서면(전자문서 및 전자거래 기본법 제2조 제1호에 따른 전자문서를 포함한다)으로 교부하여야 한다.
>
> **동법 시행령 제27조(임금대장의 기재사항)** ① 사용자는 법 제48조 제1항에 따른 임금대장에 다음 각 호의 사항을 근로자 개인별로 적어야 한다.
>   1. 성명
>   2. 생년월일, 사원번호 등 근로자를 특정할 수 있는 정보
>   3. 고용 연월일
>   4. 종사하는 업무
>   5. 임금 및 가족수당의 계산기초가 되는 사항
>   6. 근로일수
>   7. 근로시간수
>   8. 연장근로, 야간근로 또는 휴일근로를 시킨 경우에는 그 시간수
>   9. 기본급, 수당, 그 밖의 임금의 내역별 금액(통화 외의 것으로 지급된 임금이 있는 경우에는 그 품명 및 수량과 평가총액)
>   10. 법 제43조 제1항 단서에 따라 임금의 일부를 공제한 경우에는 그 금액
> ② 사용기간이 30일 미만인 일용근로자에 대해서는 제1항 제2호 및 제5호의 사항을 적지 않을 수 있다.
> ③ 다음 각 호의 어느 하나에 해당하는 근로자에 대해서는 제1항 제7호 및 제8호의 사항을 적지 않을 수 있다.
>   1. 법 제11조 제2항에 따른 상시 4명 이하의 근로자를 사용하는 사업 또는 사업장의 근로자
>   2. 법 제63조 각 호의 어느 하나에 해당하는 근로자
>
> **제27조의2(임금명세서의 기재사항)** 사용자는 법 제48조 제2항에 따른 임금명세서에 다음 각 호의 사항을 적어야 한다.
>   1. 근로자의 성명, 생년월일, 사원번호 등 근로자를 특정할 수 있는 정보
>   2. 임금지급일
>   3. 임금 총액
>   4. 기본급, 각종 수당, 상여금, 성과금, 그 밖의 임금의 구성항목별 금액(통화 이외의 것으로 지급된 임금이 있는 경우에는 그 품명 및 수량과 평가총액을 말한다)
>   5. 임금의 구성항목별 금액이 출근일수·시간 등에 따라 달라지는 경우에는 임금의 구성항목별 금액의 계산방법(연장근로, 야간근로 또는 휴일근로의 경우에는 그 시간 수를 포함한다)
>   6. 법 제43조 제1항 단서에 따라 임금의 일부를 공제한 경우에는 임금의 공제 항목별 금액과 총액 등 공제내역

1) 임금대장 작성의무

사용자는 각 사업장별로 임금대장을 작성하고 임금과 가족수당 계산의 기초가 되는 사항, 임금액, 그 밖에 대통령령으로 정하는 사항을 임금을 지급할 때마다 적어야 한다(위반시 500만원 이하의 과태료, 제116조).

2) 임금대장 작성단위

임금대장은 사업의 종류와 규모를 불문하고 각 사업장별로 작성하여야 한다.

3) 임금대장 기재사항

① 원칙

임금대장에는 근로자 개인별로 성명, 주민등록번호, 고용 연월일, 종사하는 업무, 임금 및 가족수당의 계산기초가 되는 사항, 근로일수, 근로시간수, 연장근로, 야간근로 또는 휴일근로를 시킨 경우에는 그 시간수, 기본급, 수당, 그 밖의 임금의 내역별 금액(통화 외의 것으로 지급된 임금이 있는 경우에는 그 품명 및 수량과 평가총액), 임금의 일부를 공제한 경우에는 그 금액을 기재하여야 한다.

② 예외

사용기간이 30일 미만인 일용근로자에 대하여는 주민등록번호와 임금 및 가족수당의 계산기초가 되는 사항을 기재하지 아니할 수 있으며, 상시 4명 이하의 근로자를 사용하는 사업 또는 사업장의 근로자와 근로기준법 제63조의 근로시간 적용제외 근로자의 경우에는 근로시간수, 연장근로, 야간근로 또는 휴일근로를 시킨 경우에는 그 시간수를 기재하지 아니할 수 있다.

4) 임금명세서 교부의무

사용자는 임금을 지급하는 때에는 근로자에게 임금의 구성항목·계산방법, 제43조 제1항 단서에 따라 임금의 일부를 공제한 경우의 내역 등 대통령령으로 정하는 사항을 적은 임금명세서를 서면으로 교부하여야 한다(위반시 500만원 이하의 과태료, 제116조).

5) 임금명세서 기재사항

사용자가 교부하는 임금명세서에는 근로자의 성명, 생년월일, 사원번호 등 근로자를 특정할 수 있는 정보, 임금지급일, 임금 총액, 기본급, 각종 수당, 상여금, 성과금, 그 밖의 임금의 구성항목별 금액(통화 이외의 것으로 지급된 임금이 있는 경우에는 그 품명 및 수량과 평가총액을 말한다), 임금의 구성항목별 금액이 출근일수·시간 등에 따라 달라지는 경우에는 임금의 구성항목별 금액의 계산방법(연장근로, 야간근로 또는 휴일근로의 경우에는 그 시간 수를 포함한다), 법 제43조 제1항 단서에 따라 임금의 일부를 공제한 경우에는 임금의 공제 항목별 금액과 총액 등 공제내역을 기재여야 한다.

6) 교부방법

임금명세서는 서면 또는 전자문서 및 전자거래 기본법 제2조 제1호에 따른 전자문서로 교부하여야 하며, 교부는 근로자에게 서면 등이 도달하면 족하다.

2. 서류의 보존

근로기준법 제42조(계약 서류의 보존) 사용자는 근로자 명부와 대통령령으로 정하는 근로계약에 관한 중요한 서류를 3년간 보존하여야 한다.

동법 시행령 제22조(보존 대상 서류 등) ① 법 제42조에서 "대통령령으로 정하는 근로계약에 관한 중요한 서류"란 다음 각 호의 서류를 말한다.
1. 근로계약서
2. 임금대장
3. 임금의 결정·지급방법과 임금계산의 기초에 관한 서류

4. 고용·해고·퇴직에 관한 서류
5. 승급·감급에 관한 서류
6. 휴가에 관한 서류
7. 삭제
8. 법 제51조 제2항, 제51조의2 제1항, 같은 조 제2항 단서, 같은 조 제5항 단서, 제52조 제1항, 같은 조 제2항 제1호 단서, 제53조 제3항, 제55조 제2항 단서, 제57조, 제58조 제2항·제3항, 제59조 제1항 및 제62조에 따른 서면 합의 서류
9. 법 제66조에 따른 연소자의 증명에 관한 서류

② 법 제42조에 따른 근로계약에 관한 중요한 서류의 보존기간은 다음 각 호에 해당하는 날부터 기산한다.
1. 근로자 명부는 근로자가 해고되거나 퇴직 또는 사망한 날
2. 근로계약서는 근로관계가 끝난 날
3. 임금대장은 마지막으로 써 넣은 날
4. 고용, 해고 또는 퇴직에 관한 서류는 근로자가 해고되거나 퇴직한 날
5. 삭제
6. 제1항 제8호의 서면 합의 서류는 서면 합의한 날
7. 연소자의 증명에 관한 서류는 18세가 되는 날(18세가 되기 전에 해고되거나 퇴직 또는 사망한 경우에는 그 해고되거나 퇴직 또는 사망한 날)
8. 그 밖의 서류는 완결한 날

(1) 보존의무

사용자는 근로자명부와 대통령령으로정하는 근로계약에 관한 중요한 서류를 보존기간계산기산점으로부터 3년간 보존해야 한다(위반시 500만원 이하의 과태료, 제116조).

(2) 보존대상서류

사용자가 보존의무를 지는 서류는 근로자명부, 근로계약서, 임금대장, 임금의 결정·지급방법과 임금계산의 기초에 관한 서류, 고용·해고·퇴직에 관한 서류, 승급·감급에 관한 서류, 휴가에 관한 서류, 근로기준법상 근로자대표와의 서면 합의 서류, 연소자의 증명에 관한 서류이다. 또한 사용자는 재해보상에 관한 중요한 서류를 재해보상이 끝나지 아니하거나 재해보상 청구권이 시효로 소멸되기 전에 폐기하여서는 아니 된다(제91조).

(3) 보존기간

1) 보존기간의 기산일

보논기간의 기산일은 근로자 명부의 경우 해고되거나 퇴직 또는 사망한 날, 근로계약서는 근로관계가 끝난 날, 임금대장은 마지막으로 써 넣은 날, 고용, 해고 또는 퇴직에 관한 서류는 근로자가 해고되거나 퇴직한 날, 서면 합의 서류는 서면 합의한 날, 연소자의 증명에 관한 서류는 18세가 되는 날(18세가 되기 전에 해고되거나 퇴직 또는 사망한 경우에는 그 해고되거나 퇴직 또는 사망한 날), 그 밖의 서류는 완결한 날부터 기산한다.

2) 보존기간

보존기간은 기산일로부터 3년이다.

3. 서류의 게시

> 근로기준법 제14조(법령 주요 내용 등의 게시) ① 사용자는 이 법과 이 법에 따른 대통령령의 주요 내용과 취업규칙을 근로자가 자유롭게 열람할 수 있는 장소에 항상 게시하거나 갖추어 두어 근로자에게 널리 알려야 한다.
> ② 사용자는 제1항에 따른 대통령령 중 기숙사에 관한 규정과 제99조 제1항에 따른 기숙사규칙을 기숙사에 게시하거나 갖추어 두어 기숙(寄宿)하는 근로자에게 널리 알려야 한다.

(1) 게시의무

사용자는 근로기준법과 근로기준법 시행령의 주요 내용, 취업규칙, 기숙사규칙을 근로자가 자유롭게 열람할 수 있는 장소에 항상 게시하거나 갖추어 두어 근로자에게 널리 알려야 한다(위반시 500만원 이하의 과태료, 제116조).

(2) 게시대상

사용자가 게시하여야 할 대상은 근로기준법과 근로기준법 시행령의 주요 내용, 취업규칙, 기숙사규칙이다.

(3) 게시방법 및 게시장소

사용자는 근로자가 자유롭게 열람할 수 있는 장소에 항상 게시하거나 갖추어 두어 근로자에게 널리 알려야 한다. 근로자가 자유롭게 열람할 수 있는 장소로는 휴게실, 노동조합 사무실 등을 들 수 있다. 전자문서를 이용한 게시도 가능하다.

제2장 노동관계의 성립

제1절 근로계약의 의의

Ⅰ. 근로계약의 개념

"근로계약"이란 근로자가 사용자에게 근로를 제공하고 사용자는 이에 대하여 임금을 지급하는 것을 목적으로 체결된 계약을 말한다(근로기준법 제2조 제1항 제4호).

Ⅱ. 근로계약의 법적 성질

1. 고용계약과의 구별

근로계약을 민법상의 고용계약과 동일하게 보는 견해가 있으나, 근로계약은 사용종속관계를 본질적 요소로 한다는 점에서 사용종속관계를 내포하고 있지 않은 고용계약과는 구별되는 독자적 계약이다.

2. 채권계약·신분계약

근로계약은 종업원 지위의 취득이라는 신분계약적 측면과 근로조건의 결정이라는 채권계약적 측면을 동시에 보유하고 있으며, 양자는 상호보완적이다.

> **참조판례** 대판 1996.4.23. 95다6823
> 근로계약에 따라 계속적으로 근로를 제공하는 근로자는 인간으로서의 존엄과 가치를 지닌 인격체이고 근로자는 자신의 전 인격을 사용자의 사업장에 투입하고 있는 점에서 근로관계에 있어서 근로자의 근로제공은 자신의 인격과 분리될 수 없는 것이고 한편 근로계약에 따른 근로자의 근로제공은 단순히 임금획득만을 목적으로 하는 것은 아니고 근로자는 근로를 통하여 자아를 실현하고 나아가 기술을 습득하고 능력을 유지·향상시키며 원만한 인간관계를 형성하는 등으로 참다운 인격의 발전을 도모함으로써 자신의 인격을 실현시키고 있다는 점도 부인할 수 없다.

Ⅲ. 근로계약과 근로관계

1. 근로관계의 개념

근로관계란 근로자와 사용자사이의 근로제공을 둘러싼 권리의무관계를 의미한다.

2. 근로관계의 성립

근로관계는 명시적이든 묵시적이든 근로계약의 체결로 성립된다.

> **참조판례** 대판 1972.11.14. 72다895
>
> 사용자와 근로자관계가 성립하기 위하여는 양자간에 명시적 또는 묵시적으로 체결된 계약이 있거나 기타 법적 근거가 있어야 한다.

제2절 근로계약의 체결

Ⅰ. 근로계약의 당사자

1. 근로자

근로계약체결의 당사자로서 근로자는 근로의 의사와 능력이 있는 자로서 사용자와 근로계약을 체결하고 이에 따라 근로를 제공하고자 하는 자를 말한다.

2. 사용자

근로계약체결의 당사자로서 사용자는 사업주인 것이 원칙이다. 다만, 사업주가 아닌 사용자, 즉 사업경영담당자 또는 사업주를 위하여 행위하는 자는 사업주로부터 근로계약체결의 권한을 위임받은 경우에 한하여 근로계약체결의 당사자가 될 수 있다.

Ⅱ. 근로계약의 형식

근로계약의 체결은 특별한 형식을 요구하지 아니하며, 문서는 물론 구두에 의하여도 이를 체결할 수 있다.

Ⅲ. 근로조건의 명시의무

> 근로기준법 제17조(근로조건의 명시) ① 사용자는 근로계약을 체결할 때에 근로자에게 다음 각 호의 사항을 명시하여야 한다. 근로계약 체결 후 다음 각 호의 사항을 변경하는 경우에도 또한 같다.
> 1. 임금
> 2. 소정근로시간
> 3. 제55조에 따른 휴일
> 4. 제60조에 따른 연차 유급휴가
> 5. 그 밖에 대통령령으로 정하는 근로조건
> ② 사용자는 제1항 제1호와 관련한 임금의 구성항목·계산방법·지급방법 및 제2호부터 제4호까지의 사항이 명시된 서면(전자문서 및 전자거래 기본법 제2조 제1호에 따른 전자문서를 포함한다)을 근로자에게 교부하여야 한다. 다만, 본문에 따른 사항이 단체협약 또는 취업규칙의 변경 등 대통령령으로 정하는 사유로 인하여 변경되는 경우에는 근로자의 요구가 있으면 그 근로자에게 교부하여야 한다.

제67조(근로계약) ③ 사용자는 18세 미만인 자와 근로계약을 체결하는 경우에는 제17조에 따른 근로조건을 서면으로 명시하여 교부하여야 한다.

동법 시행령 제8조(명시하여야 할 근로조건) 법 제17조 제1항 제5호에서 "대통령령으로 정하는 근로조건"이란 다음 각 호의 사항을 말한다.
1. 취업의 장소와 종사하여야 할 업무에 관한 사항
2. 법 제93조 제1호부터 제12호까지의 규정에서 정한 사항
3. 사업장의 부속 기숙사에 근로자를 기숙하게 하는 경우에는 기숙사 규칙에서 정한 사항

제8조의2(근로자의 요구에 따른 서면 교부) 법 제17조 제2항 단서에서 "단체협약 또는 취업규칙의 변경 등 대통령령으로 정하는 사유로 인하여 변경되는 경우"란 다음 각 호의 경우를 말한다.
1. 법 제51조 제2항, 제51조의2 제1항, 같은 조 제2항 단서, 같은 조 제5항 단서, 제52조 제1항, 같은 조 제2항 제1호 단서, 제53조 제3항, 제55조 제2항 단서, 제57조, 제58조 제2항·제3항, 제59조 제1항 또는 제62조에 따른 서면 합의로 변경되는 경우
2. 법 제93조에 따른 취업규칙에 의하여 변경되는 경우
3. 노동조합 및 노동관계조정법 제31조 제1항에 따른 단체협약에 의하여 변경되는 경우
4. 법령에 의하여 변경되는 경우

동법 제19조(근로조건의 위반) ① 제17조에 따라 명시된 근로조건이 사실과 다를 경우에 근로자는 근로조건 위반을 이유로 손해의 배상을 청구할 수 있으며 즉시 근로계약을 해제할 수 있다.
② 제1항에 따라 근로자가 손해배상을 청구할 경우에는 노동위원회에 신청할 수 있으며, 근로계약이 해제되었을 경우에는 사용자는 취업을 목적으로 거주를 변경하는 근로자에게 귀향 여비를 지급하여야 한다.

1. 의의

사용자는 근로계약을 체결하거나 변경할 때에 근로자에게 임금, 소정근로시간, 휴일, 연차유급휴가, 취업의 장소와 종사해야 할 업무에 관한 사항, 취업규칙의 기재사항, 기숙사에 기숙하는 근로자의 경우에는 기숙사 규칙에서 정한 사항을 명시해야 한다. 근로기준법에서 근로조건을 명시하도록 규정하고 있는 이유는 사용자가 자신의 우월한 지위를 남용하여 구체적인 근로조건을 제시하지 아니한 채 근로조건의 불확정 상태하에서 근로자의 근로를 수령하는 것을 방지하기 위한 것이다.

2. 일반명시

(1) 명시하여야 할 근로조건

사용자가 의무적으로 명시하여야 할 근로조건의 범위는 임금, 소정근로시간, 휴일, 연차유급휴가 및 대통령령으로 정하는 근로조건이다. 대통령령으로 정하는 근로조건이란 취업의 장소와 종사하여야 할 업무에 관한 사항, 취업규칙에서 정한 사항, 사업장의 부속기숙사에 근로자를 기숙하게 하는 경우에는 기숙사규칙에서 정한 사항을 말한다.

(2) 근로조건의 명시시기

사용자가 근로자에 대하여 근로조건을 명시하여야 할 시기는 근로계약의 체결한 경우에는 근로계약의 체결시이며, 근로계약 체결 후 명시하여야 할 근로조건을 변경하는 경우에도 변경시에 변경된 근로조건을 명시하여야 한다.

(3) 근로조건의 명시방법

명시란 보통의 근로자라면 사용자가 제시한 내용을 그대로 기억할 수 있는 상태에 두는 것을 말한다. 명시의 방법에는 제한이 없으므로 구두이든 서면이든 무방하다.

3. 서면명시 및 교부

(1) 명시하여야 할 근로조건

사용자는 임금의 구성항목·계산방법·지급방법, 소정근로시간, 휴일, 연차유급휴가에 관한 사항을 서면으로 명시하여야 하고 이를 근로자에게 교부하여야 한다.

(2) 명시 및 교부시기

1) 근로계약의 체결

사용자가 근로자와 근로계약을 체결한 경우에는 근로계약 체결시에 서면으로 근로조건을 명시하고 교부하여야 한다.

2) 근로조건의 변경

근로조건이 변경된 경우에도 변경시에 근로조건을 서면으로 명시하고 교부하여야 한다. 다만, 근로자대표와의 서면합의, 단체협약, 취업규칙, 법령에 의하여 변경된 경우에는 근로자의 요구가 있으면 그 근로자에게 교부하여야 한다.

(3) 명시 및 교부방법

근로기준법 제17조 제2항에 따른 근로조건의 명시 및 교부는 서면 또는 전자문서에 의한 방법이어야 한다.

4. 근로조건 명시의무 위반의 효과

(1) 형사제재 및 사법상 효력

사용자가 근로조건의 명시의무에 위반하면 500만원 이하의 벌금에 처한다(제114조). 근로조건을 명시하지 않았다고 하더라도 근로계약이 사법상 무효가 되는 것은 아니다.

(2) 명시된 근로조건이 사실과 다른 경우

> 근로기준법 제19조(근로조건의 위반) ① 제17조에 따라 명시된 근로조건이 사실과 다를 경우에 근로자는 근로조건 위반을 이유로 손해의 배상을 청구할 수 있으며 즉시 근로계약을 해제할 수 있다.
> ② 제1항에 따라 근로자가 손해배상을 청구할 경우에는 노동위원회에 신청할 수 있으며, 근로계약이 해제되었을 경우에는 사용자는 취업을 목적으로 거주를 변경하는 근로자에게 귀향 여비를 지급하여야 한다.

1) 보호필요성

사용자가 근로자를 모집할 때에 유리한 조건을 제시하고 실제로는 명시된 근로조건과 달리 불리한 조건으로 근로를 시키는 폐단을 없애기 위해 근로기준법 제19조는 근로자의 손해배상청구권과 계약즉시해제권, 그리고 귀향여비지급의무를 규정하고 있다.

2) 적용되는 근로조건

명시된 근로조건과 실제로 이행된 근로조건이 다른 경우 당사자 사이에 적용되는 근로조건은 근로계약 체결시에 명시된 근로조건이다.

3) 손해배상청구

① 노동위원회에 손해배상청구

명시된 근로조건이 사실과 다른 경우에 근로자는 채무불이행으로 인한 손해배상을 노동위원회에 청구할 수 있다. 노동위원회를 통한 손해배상의 청구는 근로계약 체결시에 명시된 근로조건이 취업 후 사실과 다른 경우에 국한하여 인정된다.

> **참조판례** 대판 1989.2.28. 87누496
>
> 노동위원회에 대한 손해배상의 신청은 부당해고·부당노동행위 등 근로관계에서 발생하는 모든 손해배상청구에 대하여 허용되는 것이 아니며, 근로계약 체결시에 명시된 근로조건이 취업 후 사실과 다른 경우에 국한하여 인정된다.

② 손해배상청구권의 소멸시효

손해배상청구권은 임금채권의 시효에 준하여 3년의 소멸시효가 적용된다.

> **참조판례** 대판 1997.10.10. 97누5732
>
> 구 근로기준법(1996.12.31 법률 제5245호로 개정되기 전의 것) 제23조에 정한 계약의 즉시해제권은 취업 후 상당한 기간이 지나면 행사할 수 없다고 해석되며, 같은 손해배상청구권의 소멸시효 기간은 위와 같은 법 규정의 취지와 규정 내용 등에 비추어 근로조건의 내용 여부를 묻지 않고 같은 법 제41조에 정한 임금채권에 준하여 3년이라고 보아야 한다.

4) 계약즉시해제권

① 계약의 즉시해제

명시된 근로조건이 사실과 다른 경우에 근로자는 근로계약을 즉시 해제할 수 있다.

② 해제권 행사시기

즉시란 지체 없이를 의미하므로 취업 후 상당한 기간이 지나면 즉시해제권은 행사할 수 없다 (대판 97누5732).

③ 해제의 효과

법문언상 해제로 되어 있으나 계약즉시해제권은 장래효를 가지는 해지에 해당한다.

5) 귀향여비지급의무

근로계약이 해제된 경우 사용자는 취업을 목적으로 거주를 변경하는 근로자에게 귀향여비를 지급하여야 한다.

Ⅳ. 근로계약의 내용

1. 위약 예정의 금지

> 제20조(위약 예정의 금지) 사용자는 근로계약 불이행에 대한 위약금 또는 손해배상액을 예정하는 계약을 체결하지 못한다.

(1) 의의

사용자는 근로계약 불이행에 대한 위약금 또는 손해배상액을 예정하는 내용의 근로계약 체결이 금지된다. 이는 근로자의 의무불이행을 이유로 사용자에게 실제로 발생한 손해의 종류나 정도를 묻지 않고 일정 금액을 배상하도록 미리 약정함으로써 근로자의 의사에 반하여 근로를 강제당하는 것을 방지하기 위한 규정이다.

(2) 금지되는 위약예정의 범위

1) 위약금 또는 손해배상액 예정의 개념

위약금이란 근로자의 채무불이행이 발생한 경우에 근로자가 사용자에게 실제 손해의 발생여부와 상관없이 일정액을 지불할 것을 미리 약정하는 것을 말하고, 손해배상액의 예정이라 함은 근로자의 채무불이행이 발생한 경우에 실제 발생된 손해와 관계없이 근로자가 사용자에게 배상하여야 할 손해액을 미리 정하는 것을 말한다.

2) 부담대상자

위약금 등의 부담대상자는 근로자·친권자·보증인(신원보증인)·연대보증인 또는 제3자를 불문한다.

3) 금지대상

위약예정은 채무불이행뿐만 아니라 불법행위의 경우에도 강제근로의 위험이 있는 한 금지된다.

4) 금지범위

① 연수 및 교육비용

㉠ 임금 또는 퇴직금반환약정: 해외연수 후 일정기간 근무하지 않으면 그 회사로부터 받은 임금 또는 퇴직금 등을 반환하기로 한 약정은 위약금약정에 해당한다.

> **참조판례** 대판 2004.4.28. 2001다53875
>
> 기업체에서 비용을 부담 지출하여 직원에 대하여 위탁교육훈련을 시키면서 일정 임금을 지급하고 이를 이수한 직원이 교육수료일자부터 일정한 의무재직기간 이상 근무하지 아니할 때에는 기업체가 지급한 임금이나 해당 교육비용의 전부 또는 일부를 상환하도록 하되 의무재직기간 동안 근무하는 경우에는 이를 면제하기로 약정한 경우, 교육비용의 전부 또는 일부를 근로자로 하여금 상환하도록 한 부분은 근로기준법 제27조 에서 금지된 위약금 또는 손해배상을 예정하는 계약이 아니므로 유효하지만, 임금반환을 약정한 부분은 기업체가 근로자에게 근로의 대상으로 지급한 임금을 채무불이행을 이유로 반환하기로 하는 약정으로서 실질적으로는 위약금 또는 손해배상을 예정하는 계약이므로 근로기준법 제27조에 위반되어 무효이고, 직원의 해외파견근무의 주된 실질이 연수나 교육훈련이 아니라 기업체의 업무상 명령에 따른 근로장소의 변경에 불과한 경우, 이러한 해외근무기간 동안 임금 이외에 지급 또는 지출한 금품은 장기간 해외근무라는 특수한 근로에 대한 대가이거나 또는 업무수행에 있어서의 필요불가결하게 지출할 것이 예정되어 있는 경비에 해당하여 재직기간 의무근무 위반을 이유로 이를 반환하기로 하는 약정또한 마찬가지로 무효라고 보아야 할 것이다.

ⓒ **교육비용상환약정**: 교육이나 연수가 주로 사용자의 업무상 필요와 이익을 위하여 원래 사용자가 부담하여야 할 성질의 비용을 지출한 것에 불과한 정도가 아니라 근로자의 자발적 희망과 이익까지 고려하여 근로자가 전적으로 또는 공동으로 부담하여야 할 비용을 사용자가 대신 지출한 것으로 평가되며, 약정 근무 기간 및 상환해야 할 비용이 합리적이고 타당한 범위 내에서 정해져 있는 등 반환약정으로 인하여 근로자의 의사에 반하는 계속 근로를 부당하게 강제하는 것으로 평가되지 않는다면, 그러한 약정까지 구 근로기준법 제27조에 반하는 것은 아니다.

> **참조판례** 대판 2008.10.23. 2006다37274
>
> 근로자가 일정 기간 동안 근무하기로 하면서 이를 위반할 경우 소정 금원을 사용자에게 지급하기로 약정하는 경우, 그 약정이 사용자가 근로자의 교육 훈련 또는 연수를 위한 비용을 우선 지출하고 근로자는 실제 지출된 비용의 전부 또는 일부를 상환하는 의무를 부담하기로 하되 장차 일정 기간 동안 근무하는 경우에는 그 상환 의무를 면제해 주기로 하는 취지인 경우에는, 그러한 약정의 필요성이 인정된다. 이때 주로 사용자의 업무상 필요와 이익을 위하여 원래 사용자가 부담하여야 할 성질의 비용을 지출한 것에 불과한 정도가 아니라 근로자의 자발적 희망과 이익까지 고려하여 근로자가 전적으로 또는 공동으로 부담하여야 할 비용을 사용자가 대신 지출한 것으로 평가되며, 약정 근무 기간 및 상환해야 할 비용이 합리적이고 타당한 범위 내에서 정해져있는 등 위와 같은 약정으로 인하여 근로자의 의사에 반하는 계속 근로를 부당하게 강제하는 것으로 평가되지 않는다면, 그러한 약정까지 구 근로기준법 제27조에 반하는 것은 아니다.

② **실손해배상약정**

위약금 내지 손해배상액의 예정이 금지될 뿐 실제로 발생한 손해의 배상을 청구하는 것은 허용된다.

> **참조판례** 대판 1980.9.24. 80다1040
>
> 근로자의 불법행위 등으로 사용자에게 손해가 발생했을 때 사용자가 근로자에게 실제로 발생한 손해에 대한 배상을 할 수 있도록 단체협약·취업규칙 등에 정하거나 신원보증계약을 체결하는 것은 가능하다.

③ **전속근무인센티브(사이닝 보너스)**

전문직을 확보하기 위해 인센티브명목으로 일회적으로 지급되는 이른바 사이닝 보너스가 이직보상·근로계약체결대가인지 아니면 이직금지·전속근무대가인지는 여러 요인을 종합적으로 고려하여 판단된다. 전자라면 근로계약이 체결된 이상 약정근무기간이 준수되지 않아도 근로자 책임이 발생하지 않는다.

> **참조판례** 대판 2015.6.11. 2012다55518
>
> 기업이 경력 있는 전문 인력을 채용하기 위한 방법으로 근로계약 등을 체결하면서 일회성의 인센티브 명목으로 지급하는 이른바 사이닝보너스가 이직에 따른 보상이나 근로계약 등의 체결에 대한 대가로서의 성격만 가지는지, 더 나아가 의무근무기간 동안의 이직금지 내지 전속근무 약속에 대한 대가 및 임금 선급으로서의 성격도 함께 가지는지는 해당 계약이 체결된 동기 및 경위, 당사자가 계약에 의하여 달성하려고 하는 목적과 진정한 의사, 계약서에 특정 기간 동안의 전속근무를 조건으로 사이닝보너스를 지급한다거나 기간의 중간에 퇴직하거나 이직할 경우 이를 반환한다는 등의 문언이 기재되어 있는지 및 거래의 관행 등을 종합적으로 고려하여 판단하여야 한다. 만약 해당 사이닝보너스가 이직에 따른 보상이나 근로계약 등의 체결에 대한 대가로서의 성격에 그칠 뿐이라면 계약 당사자 사이에 근로계약 등이 실제로 체결된 이상 근로자 등이 약정근무기간을 준수하지 아니하였더라도 사이닝보너스가 예정하는 대가적 관계에 있는 반대급부는 이행된 것으로 볼 수 있다.

④ 의무기간설정과 금품지급

근로자가 일정 기간 동안 근무하기로 하되 이를 위반할 경우 어떤 손해가 어느 정도 발생하였는지 묻지 않고 바로 소정 금액을 사용자에게 지급하기로 하는 것이라면 위약예정에 해당한다. 사용자가 근로자에게 일정한 금전을 지급하면서 의무근로기간을 설정하고 이를 지키지 못하면 그 전부 또는 일부를 반환받기로 약정한 경우, 의무근로기간의 설정 양상, 반환 대상인 금전의 법적 성격 및 규모·액수, 반환 약정을 체결한 목적이나 경위 등을 종합할 때 그러한 반환 약정이 해당 금전을 지급받은 근로자의 퇴직의 자유를 제한하거나 그 의사에 반하는 근로의 계속을 부당하게 강요하는 것이라고 볼 수 없다면, 이는 근로기준법 제20조가 금지하는 약정이라고 보기 어렵다.

> **참조판례** 대판 2022.3.11. 2017다202272
>
> 근로기준법 제20조는 "사용자는 근로계약 불이행에 대한 위약금 또는 손해배상액을 예정하는 계약을 체결하지 못한다."라고 규정하고 있다. 근로자가 근로계약을 불이행한 경우 반대급부인 임금을 지급받지 못한 것에서 더 나아가 위약금이나 손해배상금을 지급하여야 한다면 근로자로서는 비록 불리한 근로계약을 체결하였다 하더라도 근로계약의 구속에서 쉽사리 벗어날 수 없을 것이므로, 위와 같은 위약금이나 손해배상액 예정의 약정을 금지함으로써 근로자가 퇴직의 자유를 제한받아 부당하게 근로의 계속을 강요당하는 것을 방지하고, 근로자의 직장선택의 자유를 보장하며 불리한 근로계약을 해지할 수 있도록 보호하려는 데에 위 규정의 취지가 있다. 사용자가 근로자에게 일정한 금전을 지급하면서 의무근로기간을 설정하고 이를 지키지 못하면 그 전부 또는 일부를 반환받기로 약정한 경우, 의무근로기간의 설정 양상, 반환 대상인 금전의 법적 성격 및 규모·액수, 반환 약정을 체결한 목적이나 경위 등을 종합할 때 그러한 반환 약정이 해당 금전을 지급받은 근로자의 퇴직의 자유를 제한하거나 그 의사에 반하는 근로의 계속을 부당하게 강요하는 것이라고 볼 수 없다면, 이는 근로기준법 제20조가 금지하는 약정이라고 보기 어렵다.

⑤ 신원보증계약

신원보증계약이 현실적으로 발생한 손해를 대상으로 하는 경우에는 허용되나, 위약예정을 내용으로 하는 경우에는 허용되지 않는다.

⑥ 무사고승무수당

근무 중 교통사고가 발생한 경우 매월 고정적으로 지급되는 무사고승무수당을 공제하기로 하는 약정은 위약예정에 해당한다.

> **참조판례** 대판 2019.6.13. 2018도17135
>
> 근로계약서에는 무사고승무수당 200,000원을 매월 고정적으로 지급하는 것으로 기재되어 있고 달리 김○○의 실제 근무성적에 따라 그 지급 여부와 지급액이 달라지는 것은 아니므로, 위 무사고승무수당도 근로기준법에서 정하는 '임금'에 해당한다고 봄이 상당하다. 그런데 근무 중 교통사고가 발생한 경우 실제 손해 발생 여부 및 손해의 액수에 관계없이 3개월 동안 매월 무사고승무수당 200,000원을 임금에서 공제하기로 하는 약정은 근로기준법 제20조가 금지하는 근로계약 불이행에 대한 위약금 또는 손해배상액의 예정에 해당할 뿐만 아니라 근로기준법 제43조가 정하는 임금의 전액 지급 원칙에도 반하므로 무효이다.

(3) 효과

위약금을 약정하거나 손해배상액을 예정하는 근로계약의 내용은 사법상 무효이고, 사용자에 대하여는 500만원 이하의 벌금에 처한다(제114조).

2. 전차금 상계의 금지

> 제21조(전차금 상계의 금지) 사용자는 전차금(前借金)이나 그 밖에 근로할 것을 조건으로 하는 전대(前貸)채권과 임금을 상계하지 못한다.

(1) 의의
사용자는 전차금이나 그 밖에 근로할 것을 조건으로 하는 전대채권과 임금을 상계하지 못한다. 이는 사용자가 전차금이나 전대채권으로 근로자의 임금 등과 상계함으로써 근로자의 생계가 위협당하게 되어 결과적으로 근로자의 강제노동의 위험과 불리한 근로조건을 감수하도록 하는 것을 방기하기 위한 것이다.

(2) 상계금지의 대상
전차금은 근로자가 근로계약을 체결할 때에 근로를 제공하여 향후 임금에서 변제하기로 하고 사용자로부터 차용한 금전을 말한다. 근로할 것을 조건으로 하는 전대채권이란 전차금 이외에 근로자 또는 그 친권자 등에게 지급되는 금전으로서 전차금과 동일한 내용을 가지는 것을 말한다.

(3) 상계금지의 범위

1) 상계의 개념
상계라 함은 채권자와 채무자가 같은 종류의 채권인 경우 청구·집행·이행에 따르는 불편을 해소하기 위해 대등한 금액의 범위에서 채무자의 일방적 의사표시로 소멸케 하는 것을 말한다.

2) 상계의 금지
금지되는 범위는 전차금 등의 대여 자체가 아니라 전대채권과 임금과의 상계이다. 사용자가 근로자에게 임금과의 상계를 전제로 하지 아니하고 전차금을 대여하는 것은 허용된다.

3) 사용자의 일방적 상계금지
사용자의 전대채권을 자동채권으로 근로자의 임금채권을 수동채권으로 한 상계가 금지된다.

4) 근로자의 상계 및 상계합의
근로자가 자발적인 의사에 의하여 상계를 하는 것은 허용되며, 사용자와 근로자가 합의하여 채권의 대등액 만큼을 소멸시키는 것은 된다. 다만 이 경우에도 전차금상계금지의 대상이 되는지 여부는 금전대부기간, 금액, 이자의 고리 여부 등을 종합적으로 판단하여 근로할 것을 조건으로 하는 것인지, 즉 근로자의 강제노동 또는 신분구속을 강요하는 수단이 될 수 있는지를 기준으로 판단한다. 이러한 기준에서 가불, 학자금 대여 및 주택구입자금 등은 전차금 상계금지의 원칙에 위배되지 않는다.

(4) 효과
사용자가 전차금 또는 전대채권과 임금 등을 상계하는 것은 사법상 무효가 되며, 사용자에 대하여는 500만원 이하의 벌금에 처한다(제114조).

3. 강제 저축의 금지

> 제22조(강제 저금의 금지) ① 사용자는 근로계약에 덧붙여 강제 저축 또는 저축금의 관리를 규정하는 계약을 체결하지 못한다.
> ② 사용자가 근로자의 위탁으로 저축을 관리하는 경우에는 다음 각 호의 사항을 지켜야 한다.
> 1. 저축의 종류·기간 및 금융기관을 근로자가 결정하고, 근로자 본인의 이름으로 저축할 것
> 2. 근로자가 저축증서 등 관련 자료의 열람 또는 반환을 요구할 때에는 즉시 이에 따를 것

(1) 의의

사용자는 근로계약에 덧붙여 강제 저축 또는 저축금의 관리를 규정하는 내용의 근로계약을 체결하여서는 안 된다. 이는 사용자가 근로자 임금의 일정액을 강제로 저축하게 하고 그 반환을 어렵게 하는 경우 근로자는 자신의 의사에 반하여 회사에 구속되는 결과를 가져올 우려가 있고 사용자의 경영상 위험을 근로자가 부담하게 된다는 점에서 금지한다.

(2) 금지되는 강제 저축

1) 근로계약에 덧붙여

근로계약에 덧붙여라 함은 근로계약의 체결 또는 존속조건으로서 강제 저축을 강요하는 것을 말한다.

2) 강제 저축 또는 저축금의 관리

강제 저축이란 근로자의 의사에 반하여 저축이 강요되는 것을 말하며, 저축금의 관리란 사용자가 저축금에 대한 예금 또는 인출 등의 권한을 갖는 것을 말한다. 사용자 자신이 직접 근로자의 예금을 받아 스스로 관리하는 사내예금은 물론, 사용자가 개개 근로자 명의로 은행 기타 금융기관에 예금한 후 그 통장과 인감을 보관하거나 예금의 인출을 금지·제한하는 것도 금지된다.

(3) 예외

사용자가 근로자의 위탁에 의한 저축금을 관리하는 경우에도 '① 저축의 종류·기간 및 금융기관을 근로자가 결정하고 근로자 본인의 이름으로 저축할 것, ② 근로자가 저축증서 등 관련 자료의 열람 또는 반환을 요구할 때에는 즉시 이에 따를 것'의 사항을 준수하여야 한다.

(4) 효과

강제 저축의 금지를 위반한 근로계약의 내용은 무효가 되며, 근로자가 요구하면 언제든지 저축금액 및 이자를 반환해야 한다. 사용자가 강제저축금지에 위반한 경우 2년 이하의 징역 또는 2천만원 이하의 벌금에 처하며(제110조), 근로자의 위탁으로 관리하는 경우라도 의무를 이행하지 않은 경우 500만원 이하의 벌금에 처한다(제114조).

V. 근로계약의 기간

현행 근로기준법상 근로계약의 기간에 관한 제한은 없다.

VI. 비전형적인 근로관계

1. 채용내정

(1) 개념
채용내정이라 함은 정식채용 훨씬 전에 채용할 자를 미리 결정해 두는 것을 말한다.

(2) 채용내정의 법적 성질
채용내정 통지를 함으로써 사용자와 근로자 사이에는 근로계약관계가 성립한다. 정식근로자와 달리 채용내정자는 해약권이 유보된 근로계약이 성립된 것으로 본다.

> **참조판례** 대판 2000.11.28. 2000다51476
> 신규채용된자들의 채용내정시부터 정식발령일까지 사이에는 사용자에게 근로계약의 해약권이 유보된다고 할 것

(3) 채용내정의 효과

1) 근로기준법의 적용
채용내정으로 근로관계는 성립된 것이므로 근로기준법의 근로제공과 관련된 규정을 제외하고는 모두 적용된다.

2) 채용내정의 취소

① 해고
채용내정 통지를 함으로써 사용자와 근로자 사이에는 근로계약관계가 성립하고, 그 후 사용자가 근로자에 대한 채용내정을 취소한 것은 실질적으로 해고에 해당한다(대판 2000다25910).

② 해고의 정당성
채용내정자의 해고 사유에 관한 정당한 이유는 해약권이 유보되어 있으므로 사회통념상 해약권이 유보되지 않은 일반근로자의 경우보다는 넓게 해석된다.

③ 경영상 해고
채용내정자를 다른 근로자보다 우선하여 정리해고의 대상자로 선정하더라도 합리적이고 공정한 선정이 아니라고 볼 수 없다고 하며, 또한 근로기준법 제23조 제3항의 근로자대표와의 사전 협의 의무가 적용되지 않는다.

> **참조판례** 대판 2000.11.28. 2000다51476
> 신규채용된 자들의 채용내정시부터 정식발령일까지 사이에는 사용자에게 근로계약의 해약권이 유보된다고 할 것이어서 원고들에 대하여는 근로기준법 제31조 제3항이 적용되지 않는다고 보아야 한다고 하여, 결국 피고의 원고들에 대한 정리해고가 정당하다고 판단한 것은 모두 정당하고 정리해고의 유효요건에 관한 법리를 오해한 위법이 있다고 할 수 없다.

④ 불법행위책임
사용자는 다른 취직의 기회를 포기하고 본채용만을 기다려 온 채용내정자에 대하여 채무불이행 또는 불법행위에 기한 손해배상책임을 진다.

> **참조판례** 대판 1993.9.10. 92다42897
>
> 학교법인이 원고를 사무직원 채용시험의 최종합격자로 결정하고 그 통지와 아울러 '1989.5.10.자로 발령하겠으니 제반 구비서류를 5.8.까지 제출하여 달라.'는 통지를 하여 원고로 하여금 위 통지에 따라 제반 구비서류를 제출하게 한 후, 원고의 발령을 지체하고 여러 번 발령을 미루었으며, 그 때문에 원고는 위 학교법인이 1990.5.28. 원고를 직원으로 채용할 수 없다고 통지할 때까지 임용만 기다리면서 다른 일에 종사하지 못한 경우 이러한 결과가 발생한 원인이 위 학교법인이 자신이 경영하는 대학의 재정 형편, 적정한 직원의 수, 1990년도 입학정원의 증감 여부 등 여러 사정을 참작하여 채용할 직원의 수를 헤아리고 그에 따라 적정한 수의 합격자 발표와 직원채용통지를 하여야 하는데도 이를 게을리하였기 때문이라면 위 학교법인은 불법행위자로서 원고가 위 최종합격자 통지와 계속된 발령 약속을 신뢰하여 직원으로 채용되기를 기대하면서 다른 취직의 기회를 포기함으로써 입은 손해를 배상할 책임이 있다.

⑤ 본채용 예정일이 지났는데도 본채용을 계속 지연하는 경우 또는 본채용을 하지 않기로 통보한 경우에는 다른 취직의 기회를 포기하고 본채용만을 기다려 온 채용내정자는 근로제공의 수령을 요구하며 임금을 청구할 수 있다.

> **참조판례** 대판 2002.12.10. 2000다25910
>
> 원고들이 한 부제소 합의는 원고들이 채용을 기다리기로 한 1999.6.30까지 자신의 순번까지 채용되지 않고 그 채용내정이 확정적으로 취소된다 하더라도 채용내정의 취소, 즉 해고에 관하여 이의를 제기하지 아니하고 해고의 적법여부와 효력, 해고와 관련된 채무불이행이나 불법행위책임 등에 관해 민사소송 등을 제기하지 않는다는 취지로 엄격하게 해석함이 상당하다. 따라서 원고들이 피고회사의 종업원의 지위를 취득한 사이에 피고회사에 대해 가지는 임금청구권은 채용내정의 취소, 즉 해고와 관계없이 당연히 발생하는 권리이므로 사전에 이에 관해 부제소합의를 하였거나 또는 그 기간 동안의 임금청구권을 포기한 것으로 볼 수 없다.

⑥ 채용내정자가 채용발령연기 동의서를 작성했다 해도 임금청구권까지 포기한 것으로 볼 수 없다 (대판 2000다25910).

⑦ 채용내정을 취소할 때 해고예고제도는 적용되지 않는다.

2. 시용

(1) 개념

시용제도라 함은 사용자가 근로자의 능력 및 인품 등 종업원으로서의 적격성을 갖추었는지의 여부를 판단하기 위하여 일정기간 근로계약의 체결을 유보한 채 근무를 시킨 후 그 근무결과여하에 따라 정식채용하는 것을 말한다.

(2) 법적 성질

시용기간부 근로관계의 법적성질에 대하여는 정지조건부 근로계약설, 해제조건부 근로계약설, 해약권 유보부 근로계약설 등이 대립하며, 판례는 해약권이 유보된 근로계약으로 본다.

> **참조판례** 대판 2006.2.24. 2002다62432
>
> 시용기간 중에 있는 근로자를 해고하거나 시용기간 만료시 본계약의 체결을 거부하는 것은 사용자에게 유보된 해약권의 행사로서, 당해 근로자의 업무능력, 자질, 인품, 성실성 등 업무적격성을 관찰·판단하려는 시용제도의 취지·목적에 비추어 볼 때 보통의 해고보다는 넓게 인정되나, 이 경우에도 객관적으로 합리적인 이유가 존재하여 사회통념상 상당하다고 인정되어야 한다.

(3) 시용의 성립

시용기간제도는 당사자가 근로계약에서 이를 명시적으로 약정한 경우에만 인정된다.

(4) 시용기간

1) 시용기간의 명시

시용기간은 근로자로서의 적격성을 판단하는 기간이다. 따라서 시용기간을 명시하지 않으면 시용으로 인정되지 않을 수 있다.

> **참조판례** 대판 1999.11.12. 99다30473
>
> 취업규칙에 신규 채용하는 근로자에 대한 시용기간의 적용을 선택적 사항으로 규정하고 있는 경우에는 그 근로자에 대하여 시용기간을 적용할 것인가의 여부를 근로계약에 명시하여야 하고, 만약 근로계약에 시용기간이 적용된다고 명시하지 아니한 경우에는 시용 근로자가 아닌 정식 사원으로 채용되었다고 보아야 한다.

2) 시용기간의 연장

시용기간의 연장은 원칙적으로 허용되지 않는다. 그러나 연장기간 중에 근로자의 근무태도가 개설될 것을 기대하고 정식근로자로 고용할 것을 배려함으로써 시용근로자에게 불리하지 않은 상태에서 근로자가 수용하면 허용될 수 있다.

3) 시용기간의 경과

시용근로자에 대하여 사용자가 본채용을 거절하지 않은 채 시용기간이 지나면, 사용자의 해약권은 소멸하고 시용근로자는 정규 종업원으로 전환된다.

4) 계속근로기간

시용기간은 계속근로기간에 포함된다. 시용근로자가 본채용 또는 시용기간의 경과 등으로 정규 종업원이 된 경우, 시용기간은 퇴직금이나 연차휴가에 관해서는 계속근로기간에 포함된다.

> **참조판례** 대판 2022.2.17. 2021다218083
>
> 시용이란 본 근로계약 체결 이전에 해당 근로자의 직업적 능력, 자질, 인품, 성실성 등 업무적격성을 관찰·판단하고 평가하기 위해 일정기간 시험적으로 고용하는 것을 말한다. 근속기간 중에 직종 등 근로제공의 형태가 변경된 경우와 마찬가지로, 시용기간 만료 후 본 근로계약을 체결하여 공백기간 없이 계속 근무한 경우에도 시용기간과 본 근로계약기간을 통산한 기간을 퇴직금 산정의 기초가 되는 계속근로기간으로 보아야 한다.

(5) 해고 및 본채용 거절

1) 해고

시용기간에는 작업능력배양과 시험적사용을 위해 근무규칙을 보다 엄격히 정하여 해고기준으로 삼더라도, 사회통념상 합리성에 크게 벗어나지 않는 한 인정된다.

2) 본채용거절

시용기간 만료시 본계약의 체결을 거부하는 것은 사용자에게 유보된 해약권의 행사로서 근로기준법상 해고에 해당하므로 근로기준법 제23조 제1항의 정당한 이유가 있어야 한다. 다만, 정당한 이유는 통상근로자의 해고보다는 넓게 인정되나, 이 경우에도 객관적으로 합리적인 이유가 존재하여 사회통념상 상당하다고 인정되어야 한다.

> **참조판례** 대판 2006.2.24. 2002다62432
>
> 시용기간 중에 있는 근로자를 해고하거나 시용기간 만료시 본계약의 체결을 거부하는 것은 사용자에게 유보된 해약권의 행사로서, 당해 근로자의 업무능력, 자질, 인품, 성실성 등 업무적격성을 관찰·판단하려는 시용제도의 취지·목적에 비추어 볼 때 보통의 해고보다는 넓게 인정되나, 이 경우에도 객관적으로 합리적인 이유가 존재하여 사회통념상 상당하다고 인정되어야 한다.

3) 서면통지

시용근로관계에서 사용자가 본 근로계약 체결을 거부하는 경우 해당 근로자에게 그 구체적·실질적 거부사유를 서면으로 통지하여야 한다.

> **참조판례** 대판 2015.11.27. 2015두48136
>
> 시용근로관계에서 사용자가 본 근로계약 체결을 거부하는 경우에는 해당 근로자로 하여금 그 거부사유를 파악하여 대처할 수 있도록 구체적·실질적인 거부사유를 서면으로 통지하여야 한다고 봄이 타당하다. 사용자인 피고 보조참가인이 근로자인 원고에게 단순히 '시용기간의 만료로 해고한다'는 취지로만 통지한 것은 근로기준법 제27조 규정을 위반한 절차상 하자가 있어 효력이 없다.

제3절 근로계약상의 권리 및 의무

I. 근로자의 의무

1. 근로제공의무

(1) 의의

근로자는 근로계약에 따라 사용자에게 성실히 근로를 제공해야 할 의무를 부담한다.

(2) 이행

근로자는 자신의 노동력을 사용자의 지휘·감독아래 처분 가능한 상태에 두는 것으로 족하다.

(3) 위반시 효과

근로자가 근로제공의무를 이행하지 않은 경우 채무불이행책임 및 징계책임을 진다.

2. 충실의무

(1) 의의
충실의무라 함은 사용자의 경영상 이익이 침해되지 아니하도록 특정행위를 하여야 하는 작위의무와 특정행위를 하여서는 안 되는 부작위의무를 말한다.

(2) 내용

1) 성실의무
근로자는 사용자의 이익을 보호하고 이를 침해하여서는 안 되는 성실의무를 부담한다.

2) 직무전념의무
근로자는 사용자의 업무에 전념하여 근로를 제공하여야 하는 직무전념의무를 부담한다.

3) 영업비밀유지의무

① 의의

근로자는 근로제공과 관련하여 알게 된 사용자의 영업비밀을 유지할 의무를 부담한다. 영업비밀이라 함은 영업비밀이라 함은 공연히 알려져 있지 아니하고 독립된 경제적 가치를 가지는 것으로서, 상당한 노력에 의하여 비밀로 유지된 생산방법·판매방법 기타 영업활동에 유용한 기술상 또는 경영상의 정보를 말하는 것을 말한다.

② 영업비밀의 요건

㉠ 비공지성: 영업비밀에 해당하기 위해서는 다수인이 알고 있거나 알 수 있는 상태에 있지 않아야 한다.

㉡ 경제성: 영업비밀에 해당하기 위해서는 독립된 경제적 가치를 갖는 것이어야 하고 보유자의 영업활동에 유용해야 한다.

㉢ 비밀유지노력: 영업비밀에 해당하기 위해서는 침해우려가 있는 사람이 인식할 수 있는 상태로 비밀관리가 유지되어야 한다.

③ 영업비밀의 판단기준

영업비밀에 해당하는지는 사용자가 주장하는 영업비밀 자체의 내용뿐만 아니라 근로자의 근무기간, 담당업무, 직책, 영업비밀에의 접근 가능성, 전직한 회사에서 담당하는 업무의 내용과 성격, 사용자와 근로자가 전직한 회사와의 관계 등 여러 사정을 고려하여 판단한다.

> **참조판례** 대판 2003.7.16. 2002마4380
>
> 부정경쟁방지및영업비밀보호에관한법률 제2조 제2호의 영업비밀이라 함은 공연히 알려져 있지 아니하고 독립된 경제적 가치를 가지는 것으로서, 상당한 노력에 의하여 비밀로 유지된 생산방법·판매방법 기타 영업활동에 유용한 기술상 또는 경영상의 정보를 말하는 것이고, 영업비밀침해금지를 명하기 위해서는 그 영업비밀이 특정되어야 할 것이지만, 상당한 정도의 기술력과 노하우를 가지고 경쟁사로 전직하여 종전의 업무와 동일·유사한 업무에 종사하는 근로자를 상대로 영업비밀침해금지를 구하는 경우 사용자가 주장하는 영업비밀이 영업비밀로서의 요건을 갖추었는지의 여부 및 영업비밀로서 특정이 되었는지 등을 판단함에 있어서는, 사용자가 주장하는 영업비밀 자체의 내용뿐만 아니라 근로자의 근무기간, 담당업무, 직책, 영업비밀에의 접근 가능성, 전직한 회사에서 담당하는 업무의 내용과 성격, 사용자와 근로자가 전직한 회사와의 관계 등 여러 사정을 고려하여야 한다.

4) 경업금지의무
　① 의의
　　근로자는 사업주와 경쟁이 될 수 있는 동종 또는 유사한 사업을 하여서는 안 된다는 경업금지의무를 부담한다.
　② 의무기간
　　㉠ 재직 중: 경업금지의무는 재직 중에는 당연히 인정된다.
　　㉡ 퇴직 후: 당사자 사이에 퇴직 후에도 경업금지의무를 부담하기로 약정한 경우에는 퇴직 후라도 경업금지의무가 인정될 수 있으나, 그 약정이 헌법상 보장된 근로자의 직업선택의 자유와 근로권 등을 과도하게 제한하거나 자유로운 경쟁을 지나치게 제한하는 경우에는 민법 제103조에 정한 선량한 풍속 기타 사회질서에 반하는 법률행위에 해당하여 무효이다.
　　㉢ 경업금지약정의 유효성 판단기준: 경업금지약정의 유효성에 관한 판단은 보호할 가치 있는 사용자의 이익, 근로자의 퇴직 전 지위, 경업 제한의 기간·지역 및 대상 직종, 근로자에 대한 대가의 제공 유무, 근로자의 퇴직 경위, 공공의 이익 및 기타 사정 등을 종합적으로 고려한다.

> **참조판례** 대판 2010.3.11. 2009다82244
> 사용자와 근로자 사이에 경업금지약정이 존재한다고 하더라도, 그와 같은 약정이 헌법상 보장된 근로자의 직업선택의 자유와 근로권 등을 과도하게 제한하거나 자유로운 경쟁을 지나치게 제한하는 경우에는 민법 제103조에 정한 선량한 풍속 기타 사회질서에 반하는 법률행위로서 무효라고 보아야 하며, 이와 같은 경업금지약정의 유효성에 관한 판단은 보호할 가치 있는 사용자의 이익, 근로자의 퇴직 전 지위, 경업 제한의 기간·지역 및 대상 직종, 근로자에 대한 대가의 제공 유무, 근로자의 퇴직 경위, 공공의 이익 및 기타 사정 등을 종합적으로 고려하여야 하고, 여기에서 말하는 '보호할 가치 있는 사용자의 이익'이라 함은 부정경쟁방지 및 영업비밀보호에 관한 법률 제2조 제2호에 정한 '영업비밀'뿐만 아니라 그 정도에 이르지 아니하였더라도 당해 사용자만이 가지고 있는 지식 또는 정보로서 근로자와 이를 제3자에게 누설하지 않기로 약정한 것이거나 고객관계나 영업상의 신용의 유지도 이에 해당한다.

5) 기타
　근로자는 회사의 사회적 신용을 훼손하지 아니할 의무 등의 부수적 의무를 진다.

(3) 위반시 효과
근로자가 부수적 의무를 위반한 경우 채무불이행책임 및 징계책임을 진다

3. 취업청구권

(1) 의의
취업청구권이라 함은 근로제공 의무가 있는 근로자가 근로를 제공하고자 하는 의사와 능력이 있음에도 불구하고 사용자가 근로자에게 업무를 주지 아니하는 경우 근로자가 사용자에게 구체적인 업무를 부여해달라고 청구할 수 있는 권리를 말한다.

(2) 인정여부
취업청구권의 인정여부에 대하여 부정설, 긍정설, 제한적 긍정설 등 견해의 대립은 있으나, 판례는 정당한 이유 없이 근로자의 근로제공을 계속적으로 거부하는 것은 근로자의 인격적 법익을 침해하는 것이므로 사용자는 근로자에게 정신상의 손해를 배상하여야 한다고 판시하여 취업청구권을 긍정하는 입장이다.

> **참조판례** 대판 1996.4.23. 95다6823
>
> 사용자는 특별한 사정이 없는 한 근로자와 사이에 근로계약의 체결을 통하여 자신의 업무지휘권·업무명령권의 행사와 조화를 이루는 범위 내에서 근로자가 근로제공을 통하여 참다운 인격의 발전을 도모함으로써 자신의 인격을 실현시킬 수 있도록 배려하여야 할 신의칙상의 의무를 부담한다. 따라서 사용자가 근로자의 의사에 반하여 정당한 이유 없이 근로자의 근로제공을 계속적으로 거부하는 것은 이와 같은 근로자의 인격적 법익을 침해하는 것이 되어 사용자는 이로 인하여 근로자가 입게 되는 정신적 고통에 대하여 배상할 의무가 있다.

Ⅱ. 사용자의 의무

1. 임금지급의무

사용자는 근로계약에 따라 근로자에게 임금을 지급하여야 할 의무를 부담한다.

2. 배려의무

(1) 의의

사용자는 회사 종업원으로서의 근로자를 전반적으로 보호하고, 근로자의 이익을 침해하지 아니할 의무를 부담한다.

(2) 배려의무의 내용

1) 안전배려의무

사용자는 신의칙상 근로자의 생명 또는 신체를 업무상 위험·위해로부터 보호해야 할 안전배려의무를 부담한다.

> **참조판례** 대판 1989.8.8. 88다카33190
>
> 근로자로 하여금 인체에 유해한 강렬한 소음이 발생하는 착암기 등을 사용하여 밀폐된 굴진막장에서 작업하게 하는 사업주로서는 근로자의 생명 및 건강 등을 업무상 질병 등 산업재해의 위험으로부터 안전하게 보호하여야 할 주의의무를 부담하는 바, 소음성난청은 업무상 질병의 하나로 법정되어 있고 실제로도 그 발병율이 높았던 점에 비추어 굴진광부들이 청력손실의 인신장해를 입을 위험의 개연성이 상당히 높았다면 사업주로서는 이러한 위험발생의 예견가능성이 있었고, 산업안전보건법령 소정의 조치를 취함으로써 그 위험의 회피가능성도 있었다 할 것이므로 그와 같은 산업재해예방을 위하여 필요한 주의의무를 다하지 못한 사용자는 근로자의 질환에 대하여 근로기준법이나 산업재해보상보험법 등에 의하여 보상을 받을 수 있음은 별론으로 하고 사업주로서의 불법행위 법상의 책임을 면할 수 없다.

2) 부당해고회피의무

사용자는 부당한 해고의 의사표시를 하여서는 안 된다는 부당해고회피의무를 부담한다.

3) 보관의무

사용자는 사업장 내에서 근로자의 소지품이 도난·훼손되지 않도록 하는 보관의무 등 부수적 의무를 부담한다.

제3장 임금

제1절 임금의 의의

> 근로기준법 제2조(정의) ① 이 법에서 사용하는 용어의 뜻은 다음과 같다.
> 5. "임금"이란 사용자가 근로의 대가로 근로자에게 임금, 봉급, 그 밖에 어떠한 명칭으로든지 지급하는 일체의 금품을 말한다.

1. 개념

"임금"이란 사용자가 근로의 대가로 근로자에게 임금, 봉급, 그 밖에 어떠한 명칭으로든지 지급하는 일체의 금품을 말한다.

2. 임금에 해당하기 위한 요건

(1) 사용자가 근로자에게 지급하는 것

1) 지급주체

임금은 사용자가 근로자에게 지급하는 것이어야 한다.

2) 봉사료 또는 팁

봉사료 또는 팁 등과 같이 사용자가 아닌 제3자가 지급하였다면 이를 임금이라고 할 수 없다. 봉사료 또는 팁일지라도 사용자가 고객으로부터 일괄 납부받고 나중에 근로자에게 분배하는 경우에는 임금에 해당한다.

> **참조판례** 대판 1992.4.28. 91누8104
> 골프연습장을 경영하는 사업자가 동업자 간의 협의에 의하여 봉사료금액을 결정하고 월단위나 쿠폰별 또 박스별로 정액의 봉사료를 회비에 가산하여 시설이용료와 함께 그 총액을 골프연습장 사용자로부터 일괄하여 납부받았고 시설이용료와 봉사료를 구분하여 납부받지 않았다면 이 골프연습장에서의 캐디서비스용역은 사업자가 골프연습장 사용자에게 제공하는 주된 용역인 연습시설이용의 용역에 통상적으로 부수하여 그 시설이용을 원활케 할 목적으로 제공되는 인적 용역으로서, 사업자가 고객으로부터 받은 금액 중 봉사료 상당금액의 전액을 캐디들에게 주었다고 하여도 이는 캐디들의 노무제공에 대한 급여의 지급이라고 볼 수 있을 지언정 캐디들의 독립된 용역공급의 대가를 전달한 것이라고 보기 어려우며, 사업자는 그가 경영하는 골프연습장 내에서의 각종 용역의 공급에 대한 대가로 연습장 사용자가 회비로서 지급하는 시설이용료와 봉사료를 납부받아 왔다고 보아야 하므로 봉사료 명목의 수입은 사업자의 부가가치세 과세표준에 포함시켜야 할 것이다.

3) 운송수입금 초과금액

택시회사가 운전기사의 운송수입금 중 일정액의 사납금 초과금액을 운전기사의 수입으로 인정하는 경우 그 초과부분은 임금에 해당한다.

> **참조판례** 대판 1993.12.24. 91다36192
>
> 운송회사가 그 소속 운전사들에게 매월 실제 근로일수에 따른 일정액을 지급하는 이외에 그 근로형태의 특수성과 계산의 편의 등을 고려하여 하루의 운송수입금 중 회사에 납입하는 일정액의 사납금을 공제한 잔액을 그 운전사 개인의 수입으로 하여 자유로운 처분에 맡겨 왔다면 위와 같은 운전사 개인의 수입으로 되는 부분 또한 그 성격으로 보아 근로의 대가인 임금에 해당한다.

4) 교직원이 육성회로부터 받는 보조수당

육성회는 학교의 지배하에 있는 단체라고 볼 수 없으므로 교직원이 육성회로부터 받는 보조수당은 임금에 해당하지 않는다.

> **참조판례** 대법원 1973.11.27. 73다498
>
> 피고가 경영하는 학교의 학부형이 조직한 육성회에서 매달 원고에게 금원을 지급한 일이 있다 할지라도 위 육성회는 피고의 지배하에 있는 단체라고 볼 수 없으므로 여기서 지급하는 것은 피고가 지급하는 노동의 대가인 임금이 아니므로 이는 퇴직금산출을 위한 평균임금에 합산할 수 없다.

5) 노동조합으로부터 지급받은 금전

노동조합이 단체협약에 따라 사용자로부터 매월 기금형식으로 지급받은 돈을 조합원에게 운전자보험금이라는 명목으로 분배한 금품은 임금이 아니다(대판 2000다29370).

(2) 근로의 대가

1) 의의

근로의 대가라 함은 사용종속관계 아래서 제공되는 근로에 대한 보상, 즉 근로자가 사용자의 지휘·명령 아래서 제공한 근로에 대한 반대급부를 말한다.

2) 근로의 대가성의 인정기준

근로자에게 계속적·정기적으로 지급되고 그 지급에 관하여 단체협약, 취업규칙, 급여규정, 근로계약, 노동관행 등에 의하여 사용자에게 지급의무가 지워져 있다면 그 명목 여하를 불문하고 근로기준법상 임금에 해당된다.

> **참조판례** 대판 2013.12.18. 2012다94643
>
> 근로기준법 소정의 임금이란 사용자가 근로의 대가로 근로자에게 지급하는 일체의 금품으로서, 근로자에게 계속적-정기적으로 지급되고 그 지급에 관하여 단체협약, 취업규칙, 급여규정, 근로계약, 노동관행 등에 의하여 사용자에게 지급의무가 지워져 있다면 그 명목 여하를 불문하고 임금에 해당된다.

3) 실비변상적 급여
   ① 임금성 부정
      출장비, 정보비, 교제비, 해외근무수당, 작업용품대, 작업용품제공 등 특수한 업무를 수행하거나 특수한 조건·환경 아래 업무를 수행하는데 추가적으로 소요되는 비용을 변상하기 위하여 지급되는 실비변상적 급여는 근로의 대가로서 임금이라 할 수 없다.

      > **참조판례** 해외근무수당
      >
      > 1. 대판 1990.11.9. 90다카4683
      >   임금의 의미나 평균임금제도의 근본취지에 비추어 볼 때, 국외 주재직원으로 근무하는 동안 지급받은 급여 가운데 동등한 직급호봉의 국내직원에게 지급되는 급여를 초과하는 부분은 근로의 대상으로 지급받는 것이 아니라 실비변상적인 것이거나 해외근무라는 특수한 근무조건에 따라 국외 주재직원으로 근무하는 동안 임시로 지급받은 임금이라고 보아야 할 것이므로, 회사의 취업규칙에 국외주재직원에 대한 퇴직금의 액수를 산출함에 있어서 그 부분의 급여를 평균임금 산정의 기초가 되는 임금의 총액에 산입하지 아니하도록 규정되어 있다고 하여 그 취업규칙이 무효라고 할 수 없다.
      >
      > 2. 대판 2020.6.11. 2018다249308
      >   해외파견직원에게 직급별로 매월 일정한 금액으로 지급되는 해외수당은 근로자체가 해외라는 특수한 지역에서 행하여진다는 기준에 따라 지급되는 임금으로서 정기성·일률성·고정성이 있어 통상임금에 해당한다.

   ② 임금성 인정
      대학교수의 연구수당·학생지도비, 종합병원 과장급 의사의 의학연구비 등 일정 범위의 종업원에게 정기적·계속적으로 일정액을 지급하는 경우에는 임금에 해당한다.

      > **참조판례** 대판 1994.9.13. 94다21580
      > 대한적십자사 학술연구및연구비지급운영규칙에 규정된 지급기준과는 달리 의학연구비가 실적에 따른 실비변상조로 지급되어 온 것이 아니고 병원의 과장급 의사 전원에게 매년 정기적·계속적으로 지급되어 왔다면 의학연구비는 계속적·정기적으로 지급되는 급여의 일부로서 소극적 손해액산정의 기초로 삼을 수 있고 그 실제적인 지급기준이 내부규칙에 어긋난다 하여 이를 바로 위법하거나 부당한 수입으로 볼 수 없다.

4) 의례적·호의적 금품
   ① 임금성 부정
      결혼축의금, 조위금, 상병위로금 등 의례적·호의적으로 지급되는 금품은 그 지급이 사용자의 재량에 맡겨져 있는 경우 원칙적으로 임금에 해당하지 않는다.
   ② 상여금
      상여금이 계속적·정기적으로 지급되고 그 지급액이 확정되어 있다면 이는 근로의 대가로 지급되는 임금의 성질을 가지나, 그 지급사유의 발생이 불확정이고 일시적으로 지급되는 것은 임금이라고 볼 수 없다.

> **참조판례** 대판 2006.5.26. 2003다54322 · 54339
>
> 상여금이 계속적·정기적으로 지급되고 그 지급액이 확정되어 있다면 이는 근로의 대가로 지급되는 임금의 성질을 가지나, 그 지급사유의 발생이 불확정이고 일시적으로 지급되는 것은 임금이라고 볼 수 없으며, 또한 그 상여금이 퇴직금 산정의 기초가 되는 평균임금에 산입될 수 있는지의 여부는 특별한 사정이 없는 한 퇴직 당시를 기준으로 판단하여야 한다.

③ 경영평가성과급

경영평가성과급이 계속적·정기적으로 지급되고 지급대상, 지급조건 등이 확정되어 있어 사용자에게 지급의무가 있다면, 이는 근로의 대가로 지급되는 임금의 성질을 가지므로 평균임금 산정의 기초가 되는 임금에 포함된다고 보아야 한다.

> **참조판례** 대판 2018.12.13. 2018다231536
>
> 경영평가성과급이 계속적·정기적으로 지급되고 지급대상, 지급조건 등이 확정되어 있어 사용자에게 지급의무가 있다면, 이는 근로의 대가로 지급되는 임금의 성질을 가지므로 평균임금 산정의 기초가 되는 임금에 포함된다고 보아야 한다. 경영실적 평가결과에 따라 그 지급 여부나 지급률이 달라질 수 있다고 하더라도 그러한 이유만으로 경영평가성과급이 근로의 대가로 지급된 것이 아니라고 볼 수 없다. 한편 2012년부터는 공공기관 경영평가성과급의 최저지급률과 최저지급액이 정해져 있지 않아 소속 기관의 경영실적 평가결과에 따라서는 경영평가성과급을 지급받지 못할 수도 있다. 이처럼 경영평가성과급을 지급받지 못하는 경우가 있다고 하더라도 성과급이 전체 급여에서 차지하는 비중, 그 지급 실태와 평균임금 제도의 취지 등에 비추어 볼 때 근로의 대가로 지급된 임금으로 보아야 한다.

④ 관행화된 포상금

취업규칙 등에 지급조건·금액·시기가 규정되어 있거나, 관행상 전체 종업원에게 일정 금액을 지급해 온 상여금, 판매실적에 따라 판매사원에게 지급한 포상금은 임금에 해당한다.

> **참조판례** 대법제1부 2003.2.11. 2002재다388
>
> 포상금 지급은 해마다 그 지급시기는 다르나 매년 한두차례 시행되는 것이 관례화되어 있음을 알 수 있어 이를 우발적, 일시적 급여라고 할 수 없으며, 피고가 해마다 미리 지급기준과 지급비율을 정하고 그에 따라 계산된 포상금을 지급하는 것인 이상 직원들이 그 요건에 맞는 실적을 달성하였다면 피고로서도 그 실적에 따른 포상금의 지급을 거절할 수 없을 것이므로 이를 은혜적인 급부라고 할 수도 없고, 또한 직원 대다수가 포상금을 업무와 관련된 용도로 사용하였다고 하더라도 피고가 포상금을 업무와 관련된 용도에만 사용하도록 하였다고 볼 자료가 없는 이상 그 용도는 직원들의 의사에 맡겨져 있어 그와 같은 사정이 있다고 하여 평균임금적 성격이 부정되는 것은 아니므로, 개인포상금은 평균임금에 포함된다고 하여야 할 것이다.

5) 복리후생적·생활보조적 급여는 임금이 아니다.

① 임금성 부정

주택자금의 대여, 사택·통근차·목욕시설 등 이용이익은 복리후생적 급여로 임금이 아니다.

② 정기적·일률적으로 지급되는 금품

    ㉠ 가족수당, 통근수당, 식사대, 체력단련비, 학비보조금, 하계휴가비, 차량유지비 등이 일정한 요건을 갖춘 근로자에게 일률적으로 또 계속적으로 지급되는 경우 임금에 해당한다.

> **참조판례** 대판 1995.7.11. 93다26168
>
> 가족수당은 회사에게 그 지급의무가 있는 것이고 일정한 요건에 해당하는 근로자에게 일률적으로 지급되어 왔다면, 이는 임의적, 은혜적인 급여가 아니라 근로에 대한 대가의 성질을 가지는 것으로서 임금에 해당한다.

> **참조판례** 대판 1992.4.10. 91다37522
>
> 출퇴근교통비 지급의 근거가 급여규정에 반드시 명시되어 있는 것은 아니라 할지라도 정기적, 제도적으로 지급되어 왔고, 사무총장을 제외한 사무국의 전직원에게 그 직급에 따라 일률적으로 지급되어 온 것일 뿐 아니라 특히 사무국직원 중 출퇴근교통비가 지급되지 아니한 사무총장에게는 그 대신에 출퇴근차량이 제공되었다면 위 출퇴근교통비는 여비, 출장비 등과 같은 실비변상적인 성격의 금원이 아니라 근로기준법 제18조에서 말하는 근로의 대상인 임금의 성질을 갖는 금원이다.

> **참조판례** 대판 2002.5.31. 2000다18127
>
> 차량유지비의 경우 그것이 차량 보유를 조건으로 지급되었거나 직원들 개인 소유의 차량을 업무용으로 사용하는 데 필요한 비용을 보조하기 위해 지급된 것이라면 실비변상적인 것으로서 근로의 대상으로 지급된 것으로 볼 수 없으나 전 직원에 대하여 또는 일정한 직급을 기준으로 일률적으로 지급되었다면 근로의 대상으로 지급된 것으로 볼 수 있다.

    ㉡ 정기적·일률적으로 지급되는 선물비, 생일자지원금, 개인연금지원금, 단체보험료는 임금에 해당된다(대판 2019.5.10. 2015다56383).

3. 명칭과는 무관

근로기준법상 임금은 명칭과는 무관하게 근로의 대가로서 사용자가 근로자에게 지급하는 것은 임금에 해당한다.

4. 임금의 본질

임금은 근로의 대가로서의 임금만을 의미할 뿐 종업원의 지위를 가진다는 것만으로 지급되는 생활보장적 임금이란 있을 수 없다(임금일원론, 노동대가설).

> **참조판례** 대판 1995.12.21. 94다26721
>
> 모든 임금은 근로의 대가로서 '근로자가 사용자의 지휘를 받으며 근로를 제공하는 것에 대한 보수'를 의미하므로 현실의 근로 제공을 전제로 하지 않고 단순히 근로자로서의 지위에 기하여 발생하는 이른바 '생활보장적 임금'이란 있을 수 없고, 임금을 근로의 제공 대가로 지급받는 교환적 부분과 근로자의 지위에서 받는 생활보장적 부분으로 구별할 아무런 법적 근거도 없다.

제2절 통상임금과 평균임금

Ⅰ. 통상임금

> 근로기준법 시행령 제6조(통상임금) ① 법과 이 영에서 "통상임금"이란 근로자에게 정기적이고 일률적으로 소정(所定)근로 또는 총 근로에 대하여 지급하기로 정한 시간급 금액, 일급 금액, 주급 금액, 월급 금액 또는 도급 금액을 말한다.

1. 의의

통상임금이란 근로자에게 정기적이고 일률적으로 소정근로 또는 총 근로에 대하여 지급하기로 정한 시간급 금액, 일급 금액, 주급 금액, 월급 금액 또는 도급 금액을 말한다. 통상임금은 사전적·평가적 개념으로 연장근로, 야간근로, 휴일근로 등 각종 수당 산정의 기초임금으로서 의의를 가진다.

> **참조판례** 대판 2013.12.18. 2012다89399
> 통상임금은 근로자가 소정근로시간에 통상적으로 제공하는 근로인 소정근로(도급근로자의 경우에는 총 근로)의 대가로 지급하기로 약정한 금품으로서 정기적·일률적·고정적으로 지급되는 임금을 말하고 ….

2. 통상임금의 판단기준

(1) 일반적 기준

어떠한 임금이 통상임금에 속하는지 여부는 그 임금이 소정근로의 대가로 근로자에게 지급되는 금품으로서 정기적·일률적·고정적으로 지급되는 것인지를 기준으로 객관적인 성질에 따라 판단하여야 하고, 임금의 명칭이나 지급주기의 장단 등 형식적 기준에 의해 정할 것이 아니다.

(2) 소정근로의 대가

1) 개념

근로기준법 제2조 제1항 제7호는 "소정근로시간이란 제50조, 제69조 본문 또는 산업안전보건법 제46조에 따른 근로시간의 범위에서 근로자와 사용자 사이에 정한 근로시간을 말한다"라고 규정하고 있으므로 소정근로란 소정근로시간에 통상적으로 제공하는 근로를 말한다. 소정근로의 대가라 함은 근로자가 소정근로시간에 통상적으로 제공하기로 정한 근로에 관하여 사용자와 근로자가 지급하기로 약정한 금품을 말한다.

2) 판단기준

소정근로의 대가가 무엇인지는 근로자와 사용자가 소정근로시간에 통상적으로 제공하기로 정한 근로자의 근로의 가치를 어떻게 평가하고 그에 대하여 얼마의 금품을 지급하기로 정하였는지를 기준으로 전체적으로 판단하여야 한다.

3) 소정근로시간외의 근로의 대가

근로자가 소정근로시간을 초과하여 근로를 제공하거나 근로계약에서 제공하기로 정한 근로 외의 근로를 특별히 제공함으로써 사용자로부터 추가로 지급받는 임금이나 소정근로시간의 근로와는 관련 없이 지급받는 임금은 소정근로의 대가라 할 수 없으므로 통상임금에 속하지 아니한다.

4) 지급시기무관

그 금품이 소정근로시간에 근무한 직후나 그로부터 가까운 시일 내에 지급되지 아니하였다고 하여 그러한 사정만으로 소정근로의 대가가 아니라고 할 수는 없다.

> **참조판례** 대판 2013.12.18. 2012다89399
>
> 어떠한 임금이 통상임금에 속하는지 여부는 그 임금이 소정근로의 대가로 근로자에게 지급되는 금품으로서 정기적·일률적·고정적으로 지급되는 것인지를 기준으로 객관적인 성질에 따라 판단하여야 하고, 임금의 명칭이나 지급주기의 장단 등 형식적 기준에 의해 정할 것이 아니다. 여기서 소정근로의 대가라 함은 근로자가 소정근로시간에 통상적으로 제공하기로 정한 근로에 관하여 사용자와 근로자가 지급하기로 약정한 금품을 말한다. 근로자가 소정근로시간을 초과하여 근로를 제공하거나 근로계약에서 제공하기로 정한 근로 외의 근로를 특별히 제공함으로써 사용자로부터 추가로 지급받는 임금이나 소정근로시간의 근로와는 관련 없이 지급받는 임금은 소정근로의 대가라 할 수 없으므로 통상임금에 속하지 아니한다. 위와 같이 소정근로의 대가가 무엇인지는 근로자와 사용자가 소정근로시간에 통상적으로 제공하기로 정한 근로자의 근로의 가치를 어떻게 평가하고 그에 대하여 얼마의 금품을 지급하기로 정하였는지를 기준으로 전체적으로 판단하여야 하고, 그 금품이 소정근로시간에 근무한 직후나 그로부터 가까운 시일 내에 지급되지 아니하였다고 하여 그러한 사정만으로 소정근로의 대가가 아니라고 할 수는 없다.

(3) 정기성

1) 개념

정기성이란 임금이 일정한 간격을 두고 계속적으로 지급되어야 함을 의미한다.

2) 판단기준

일정한 주기로 지급되는 임금의 경우 단지 그 지급주기가 1개월을 넘는다는 사정만으로 그 임금이 통상임금에서 제외된다고 할 수는 없다.

> **참조판례** 대판 2013.12.18. 2012다89399
>
> 통상임금에 속하기 위한 성질을 갖춘 임금이 1개월을 넘는 기간마다 정기적으로 지급되는 경우, 이는 노사간의 합의 등에 따라 근로자가 소정근로시간에 통상적으로 제공하는 근로의 대가가 1개월을 넘는 기간마다 분할지급되고 있는 것일 뿐, 그러한 사정 때문에 갑자기 그 임금이 소정근로의 대가로서의 성질을 상실하거나 정기성을 상실하게 되는 것이 아님은 분명하다. 따라서 정기상여금과 같이 일정한 주기로 지급되는 임금의 경우 단지 그 지급주기가 1개월을 넘는다는 사정만으로 그 임금이 통상임금에서 제외된다고 할 수는 없다.

(4) 일률성

1) 개념

일률성이란 전체 근로자에게 지급하는 것은 물론, 일정한 고정적인 조건을 갖춘 근로자에게 모두 지급하는 것을 의미한다.

2) 판단기준

일정한 조건이란 통상임금이 소정근로의 가치를 평가한 개념이라는 점을 고려할 때, 작업 내용이나 기술, 경력 등과 같이 소정근로의 가치 평가와 관련된 조건이라야 한다.

> **참조판례** 대판 2013.12.18. 2012다89399
>
> 어떤 임금이 통상임금에 속하기 위해서는 그것이 일률적으로 지급되는 성질을 갖추어야 한다. '일률적'으로 지급되는 것에는 '모든 근로자'에게 지급되는 것뿐만 아니라 '일정한 조건 또는 기준에 달한 모든 근로자'에게 지급되는 것도 포함된다. 여기서 '일정한 조건'이란 고정적이고 평균적인 임금을 산출하려는 통상임금의 개념에 비추어 볼 때 고정적인 조건이어야 한다. 일정 범위의 모든 근로자에게 지급된 임금이 일률성을 갖추고 있는지 판단하는 잣대인 '일정한 조건 또는 기준'은 통상임금이 소정근로의 가치를 평가한 개념이라는 점을 고려할 때, 작업 내용이나 기술, 경력 등과 같이 소정근로의 가치 평가와 관련된 조건이라야 한다.

> **참조판례** 대판 2015.11.27. 2012다10980
>
> 일정한 직급의 근로자 전원에게 매월 정기적·일률적으로 지급하여 온 조사연구수당 및 조직관리수당, 가족수당 중 본인분은 모두 통상임금에 해당한다.

(5) 고정성

1) 개념

고정성이라 함은 근로자가 제공한 근로에 대하여 그 업적, 성과 기타의 추가적인 조건과 관계없이 당연히 지급될 것이 확정되어 있는 성질을 말한다.

2) 판단기준

고정적인 임금은 임금의 명칭 여하를 불문하고 임의의 날에 소정근로시간을 근무한 근로자가 그 다음 날 퇴직한다 하더라도 그 하루의 근로에 대한 대가로 당연하고도 확정적으로 지급받게 되는 최소한의 임금을 말한다.

3) 추가적인 조건

근로자가 소정근로를 제공하더라도 추가적인 조건을 충족하여야 지급되는 임금이나 조건 충족 여부에 따라 지급액이 변동되는 임금 부분은 고정성을 갖춘 것이라고 할 수 없다.

> **참조판례** 대판 2013.12.18. 2012다89399
>
> '고정성'이라 함은 '근로자가 제공한 근로에 대하여 그 업적, 성과 기타의 추가적인 조건과 관계없이 당연히 지급될 것이 확정되어 있는 성질'을 말하고, '고정적인 임금'은 '임금의 명칭 여하를 불문하고 임의의 날에 소정근로시간을 근무한 근로자가 그 다음 날 퇴직한다 하더라도 그 하루의 근로에 대한 대가로 당연하고도 확정적으로 지급받게 되는 최소한의 임금'이라고 정의할 수 있다.
> 고정성을 갖춘 임금은 근로자가 임의의 날에 소정근로를 제공하면 추가적인 조건의 충족 여부와 관계없이 당연히 지급될 것이 예정된 임금이므로, 그 지급 여부나 지급액이 사전에 확정된 것이라 할 수 있다. 이와 달리 근로자가 소정근로를 제공하더라도 추가적인 조건을 충족하여야 지급되는 임금이나 그 조건 충족 여부에 따라 지급액이 변동되는 임금 부분은 고정성을 갖춘 것이라고 할 수 없다.

4) 근속기간

근속기간에 연동하여 임금의 지급 여부나 지급액이 결정되는 경우 통상임금에 해당한다.

> **참조판례** 대판 2016.2.18. 2012다62899
>
> 근로자의 임금이 근속기간에 연동하여 지급여부나 지급액이 결정되는 경우, 근속기간은 근로자의 숙련도와 밀접한 관계가 있으므로 소정근로의 가치 평가와 관련이 있는 '일정한 조건 또는 기준'으로 볼 수 있고, 일정한 근속기간 이상을 재직한 모든 근로자에게 그에 대응하는 임금을 지급한다는 점에서 일률성을 갖추고 있다고 할 수 있다. 또한 근속기간은 근로자가 임의의 날에 연장·야간·휴일 근로를 제공하는 시점에서는 그 성취 여부가 불확실한 조건이 아니라 그 근속기간이 얼마인지가 확정되어 있는 기왕의 사실이므로, 일정 근속기간에 이른 근로자는 임의의 날에 근로를 제공하면 다른 추가적인 조건의 성취 여부와 관계없이 근속기간에 연동하는 임금을 확정적으로 지급받을 수 있어 고정성이 인정된다. 따라서 임금의 지급 여부나 지급액이 근속기간에 연동한다는 사정은 그 임금이 통상임금에 속한다고 보는 데 장애가 되지 않는다.

5) 근무일수

① 일정 근무일수 충족조건

일정 근무일수를 충족하여야만 지급되는 임금은 고정성을 갖춘 것이라 할 수 없다.

② 근무일수에 비례하여 일할계산

근무일수에 따라 일할계산하여 임금이 지급되는 경우에는 고정적 임금에 해당한다.

③ 최소한도의 금액

일정 근무일수를 기준으로 계산방법 또는 지급액이 달라지는 경우에도 소정근로를 제공하면 적어도 일정액 이상의 임금이 지급될 것이 확정되어 있다면 최소한도로 확정되어 있는 범위에서는 고정성을 인정할 수 있다.

> **참조판례** 대판 2016.2.18. 2012다62899
>
> 원심판결 이유와 기록에 의하면, 2008년부터 2010년까지 피고가 제주특별자치도 공공노동조합과 체결한 임금협약서와 피고가 작성한 무기계약 근로자 보수지침에는 피고가 매월 원고들에게 일정한 금액의 급식비와 교통보조비를 지급하되, 월 근무일수가 15일 이상인 경우에는 월정액 전액을 지급하고, 근무일수가 15일 미만인 경우에는 15일에 미달하는 1일마다 1/15에 해당하는 금액을 감액하여 지급하도록 규정되어 있는 사실, 이러한 규정에 따라 피고는 원고들을 비롯한 무기계약 근로자들에게 각자의 출근일수에 따라 급식비와 교통보조비를 차등하여 지급한 사실을 알 수 있다.
> 피고가 2008년부터 2010년까지 지급한 급식비와 교통보조비는 정기적·일률적으로 지급되는 임금으로서, 비록 월 근무일수를 기준으로 지급액이 달라지기는 하지만 소정근로를 제공하면 적어도 일정액 이상의 임금은 지급될 것이 확정되어 있으므로 그와 같이 최소한도로 확정되어 있는 범위에서는 고정성이 인정된다고 보아야 한다.

6) 근무실적

① 근무실적에 따른 임금

지급 대상기간에 이루어진 근로자의 근무실적을 평가하여 이를 토대로 지급 여부나 지급액이 정해지는 임금은 일반적으로 고정성이 부정된다.

② 최소한도의 금액

근무실적에 관하여 최하 등급을 받더라도 일정액을 지급하는 경우와 같이 최소한도의 지급이 확정되어 있다면, 그 최소한도의 임금은 고정적 임금이라고 할 수 있다.

③ 전년도근무실적에 따른 임금

근로자의 전년도 근무실적에 따라 당해 연도에 특정 임금의 지급 여부나 지급액을 정하는 경우, 당해 연도에는 그 임금의 지급 여부나 지급액이 확정적이므로 당해 연도에 있어 그 임금은 고정적인 임금에 해당하는 것으로 보아야 한다.

> **참조판례** 대판 2016.1.14. 2012다96885
>
> 이 사건 정기상여금은 비록 전년도 인사평가 결과에 따라 그 지급액이 달라질 수 있지만, 일단 전년도 인사평가 결과를 바탕으로 지급비율이 정해지게 되면 그에 따른 금액이 해당 연도의 근무실적과는 관계없이 해당 연도 근로의 대가로 액수 변동 없이 지급되는 것으로서, 근로자가 소정근로를 제공하기만 하면 그 지급이 확정된 것이라고 볼 수 있어 정기적·일률적으로 지급되는 고정적인 임금인 통상임금에 해당한다고 할 것이다.

7) 재직 중인 자

① 재직 중인 자에게만 지급

근로자가 소정근로를 했는지 여부와는 관계없이 지급일 기타 특정 시점에 재직 중인 근로자에게만 지급하기로 정해져 있는 임금은 근로자가 임의의 날에 연장·야간·휴일 근로를 제공하는 시점에서 그 지급조건이 성취될지 여부는 불확실하므로, 고정성도 결여한 것으로 보아야 한다.

> **참조판례** 대판 2015.11.27. 2012다10980
>
> 지급일 그 밖의 특정 시점에 재직 중인 사람에게만 지급하고 기왕에 근로를 제공하였더라도 위 시점에 재직하지 않는 사람에게는 지급하지 않기로 하는 노사합의가 이루어졌거나 그러한 관행이 확립된 것으로 볼 여지가 있는 귀성여비, 휴가비, 개인연금보험료, 직장단체보험료는 통상임금에 해당한다고 볼 수 없다.

② 일할계산지급

근로자가 특정 시점 전에 퇴직하더라도 그 근무일수에 비례한 만큼의 임금이 지급되는 경우에는 근무일수에 비례하여 지급되는 한도에서는 고정성이 부정되지 않는다.

③ 단체협약이나 취업규칙과 다르게 재직 중인 자에게 지급하는 관행이 있는 경우

단체협약이나 취업규칙 등이 특정 시점이 되기 전에 퇴직한 근로자에게 특정 임금 항목을 지급하지 않는 관행과 다른 내용을 명시적으로 정하고 있으면 그러한 관행을 이유로 해당 임금 항목의 통상임금성을 배척함에는 특히 신중해야 한다.

> **참조판례** 대판 2021.12.16. 2016다7975
>
> 특정 임금 항목이 근로자가 소정근로를 했는지 여부와 상관없이 특정 시점에 재직 중인 근로자에게만 지급하는 임금인지를 판단할 때에는, 그에 관한 근로계약이나 단체협약 또는 취업규칙 등 규정의 내용, 사업장 내 임금 지급 실태나 관행, 노사의 인식 등을 종합적으로 고려해서 판단해야 한다. 그리고 특정 시점이 되기 전에 퇴직한 근로자에게 특정 임금 항목을 지급하지 않는 관행이 있더라도, 단체협약이나 취업규칙 등이 그러한 관행과 다른 내용을 명시적으로 정하고 있으면 그러한 관행을 이유로 해당 임금 항목의 통상임금성을 배척함에는 특히 신중해야 한다.

8) 임금인상소급분

임금인상 소급분은 근로자가 업적이나 성과의 달성 등 추가 조건을 충족해야만 지급되는 것이 아니라 소정근로의 제공에 대한 보상으로 당연히 지급될 성질의 것이므로 고정성을 갖춘 것이다.

> **참조판례** 대판 2021.8.19. 2017다56226
>
> 소급기준일 이후 임금인상 합의 전까지 근로자들이 소정근로를 제공할 당시에는 임금의 인상 여부나 폭이 구체적으로 정해지지 않았더라도, 근로자들은 매년 반복된 합의에 따라 임금이 인상되면 소급기준일 이후의 임금인상 소급분이 지급되리라고 기대할 수 있었고, 노사간 소급적용 합의의 효력에 의해 소급기준일 이후 소정근로에 대한 대가가 인상된 기본급을 기준으로 확정되었다고 볼 수 있다. 즉 위와 같은 노사합의는 소정근로에 대한 추가적인 가치 평가 시점만을 부득이 근로의 제공 이후로 미룬 것으로, 그에 의한 이 사건 임금인상 소급분은 근로자가 업적이나 성과의 달성 등 추가 조건을 충족해야만 지급되는 것이 아니라 소정근로의 제공에 대한 보상으로 당연히 지급될 성질의 것이므로 고정성을 갖추고 있다고 보아야 한다.

9) 특수한 기술, 경력 등을 조건으로 하는 임금

특수한 기술의 보유나 특정한 경력의 구비 등이 임금 지급의 조건으로 부가되어 있는 경우, 근로자가 임의의 날에 연장·야간·휴일 근로를 제공하는 시점에서 특수한 기술의 보유나 특정한 경력의 구비 여부는 그 성취 여부가 불확실한 조건이 아니라 기왕에 확정된 사실이므로, 그와 같은 지급조건은 고정성 인정에 장애가 되지 않는다(대판 2012다89399).

3. 통상임금의 산정방법

(1) 시간급산정

통상임금은 시간급으로 산정함이 원칙이다.

(2) 구체적 산정방법

1) 일급

일급 금액으로 정한 임금의 시간급은 그 금액을 1일의 소정근로시간 수로 나눈 금액이다(시행령 제6조 제2항 제2호).

2) 주급

주급 금액으로 정한 임금의 시간급은 그 금액을 주의 통상임금 산정 기준시간 수(법 제2조 제1항 제7호에 따른 주의 소정근로시간과 소정근로시간 외에 유급으로 처리되는 시간을 합산한 시간)로 나눈 금액이다(시행령 제6조 제2항 제3호).

3) 월급

월급 금액으로 정한 임금의 시간급은 그 금액을 월의 통상임금 산정 기준시간 수(주의 통상임금 산정 기준시간 수에 1년 동안의 평균 주의 수를 곱한 시간을 12로 나눈 시간)로 나눈 금액이다(시행령 제6조 제2항 제4호).

4) 도급

도급 금액으로 정한 임금은 그 임금 산정 기간에서 도급제에 따라 계산된 임금의 총액을 해당 임금 산정 기간(임금 마감일이 있는 경우에는 임금 마감 기간을 말한다)의 총 근로시간 수로 나눈 금액이다(시행령 제6조 제2항 제6호).

5) 일·주·월 외의 일정한 기간으로 정한 임금

일·주·월 외의 일정한 기간으로 정한 임금은 일급, 주급, 월급의 시간급 계산방법에 준하여 산정한 금액이다(시행령 제6조 제2항 제5호).

6) 근로자가 받는 임금이 둘이상의 임금으로 되어 있는 경우

근로자가 받는 임금이 둘이상의 임금으로 되어 있는 경우에는 각각의 산정방법에 따라 산정된 금액을 합산한 금액이다(시행령 제6조 제2항 제7호).

(3) 일급산정방법

통상임금을 일급 금액으로 산정할 때에는 시간급 금액에 1일의 소정근로시간 수를 곱하여 계산한다(시행령 제6조 제3항).

4. 통상임금 제외 합의와 추가임금의 청구

(1) 통상임금 제외 합의

사용자와 근로자가 통상임금의 의미나 범위 등에 관하여 단체협약 등에 의해 따로 합의할 수 있는 성질의 것이 아니다. 성질상 근로기준법상의 통상임금에 속하는 임금을 통상임금에서 제외하기로 노사 간에 합의하였다 하더라도 그 합의는 효력이 없다.

> **참조판례** 대판 2013.12.18. 2012다89399
>
> 통상임금은 근로조건의 기준을 마련하기 위하여 법이 정한 도구개념이므로, 사용자와 근로자가 통상임금의 의미나 범위 등에 관하여 단체협약 등에 의해 따로 합의할 수 있는 성질의 것이 아니다. 따라서 성질상 근로기준법상의 통상임금에 속하는 임금을 통상임금에서 제외하기로 노사 간에 합의하였다 하더라도 그 합의는 효력이 없다. 연장·야간·휴일 근로에 대하여 통상임금의 50% 이상을 가산하여 지급하도록 한 근로기준법의 규정은 각 해당 근로에 대한 임금산정의 최저기준을 정한 것이므로, 통상임금의 성질을 가지는 임금을 일부 제외한 채 연장·야간·휴일 근로에 대한 가산임금을 산정하도록 노사 간에 합의한 경우 그 노사합의에 따라 계산한 금액이 근로기준법에서 정한 위 기준에 미달할 때에는 그 미달하는 범위 내에서 노사합의는 무효이고, 무효로 된 부분은 근로기준법이 정하는 기준에 따라야 한다.

(2) 추가임금의 청구

1) 원칙

단체협약 등 노사합의의 내용이 근로기준법의 강행규정을 위반하여 무효인 경우에, 그 무효를 주장하는 것이 신의칙에 위배되는 권리의 행사라는 이유로 이를 배척한다면 강행규정으로 정한 입법 취지를 몰각시키는 결과가 될 것이므로, 그러한 주장이 신의칙에 위배된다고 볼 수 없음이 원칙이다(대판 2012다89399).

2) 예외

① 신의칙 적용
노사합의에 반하여 추가적인 임금을 청구하는 것이 사용자에게 예측하지 못한 새로운 재정적 부담을 지워 중대한 경영상의 어려움을 초래하거나 기업의 존립을 위태롭게 하는 경우에는 신의칙에 위배된다(대판 2012다89399).

② 판단기준
통상임금 재산정에 따른 근로자의 추가 법정수당 청구가 기업에 중대한 경영상의 어려움을 초래하거나 기업 존립을 위태롭게 하는지는 추가 법정수당의 규모, 추가 법정수당 지급으로 인한 실질임금 인상률, 통상임금 상승률, 기업의 당기순이익과 그 변동 추이, 동원 가능한 자금의 규모, 인건비 총액, 매출액, 기업의 계속성·수익성, 기업이 속한 산업계의 전체적인 동향 등 기업운영을 둘러싼 여러 사정을 종합적으로 고려해서 판단해야 한다.

> **참조판례** 대판 2021.12.16. 2016다10544
>
> 단체협약 등 노사합의의 내용이 근로기준법의 강행규정을 위반하여 무효인 경우에, 그 무효를 주장하는 것이 신의칙에 위배되는 권리의 행사라는 이유로 이를 배척한다면, 강행규정으로 정한 입법 취지를 몰각시키는 결과가 되므로, 그러한 주장은 신의칙에 위배된다고 볼 수 없음이 원칙이다. 그러나 노사합의의 내용이 근로기준법의 강행규정을 위반한다는 이유로 노사합의의 무효 주장에 대하여 예외 없이 신의칙의 적용이 배제되는 것은 아니다. 위에서 본 신의칙을 적용하기 위한 일반적인 요건을 갖춤은 물론 근로기준법의 강행규정성에도 불구하고 신의칙을 우선하여 적용할 만한 특별한 사정이 있는 예외적인 경우에 한하여 그 노사합의의 무효를 주장하는 것이 신의칙에 위배되어 허용될 수 없다. 노사합의에서 정기상여금은 그 자체로 통상임금에 해당하지 않는다는 전제에서 정기상여금을 통상임금 산정 기준에서 제외하기로 합의하고 이를 기초로 임금수준을 정한 경우, 근로자 측이 정기상여금을 통상임금에 가산하고 이를 토대로 추가적인 법정수당의 지급을 구함으로써 사용자에게 예측하지 못한 새로운 재정적 부담을 지워 중대한 경영상의 어려움을 초래하거나 기업의 존립을 위태롭게 하는 것은 정의와 형평 관념에 비추어 신의에 현저히 반할 수 있다(대법원 2013.12.18. 선고 2012다89399 전원합의체 판결 참조). 다만 근로관계를 규율하는 강행규정보다 신의칙을 우선하여 적용할 것인지를 판단할 때에는 근로조건의 최저기준을 정하여 근로자의 기본적 생활을 보장·향상시키고자 하는 근로기준법 등의 입법 취지를 충분히 고려할 필요가 있다. 기업을 경영하는 주체는 사용자이고 기업의 경영상황은 기업 내·외부의 여러 경제적·사회적 사정에 따라 수시로 변할 수 있다. 통상임금 재산정에 따른 근로자의 추가 법정수당 청구를 중대한 경영상의 어려움을 초래하거나 기업 존립을 위태롭게 한다는 이유로 배척한다면, 기업 경영에 따른 위험을 사실상 근로자에게 전가하는 결과가 초래될 수 있다. 따라서 근로자의 추가 법정수당 청구가 사용자에게 중대한 경영상의 어려움을 초래하거나 기업의 존립을 위태롭게 하여 신의칙에 위배되는지는 신중하고 엄격하게 판단해야 한다(대법원 2019.2.14. 선고 2015다217287 판결 참조). 통상임금 재산정에 따른 근로자의 추가 법정수당 청구가 기업에 중대한 경영상의 어려움을 초래하거나 기업 존립을 위태롭게 하는지는 추가 법정수당의 규모, 추가 법정수당 지급으로 인한 실질임금 인상률, 통상임금 상승률, 기업의 당기순이익과 그 변동 추이, 동원 가능한 자금의 규모, 인건비 총액, 매출액, 기업의 계속성·수익성, 기업이 속한 산업계의 전체적인 동향 등 기업운영을 둘러싼 여러 사정을 종합적으로 고려해서 판단해야 한다. 기업이 일시적으로 경영상의 어려움에 처하더라도 사용자가 합리적이고 객관적으로 경영 예측을 하였다면 그러한 경영상태의 악화를 충분히 예견할 수 있었고 향후 경영상의 어려움을 극복할 가능성이 있는 경우에는 신의칙을 들어 근로자의 추가 법정수당 청구를 쉽게 배척해서는 안 된다.

Ⅱ. 평균임금

근로기준법 제2조(정의) ① 이 법에서 사용하는 용어의 뜻은 다음과 같다.
  6. "평균임금"이란 이를 산정하여야 할 사유가 발생한 날 이전 3개월 동안에 그 근로자에게 지급된 임금의 총액을 그 기간의 총일수로 나눈 금액을 말한다. 근로자가 취업한 후 3개월 미만인 경우도 이에 준한다.
② 제1항 제6호에 따라 산출된 금액이 그 근로자의 통상임금보다 적으면 그 통상임금액을 평균임금으로 한다.

동법 시행령 제2조(평균임금의 계산에서 제외되는 기간과 임금) ① 근로기준법(이하 "법"이라 한다) 제2조 제1항 제6호에 따른 평균임금 산정기간 중에 다음 각 호의 어느 하나에 해당하는 기간이 있는 경우에는 그 기간과 그 기간 중에 지급된 임금은 평균임금 산정기준이 되는 기간과 임금의 총액에서 각각 뺀다.
  1. 근로계약을 체결하고 수습 중에 있는 근로자가 수습을 시작한 날부터 3개월 이내의 기간
  2. 법 제46조에 따른 사용자의 귀책사유로 휴업한 기간
  3. 법 제74조 제1항부터 제3항까지의 규정에 따른 출산전후휴가 및 유산·사산 휴가 기간
  4. 법 제78조에 따라 업무상 부상 또는 질병으로 요양하기 위하여 휴업한 기간
  5. 남녀고용평등과 일·가정 양립 지원에 관한 법률 제19조에 따른 육아휴직 기간
  6. 노동조합 및 노동관계조정법 제2조 제6호에 따른 쟁의행위기간
  7. 병역법, 예비군법 또는 민방위기본법에 따른 의무를 이행하기 위하여 휴직하거나 근로하지 못한 기간. 다만, 그 기간 중 임금을 지급받은 경우에는 그러하지 아니하다.
  8. 업무 외 부상이나 질병, 그 밖의 사유로 사용자의 승인을 받아 휴업한 기간
② 법 제2조 제1항 제6호에 따른 임금의 총액을 계산할 때에는 임시로 지급된 임금 및 수당과 통화 외의 것으로 지급된 임금을 포함하지 아니한다. 다만, 고용노동부장관이 정하는 것은 그러하지 아니하다.

제3조(일용근로자의 평균임금) 일용근로자의 평균임금은 고용노동부장관이 사업이나 직업에 따라 정하는 금액으로 한다.

제4조(특별한 경우의 평균임금) 법 제2조 제1항 제6호, 이 영 제2조 및 제3조에 따라 평균임금을 산정할 수 없는 경우에는 고용노동부장관이 정하는 바에 따른다.

제5조(평균임금의 조정) ① 법 제79조, 법 제80조 및 법 제82조부터 제84조까지의 규정에 따른 보상금 등을 산정할 때 적용할 평균임금은 그 근로자가 소속한 사업 또는 사업장에서 같은 직종의 근로자에게 지급된 통상임금의 1명당 1개월 평균액(이하 "평균액"이라 한다)이 그 부상 또는 질병이 발생한 달에 지급된 평균액보다 100분의 5 이상 변동된 경우에는 그 변동비율에 따라 인상되거나 인하된 금액으로 하되, 그 변동 사유가 발생한 달의 다음 달부터 적용한다. 다만, 제2회 이후의 평균임금을 조정하는 때에는 직전 회의 변동 사유가 발생한 달의 평균액을 산정기준으로 한다.
② 제1항에 따라 평균임금을 조정하는 경우 그 근로자가 소속한 사업 또는 사업장이 폐지된 때에는 그 근로자가 업무상 부상 또는 질병이 발생한 당시에 그 사업 또는 사업장과 같은 종류, 같은 규모의 사업 또는 사업장을 기준으로 한다.
③ 제1항이나 제2항에 따라 평균임금을 조정하는 경우 그 근로자의 직종과 같은 직종의 근로자가 없는 때에는 그 직종과 유사한 직종의 근로자를 기준으로 한다.
④ 법 제78조에 따른 업무상 부상을 당하거나 질병에 걸린 근로자에게 지급할 근로자퇴직급여 보장법 제8조에 따른 퇴직금을 산정할 때 적용할 평균임금은 제1항부터 제3항까지의 규정에 따라 조정된 평균임금으로 한다.

1. 의의

(1) 개념

평균임금이란 이를 산정하여야 할 사유가 발생한 날 이전 3개월 동안에 그 근로자에게 지급된 임금의 총액을 그 기간의 총일수로 나눈 금액으로써 사후적·산술적 개념이다.

(2) 평균임금의 활용

평균임금은 연차유급휴가수당, 휴업수당, 재해보상금, 퇴직금, 감급제재 한도액을 산정하는 기준이 된다.

2. 평균임금의 산정

(1) 3개월간의 임금총액

1) 임금총액의 개념

임금의 총액이란 근로기준법 제2조 제1항 제5호 임금의 범위에 포함되는 것으로서 근로자에게 계속적·정기적으로 지급되고 단체협약, 취업규칙, 급여규정, 노동관행 등에 의하여 사용자에게 그 지급의무가 지워져 있는 것은 그 명칭 여하를 불문하고 모두 포함된다.

> **참조판례** 대판 2002.10.25. 2000두9717
>
> 상여금 명목의 금원이 근로자들에게 불확정적이고 일시적으로 지급되는 것이 아니라 계속적·정기적으로 지급되고 그 지급액이 확정되어 있다면 근로자에 대한 근로의 대상으로 지급되는 임금의 성질을 가지는 것으로서 평균임금 산정의 기초가 되는 임금 총액에 포함될 수 있다고 해석하여야 한다.

2) 3개월간의 임금

3개월간의 임금총액에는 3개월간의 지급된 임금뿐만 아니라 임금채권으로 확정된 임금은 임금총액에 포함된다.

> **참조판례** 대판 1978.2.14. 77다1321
>
> 근로의 대가로 지급되던 상여금은 근로자의 퇴직 전 3개월 사이에 실제로 지급받았건 또는 받지 못하였건 이를 불문하고 그 1년분을 월로 나눈 3개월분 해당액을 근로자의 퇴직금 산정의 기초인 평균임금의 계산에 포함시켜야 한다.

3) 3개월을 초과하는 기간의 임금

평균임금 산정기간에 해당하는 근로자의 정확한 상여금은 각 분기별로 실제 지급받은 상여금을 평균임금 산정기간별로 별도로 일할 계산하여 이를 합산하는 방식에 따라 산정한다.

> **참조판례** 대판 2002.10.25. 2000두9717
>
> 연중에 입사하였다가 같은 연중에 평균임금 산정사유가 발생하였고 상여금의 수액이 실근로일수에 따라 가변적인 기본임금에 연동되어 있어 당해년도의 상여금 총액을 확정적으로 예상할 수 없는 경우에는 다른 특별한 사정이 없는 한, 평균임금 산정기간에 해당하는 근로자의 정확한 상여금은 각 분기별로 실제 지급받은 상여금을 평균임금 산정기간별로 별도로 일할 계산하여 이를 합산하는 방식에 따라 산정하는 것이 합리적이다.

(2) 3월간의 총일수

1) 역월상 일수

3월간의 총일수는 평균임금을 산정하여야 할 사유가 발생한 날 이전 3월간을 말하며, 기산일로부터 소급하여 역월상 3월간에 포함된 일수를 말한다.

> **참조판례** 대판 1989.4.11. 87다카2901
>
> 근로기준법 제19조 제1항 전단은 '평균임금이라 함은 이를 산정하여야 할 사유가 발생한 날 이전 3월간에 그 근로자에 대하여 지급된 임금의 총액을 그 기간의 총일수로 제한 금액을 말한다'라고 규정하고 있는 바 위의 사유가 발생한 날 이전 3월간의 기산에 있어서 사유발생한 날인 초일은 산입하지 아니하여야 할 것이므로(민법 제157조) 이 사건에 있어서는 사유가 발생한 날의 전일, 즉 1985.8.22부터 소급하여 역일에 의한 3개월을 계산하여야 하는 것이다.

2) 3개월 미만일수

근로자가 취업한 기간이 3개월 미만인 경우에는 취업한 기간의 일수를 기준으로 한다.

3) 평균임금산정기간에서 제외되는 기간

평균임금이 지나치게 저하되는 것을 방지하기 위하여 일정한 사유가 있는 경우에는 평균임금산정기준이 되는 기간과 임금의 총액에서 각각 뺀다. 근로기준법 시행령 제2조 제1항은 ① 수습을 시작한 날부터 3개월 이내의 기간, ② 사용자의 귀책사유로 휴업한 기간, ③ 출산전후휴가 및 유산·사산휴가기간, ④ 업무상 부상 또는 질병으로 요양하기 위하여 휴업한 기간, ⑤ 육아휴직기간, ⑥ 노동조합법에 따른 쟁의행위기간, ⑦ 병역법, 예비군법 또는 민방위기본법에 따른 의무를 이행하기 위하여 휴직하거나 근로하지 못한 기간 중 임금을 지급받지 않은 기간, ⑧ 업무 외 부상이나 질병, 그 밖의 사유로 사용자의 승인을 받아 휴업한 기간을 제외기간으로 규정하고 있다. 근로자가 수습기간이 끝나기 전에 평균임금 산정사유가 발생한 경우 수습사원으로서 받은 임금을 기준으로 평균임금을 산정한다.

4) 수습기간 중 평균임금산정사유가 발생한 경우

근로자가 수습기간이 끝나기 전에 평균임금 산정사유가 발생한 경우 수습사원으로서 받는 임금을 기준으로 평균임금을 산정한다.

> **참조판례** 대판 2014.9.4. 2013두1232
>
> '수습기간과 그 기간 중에 지급된 임금은 평균임금 산정기준이 되는 기간과 임금의 총액에서 공제한다'는 내용의 근로기준법 시행령 제2조 제1항 제1호는, 그 기간을 제외하지 않으면 평균임금이 부당하게 낮아짐으로써 결국 통상의 생활임금을 사실대로 반영함을 기본원리로 하는 평균임금 제도에 반하는 결과를 피하고자 하는 데 입법취지가 있으므로, 그 적용범위는 평균임금 산정사유 발생일을 기준으로 그 전 3개월 동안 정상적으로 급여를 받은 기간뿐만 아니라 수습기간이 함께 포함되어 있는 경우에 한한다고 봄이 상당하다. 따라서 근로자가 수습을 받기로 하고 채용되어 근무하다가 수습기간이 끝나기 전에 평균임금 산정사유가 발생한 경우에는 위 시행령과 무관하게 평균임금 산정사유 발생 당시의 임금, 즉 수습사원으로서 받는 임금을 기준으로 평균임금을 산정하는 것이 평균임금 제도의 취지 등에 비추어 타당하다.

5) 직위해제 등 징계기간

개인적인 범죄로 구속기소되어 직위해제된 기간 및 그 기간 중에 받은 임금액은 평균임금의 산정에 포함된다.

> **참조판례** 대판 1994.4.12. 92다20309
>
> 개인적인 범죄로 구속기소되어 직위해제되었던 기간은 근로기준법시행령 제2조 소정의 어느 기간에도 해당하지 않으므로 그 기간의 일수와 그 기간 중에 지급받은 임금액은 근로기준법 제19조 제1항 본문에 따른 평균임금 산정기초에서 제외될 수 없고, 만일 그 기간과 임금을 포함시킴으로 인하여 평균임금 액수가 낮아져 평균임금이 통상임금을 하회하게 되는 경우에는 같은 법 제19조 제2항에 따라 통상임금을 평균임금으로 하여 퇴직금을 계산하여야 한다.

6) 휴직

근로자가 구속되어 3개월 이상 휴직하였다가 퇴직함으로써 퇴직 전 3개월간 지급된 임금을 기초로 산정한 평균임금이 통상의 경우보다 현저하게 적은 경우, 휴직 전 3개월간의 임금을 기준으로 평균임금을 산정하여야 한다.

> **참조판례** 대판 1999.11.12. 98다49357
>
> 퇴직금 산정기준으로서의 평균임금은 원칙적으로 근로자의 통상의 생활임금을 사실대로 반영하는 것을 그 기본원리로 하고, 이는 장기간의 휴직 등과 같은 특수한 사정이 없었더라면 산정될 수 있는 평균임금 상당액이라 할 것인 바, 앞서 본 피고의 급여실태와 원고회사의 퇴직금 규정, 근로자의 퇴직 직전의 기간이 그 통상의 생활임금을 가장 잘 반영하고 있다고 보아 그 퇴직 직전 기간의 임금을 기준으로 평균임금을 산정하는 것으로 규정하고 있는 근로기준법의 규정취지에 비추어, 피고의 평균임금(월평균급여)은 그 휴직 전 3개월간의 임금을 기준으로 하여 산정함이 상당하다 할 것이다.

7) 노조전임기간

① 근로시간면제자

근로시간 면제자의 퇴직금과 관련한 평균임금을 산정할 때에는 특별한 사정이 없는 한 근로시간 면제자가 단체협약 등에 따라 지급받는 급여를 기준으로 하되, 다만 과다하게 책정되어 임금으로서 성격을 가지고 있지 않은 초과 급여 부분은 제외한다(대판 2012다8239).

② 노조전임자

노동조합 전임자의 퇴직금을 산정함에 있어서는 노동조합 전임자로서 실제로 지급받아 온 급여를 기준으로 할 수는 없고, 근로자의 통상의 생활을 종전과 같이 보장하려는 퇴직금 제도의 취지에 비추어 볼 때, 그들과 동일 직급 및 호봉의 근로자들의 평균임금을 기준으로 하여 퇴직금을 산정한다(대판 97다54727).

8) 직장폐쇄기간

① 적법한 직장폐쇄

사용자가 쟁의행위로 적법한 직장폐쇄를 한 결과 근로자에 대해 임금지급의무를 부담하지 않는 기간은 원칙적으로 같은 조항 제6호의 기간에 해당한다. 다만 이러한 직장폐쇄기간이 근로자들의 위법한 쟁의행위 참가기간과 겹치는 경우라면 근로기준법 시행령 제2조 제1항 제6호의 기간에 포함될 수 없다(대판 2015다65561).

② 위법한 직장폐쇄

위법한 직장폐쇄로 사용자가 여전히 임금지급의무를 부담하는 경우라면, 근로자의 이익을 보호하기 위해 그 기간을 평균임금 산정기간에서 제외할 필요성을 인정하기 어려우므로 근로기준법 시행령 제2조 제1항 제6호에 해당하는 기간이라고 할 수 없다(대판 2015다65561).

3. 평균임금산정의 특례

(1) 일용근로자

일용근로자의 평균임금은 고용노동부장관이 사업이나 직업에 따라 정하는 금액으로 한다(영 제3조).

(2) 특별한 경우

1) 근거

근로기준법령에 따라 평균임금을 산정할 수 없는 경우에는 고용노동부장관이 정하는 바에 따른다(시행령 제4조).

2) 산정할 수 없는 경우

평균임금을 산정할 수 없는 경우라 함은 산정자체가 기술상 불가능한 것은 물론 사회통념상 현저하게 부당한 경우도 포함된다.

> **참조판례** 대판 1999.11.12. 98다49357
>
> 평균임금을 산정할 수 없다는 것에는 문자 그대로 그 산정이 기술상 불가능한 경우에만 한정할 것이 아니라 근로기준법의 관계 규정에 의하여 그 평균임금을 산정하는 것이 현저하게 부적당한 경우까지도 포함하는 것이라고 보아야 한다.

3) 산정방식

평균임금을 산정할 수 없는 경우 근로기준법 시행령에 따라 고용노동부장관이 정하는 바에 따라 평균임금을 산정하여야 할 것인데, 아직까지 그 기준이나 방법 등을 정한 바가 없으므로, 근로자의 통상의 생활임금을 사실대로 반영하는 방법으로 그 평균임금을 산정하여야 한다.

> **참조판례** 대판 1999.11.12. 98다49357
>
> 평균임금이 특별한 사유로 인하여 통상의 경우보다 현저하게 적거나 많을 경우에는 구 근로기준법시행령(1997. 3.27. 대통령령 제15320호로 제정되기 전의 것) 제5조에 의하여 노동부장관이 정하는 바에 따라 평균임금을 산정하여야 할 것인데, 아직까지 그 기준이나 방법 등을 정한 바가 없으므로, 평균임금의 기본원리와 퇴직금 제도의 취지에 비추어 근로자의 통상의 생활임금을 사실대로 반영하는 방법으로 그 평균임금을 산정하여야 한다.

4) 의도적으로 평균임금을 높인 경우

근로자가 의도적으로 현저하게 평균임금을 높이기 위한 행위를 함으로써 근로기준법에 의하여 그 평균임금을 산정하는 것이 부적당한 경우에 해당하게 된 때에는 근로자가 그러한 의도적인 행위를 하지 않았더라면 산정될 수 있는 평균임금 상당액을 기준으로 하여 퇴직금을 산정하여야 한다.

> **참조판례** 대판 2009.10.15. 2007다72519
>
> 근로자가 의도적으로 현저하게 평균임금을 높이기 위한 행위를 함으로써 근로기준법에 의하여 그 평균임금을 산정하는 것이 부적당한 경우에 해당하게 된 때에는 근로자가 그러한 의도적인 행위를 하지 않았더라면 산정될 수 있는 평균임금 상당액을 기준으로 하여 퇴직금을 산정하여야 한다. 이러한 경우 근로자에게 지급된 임금이 여러 항목으로 구성되어 있어 그러한 임금항목들 가운데 근로자의 의도적인 행위로 현저하게 많이 지급된 것과 그와 관계없이 지급된 임금항목이 혼재되어 있다면, 그 중 근로자의 의도적인 행위로 현저하게 많이 지급된 임금 항목에 대해서는 그러한 의도적인 행위를 하기 직전 3개월 동안의 임금을 기준으로 하여 근로기준법이 정하는 방식에 따라 평균임금을 산정하여야 할 것이지만, 그와 무관한 임금항목에 대해서는 근로기준법에 정한 원칙적인 산정방식에 따라 퇴직 이전 3개월 동안의 임금을 기준으로 평균임금을 산정하여야 할 것이다. 나아가 근로자의 의도적인 행위로 현저하게 많이 지급된 임금항목에 대하여 위와 같이 그러한 의도적인 행위를 하기 직전 3개월 동안의 임금을 기준으로 하더라도, 만약 근로자가 이처럼 퇴직 직전까지 의도적인 행위를 한 기간 동안에 동일한 임금항목에 관하여 근로자가 소속한 사업 또는 사업장에서 동일한 직종의 근로자에게 지급된 임금수준이 변동되었다고 인정할 수 있는 경우에는 특별한 사정이 없는 한 이를 평균임금의 산정에 반영하는 것이 근로자의 퇴직 당시 통상의 생활임금을 사실대로 반영할 수 있는 보다 합리적이고 타당한 방법이다.

(3) 평균임금의 조정

1) 근거

근로기준법에 따른 재해보상금 등을 산정할 때 적용할 평균임금은 그 근로자가 소속한 사업 또는 사업장에서 같은 직종의 근로자에게 지급된 통상임금의 1명당 1개월 평균액(이하 "평균액"이라 한다)이 그 부상 또는 질병이 발생한 달에 지급된 평균액보다 100분의 5 이상 변동된 경우에는 그 변동비율에 따라 인상되거나 인하된 금액으로 하되, 그 변동 사유가 발생한 달의 다음 달부터 적용한다. 다만, 제2회 이후의 평균임금을 조정하는 때에는 직전 회의 변동 사유가 발생한 달의 평균액을 산정기준으로 한다(시행령 제5조 제1항).

2) 기준

평균임금을 조정하는 경우 그 근로자가 소속한 사업 또는 사업장이 폐지된 때에는 그 근로자가 업무상 부상 또는 질병이 발생한 당시에 그 사업 또는 사업장과 같은 종류, 같은 규모의 사업 또는 사업장을 기준으로 하고(시행령 제5조 제2항), 그 근로자의 직종과 같은 직종의 근로자가 없는 때에는 그 직종과 유사한 직종의 근로자를 기준으로 한다(시행령 제5조 제3항).

3) 퇴직금산정시 적용

업무상 부상을 당하거나 질병에 걸린 근로자에게 지급할 퇴직금을 산정할 때 적용할 평균임금은 조정된 평균임금으로 한다(시행령 제5조 제4항).

제3절 임금수준의 보호

Ⅰ. 근로기준법상 도급 근로자의 임금보호

> 근로기준법 제47조(도급 근로자) 사용자는 도급이나 그 밖에 이에 준하는 제도로 사용하는 근로자에게 근로시간에 따라 일정액의 임금을 보장하여야 한다.

1. 의의

사용자는 도급이나 그 밖에 이에 준하는 제도로 사용하는 근로자에게 근로시간에 따라 일정액의 임금을 보장하여야 한다. 사용자의 책임으로 업무처리시간이 늘어나 실질적인 임금수준이 감소하는 것을 방지하기 위한 것이다.

2. 임금의 수준

구체적인 보장액의 수준에 관하여 ① 최저임금법에 의한 최저임금액 이상이면 법 위반이 아니라는 견해와 ② 휴업수당에 상당하는 평균임금의 70% 이상이 타당하다는 견해가 있다.

Ⅱ. 최저임금법상의 임금보호

1. 의의

(1) 최저임금제도라 함은 국가가 임금의 결정에 직접 개입하여 임금의 최저수준을 정하고 사용자에게 최저수준 이상의 임금지급을 법적으로 강제하는 제도를 말한다.
(2) 최저임금제는 1894년 '뉴질랜드'에서 산업조정중재법의 제정에 따라 최초로 채택되었으며, 우리나라의 현행 최저임금법은 1986년 12월 31일에 제정되었다.

2. 최저임금법의 적용범위

(1) 최저임금법은 근로자를 사용하는 모든 사업 또는 사업장에 적용안다
(2) 동거하는 친족만을 사용하는 사업 또는 사업장과 가사사용인에게는 적용하지 아니한다(최저임금법 제3조 제1항).
(3) 최저임금법은 선원법의 적용을 받는 선원 및 선원을 사용하는 선박의 소유자에게는 적용되지 아니한다(최저임금법 제3조 제2항).

3. 최저임금위원회

(1) 최저임금에 관한 심의와 그 밖에 최저임금에 관한 중요 사항을 심의하기 위해 고용노동부에 최저임금위원회를 둔다(최저임금법 제12조).

(2) 위원회는 최저임금에 관한 심의 및 재심의, 최저임금 적용 사업의 종류별 구분에 관한 심의, 최저임금 제도의 발전을 위한 연구 및 건의, 그 밖에 최저임금에 관한 중요 사항으로서 고용노동부장관이 회의에 부치는 사항의 심의 등의 기능을 수행한다(최저임금법 제13조).

(3) 위원회는 근로자를 대표하는 위원 9명, 사용자를 대표하는 위원 9명, 공익을 대표하는 위원 9명으로 구성된다.

(4) 위원회에 2명의 상임위원을 두며, 상임위원은 공익위원으로 한다.

(5) 위원의 임기는 3년으로 하되 연임할 수 있다.

(6) 위원회에 위원장과 부위원장 각 1명을 두며 위원장과 부위원장은 공익위원 중에서 위원회가 선출한다.

(7) 위원장은 위원회의 사무를 총괄하며 위원회를 대표한다(최저임금법 제15조).

(8) 위원회의 회의는 ① 고용노동부장관이 소집을 요구하는 경우, ② 재적위원 3분의 1 이상이 소집을 요구하는 경우, ③ 위원장이 필요하다고 인정하는 경우에 위원장이 소집한다.

(9) 위원회의 의장은 위원장이 되며, 위원회의 회의는 법에서 따로 정하는 경우 외에는 재적위원 과반수 출석(의결을 위해서는 근로자위원과 사용자위원 각 3분의 1 이상의 출석이 있어야 한다. 다만, 근로자위원이나 사용자위원이 2회 이상 출석요구를 받고도 정당한 이유 없이 출석하지 아니하는 경우에는 그러하지 아니하다.)과 출석위원 과반수의 찬성으로 의결한다(최저임금법 제17조).

4. 최저임금의 결정

(1) 최저임금의 심의는 고용노동부장관이 매년 3월 31일까지 최저임금위원회에 최저임금의 심의를 요청함으로써 개시된다(최저임금법 제8조 제1항 및 동법 시행령 제7조).

(2) 고용노동부장관의 심의요청을 받은 최저임금위원회는 요청을 받은 날부터 90일 이내에 심의하여 최저임금안을 고용노동부장관에게 제출하여야 한다(최저임금법 제8조 제2항).

(3) 고용노동부장관은 최저임금위원회로부터 최저임금안을 제출받아 이를 고시하고, 이날부터 10일간 노·사의 이의를 제기받는다(최저임금법 제9조 제1항·제2항).

(4) 고용노동부장관은 ① 최저임금위원회가 심의하여 제출한 최저임금안에 따라 최저임금을 결정하기가 어렵다고 인정되거나(최저임금법 제8조 제3항), ② 최저임금위원회가 제출한 최저임금안에 대해 노·사대표로부터 받은 이의가 이유 있다고 인정되면(최저임금법 제9조 제3항) 고용노동부장관은 최저임금안을 제출받은 날부터 20일 이내에 그 이유와 내용을 명시하여 최저임금위원회에 10일 이상의 기간을 정하여 재심의를 요청할 수 있다(최저임금법 제8조, 제9조).

(5) 재심의를 함에 있어 '재적위원 과반수의 출석과 출석위원 3분의 2 이상'의 찬성으로 당초의 최저임금안을 재의결한 때에는 그에 따라 최저임금을 결정하여야 한다(최저임금법 제8조 제5항).

(6) 고용노동부장관은 매년 8월 5일까지 최저임금을 결정하고 지체없이 그 내용을 고시하여야 하며(최저임금법 제8조 제1항, 제10조 제1항), 고시된 최저임금은 다음연도 1월 1일부터 효력을 발생한다(최저임금법 제10조 제2항).

5. 최저임금액

(1) 최저임금은 근로자의 생계비, 유사 근로자의 임금, 노동생산성 및 소득분배율 등을 고려하여 정하되, 사업의 종류별로 구분하여 정할 수 있다(최저임금법 제4조 제1항).

(2) 최저임금액은 시간·일·주·월단위로 정하며, 일·주·월단위로 정한 경우에는 시간급으로도 표시하여야 한다(최저임금법 제5조 제1항).

(3) 1년 이상의 기간을 정하여 근로계약을 체결하고 수습 중에 있는 근로자로서 수습을 시작한 날부터 3개월 이내인 사람에 대하여는 대통령령으로 정하는 바에 따라 제1항에 따른 최저임금액과 다른 금액으로 최저임금액을 정할 수 있다. 다만, 단순노무업무로 고용노동부장관이 정하여 고시한 직종에 종사하는 근로자는 제외한다.

1년 이상의 기간을 정하여 근로계약을 체결하고 수습 중에 있는 근로자로서 수습을 시작한 날부터 3개월 이내인 사람에 대해서는 같은 조 제1항 후단에 따른 시간급 최저임금액에서 100분의 10을 뺀 금액을 그 근로자의 시간급 최저임금액으로 한다.

(4) 임금이 도급제, 기타 이와 유사한 형태로 정하여져 있는 경우에 근로시간의 파악이 어렵거나 그 밖에 최저임금액을 정하는 것이 적합하지 아니하다고 인정될 때에는 당해 근로자의 생산고 또는 업적의 일정단위에 의하여 최저임금액을 정한다(최저임금법 제5조 제3항 및 동법 시행령 제4조).

(5) 최저임금법이 적용되는 사업장이라 하더라도 정신장애나 신체장애로 근로능력이 현저히 낮은 사람과 그 밖에 최저임금을 적용하는 것이 적당하지 아니하다고 인정되는 사람으로서 근로자의 정신 또는 신체의 장애가 업무 수행에 직접적으로 현저한 지장을 주는 것이 명백하다고 인정되는 사람에 대해서는 사용자가 고용노동부장관의 인가를 받아 최저임금을 적용하지 아니할 수 있다(최저임금법 제7조 및 동법 시행령 제6조).

6. 최저임금의 효력

(1) 사용자는 최저임금의 적용을 받는 근로자에게 최저임금액 이상의 임금을 지급하여야 한다(최저임금법 제6조 제1항).

(2) 최저임금에는 매월 1회 이상 지급하는 임금을 산입한다.

(3) ① 근로기준법 제2조 제1항 제8호에 따른 소정(所定)근로시간(이하 "소정근로시간"이라 한다) 또는 소정의 근로일에 대하여 지급하는 임금 외의 임금으로서 고용노동부령으로 정하는 임금, ② 식비, 숙박비, 교통비 등 근로자의 생활보조 또는 복리후생을 위한 성질의 임금으로서 통화 이외의 것으로 지급하는 임금은 최저임금에 산입하지 아니한다(최저임금법 제6조 제4항).

(4) 여객자동차 운수사업법 제3조 및 같은 법 시행령 제3조 제2호 다목에 따른 일반택시운송사업에서 운전업무에 종사하는 근로자의 최저임금에 산입되는 임금의 범위는 생산고에 따른 임금을 제외한 대통령령으로 정하는 임금으로 한다(최저임금법 제6조 제5항).

(5) ① 근로자가 자기의 사정으로 소정근로시간 또는 소정의 근로일에 근로를 하지 아니한 경우, ② 사용자가 정당한 이유로 근로자에게 소정근로시간 또는 소정의 근로일에 근로를 시키지 아니한 경우에까지 최저임금이상의 임금의 지급을 강제하는 것은 아니다(최저임금법 제6조 제6항).

(6) 사용자는 최저임금법에 따른 최저임금을 이유로 종전의 임금수준을 낮추어서는 아니 된다(최저임금법 제6조 제2항).

(7) 최저임금의 적용을 받는 근로자와 사용자 사이의 근로계약 중 최저임금액에 미치지 못하는 금액을 임금으로 정한 부분은 무효로 하며, 이 경우 무효로 된 부분은 이 법으로 정한 최저임금액과 동일한 임금을 지급하기로 한 것으로 본다(최저임금법 제6조 제3항).

(8) 도급으로 사업을 행하는 경우 도급인이 책임져야 할 사유로 수급인이 근로자에게 최저임금액에 미치지 못하는 임금을 지급한 경우 도급인은 해당 수급인과 연대하여 책임을 진다(최저임금법 제6조 제7항). 두 차례 이상의 도급으로 사업을 행하는 경우 수급인은 하수급인으로 보고, 도급인은 직상 수급인으로 본다(최저임금법 제6조 제9항).

(9) 사용자가 최저임금에 산입되는 임금에 포함시키기 위하여 1개월을 초과하는 주기로 지급하는 임금을 총액의 변동 없이 매월 지급하는 것으로 취업규칙을 변경하려는 경우에는 근로기준법 제94조 제1항에도 불구하고 해당 사업 또는 사업장에 근로자의 과반수로 조직된 노동조합이 있는 경우에는 그 노동조합, 근로자의 과반수로 조직된 노동조합이 없는 경우에는 근로자의 과반수의 의견을 들어야 한다(최저임금법 제6조의2).

III. 휴업수당

> **근로기준법 제46조(휴업수당)** ① 사용자의 귀책사유로 휴업하는 경우에 사용자는 휴업기간 동안 그 근로자에게 평균임금의 100분의 70 이상의 수당을 지급하여야 한다. 다만, 평균임금의 100분의 70에 해당하는 금액이 통상임금을 초과하는 경우에는 통상임금을 휴업수당으로 지급할 수 있다.
> ② 제1항에도 불구하고 부득이한 사유로 사업을 계속하는 것이 불가능하여 노동위원회의 승인을 받은 경우에는 제1항의 기준에 못 미치는 휴업수당을 지급할 수 있다.

1. 의의

사용자는 자신의 귀책사유로 휴업하게 되는 경우 그 기간 동안 근로자에게 평균임금의 70% 이상을 수당으로 지급해야 한다. 민법에 따르면 근로자가 사용자의 책임 있는 사유로 근로제공의무를 이행할 수 없게 된 경우 근로자는 임금 전액을 청구할 수 있다(민법 제538조 제1항). 근로기준법상 휴업수당제도는 근로자에게 귀책사유가 없고 사용자에게 불가항력적인 사유가 없는데도 근로를 제공할 수 없게 된 경우에 임금 상실의 위험으로부터 근로자를 보호하여 그 생활안정을 꾀하고자 마련된 규정이다.

2. 휴업

(1) 휴업이란 근로의무 있는 시간에 근로를 할 수 없게 되는 것을 말한다.

(2) 사업의 전부 또는 일부가 정지되는 경우뿐만 아니라 개개의 근로자가 근로계약에 따라 근로를 제공할 의사가 있음에도 불구하고 그 의사에 반하여 취업이 거부되거나 불가능하게 된 경우도 포함된다.

(3) 1일 전체의 휴업만이 아니라 1일 소정근로시간 중의 일부에 한정되는 휴업도 포함된다.

3. 사용자의 귀책사유

(1) 휴업수당제도상의 귀책사유 개념은 민법상의 귀책사유를 포함함은 물론 민법상의 귀책사유가 없는 경우에도 사용자의 세력범위 안에서 발생한 경영장애도 사용자의 귀책사유에 해당된다(세력범위설, 지배영역설).

공장·기계의 파손, 원자재 부족, 주문감소, 판매부진, 작업량감소, 원도급업체의 공사중단에 따른 하도급업체의 조업 중단, 전력회사의 전력공급 중단, 감독관청의 적법한 권고나 명령에 따른 조업정지 등은 사용자의 귀책사유에 해당한다.

> **참조판례** 대판 1969.3.4. 68다1972
>
> 근로의 장소가 월남이라 하여도 원, 피고들 간의 본건 근로계약에 대하여 근로기준법 제27조의2, 제18조, 제19조, 제38조의 적용이 있음을 전제로 한 원판결 판단취의에 위법이 있을 수 없고 민법 제661조 소정사유가 아니면 근로기준법 제27조의2 제1항 단서소정 사유에 해당하는 것이라 할 수 없어 고용기간의 정함이 있는 본건 근로계약에서는 30일 전 예고로서도 해고할 수 없다는 취의의 판단은 정당하며 피고회사에서 원고들을 월남국으로 파월시킬 당시에는 미국인 회사로 부터 앞으로 1년간 공사시공을 함에 상당한 하도급을 받았으나 그후의 사정변경으로 하도급 받은 작업량이 줄어들게 되었다는 것이 원판결에 의하여 확정된 사실인 바, 이러한 사실관계로서는 민법 제661조나 근로기준법 제27조의2 제1항 단서 소정 부득이한 사유라 할 수 없으므로 고용기간의 정함이 있는 본건 근로계약은 30일 전의 예고로도 해지시킬 수 없는 것이어서 고용계약의 존속을 전제로 근로기준법 제38조 소정사유에 해당하는 것으로 보아 휴업수당을 지급하여야 한다는 것이 원판결 판단취의이며 그러한 취의의 원판결 판단에 소론 판단유탈이나 어떤 위법이 있음을 인정할 수 없다.

(2) 사용자가 자신의 귀책사유에 해당하는 경영상의 필요에 따라 개별 근로자들에 대하여 대기발령을 한 경우 근로자들에게 휴업수당을 지급하여야 한다.

> **참조판례** 대판 2013.10.11. 2012다12870
>
> 근로기준법 제46조 제1항에서 정하는 '휴업'에는 개개의 근로자가 근로계약에 따라 근로를 제공할 의사가 있는데도 그 의사에 반하여 취업이 거부되거나 불가능하게 된 경우도 포함되므로, 이는 '휴직'을 포함하는 광의의 개념인데, 근로기준법 제23조 제1항에서 정하는 '휴직'은 어떤 근로자를 그 직무에 종사하게 하는 것이 불가능하거나 적당하지 아니한 사유가 발생한 때에 그 근로자의 지위를 그대로 두면서 일정한 기간 그 직무에 종사하는 것을 금지시키는 사용자의 처분을 말하는 것이고, '대기발령'은 근로자가 현재의 직위 또는 직무를 장래에 계속 담당하게 되면 업무상 장애 등이 예상되는 경우에 이를 예방하기 위하여 일시적으로 당해 근로자에게 직위를 부여하지 아니함으로써 직무에 종사하지 못하도록 하는 잠정적인 조치를 의미하므로, 대기발령은 근로기준법 제23조 제1항에서 정한 '휴직'에 해당한다고 볼 수 있다. 따라서 사용자가 자신의 귀책사유에 해당하는 경영상의 필요에 따라 개별 근로자들에 대하여 대기발령을 하였다면 이는 근로기준법 제46조 제1항에서 정한 휴업을 실시한 경우에 해당하므로 사용자는 그 근로자들에게 휴업수당을 지급할 의무가 있다.

4. 휴업수당액

(1) 사용자의 귀책사유에 의한 휴업의 경우 사용자는 근로자에게 평균임금의 100분의 70 이상의 수당을 지급하여야 한다.

(2) 평균임금의 70%에 해당하는 금액이 통상임금을 초과하는 경우에는 통상임금을 휴업수당으로 지급할 수 있다.

5. 휴업수당의 예외

(1) 부득이한 사유로 사업계속이 불가능한 경우에 해당하여야 한다.

1) 부득이한 사유라 함은 해당 사업 외부의 사정에 기인한 사유를 의미한다.
2) 노동조합의 파업으로 조업이 불가능하게 된 경우 부득이한 사유로 사업계속이 불가능한 경우에 해당한다.

> **참조판례** 대판 2000.11.24. 99두4280
> 노동조합 및 조합원들의 파업행위가 사용자측과 단체교섭을 통해 개선될 수 없는 사항을 목적으로 하여 쟁의행위로서의 정당성을 갖추지 않았고, 회사가 수차례 여러 방법으로 불법파업의 중지 및 정상조업을 설득했으나 파업의 실행을 막지 못했으며, 그 후 부분 조업이 이루어졌으나 높은 불량률로 사실상 정상적인 조업이라 하기 어려웠다. 또 본격적인 전체파업이 예정돼 있었으며 자동차 생산에는 일련의 공정에 의해 이루어지는 특수성이 있고, 울산공장 파업으로 울산공장에서 부품을 공급받는 아산공장도 정상조업이 불가능했다면 이는 휴업지불 예외사유인 '부득이한 사유로 사업계속이 불가능한 경우'에 해당한다고 볼 것이다. 사용자가 부득이한 사유로 사업계속이 불가능하여 노동위원회의 승인을 얻어 휴업을 하게 되는 경우에 휴업수당의 일부뿐만 아니라 전액을 지급하지 않는 것도 포함된다. 이에 경상남도 지방노동위원회가 원고들을 포함한 근로자 30,206명에 대한 피고보조참가인의 휴업지불 예외신청을 승인한 조치는 정당하고, 따라서 원고들의 재심신청을 기각한 피고의 재심판정도 적법하다.

3) 사업을 계속하는 것이 불가능하다는 것은 사용자로서는 노력을 다하여도 조업을 일시 중단할 수밖에 없다는 것을 말한다.

(2) 노동위원회의 승인을 얻어야 한다.

1) 부득이한 사유로 사업계속이 불가능하다고 하더라도 노동위원회의 승인을 얻지 못하면 휴업수당의 감액은 할 수 없다.
2) 부득이한 사유로 사업계속이 불가능하다는 점에 대한 입증책임은 사용자가 부담한다.

(3) 부득이한 사유로 사업을 계속하는 것이 불가능하여 노동위원회의 승인을 받은 경우에는 평균임금의 100분의 70에 못 미치는 휴업수당을 지급할 수 있다. '못 미치는 휴업수당을 지급할 수 있다'는 것은 평균임금의 100분의 70보다 감경하는 것은 물론 전액을 지급하지 않는 것도 포함된다.

> **참조판례** 대판 2000.11.24. 99두4280
> 노동조합 및 조합원들의 파업행위가 사용자측과 단체교섭을 통해 개선될 수 없는 사항을 목적으로 하여 쟁의행위로서의 정당성을 갖추지 않았고, 회사가 수차례 여러 방법으로 불법파업의 중지 및 정상조업을 설득했으나 파업의 실행을 막지 못했으며, 그 후 부분 조업이 이루어졌으나 높은 불량률로 사실상 정상적인 조업이라 하기 어려웠다. 또 본격적인 전체파업이 예정돼 있었으며 자동차 생산에는 일련의 공정에 의해 이루어지는 특수성이 있고, 울산공장 파업으로 울산공장에서 부품을 공급받는 아산공장도 정상조업이 불가능했다면 이는 휴업지불 예외사유인 '부득이한 사유로 사업계속이 불가능한 경우'에 해당한다고 볼 것이다. 사용자가 부득이한 사유로 사업계속이 불가능하여 노동위원회의 승인을 얻어 휴업을 하게 되는 경우에 휴업수당의 일부뿐만 아니라 전액을 지급하지 않는 것도 포함된다. 이에 경상남도 지방노동위원회가 원고들을 포함한 근로자 30,206명에 대한 피고보조참가인의 휴업지불 예외신청을 승인한 조치는 정당하고, 따라서 원고들의 재심신청을 기각한 피고의 재심판정도 적법하다.

6. 관련문제

(1) 노동조합의 쟁의행위로 인한 휴업

1) 근로희망자만으로 조업이 가능한 경우임에도 사용자가 근로자의 근로제공을 거부하면 수령지체의 책임을 부담하며 임금전액지급책임을 부담한다.
2) 근로희망자만으로 조업이 불가능한 경우 판례는 근로기준법 제46조 제2항의 부득이한 사유로 사업계속이 불가능한 경우에 해당한다고 한다.

(2) 직장폐쇄와 휴업수당

1) 직장폐쇄가 정당한 경우 사용자는 임금지급의무나 휴업수당지급의무를 부담하지 아니한다.
2) 직장폐쇄가 위법한 경우 사용자는 임금전액의 지급의무가 있다.

(3) 민법상의 임금지급청구권과 휴업수당청구권

사용자의 귀책사유가 경영장애에 해당하는 경우 휴업수당청구권만 발생하며, 사용자의 귀책사유가 민법상의 고의·과실에 해당하는 경우에는 근로기준법 제46조의 휴업수당 청구권과 민법상의 임금전액에 대한 지급청구권이 경합하게 된다.

(4) 휴업기간 중 다른 기업에 취업한 경우(중간수입의 공제)

1) 근거

근로기준법 제46조에 의한 휴업수당은 강행규정에 의한 기준금액이므로 공제에 의한 그 이하의 지급은 금지되며 이를 초과하는 금액만을 공제할 수 있다.

> **참조판례** 대판 1996.4.23. 94다446
>
> 사용자의 귀책사유로 인하여 해고된 근로자가 해고기간 중에 다른 직장에 종사하여 얻은 이익(이른바 중간수입)은 민법 제538조 제2항에서 말하는 채무를 면함으로써 얻은 이익에 해당하므로, 사용자는 해고기간 중의 임금을 지급함에 있어 그 이익 금액을 임금액에서 공제할 수 있고, 이러한 법리는 근로자가 쌍무계약인 근로계약에 기한 근로제공의무가 채권자인 사용자의 책임 있는 사유로 인하여 이행될 수 없었다고 하면서 근로관계의 존속을 전제로 한 임금의 청구를 하는 경우뿐만 아니라, 사용자의 부당해고가 불법행위에 해당함을 원인으로 한 손해배상청구를 하는 경우에도 그 손해의 범위를 산정함에 있어서는 손해배상의 일반이론에 따라 손해의 원인이 된 사실과 상당인과관계에 있는 이득을 모두 공제하여야 하므로 그대로 적용된다. 부당하게 면직처분된 공무원이 임금 또는 손해배상을 청구하는 사안에서, 그 공무원이 면직기간 중 다른 직장에서 수입을 얻은 경우, 공무원이 지급받을 수 있었던 보수 중 근로기준법 제38조 소정의 휴업수당의 한도에서는 이를 이익공제의 대상으로 삼을 수 없고, 그 휴업수당을 초과하는 금액에서 중간수입을 공제하여야 한다.

> **참고 예시**
>
> 근로자의 월임금: 100만원(휴업수당: 70만원)
> 1. 중간수입이 0원일 경우 공제대상 금액이 없으므로 100만원 전액지급. 따라서 근로자의 총수입은 100만원임.
> 2. 중간수입이 20만원일 경우 휴업수당을 초과하는 금액 30만원 중 중간수입액인 20만원만을 공제하고 80만원을 지급하여야 함. 따라서 근로자의 총수입은 100만원임.
> 3. 중간수입이 50만원일 경우 휴업수당은 초과하는 금액인 30만원의 한도에서만 공제대상으로 삼을 수 있으므로 70만원을 지급하여야 함. 따라서 근로자의 총수입은 120만원임.

2) 중간수입의 범위

중간수입은 노무제공을 면한 것과 상당인과관계에 있는 것에 한한다. 근로자가 해고기간 중에 노동조합기금으로부터 지급받은 금원은 그가 노무제공을 면한 것과 상당인과관계에 있는 이익이라고는 볼 수 없다.

> **참조판례** 대판 1991.5.14. 91다2656
>
> 부당해고로 인하여 노무를 제공하지 못한 근로자는 민법 제538조 제1항 본문의 규정에 의하여 사용자에 대하여 임금을 청구할 수 있고 이 경우 근로자가 자기의 채무를 면함으로써 이익을 얻은 때에는 이를 사용자에게 상환하되, 상환하여야 할 이익은 채무를 면한 것과 상당인과관계에 있는 것에 한한다고 할 것이지만, 근로자가 해고기간 중에 노동조합기금으로부터 지급받은 금원은 그가 노무제공을 면한 것과 상당인과관계에 있는 이익이라고는 볼 수 없다.

제4절 임금지급의 보호

I. 임금지급의 원칙

> **근로기준법 제43조(임금 지급)** ① 임금은 통화(通貨)로 직접 근로자에게 그 전액을 지급하여야 한다. 다만, 법령 또는 단체협약에 특별한 규정이 있는 경우에는 임금의 일부를 공제하거나 통화 이외의 것으로 지급할 수 있다.
> ② 임금은 매월 1회 이상 일정한 날짜를 정하여 지급하여야 한다. 다만, 임시로 지급하는 임금, 수당, 그 밖에 이에 준하는 것 또는 대통령령으로 정하는 임금에 대하여는 그러하지 아니하다.

1. 통화불의 원칙

(1) 의의

임금은 통화로 근로자에게 지급되어야 한다. 통화란 국내법에 의하여 강제통용력이 있는 화폐를 말한다.

(2) 제한

1) 외국통화

통화는 국내통화만을 의미하므로 외국통화로 지급하는 것은 통화불원칙에 위반된다.

2) 현물급여

현물급여는 현금화과정에서 근로자가 손해를 볼 수 있다는 점에서 통화불원칙에 위반된다.

3) 어음·수표·주식 등

어음·수표·주식 등은 유가증권이기는 하나 강제통용력이 없고 지급거절가능성이 있으므로 통화불원칙에 위반된다. 다만 자기앞수표는 현금과 같이 통용되므로 무방하다.

4) 임금지급에 갈음하는 채권양도

임금지급에 갈음하여 사용자가 제3자에 대하여 가지는 채권을 근로자에게 양도하는 경우 원칙적으로 무효이다. 다만, 민법 제138조의 무효행위 전환의 법리에 따라 임금의 지급을 위하여 한 것으로서 효력을 가질 수 있다.

> **참조판례** 대판 2012.3.29. 2011다101308
>
> 임금은 법령 또는 단체협약에 특별한 규정이 있는 경우를 제외하고는 통화로 직접 근로자에게 전액을 지급하여야 한다(근로기준법 제43조 제1항). 따라서 사용자가 근로자의 임금 지급에 갈음하여 사용자가 제3자에 대하여 가지는 채권을 근로자에게 양도하기로 하는 약정은 전부 무효임이 원칙이다. 다만 당사자 쌍방이 위와 같은 무효를 알았더라면 임금의 지급에 갈음하는 것이 아니라 지급을 위하여 채권을 양도하는 것을 의욕하였으리라고 인정될 때에는 무효행위 전환의 법리(민법 제138조)에 따라 그 채권양도 약정은 '임금의 지급을 위하여 한 것'으로서 효력을 가질 수 있다.

(3) 예외

통화불 원칙은 법령 또는 단체협약에 의한 예외가 허용되므로, 단체협약을 체결하여 근로자에게 현금수당 및 점심식사 제공 중에서 어느 하나를 임의로 선택하도록 하거나, 성과지급수단으로 주식을 지급하는 것, 선원의 경우 기항지에서 통용되는 통화로 지급하는 것(선원법 제48조 제4항) 등은 통화불의 원칙에 위배되지 아니한다.

2. 직접불의 원칙

(1) 의의

임금은 근로자에게 직접 지급하여야 한다. 따라서 ① 처분권이 없는 사자(심부름꾼, 예 비서 등)에 대한 임금 지급이나, ② 근로자의 동의로 본인의 계좌에 대한 입금 등은 허용된다.

(2) 제한

1) 대리수령

대리수령은 허용되지 않는다. 따라서 법정대리인·임의대리인 또는 노동조합에 임금을 지급하는 것은 직접불 원칙에 위반된다.

2) 임금채권의 양도

근로자가 임금채권을 타인에게 양도한 경우에도 사용자는 양수인에게 임금을 지급할 수 없고 직접 양도인인 근로자에게 지급하여야 한다.

> **참조판례** 대판 1988.12.13. 87다카2803(전합)
>
> 근로기준법 제36조 제1항에서 임금직접지급의 원칙을 규정하는 한편 동법 제109조에서 그에 위반하는 자는 처벌을 하도록 하는 규정을 두어 그 이행을 강제하고 있는 취지가 임금이 확실하게 근로자 본인의 수중에 들어가게 하여 그의 자유로운 처분에 맡기고 나아가 근로자의 생활을 보호하고자 하는 데 있는 점에 비추어 보면 근로자가 그 임금채권을 양도한 경우라 할지라도 그 임금의 지급에 관하여는 같은 원칙이 적용되어 사용자는 직접 근로자에게 임금을 지급하지 아니하면 안되는 것이고 그 결과 비록 양수인이라고 할지라도 스스로 사용자에 대하여 임금의 지급을 청구할 수는 없다.

(3) 예외

직접불의 원칙은 근로기준법상 법령 또는 단체협약에 의한 예외를 인정하지 아니한다. 다만, ① 민사소송법·국세징수법 등의 규정에 의하여 임금이 압류된 경우, ② 선원법 제48조 제2항에 따라 해상근로에 종사하는 선원에 대하여는 예외가 인정된다.

3. 전액불 원칙

(1) 의의

임금은 산정기간 동안의 근로제공에 대한 대가 전액이 근로자에게 지급되어야 한다.

(2) 내용

1) 공제금지

공제란 임금의 일부를 사용자가 유보하여 두는 것을 말한다.

2) 상계금지

공제금지에는 사용자가 일방적으로 근로자에 대하여 가지는 채권과 임금을 상계하는 것도 금지한다. 사용자는 근로자에 대한 불법행위·채무불이행으로 인한 손해배상채권 등의 채권과 임금을 상계할 수 없다. 학자금 대출금·주택자금 융자금 등 채무불이행의 경우 근로자의 자유로운 동의에 따라 임금에서 공제하는 것은 가능하다. 다만, 근로자의 동의가 자유로운 의사에 기한 것이라는 판단은 엄격하고 신중하게 이루어져야 한다.

> **참조판례** 대판 2001.10.23. 2001다25184
>
> 사용자가 근로자에 대하여 가지는 채권을 가지고 일방적으로 근로자의 임금채권을 상계하는 것은 금지된다고 할 것이지만, 사용자가 근로자의 동의를 얻어 근로자의 임금채권에 대하여 상계하는 경우에 그 동의가 근로자의 자유로운 의사에 터잡아 이루어진 것이라고 인정할 만한 합리적인 이유가 객관적으로 존재하는 때에는 근로기준법 제42조 제1항 본문에 위반하지 아니한다고 보아야 할 것이고, 다만 임금 전액지급의 원칙의 취지에 비추어 볼 때 그 동의가 근로자의 자유로운 의사에 기한 것이라는 판단은 엄격하고 신중하게 이루어져야 한다.

(3) 예외

1) 법령 또는 단체협약

법령 또는 단체협약에 특별한 규정이 있는 경우에는 임금의 일부를 공제할 수 있다. 법령에 의하여 임금일부의 공제가 허용되는 경우로는 갑종근로소득세, 국민연금기금, 고용보험료, 건강보험료 등의 납부, 쟁의행위 중의 임금지급 중지 등이 있다. 단체협약을 통해 공제가 인정되는 경우에는 노동조합의 조합비를 사용자로 하여금 사전에 공제하여 노동조합에 납부하도록 하는 조합비 사전공제제도 및 대부금 반환 등이 있다.

2) 조정적 상계

임금이 초과 지급되어 이를 차기임금에서 정산·공제하는 조정적 상계는 전액불의 원칙에 위배되지 아니한다. 다만, 퇴직금에 대한 조정적 상계의 경우 퇴직금의 2분의 1을 초과하는 범위에서만 상계가 허용된다.

> **참조판례** 대판 2010.5.20. 2007다90760(전합)
>
> 계산의 착오 등으로 임금을 초과 지급한 경우에, 근로자가 퇴직 후 그 재직 중 받지 못한 임금이나 퇴직금을 청구하거나, 근로자가 비록 재직 중에 임금을 청구하더라도 위 초과 지급한 시기와 상계권 행사의 시기가 임금의 정산, 조정의 실질을 잃지 않을 만큼 근접하여 있고 나아가 사용자가 상계의 금액과 방법을 미리 예고하는 등으로 근로자의 경제생활의 안정을 해할 염려가 없는 때에는, 사용자는 위 초과 지급한 임금의 반환청구권을 자동채권으로 하여 근로자의 임금채권이나 퇴직금채권과 상계할 수 있다. 그리고 이러한 법리는 사용자가 근로자에게 이미 퇴직금 명목의 금원을 지급하였으나 그것이 퇴직금 지급으로서의 효력이 없어 사용자가 같은 금원 상당의 부당이득반환채권을 갖게 된 경우에 이를 자동채권으로 하여 근로자의 퇴직금채권과 상계하는 때에도 적용된다. 한편 민사집행법 제246조 제1항 제5호는 근로자인 채무자의 생활보장이라는 공익적, 사회 정책적 이유에서 '퇴직금 그 밖에 이와 비슷한 성질을 가진 급여채권의 2분의 1에 해당하는 금액'을 압류금지채권으로 규정하고 있고, 민법 제497조는 압류금지채권의 채무자는 상계로 채권자에게 대항하지 못한다고 규정하고 있으므로, 사용자가 근로자에게 퇴직금 명목으로 지급한 금원 상당의 부당이득반환채권을 자동채권으로 하여 근로자의 퇴직금채권을 상계하는 것은 퇴직금채권의 2분의 1을 초과하는 부분에 해당하는 금액에 관하여만 허용된다고 봄이 상당하다.

4. 매월 1회 이상 정기불의 원칙

(1) 의의

임금은 매월 1회 이상 일정한 기일을 정하여 지급되어야 한다.

(2) 내용

1) 매월이란 역월상의 1월을 의미하고 일정한 기일이란 주기적으로 도래하는 특정일을 의미한다.
2) 연봉제의 경우에도 연봉액의 일정한 부분을 매월 1회 이상 정한 날짜에 지급해야 한다.

(3) 예외

임시로 지급되는 임금·수당 기타 이에 준하는 것과 대통령령으로 정하는 임금 등은 정기불 원칙의 적용을 받지 않는다. 대통령령으로 정하는 임금이란 ① 1월을 초과하는 기간의 출근성적에 의하여 지급하는 정근수당, ② 1월을 초과하는 일정기간의 계속근로에 대하여 지급되는 근속수당, ③ 1월을 초과하는 기간에 걸친 사유에 의하여 산정되는 장려금·능률수당·상여금, ④ 기타 부정기적으로 지급되는 제수당 등(시행령 제23조)을 말한다.

5. 효과

사용자가 근로기준법 제43조를 위반한 경우 3년 이하의 징역 또는 3천만원 이하의 벌금에 처해지며(제109조), 채무불이행에 따른 책임을 져야 한다.

II. 임금의 비상시 지급

> **근로기준법 제45조(비상시 지급)** 사용자는 근로자가 출산, 질병, 재해, 그 밖에 대통령령으로 정하는 비상(非常)한 경우의 비용에 충당하기 위하여 임금 지급을 청구하면 지급기일 전이라도 이미 제공한 근로에 대한 임금을 지급하여야 한다.

1. 의의

사용자는 근로자가 출산, 질병, 재해, 그 밖에 대통령령으로 정하는 비상(非常)한 경우의 비용에 충당하기 위하여 임금 지급을 청구하면 지급기일 전이라도 이미 제공한 근로에 대한 임금을 지급하여야 한다.

2. 지급요건

(1) 비상한 경우

'비상한 경우'란 근로자 또는 그의 수입에 의하여 생계를 유지하는 자가 ① 출산하거나 질병 또는 재해를 입은 경우, ② 혼인 또는 사망한 경우, ③ 부득이한 사유로 인해 1주일 이상 귀향하게 되는 경우 등을 말한다(시행령 제25조).

(2) 근로자의 청구

비상한 경우라도 근로자의 청구가 있어야 한다.

3. 효과

단체협약·취업규칙 등에 별도로 정하여 있지 아니하는 한 '이미 제공한 근로'에 대한 대가만 지급이 강제되고 장래의 근로에 대한 대가는 포함되지 아니한다. 사용자가 제45조를 위반한 경우 1천만원 이하의 벌금에 처한다(제113조).

제5절 임금채권의 보호

I. 체불임금에 대한 보호

1. 금품청산

> **근로기준법 제36조(금품 청산)** 사용자는 근로자가 사망 또는 퇴직한 경우에는 그 지급 사유가 발생한 때부터 14일 이내에 임금, 보상금, 그 밖에 일체의 금품을 지급하여야 한다. 다만, 특별한 사정이 있을 경우에는 당사자 사이의 합의에 의하여 기일을 연장할 수 있다.

(1) 의의

사용자는 근로자가 사망 또는 퇴직한 경우에는 그 지급 사유가 발생한 때부터 14일 이내에 임금, 보상금, 그 밖에 일체의 금품을 지급하여야 한다. 근로관계가 종료된 후에도 임금 등이 지급되지 않으면 근로자가 부당하게 예속되기 쉽고 생활이 위협받을 수 있기 때문이다.

(2) 청구권자 및 청산의무자

금품청산청구권자는 근로자본인이다. 근로자가 사망하면 그의 상속인이 된다. 금품청산의 의무자는 사용자 특히 사업주가 된다.

(3) 사유

금품청산의 사유는 근로자가 사망 또는 퇴직한 경우라고 규정하고 있으나 이는 근로관계가 종료되는 모든 경우를 의미한다.

(4) 청산시기

금품청산은 그 지급사유가 발생한 때로부터 14일 이내에 임금·퇴직금·보상금 기타 일체의 금품을 지급하여야 한다(대판 2001다24051). 지급사유발생일은 근로자의 퇴직, 해고, 사망 등 근로관계가 종료된 때이다. 해고한 후 14일 이내에 금품청산을 하지 않고 있다가 해고처분을 취소한 경우에는 금품청산의무가 발생하지 않는다.

> **참조판례** 대판 2009.11.12. 2009도7908
>
> 근로기준법(2007.4.11. 법률 제8372호로 전부 개정되기 전의 것) 제112조 제1항, 제36조 위반죄는 사용자가 같은 법 제36조에 정한 근로자의 퇴직 등에 따른 퇴직금 등의 금품지급의무를 그 지급 사유가 발생한 때부터 14일 안에 이행하지 아니할 경우에 성립하는 것으로서, 그 중 근로자의 퇴직금지급청구권은 퇴직이라는 근로관계의 적법한 종료를 요건으로 하여 발생하는 것이므로 근로계약이 유효하게 존속하는 한 사용자의 퇴직금지급의무는 발생할 여지가 없어 위 죄가 성립하지 아니한다. 이는 사용자가 그 해고처분을 취소함으로써 해고의 효력 및 그에 기한 퇴직금지급의무가 소급적으로 소멸하게 되는 경우에도 마찬가지이다.

(5) 청산금품

청산되어야 할 '일체의 금품'이란 임금·퇴직금·재해보상금 기타 사용자가 근로관계의 존재로 인하여 근로자에게 지급의무가 발생하는 금품 일체이다.

(6) 기일연장합의

특별한 사정이 있을 경우에는 당사자 간의 합의에 의하여 기일을 연장할 수 있다. 기일연장에 대한 당사자의 합의는 기간이나 횟수의 제한이 없다.

> **참조판례** 대판 1998.10.15. 98도1759(전원합의체 판결)
>
> 법 제30조 단서에서 임금·퇴직금 청산기일의 연장합의의 한도에 관하여 아무런 제한을 두고 있지 아니함에도 불구하고, 시행령 제12조에 의하여 법 제30조 단서에 따른 기일연장을 3월 이내로 제한한 것은 시행령 제12조가 법 제30조 단서의 내용을 변경하고 법 제109조와 결합하여 형사처벌의 대상을 확장하는 결과가 된다 할 것인바, 이와 같이 법률이 정한 형사처벌의 대상을 확장하는 내용의 법규는 법률이나 법률의 구체적 위임에 의한 명령 등에 의하지 않으면 아니 된다고 할 것이므로, 결국 모법의 위임에 의하지 아니한 시행령 제12조는 죄형법정주의의 원칙에 위배되고 위임입법의 한계를 벗어난 것으로서 무효라고 할 것이다.

2. 지연이자제

> 근로기준법 제37조(미지급 임금에 대한 지연이자) ① 사용자는 제36조에 따라 지급하여야 하는 임금 및 근로자퇴직급여 보장법 제2조 제5호에 따른 급여(일시금만 해당된다)의 전부 또는 일부를 그 지급 사유가 발생한 날부터 14일 이내에 지급하지 아니한 경우 그 다음 날부터 지급하는 날까지의 지연 일수에 대하여 연 100분의 40 이내의 범위에서 은행법에 따른 은행이 적용하는 연체금리 등 경제 여건을 고려하여 대통령령으로 정하는 이율에 따른 지연이자를 지급하여야 한다.
> ② 제1항은 사용자가 천재·사변, 그 밖에 대통령령으로 정하는 사유에 따라 임금 지급을 지연하는 경우 그 사유가 존속하는 기간에 대하여는 적용하지 아니한다.

(1) 의의

사용자는 금품청산규정에 따라 지급해야 할 임금 및 퇴직급여의 전부 또는 일부를 지급사유가 발생한 날부터 14일 이내에 지급하지 않으면 근로자에게 지연이자를 지급해야 한다.

(2) 적용대상

지연이자는 금품청산의무를 위반 중 임금 및 퇴직급여에 인정된다. 지연이자는 재직 중의 임금미지급에는 적용되지 않으며 퇴직후라도 보상금이나 그 밖의 금품에는 적용되지 않는다.

(3) 지연이자

지연이자는 지연일수에 해다하는 미지급임금에 지연이자율을 곱하여 계산한다. 지연이자율은 연 100분의 20이다(시행령 제17조). 지연이자제도의 적용기간은 금품청산기간인 14일이 지난 다음날부터 해당 금품청산일까지이다.

3. 임금채권의 우선변제

> 근로기준법 제38조(임금채권의 우선변제) ① 임금, 재해보상금, 그 밖에 근로관계로 인한 채권은 사용자의 총재산에 대하여 질권 또는 저당권에 따라 담보된 채권 외에는 조세·공과금 및 다른 채권에 우선하여 변제되어야 한다. 다만, 질권 또는 저당권에 우선하는 조세·공과금에 대하여는 그러하지 아니하다.
> ② 제1항에도 불구하고 다음 각 호의 어느 하나에 해당하는 채권은 사용자의 총재산에 대하여 질권 또는 저당권에 따라 담보된 채권, 조세·공과금 및 다른 채권에 우선하여 변제되어야 한다.
> 1. 최종 3개월분의 임금
> 2. 재해보상금
>
> 근로자퇴직급여 보장법 제11조(퇴직금의 우선변제) ① 퇴직금은 사용자의 총재산에 대하여 질권 또는 저당권에 의하여 담보된 채권을 제외하고는 조세·공과금 및 다른 채권에 우선하여 변제되어야 한다. 다만, 질권 또는 저당권에 우선하는 조세·공과금에 대하여는 그러하지 아니하다.
> ② 제1항의 규정에 불구하고 최종 3년간의 퇴직금은 사용자의 총재산에 대하여 질권 또는 저당권에 의하여 담보된 채권, 조세·공과금 및 다른 채권에 우선하여 변제되어야 한다.
> ③ 제2항의 규정에 의한 퇴직금은 계속근로기간 1년에 대하여 30일분의 평균임금으로 계산한 금액으로 한다.

(1) 의의

임금, 재해보상금, 그 밖에 근로관계로 인한 채권은 사용자의 총재산에 대하여 질권 또는 저당권에 따라 담보된 채권 외에는 조세·공과금 및 다른 채권에 우선하여 변제한다. 근로자의 생계위협으로부터 보호하기 위한 규정이다.

(2) 임금채권

우선변제권이 인정되는 것은 임금채권이다. 임금채권이라 함은 '임금·재해보상금·기타 근로관계로 인한 채권'을 말한다.

(3) 사용자의 총재산

임금채권은 '사용자의 총재산'으로 우선하여 변제되며, 여기서 '사용자'라 함은 근로기준법 제2조 제1항 제2호에 의한 사용자 중에서 '사업주'만을 의미한다. 따라서 회사가 법인인 경우 총재산은 법인 그 자체의 재산총액을 의미하므로 대표이사인 사장의 개인재산은 이에 포함되지 않는다.

> **참조판례** 대판 1999.2.5. 97다48388
>
> 구 근로기준법(1953.5.10. 법률 제286호로 제정되어 1997.3.13. 법률 제5305호로 폐지된 것) 제30조의2 제2항은 근로자의 최종 3월분의 임금과 퇴직금 및 재해보상금은 사용자의 총재산에 대하여 질권 또는 저당권에 의하여 담보된 채권, 조세·공과금 및 다른 채권에 우선하여 변제되어야 한다라고 규정하고 있는바, 이는 근로자의 최저생활을 보장하고자 하는 공익적 요청에서 예외적으로 일반 담보물권의 효력을 일부 제한하고 임금채권의 우선변제권을 규정한 것으로서 그 입법 취지에 비추어 볼 때 여기에서 말하는 '사용자의 총재산'이라 함은 '근로계약의 당사자로서 임금채무를 1차적으로 부담하는 사업주인 사용자의 총재산'을 의미한다.

(4) 최우선변제권

1) 대상

임금채권 중 근로자의 최종 3월분의 임금, 최종 3년간의 퇴직금 및 재해보상금은 최우선변제를 받는다.

2) 사용자 지위를 취득하기 전에 설정한 질권 또는 저당권에 따라 담보된 채권과 임금채권

최우선 변제되는 임금 등 채권에 대하여는 합리적인 이유 없이 그 적용을 축소하거나 제한할 수 없으므로 최종 3개월분의 임금 채권은 사용자의 총재산에 대하여 사용자가 그 사용자 지위를 취득하기 전에 설정한 질권 또는 저당권에 따라 담보된 채권에도 우선하여 변제되어야 한다.

> **참조판례** 대판 2011.12.8. 2011다68777
>
> 근로기준법 제38조 제2항은 근로자의 최저생활을 보장하고자 하는 공익적 요청에서 일반 담보물권의 효력을 일부 제한하고 최종 3개월분의 임금과 재해보상금에 해당하는 채권의 우선변제권을 규정한 것이므로, 합리적 이유나 근거 없이 그 적용대상을 축소하거나 제한하는 것은 허용되지 아니한다. 그런데 근로기준법 제38조 제2항은 최종 3개월분의 임금 채권은 같은 조 제1항에도 불구하고 사용자의 총재산에 대하여 질권 또는 저당권에 따라 담보된 채권에 우선하여 변제되어야 한다고 규정하고 있을 뿐, 사용자가 그 사용자 지위를 취득하기 전에 설정한 질권 또는 저당권에 따라 담보된 채권에는 우선하여 변제받을 수 없는 것으로 규정하고 있지 아니하므로, 최종 3개월분의 임금 채권은 사용자의 총재산에 대하여 사용자가 그 사용자 지위를 취득하기 전에 설정한 질권 또는 저당권에 따라 담보된 채권에도 우선하여 변제되어야 한다.

3) 사용자가 취득하기 전에 설정된 담보권과 임금채권

사용자가 취득하기 전에 설정된 담보권에 대하여는 우선변제권을 인정할 수 없다.

> **참조판례** 대판 1994.1.11. 93다30938
>
> 근로기준법 제30조의2 제2항의 규정에 의하면 "근로자의 최종 3월분의 임금과 퇴직금 및 재해보상금은 사용자의 총재산에 대하여 질권 또는 저당권에 의하여 담보된 채권, 조세, 공과금 및 다른 채권에 우선하여 변제되어야 한다"고 규정되어 있는바, 이는 근로자의 최저생활을 보장하고자 하는 공익적 요청에서 일반 담보물권의 효력을 일부 제한하고 임금채권의 우선 변제권을 규정한 것으로서 그 규정의 취지는 최종 3월분의 임금 등에 관한 채권은 다른 채권과 동시에 사용자의 동일재산으로부터 경합하여 변제받는 경우에 그 성립의 선후나 질권이나 저당권의 설정 여부에 관계없이 우선적으로 변제받을 수 있는 권리가 있음을 밝힌 것일 뿐, 나아가 사용자의 특정재산에 대한 배타적 지배권을 본질로 하는 추급효까지 인정한 것은 아니라고 할 것이므로, 사용자의 재산이 제3자에게 양도된 경우에 있어서는 양도인인 사용자에 대한 임금 등 채권의 우선권은 이 재산에 대하여는 더 이상 추구될 수 없고, 양수인의 양수재산에 대하여까지 우선권을 인정할 수는 없다고 할 것이고, 또 사용자가 취득하기 전에 설정된 담보권에 대하여까지 우선권을 인정할 수도 없다고 할 것이다.

4) 최종 3월분의 임금채권

최종 3월분의 임금채권이란 최종 3개월 사이에 지급사유가 발생한 임금채권을 의미하는 것이 아니라, 최종 3개월간 근무한 부분의 임금채권을 말한다.

> **참조판례** 대판 2002.3.29. 2001다83838
>
> 1. 근로기준법 제37조 제2항은 근로자의 최종 3월분의 임금채권, 최종 3년간의 퇴직금채권, 재해보상금채권은 사용자의 총재산에 대하여 질권 또는 저당권에 의하여 담보된 채권, 조세, 공과금 및 다른 채권에 우선하여 변제되어야 한다고 규정하고 있는바, 위 규정상의 최종 3월분의 임금채권이란 최종 3개월 사이에 지급사유가 발생한 임금채권을 의미하는 것이 아니라, 최종 3개월간 근무한 부분의 임금 채권을 말한다.
> 2. 구정, 추석, 연말의 3회에 걸쳐 각 기본급의 일정비율씩 상여금을 지급받고 그 상여금이 근로의 대가로 지급되는 임금의 성질을 갖는 경우, 근로기준법 소정의 우선변제권이 인정되는 상여금은 퇴직 전 최종 3개월 사이에 있는 연말과 구정의 각 상여금 전액이 아니라 퇴직 전 최종 3개월의 근로의 대가에 해당하는 부분이다.

(5) 변제순위

최우선변제에 해당하지 아니하는 임금, 퇴직금 및 기타 근로관계로 인한 채권은 조세·공과금 및 다른 채권에 우선하여 변제된다.

> **참고 임금채권과 다른 채권의 순위**
>
> 1. 최종 3월분의 임금과 최종 3년간의 퇴직금 및 재해보상금
> 2. 질권·저당권에 우선하는 조세·공과금
> 3. 질권 또는 저당권에 의하여 담보된 채권
> 4. 1.에 해당하지 아니하는 임금·퇴직금·재해보상금·기타 근로관계로 인한 채권
> 5. 조세·공과금
> 6. 일반채권

4. 임금채권의 지급보장제도(임금채권보장법)

(1) 임금채권보장법은 산업재해보상보험법 제6조의 규정에 의한 사업에 적용된다. 다만, 국가 및 지방자치단체가 직접 행하는 사업은 그러하지 아니하다.

(2) 국가는 매 회계연도 예산의 범위에서 임금채권보장법에 따른 임금채권보장을 위한 사무집행에 드는 비용의 일부를 일반회계에서 부담하여야 한다.

임금채권보장기금의 관리·운용에 관한 중요사항을 심의하기 위하여 고용노동부에 임금채권보장기금 심의위원회를 두며, 근로자를 대표하는 사람, 사업주를 대표하는 사람 및 공익을 대표하는 사람으로 구성하되, 각각 같은 수로 한다.

(3) 고용노동부장관은 사업주가 일정한 사유에 해당하는 경우에 퇴직한 근로자가 지급받지 못한 임금 등의 지급을 청구하면 제3자의 변제에 관한 민법 제469조에도 불구하고 그 근로자의 미지급 임금 등을 사업주를 대신하여 지급한다.

일정한 사유란 다음의 경우를 말한다.

1) 채무자 회생 및 파산에 관한 법률에 따른 회생절차개시의 결정이 있는 경우
2) 채무자 회생 및 파산에 관한 법률에 따른 파산선고의 결정이 있는 경우
3) 고용노동부장관이 대통령령으로 정한 요건과 절차에 따라 미지급 임금등을 지급할 능력이 없다고 인정하는 경우
4) 사업주가 근로자에게 미지급 임금등을 지급하라는 민사집행법 제24조에 따른 확정된 종국판결, 민사집행법 제56조 제3호에 따른 확정된 지급명령, 민사집행법 제56조 제5호에 따른 소송상 화해, 청구의 인낙(認諾) 등 확정판결과 같은 효력을 가지는 것, 민사조정법 제28조에 따라 성립된 조정, 민사조정법 제30조에 따른 확정된 조정을 갈음하는 결정, 소액사건심판법 제5조의7제1항에 따른 확정된 이행권고결정에 해당하는 판결, 명령, 조정 또는 결정 등이 있는 경우
5) 고용노동부장관이 근로자에게 제12조에 따라 체불임금 등과 체불사업주 등을 증명하는 서류를 발급하여 사업주의 미지급임금 등이 확인된 경우

(4) 고용노동부장관이 사업주를 대신하여 지급하는 체불임금 등 대지급금의 범위는 근로기준법 제38조 제2항 제1호에 따른 임금 및 근로자퇴직급여 보장법 제12조 제2항에 따른 최종 3년간의 퇴직급여 등, 근로기준법 제46조에 따른 휴업수당(최종 3개월분으로 한정한다), 근로기준법 제74조 제4항에 따른 출산전후휴가기간 중 급여(최종 3개월분으로 한정한다)이다.

(5) 도산대지급금의 상한액과 간이대지급금의 상한액은 근로자의 퇴직 당시의 연령 등을 고려하여 따로 정할 수 있으며 대지급금이 적은 경우에는 지급하지 아니할 수 있다.

(6) 대지급금의 지급대상이 되는 근로자는 파산선고 또는 회생절차개시 결정(이 있는 경우에는 그 신청일), 채무자 회생 및 파산에 관한 법률에 따른 회생절차개시의 신청 후 법원이 직권으로 파산선고를 한 경우에는 그 신청일 또는 선고일, 도산등사실인정 신청일의 1년 전이 되는 날 이후부터 3년 이내에 해당 사업 또는 사업장(이하 "사업"이라 한다)에서 퇴직한 근로자로 한다.

(7) 고용노동부장관은 사업주가 사업주가 근로자에게 미지급 임금등을 지급하라는 다음 각 목의 어느 하나에 해당하는 판결, 명령, 조정 또는 결정 등이 있는 경우 또는 고용노동부장관이 근로자에게 제12조에 따라 체불임금등과 체불사업주 등을 증명하는 서류를 발급하여 사업주의 미지급임금등이 확인된 경우 해당 사업주와 근로계약이 종료되지 아니한 근로자가 지급받지 못한 임금등의 지급을 청구하면 제3자의 변제에 관한 민법 제469조에도 불구하고 대지급금을 지급한다.

   1) 재직 근로자에게 지급하는 대지급금의 범위는 재직 근로자가 체불 임금에 대하여 제7조 제1항 제4호에 따른 판결, 명령, 조정 또는 결정 등을 위한 소송 등을 제기하거나 해당 사업주에 대하여 진정·청원·탄원·고소 또는 고발 등을 제기한 날을 기준으로 맨 나중의 임금 체불이 발생한 날부터 소급하여 3개월 동안에 지급되어야 할 임금 중 지급받지 못한 임금, 휴업수당, 출산전휴휴가기간 중 급여에서 지급받지 못한 급여이다.

   2) 재직 근로자에 대한 대지급금은 해당 근로자가 하나의 사업에 근로하는 동안 1회만 지급한다.

(8) 고용노동부장관은 근로자에게 체당금을 지급하였을 때에는 그 지급한 금액의 한도에서 그 근로자가 해당 사업주에 대하여 미지급 임금 등을 청구할 수 있는 권리를 대위(代位)한다.

(9) 고용노동부장관은 대지급금을 지급하는 데 드는 비용에 충당하기 위하여 사업주로부터 부담금을 징수한다.

   1) 고용노동부장관은 근로기준법 또는 근로자퇴직급여 보장법에 따라 퇴직금을 미리 정산하여 지급한 사업주, 근로자퇴직급여 보장법 제3장에 따른 확정급여형퇴직연금제도, 같은 법 제4장에 따른 확정기여형퇴직연금제도, 같은 법 제4장의2에 따른 중소기업퇴직연금기금제도 또는 같은 법 제25조에 따른 개인형퇴직연금제도를 설정한 사업주, 외국인근로자의 고용 등에 관한 법률 제13조에 따라 외국인근로자 출국만기보험·신탁에 가입한 사업주에 대하여는 부담금을 경감할 수 있다.

   2) 경감기준은 고용노동부장관이 임금채권보장기금심의위원회의 심의를 거쳐 정한다.

(10) 대지급금을 지급받을 권리는 양도 또는 압류하거나 담보로 제공할 수 없다.

   1) 대지급금을 받을 권리가 있는 사람이 부상 또는 질병으로 대지급금을 수령할 수 없는 경우에는 그 가족에게 수령을 위임할 수 있다.

   2) 미성년자인 근로자는 독자적으로 대지급금의 지급을 청구할 수 있다.

   3) 대지급금수급계좌의 예금에 관한 채권은 압류할 수 없다.

Ⅱ. 명단공개 및 체불자료의 제공

1. 체불사업주 명단 공개제도

> 근로기준법 제43조의2(체불사업주 명단 공개) ① 고용노동부장관은 제36조, 제43조, 제51조의3, 제52조 제2항 제2호, 제56조에 따른 임금, 보상금, 수당, 그 밖의 모든 금품(이하 "임금등"이라 한다)을 지급하지 아니한 사업주(법인인 경우에는 그 대표자를 포함한다. 이하 "체불사업주"라 한다)가 명단 공개 기준일 이전 3년 이내 임금등을 체불하여 2회 이상 유죄가 확정된 자로서 명단 공개 기준일 이전 1년 이내 임금등의 체불총액이 3천만원 이상인 경우에는 그 인적사항 등을 공개할 수 있다. 다만, 체불사업주의 사망·폐업으로 명단 공개의 실효성이 없는 경우 등 대통령령으로 정하는 사유가 있는 경우에는 그러하지 아니하다.

② 고용노동부장관은 제1항에 따라 명단 공개를 할 경우에 체불사업주에게 3개월 이상의 기간을 정하여 소명기회를 주어야 한다.
③ 제1항에 따른 체불사업주의 인적사항 등에 대한 공개 여부를 심의하기 위하여 고용노동부에 임금체불정보심의위원회(이하 이 조에서 "위원회"라 한다)를 둔다. 이 경우 위원회의 구성·운영 등 필요한 사항은 고용노동부령으로 정한다.
④ 제1항에 따른 명단 공개의 구체적인 내용, 기간 및 방법 등 명단 공개에 필요한 사항은 대통령령으로 정한다.

2. 임금등 체불자료의 제공

근로기준법 제43조의3(임금등 체불자료의 제공) ① 고용노동부장관은 신용정보의 이용 및 보호에 관한 법률 제25조 제2항 제1호에 따른 종합신용정보집중기관이 임금등 체불자료 제공일 이전 3년 이내 임금등을 체불하여 2회 이상 유죄가 확정된 자로서 임금등 체불자료 제공일 이전 1년 이내 임금등의 체불총액이 2천만원 이상인 체불사업주의 인적사항과 체불액 등에 관한 자료(이하 "임금등 체불자료"라 한다)를 요구할 때에는 임금등의 체불을 예방하기 위하여 필요하다고 인정하는 경우에 그 자료를 제공할 수 있다. 다만, 체불사업주의 사망·폐업으로 임금등 체불자료 제공의 실효성이 없는 경우 등 대통령령으로 정하는 사유가 있는 경우에는 그러하지 아니하다.
② 제1항에 따라 임금등 체불자료를 받은 자는 이를 체불사업주의 신용도·신용거래능력 판단과 관련한 업무 외의 목적으로 이용하거나 누설하여서는 아니 된다.
③ 제1항에 따른 임금등 체불자료의 제공 절차 및 방법 등 임금등 체불자료의 제공에 필요한 사항은 대통령령으로 정한다.

Ⅲ. 임금채권의 시효

근로기준법 제49조(임금의 시효) 이 법에 따른 임금채권은 3년간 행사하지 아니하면 시효로 소멸한다.
근로자퇴직급여 보장법 제10조(퇴직금의 시효) 이 법에 의한 퇴직금을 받을 권리는 3년간 행사하지 아니하면 시효로 인하여 소멸한다.

(1) 근로기준법 제2조 제1항 제5호에 해당하는 모든 임금이 포함된다.

(2) 소멸시효기간은 그 채권을 행사할 수 있는 날부터 진행한다.

> **참조판례** 대판 1980.5.13. 79다2322
> 임금채권의 시효기간은 그 채권을 행사할 수 있는 날로부터 진행하므로 상여금채권은 그 상여금에 관한 권리가 발생하는 때부터, 월차 및 연차휴가에 관한 권리는 근로자가 근로를 개시한 날에서 1일 또는 1년간의 근로를 마친 날로부터 진행된다.

(3) 근로자가 아닌 이사 등 임원에 대한 퇴직금은 근로기준법 소정의 퇴직금이 아니라 재직 중의 직무집행에 대한 보수의 일종으로서 일반채권의 시효규정이 적용된다.

Ⅳ. 도급사업에 대한 임금지급보장

> **근로기준법 제44조(도급 사업에 대한 임금 지급)** ① 사업이 한 차례 이상의 도급에 따라 행하여지는 경우에 하수급인(下受給人)(도급이 한 차례에 걸쳐 행하여진 경우에는 수급인을 말한다)이 직상(直上) 수급인(도급이 한 차례에 걸쳐 행하여진 경우에는 도급인을 말한다)의 귀책사유로 근로자에게 임금을 지급하지 못한 경우에는 그 직상 수급인은 그 하수급인과 연대하여 책임을 진다. 다만, 직상 수급인의 귀책사유가 그 상위 수급인의 귀책사유에 의하여 발생한 경우에는 그 상위 수급인도 연대하여 책임을 진다.
> ② 제1항의 귀책사유 범위는 대통령령으로 정한다.
>
> **동법 시행령 제24조(수급인의 귀책사유)** 법 제44조 제2항에 따른 귀책사유 범위는 다음 각 호와 같다.
> 1. 정당한 사유 없이 도급계약에서 정한 도급 금액 지급일에 도급 금액을 지급하지 아니한 경우
> 2. 정당한 사유 없이 도급계약에서 정한 원자재 공급을 늦게 하거나 공급을 하지 아니한 경우
> 3. 정당한 사유 없이 도급계약의 조건을 이행하지 아니하여 하수급인이 도급사업을 정상적으로 수행하지 못한 경우

1. 의의

사업이 한 차례 이상의 도급에 따라 행하여지는 경우에 하수급인(도급이 한 차례에 걸쳐 행하여진 경우에는 수급인을 말한다)이 직상 수급인(도급이 한 차례에 걸쳐 행하여진 경우에는 도급인을 말한다)의 귀책사유로 근로자에게 임금을 지급하지 못한 경우에는 그 직상 수급인은 그 하수급인과 연대하여 책임을 진다.

2. 요건

(1) 한 차례 이상의 도급

도급사업에 대한 임금지급보장은 사업이 한 차례 이상의 도급이 행하여진 경우에 적용된다. 하수급인이란 한 차례의 도급관계에서 직상 수급인으로부터 도급을 받은 수급인을 말하며, 최종 수급인이어야 하는 것은 아니다. 직상 수급인이라 함은 하수급인에게 직접 도급을 의뢰한 도급인을 말한다.

(2) 직상 수급인의 귀책사유

직상 수급인의 귀책사유로 하수급인이 근로자에게 임금을 지급하지 못한 경우 직상 수급인과 하수급인은 연대채무를 진다. 직상 수급인의 귀책사유는 정당한 사유 없이 도급계약에서 정한 도급 금액 지급일에 도급 금액을 지급하지 아니한 경우, 정당한 사유 없이 도급계약에서 정한 원자재 공급을 늦게 하거나 공급을 하지 아니한 경우, 정당한 사유 없이 도급계약의 조건을 이행하지 아니하여 하수급인이 도급사업을 정상적으로 수행하지 못한 경우를 말한다.

3. 효과

(1) 연대책임

직상 수급인 또는 도급인과 하수급인 또는 수급인은 임금에 대하여 연대채무관계에 있으므로 근로자는 그 중 한 사람에게 또는 그 두 사람에 대하여 동시에 또는 순차적으로 임금채무의 전부나 일부의 이행을 청구할 수 있다.

(2) 책임의 확대

직상 수급인의 귀책사유가 그 상위 수급인의 귀책사유에 의하여 발생한 경우에는 그 상위 수급인도 연대하여 책임을 진다.

(3) 구상권

직상 수급인 또는 도급인이 임금을 지급하게 되더라도 하수급인 또는 수급인에 대하여 임금상당액의 구상채권을 취득함에 그치고 하수급인 또는 수급인에게 지급할 대금채무가 그 범위에서 소멸되는 것이 아니다.

(4) 위반시 벌칙

근로기준법 제44조를 위반한 경우 3년 이하의 징역 또는 3천만원 이하의 벌금에 처한다(제109조).

V. 건설업에 대한 임금지급보장 등

1. 건설업에 대한 임금지급 연대책임

> 근로기준법 제44조의2(건설업에서의 임금 지급 연대책임) ① 건설업에서 사업이 2차례 이상 건설산업기본법 제2조 제11호에 따른 도급(이하 "공사도급"이라 한다)이 이루어진 경우에 같은 법 제2조 제7호에 따른 건설사업자가 아닌 하수급인이 그가 사용한 근로자에게 임금(해당 건설공사에서 발생한 임금으로 한정한다)을 지급하지 못한 경우에는 그 직상 수급인은 하수급인과 연대하여 하수급인이 사용한 근로자의 임금을 지급할 책임을 진다.
> ② 제1항의 직상 수급인이 건설산업기본법 제2조 제7호에 따른 건설사업자가 아닌 때에는 그 상위 수급인 중에서 최하위의 같은 호에 따른 건설사업자를 직상 수급인으로 본다.

(1) 의의

설업에서 사업이 2차례 이상 건설산업기본법 제2조 제11호에 따른 도급이 이루어진 경우에 건설사업자가 아닌 하수급인이 그가 사용한 근로자에게 임금(해당 건설공사에서 발생한 임금으로 한정한다)을 지급하지 못한 경우에는 그 직상 수급인은 하수급인과 연대하여 하수급인이 사용한 근로자의 임금을 지급할 책임을 진다.

(2) 요건

1) 건설업에서 사업이 2차례 이상 도급이 이루어질 것

근로기준법 제44조의2가 적용되기 위해서는 건설산업기본법의 건설업에 해당해야 하며, 도급이 2차례 이상 이루어져야 한다.

2) 건설사업자가 아닌 하수급인이 그가 사용한 근로자에게 임금을 지급하지 못하였을 것

건설사업자가 아닌 하수급인이 어떠한 이유로든 그가 사용한 근로자에게 임금을 지급하지 못하였어야 한다. 직상 수급인은 자신에게 귀책사유가 있는지 여부 또는 하수급인에게 대금을 지급하였는지 여부는 문제되지 않는다(대판 2020다296321).

(3) 효과

1) 연대책임

직상 수급인은 하수급인과 연대하여 하수급인이 사용한 근로자의 임금을 지급할 책임을 진다. 연대책임은 해당 건설공사에서 발생한 임금에 한한다. 직상 수급인에게 고의가 인정되지 않아 형사책임을 부담하지 않는 경우가 있을 수 있으나 임금지급의무 자체에 영향을 미치지 않는다(대판 2020다296321).

2) 직상 수급인의 범위

직상 수급인이 건설사업자가 아닌 때에는 그 상위 수급인 중에서 최하위의 건설사업자를 직상 수급인으로 본다.

3) 구상권

연대책임을 진 직상 수급인은 하수급인에게 구상권을 행사할 수 있다.

2. 건설업의 공사도급에 있어서의 임금에 관한 특례

> 근로기준법 제44조의3(건설업의 공사도급에 있어서의 임금에 관한 특례) ① 공사도급이 이루어진 경우로서 다음 각 호의 어느 하나에 해당하는 때에는 직상 수급인은 하수급인에게 지급하여야 하는 하도급 대금 채무의 부담 범위에서 그 하수급인이 사용한 근로자가 청구하면 하수급인이 지급하여야 하는 임금(해당 건설공사에서 발생한 임금으로 한정한다)에 해당하는 금액을 근로자에게 직접 지급하여야 한다.
> 1. 직상 수급인이 하수급인을 대신하여 하수급인이 사용한 근로자에게 지급하여야 하는 임금을 직접 지급할 수 있다는 뜻과 그 지급방법 및 절차에 관하여 직상 수급인과 하수급인이 합의한 경우
> 2. 민사집행법 제56조 제3호에 따른 확정된 지급명령, 하수급인의 근로자에게 하수급인에 대하여 임금채권이 있음을 증명하는 같은 법 제56조 제4호에 따른 집행증서, 소액사건심판법 제5조의7에 따라 확정된 이행권고결정, 그 밖에 이에 준하는 집행권원이 있는 경우
> 3. 하수급인이 그가 사용한 근로자에 대하여 지급하여야 할 임금채무가 있음을 직상 수급인에게 알려주고, 직상 수급인이 파산 등의 사유로 하수급인이 임금을 지급할 수 없는 명백한 사유가 있다고 인정하는 경우
> ② 건설산업기본법 제2조 제10호에 따른 발주자의 수급인(이하 "원수급인"이라 한다)으로부터 공사도급이 2차례 이상 이루어진 경우로서 하수급인(도급받은 하수급인으로부터 재하도급 받은 하수급인을 포함한다. 이하 이 항에서 같다)이 사용한 근로자에게 그 하수급인에 대한 제1항 제2호에 따른 집행권원이 있는 경우에는 근로자는 하수급인이 지급하여야 하는 임금(해당 건설공사에서 발생한 임금으로 한정한다)에 해당하는 금액을 원수급인에게 직접 지급할 것을 요구할 수 있다. 원수급인은 근로자가 자신에 대하여 민법 제404조에 따른 채권자대위권을 행사할 수 있는 금액의 범위에서 이에 따라야 한다.
> ③ 직상 수급인 또는 원수급인이 제1항 및 제2항에 따라 하수급인이 사용한 근로자에게 임금에 해당하는 금액을 지급한 경우에는 하수급인에 대한 하도급 대금 채무는 그 범위에서 소멸한 것으로 본다.

제4장 근로시간과 휴식

제1절 근로시간의 개념 및 보호

> 근로기준법 제50조(근로시간) ① 1주간의 근로시간은 휴게시간을 제외하고 40시간을 초과할 수 없다.
> ② 1일의 근로시간은 휴게시간을 제외하고 8시간을 초과할 수 없다.
> ③ 제1항 및 제2항에 따른 근로시간을 산정함에 있어 작업을 위하여 근로자가 사용자의 지휘·감독 아래에 있는 대기시간 등은 근로시간으로 본다.

Ⅰ. 근로시간의 개념

(1) 근로시간이라 함은 근로자가 사용자의 지휘·감독 아래 근로를 제공하는 시간을 말한다.

> **참조판례** 대판 1992.10.9. 91다14406
> 근로기준법 제42조 제1항에서 근로시간은 휴게시간을 제하고 1일에 8시간, 1주일에 44시간을 초과할 수 없다고 규정하고, 그 부칙 제3조 제1항에서 제42조 제1항의 규정에 의한 주당 근로시간 44시간은 300인 미만의 사업 또는 사업장 중 노동부장관이 지정하는 업종에 대하여는 1991.9.30.까지, 그 이외의 사업 또는 사업장에 대하여는 1990.9.30.까지 46시간으로 한다고 규정하고 있는바, 여기서 말하는 근로시간이란 근로자가 사용자의 지휘감독 아래 근로계약상의 근로를 제공하는 시간, 즉 실근로시간을 말한다고 할 것이다.

(2) 소정근로시간이란 근로기준법 제50조, 제69조 본문 또는 산업안전보건법 제139조 제1항에 따른 근로시간의 범위에서 근로자와 사용자 사이에 정한 근로시간을 말한다(근로기준법 제2조 제7호).

Ⅱ. 근로기준법상의 보호

1. 일반근로자의 근로시간 보호

(1) 근로시간은 휴게시간을 제외하고 1주간의 근로시간은 40시간, 1일의 근로시간은 8시간을 초과할 수 없다.

(2) '1주' 및 '1일'의 개념은 '월요일부터 일요일' 또는 '0시부터 24시' 등과 같이 반드시 특정시점으로부터 특정시점까지를 의미하는 것은 아니며, '1주'는 7일 동안, '1일'은 24시간 동안의 시간적 길이를 의미한다.

(3) 탄력적 근로시간제도 및 선택적 근로시간제도의 경우 1주 평균 40시간을 초과하지 아니하는 범위 안에서 1일 8시간을 초과하여 근무할 수 있다.

2. 연소근로자 및 여성근로자의 근로시간 보호

> 근로기준법 제69조(근로시간) 15세 이상 18세 미만인 사람의 근로시간은 1일에 7시간, 1주에 35시간을 초과하지 못한다. 다만, 당사자 사이의 합의에 따라 1일에 1시간, 1주에 5시간을 한도로 연장할 수 있다.

(1) 연소근로자의 근로시간은 1일 7시간, 1주 35시간을 초과하지 못한다.
(2) 여성근로자의 근로시간은 별도의 규정이 없으므로 일반근로자의 근로시간과 같이 1주 40시간, 1일 8시간을 초과할 수 없다.

3. 산업안전보건법상의 근로시간 보호

> 산업안전보건법 제139조(유해·위험작업에 대한 근로시간 제한 등) ① 사업주는 유해하거나 위험한 작업으로서 높은 기압에서 하는 작업 등 대통령령으로 정하는 작업에 종사하는 근로자에게는 1일 6시간, 1주 34시간을 초과하여 근로하게 해서는 아니 된다.
>
> 동법 시행령 제99조(유해·위험작업에 대한 근로시간 제한 등) ① 법 제139조 제1항에서 "높은 기압에서 하는 작업 등 대통령령으로 정하는 작업"이란 잠함(潛函) 또는 잠수 작업 등 높은 기압에서 하는 작업을 말한다.

(1) 산업안전보건법상 유해하거나 위험한 작업에 종사하는 근로자의 근로시간은 1일 6시간, 1주 34시간을 초과할 수 없다.
(2) 산업안전보건법상 근로시간이 제한되는 유해하거나 위험한 작업은 잠함 또는 잠수작업 등 높은 기압에서 하는 작업을 말한다.

제2절 근로시간의 계산

I. 기본원칙

(1) 시업시각에서 종업시각 사이의 시간 중 휴게시간을 제외한 시간은 근로시간에 해당한다.
(2) 실근로에 부수된 작업이 단체협약·취업규칙·근로계약 등에 의무화되어 있거나, 사용자의 지휘·명령하에 있거나, 업무수행에 필수불가결한 경우에는 근로시간에 포함된다. 또한 근로계약에서 정하지 않은 다른 종류의 작업을 하건, 연수·훈련 및 야유회 등의 시간도 사용자의 지시에 따른 이상 근로시간에 포함된다.
(3) 시업 전이라도 ① 작업지시·작업조편성을 위한 작업 전 회의시간, ② 교대인수·인계, 기계점검, 정리정돈, ③ 조회·회의·체조 등이 사용자의 지휘·감독하에 의무적으로 행하여진 시간은 근로시간에 산입된다. ④ 작업복을 갈아입는 것이 단순한 준비행위에 불과한 경우, 예컨대 여자행원의 제복착용은 근로시간에 포함되지 아니하나, 안전보호구의 착용 등은 필수적인 업무관련행위로서 근로시간에 해당된다.

(4) 종업 후라도 ① 작업종료 후 정리시간, 기계점검·청소·인수·인계 등은 근로시간에 산입되나, ② 목욕·탈의시간 등은 특별한 사정이 없는 한 근로시간에 산입되지 아니한다.

(5) 사용자의 지휘감독아래 대기상태에 있는 시간은 근로시간에 포함된다. 따라서 ① 의사·간호사·식당 종업원의 대기시간, ② 노선버스 운전기사·차장의 배차를 위한 대기시간, ③ 작업 도중의 정전·기계고장·원료공급중단 등으로 인한 대기시간, ④ 호텔포터의 야간근무대기시간 등은 원칙적으로 근로시간으로 본다.

> **참조판례** 대판 2024.11.14. 2021다220062
>
> 근로시간이란 근로자가 사용자의 지휘·감독을 받으면서 근로계약에 따른 근로를 제공하는 시간을 말하고, 휴게시간이란 근로시간 도중에 사용자의 지휘·감독으로부터 해방되어 근로자가 자유로이 이용할 수 있는 시간을 말한다. 따라서 근로자가 작업시간 도중에 실제로 작업에 종사하지 않은 휴식시간이나 대기시간이라 하더라도 근로자에게 자유로운 이용이 보장된 것이 아니라 실질적으로 사용자의 지휘·감독을 받고 있는 시간이라면 근로시간에 포함된다고 보아야 한다. 근로계약에서 정한 휴식시간이나 대기시간이 근로시간에 속하는지 휴게시간에 속하는지는 근로계약의 내용이나 해당 사업장에 적용되는 취업규칙과 단체협약의 규정, 근로자가 제공하는 업무의 내용과 해당 사업장에서의 구체적 업무 방식, 휴게 중인 근로자에 대한 사용자의 간섭이나 감독 여부, 자유롭게 이용할 수 있는 휴게 장소의 구비 여부, 그 밖에 근로자의 실질적 휴식을 방해하거나 사용자의 지휘·감독을 인정할 만한 사정이 있는지와 그 정도 등 여러 사정을 종합하여 개별 사안에 따라 구체적으로 판단하여야 한다(대판 2017.12.5. 2014다74254, 대판 2018.7.12. 2013다60807 참조).

(6) 입·출갱소요시간은 근로시간에 포함되는 것이 원칙이다.

> **참조판례** 대판 1994.12.23. 93다53276
>
> 일반적으로 석탄채굴과 같은 지하작업에 있어서 입갱 및 출갱에 요하는 시간은 근로시간에 포함된다고 보는 것이 원칙이나, 근로기준법(1990.1.13. 법률 제4220호로 삭제되기 전의 것) 제43조가 지하작업의 1일 근로시간을 일반근로의 1일 근로시간 8시간보다 2시간을 단축하여 6시간으로 규정한 것은 지하작업 자체의 유해위험성과 더불어 각 지하작업장마다 입갱 및 출갱 소요시간이 상이할 수밖에 없는 점을 감안한 것이라고 해석되므로, 같은법 시행령(1990.7.14. 대통령령 제13053호로 삭제되기 전의 것) 제27조 제2항이 지하작업에 있어서 입갱과 출갱에 요하는 시간을 근로시간에서 제외한다고 규정한 것은 위와 같은 모법 규정의 취지에 따른 것으로서 위 각 규정에서는 입갱 및 출갱에 요하는 시간은 지하작업의 근로시간에서 제외되는 것으로 볼 수밖에 없다 할 것이고, 위 규정이 삭제된 현행 근로기준법이 시행된 이후에도 원고들이 소속되어 있는 함태광산노동조합과 피고 사이에 체결된 단체협약 제11조가 갱내근로자의 근로시간을 1일 정미 6시간으로 규정하고 있는 것은 위 구 근로기준법 시행령 제27조 제2항의 규정취지에 따라 입갱 및 출갱에 요하는 시간을 근로시간에서 제외하는 것을 그 전제로 한 것으로 보여진다.

(7) 일·숙직 근무가 주로 감시, 경비, 긴급보고의 수수 등의 업무를 그 내용으로 하고 있는 것과는 달리 당직근무를 하는 도중에 수행하는 업무의 내용이 본래의 업무가 연장된 경우는 물론이고 그 내용과 질이 통상근무의 태양과 마찬가지라고 인정될 때에는 당직근무시간이 근로시간에 포함된다.

1) 당직근무가 전체적으로 보아 근무의 밀도가 낮은 대기성의 단속적 업무에 해당하는 경우에는 본래의 업무에 실제로 종사한 시간만을 근로시간으로 본다.

2) 당직근무를 하는 도중에 수행하는 업무의 내용과 질이 본래의 업무가 연장된 경우에 해당하거나 통상근무의 태양과 마찬가지인지 여부는, 당직근무가 통상의 근무시간의 구속으로부터 완전히 벗어났는지 또는 통상근무의 태양이 그대로 계속되는지 여부, 당직근무를 하는 도중에 본래의 업무에 종사하게 되는 빈도 내지 시간의 장단, 당직근무를 하면서 충분한 수면시간이 보장되는지 여부 등을 고려하여야 한다.

> **참조판례** 대판 2024.11.14. 2021다220062
>
> 일반적인 일·숙직 근무가 주로 감시, 경비, 긴급보고의 수수 등의 업무를 그 내용으로 하고 있는 것과는 달리 당직근무를 하는 도중에 수행하는 업무의 내용이 본래의 업무가 연장된 경우는 물론이고 그 내용과 질이 통상근무의 태양과 마찬가지라고 인정될 때에는 당직근무시간이 근로시간에 포함된다고 보아야 한다. 이와 달리 당직근무가 전체적으로 보아 근무의 밀도가 낮은 대기성의 단속적 업무에 해당하는 경우에는 본래의 업무에 실제로 종사한 시간만을 근로시간으로 보아야 한다. 당직근무를 하는 도중에 수행하는 업무의 내용과 질이 본래의 업무가 연장된 경우에 해당하거나 통상근무의 태양과 마찬가지인지 여부는, 당직근무가 통상의 근무시간의 구속으로부터 완전히 벗어났는지 또는 통상근무의 태양이 그대로 계속되는지 여부, 당직근무를 하는 도중에 본래의 업무에 종사하게 되는 빈도 내지 시간의 장단, 당직근무를 하면서 충분한 수면시간이 보장되는지 여부 등을 충분히 심리하여 정해야 한다(대판 1995.1.20. 93다46254, 대판 1996.6.28. 94다14742 등 참조).

(8) 예비군훈련시간(향토예비군설치법 제10조), 민방위훈련시간(민방위기본법 제23조)은 근무시간으로 본다.

Ⅱ. 외근간주 근로시간제

> **근로기준법 제58조(근로시간 계산의 특례)** ① 근로자가 출장이나 그 밖의 사유로 근로시간의 전부 또는 일부를 사업장 밖에서 근로하여 근로시간을 산정하기 어려운 경우에는 소정근로시간을 근로한 것으로 본다. 다만, 그 업무를 수행하기 위하여 통상적으로 소정근로시간을 초과하여 근로할 필요가 있는 경우에는 그 업무의 수행에 통상 필요한 시간을 근로한 것으로 본다.
> ② 제1항 단서에도 불구하고 그 업무에 관하여 근로자대표와의 서면합의를 한 경우에는 그 합의에서 정하는 시간을 그 업무의 수행에 통상 필요한 시간으로 본다.

(1) 외근간주 근로시간제가 적용되기 위하여는 첫째, 근로자가 출장이나 그 밖의 사유로 근로시간의 전부 또는 일부를 사업장 밖에서 근로하여야 하며, 둘째, 근로시간을 산정하기 어려워야 한다.

1) 여기서 근로시간이란 소정근로시간을 말한다.

2) 근로자가 외근하더라도 보통의 방법으로 근로시간을 산정하기 쉬운 경우에는 외근간주 근로시간제는 적용되지 않는다.
   예 여러 명이 집단으로 외근에 종사하고 그 구성원 중에 근로시간을 관리하는 자가 포함되어 있는 경우, 휴대폰 등을 통하여 수시로 지시를 받으면서 근로하는 경우, 사업장에서 미리 방문처와 귀사시각 등 당일의 업무에 관한 구체적인 지시를 받아 그 지시대로 업무에 종사하고 그 후 사업장에 복귀하는 경우 등

(2) 근로자의 외근으로 그 근로시간 산정이 어려운 때에는 소정근로시간을 근로한 것으로 본다.

(3) 그 업무를 수행하기 위하여 통상적으로 소정근로시간을 초과하여 근로할 필요가 있는 경우에는 그 업무의 수행에 통상 필요한 시간을 근로한 것으로 본다.
통상적 필요시간은 그 업무수행에 그 근로자가 사용한 시간이 아니라 평균인이 통상의 상태에서 객관적으로 필요로 하는 시간을 말한다.

(4) 해당 업무에 관하여 근로자대표와 서면합의를 한 경우에는 그 합의로 정한 시간을 그 업무의 수행에 통상 필요한 시간으로 본다.

(5) 간주된 시간이 법정근로시간을 초과하여 연장근로에 해당하는 경우에는 당연히 연장근로수당을 지급해야 한다.

Ⅲ. 재량 근로시간제

> 근로기준법 제58조(근로시간 계산의 특례) ③ 업무의 성질에 비추어 업무 수행 방법을 근로자의 재량에 위임할 필요가 있는 업무로서 대통령령으로 정하는 업무는 사용자가 근로자대표와 서면합의로 정한 시간을 근로한 것으로 본다. 이 경우 그 서면합의에는 다음 각 호의 사항을 명시하여야 한다.
> 1. 대상업무
> 2. 사용자가 업무의 수행 수단 및 시간배분 등에 관하여 근로자에게 구체적인 지시를 하지 아니한다는 내용
> 3. 근로시간의 산정은 그 서면합의로 정하는 바에 따른다는 내용

(1) 재량 근로시간제의 대상업무는 업무의 성질에 비추어 업무수행방법을 근로자의 재량에 위임할 필요가 있는 업무로서 아래의 업무에 한한다.

　1) 신상품 또는 신기술의 연구개발이나 인문사회과학 및 자연과학분야의 연구업무

　2) 정보처리시스템의 설계 또는 분석 업무

　3) 신문·방송 또는 출판사업에 있어서 기사의 취재, 편성 또는 편집업무

　4) 의복·실내장식·공업제품·광고 등의 디자인 또는 고안업무

　5) 방송프로그램, 영화 등의 제작사업에 있어서 프로듀서 또는 감독업무

　6) 그 밖에 고용노동부장관이 정하는 업무

(2) 사용자가 근로자대표와 서면합의시 다음의 사항을 명시하여야 한다.

　1) 대상업무

　2) 사용자의 업무의 수행수단 및 시간배분 등에 관하여 근로자에게 구체적인 지시를 하지 아니한다는 내용

　3) 근로시간의 산정은 당해 서면합의로 정하는 바에 따른다는 내용

(3) 재량 근로시간제가 시행되는 소정의 업무에 대해서는 근로자대표와의 서면합의로 정한 시간을 근로한 것으로 본다.

제3절　근로시간의 신축적 운용

Ⅰ. 탄력적 근로시간제도

> 근로기준법 제51조(3개월 이내의 탄력적 근로시간제) ① 사용자는 취업규칙(취업규칙에 준하는 것을 포함한다)에서 정하는 바에 따라 2주 이내의 일정한 단위기간을 평균하여 1주 간의 근로시간이 제50조 제1항의 근로시간을 초과하지 아니하는 범위에서 특정한 주에 제50조 제1항의 근로시간을, 특정한 날에 제50조 제2항의 근로시간을 초과하여 근로하게 할 수 있다. 다만, 특정한 주의 근로시간은 48시간을 초과할 수 없다.

② 사용자는 근로자대표와의 서면 합의에 따라 다음 각 호의 사항을 정하면 3개월 이내의 단위기간을 평균하여 1주간의 근로시간이 제50조 제1항의 근로시간을 초과하지 아니하는 범위에서 특정한 주에 제50조 제1항의 근로시간을, 특정한 날에 제50조 제2항의 근로시간을 초과하여 근로하게 할 수 있다. 다만, 특정한 주의 근로시간은 52시간을, 특정한 날의 근로시간은 12시간을 초과할 수 없다.
1. 대상 근로자의 범위
2. 단위기간(3개월 이내의 일정한 기간으로 정하여야 한다)
3. 단위기간의 근로일과 그 근로일별 근로시간
4. 그 밖에 대통령령으로 정하는 사항
③ 제1항과 제2항은 15세 이상 18세 미만의 근로자와 임신 중인 여성 근로자에 대하여는 적용하지 아니한다.
④ 사용자는 제1항 및 제2항에 따라 근로자를 근로시킬 경우에는 기존의 임금 수준이 낮아지지 아니하도록 임금보전방안(賃金補塡方案)을 강구하여야 한다.

제51조의2(3개월을 초과하는 탄력적 근로시간제) ① 사용자는 근로자대표와의 서면 합의에 따라 다음 각 호의 사항을 정하면 3개월을 초과하고 6개월 이내의 단위기간을 평균하여 1주간의 근로시간이 제50조 제1항의 근로시간을 초과하지 아니하는 범위에서 특정한 주에 제50조 제1항의 근로시간을, 특정한 날에 제50조 제2항의 근로시간을 초과하여 근로하게 할 수 있다. 다만, 특정한 주의 근로시간은 52시간을, 특정한 날의 근로시간은 12시간을 초과할 수 없다.
1. 대상 근로자의 범위
2. 단위기간(3개월을 초과하고 6개월 이내의 일정한 기간으로 정하여야 한다)
3. 단위기간의 주별 근로시간
4. 그 밖에 대통령령으로 정하는 사항
② 사용자는 제1항에 따라 근로자를 근로시킬 경우에는 근로일 종료 후 다음 근로일 개시 전까지 근로자에게 연속하여 11시간 이상의 휴식 시간을 주어야 한다. 다만, 천재지변 등 대통령령으로 정하는 불가피한 경우에는 근로자대표와의 서면 합의가 있으면 이에 따른다.
③ 사용자는 제1항 제3호에 따른 각 주의 근로일이 시작되기 2주 전까지 근로자에게 해당 주의 근로일별 근로시간을 통보하여야 한다.
④ 사용자는 제1항에 따른 근로자대표와의 서면 합의 당시에는 예측하지 못한 천재지변, 기계 고장, 업무량 급증 등 불가피한 사유가 발생한 때에는 제1항 제2호에 따른 단위기간 내에서 평균하여 1주간의 근로시간이 유지되는 범위에서 근로자대표와의 협의를 거쳐 제1항 제3호의 사항을 변경할 수 있다. 이 경우 해당 근로자에게 변경된 근로일이 개시되기 전에 변경된 근로일별 근로시간을 통보하여야 한다.
⑤ 사용자는 제1항에 따라 근로자를 근로시킬 경우에는 기존의 임금 수준이 낮아지지 아니하도록 임금항목을 조정 또는 신설하거나 가산임금 지급 등의 임금보전방안(賃金補塡方案)을 마련하여 고용노동부장관에게 신고하여야 한다. 다만, 근로자대표와의 서면합의로 임금보전방안을 마련한 경우에는 그러하지 아니하다.
⑥ 제1항부터 제5항까지의 규정은 15세 이상 18세 미만의 근로자와 임신 중인 여성 근로자에 대해서는 적용하지 아니한다.

제51조의3(근로한 기간이 단위기간보다 짧은 경우의 임금 정산) 사용자는 제51조 및 제51조의2에 따른 단위기간 중 근로자가 근로한 기간이 그 단위기간보다 짧은 경우에는 그 단위기간 중 해당 근로자가 근로한 기간을 평균하여 1주간에 40시간을 초과하여 근로한 시간 전부에 대하여 제56조 제1항에 따른 가산임금을 지급하여야 한다.

1. 2주 48시간제도

(1) 사용자가 2주 이내 탄력적 근로시간제를 시행하려면 취업규칙 내지 취업규칙에 준하는 것에서 관련사항을 미리 정해야 한다.

1) 취업규칙에서는 2주 이내의 일정한 기간을 단위기간으로 정해야 한다.

2) 단위기간의 근로일과 근로일별 근로시간도 구체적으로 정해야 할 것이다.

3) 탄력적 근로시간제는 근로계약이나 근로자의 개별적 동의로는 도입할 수 없다.

> **참조판례** 대판 2023.4.27. 2020도16431
>
> 구 근로기준법(2017.11.28. 법률 제15108호로 개정되기 전의 것, 이하 같다) 제51조 제1항은 사용자는 취업규칙(취업규칙에 준하는 것을 포함한다)에서 정하는 바에 따라 2주 이내의 일정한 기간을 단위기간으로 하는 탄력적 근로시간제를 시행할 수 있다고 정하고 있다. 이러한 탄력적 근로시간제는 구 근로기준법 제50조 제1항과 제2항에서 정한 1주간 및 1일의 기준근로시간을 초과하여 소정근로시간을 정할 수 있도록 한 것으로서 법률에 규정된 일정한 요건과 범위 내에서만 예외적으로 허용된 것이므로 법률에서 정한 방식, 즉 취업규칙에 의하여만 도입이 가능할 뿐 근로계약이나 근로자의 개별적 동의를 통하여 도입할 수 없다. 근로계약이나 근로자의 개별적 동의로 탄력적 근로시간제를 도입할 수 있다고 한다면 취업규칙의 불리한 변경에 대해 근로자 과반수로 조직된 노동조합(그러한 노동조합이 없는 경우에는 근로자 과반수)의 동의를 받도록 한 근로기준법 제94조 제1항 단서의 취지가 무색해지는 결과가 초래되기 때문이다.

(2) 2주간의 근로시간을 평균하여 1주의 평균근로시간이 40시간을 초과하지 아니하고, 어느 주라도 1주의 최장 근로시간이 48시간을 초과하여서는 안 된다.

(3) 단위기간을 평균하여 1주 40시간을 초과하지 않는 한 특정일, 특정주에 40시간을 초과하더라도 연장가산수당의 지급의무는 없다.

(4) 사용자는 탄력적 근로시간제에 따라 근로자를 근로시킬 경우에는 임금수준이 낮아지지 않도록 임금보전방안을 강구해야 한다.

2. 3개월 이내 탄력적 근로시간제

(1) 3개월 이내 단위의 탄력적 근로시간제를 시행하고자 하는 경우 사용자는 근로자대표와의 서면합의로 다음의 사항을 정하여야 한다.

   1) 대상근로자의 범위
   2) 단위기간(3개월 이내의 일정한 기간)
   3) 단위기간에 있어서의 근로일 및 당해 근로일별 근로시간
   4) 그 밖에 대통령령으로 정하는 사항(서면합의의 유효기간)

(2) 1월의 근로시간을 평균하여 1주의 평균근로시간이 40시간을 초과하지 아니하고, 어느 주라도 1주의 최장근로시간이 52시간을 초과하지 아니하며, 특정일의 근로시간은 12시간을 초과하지 않아야 한다.

(3) 단위기간을 평균하여 1주 40시간을 초과하지 않는 한 특정일, 특정주에 40시간을 초과하더라도 연장가산수당의 지급의무는 없다.

3. 3개월 초과 탄력적 근로시간제

(1) 3개월 이내 단위의 탄력적 근로시간제를 시행하고자 하는 경우 사용자는 근로자대표와의 서면합의로 다음의 사항을 정하여야 한다.

   1) 대상 근로자의 범위
   2) 단위기간(3개월을 초과하고 6개월 이내의 일정한 기간으로 정하여야 한다)
   3) 단위기간의 주별 근로시간

4) 그 밖에 대통령령으로 정하는 사항(서면합의의 유효기간)

(2) 사용자는 3개월 초과 탄력적 근로시간제 서면합의에 따라 근로자를 근로시킬 경우에는 근로일 종료 후 다음 근로일 개시 전까지 근로자에게 연속하여 11시간 이상의 휴식 시간을 주어야 한다. 다만, 천재지변 등 대통령령으로 정하는 불가피한 경우에는 근로자대표와의 서면 합의가 있으면 이에 따른다. "천재지변 등 대통령령으로 정하는 불가피한 경우"란 재난 및 안전관리 기본법에 따른 재난 또는 이에 준하는 사고가 발생하여 이를 수습하거나 재난 등의 발생이 예상되어 이를 예방하기 위해 긴급한 조치가 필요한 경우, 사람의 생명을 보호하거나 안전을 확보하기 위해 긴급한 조치가 필요한 경우, 그 밖에 제1호 및 제2호에 준하는 사유로 법 제51조의2 제2항 본문에 따른 휴식 시간을 주는 것이 어렵다고 인정되는 경우를 말한다.

(3) 사용자는 근로자대표와의 서면 합의 당시에는 예측하지 못한 천재지변, 기계 고장, 업무량 급증 등 불가피한 사유가 발생한 때에는 단위기간 내에서 평균하여 1주간의 근로시간이 유지되는 범위에서 근로자대표와의 협의를 거쳐 단위기간의 주별 근로시간을 변경할 수 있다. 이 경우 해당 근로자에게 변경된 근로일이 개시되기 전에 변경된 근로일별 근로시간을 통보하여야 한다.

(4) 사용자는 3개월 초과 탄력적 근로시간제 근로자대표와 서면합의에 따라 근로자를 근로시킬 경우에는 기존의 임금 수준이 낮아지지 아니하도록 임금항목을 조정 또는 신설하거나 가산임금 지급 등의 임금보전방안(賃金補塡方案)을 마련하여 고용노동부장관에게 신고하여야 한다. 다만, 근로자대표와의 서면 합의로 임금보전방안을 마련한 경우에는 그러하지 아니하다.

Ⅱ. 선택적 근로시간제도

> **근로기준법 제52조(선택적 근로시간제)** ① 사용자는 취업규칙(취업규칙에 준하는 것을 포함한다)에 따라 업무의 시작 및 종료 시각을 근로자의 결정에 맡기기로 한 근로자에 대하여 근로자대표와의 서면 합의에 따라 다음 각 호의 사항을 정하면 1개월(신상품 또는 신기술의 연구개발 업무의 경우에는 3개월로 한다) 이내의 정산기간을 평균하여 1주간의 근로시간이 제50조 제1항의 근로시간을 초과하지 아니하는 범위에서 1주간에 제50조 제1항의 근로시간을, 1일에 제50조 제2항의 근로시간을 초과하여 근로하게 할 수 있다.
> 1. 대상 근로자의 범위(15세 이상 18세 미만의 근로자는 제외한다)
> 2. 정산기간
> 3. 정산기간의 총 근로시간
> 4. 반드시 근로하여야 할 시간대를 정하는 경우에는 그 시작 및 종료 시각
> 5. 근로자가 그의 결정에 따라 근로할 수 있는 시간대를 정하는 경우에는 그 시작 및 종료 시각
> 6. 그 밖에 대통령령으로 정하는 사항
> ② 사용자는 제1항에 따라 1개월을 초과하는 정산기간을 정하는 경우에는 다음 각 호의 조치를 하여야 한다.

(1) 근로일 종료 후 다음 근로일 시작 전까지 근로자에게 연속하여 11시간 이상의 휴식 시간을 줄 것. 다만, 천재지변 등 대통령령으로 정하는 불가피한 경우에는 근로자대표와의 서면 합의가 있으면 이에 따른다.

(2) 매 1개월마다 평균하여 1주간의 근로시간이 제50조 제1항의 근로시간을 초과한 시간에 대해서는 통상임금의 100분의 50 이상을 가산하여 근로자에게 지급할 것. 이 경우 제56조 제1항은 적용하지 아니한다.

1) 선택적 근로시간제를 시행하고자 하는 경우 취업규칙이나 취업규칙에 준하는 것에 시업 및 종업시각을 근로자의 결정에 맡긴다는 취지를 정해야 한다.

2) 사용자는 근로자대표와의 서면합의에 의하여 다음의 사항을 정해야 한다.
   ① 대상근로자의 범위(15세 이상 18세 미만의 근로자를 제외한다)
   ② 정산기간(1월 이내의 일정한 기간으로 정하여야 한다)
   ③ 정산기간의 총근로시간
   ④ 반드시 근로하여야 할 시간대(의무근로시간대)를 정하는 경우에는 그 시작 및 종료시각
   ⑤ 근로자가 그의 결정에 따라 근로할 수 있는 시간대(선택적 근로시간대)를 정하는 경우에는 그 시작 및 종료 시각
   ⑥ 그 밖에 대통령령으로 정하는 사항[표준근로시간(유급휴가 등의 계산기준으로 사용자와 근로자대표가 합의하여 정한 1일의 근로시간)]
3) 정산기간을 평균하여 1주간의 근로시간이 40시간을 초과하지 않아야 한다.
4) 근로자의 선택에 따라 1주간에 40시간을, 1일에 8시간을 초과하여 근로하더라도 정산기간을 평균하여 1주간의 근로시간이 40시간을 초과하지 않으면 법정근로시간을 준수한 것으로 인정되므로 연장가산수당 지급의무는 없다.
5) 사용자가 1개월을 초과하는 정산기간을 정하는 경우 근로일 종료 후 다음 근로일 시작 전까지 근로자에게 연속하여 11시간 이상의 휴식시간을 주어야 한다. 다만, 천재지변 등 대통령령으로 정하는 불가피한 경우에는 근로자대표와의 서면합의가 있으면 이에 따른다.
6) 사용자가 1개월을 초과하는 정산기간을 정하는 경우 매 1개월마다 평균하여 1주간의 근로시간이 제50조 제1항의 근로시간을 초과한 시간에 대해서는 통상임금의 100분의 50 이상을 가산하여 근로자에게 지급하여야 한다. 이 경우 제56조 제1항은 적용하지 아니한다.
7) 선택적 근로시간제는 연소근로자에게는 적용되지 않는다.

제4절 연장근로

I. 합의연장근로

> **근로기준법 제53조(연장 근로의 제한)** ① 당사자 간에 합의하면 1주간에 12시간을 한도로 제50조의 근로시간을 연장할 수 있다.
> ② 당사자 간에 합의하면 1주간에 12시간을 한도로 제51조 및 제51조의2의 근로시간을 연장할 수 있고, 제52조 제1항 제2호의 정산기간을 평균하여 1주간에 12시간을 초과하지 아니하는 범위에서 제52조 제1항의 근로시간을 연장할 수 있다.

(1) 연장근로란 법률로 정한 한도 내지 기준을 초과하여 근로하는 것을 말한다.
(2) 근로자측 합의주체는 '근로자 개인'의 개별적인 합의가 원칙이고 단체협약 등 '근로자단체'의 집단적 합의는 '근로자 개인'의 합의권을 제한하거나 박탈하지 않는 범위 내에서만 인정된다.

> **참조판례** 대판 1993.12.21. 93누5796
>
> 근로기준법 제42조 제1항은 8시간근로제에 따른 기준근로시간을 규정하면서 아울러 8시간근로제에 대한 예외의 하나로 당사자의 합의에 의한 연장근로를 허용하고 있는바, 여기서 당사자 간의 합의라 함은 원칙적으로 사용자와 근로자와의 개별적 합의를 의미하고, 개별근로자의 연장근로에 관한 합의권을 박탈하거나 제한하지 아니하는 범위에서는 단체협약에 의한 합의도 가능하다.

(3) 당사자 간 합의방식은 서면에 의하든 구두에 의하든 불문한다.

(4) 연장근로의 사유, 기간 및 시간, 대상업무의 범위나 종류, 합의의 유효기간 및 대상근로자 등을 당사자 간에 구체적으로 정할 수도 있고 포괄적으로 사용자의 결정에 맡길 수도 있다.

> **참조판례** 대판 1995.2.10. 94다19228
>
> 근로기준법 제42조 제1항의 규정은 8시간 근로제에 따른 기준근로시간을 정하면서 아울러 그 예외의 하나로 당사자 간의 합의에 의한 연장근로(시간외근로)를 허용하고 있는바, 여기서 당사자 간의 합의라 함은 원칙적으로 사용자와 근로자와의 개별적 합의를 의미한다 할 것이고, 이와 같은 개별 근로자와의 연장근로에 관한 합의는 연장근로를 할 때마다 그때 그때 할 필요는 없고 근로계약 등으로 미리 이를 약정하는 것도 가능하다.

(5) 1일의 최장근로시간에 대해서는 명문의 규정이 없으므로 1주간에 12시간을 초과하지 않는다면 특별한 사정이 없는 한 1일 연장근로시간의 제한은 없다.

> **참조판례** 대판 2023.12.7. 2020도15393
>
> 구 근로기준법 제53조 제1항은 1주 단위로 12시간의 연장근로 한도를 설정하고 있으므로 여기서 말하는 연장근로란 같은 법 제50조 제1항의 '1주간'의 기준근로시간을 초과하는 근로를 의미한다고 해석하는 것이 자연스럽다. 구 근로기준법 제53조 제1항이 '제50조의 근로시간'을 연장할 수 있다고 규정하여 제50조 제2항의 근로시간을 규율 대상에 포함한 것은 당사자 간에 합의하면 1일 8시간을 초과하는 연장근로가 가능하다는 의미이지, 1일 연장근로의 한도까지 별도로 규제한다는 의미가 아니다.

(6) 1주간의 근로시간 중 40시간을 초과하는 시간을 기준으로 1주간 12시간의 연장근로 한도를 초과하였는지 여부를 판단하여야 한다.

> **참조판례** 대판 2023.12.7. 2020도15393
>
> 구 근로기준법(2017.11.28. 법률 제15108호로 개정되기 전의 것, 이하 같다) 제50조는 1주간의 근로시간은 휴게시간을 제외하고 40시간을 초과할 수 없고(제1항), 1일의 근로시간은 휴게시간을 제외하고 8시간을 초과할 수 없다(제2항)고 규정하고, 제53조 제1항은 당사자 간에 합의하면 1주간 12시간을 한도로 제50조의 근로시간을 연장할 수 있다고 규정하고 있다. 구 근로기준법 제53조 제1항은 연장근로시간의 한도를 1주간을 기준으로 설정하고 있을 뿐이고 1일을 기준으로 삼고 있지 아니하므로, 1주간의 연장근로가 12시간을 초과하였는지는 근로시간이 1일 8시간을 초과하였는지를 고려하지 않고 1주간의 근로시간 중 40시간을 초과하는 근로시간을 기준으로 판단하여야 한다.

(7) 탄력적·선택적 근로시간제에서 당사자 간의 합의로 1주 12시간을 초과해서 64시간까지 연장근로가 가능하다.

Ⅱ. 인가연장근로

> 근로기준법 제53조(연장 근로의 제한) ④ 사용자는 특별한 사정이 있으면 고용노동부장관의 인가와 근로자의 동의를 받아 제1항과 제2항의 근로시간을 연장할 수 있다. 다만, 사태가 급박하여 고용노동부장관의 인가를 받을 시간이 없는 경우에는 사후에 지체 없이 승인을 받아야 한다.
> ⑤ 고용노동부장관은 제4항에 따른 근로시간의 연장이 부적당하다고 인정하면 그 후 연장시간에 상당하는 휴게시간이나 휴일을 줄 것을 명할 수 있다.
> ⑦ 사용자는 제4항에 따라 연장 근로를 하는 근로자의 건강 보호를 위하여 건강검진 실시 또는 휴식시간 부여 등 고용노동부장관이 정하는 바에 따라 적절한 조치를 하여야 한다.

(1) 실질적 요건: 특별한 사정의 존재

1) 특별한 사정이라 함은 해당 사업 또는 사업장에서 자연재해와 '재난관리법'에 따른 재난 또는 이에 준하는 사고가 발생하여 이를 수습하기 위한 연장근로를 피할 수 없는 경우를 말한다.
2) '재난'이란 화재·붕괴·폭발, 교통사고, 화생방사고, 환경오염사고 등 국민의 생명과 재산에 피해를 줄 수 있는 사고를 말한다(재난관리법 제2조).
3) '이에 준하는 사고'에는 예컨대 사업의 운영을 불가능하게 하는 돌발적인 기계의 고장, 보일러의 파열, 그 밖에 인명이나 공익의 침해를 가져올 위험한 사태 등을 말한다.
4) 통상적인 업무의 증가나 기계의 수리 등은 이에 포함되지 않는다.

(2) 절차적 요건: 고용노동부장관의 인가와 근로자의 동의

1) 고용노동부장관의 사전인가를 얻어야 하나, 사태가 급박하여 고용노동부장관의 인가를 받을 시간이 없는 경우에는 사후에 지체 없이 승인을 받아야 한다.
2) 고용노동부장관의 인가 또는 사후승인 외에 근로자의 동의도 받아야 하며, 근로자의 동의란 본인의 동의를 말한다.

(3) 근로시간 연장의 인가 또는 승인은 그 사업 또는 사업장에서 자연재해, 재난관리법에 따른 재난 또는 이에 준하는 사고가 발생하여 이를 수습하기 위하여 연장근로를 피할 수 없는 경우로 한정한다.
(4) 1주 12시간을 초과하여 근로시간을 추가로 연장할 수 있다.
(5) 1주당 기준근로시간을 넘는 시간에 대해서는 연장근로 가산수당이 지급되어야 한다.
(6) 고용노동부장관은 근로시간의 연장이 부적당하다고 인정되는 경우 그 후 연장시간에 상당하는 휴게 또는 휴일을 줄 것을 명할 수 있다(대휴명령제).

Ⅲ. 특별한 사업에 대한 예외

> 근로기준법 제59조(근로시간 및 휴게시간의 특례) ① 통계법 제22조 제1항에 따라 통계청장이 고시하는 산업에 관한 표준의 중분류 또는 소분류 중 다음 각 호의 어느 하나에 해당하는 사업에 대하여 사용자가 근로자대표와 서면으로 합의한 경우에는 제53조 제1항에 따른 주(週) 12시간을 초과하여 연장근로를 하게 하거나 제54조에 따른 휴게시간을 변경할 수 있다.

> 1. 육상운송 및 파이프라인 운송업. 다만, 여객자동차 운수사업법 제3조 제1항 제1호에 따른 노선(路線) 여객자동차운송사업은 제외한다.
> 2. 수상운송업
> 3. 항공운송업
> 4. 기타 운송관련 서비스업
> 5. 보건업
>
> ② 제1항의 경우 사용자는 근로일 종료 후 다음 근로일 개시 전까지 근로자에게 연속하여 11시간 이상의 휴식시간을 주어야 한다.

(1) 근로시간 및 휴게시간에 대한 특례가 적용되는 대상사업은 다음과 같다.

① 육상운송 및 파이프라인 운송업. 다만, 여객자동차 운수사업법 제3조 제1항 제1호에 따른 노선(路線) 여객자동차 운송사업은 제외한다.

② 수상운송업

③ 항공운송업

④ 기타 운송관련 서비스업

⑤ 보건업

(2) 대상업종에 해당하더라도 근로자대표와의 서면합의가 있어야 특례연장이 허용된다.

(3) 특례에 의한 초과근로가 실시되는 경우에는 1주 12시간을 초과하는 연장근로가 가능하다.

(4) 특례대상은 법 제53조의 연장근로시간으로 한정되므로 연소근로자, 임산부, 잠수·잠함작업은 적용하지 않는다.

(5) 특정일의 근로시간에 휴게시간을 부여하지 않는다거나 이를 단축할 수 있으나 주 전체의 근로시간을 평균으로 한 소정의 휴게시간은 주어야 한다.

(6) 연장근로임금 및 가산수당, 야간근로 가산수당, 휴일·휴가 관련 조항 등 근로기준법의 다른 규정들은 적용된다.

제5절 휴게 및 휴일

I. 휴게

> 근로기준법 제54조(휴게) ① 사용자는 근로시간이 4시간인 경우에는 30분 이상, 8시간인 경우에는 1시간 이상의 휴게시간을 근로시간 도중에 주어야 한다.
> ② 휴게시간은 근로자가 자유롭게 이용할 수 있다.

(1) 휴게시간이란 근로자가 근로시간 중에 사용자의 지휘·감독에서 벗어나 근로를 제공하지 아니하고 자유로이 이용할 수 있는 시간을 말한다.

(2) 휴게시간은 근로시간 4시간에 대하여 30분 이상, 8시간에 대하여 1시간 이상을 부여하여야 한다.

(3) 휴게시간은 근로시간 도중에 주어야 한다.
근무의 개시 전 또는 종료 후에 부여하는 것은 휴게시간에 해당되지 아니한다.

(4) 휴게시간은 원칙적으로 30분 또는 60분을 한꺼번에 부여하여야 하나, 사회통념상 합리성이 인정된다면 분할하여 부여하는 것도 가능하다.

(5) 휴게시간은 근로자가 자유로이 이용할 수 있어야 한다.
1) 휴게시간중의 조합활동이나 휴게시간 중의 정치활동도 원칙적으로 허용된다.

> **참조판례** 대판 1991.11.12. 91누4164
> 단체협약에 유인물의 배포에 허가제를 채택하고 있다고 할지라도 노동조합의 업무를 위한 정당한 행위까지 금지시킬 수는 없는 것이므로 위 "나"항의 유인물 배포행위가 정당한가, 아닌가는 허가가 있었는지 여부만 가지고 판단할 것은 아니고, 그 유인물의 내용이나 배포방법 등 제반사정을 고려하여 판단되어져야 할 것이고, 취업시간 아닌 주간의 휴게시간 중의 배포는 다른 근로자의 취업에 나쁜 영향을 미치거나 휴게시간의 자유로운 이용을 방해하거나 구체적으로 직장질서를 문란하게 하는 것이 아닌 한 허가를 얻지 아니하였다는 이유만으로 정당성을 잃는다고 할 수 없다.

2) 직장질서나 시설관리를 위하여 필요한 최소한의 제한조치, 예컨대 외출신고제, 객관적 기준에 따른 외출허가제 등은 허용된다.

Ⅱ. 휴일

> 근로기준법 제55조(휴일) ① 사용자는 근로자에게 1주에 평균 1회 이상의 유급휴일을 보장하여야 한다.
> ② 사용자는 근로자에게 대통령령으로 정하는 휴일을 유급으로 보장하여야 한다. 다만, 근로자대표와 서면으로 합의한 경우 특정한 근로일로 대체할 수 있다

(1) 휴일이란 사용자와 근로자의 합의에 의하여 근로제공의무가 없는 날을 말한다.
(2) 사용자는 근로자에 대하여 1주일에 평균1회 이상의 유급휴일을 주어야 한다.
(3) 유급주휴일은 1주간의 소정근로일수를 개근한 자에게 주어야 한다(시행령 제30조).
(4) 1회의 휴일은 24시간의 역일을 의미하지만, 교대제 작업의 경우 계속 24시간의 휴식을 주면 족하다.
(5) 휴일은 반드시 일요일일 필요는 없다.
(6) 대통령령으로 정하는 휴일이란 관공서의 공휴일에 관한 규정 제2조 각호(제1호는 제외한다)에 따른 공휴일 및 같은 영 제3조에 따른 대체공휴일을 말한다.

제6절 가산수당

> **근로기준법 제56조(연장·야간 및 휴일 근로)** ① 사용자는 연장근로(제53조·제59조 및 제69조 단서에 따라 연장된 시간의 근로를 말한다)에 대하여는 통상임금의 100분의 50 이상을 가산하여 근로자에게 지급하여야 한다.
> ② 제1항에도 불구하고 사용자는 휴일근로에 대하여는 다음 각 호의 기준에 따른 금액 이상을 가산하여 근로자에게 지급하여야 한다.
> 1. 8시간 이내의 휴일근로: 통상임금의 100분의 50
> 2. 8시간을 초과한 휴일근로: 통상임금의 100분의 100
> ③ 사용자는 야간근로(오후 10시부터 다음 날 오전 6시 사이의 근로를 말한다)에 대하여는 통상임금의 100분의 50 이상을 가산하여 근로자에게 지급하여야 한다.

Ⅰ. 가산수당 지급사유

1. 연장근로

(1) 연장근로라 함은 법정근로시간을 초과하는 근로시간을 의미한다.

(2) 연장근로에 대하여 가산임금을 지급하도록 한 규정은 사용자에게 금전적 부담을 가함으로써 연장근로를 억제하는 한편, 연장근로는 근로자에게 더 큰 피로와 긴장을 주고 근로자가 누릴 수 있는 생활상의 자유시간을 제한하므로 이에 상응하는 금전적 보상을 해 주려는 데에 그 취지가 있다.

(3) 위법한 연장근로에 대하여도 가산수당 지급의무가 있다.

(4) 탄력적 근로시간제도 및 선택적 근로시간제도를 채택하는 경우 단위기간 또는 정산기간을 평균하여 법정근로시간을 초과하지 않는 경우에는 특정일 또는 특정주에 1일 8시간, 1주 40시간을 초과하여 근무하여도 연장근로수당이 지급되지 아니한다.

(5) 법정근로시간을 초과하지 아니하는 범위 내에서 소정근로시간을 초과하는 법내 연장근로의 경우 가산수당지급의무는 없다.

> **참조판례 대판 1998.6.26. 97다14200**
> 구 근로기준법(1997.3.13. 법률 제5309호로 제정되기 전의 것) 제42조, 제43조, 제55조에 정한 기준 근로시간 범위 안에서 사용자와 근로자 사이의 약정 근로시간을 초과하는 근로(이른바 법내 초과근로)는 근로기준법 제46조에서 말하는 시간외근로에 해당하지 아니하므로, 그에 대하여는 그 법조에 정한 할증임금을 지급할 필요가 없다.

법내 초과근로수당의 지급에 관하여 약정이 있는 경우 사용자는 그 약정에 따라야 할 의무가 있다.

> **참조판례 대판 2005.9.9. 2003두896**
> 근로기준법은 근로조건의 최저기준을 정하고 있는 것에 불과하므로 계약자유의 원칙상 근로계약 당사자는 근로기준법이 정한 기준을 초과하는 시간외근로수당(이른바 법내 초과근로수당)의 지급에 관하여 약정할 수 있는 것이고 그러한 약정을 한 이상 사용자는 그 약정에 따라야 할 의무가 있다.

2. 야간근로

하오 10시부터 상오 6시까지의 근로를 야간근로라 한다.

3. 휴일근로

휴일이란 ① 법정휴일, ② 단체협약이나 취업규칙에 의하여 휴일로 정해져 있는 법정공휴일 등 근로자가 근로할 의무가 없는 약정휴일을 말한다.

> **참조판례** 대판 2020.1.16. 2014다41520
>
> 구 근로기준법(2018.3.20. 법률 제15513호로 개정되기 전의 것, 이하 '구 근로기준법'이라 한다) 제56조에 따라 휴일근로수당으로 통상임금의 100분의 50 이상을 가산하여 지급하여야 하는 휴일근로에는 같은 법 제55조 소정의 주휴일 근로뿐만 아니라 단체협약이나 취업규칙 등에 의하여 휴일로 정하여진 날의 근로도 포함된다(대판 1991.5.14. 90다14089 참조). 그리고 휴일로 정하였는지 여부는 단체협약이나 취업규칙 등에 있는 휴일 관련 규정의 문언과 그러한 규정을 두게 된 경위, 해당 사업장과 동종 업계의 근로시간에 관한 규율 체계와 관행, 근로제공이 이루어진 경우 실제로 지급된 임금의 명목과 지급금액, 지급액의 산정 방식 등을 종합적으로 고려하여 판단하여야 한다(대판 2019.8.14. 2016다9704·2016다9711 참조).

Ⅱ. 지급액

(1) 사용자는 연장근로시간에 대하여 연장근로수당으로서 통상임금의 50%와 연장근로임금으로서 통상임금의 100%의 총 150%를 지급하여야 한다.

(2) 사용자는 야간근로에 대하여 야간근로임금으로서 통상임금의 100%와 야간근로수당으로서 통상임금의 50%를 합한 통상임금의 총 150%를 지급하여야 한다.

(3) 사용자는 유급휴일의 경우 본래 근로를 하지 아니하여도 당연히 지급되는 임금 100%와 휴일에 근로한 임금 100%에 휴일근로수당 50%를 합하여 총 250%의 임금을 지급하여야 한다.

(4) 사용자는 무급휴일의 경우 휴일에 근로한 임금 100%에 휴일근로수당 50%를 합하여 총 150%의 임금을 지급하여야 한다.

(5) 1주간 기준근로시간을 초과하여 이루어진 휴일근로에 대해 휴일근로에 따른 가산임금 외에 연장근로에 따른 가산임금은 중복하여 지급될 수 없다.

> **참조판례** 대판 2018.9.28. 2016다212869·212876·212883·212890
>
> 휴일근로시간은 구 근로기준법 제50조 제1항의 '1주 간 기준근로시간 40시간' 및 제53조 제1항의 '1주 간 연장근로시간 12시간'에 포함되지 않는다고 봄이 타당하다. 따라서 1주 간 기준근로시간을 초과하여 이루어진 휴일근로에 대해 휴일근로에 따른 가산임금 외에 연장근로에 따른 가산임금은 중복하여 지급될 수 없다.

Ⅲ. 포괄임금산정제도

(1) 사용자와 근로자가 기본임금을 미리 정하지 아니한 채 법정수당까지 포함된 금액을 월급여액이나 일당임금으로 정하거나 기본임금을 미리 정하면서도 법정 제 수당을 구분하지 아니한 채 일정액을 법정 제 수당으로 정하여 이를 근로시간 수에 관계없이 지급하기로 약정하는 내용의 이른바 포괄임금제에 의한 임금 지급계약 또는 단체협약을 한 경우 그것이 근로기준법이 정한 기준에 미치지 못하는 근로조건을 포함하는 등 근로자에게 불이익하지 않고 여러 사정에 비추어 정당하다고 인정될 때에는 유효하다.

> **참조판례** 대판 2020.2.6. 2015다233579 · 233586
>
> 사용자가 근로계약을 체결할 때에는 근로자에 대하여 기본임금을 결정하고 이를 기초로 각종 수당을 가산하여 합산 지급하는 것이 원칙이다. 그러나 사용자와 근로자가 기본임금을 미리 정하지 아니한 채 법정수당까지 포함된 금액을 월급여액이나 일당임금으로 정하거나 기본임금을 미리 정하면서도 법정 제 수당을 구분하지 아니한 채 일정액을 법정 제 수당으로 정하여 이를 근로시간 수에 관계없이 지급하기로 약정하는 내용의 이른바 포괄임금제에 의한 임금 지급계약 또는 단체협약을 한 경우 그것이 근로기준법이 정한 기준에 미치지 못하는 근로조건을 포함하는 등 근로자에게 불이익하지 않고 여러 사정에 비추어 정당하다고 인정될 때에는 유효하다.

(2) 포괄임금에 포함된 정액의 법정수당이 근로기준법이 정한 기준에 따라 산정된 법정수당에 미달하는 때에는 그에 해당하는 포괄임금제에 의한 임금 지급계약 부분은 근로자에게 불이익하여 무효이다.

> **참조판례** 대판 2010.5.13. 2008다6052
>
> 근로시간의 산정이 어려운 등의 사정이 없음에도 포괄임금제 방식으로 약정된 경우 그 포괄임금에 포함된 정액의 법정수당이 근로기준법이 정한 기준에 따라 산정된 법정수당에 미달하는 때에는 그에 해당하는 포괄임금제에 의한 임금 지급계약 부분은 근로자에게 불이익하여 무효라 할 것이고, 사용자는 근로기준법의 강행성과 보충성 원칙에 의해 근로자에게 그 미달되는 법정수당을 지급할 의무가 있다.

(3) 근로시간 수에 상관없이 일정액을 법정수당으로 지급하는 내용의 포괄임금제 방식의 임금 지급계약을 체결하는 것은 그것이 근로기준법이 정한 근로시간에 관한 규제를 위반하는 이상 허용될 수 없다.

> **참조판례** 대판 2010.5.13. 2008다6052
>
> [1] 감시 · 단속적 근로 등과 같이 근로시간의 산정이 어려운 경우가 아니라면 달리 근로기준법상의 근로시간에 관한 규정을 그대로 적용할 수 없다고 볼 만한 특별한 사정이 없는 한 근로기준법상의 근로시간에 따른 임금지급의 원칙이 적용되어야 할 것이므로, 이러한 경우에도 근로시간 수에 상관없이 일정액을 법정수당으로 지급하는 내용의 포괄임금제 방식의 임금 지급계약을 체결하는 것은 그것이 근로기준법이 정한 근로시간에 관한 규제를 위반하는 이상 허용될 수 없다.
> [2] 구 근로기준법(2007.4.11. 법률 제8372호로 전부 개정되기 전의 것) 제22조(현행 법 제15조)에서는 근로기준법에 정한 기준에 미치지 못하는 근로조건을 정한 근로계약은 그 부분에 한하여 무효로 하면서(근로기준법의 강행성) 그 무효로 된 부분은 근로기준법이 정한 기준에 의하도록 정하고 있으므로(근로기준법의 보충성), 근로시간의 산정이 어려운 등의 사정이 없음에도 포괄임금제 방식으로 약정된 경우 그 포괄임금에 포함된 정액의 법정수당이 근로기준법이 정한 기준에 따라 산정된 법정수당에 미달하는 때에는 그에 해당하는 포괄임금제에 의한 임금 지급계약 부분은 근로자에게 불이익하여 무효라 할 것이고, 사용자는 근로기준법의 강행성과 보충성 원칙에 의해 근로자에게 그 미달되는 법정수당을 지급할 의무가 있다.

(4) 포괄임금제에 관한 약정이 성립하였는지는 근로시간, 근로형태와 업무의 성질, 임금 산정의 단위, 단체협약과 취업규칙의 내용, 동종 사업장의 실태 등 여러 사정을 전체적·종합적으로 고려하여 구체적으로 판단하여야 한다.

> **참조판례** 대판 2020.2.6. 2015다233579·233586
>
> 포괄임금제에 관한 약정이 성립하였는지는 근로시간, 근로형태와 업무의 성질, 임금산정의 단위, 단체협약과 취업규칙의 내용, 동종 사업장의 실태 등 여러 사정을 전체적·종합적으로 고려하여 구체적으로 판단하여야 한다. 비록 개별 사안에서 근로형태나 업무의 성격상 연장·야간·휴일근로가 당연히 예상된다고 하더라도 기본급과는 별도로 연장·야간·휴일근로수당 등을 세부항목으로 나누어 지급하도록 단체협약이나 취업규칙, 급여규정 등에 정하고 있는 경우에는 포괄임금제에 해당하지 아니한다. 그리고 단체협약 등에 일정 근로시간을 초과한 연장근로시간에 대한 합의가 있다거나 기본급에 수당을 포함한 금액을 기준으로 임금인상률을 정하였다는 사정 등을 들어 바로 위와 같은 포괄임금제에 관한 합의가 있다고 섣불리 단정할 수는 없다.

Ⅳ. 보상휴가제

> **근로기준법 제57조(보상 휴가제)** 사용자는 근로자대표와의 서면 합의에 따라 제56조에 따른 연장근로·야간근로 및 휴일근로에 대하여 임금을 지급하는 것을 갈음하여 휴가를 줄 수 있다.

(1) 사용자는 근로자대표와의 서면합의에 의해서만 연장근로·야간근로 및 휴일근로에 대하여 임금을 지급하는 것에 갈음하는 보상휴가제를 시행할 수 있다.
(2) 연장·야간·휴일근로에 대한 임금과 이에 갈음하여 부여하는 휴가 사이에는 동등한 가치가 있어야 한다(예 근로를 8시간한 경우 가산임금을 포함하면 총 12시간분의 임금이 지급되어야 하므로 12시간의 휴가가 발생한다).

제7절 연차유급휴가

> **근로기준법 제60조(연차 유급휴가)** ① 사용자는 1년간 80퍼센트 이상 출근한 근로자에게 15일의 유급휴가를 주어야 한다.
> ② 사용자는 계속하여 근로한 기간이 1년 미만인 근로자 또는 1년간 80퍼센트 미만 출근한 근로자에게 1개월 개근 시 1일의 유급휴가를 주어야 한다.
> ④ 사용자는 3년 이상 계속하여 근로한 근로자에게는 제1항에 따른 휴가에 최초 1년을 초과하는 계속 근로 연수 매 2년에 대하여 1일을 가산한 유급휴가를 주어야 한다. 이 경우 가산휴가를 포함한 총 휴가 일수는 25일을 한도로 한다.
> ⑤ 사용자는 제1항부터 제4항까지의 규정에 따른 휴가를 근로자가 청구한 시기에 주어야 하고, 그 기간에 대하여는 취업규칙 등에서 정하는 통상임금 또는 평균임금을 지급하여야 한다. 다만, 근로자가 청구한 시기에 휴가를 주는 것이 사업 운영에 막대한 지장이 있는 경우에는 그 시기를 변경할 수 있다.
> ⑥ 제1항 및 제2항을 적용하는 경우 다음 각 호의 어느 하나에 해당하는 기간은 출근한 것으로 본다.

1. 근로자가 업무상의 부상 또는 질병으로 휴업한 기간
2. 임신 중의 여성이 제74조 제1항부터 제3항까지의 규정에 따른 휴가로 휴업한 기간
3. 남녀고용평등과 일·가정 양립 지원에 관한 법률 제19조 제1항에 따른 육아휴직으로 휴업한 기간

⑦ 제1항·제2항 및 제4항에 따른 휴가는 1년간(계속하여 근로한 기간이 1년 미만인 근로자의 제2항에 따른 유급휴가는 최초 1년의 근로가 끝날 때까지의 기간을 말한다) 행사하지 아니하면 소멸된다. 다만, 사용자의 귀책사유로 사용하지 못한 경우에는 그러하지 아니하다.

Ⅰ. 연차유급휴가의 의의

1. 의의

(1) 연차유급휴가란 비교적 장기간에 걸쳐 근로의무를 면제해 줌으로써 근로자의 정신적·육체적 휴양을 보장하고 노동의 재생산을 보장하며 문화생활의 확보와 재충전의 기회를 주고자 유급으로 보장한 법정휴가제도를 말한다.

(2) 연차유급휴가권의 법적 성질에 대하여는 청구권설, 형성권설, 종류채권설, 이분설, 시기지정권설 등이 제기되고 있으나, 연차유급휴가권자체는 근로기준법의 요건을 충족하는 경우 당연히 부여되는 법적 권리이며, 연차유급휴가의 시기지정권은 휴가의 시기를 특정하는 형성권이라는 이분설로 설명하는 것이 일반적이다.

2. 성립요건

(1) 계속근로기간이 1년 이상인 근로자의 경우 1년간 80% 이상 출근하여야 한다.
1년간의 계속근로의 기산일은 당해 근로자의 채용일로 보는 것이 원칙이나, 모든 근로자에게 획일적으로 적용되는 기산일을 정하여 시행해도 무방하다.

(2) 계속근로기간이 1년 미만인 근로자 또는 1년간 80% 미만 출근한 근로자의 경우 1개월간의 소정근로일을 개근하여야 한다.

(3) 출근율이란 소정근로일에 대한 출근일수의 비율을 말한다.

(4) 업무상 부상 또는 질병으로 휴업한 기간, 출산전·후 휴가 및 유·사산휴가로 휴업한 기간, 육아휴직 기간은 출근한 것으로 간주된다.

(5) 연차휴가·생리휴가나 공민권행사로 휴업한 기간처럼 사용자의 법률상 의무에 기초하여 부여한 기간은 출근한 것으로 본다.

(6) 사용자의 부당해고로 인하여 근로자가 출근하지 못한 기간은 연간 소정근로일수 및 출근일수에 모두 산입된다.

> **참조판례** 대판 2014.3.13. 2011다95519
> 근로자가 부당해고로 인하여 지급받지 못한 임금이 연차휴가수당인 경우에도 해당 근로자의 연간 소정근로일수와 출근일수를 고려하여 근로기준법 제60조 제1항의 요건을 충족하면 연차유급휴가가 부여되는 것을 전제로 연차휴가수당을 지급하여야 하고, 이를 산정하기 위한 연간 소정근로일수와 출근일수를 계산함에 있어서 사용자의 부당해고로 인하여 근로자가 출근하지 못한 기간을 근로자에 대하여 불리하게 고려할 수는 없으므로 그 기간은 연간 소정근로일수 및 출근일수에 모두 산입되는 것으로 보는 것이 타당하며, 설령 부당해고기간이 연간 총근로일수 전부를 차지하고 있는 경우에도 달리 볼 수는 없다.

(7) 근로자가 정당한 쟁의행위에 참가한 기간은 연간 소정근로일수에서 쟁의행위 등 기간이 차지하는 일수를 제외한 나머지 일수를 기준으로 근로자의 출근율을 산정하여 연차유급휴가 취득 요건의 충족 여부를 판단하되, 그 요건이 충족된 경우에는 본래 평상적인 근로관계에서 8할의 출근율을 충족할 경우 산출되었을 연차유급휴가일수에 대하여 '연간 소정근로일수에서 쟁의행위 등 기간이 차지하는 일수를 제외한 나머지 일수'를 '연간 소정근로일수'로 나눈 비율을 곱하여 산출된 연차유급휴가일수를 근로자에게 부여한다(비례삭감설).

> **참조판례** 대법원 2013.12.26. 선고 2011다4629 판결
>
> 근로자가 정당한 쟁의행위를 하거나 '남녀고용평등과 일·가정 양립 지원에 관한 법률'(이하 '남녀고용평등법'이라 한다)에 의한 육아휴직(이하 양자를 가리켜 '쟁의행위 등'이라 한다)을 하여 현실적으로 근로를 제공하지 아니한 경우, 쟁의행위 등은 헌법이나 법률에 의하여 보장된 근로자의 정당한 권리행사이고 그 권리행사에 의하여 쟁의행위 등 기간 동안 근로관계가 정지됨으로써 근로자는 근로의무가 없으며, 쟁의행위 등을 이유로 근로자를 부당하거나 불리하게 처우하는 것이 법률상 금지되어 있으므로(노동조합 및 노동관계조정법 제3조, 제4조, 제81조 제5호, 남녀고용평등법 제19조 제3항), 근로자가 본래 연간 소정근로일수에 포함되었던 쟁의행위 등 기간 동안 근로를 제공하지 아니하였다 하더라도 이를 두고 근로자가 결근한 것으로 볼 수는 없다. 그런데 다른 한편 그 기간 동안 근로자가 현실적으로 근로를 제공한 바가 없고, 근로기준법, 노동조합 및 노동관계조정법, 남녀고용평등법 등 관련 법령에서 그 기간 동안 근로자가 '출근한 것으로 본다'는 규정을 두고 있지도 아니하므로, 이를 두고 근로자가 출근한 것으로 의제할 수도 없다. 따라서 이러한 경우에는 헌법과 관련 법률에 따라 쟁의행위 등 근로자의 정당한 권리행사를 보장하고, 아울러 근로자에게 정신적·육체적 휴양의 기회를 제공하고 문화적 생활의 향상을 기하려는 연차유급휴가 제도의 취지를 살리는 한편, 연차유급휴가가 1년간의 근로에 대한 대가로서의 성질을 갖고 있고 현실적인 근로의 제공이 없었던 쟁의행위 등 기간에는 원칙적으로 근로에 대한 대가를 부여할 의무가 없는 점 등을 종합적으로 고려할 때, 연간 소정근로일수에서 쟁의행위 등 기간이 차지하는 일수를 제외한 나머지 일수를 기준으로 근로자의 출근율을 산정하여 연차유급휴가 취득 요건의 충족 여부를 판단하되, 그 요건이 충족된 경우에는 본래 평상적인 근로관계에서 8할의 출근율을 충족할 경우 산출되었을 연차유급휴가일수에 대하여 '연간 소정근로일수에서 쟁의행위 등 기간이 차지하는 일수를 제외한 나머지 일수'를 '연간 소정근로일수'로 나눈 비율을 곱하여 산출된 연차유급휴가일수를 근로자에게 부여함이 합리적이다.

(8) 직장폐쇄기간

1) 사용자의 적법한 직장폐쇄로 인하여 근로자가 출근하지 못한 기간은 원칙적으로 연차휴가일수 산정을 위한 연간 소정근로일수에서 제외되어야 한다.

2) 적법한 직장폐쇄 중 근로자가 위법한 쟁의행위에 참가한 기간은 근로자의 귀책으로 근로를 제공하지 않은 기간에 해당하므로, 연간 소정근로일수에 포함시키되 결근한 것으로 처리하여야 한다.

3) 사용자의 위법한 직장폐쇄로 인하여 근로자가 출근하지 못한 기간은 원칙적으로 연간 소정근로일수 및 출근일수에 모두 산입되는 것으로 보는 것이 타당하다.

4) 위법한 직장폐쇄 중 근로자가 쟁의행위에 참가하였거나 쟁의행위 중 위법한 직장폐쇄가 이루어진 경우에 만일 위법한 직장폐쇄가 없었어도 해당 근로자가 쟁의행위에 참가하여 근로를 제공하지 않았을 것이 명백하다면, 이러한 쟁의행위가 적법한지 여부를 살펴 적법한 경우에는 그 기간을 연간 소정근로일수에서 제외하고, 위법한 경우에는 연간 소정근로일수에 포함시키되 결근한 것으로 처리하여야 한다.

5) 위법한 직장폐쇄가 없었다고 하더라도 쟁의행위에 참가하여 근로를 제공하지 않았을 것임이 명백한지는 쟁의행위에 이른 경위 및 원인, 직장폐쇄 사유와의 관계, 해당 근로자의 쟁의행위에서의 지위 및 역할, 실제 이루어진 쟁의행위에 참가한 근로자의 수 등 제반 사정을 참작하여 신중하게 판단하여야 하고, 그 증명책임은 사용자에게 있다.

> **참조판례** 대판 2019.2.14. 2015다66052
>
> 사용자의 적법한 직장폐쇄로 인하여 근로자가 출근하지 못한 기간은 원칙적으로 연차휴가일수 산정을 위한 연간 소정근로일수에서 제외되어야 한다. 다만 노동조합의 쟁의행위에 대한 방어수단으로서 사용자의 적법한 직장폐쇄가 이루어진 경우, 이러한 적법한 직장폐쇄 중 근로자가 위법한 쟁의행위에 참가한 기간은 근로자의 귀책으로 근로를 제공하지 않은 기간에 해당하므로, 연간 소정근로일수에 포함시키되 결근한 것으로 처리하여야 한다. 이와 달리 사용자의 위법한 직장폐쇄로 인하여 근로자가 출근하지 못한 기간을 근로자에 대하여 불리하게 고려할 수는 없으므로 원칙적으로 그 기간은 연간 소정근로일수 및 출근일수에 모두 산입되는 것으로 보는 것이 타당하다. 다만 위법한 직장폐쇄 중 근로자가 쟁의행위에 참가하였거나 쟁의행위 중 위법한 직장폐쇄가 이루어진 경우에 만일 위법한 직장폐쇄가 없었어도 해당 근로자가 쟁의행위에 참가하여 근로를 제공하지 않았을 것이 명백하다면, 이러한 쟁의행위가 적법한지 여부를 살펴 적법한 경우에는 그 기간을 연간 소정근로일수에서 제외하고, 위법한 경우에는 연간 소정근로일수에 포함시키되 결근한 것으로 처리하여야 한다. 이처럼 위법한 직장폐쇄가 없었다고 하더라도 쟁의행위에 참가하여 근로를 제공하지 않았을 것임이 명백한지는 쟁의행위에 이른 경위 및 원인, 직장폐쇄 사유와의 관계, 해당 근로자의 쟁의행위에서의 지위 및 역할, 실제 이루어진 쟁의행위에 참가한 근로자의 수 등 제반 사정을 참작하여 신중하게 판단하여야 하고, 그 증명책임은 사용자에게 있다.

(9) 근로제공의무가 면제되는 노조전임기간은 연차휴가일수 산정을 위한 연간 소정근로일수에서 제외되며, 노조전임기간이 연차휴가 취득 기준이 되는 연간 총근로일 전부를 차지하고 있는 경우라면, 단체협약 등에서 달리 정하지 않는 한 이러한 노조전임기간에 대하여는 연차휴가에 관한 권리가 발생하지 않는다.

> **참조판례** 대판 2019.2.14. 2015다66052
>
> 노동조합의 전임자(이하 '노조전임자'라고 한다)는 사용자와의 사이에 기본적 노사관계는 유지되고 근로자로서의 신분도 그대로 가지는 것이지만 근로제공의무가 면제되고 사용자의 임금지급의무도 면제된다는 점에서 휴직상태에 있는 근로자와 유사하다. 이러한 노조전임자 제도가 단체협약 또는 사용자의 동의에 근거한 것으로 근로자의 단결권 유지·강화를 위해 필요할 뿐만 아니라 사용자의 노무관리업무를 대행하는 성격 역시 일부 가지는 점 등을 고려하면, 노조전임기간 동안 현실적으로 근로를 제공하지 않았다고 하더라도 결근한 것으로 볼 수 없고, 다른 한편 노동조합 및 노동관계조정법 등 관련 법령에서 출근한 것으로 간주한다는 규정 역시 두고 있지 않으므로 출근한 것으로 의제할 수도 없다. 결국, 근로제공의무가 면제되는 노조전임기간은 연차휴가일수 산정을 위한 연간 소정근로일수에서 제외함이 타당하다. 다만 노조전임기간이 연차휴가 취득 기준이 되는 연간 총근로일 전부를 차지하고 있는 경우라면, 단체협약 등에서 달리 정하지 않는 한 이러한 노조전임기간에 대하여는 연차휴가에 관한 권리가 발생하지 않는다. 그리고 위와 같이 연간 소정근로일수에서 노조전임기간 등이 차지하는 일수를 제외한 후 나머지 일수(이하 '실질 소정근로일수'라고 한다)만을 기준으로 근로자의 출근율을 산정하여 연차휴가 취득 요건의 충족 여부를 판단하게 되는 경우, 연차휴가 제도의 취지, 연차휴가가 가지는 1년간의 근로에 대한 대가로서의 성질, 연간 소정근로일수에서 제외하지 않고 결근으로 처리할 때 인정되는 연차휴가일수와의 불균형 등을 고려하면, 해당 근로자의 출근일수가 연간 소정근로일수의 8할을 밑도는 경우에 한하여, 본래 평상적인 근로관계에서 8할의 출근율을 충족할 경우 산출되었을 연차휴가일수에 대하여 실질 소정근로일수를 연간 소정근로일수로 나눈 비율을 곱하여 산출된 연차휴가일수를 근로자에게 부여함이 합리적이다.

(10) 징계성 정직·강제휴직·직위해제기간도 결근일과 같이 취급하여 출근율을 산정해도 위법이 아니다.

> **참조판례** 대법 2008.10.9. 2008다41666
>
> 구 근로기준법(2003.9.15. 법률 6974호로 개정되기 전의 것) 제59조는 "사용자는 1년간 개근한 근로자에 대하여는 10일, 9할 이상 출근한 자에 대하여는 8일의 유급휴가를 주어야 한다"고 규정하면서 '개근'이나 '9할 이상 출근한 자'에 관하여 아무런 정의 규정을 두고 있지 않은바, 위 규정에 의한 연차유급휴가는 근로자에게 일정기간 근로의무를 면제함으로써 정신적·육체적 휴양의 기회를 제공하고 문화적 생활의 향상을 기하려는 데 그 의의가 있다. 그런데 정직이나 직위해제 등의 징계를 받은 근로자는 징계기간 중 근로자의 신분을 보유하면서도 근로의무가 면제되므로, 사용자는 취업규칙에서 근로자의 정직 또는 직위해제 기간을 소정 근로일수에 포함시키되 그 기간 중 근로의무가 면제되었다는 점을 참작하여 연차유급휴가 부여에 필요한 출근일수에는 포함하지 않는 것으로 규정할 수 있고, 이러한 취업규칙의 규정이 구 근로기준법 제59조에 반하여 근로자에게 불리한 것이라고 보기는 어렵다.

3. 가산휴가제

(1) 사용자는 3년 이상 계속하여 근로한 근로자에게는 제1항에 따른 휴가에 최초 1년을 초과하는 계속 근로 연수 매 2년에 대하여 1일을 가산한 유급휴가를 주어야 한다.

(2) 가산휴가를 포함한 총 휴가 일수는 25일을 한도로 한다.
   예 1년 15일, 3년 16일, 5년 17일, 7년 19일 …… 21년 25일

(3) 근로자가 가산휴가를 받으려면 계속근로기간이 3년 이상이어야 하지만, 그 기간 동안 계속하여 80% 이상 출근했어야 하는 것은 아니다.

Ⅱ. 연차유급휴가의 부여시기

1. 근로자의 시기지정

(1) 휴가는 휴가권을 취득한 근로자가 청구한 시기에 부여함이 원칙이다.

(2) 시기지정권의 행사방법은 단체협약 또는 취업규칙 등에 구체적인 방법 및 절차 등을 규정하는 것이 원칙이나, 이러한 규정이 없을지라도 근로자의 시기지정권은 연차휴가권을 구체화하는 것이므로 언제부터 언제까지 사용할 것인지에 관하여 특정하여야 그 효력을 발생한다.

> **참조판례** 대판 1997.3.25. 96다4930
>
> 연·월차휴가권이 근로기준법상의 성립요건을 충족하는 경우에 당연히 발생하는 것이라고 하여도 이와 같이 발생한 휴가권을 구체화하려면 근로자가 자신에게 맡겨진 시기지정권을 행사하여 어떤 휴가를 언제부터 언제까지 사용할 것인지에 관하여 특정하여야 할 것이고 근로자가 이와 같은 특정을 하지 아니한 채 시기지정을 하더라도 이는 적법한 시기지정이라고 할 수 없어 그 효력이 발생할 수 없다.

2. 사용자의 시기변경권

(1) 사용자는 사업운영에 막대한 지장이 있는 경우에는 시기를 변경할 수 있다.

(2) 사용자의 시기변경권의 행사방법은 구두 또는 서면의 방법으로 시기변경의 의사표시가 전달되었다면 정당한 시기변경권의 행사로 볼 수 있다.
   취업규칙에 연차유급휴가를 청구하는 경우 사전에 기관장에 신청하여 승인을 얻도록 규정하고 있더라도, 이는 근로자의 시기지정권을 박탈하는 것이 아니라 사용자가 가지는 시기변경권의 적절한 행사를 위한 것이므로 유효하다.

> **참조판례** 대판 1992.6.23. 92다7542
>
> 취업규칙에 휴가를 받고자 하는 자는 사전에 소속장에게 신청하여 대표이사의 승인을 득하여야 한다고 규정하고 있는 경우 이는 근로기준법 제48조 제3항이 규정하는 근로자의 휴가시기지정권을 박탈하기 위한 것이 아니라 단지 사용자에게 유보된 휴가시기 변경권의 적절한 행사를 위한 규정이라고 해석되므로 위 규정을 위 근로기준법 규정에 위반되는 무효의 규정이라고 할 수 없고, 더구나 불특정다수인을 상대로 정기여객운송사업을 경영하는 운수회사의경우 정기적이고 계속적인 여객운송계획이 확정되어 있고 정해진 시각에 예정된 차량운행이 순조롭게 이루어져야 하며, 만일 그 운행에 차질이 생길 때에는 운송사업 운영에 막대한 지장을 초래하게 되는 것이므로, 운행차량 운전사로 하여금 미리 유급휴가신청을 하여 대표이사의 승인을 받아 휴가를 실시하도록 한 것은 사용자의 휴가시기변경권을 적절하게 행사하기 위한 필요한 조치라고 할 것이다.

Ⅲ. 연차유급휴가청구권의 사용 및 소멸

1. 휴가의 사용

(1) 연차휴가는 소정근로일에 근로자에게 근로제공의무를 면제하여 쉬게 하는 것이다.

(2) 연차휴가는 유급이므로 사용자는 근로자가 휴가를 사용한 기간에 대하여 소정근로시간 근로한 것으로 보아 임금을 지급하여야 한다.

(3) 연차유급휴가수당은 취업규칙 등에서 정하는 통상임금 또는 평균임금을 지급하여야 한다.

(4) 사용자가 근로자에게 해당 근로에 대한 임금에 유급휴가임금을 추가로 지급하면서 근로하게 하는 것(휴가의 매수)은 휴가사용을 저지하는 것으로 허용되지 않는다.
당사자 사이에 미리 소정기간의 근로를 전제로 하여 연차수당을 일당 임금이나 매월 일정액에 포함하여 지급하는 것이 불가능한 것은 아니다.

> **참조판례** 대판 2023.11.30. 2019다29778
>
> 연차수당이 근로기준법에서 정한 기간을 근로하였을 때 비로소 발생하는 것이라 할지라도 당사자 사이에 미리 그러한 소정기간의 근로를 전제로 하여 연차수당을 일당 임금이나 매월 일정액에 포함하여 지급하는 것이 불가능한 것이 아니며, 포괄임금제란 각종 수당의 지급방법에 관한 것으로서 근로자의 연차휴가권의 행사 여부와는 관계가 없으므로 포괄임금제가 근로자의 연차휴가권을 박탈하는 것이라고 할 수 없다.

(5) 휴가 사용의 목적에 관해서는 법률상 제한이 없고 휴가를 어떻게 사용할 것인가는 근로자의 자유에 속한다.
   1) 근로자가 휴가 중에 유상근로에 종사하더라도 무방하다.
   2) 쟁의목적으로 휴가를 사용하는 경우 준법투쟁으로 쟁의행위에 해당한다.

2. 휴가의 소멸시효

(1) 근로자의 귀책사유로 인하여 1년간 연차유급휴가청구권을 행사하지 아니한 경우 연차유급휴가청구권은 소멸한다.

(2) 연차유급휴가를 사용할 권리는 다른 특별한 정함이 없는 한 그 전년도 1년간의 근로를 마친 다음 날 발생한다.

> **📖 참조판례** 대판 2021.10.14. 2021다227100
>
> 연차휴가를 사용할 권리는 다른 특별한 정함이 없는 한 그 전년도 1년간의 근로를 마친 다음 날 발생한다고 보아야 하므로, 그 전에 퇴직 등으로 근로관계가 종료한 경우에는 연차휴가를 사용할 권리에 대한 보상으로서의 연차휴가수당도 청구할 수 없다(1년 기간제 근로계약을 체결한 근로자에게는 최대 11일의 연차휴가가 부여된다고 보아야 한다).

(3) 연차유급휴가권의 소멸시효는 개근한 1년간의 근로를 마친 다음날부터 진행된다.

> **📖 참조판례** 대판 1973.9.25. 73다305
>
> 연차유급휴가에 관한 권리는 근로자가 근로를 개시한 날로부터 소정의 근로에 의하여 당연히 발생되는 것이며 그 권리의 소멸시효는 근로자가 그 휴가를 청구할 지위를 얻게 된 때, 즉 개근한 1년간의 근로를 마친 다음날로부터 진행된다고 해석하여야 할 것이다.

(4) 사용자의 귀책사유로 근로자가 휴가를 사용하지 못한 경우에는 휴가청구권 발생일로부터 1년이 지나더라도 휴가청구권은 소멸되지 아니한다.
'사용자의 귀책사유'라 함은 사용자가 시기변경권을 행사한 경우를 말한다.

Ⅳ. 연차유급휴가와 임금청구권

(1) 유급휴가 중에 근로를 제공하지 아니하여도 당연히 지급되는 수당은 단체협약 또는 취업규칙 등에서 정하는 통상임금 또는 평균임금으로 하여야 한다.

(2) 연차유급휴가를 사용하지 아니하고 근로자가 근로한 경우에는 사용자는 이에 대한 임금을 별도로 지급하여야 한다.

   1) 연차유급휴가를 1년간 사용하지 아니하여 휴가청구권이 소멸하였다 할지라도 휴가기간 중의 근로제공에 대한 임금청구권은 3년의 소멸시효가 적용된다.

   2) 연차유급휴가 미사용수당의 소멸시효 기산일은 연차유급휴가권을 취득한 날부터 1년의 경과로 그 휴가의 불실시가 확정된 다음 날이다.

   > **📖 참조판례** 대판 2023.11.16. 2022다231403 · 231410
   >
   > 근로기준법 제60조에 정한 연차유급휴가권을 취득한 근로자가 그 휴가권이 발생한 때부터 1년 이내에 연차유급휴가를 사용하지 못하게 됨에 따라 발생하는 연차휴가미사용수당도 그 성질이 임금이므로, 같은 법 제49조의 규정에 따라 연차휴가미사용수당 청구권에는 3년의 소멸시효가 적용되고, 그 기산점은 연차유급휴가권을 취득한 날부터 1년의 경과로 그 휴가의 불실시가 확정된 다음 날이다.

   3) 연차유급휴가를 사용하지 아니하고 근로를 제공하여 임금을 지급하는 경우 가산수당을 지급할 사용자의 법적의무는 없다.

   > **📖 참조판례** 대판 1991.7.26. 90다카11636
   >
   > 근로기준법 제46조가 정하는 할증임금지급제도와 동법 제47조, 제48조 소정의 연, 월차휴가제도는 그 취지가 상이한 제도이고, 각 법조문도 휴일과 휴가를 구별하여 규정하고 있는 점에 비추어, 동법 제46조 소정의 "휴일"에는 동법 제47조, 제48조 소정의 연, 월차휴가는 포함되지 않는다고 봄이 상당하고, 또한 동법 제48조 제2항에는

> 휴가총일수가 20일을 초과하는 경우에는 그 초과일수에 대하여 통상임금을 지급하고 유급휴가를 주지 아니할 수 있도록 되어 있어, 20일 이하인 휴가일수에 대하여 보상을 지급해야 할 경우에도 통상임금을 추가로 지급하면 된다고 보는 것이 균형상 타당하므로, 연, 월차휴가근로수당에 대하여는 동법 제46조 소정의 가산임금(수당)이 포함될 수 없다.

4) 연차유급휴가를 받게 된 원인이 된 퇴직하기 전 해 1년 간의 일부가 퇴직한 날 이전 3개월 간에 포함되지 아니하는 경우 연차유급휴가 근로수당이 평균임금에 산입되지 아니한다.

> **참조판례** 대판 1993.4.27. 92다37161
> 근로자가 연차유급휴가를 사용하지 아니한 채 퇴직함으로 말미암아 그 기간에 대한 연차유급휴가근로수당지급청구권이 발생하였다 하더라도 이는 연차유급휴가를 받게 된 원인이 된 "퇴직하기 전해 1년 간의 근로의 대상"으로 지급되는 것이지 연차유급휴가를 청구할 수 있게 된 "퇴직하는 그 해의 근로에 대한 대가"로 지급되는 것이라고 볼 수 없기 때문에 연차유급휴가를 받게 된 원인이 된 퇴직하기 전해 1년 간의 일부가 퇴직한 날 이전 3개월 간에 포함되지 않는 한 연차유급휴가근로수당은 퇴직금 산출기준이 되는 평균임금에 포함시킬 수 없다.

V. 연차유급휴가의 사용 촉진

> **근로기준법 제61조(연차 유급휴가의 사용 촉진)** ① 사용자가 제60조 제1항·제2항 및 제4항에 따른 유급휴가(계속하여 근로한 기간이 1년 미만인 근로자의 제60조 제2항에 따른 유급휴가는 제외한다)의 사용을 촉진하기 위하여 다음 각 호의 조치를 하였음에도 불구하고 근로자가 휴가를 사용하지 아니하여 제60조 제7항 본문에 따라 소멸된 경우에는 사용자는 그 사용하지 아니한 휴가에 대하여 보상할 의무가 없고, 제60조 제7항 단서에 따른 사용자의 귀책사유에 해당하지 아니하는 것으로 본다.
> 1. 제60조 제7항 본문에 따른 기간이 끝나기 6개월 전을 기준으로 10일 이내에 사용자가 근로자별로 사용하지 아니한 휴가 일수를 알려주고, 근로자가 그 사용 시기를 정하여 사용자에게 통보하도록 서면으로 촉구할 것
> 2. 제1호에 따른 촉구에도 불구하고 근로자가 촉구를 받은 때부터 10일 이내에 사용하지 아니한 휴가의 전부 또는 일부의 사용 시기를 정하여 사용자에게 통보하지 아니하면 제60조 제7항 본문에 따른 기간이 끝나기 2개월 전까지 사용자가 사용하지 아니한 휴가의 사용 시기를 정하여 근로자에게 서면으로 통보할 것
> ② 사용자가 계속하여 근로한 기간이 1년 미만인 근로자의 제60조 제2항에 따른 유급휴가의 사용을 촉진하기 위하여 다음 각 호의 조치를 하였음에도 불구하고 근로자가 휴가를 사용하지 아니하여 제60조 제7항 본문에 따라 소멸된 경우에는 사용자는 그 사용하지 아니한 휴가에 대하여 보상할 의무가 없고, 같은 항 단서에 따른 사용자의 귀책사유에 해당하지 아니하는 것으로 본다.
> 1. 최초 1년의 근로기간이 끝나기 3개월 전을 기준으로 10일 이내에 사용자가 근로자별로 사용하지 아니한 휴가 일수를 알려주고, 근로자가 그 사용 시기를 정하여 사용자에게 통보하도록 서면으로 촉구할 것. 다만, 사용자가 서면 촉구한 후 발생한 휴가에 대해서는 최초 1년의 근로기간이 끝나기 1개월 전을 기준으로 5일 이내에 촉구하여야 한다.
> 2. 제1호에 따른 촉구에도 불구하고 근로자가 촉구를 받은 때부터 10일 이내에 사용하지 아니한 휴가의 전부 또는 일부의 사용 시기를 정하여 사용자에게 통보하지 아니하면 최초 1년의 근로기간이 끝나기 1개월 전까지 사용자가 사용하지 아니한 휴가의 사용 시기를 정하여 근로자에게 서면으로 통보할 것. 다만, 제1호 단서에 따라 촉구한 휴가에 대해서는 최초 1년의 근로기간이 끝나기 10일 전까지 서면으로 통보하여야 한다.

사용자가 근로기준법 제61조의 요건을 구비한 경우 사용자는 사용하지 않은 휴가일수에 대한 임금지급의무를 면한다.

VI. 연차유급휴가의 대체

> 근로기준법 제62조(유급휴가의 대체) 사용자는 근로자대표와의 서면 합의에 따라 제60조에 따른 연차 유급휴가일을 갈음하여 특정한 근로일에 근로자를 휴무시킬 수 있다.

휴가일에 갈음하여 특정한 근로일에 근로자를 휴무시킨다는 것은 특정한 근로일에 근로자를 쉬게 하는 대신 그 날을 휴가일로 처리한다는 것을 말한다.

제8절 특수근로자에 대한 적용제외

> 근로기준법 제63조(적용의 제외) 이 장과 제5장에서 정한 근로시간, 휴게와 휴일에 관한 규정은 다음 각 호의 어느 하나에 해당하는 근로자에 대하여는 적용하지 아니한다.
> 1. 토지의 경작·개간, 식물의 식재(植栽)·재배·채취 사업, 그 밖의 농림 사업
> 2. 동물의 사육, 수산 동식물의 채취·포획·양식 사업, 그 밖의 축산, 양잠, 수산 사업
> 3. 감시(監視) 또는 단속적(斷續的)으로 근로에 종사하는 사람으로서 사용자가 고용노동부장관의 승인을 받은 사람
> 4. 대통령령으로 정하는 업무에 종사하는 근로자

(1) 적용이 배제되는 근로자의 범위는 다음과 같다.
   1) 토지의 경작·개간, 식물의 식재(植栽)·재배·채취 사업, 그 밖의 농림 사업
   2) 동물의 사육, 수산 동식물의 채취·포획·양식 사업, 그 밖의 축산, 양잠, 수산 사업
   3) 감시 또는 단속적으로 근로에 종사하는 사람으로서 사용자가 고용노동부장관의 승인을 받은 사람
   4) 관리·감독업무, 기밀을 취급하는 업무에 종사하는 근로자
      관리·감독 업무에 종사하는 근로자란 회사를 감독 또는 관리하는 지위에 있는 자로서 기업경영자와 일체를 이루는 입장에 있고 자기의 근무시간에 대한 자유재량권을 가지고 있는 자를 말한다(대판 2019다223389).

(2) 적용이 배제되는 규정은 근로기준법 제4장과 제5장 중 '근로시간', '휴게', '휴일'에 관한 규정이다.
   1) 제56조의 규정 중 야간근로에 대한 야간근로수당, 제70조의 여성과 연소자의 야간근로 금지에 관한 규정은 적용된다.
   2) 제60조의 연차유급휴가, 제73조의 생리휴가 및 제74조의 산전·산후휴가는 적용된다.

제5장 여성·연소근로자 및 기간제·단시간근로자의 보호

제1절 여성 및 연소근로자의 보호

I. 여성과 연소자에 대한 공통된 보호

1. 탄력적 근로시간제도의 금지

> 근로기준법 제51조(탄력적 근로시간제) ③ 제1항과 제2항은 15세 이상 18세 미만의 근로자와 임신 중인 여성근로자에 대하여는 적용하지 아니한다.
>
> 제51조의2(3개월을 초과하는 탄력적 근로시간제) ⑥ 제1항부터 제5항까지의 규정은 15세 이상 18세 미만의 근로자와 임신 중인 여성 근로자에 대해서는 적용하지 아니한다.

2. 유해·위험사업에의 사용 금지

> 근로기준법 제65조(사용 금지) ① 사용자는 임신 중이거나 산후 1년이 지나지 아니한 여성(이하 "임산부"라 한다)과 18세 미만자를 도덕상 또는 보건상 유해·위험한 사업에 사용하지 못한다.
> ② 사용자는 임산부가 아닌 18세 이상의 여성을 제1항에 따른 보건상 유해·위험한 사업 중 임신 또는 출산에 관한 기능에 유해·위험한 사업에 사용하지 못한다.
> ③ 제1항 및 제2항에 따른 금지 직종은 대통령령으로 정한다.

(1) 사용자는 임신 중이거나 산후 1년이 지나지 아니한 여성과 18세 미만자를 도덕상 또는 보건상 유해·위험한 사업에 사용하여서는 아니된다.

(2) 사용자는 임산부가 아닌 18세 이상의 여성을 보건상 유해·위험한 사업 중 임신 또는 출산에 관한 기능에 유해·위험한 사업에 사용하여서는 아니된다.

3. 야간·휴일근로의 제한

> 근로기준법 제70조(야간근로와 휴일근로의 제한) ① 사용자는 18세 이상의 여성을 오후 10시부터 오전 6시까지의 시간 및 휴일에 근로시키려면 그 근로자의 동의를 받아야 한다.
> ② 사용자는 임산부와 18세 미만자를 오후 10시부터 오전 6시까지의 시간 및 휴일에 근로시키지 못한다. 다만, 다음 각 호의 어느 하나에 해당하는 경우로서 고용노동부장관의 인가를 받으면 그러하지 아니하다.
> 1. 18세 미만자의 동의가 있는 경우
> 2. 산후 1년이 지나지 아니한 여성의 동의가 있는 경우
> 3. 임신 중의 여성이 명시적으로 청구하는 경우

③ 사용자는 제2항의 경우 고용노동부장관의 인가를 받기 전에 근로자의 건강 및 모성 보호를 위하여 그 시행 여부와 방법 등에 관하여 그 사업 또는 사업장의 근로자대표와 성실하게 협의하여야 한다.

(1) 사용자는 18세 이상의 여성을 야간 및 휴일에 근로시키고자 하는 경우에는 당해 근로자의 동의를 얻어야 한다.
(2) 사용자는 임산부와 18세 미만자를 야간 및 휴일에 근로시키지 못한다.
   1) 18세 미만인 근로자의 야간 및 휴일근로는 원칙적으로 금지되나, 당해 근로자의 동의와 고용노동부장관의 인가를 받은 경우는 야간 및 휴일근로가 가능하다.
   2) 산후 1년이 지나지 아니한 여성근로자의 야간 및 휴일근로는 원칙적으로 금지되나, 당해 근로자의 동의와 고용노동부장관의 인가를 받은 경우는 야간 및 휴일근로가 가능하다.
   3) 임신 중인 여성근로자의 야간 및 휴일근로는 원칙적으로 금지되나, 당해 근로자의 명시적 청구가 있고 고용노동부장관의 인가를 받은 경우는 야간 및 휴일근로가 가능하다.
   4) 사용자는 고용노동부장관의 인가를 받기 전에 근로자의 건강 및 모성 보호를 위하여 그 시행 여부와 방법 등에 관하여 그 사업 또는 사업장의 근로자대표와 성실하게 협의하여야 한다.

4. 갱내근로의 금지

근로기준법 제72조(갱내근로의 금지) 사용자는 여성과 18세 미만인 자를 갱내(坑內)에서 근로시키지 못한다. 다만, 보건·의료, 보도·취재 등 대통령령으로 정하는 업무를 수행하기 위하여 일시적으로 필요한 경우에는 그러하지 아니하다.

(1) 사용자는 여성과 연소근로자를 갱내근로시킬 수 없다. 갱이란 자연적이든 인공적이든 지표면 아래의 공간을 의미한다.
(2) 당사자 간의 합의에 의한 예외가 허용되지 않는다.
(3) ① 보건·의료 및 복지업무, ② 신문·출판·방송프로그램 제작 등을 위한 보도·취재업무, ③ 학술연구를 위한 조사업무, ④ 관리·감독업무, ⑤ ①부터 ④까지의 업무와 관련된 분야에서 하는 실습업무를 위하여 일시적으로 출입하는 경우에는 갱내근로가 예외적으로 허용된다.

Ⅱ. 연소근로자에 대한 특별보호

1. 최저취업연령의 보호

근로기준법 제64조(최저 연령과 취직인허증) ① 15세 미만인 사람(초·중등교육법에 따른 중학교에 재학 중인 18세 미만인 사람을 포함한다)은 근로자로 사용하지 못한다. 다만, 대통령령으로 정하는 기준에 따라 고용노동부장관이 발급한 취직인허증(就職認許證)을 지닌 사람은 근로자로 사용할 수 있다.
② 제1항의 취직인허증은 본인의 신청에 따라 의무교육에 지장이 없는 경우에는 직종(職種)을 지정하여서만 발행할 수 있다.
③ 고용노동부장관은 거짓이나 그 밖의 부정한 방법으로 제1항 단서의 취직인허증을 발급받은 사람에게는 그 인허를 취소하여야 한다.

> 동법 시행령 제35조(취직인허증의 발급 등) ① 법 제64조에 따라 취직인허증을 받을 수 있는 자는 13세 이상 15세 미만인 자로 한다. 다만, 예술공연 참가를 위한 경우에는 13세 미만인 자도 취직인허증을 받을 수 있다.
> ② 제1항에 따른 취직인허증을 받으려는 자는 고용노동부령으로 정하는 바에 따라 고용노동부장관에게 신청하여야 한다.
> ③ 제2항에 따른 신청은 학교장(의무교육 대상자와 재학 중인 자 로 한정한다) 및 친권자 또는 후견인의 서명을 받아 사용자가 될 자와 연명(連名)으로 하여야 한다.
> 제36조(취직인허증의 교부 및 비치) ① 고용노동부장관은 제35조 제2항에 따른 신청에 대하여 취직을 인허할 경우에는 고용노동부령으로 정하는 취직인허증에 직종을 지정하여 신청한 근로자와 사용자가 될 자에게 내주어야 한다.
> ② 15세 미만인 자를 사용하는 사용자가 취직인허증을 갖추어 둔 경우에는 법 제66조에 따른 가족관계기록사항에 관한 증명서와 친권자나 후견인의 동의서를 갖추어 둔 것으로 본다.
> 제37조(취직인허의 금지직종) 고용노동부장관은 제40조에 따른 직종에 대하여는 취직인허증을 발급할 수 없다.
> 제39조(취직인허증의 재교부) 사용자 또는 15세 미만인 자는 취직인허증이 못쓰게 되거나 이를 잃어버린 경우에는 고용노동부령으로 정하는 바에 따라 지체 없이 재교부 신청을 하여야 한다.

(1) 15세 미만인 자(초·중등교육법에 따른 중학교에 재학 중인 18세 미만인 자를 포함한다)는 근로자로 사용하지 못한다.
(2) 고용노동부장관이 발급한 취직인허증을 지닌 13세 이상 15세 미만인 자는 근로자로 사용할 수 있다. 다만, 예술·공연 참가를 위한 경우에는 13세 미만인 자도 취직인허증을 받을 수 있다.
(3) 취직인허증의 신청은 근로자가 되려는 15세 미만인 자가 학교장(의무교육 대상자와 재학 중인 자로 한정한다) 및 친권자 또는 후견인의 서명을 받아 사용자가 될 자와 연명으로 하여야 한다.
(4) 고용노동부장관은 의무교육에 지장이 없는 경우에는 직종을 지정하여서만 취직인허증을 발행할 수 있다.
(5) 고용노동부장관은 거짓이나 그 밖의 부정한 방법으로 제1항 단서의 취직인허증을 발급받은 자에게는 그 인허를 취소하여야 한다.

2. 연소자 증명서의 비치

> 근로기준법 제66조(연소자 증명서) 사용자는 18세 미만인 사람에 대하여는 그 연령을 증명하는 가족관계기록사항에 관한 증명서와 친권자 또는 후견인의 동의서를 사업장에 갖추어 두어야 한다.

3. 미성년자의 근로계약

> 근로기준법 제67조(근로계약) ① 친권자나 후견인은 미성년자의 근로계약을 대리할 수 없다.
> ② 친권자, 후견인 또는 고용노동부장관은 근로계약이 미성년자에게 불리하다고 인정하는 경우에는 이를 해지할 수 있다.
> ③ 사용자는 18세 미만인 사람과 근로계약을 체결하는 경우에는 제17조에 따른 근로조건을 서면(전자문서 및 전자거래 기본법 제2조 제1호에 따른 전자문서를 포함한다)으로 명시하여 교부하여야 한다.

(1) 법정대리뿐만 아니라 임의대리도 금지된다.
(2) 해지권은 미성년자에게 주관적으로 불리하다고 인정하는 경우에도 행사할 수 있다.
(3) 미성년자가 근로계약을 체결하는 경우 친권자 등의 동의는 있어야 한다.

4. 미성년자의 임금청구

> 근로기준법 제68조(임금의 청구) 미성년자는 독자적으로 임금을 청구할 수 있다.

(1) 미성년자는 법정대리인의 동의 없이 단독으로 임금을 청구할 수 있다.
(2) 미성년자인 근로자는 독자적으로 대지급금의 지급을 청구할 수 있다(임금채권보장법 제11조의2 제3항).

5. 연소자 근로시간의 제한

> 근로기준법 제69조(근로시간) 15세 이상 18세 미만인 사람의 근로시간은 1일에 7시간, 1주에 35시간을 초과하지 못한다. 다만, 당사자 사이의 합의에 따라 1일에 1시간, 1주에 5시간을 한도로 연장할 수 있다.

III. 여성근로자에 대한 특별보호

1. 생리휴가

> 근로기준법 제73조(생리휴가) 사용자는 여성 근로자가 청구하면 월 1일의 생리휴가를 주어야 한다.

(1) 사용자는 여성 근로자가 청구하면 월 1일의 생리휴가를 주어야 한다.
(2) 직종·근로시간 및 개근여부 등에 상관없이 임시직근로자·시간제근로자 등을 포함한 모든 여성근로자에게 생리여부 사실에 따라 부여된다.
   1) 생리현상이 없거나 중단된 자에 대하여는 생리휴가 청구권이 발생하지 않는다.
   2) 생리사실 유무에 대한 입증책임은 사용자가 부담한다.
(3) 생리휴가는 여성근로자가 청구하면 부여하는 것이므로 생리를 가진 여성근로자라 하더라도 청구하지 않으면 생리휴가를 받을 수 없다.
(4) 생리휴가는 무급이다. 다만, 여성인 근로자가 생리휴가를 청구하지 않고 근로를 제공한 경우 반드시 가산임금까지 지급하여야 하는 것은 아니다.
(5) 생리휴가청구권은 그 달이 지나면 소멸한다.

2. 출산전후휴가

> 근로기준법 제74조(임산부의 보호) ① 사용자는 임신 중의 여성에게 출산 전과 출산 후를 통하여 90일(한 번에 둘 이상 자녀를 임신한 경우에는 120일)의 출산전후휴가를 주어야 한다. 이 경우 휴가 기간의 배정은 출산 후에 45일(한 번에 둘 이상 자녀를 임신한 경우에는 60일) 이상이 되어야 한다.

② 사용자는 임신 중인 여성 근로자가 유산의 경험 등 대통령령으로 정하는 사유로 제1항의 휴가를 청구하는 경우 출산 전 어느 때 라도 휴가를 나누어 사용할 수 있도록 하여야 한다. 이 경우 출산 후의 휴가 기간은 연속하여 45일(한 번에 둘 이상 자녀를 임신한 경우에는 60일) 이상이 되어야 한다.
③ 사용자는 임신 중인 여성이 유산 또는 사산한 경우로서 그 근로자가 청구하면 대통령령으로 정하는 바에 따라 유산·사산 휴가를 주어야 한다. 다만, 인공 임신중절 수술(모자보건법 제14조 제1항에 따른 경우는 제외한다)에 따른 유산의 경우는 그러하지 아니하다.
④ 제1항부터 제3항까지의 규정에 따른 휴가 중 최초 60일(한 번에 둘 이상 자녀를 임신한 경우에는 75일)은 유급으로 한다. 다만, 남녀고용평등과 일·가정 양립 지원에 관한 법률 제18조에 따라 출산전후휴가급여 등이 지급된 경우에는 그 금액의 한도에서 지급의 책임을 면한다.
⑥ 사업주는 제1항에 따른 출산전후휴가 종료 후에는 휴가 전과 동일한 업무 또는 동등한 수준의 임금을 지급하는 직무에 복귀시켜야 한다.

(1) 사용자는 임신 중의 여성에 대하여 산전·후를 통하여 모두 90일의 보호휴가를 주어야 하되, 휴가기간의 배치는 산후에 45일 이상이 되어야 한다. 이 경우 한 번에 둘이상의 자녀를 임신한 경우 120일의 보호휴가를 주어야 하고, 산후에 60일 이상이 되어야 한다.

(2) 사용자는 임신 중인 여성 근로자가 ① 유산·사산의 경험이 있는 경우, ② 출산전후휴가를 청구할 당시 연령이 만 40세 이상인 경우, ③ 유산·사산의 위험이 있다는 의료기관의 진단서를 제출한 경우에 휴가를 청구하는 경우 출산 전 어느 때라도 휴가를 나누어 사용할 수 있도록 하여야 한다. 이 경우 출산 후의 휴가 기간은 연속하여 45일, 한 번에 둘 이상 자녀를 임신한 경우에는 60일 이상이 되어야 한다.

(3) 사용자는 임신 중의 여성이 유산 또는 사산한 경우로서 당해 근로자가 청구하는 때에는 ① 유산 또는 사산한 근로자의 임신기간이 11주 이내인 경우 유산 또는 사산한 날부터 5일까지, ② 임신기간이 12주 이상 15주 이내인 경우 유산 또는 사산한 날부터 10일까지, ③ 유산 또는 사산한 근로자의 임신기간이 16주 이상 21주 이내인 경우 유산 또는 사산한 날부터 30일까지, ② 임신기간이 22주 이상 27주 이내인 경우 유산 또는 사산한 날부터 60일까지, ③ 임신기간이 28주 이상인 경우 유산 또는 사산한 날부터 90일까지 보호휴가를 주어야 한다.
원칙적으로 자연 유산·사산인 경우에만 보호휴가를 부여하고 인공임신중절수술의 경우는 보호휴가를 부여할 의무가 없다. 다만, 모자보건법 제14조에서 허용하는 인공임신중절수술의 경우 예외적으로 보호휴가를 부여하여야 한다.

(4) 출산전후휴가 중 최초 60일, 한 번에 둘 이상 자녀를 임신한 경우에는 75일은 유급으로 하되, 남녀고용평등과 일·가정 양립 지원에 관한 법률 제18조의 규정에 따라 고용보험법 제75조에 의한 출산전후휴가급여 등이 지급된 때에는 그 금액의 한도 안에서 지급의 책임을 면한다.

(5) 사업주는 출산전후휴가 종료 후에는 휴가 전과 동일한 업무 또는 동등한 수준의 임금을 지급하는 직무에 복귀시켜야 한다.

3. 임신 중의 여성근로자에 대한 시간외근로의 금지 및 경이한 종류의 근로전환

> 근로기준법 제74조(임산부의 보호) ⑤ 사용자는 임신 중의 여성 근로자에게 시간외근로를 하게 하여서는 아니 되며, 그 근로자의 요구가 있는 경우에는 쉬운 종류의 근로로 전환하여야 한다.
> ⑥ 사업주는 제1항에 따른 출산전후휴가 종료 후에는 휴가 전과 동일한 업무 또는 동등한 수준의 임금을 지급하는 직무에 복귀시켜야 한다.
> ⑦ 사용자는 임신 후 12주 이내 또는 36주 이후에 있는 여성 근로자가 1일 2시간의 근로시간 단축을 신청하는 경우 이를 허용하여야 한다. 다만, 1일 근로시간이 8시간 미만인 근로자에 대하여는 1일 근로시간이 6시간이 되도록 근로시간 단축을 허용할 수 있다.
> ⑧ 사용자는 제7항에 따른 근로시간 단축을 이유로 해당 근로자의 임금을 삭감하여서는 아니 된다.
> ⑨ 사용자는 임신 중인 여성 근로자가 1일 소정근로시간을 유지하면서 업무의 시작 및 종료 시각의 변경을 신청하는 경우 이를 허용하여야 한다. 다만, 정상적인 사업 운영에 중대한 지장을 초래하는 경우 등 대통령령으로 정하는 경우에는 그러하지 아니하다.
> ⑩ 제7항에 따른 근로시간 단축의 신청방법 및 절차, 제9항에 따른 업무의 시작 및 종료 시각 변경의 신청방법 및 절차 등에 관하여 필요한 사항은 대통령령으로 정한다.

(1) 사용자는 임신 중인 여성근로자에 대하여는 시간외근로(연장근로)를 시켜서는 아니 된다.

(2) 사용자는 임신 중인 여성근로자의 청구가 있는 경우에는 쉬운 업무로 전환시켜야 한다.
   쉬운 근로의 여부는 사회통념에 따라 구체적으로 판단하되, 대체로 임신 중의 여성이 수행하기에 신체적·정신적으로 보다 수월하고 용이한 업무라고 보아야 할 것이다.

(3) 사용자는 임신 후 12주 이내 또는 36주 이후에 있는 1일 8시간 이상 근로를 제공하는 여성 근로자가 1일 2시간의 근로시간 단축을 신청하는 경우 이를 허용하여야 한다.

   1) 1일 근로시간이 8시간 미만인 근로자에 대하여는 1일 근로시간이 6시간이 되도록 근로시간 단축을 허용할 수 있다.
   2) 사용자는 근로시간 단축을 이유로 해당 근로자의 임금을 삭감하여서는 아니 된다.

4. 해고의 제한

> 근로기준법 제23조(해고 등의 제한) ② 사용자는 근로자가 업무상 부상 또는 질병의 요양을 위하여 휴업한 기간과 그 후 30일 동안 또는 산전(産前)·산후(産後)의 여성이 이 법에 따라 휴업한 기간과 그 후 30일 동안은 해고하지 못한다. 다만, 사용자가 제84조에 따라 일시보상을 하였을 경우 또는 사업을 계속할 수 없게 된 경우에는 그러하지 아니하다.

(1) 사업을 계속할 수 없게 된 경우를 제외하고는 산전·후의 휴업기간과 그 후의 30일 동안에는 여성근로자를 해고할 수 없다.

(2) 사업을 계속할 수 없는 경우를 제외하고는 남녀고용평등과 일·가정 양립 지원에 관한 법률 제19조 제2항에 의한 육아휴직 기간 동안 그 근로자를 해고하지 못한다.

5. 태아검진시간의 허용

> 근로기준법 제74조의2(태아검진 시간의 허용 등) ① 사용자는 임신한 여성근로자가 모자보건법 제10조에 따른 임산부 정기건강진단을 받는데 필요한 시간을 청구하는 경우 이를 허용하여 주어야 한다.
> ② 사용자는 제1항에 따른 건강진단 시간을 이유로 그 근로자의 임금을 삭감하여서는 아니 된다.

(1) 사용자는 임신한 여성근로자가 임산부 정기건강진단을 받는데 필요한 시간을 청구하면 이를 허용하여야 한다.
(2) 임산부 정기건강진단시간을 이유로 그 근로자의 임금을 삭감할 수 없다.

6. 육아시간

> 근로기준법 제75조(육아 시간) 생후 1년 미만의 유아(乳兒)를 가진 여성 근로자가 청구하면 1일 2회 각각 30분 이상의 유급 수유 시간을 주어야 한다.

(1) 육아시간을 청구할 수 있는 자는 생후 1년 미만의 유아를 가진 여성근로자로서 기혼·미혼을 불문한다.
(2) 사용자는 생후 1년 미만의 유아를 가진 여성근로자가 청구하면 1일 2회 각각 30분 이상의 유급수유시간을 주어야 한다.
(3) 수유시간은 반드시 사실상의 수유시간에 한정되는 것이 아니라 여성근로자가 이에 부수하여 유아를 보살피는 시간도 포함된다.

7. 시간외근로의 제한

> 근로기준법 제71조(시간외근로) 사용자는 산후 1년이 지나지 아니한 여성에 대하여는 단체협약이 있는 경우라도 1일에 2시간, 1주에 6시간, 1년에 150시간을 초과하는 시간외근로를 시키지 못한다.

Ⅳ. 남녀고용평등과 일·가정 양립 지원에 관한 법률상의 여성근로자 보호

1. 차별대우금지

(1) "차별"이란 사업주가 근로자에게 성별, 혼인, 가족 안에서의 지위, 임신 또는 출산 등의 사유로 합리적인 이유 없이 채용 또는 근로의 조건을 다르게 하거나 그 밖의 불리한 조치를 하는 경우[사업주가 채용조건이나 근로조건은 동일하게 적용하더라도 그 조건을 충족할 수 있는 남성 또는 여성이 다른 한 성(性)에 비하여 현저히 적고 그에 따라 특정 성에게 불리한 결과를 초래하며 그 조건이 정당한 것임을 증명할 수 없는 경우를 포함한다]를 말한다. 다만, 다음 중 어느 하나에 해당하는 경우는 제외한다.
　1) 직무의 성격에 비추어 특정 성이 불가피하게 요구되는 경우
　2) 여성 근로자의 임신·출산·수유 등 모성보호를 위한 조치를 하는 경우
　3) 그 밖에 이 법 또는 다른 법률에 따라 적극적 고용개선조치를 하는 경우
(2) 사업주는 근로자를 모집하거나 채용할 때 남녀를 차별하여서는 아니 된다.
　사업주는 근로자를 모집·채용할 때 그 직무의 수행에 필요하지 아니한 용모·키·체중 등의 신체적 조건, 미혼 조건, 그 밖에 고용노동부령으로 정하는 조건을 제시하거나 요구하여서는 아니 된다.

(3) 사업주는 동일한 사업 내의 동일 가치 노동에 대하여는 동일한 임금을 지급하여야 한다.
   1) 동일가치노동이란 직무수행에서 요구되는 기술·노력·책임 및 작업조건 등의 기준에서 볼 때 본질적으로 동일한 가치가 인정되는 노동을 말한다.
   2) 직무 수행에서 요구되는 기술, 노력, 책임 및 작업 조건 등으로 하고, 사업주가 그 기준을 정할 때에는 제25조에 따른 노사협의회의 근로자를 대표하는 위원의 의견을 들어야 한다.
   3) 동일가치노동·동일임금원칙은 서로 비교되는 남녀근로자가 모두 하나의 사업 내에서 근로를 제공하는 경우에 한하는 것을 원칙으로 한다.
   4) 사업주가 임금차별을 목적으로 설립한 별개의 사업은 동일한 사업으로 본다.
(4) 사업주는 임금 외에 근로자의 생활을 보조하기 위한 금품의 지급 또는 자금의 융자 등 복리후생에서 남녀를 차별하여서는 아니 된다.
(5) 사업주는 근로자의 교육·배치 및 승진에서 남녀를 차별하여서는 아니 된다.
(6) 사업주는 근로자의 정년·퇴직 및 해고에서 남녀를 차별하여서는 아니 된다.
   사업주는 여성 근로자의 혼인, 임신 또는 출산을 퇴직 사유로 예정하는 근로계약을 체결하여서는 아니 된다.
(7) 사업주는 근로자의 교육·배치 및 승진에서 남녀를 차별하여서는 아니 된다.
(8) 사업주는 근로자의 정년·퇴직 및 해고에서 남녀를 차별하여서는 아니 된다.
(9) 사업주는 여성 근로자의 혼인, 임신 또는 출산을 퇴직사유로 예정하는 근로계약(이러한 근로계약의 내용을 결혼퇴직제 또는 독신조항이라고 한다)을 체결하여서는 아니 된다.

2. 직장 내 성희롱의 금지 및 예방

(1) "직장 내 성희롱"이란 사업주·상급자 또는 근로자가 직장 내의 지위를 이용하거나 업무와 관련하여 다른 근로자에게 성적 언동 등으로 성적 굴욕감 또는 혐오감을 느끼게 하거나 성적 언동 또는 그 밖의 요구 등에 따르지 아니하였다는 이유로 근로조건 및 고용에서 불이익을 주는 것을 말한다.
(2) 사업주, 상급자 또는 근로자는 직장 내 성희롱을 하여서는 아니 된다.
(3) 사업주는 직장 내 성희롱을 예방하고 근로자가 안전한 근로환경에서 일할 수 있는 여건을 조성하기 위하여 직장 내 성희롱의 예방을 위한 교육을 매년 실시하여야 하며, 성희롱 예방 교육기관에 위탁하여 실시할 수 있다.
(4) 사업주 및 근로자는 성희롱 예방 교육을 받아야 한다.
(5) 사업주는 직장 내 성희롱 발생이 확인된 경우 지체 없이 행위자에 대하여 징계나 그 밖에 이에 준하는 조치를 하여야 한다.
(6) 누구든지 직장 내 성희롱 발생 사실을 알게 된 경우 그 사실을 해당 사업주에게 신고할 수 있다.
(7) 사업주는 직장 내 성희롱 발생 사실의 신고를 받거나 직장 내 성희롱 발생 사실을 알게 된 경우에는 지체 없이 그 사실 확인을 위한 조사를 하여야 한다. 이 경우 사업주는 직장 내 성희롱과 관련하여 피해를 입은 근로자 또는 피해를 입었다고 주장하는 근로자가 조사 과정에서 성적 수치심 등을 느끼지 아니하도록 하여야 한다.

(8) 사업주는 직장 내 성희롱의 조사 기간 동안 피해근로자 등을 보호하기 위하여 필요한 경우 해당 피해근로자 등에 대하여 근무장소의 변경, 유급휴가 명령 등 적절한 조치를 하여야 한다. 이 경우 사업주는 피해근로자 등의 의사에 반하는 조치를 하여서는 아니 된다.

(9) 사업주는 직장 내 성희롱의 조사 결과 직장 내 성희롱 발생 사실이 확인된 때에는 피해근로자가 요청하면 근무장소의 변경, 배치전환, 유급휴가 명령 등 적절한 조치를 하여야 한다.

(10) 사업주는 직장 내 성희롱의 조사 결과 직장 내 성희롱 발생 사실이 확인된 때에는 지체 없이 직장 내 성희롱 행위를 한 사람에 대하여 징계, 근무장소의 변경 등 필요한 조치를 하여야 한다. 이 경우 사업주는 징계 등의 조치를 하기 전에 그 조치에 대하여 직장 내 성희롱 피해를 입은 근로자의 의견을 들어야 한다.

(11) 사업주는 성희롱 발생 사실을 신고한 근로자 및 피해근로자 등에게 다음 중 어느 하나에 해당하는 불리한 처우를 하여서는 아니 된다.
  1) 파면, 해임, 해고, 그 밖에 신분상실에 해당하는 불이익 조치
  2) 징계, 정직, 감봉, 강등, 승진 제한 등 부당한 인사조치
  3) 직무 미부여, 직무 재배치, 그 밖에 본인의 의사에 반하는 인사조치
  4) 성과평가 또는 동료평가 등에서 차별이나 그에 따른 임금 또는 상여금 등의 차별 지급
  5) 직업능력 개발 및 향상을 위한 교육훈련 기회의 제한
  6) 집단 따돌림, 폭행 또는 폭언 등 정신적·신체적 손상을 가져오는 행위를 하거나 그 행위의 발생을 방치하는 행위
  7) 그 밖에 신고를 한 근로자 및 피해근로자 등의 의사에 반하는 불리한 처우

(12) 직장 내 성희롱 발생 사실을 조사한 사람, 조사 내용을 보고 받은 사람 또는 그 밖에 조사 과정에 참여한 사람은 해당 조사 과정에서 알게 된 비밀을 피해근로자 등의 의사에 반하여 다른 사람에게 누설하여서는 아니 된다. 다만, 조사와 관련된 내용을 사업주에게 보고하거나 관계 기관의 요청에 따라 필요한 정보를 제공하는 경우는 제외한다.

(13) 사업주는 고객 등 업무와 밀접한 관련이 있는 사람이 업무수행 과정에서 성적인 언동 등을 통하여 근로자에게 성적 굴욕감 또는 혐오감 등을 느끼게 하여 해당 근로자가 그로 인한 고충 해소를 요청할 경우 근무장소 변경, 배치전환, 유급휴가의 명령 등 적절한 조치를 하여야 한다.

(14) 사업주는 근로자가 고객 등에 의한 성희롱 피해를 주장하거나 고객 등으로부터의 성적 요구 등에 따르지 아니하였다는 것을 이유로 해고나 그 밖의 불이익한 조치를 하여서는 아니 된다.

3. 여성의 직업능력 개발 및 고용촉진

(1) 직업안정기관은 여성이 적성, 능력, 경력 및 기능의 정도에 따라 직업을 선택하고, 직업에 적응하는 것을 쉽게 하기 위하여 고용정보와 직업에 관한 조사·연구 자료를 제공하는 등 직업 지도에 필요한 조치를 하여야 한다.

(2) 국가, 지방자치단체 및 사업주는 여성의 직업능력 개발 및 향상을 위하여 모든 직업능력 개발 훈련에서 남녀에게 평등한 기회를 보장하여야 한다.

(3) 고용노동부장관은 임신·출산·육아 등의 이유로 직장을 그만두었으나 재취업할 의사가 있는 경력단절여성을 위하여 취업유망 직종을 선정하고, 특화된 훈련과 고용촉진프로그램을 개발하여야 한다.

4. 적극적 고용개선조치

고용노동부장관은 다음 중 어느 하나에 해당하는 사업주로서 고용하고 있는 직종별 여성 근로자의 비율이 산업별·규모별로 고용노동부령으로 정하는 고용 기준에 미달하는 사업주에 대하여는 차별적 고용관행 및 제도 개선을 위한 적극적 고용개선조치 시행계획(이하 "시행계획"이라 한다)을 수립하여 제출할 것을 요구할 수 있다. 이 경우 해당 사업주는 시행계획을 제출하여야 한다.

(1) 공공기관의 운영에 관한 법률 제4조에 따른 공공기관, 지방공기업법 제49조에 따른 지방공사 및 같은 법 제76조에 따른 지방공단

(2) 독점규제 및 공정거래에 관한 법률 제31조 제1항 및 같은 법 시행령 제38조 제1항에 따라 지정된 공시대상기업집단의 사업의 경우에는 상시 300명 이상의 근로자를 고용하는 사업과 앞의 사업 외의 사업의 경우에는 상시 500명 이상의 근로자를 고용하는 사업

5. 모성보호

(1) 국가는 배우자 출산휴가, 난임치료휴가, 출산전후휴가 또는 유산·사산 휴가를 사용한 근로자 중 일정한 요건에 해당하는 사람에게 그 휴가기간에 대하여 통상임금에 상당하는 금액을 지급할 수 있다.

  1) 지급된 출산전후휴가급여등은 그 금액의 한도에서 사업주가 지급한 것으로 본다.
  2) 출산전후휴가급여등을 지급하기 위하여 필요한 비용은 국가재정이나 사회보장기본법에 따른 사회보험에서 분담할 수 있다.
  3) 근로자가 출산전후휴가급여등을 받으려는 경우 사업주는 관계 서류의 작성·확인 등 모든 절차에 적극 협력하여야 한다.

(2) 사업주는 근로자가 배우자의 출산을 이유로 휴가를 고지하는 경우에 20일의 유급휴가를 주어야 한다.

  1) 배우자 출산휴가는 근로자의 배우자가 출산한 날부터 120일이 지나면 사용할 수 없다.
  2) 배우자 출산휴가는 3회에 한정하여 나누어 사용할 수 있다.
  3) 사업주는 배우자 출산휴가를 이유로 근로자를 해고하거나 그 밖의 불리한 처우를 하여서는 아니 된다.

(3) 사업주는 근로자가 인공수정 또는 체외수정 등 난임치료를 받기 위하여 휴가를 청구하는 경우에 연간 6일 이내의 휴가를 주어야 하며, 이 경우 최초 2일은 유급으로 한다.

  1) 근로자가 청구한 시기에 휴가를 주는 것이 정상적인 사업 운영에 중대한 지장을 초래하는 경우에는 근로자와 협의하여 그 시기를 변경할 수 있다.
  2) 사업주는 난임치료휴가를 이유로 해고, 징계 등 불리한 처우를 하여서는 안 되며, 난임치료휴가의 청구 업무를 처리하는 과정에서 알게 된 사실을 난임치료휴가를 신청한 근로자의 의사에 반하여 다른 사람에게 누설하여서는 안 된다.

6. 일·가정의 양립 지원

(1) 사업주는 임신 중인 여성 근로자가 모성을 보호하거나 근로자가 만 8세 이하 또는 초등학교 2학년 이하의 자녀(입양한 자녀를 포함한다)를 양육하기 위하여 휴직을 신청하는 경우에 이를 허용하여야 한다. 다만, 대통령령으로 정하는 경우에는 그러하지 아니하다.

1) 육아휴직을 시작하려는 날의 전날까지 해당 사업에서 계속 근로한 기간이 6개월 미만인 근로자에 대하여는 허용하지 아니할 수 있다.

2) 육아휴직의 기간은 1년 이내로 한다.

3) 같은 자녀를 대상으로 부모가 모두 육아휴직을 각각 3개월 이상 사용한 경우의 부 또는 모, 한부모가족지원법 제4조 제1호의 부 또는 모, 고용노동부령으로 정하는 장애아동의 부 또는 모에 해당하는 근로자의 경우 6개월 이내에서 추가로 육아휴직을 사용할 수 있다.

4) 근로자는 근로여성 또는 그를 대신한 배우자인 근로자를 포함하며, 여성근로자는 산모·입양모 및 대리모까지를 포함한다.

5) 사업주는 육아휴직을 이유로 해고나 그 밖의 불리한 처우를 하여서는 아니 되며, 육아휴직 기간에는 그 근로자를 해고하지 못한다. 다만, 사업을 계속할 수 없는 경우에는 그러하지 아니하다.

6) 사업주는 육아휴직을 마친 후에는 휴직 전과 같은 업무 또는 같은 수준의 임금을 지급하는 직무에 복귀시켜야 한다. 또한 육아휴직 기간은 근속기간에 포함한다.

7) 기간제근로자 또는 파견근로자의 육아휴직 기간은 기간제 및 단시간근로자 보호 등에 관한 법률 제4조에 따른 사용기간 또는 파견근로자 보호 등에 관한 법률 제6조에 따른 근로자파견기간에서 제외한다.

8) 근로자는 육아휴직을 3회에 한정하여 나누어 사용할 수 있으며, 임신 중인 여성 근로자가 모성보호를 위하여 육아휴직을 사용한 횟수는 육아휴직을 나누어 사용한 횟수에 포함하지 아니한다.

(2) 사업주는 근로자가 만 12세 이하 또는 초등학교 6학년 이하의 자녀를 양육하기 위하여 근로시간의 단축을 신청하는 경우에 이를 허용하여야 한다. 다만, 대체인력 채용이 불가능한 경우, 정상적인 사업 운영에 중대한 지장을 초래하는 경우 등 대통령령으로 정하는 경우에는 그러하지 아니하다.

1) 단축개시예정일의 전날까지 해당 사업에서 계속 근로한 기간이 6개월 미만인 근로자가 신청한 경우, 대체인력 채용이 불가능한 경우, 사업주가 직업안정법 제2조의2 제1호에 따른 직업안정기관에 구인신청을 하고 14일 이상 대체인력을 채용하기 위하여 노력하였으나 대체인력을 채용하지 못한 경우(다만, 직업안정기관의 장의 직업소개에도 불구하고 정당한 이유 없이 2회 이상 채용을 거부한 경우는 제외한다), 육아기 근로시간 단축을 신청한 근로자의 업무 성격상 근로시간을 분할하여 수행하기 곤란하거나 그 밖에 육아기 근로시간 단축이 정상적인 사업 운영에 중대한 지장을 초래하는 경우로서 사업주가 이를 증명하는 경우에는 육아기근로시간단축을 허용하지 아니할 수 있다.

2) 사업주가 육아기 근로시간 단축을 허용하지 아니하는 경우에는 해당 근로자에게 그 사유를 서면으로 통보하고 육아휴직을 사용하게 하거나 출근 및 퇴근 시간 조정 등 다른 조치를 통하여 지원할 수 있는지를 해당 근로자와 협의하여야 한다.

3) 사업주가 해당 근로자에게 육아기 근로시간 단축을 허용하는 경우 단축 후 근로시간은 주당 15시간 이상이어야 하고 35시간을 넘어서는 아니 된다.

4) 육아기 근로시간 단축의 기간은 1년 이내로 하며, 근로자가 육아휴직 기간 중 사용하지 아니한 기간이 있으면 그 기간의 두 배를 가산한 기간 이내로 한다.
5) 사업주는 육아기 근로시간 단축을 이유로 해당 근로자에게 해고나 그 밖의 불리한 처우를 하여서는 아니 된다.
6) 사업주는 근로자의 육아기 근로시간 단축기간이 끝난 후에 그 근로자를 육아기 근로시간 단축 전과 같은 업무 또는 같은 수준의 임금을 지급하는 직무에 복귀시켜야 한다.
7) 사업주는 육아기 근로시간 단축을 하고 있는 근로자에 대하여 근로시간에 비례하여 적용하는 경우 외에는 육아기 근로시간 단축을 이유로 그 근로조건을 불리하게 하여서는 아니 된다.
8) 육아기 근로시간 단축을 한 근로자의 근로조건(육아기 근로시간 단축 후 근로시간을 포함한다)은 사업주와 그 근로자 간에 서면으로 정한다.
9) 사업주는 육아기 근로시간 단축을 하고 있는 근로자에게 단축된 근로시간 외에 연장근로를 요구할 수 없다. 다만, 그 근로자가 명시적으로 청구하는 경우에는 사업주는 주 12시간 이내에서 연장근로를 시킬 수 있다.
10) 육아기 근로시간 단축을 한 근로자에 대하여 근로기준법 제2조 제6호에 따른 평균임금을 산정하는 경우에는 그 근로자의 육아기 근로시간 단축 기간을 평균임금 산정기간에서 제외한다.
11) 근로자는 육아기 근로시간 단축을 나누어 사용할 수 있으며, 나누어 사용하는 1회의 기간은 1개월(근로계약기간의 만료로 1개월 이상 근로시간 단축을 사용할 수 없는 기간제근로자에 대해서는 남은 근로계약기간을 말한다) 이상이 되어야 한다.

(3) 사업주는 만 8세 이하 또는 초등학교 2학년 이하의 자녀를 양육하는 근로자의 육아를 지원하기 위하여 ① 업무를 시작하고 마치는 시간 조정, ② 연장근로의 제한, ③ 근로시간의 단축, 탄력적 운영 등 근로시간 조정, ④ 그 밖에 소속 근로자의 육아를 지원하기 위하여 필요한 조치 중 어느 하나에 해당하는 조치를 하도록 노력하여야 한다.

(4) 사업주는 이 법에 따라 육아휴직 중인 근로자에 대한 직업능력 개발 및 향상을 위하여 노력하여야 하고 출산전후휴가, 육아휴직 또는 육아기 근로시간 단축을 마치고 복귀하는 근로자가 쉽게 직장생활에 적응할 수 있도록 지원하여야 한다.

(5) 국가는 사업주가 근로자에게 육아휴직이나 육아기 근로시간 단축을 허용한 경우 그 근로자의 생계비용과 사업주의 고용유지비용의 일부를 지원할 수 있다.

(6) 사업주는 근로자의 취업을 지원하기 위하여 수유·탁아 등 육아에 필요한 어린이집을 설치하여야 한다.
1) 사업주가 직장어린이집을 설치하여야 하는 사업장은 상시 여성근로자 300명 이상 또는 상시근로자 500명 이상을 고용하고 있는 사업장으로 한다.
2) 사업주는 직장어린이집을 운영하는 경우 근로자의 고용형태에 따라 차별해서는 아니 된다.

(7) 국가 또는 지방자치단체는 여성 근로자를 위한 교육·육아·주택 등 공공복지시설을 설치할 수 있다.

(8) 사업주는 근로자가 조부모, 부모, 배우자, 배우자의 부모, 자녀 또는 손자녀의 질병, 사고, 노령으로 인하여 그 가족을 돌보기 위한 휴직을 신청하는 경우 이를 허용하여야 한다. 다만, 대체인력 채용이 불가능한 경우, 정상적인 사업 운영에 중대한 지장을 초래하는 경우, 본인 외에도 조부모의 직계비속 또는 손자녀의 직계존속이 있는 경우 등 대통령령으로 정하는 경우에는 그러하지 아니하다.

1) ① 돌봄휴직개시예정일의 전날까지 해당 사업에서 계속 근로한 기간이 6개월 미만인 근로자가 신청한 경우, ② 부모, 배우자, 자녀 또는 배우자의 부모를 돌보기 위하여 가족돌봄휴직을 신청한 근로자 외에도 돌봄이 필요한 가족의 부모, 자녀, 배우자 등이 돌봄이 필요한 가족을 돌볼 수 있는 경우, ③ 조부모 또는 손자녀를 돌보기 위하여 가족돌봄휴직을 신청한 근로자 외에도 조부모의 직계비속 또는 손자녀의 직계존속이 있는 경우(다만, 조부모의 직계비속 또는 손자녀의 직계존속에게 질병, 노령, 장애 또는 미성년 등의 사유가 있어 신청한 근로자가 돌봐야 하는 경우는 제외한다), ④ 사업주가 직업안정기관에 구인신청을 하고 14일 이상 대체인력을 채용하기 위하여 노력하였으나 대체인력을 채용하지 못한 경우(다만, 직업안정기관의 장의 직업소개에도 불구하고 정당한 이유 없이 2회 이상 채용을 거부한 경우는 제외한다), ⑤ 근로자의 가족돌봄휴직으로 인하여 정상적인 사업 운영에 중대한 지장이 초래되는 경우로서 사업주가 이를 증명하는 경우 중 어느 하나에 해당하는 경우 가족돌봄휴직을 허용하지 아니할 수 있다.

2) 사업주가 가족돌봄휴직을 허용하지 아니하는 경우에는 해당 근로자에게 그 사유를 서면으로 통보하고, ① 업무를 시작하고 마치는 시간 조정, ② 연장근로의 제한, ③ 근로시간의 단축, 탄력적 운영 등 근로시간 조정, ④ 그 밖에 소속 근로자의 육아를 지원하기 위하여 필요한 조치 중 어느 하나에 해당하는 조치를 하도록 노력하여야 한다.

3) 가족돌봄휴직 기간은 연간 최장 90일로 하며, 이를 나누어 사용할 수 있을 것. 이 경우 나누어 사용하는 1회의 기간은 30일 이상이 되어야 한다.

(9) 사업주는 근로자가 가족(조부모 또는 손자녀의 경우 근로자 본인 외에도 직계비속 또는 직계존속이 있는 등 대통령령으로 정하는 경우는 제외한다)의 질병, 사고, 노령 또는 자녀의 양육으로 인하여 긴급하게 그 가족을 돌보기 위한 휴가를 신청하는 경우 이를 허용하여야 한다. 다만, 근로자가 청구한 시기에 가족돌봄휴가를 주는 것이 정상적인 사업 운영에 중대한 지장을 초래하는 경우에는 근로자와 협의하여 그 시기를 변경할 수 있다.

1) 가족돌봄휴가 기간은 연간 최장 10일[제3호에 따라 가족돌봄휴가 기간이 연장되는 경우 20일(한부모가족지원법 제4조 제1호의 모 또는 부에 해당하는 근로자의 경우 25일) 이내]로 하며, 일단위로 사용할 수 있을 것. 다만, 가족돌봄휴가 기간은 가족돌봄휴직 기간에 포함된다.

2) 고용노동부장관은 감염병의 확산 등을 원인으로 재난 및 안전관리 기본법 제38조에 따른 심각단계의 위기경보가 발령되거나, 이에 준하는 대규모 재난이 발생한 경우로서 근로자에게 가족을 돌보기 위한 특별한 조치가 필요하다고 인정되는 경우 고용정책 기본법 제10조에 따른 고용정책심의회의 심의를 거쳐 가족돌봄휴가 기간을 연간 10일(한부모가족지원법 제4조 제1호에 따른 모 또는 부에 해당하는 근로자의 경우 15일)의 범위에서 연장할 수 있을 것. 이 경우 고용노동부장관은 지체 없이 기간 및 사유 등을 고시하여야 한다.

3) 사업주는 가족돌봄휴직 또는 가족돌봄휴가를 이유로 해당 근로자를 해고하거나 근로조건을 악화시키는 등 불리한 처우를 하여서는 아니 된다.

4) 가족돌봄휴직 및 가족돌봄휴가 기간은 근속기간에 포함한다. 다만, 근로기준법 제2조 제1항 제6호에 따른 평균임금 산정기간에서는 제외한다.

(10) 사업주는 근로자가 ① 근로자가 가족의 질병, 사고, 노령으로 인하여 그 가족을 돌보기 위한 경우, ② 근로자 자신의 질병이나 사고로 인한 부상 등의 사유로 자신의 건강을 돌보기 위한 경우, ③ 55세 이상의 근로자가 은퇴를 준비하기 위한 경우, ④ 근로자의 학업을 위한 경우 중 어느 하나에 해당하는 사유로 근로시간의 단축을 신청하는 경우에는 이를 허용하여야 한다.

  1) 사업주는 ① 가족돌봄등 단축개시예정일의 전날까지 해당 사업에서 계속 근로한 기간이 6개월 미만의 근로자가 신청한 경우, ② 사업주가 직업안정기관에 구인신청을 하고 14일 이상 대체인력을 채용하기 위하여 노력했으나 대체인력을 채용하지 못한 경우(다만, 직업안정기관의 장의 직업소개에도 불구하고 정당한 이유 없이 2회 이상 채용을 거부한 경우는 제외한다), ③ 가족돌봄등 근로시간단축을 신청한 근로자의 업무 성격상 근로시간을 분할하여 수행하기 곤란하거나 그 밖에 가족돌봄등 근로시간 단축이 정상적인 사업 운영에 중대한 지장을 초래하는 경우로서 사업주가 이를 증명하는 경우, ④ 가족돌봄등 근로시간 단축종료일부터 2년이 지나지 않은 근로자가 신청한 경우 중 어느 하나에 해당하는 경우에는 가족돌봄등 근로시간 단축을 허용하지 아니할 수 있다.

  2) 사업주가 근로시간 단축을 허용하지 아니하는 경우에는 해당 근로자에게 그 사유를 서면으로 통보하고 휴직을 사용하게 하거나 그 밖의 조치를 통하여 지원할 수 있는지를 해당 근로자와 협의하여야 한다.

  3) 사업주가 해당 근로자에게 가족돌봄등 근로시간 단축을 허용하는 경우 단축 후 근로시간은 주당 15시간 이상이어야 하고 30시간을 넘어서는 아니 된다.

  4) 근로시간 단축의 기간은 1년 이내로 한다. 다만, 제1항 제1호부터 제3호까지의 어느 하나에 해당하는 근로자는 합리적 이유가 있는 경우에 추가로 2년의 범위 안에서 근로시간 단축의 기간을 연장할 수 있다.

  5) 사업주는 근로시간 단축을 이유로 해당 근로자에게 해고나 그 밖의 불리한 처우를 하여서는 아니 된다.

  6) 사업주는 근로자의 근로시간 단축기간이 끝난 후에 그 근로자를 근로시간 단축 전과 같은 업무 또는 같은 수준의 임금을 지급하는 직무에 복귀시켜야 한다.

  7) 사업주는 가족돌봄등 근로시간 단축을 하고 있는 근로자에게 근로시간에 비례하여 적용하는 경우 외에는 가족돌봄 등을 위한 근로시간 단축을 이유로 그 근로조건을 불리하게 하여서는 아니 된다.

  8) 근로시간 단축을 한 근로자의 근로조건(근로시간 단축 후 근로시간을 포함한다)은 사업주와 그 근로자 간에 서면으로 정한다.

  9) 사업주는 근로시간 단축을 하고 있는 근로자에게 단축된 근로시간 외에 연장근로를 요구할 수 없다. 다만, 그 근로자가 명시적으로 청구하는 경우에는 사업주는 주 12시간 이내에서 연장근로를 시킬 수 있다.

  10) 근로시간 단축을 한 근로자에 대하여 근로기준법 제2조 제6호에 따른 평균임금을 산정하는 경우에는 그 근로자의 근로시간 단축기간을 평균임금 산정기간에서 제외한다.

(11) 고용노동부장관은 일·가정 양립프로그램의 도입·확산, 모성보호 조치의 원활한 운영 등을 지원하기 위하여 조사·연구 및 홍보 등의 사업을 하고, 전문적인 상담 서비스와 관련 정보 등을 사업주와 근로자에게 제공하여야 한다.

7. 분쟁의 예방과 해결

(1) 고용노동부장관은 차별, 직장 내 성희롱, 모성보호 및 일·가정 양립 등에 관한 상담을 실시하는 민간단체에 필요한 비용의 일부를 예산의 범위에서 지원할 수 있다.

(2) 고용노동부장관은 사업장의 남녀고용평등 이행을 촉진하기 위하여 그 사업장 소속 근로자 중 노사가 추천하는 사람을 명예고용평등감독관으로 위촉할 수 있다.

   1) 명예감독관은 ① 해당 사업장의 차별 및 직장 내 성희롱 발생 시 피해 근로자에 대한 상담·조언, ② 해당 사업장의 고용평등 이행상태 자율점검 및 지도 시 참여, ③ 법령위반 사실이 있는 사항에 대하여 사업주에 대한 개선 건의 및 감독기관에 대한 신고, ④ 남녀고용평등 제도에 대한 홍보·계몽, ⑤ 그 밖에 남녀고용평등의 실현을 위하여 고용노동부장관이 정하는 업무를 수행한다.

   2) 사업주는 명예감독관으로서 정당한 임무 수행을 한 것을 이유로 해당 근로자에게 인사상 불이익 등의 불리한 조치를 하여서는 아니 된다.

(3) 사업주는 제7조부터 제13조까지, 제13조의2, 제14조, 제14조의2, 제18조 제4항, 제18조의2, 제19조, 제19조의2부터 제19조의6까지, 제21조 및 제22조의2에 따른 사항에 관하여 근로자가 고충을 신고하였을 때에는 근로자참여 및 협력증진에 관한 법률에 따라 해당 사업장에 설치된 노사협의회에 고충의 처리를 위임하는 등 자율적인 해결을 위하여 노력하여야 한다.

(4) 1) 근로자는 사업주로부터 다음 중 어느 하나에 해당하는 차별적 처우 등을 받은 경우 노동위원회법 제1조에 따른 노동위원회에 그 시정을 신청할 수 있다. 다만, 차별적 처우등을 받은 날(제1호 및 제3호에 따른 차별적 처우등이 계속되는 경우에는 그 종료일)부터 6개월이 지난 때에는 그러하지 아니하다.

   ① 제7조부터 제11조까지 중 어느 하나를 위반한 행위

   ② 제14조 제4항 또는 제14조의2 제1항에 따른 적절한 조치를 하지 아니한 행위

   ③ 제14조 제6항을 위반한 불리한 처우 또는 제14조의2 제2항을 위반한 해고나 그 밖의 불이익한 조치

   2) 근로자가 시정신청을 하는 경우에는 차별적 처우등의 내용을 구체적으로 명시하여야 한다.

   3) 노동위원회는 시정신청을 받은 때에는 지체 없이 필요한 조사와 관계 당사자에 대한 심문을 하여야 한다.

   4) 노동위원회는 심문을 하는 때에는 관계 당사자의 신청 또는 직권으로 증인을 출석하게 하여 필요한 사항을 질문할 수 있다.

   5) 노동위원회는 심문을 할 때에는 관계 당사자에게 증거의 제출과 증인에 대한 반대심문을 할 수 있는 충분한 기회를 주어야 한다.

   6) 노동위원회는 차별적 처우 등 시정사무에 관한 전문적인 조사·연구업무를 수행하기 위하여 전문위원을 둘 수 있다.

   7) 노동위원회는 심문 과정에서 관계 당사자 쌍방 또는 일방의 신청이나 직권으로 조정(調停)절차를 개시할 수 있고, 관계 당사자가 미리 노동위원회의 중재(仲裁)결정에 따르기로 합의하여 중재를 신청한 경우에는 중재를 할 수 있다.

8) 조정 또는 중재의 신청은 제26조에 따른 시정신청을 한 날부터 14일 이내에 하여야 한다. 다만, 노동위원회가 정당한 사유로 그 기간에 신청할 수 없었다고 인정하는 경우에는 14일 후에도 신청할 수 있다.

9) 노동위원회는 조정 또는 중재를 하는 경우 관계 당사자의 의견을 충분히 들어야 한다.

10) 노동위원회는 특별한 사유가 없으면 조정절차를 개시하거나 중재신청을 받은 날부터 60일 이내에 조정안을 제시하거나 중재결정을 하여야 한다.

11) 노동위원회는 관계 당사자 쌍방이 조정안을 받아들이기로 한 경우에는 조정조서를 작성하여야 하고, 중재결정을 한 경우에는 중재결정서를 작성하여야 한다.

12) 조정조서에는 관계 당사자와 조정에 관여한 위원 전원이 서명 또는 날인을 하여야 하고, 중재결정서에는 관여한 위원 전원이 서명 또는 날인을 하여야 한다.

13) 노동위원회의 조정 또는 중재결정은 민사소송법에 따른 재판상 화해와 동일한 효력을 갖는다.

14) 노동위원회는 조사·심문을 끝내고 차별적 처우 등에 해당된다고 판정한 때에는 해당 사업주에게 시정명령을 하여야 하고, 차별적 처우등에 해당하지 아니한다고 판정한 때에는 그 시정신청을 기각하는 결정을 하여야 한다.

15) 노동위원회의 판정, 시정명령 또는 기각결정은 서면으로 하되, 그 이유를 구체적으로 명시하여 관계 당사자에게 각각 통보하여야 한다. 이 경우 시정명령을 하는 때에는 시정명령의 내용 및 이행기한 등을 구체적으로 적어야 한다.

16) 노동위원회의 조정·중재 또는 시정명령의 내용에는 차별적 처우등의 중지, 임금 등 근로조건의 개선(취업규칙, 단체협약 등의 제도개선 명령을 포함한다) 또는 적절한 배상 등의 시정조치 등을 포함할 수 있다.

17) 노동위원회의 조정·중재 또는 시정명령에 따라 배상을 하도록 한 경우 그 배상액은 차별적 처우 등으로 근로자에게 발생한 손해액을 기준으로 정한다. 다만, 노동위원회는 사업주의 차별적 처우등에 명백한 고의가 인정되거나 차별적 처우등이 반복되는 경우에는 그 손해액을 기준으로 3배를 넘지 아니하는 범위에서 배상을 명령할 수 있다.

18) 지방노동위원회의 시정명령 또는 기각결정에 불복하는 관계 당사자는 시정명령서 또는 기각결정서를 송달받은 날부터 10일 이내에 중앙노동위원회에 재심을 신청할 수 있다.

19) 중앙노동위원회의 재심결정에 불복하는 관계 당사자는 재심결정서를 송달받은 날부터 15일 이내에 행정소송을 제기할 수 있다.

20) 불복기간 내에 재심 또는 행정소송을 제기하지 아니한 때에는 그 시정명령, 기각결정 또는 재심결정은 확정된다.

21) 고용노동부장관은 확정된 시정명령에 대하여 사업주에게 이행상황을 제출할 것을 요구할 수 있으며, 시정신청을 한 근로자는 사업주가 확정된 시정명령을 이행하지 아니하는 경우 이를 고용노동부장관에게 신고할 수 있다.

(5) 고용노동부장관은 사업주가 차별적 처우를 한 경우에는 그 시정을 요구할 수 있다.

1) 고용노동부장관은 사업주가 제1항에 따른 시정요구에 따르지 아니할 경우에는 차별적 처우의 내용을 구체적으로 명시하여 노동위원회에 통보하여야 한다. 이 경우 고용노동부장관은 해당 사업주 및 근로자에게 그 사실을 알려야 한다.

2) 노동위원회는 고용노동부장관의 통보를 받은 때에는 지체 없이 차별적 처우가 있는지 여부를 심리하여야 한다. 이 경우 노동위원회는 해당 사업주 및 근로자에게 의견을 진술할 수 있는 기회를 주어야 한다.

3) 고용노동부장관은 제29조의3(제29조의5 제4항에 따라 준용되는 경우를 포함한다)에 따라 확정된 시정명령을 이행할 의무가 있는 사업주의 사업 또는 사업장에서 해당 시정명령의 효력이 미치는 근로자 외의 근로자에 대해서도 차별적 처우가 있는지를 조사하여 차별적 처우가 있는 경우에는 그 시정을 요구할 수 있다.

4) 고용노동부장관은 사업주가 제1항에 따른 시정요구에 따르지 아니하는 경우 노동위원회에 통보하여야 하고, 노동위원회는 지체 없이 차별적 처우가 있는지 여부를 심리하여야 한다.

(6) 남녀고용평등과 일·가정 양립 지원에 관한 법률과 관련한 분쟁해결에서의 입증책임은 사업주가 부담한다.

제2절 기간제 및 단시간근로자의 보호

I. 적용범위

기간제 및 단시간근로자 보호 등에 관한 법률(기간제법)은 상시 5인 이상의 근로자를 사용하는 모든 사업 또는 사업장에 적용한다. 다만, 동거의 친족만을 사용하는 사업 또는 사업장과 가사사용인에 대하여는 적용하지 아니한다.

(1) 상시 4인 이하의 근로자를 사용하는 사업 또는 사업장에 대하여는 대통령령으로 정하는 바에 따라 이 법의 일부 규정을 적용할 수 있다.

(2) 국가 및 지방자치단체의 기관에 대하여는 상시 사용하는 근로자의 수와 관계없이 이 법을 적용한다.

II. 기간제근로자의 보호

(1) 기간제근로자라 함은 기간의 정함이 있는 근로계약을 체결한 근로자를 말한다.

(2) 사용자는 2년을 초과하지 아니하는 범위 안에서(기간제 근로계약의 반복갱신 등의 경우에는 그 계속 근로한 총기간이 2년을 초과하지 아니하는 범위 안에서) 기간제근로자를 사용할 수 있다.

1) 기간제 근로계약이 반복하여 체결되거나 갱신되어 일정한 공백기 없이 기간제근로자가 계속적으로 근로한 경우라면, 특별한 사정이 없는 한 최초 기간제 근로계약에서부터 최종 기간제 근로계약에 이르기까지 기간 전체가 기간제법 제4조에서 말하는 기간제근로자의 사용기간으로서 '계속근로한 총기간'에 포함된다.

> **참조판례** 대판 2020.8.20. 2017두52153
>
> 기간제법 규정 내용과 기간제 근로계약의 남용을 방지함으로써 근로자의 지위를 보장하려는 입법 취지 등을 고려하면, 기간제 근로계약이 반복하여 체결되거나 갱신되어 일정한 공백기 없이 기간제근로자가 계속적으로 근로한 경우라면, 특별한 사정이 없는 한 최초 기간제 근로계약에서부터 최종 기간제 근로계약에 이르기까지 기간 전체가 기간제법 제4조에서 말하는 기간제근로자의 사용기간으로서 '계속근로한 총기간'에 포함되어야 한다. 다만 기간제 근로계약의 대상이 되는 업무의 성격, 기간제 근로계약의 반복 또는 갱신과 관련한 당사자들의 의사, 반복 또는 갱신된 기간제 근로계약을 전후한 기간제근로자의 업무 내용·장소와 근로조건의 유사성, 기간제 근로계약의 종료와 반복 또는 갱신 과정에서 이루어진 절차나 그 경위 등을 종합적으로 고려할 때 당사자 사이에 기존 기간제 근로계약의 단순한 반복 또는 갱신이 아닌 새로운 근로관계가 형성되었다고 평가할 수 있는 특별한 사정이 있는 경우에는 기간제근로자의 계속된 근로에도 불구하고 그 시점에 근로관계가 단절되었다고 보아야 하고, 그 결과 기간제법 제4조에서 말하는 '계속 근로한 총기간'을 산정할 때 그 시점을 전후한 기간제 근로계약기간을 합산할 수는 없다.

2) 반복하여 체결된 기간제 근로계약 사이에 근로관계가 존재하지 않는 공백기간이 있는 경우에는, 공백기간의 길이와 공백기간을 전후한 총 사용기간 중 공백기간이 차지하는 비중, 공백기간이 발생한 경위, 공백기간을 전후한 업무내용과 근로조건의 유사성, 사용자가 공백기간 동안 해당 기간제근로자의 업무를 대체한 방식과 기간제근로자에 대해 취한 조치, 공백기간에 대한 당사자의 의도나 인식, 다른 기간제근로자들에 대한 근로계약 반복·갱신 관행 등을 종합하여 공백기간 전후의 근로관계가 단절 없이 계속되었다고 평가될 수 있는지 여부를 가린 다음, 공백기간 전후의 근로기간을 합산하여 기간제법 제4조의 계속근로한 총 기간을 산정할 수 있는지 판단하여야 한다(대판 2016두63705).

3) 사용자의 부당한 갱신거절로 인해 근로자가 실제로 근로를 제공하지 못한 기간도 계약갱신에 대한 정당한 기대권이 존속하는 범위에서는 기간제법 제4조 제2항에서 정한 2년의 사용제한기간에 포함된다(대판 2013다85523).

4) 단시간근로자로 기간제 근로계약을 체결하였다가 근로관계가 종료된 이후에 새로이 일반 기간제 근로계약을 체결한 경우에는 단시간근로자로 근무한 기간은 기간제법 제4조 제2항의 '2년'에 포함되지 않는다(대판 2013다2672).

(3) ① 사업의 완료 또는 특정한 업무의 완성에 필요한 기간을 정한 경우, ② 휴직·파견 등으로 결원이 발생하여 해당 근로자가 복귀할 때까지 그 업무를 대신할 필요가 있는 경우, ③ 근로자가 학업, 직업훈련 등을 이수함에 따라 그 이수에 필요한 기간을 정한 경우, ④ 고령자고용촉진법 제2조 제1호의 고령자와 근로계약을 체결하는 경우, ⑤ 전문적 지식·기술의 활용이 필요한 경우와 정부의 복지정책·실업대책 등에 따라 일자리를 제공하는 경우로서 대통령령으로 정하는 경우, ⑥ 그 밖에 제1호부터 제5호까지에 준하는 합리적인 사유가 있는 경우로서 대통령령으로 정하는 경우에는 2년을 초과하여 기간제근로자로 사용할 수 있다.

1) '사업의 완료 또는 특정한 업무의 완성에 필요한 기간을 정한 경우'란 건설공사, 특정 프로그램 개발 또는 프로젝트 완수를 위한 사업 등과 같이 객관적으로 일정 기간 후 종료될 것이 명백한 사업 또는 특정한 업무에 관하여 그 사업 또는 업무가 종료될 것으로 예상되는 시점까지로 계약기간을 정한 경우를 말한다(대판 2016다255910).

2) 기간제 근로계약기간 중에 고령자고용촉진법 제2조 제1호의 고령자가 된 근로자에 대해서는 기간제법 제4조 제1항 단서 제4호가 적용되지 않는다(대판 2012두18967).

(4) 사용자가 2년을 초과하여 기간제근로자로 사용할 수 있는 사유가 없거나 소멸되었음에도 불구하고 2년을 초과하여 기간제근로자로 사용하는 경우에는 그 기간제근로자는 기간의 정함이 없는 근로계약을 체결한 근로자로 본다.

기간의 정함이 없는 근로계약을 체결한 것으로 간주되는 근로자의 근로조건에 대하여는, 해당 사업 또는 사업장 내 동종 또는 유사한 업무에 종사하는 기간의 정함이 없는 근로계약을 체결한 근로자가 있을 경우 달리 정함이 없는 한 그 근로자에게 적용되는 취업규칙 등이 동일하게 적용된다(대판 2015다254873).

(5) 사용자는 기간의 정함이 없는 근로계약을 체결하고자 하는 경우에는 해당 사업 또는 사업장의 동종 또는 유사한 업무에 종사하는 기간제근로자를 우선적으로 고용하도록 노력하여야 한다.

Ⅲ. 단시간근로자의 보호

1. 근로기준법상 보호

> 근로기준법 제2조(정의) ① 이 법에서 사용하는 용어의 뜻은 다음과 같다.
> 8. "단시간근로자"란 1주 동안의 소정근로시간이 그 사업장에서 같은 종류의 업무에 종사하는 통상 근로자의 1주 동안의 소정근로시간에 비하여 짧은 근로자를 말한다.
>
> 제18조(단시간근로자의 근로조건) ① 단시간근로자의 근로조건은 그 사업장의 같은 종류의 업무에 종사하는 통상 근로자의 근로시간을 기준으로 산정한 비율에 따라 결정되어야 한다.
> ② 제1항에 따라 근로조건을 결정할 때에 기준이 되는 사항이나 그 밖에 필요한 사항은 대통령령으로 정한다.
> ③ 4주 동안(4주 미만으로 근로하는 경우에는 그 기간)을 평균하여 1주 동안의 소정근로시간이 15시간 미만인 근로자에 대하여는 제55조와 제60조를 적용하지 아니한다.

(1) 단시간근로자란 1주 동안의 소정근로시간이 그 사업장에서 같은 종류의 업무에 종사하는 통상 근로자의 1주동안의 소정근로시간에 비하여 짧은 근로자를 말한다.

(2) 단시간근로자의 근로조건은 단시간근로자와 당해 사업장의 같은 종류의 업무에 종사하는 통상근로자의 근로시간을 상호 비교하여 그 비율대로 결정된다.

(3) 사용자가 단시간근로자를 고용할 경우에는 임금·근로시간, 기타의 근로조건을 명확히 기재한 근로계약서를 작성하여 근로자에게 교부하여야 한다.

(4) 단시간근로자의 근로계약서에는 계약기간, 근로일, 근로시간의 시작과 종료 시각, 시간급 임금, 그 밖에 고용노동부장관이 정하는 사항이 명시되어야 한다.

(5) 단시간근로자의 임금산정 단위는 시간급을 원칙으로 한다. 시간급임금을 일급통상임금으로 산정할 경우에는 1일 소정근로시간수에 시간급임금을 곱하여 산정한다. 단시간근로자의 1일 소정근로시간수는 4주간의 소정근로시간을 그 기간의 총일수로 나눈 시간수로 한다.

(6) 사용자는 단시간근로자에 대하여 소정근로일이 아닌 날에 근로시키거나 소정근로시간을 초과하여 근로시키고자 할 경우에는 근로계약서·취업규칙 등에 그 내용 및 정도를 명시하여야 하며, 초과근로에 대하여 가산임금을 지급하기로 한 경우에는 그 지급률을 명시하여야 한다.

사용자는 근로자와 합의한 경우에만 초과근로를 시킬 수 있다.

(7) 사용자는 단시간근로자에 대하여 근로기준법 제54조의 규정에 의한 유급휴일을 주어야 한다. 이 경우 사용자가 지급하는 임금은 일급통상임금을 기준으로 한다.

(8) 사용자는 단시간근로자에 대하여 연차유급휴가를 주어야 한다. 이 경우 유급휴가는 각각 다음의 방식으로 계산한 시간단위로 하며, 1시간 미만은 1시간으로 본다. 이 경우 사용자가 지급하여야 하는 임금은 시간급을 기준으로 한다.

$$\text{통상근로자의 연차휴가일수} \times \frac{\text{단시간근로자의 소정근로시간}}{\text{통상근로자의 소정근로시간}} \times 8$$

(9) 사용자는 여성인 단시간근로자에 대하여 근로기준법 제73조의 규정에 의한 무급생리휴가 및 근로기준법 제74조의 규정에 의한 산전후휴가를 주어야 한다.

사용자가 지급하여야 하는 임금은 일급통상임금을 기준으로 한다.

(10) 사용자는 단시간근로자에게 적용되는 취업규칙을 통상근로자에게 적용되는 취업규칙과 별도로 작성할 수 있다.

1) 취업규칙을 작성하거나 이를 변경하고자 할 경우에는 적용대상이 되는 단시간근로자 과반수의 의견을 들어야 한다. 다만, 취업규칙을 단시간근로자에게 불이익하게 변경하는 경우에는 그 동의를 얻어야 한다.

2) 단시간근로자에게 적용될 별도의 취업규칙이 작성되지 아니한 경우에는 통상근로자에게 적용되는 취업규칙이 적용된다. 다만, 취업규칙에서 단시간근로자에 대하여 적용이 배제되는 규정을 두거나 달리 적용한다는 규정을 둔 경우에는 이에 따른다.

(11) 4주 동안(4주 미만으로 근로하는 경우에는 그 기간)을 평균하여 1주 동안의 소정근로시간이 15시간 미만인 근로자에 대하여는 제55조(주휴일)와 제60조(연차유급휴가)를 적용하지 아니한다. 또한 근로자퇴직급여 보장법상 퇴직급여제도가 적용되지 아니한다.

2. 기간제법상의 보호

(1) 사용자는 단시간근로자에 대하여 근로기준법 제2조의 소정근로시간을 초과하여 근로하게 하는 경우에는 해당 근로자의 동의를 얻어야 한다. 이 경우 1주간에 12시간을 초과하여 근로하게 할 수 없다.

1) 단시간근로자는 사용자가 상기 동의를 얻지 아니하고 초과근로를 하게 하는 경우에는 이를 거부할 수 있다.

2) 사용자는 초과근로에 대하여 통상임금의 100분의 50 이상을 가산하여 지급하여야 한다.

(2) 사용자는 통상근로자를 채용하고자 하는 경우에는 해당 사업 또는 사업장의 동종 또는 유사한 업무에 종사하는 단시간근로자를 우선적으로 고용하도록 노력하여야 한다.

(3) 사용자는 가사, 학업 그 밖의 이유로 근로자가 단시간근로를 신청하는 때에는 해당 근로자를 단시간근로자로 전환하도록 노력하여야 한다.

IV. 기간제근로자 및 단시간근로자에 공통된 보호

1. 차별적 처우의 금지

(1) "차별적 처우"라 함은 근로기준법 제2조 제1항 제5호에 따른 임금, 정기상여금, 명절상여금 등 정기적으로 지급되는 상여금, 경영성과에 따른 성과금, 그 밖에 근로조건 및 복리후생 등에 관한 사항에 있어서 합리적인 이유 없이 불리하게 처우하는 것을 말한다.
무기계약직 근로자와 달리 기간제근로자만이 '근로계약기간이 1년 미만'이라는 속성을 가질 수 있으므로, 기간제근로자 중 일부 근로계약기간이 1년 미만인 사람만이 이 사건 처우개선수당을 지급받지 못한다고 하더라도 이는 '기간제근로자임을 이유로 한 불리한 처우'에 해당한다(대판 2019두55262).

(2) 사용자는 기간제근로자임을 이유로 해당 사업 또는 사업장에서 동종 또는 유사한 업무에 종사하는 기간의 정함이 없는 근로계약을 체결한 근로자에 비하여 차별적 처우를 하여서는 아니 되며, 단시간근로자임을 이유로 해당 사업 또는 사업장의 동종 또는 유사한 업무에 종사하는 통상근로자에 비하여 차별적 처우를 하여서는 아니 된다.

1) 기간제근로자에 대하여 차별적 처우가 있었는지를 판단하기 위한 전제가 되는 동종 또는 유사한 업무에 종사하는 비교대상 근로자는 기간의 정함이 없는 근로계약을 체결한 근로자 중에서 선정하여야 하고, 이러한 근로자가 당해 사업 또는 사업장에 실제로 근무하고 있을 필요는 없으나 직제에 존재하지 않는 근로자를 비교대상 근로자로 삼을 수는 없다(대판 2016두47857).

2) 노동위원회는 차별시정신청을 한 근로자가 주장한 비교대상 근로자와 동일성이 인정되는 범위 내에서 조사, 심리를 거쳐 적합한 근로자를 비교대상 근로자로 선정할 수 있다(대판 2019두53952).

(3) 기간제근로자 또는 단시간근로자는 차별적 처우를 받은 경우 노동위원회법 제1조의 규정에 따른 노동위원회에 그 시정을 신청할 수 있다. 다만, 차별적 처우가 있은 날(계속되는 차별적 처우는 그 종료일)부터 6개월이 지난 때에는 그러하지 아니하다.

1) 기간제근로자 또는 단시간근로자가 시정신청을 하는 때에는 차별적 처우의 내용을 구체적으로 명시하여야 한다.

2) 차별시정신청은 6개월의 제적기간내에 신청하여야 하며, 계속되는 차별적 처우의 경우 그 종료일부터 6개월 이내에 시정을 신청하였다면 그 계속되는 차별적 처우 전체에 대하여 제척기간을 준수한 것이 된다, 복지포인트를 배정받지 못함으로 인하여 발생하는 차별 상태는 해당 연도 동안 계속된다고 보아야 하므로, 복지포인트의 배정일에 차별적 처우가 종료된다고 볼 수 없고, 맞춤형복지비에 관한 차별적 처우는 해당 연도의 말일을 종료일로 하는 '계속되는 차별적 처우'에 해당한다(대판 2020두49355).

3) 차별적 처우의 금지 및 시정신청과 관련된 분쟁에 있어서 입증책임은 사용자가 부담한다.

4) 노동위원회는 시정신청을 받은 때에는 지체 없이 필요한 조사와 관계당사자에 대한 심문을 하여야 한다.

5) 노동위원회는 심문을 하는 때에는 관계당사자의 신청 또는 직권으로 증인을 출석하게 하여 필요한 사항을 질문할 수 있으며, 관계당사자에게 증거의 제출과 증인에 대한 반대심문을 할 수 있는 충분한 기회를 주어야 한다.

6) 노동위원회는 차별시정사무에 관한 전문적인 조사·연구업무를 수행하기 위하여 전문위원을 둘 수 있다.

7) 시정신청 당시에 혹은 시정절차 진행 도중에 근로계약기간이 만료하였다는 이유만으로 기간제근로자가 차별적 처우의 시정을 구할 시정이익이 소멸하는 것은 아니다(대판 2014두43288).

(4) 노동위원회는 시정신청에 따른 심문의 과정에서 관계당사자 쌍방 또는 일방의 신청 또는 직권에 의하여 조정(調停)절차를 개시할 수 있고, 관계당사자가 미리 노동위원회의 중재(仲裁)결정에 따르기로 합의하여 중재를 신청한 경우에는 중재를 할 수 있다.

1) 조정 또는 중재를 신청하는 경우에는 차별적 처우의 시정신청을 한 날부터 14일 이내에 하여야 한다. 다만, 노동위원회의 승낙이 있는 경우에는 14일 후에도 신청할 수 있다.

2) 노동위원회는 조정 또는 중재를 하는 경우 관계당사자의 의견을 충분히 들어야 한다.

3) 노동위원회는 특별한 사유가 없으면 조정절차를 개시하거나 중재신청을 받은 때부터 60일 이내에 조정안을 제시하거나 중재결정을 하여야 한다.

4) 노동위원회는 관계당사자 쌍방이 조정안을 수락한 경우에는 조정조서를 작성하고 중재결정을 한 경우에는 중재결정서를 작성하여야 한다.

5) 노동위원회의 조정 또는 중재결정은 민사소송법의 규정에 따른 재판상 화해와 동일한 효력을 갖는다.

(5) 노동위원회는 시정신청에 따른 조사·심문을 종료하고 차별적 처우에 해당된다고 판정한 때에는 사용자에게 시정명령을 내려야 하고, 차별적 처우에 해당하지 아니한다고 판정한 때에는 그 시정신청을 기각하는 결정을 하여야 한다.

1) 노동위원회의 판정·시정명령 또는 기각결정은 서면으로 하되 그 이유를 구체적으로 명시하여 관계당사자에게 각각 교부하여야 한다. 이 경우 시정명령을 내리는 때에는 시정명령의 내용 및 이행기한 등을 구체적으로 기재하여야 한다.

2) 지방노동위원회의 시정명령 또는 기각결정에 대하여 불복하는 관계당사자는 시정명령서 또는 기각결정서의 송달을 받은 날부터 10일 이내에 중앙노동위원회에 재심을 신청할 수 있다.

3) 중앙노동위원회의 재심결정에 대하여 불복하는 관계당사자는 재심결정서의 송달을 받은 날부터 15일 이내에 행정소송을 제기할 수 있다.

4) 불복기간 내에 재심 또는 행정소송을 제기하지 아니한 때에는 그 시정명령·기각결정 또는 재심결정은 확정된다.

(6) 시정신청에 따른 조정·중재 또는 시정명령의 내용에는 차별적 행위의 중지, 임금 등 근로조건의 개선(취업규칙, 단체협약 등의 제도개선 명령을 포함한다) 또는 적절한 배상 등이 포함될 수 있다.

시정신청에 따른 조정·중재 또는 시정명령에 따른 배상액은 차별적 처우로 인하여 기간제근로자 또는 단시간근로자에게 발생한 손해액을 기준으로 정한다. 다만, 노동위원회는 사용자의 차별적 처우에 명백한 고의가 인정되거나 차별적 처우가 반복되는 경우에는 손해액을 기준으로 3배를 넘지 아니하는 범위에서 배상을 명령할 수 있다.

(7) 고용노동부장관은 사용자가 차별적 처우를 한 경우에는 그 시정을 요구할 수 있다.
　　1) 고용노동부장관은 사용자가 시정요구에 따르지 아니할 경우에는 차별적 처우의 내용을 구체적으로 명시하여 노동위원회에 통보하여야 한다. 이 경우 고용노동부장관은 해당 사용자 및 근로자에게 그 사실을 통지하여야 한다.
　　2) 노동위원회는 고용노동부장관의 통보를 받은 경우에는 지체 없이 차별적 처우가 있는지 여부를 심리하여야 한다. 이 경우 노동위원회는 해당 사용자 및 근로자에게 의견을 진술할 수 있는 기회를 부여하여야 한다.
(8) 고용노동부장관은 확정된 시정명령을 이행할 의무가 있는 사용자의 사업 또는 사업장에서 해당 시정명령의 효력이 미치는 근로자 이외의 기간제근로자 또는 단시간근로자에 대하여 차별적 처우가 있는지를 조사하여 차별적 처우가 있는 경우에는 그 시정을 요구할 수 있다.
(9) 사용자는 기간제근로자 또는 단시간 근로자가 사용자의 부당한 초과근로 요구의 거부, 차별적 처우의 시정신청, 노동위원회에의 참석 및 진술, 재심신청 또는 행정소송의 제기, 시정명령 불이행의 신고, 감독기관에 대한 통고를 이유로 해고 그 밖의 불리한 처우를 하지 못한다.

2. 근로조건의 서면명시

사용자는 기간제근로자 또는 단시간근로자와 근로계약을 체결하는 때에는 다음 각 호의 모든 사항을 서면으로 명시하여야 한다. 다만, (6)은 단시간근로자에 한한다.
(1) 근로계약기간에 관한 사항
(2) 근로시간·휴게에 관한 사항
(3) 임금의 구성항목·계산방법 및 지불방법에 관한 사항
(4) 휴일·휴가에 관한 사항
(5) 취업의 장소와 종사하여야 할 업무에 관한 사항
(6) 근로일 및 근로일별 근로시간

제3절 파견근로자의 보호

Ⅰ. 서

1. 근로자파견의 개념

(1) "근로자파견"이란 파견사업주가 근로자를 고용한 후 그 고용관계를 유지하면서 근로자파견계약의 내용에 따라 사용사업주의 지휘·명령을 받아 사용사업주를 위한 근로에 종사하게 하는 것을 말한다.

> **참조판례** 대판 2022.10.27. 2017다9732 · 9749 · 9756
>
> 원고용주가 어느 근로자로 하여금 제3자를 위한 업무를 수행하도록 하는 경우 그 법률관계가 파견근로자 보호 등에 관한 법률의 적용을 받는 근로자파견에 해당하는지는 당사자가 붙인 계약의 명칭이나 형식에 구애될 것이 아니라, 제3자가 그 근로자에 대하여 직·간접적으로 업무수행 자체에 관한 구속력 있는 지시를 하는 등 상당한 지휘·명령을 하는지, 그 근로자가 제3자 소속 근로자와 하나의 작업집단으로 구성되어 직접 공동 작업을 하는 등 제3자의 사업에 실질적으로 편입되었다고 볼 수 있는지, 원고용주가 작업에 투입될 근로자의 선발이나 근로자의 수, 교육 및 훈련, 작업·휴게시간, 휴가, 근무태도 점검 등에 관한 결정 권한을 독자적으로 행사하는지, 계약의 목적이 구체적으로 범위가 한정된 업무의 이행으로 확정되고 그 근로자가 맡은 업무가 제3자 소속 근로자의 업무와 구별되며 그러한 업무에 전문성·기술성이 있는지, 원고용주가 계약의 목적을 달성하기 위하여 필요한 독립적 기업조직이나 설비를 갖추고 있는지 등의 요소를 바탕으로 그 근로관계의 실질에 따라 판단하여야 한다.

(2) "근로자파견사업"이란 근로자파견을 업(業)으로 하는 것을 말한다.

> **참조판례** 대판 2022.7.17. 2019다299393
>
> 파견법 제6조의2 제1항에 따른 직접고용의무는 근로자파견사업을 하는 파견사업주, 즉 근로자파견을 업으로 하는 자가 주체가 되어 행하는 근로자파견의 경우에 적용된다. '근로자파견을 업으로 하는 자'란 반복 계속하여 영업으로 근로자파견행위를 하는 자를 말하고, 이에 해당하는지 여부는 근로자파견 행위의 반복·계속성, 영업성 등의 유무와 원고용주의 사업 목적과 근로계약 체결의 목적, 근로자파견의 목적과 규모, 횟수, 기간, 태양 등 여러 사정을 종합적으로 고려하여 사회통념에 따라 판단하여야 할 것인바, 위와 같은 반복·계속성과 영업성은 특별한 사정이 없는 한 근로자파견 행위를 한 자, 즉 원고용주를 기준으로 판단하여야 한다.

(3) "파견사업주"란 근로자파견사업을 하는 자를 말한다.
(4) "사용사업주"란 근로자파견계약에 따라 파견근로자를 사용하는 자를 말한다.
(5) "파견근로자"란 파견사업주가 고용한 근로자로서 근로자파견의 대상이 되는 사람을 말한다.
(6) "파견근로자"란 파견사업주가 고용한 근로자로서 근로자파견의 대상이 되는 사람을 말한다.

2. 근로자파견 대상업무

(1) 근로자파견사업은 ① 제조업의 직접생산공정업무를 제외하고, ② 전문지식·기술·경험 또는 업무의 성질 등을 고려하여 적합하다고 판단하는 업무로서 대통령령이 정하는 업무를 대상으로 한다(상시허용업무).

(2) 출산·질병·부상 등으로 결원이 생긴 경우 또는 일시적·간헐적으로 인력을 확보하여야 할 필요가 있는 경우에는 근로자파견사업을 할 수 있다(일시허용업무).

(3) ① 건설공사현장에서 이루어지는 업무, ② 항만운송사업법 제3조 제1호, 한국철도공사법 제9조 제1항 제1호, 농수산물 유통 및 가격안정에 관한 법률 제40조, 물류정책기본법 제2조 제1항 제1호의 하역(荷役)업무로서 직업안정법 제33조에 따라 근로자공급사업 허가를 받은 지역의 업무, ③ 선원법 제2조 제1호의 선원의 업무, ④ 산업안전보건법 제58조에 따른 유해하거나 위험한 업무, ⑤ 그 밖에 근로자 보호 등의 이유로 근로자파견사업의 대상으로는 적절하지 못하다고 인정하여 대통령령으로 정하는 업무에 대해서는 근로자파견사업을 하여서는 아니 된다(절대금지업무).

(4) 파견근로자를 사용하려는 경우 사용사업주는 해당 사업 또는 사업장에 근로자의 과반수로 조직된 노동조합이 있는 경우에는 그 노동조합, 근로자의 과반수로 조직된 노동조합이 없는 경우에는 근로자의 과반수를 대표하는 자와 사전에 성실하게 협의하여야 한다.
(5) 누구든지 제1항부터 제4항까지의 규정을 위반하여 근로자파견사업을 하거나 그 근로자파견사업을 하는 자로부터 근로자파견의 역무(役務)를 제공받아서는 아니 된다.

3. 파견기간

(1) 근로자파견의 기간은 일시허용업무에 해당하는 경우를 제외하고는 1년을 초과하여서는 아니 된다.
  1) 파견사업주, 사용사업주, 파견근로자 간의 합의가 있는 경우에는 파견기간을 연장할 수 있다. 이 경우 1회를 연장할 때에는 그 연장기간은 1년을 초과하여서는 아니 되며, 연장된 기간을 포함한 총 파견기간은 2년을 초과하여서는 아니 된다.
  2) 고용상 연령차별금지 및 고령자고용촉진에 관한 법률 제2조 제1호의 고령자인 파견근로자에 대하여는 2년을 초과하여 근로자파견기간을 연장할 수 있다.
(2) 일시허용업무의 파견기간은 ① 출산·질병·부상 등 그 사유가 객관적으로 명백한 경우에는 그 사유가 없어지는데 필요한 시간, ② 일시적·간헐적으로 인력을 확보할 필요가 있는 경우에는 3월 이내의 기간, 다만, 그 사유가 없어지지 아니하고 파견사업주·사용사업주·파견근로자 간의 합의가 있는 경우에는 3개월의 범위에서 한 차례만 그 기간을 연장할 수 있다.

4. 근로자파견사업의 허가

(1) 근로자파견사업을 하려는 자는 고용노동부령으로 정하는 바에 따라 고용노동부장관의 허가를 받아야 한다. 허가받은 사항 중 고용노동부령으로 정하는 중요사항을 변경하는 경우에도 또한 같다.
(2) 근로자파견사업의 허가를 받은 자가 허가받은 사항 중 같은 항 후단에 따른 중요사항 외의 사항을 변경하려는 경우에는 고용노동부령으로 정하는 바에 따라 고용노동부장관에게 신고하여야 한다.
(3) 사용사업주는 근로자파견사업의 허가를 받지 않고 근로자파견사업을 하는 자로부터 근로자파견의 역무를 제공받아서는 아니 된다.
(4) 근로자파견사업의 허가 결격사유는 다음과 같다.
  1) 미성년자, 피성년후견인, 피한정후견인 또는 파산선고를 받고 복권(復權)되지 아니한 사람
  2) 금고 이상의 형(집행유예는 제외한다)을 선고받고 그 집행이 끝나거나 집행을 받지 아니하기로 확정된 후 2년이 지나지 아니한 사람
  3) 이 법, 직업안정법, 근로기준법 제7조, 제9조, 제20조부터 제22조까지, 제36조, 제43조, 제44조, 제44조의2, 제45조, 제46조, 제56조 및 제64조, 최저임금법 제6조, 선원법 제110조를 위반하여 벌금 이상의 형(집행유예는 제외한다)을 선고받고 그 집행이 끝나거나 집행을 받지 아니하기로 확정된 후 3년이 지나지 아니한 자
  4) 금고 이상의 형의 집행유예를 선고받고 그 유예기간 중에 있는 사람
  5) 제12조에 따라 해당 사업의 허가가 취소(이 조 제1호에 해당하여 허가가 취소된 경우는 제외한다)된 후 3년이 지나지 아니한 자

6) 임원 중 제1호부터 제5호까지의 어느 하나에 해당하는 사람이 있는 법인

(5) 고용노동부장관이 근로자파견사업의 허가신청을 받은 경우에는 ① 신청인이 해당 근로자파견사업을 적정하게 수행할 수 있는 자산 및 시설 등을 갖추고 있을 것, ② 해당 사업이 특정한 소수의 사용사업주를 대상으로 하여 근로자파견을 하는 것이 아닐 것의 요건을 모두 갖춘 경우에 한정하여 근로자파견사업을 허가할 수 있다.

(6) 근로자파견사업 허가의 유효기간은 3년으로 한다.

1) 허가의 유효기간이 끝난 후 계속하여 근로자파견사업을 하려는 자는 고용노동부령으로 정하는 바에 따라 갱신허가를 받아야 한다.
2) 갱신허가의 유효기간은 그 갱신 전의 허가의 유효기간이 끝나는 날의 다음 날부터 기산(起算)하여 3년으로 한다.

(7) 고용노동부장관은 파견사업주가 다음 중 어느 하나에 해당하는 경우에는 근로자파견사업의 허가를 취소하거나 6개월 이내의 기간을 정하여 영업정지를 명할 수 있다.

1) 제7조 제1항 또는 제10조 제2항에 따른 허가를 거짓이나 그 밖의 부정한 방법으로 받은 경우
2) 제8조에 따른 결격사유에 해당하게 된 경우
3) 제5조 제5항을 위반하여 근로자파견사업을 한 경우
4) 제6조 제1항·제2항 또는 제4항을 위반하여 근로자파견사업을 한 경우
5) 제7조 제1항 후단을 위반하여 허가를 받지 아니하고 중요사항을 변경한 경우
6) 제7조 제2항에 따른 변경신고를 하지 아니하고 신고사항을 변경한 경우
7) 제9조에 따른 허가의 기준에 미달하게 된 경우
8) 제11조 제1항에 따른 폐지신고를 하지 아니한 경우
9) 제13조 제2항을 위반하여 영업정지 처분의 내용을 사용사업주에게 통지하지 아니한 경우
10) 제14조에 따른 겸업금지의무를 위반한 경우
11) 제15조를 위반하여 명의를 대여한 경우
12) 제16조 제1항을 위반하여 근로자를 파견한 경우
13) 제17조에 따른 준수사항을 위반한 경우
14) 제18조에 따른 보고를 하지 아니하거나 거짓으로 보고한 경우
15) 제20조 제1항에 따른 근로자파견계약을 서면으로 체결하지 아니한 경우
16) 제24조 제2항을 위반하여 근로자의 동의를 받지 아니하고 근로자파견을 한 경우
17) 제25조를 위반하여 근로계약 또는 근로자파견계약을 체결한 경우
18) 제26조 제1항을 위반하여 파견근로자에게 제20조 제1항 제2호 및 제4호부터 제12호까지의 사항을 알려주지 아니한 경우
19) 제28조에 따른 파견사업 관리책임자를 선임하지 아니하거나 결격사유가 있는 사람을 선임한 경우
20) 제29조에 따른 파견사업관리대장을 작성하지 아니하거나 보존하지 아니한 경우
21) 제35조 제5항을 위반하여 건강진단 결과를 사용사업주에게 보내지 아니한 경우

22) 제37조에 따른 근로자파견사업의 운영 및 파견근로자의 고용관리 등에 관한 개선명령을 이행하지 아니한 경우
23) 제38조에 따른 보고 명령을 위반하거나 관계 공무원의 출입·검사·질문 등의 업무를 거부·방해 또는 기피한 경우
① 근로자파견허가 및 갱신허가를 거짓이나 그 밖의 부정한 방법으로 받은 경우와 허가 결격사유에 해당하는 경우에는 그 허가를 취소하여야 한다.
② 허가취소 또는 영업정지 처분을 받은 파견사업주는 그 처분 전에 파견한 파견근로자와 그 사용사업주에 대하여는 그 파견기간이 끝날 때까지 파견사업주로서의 의무와 권리를 가진다.

5. 고용의무

(1) 사용사업주가 다음 각 호의 어느 하나에 해당하는 경우에는 해당 파견근로자를 직접 고용하여야 한다.
1) 제5조 제1항(상시허용업무)의 근로자파견 대상 업무에 해당하지 아니하는 업무에서 파견근로자를 사용하는 경우(제5조 제2항에 따라 근로자파견사업을 한 경우는 제외한다)
2) 제5조 제3항(절대금지업무)을 위반하여 파견근로자를 사용하는 경우
3) 제6조 제2항(상시허용업무 파견기간)을 위반하여 2년을 초과하여 계속적으로 파견근로자를 사용하는 경우
4) 제6조 제4항(일시허용업무 파견기간)을 위반하여 파견근로자를 사용하는 경우
5) 제7조 제3항(근로자파견사업의 허가를 받지 않은 자로부터 근로자파견을 받은 경우)을 위반하여 근로자파견의 역무를 제공받은 경우

(2) 해당 파견근로자가 명시적으로 반대의사를 표시하거나 대통령령으로 정하는 정당한 이유가 있는 경우에는 적용하지 아니한다.

(3) 사용사업주가 파견근로자를 직접 고용하는 경우의 파견근로자의 근로조건은 사용사업주의 근로자 중 해당 파견근로자와 같은 종류의 업무 또는 유사한 업무를 수행하는 근로자가 있는 경우에는 해당 근로자에게 적용되는 취업규칙 등에서 정하는 근로조건에 따라야 하며, 사용사업주의 근로자 중 해당 파견근로자와 같은 종류의 업무 또는 유사한 업무를 수행하는 근로자가 없는 경우에는 해당 파견근로자의 기존 근로조건의 수준보다 낮아져서는 안 된다.
사용사업주가 근로자파견관계를 부인하는 등(파견근로자와 동종·유사 업무를 수행하는 사용사업주의 근로자가 없는 경우를 포함)으로 인하여 자치적으로 근로조건을 형성하지 못한 경우에는 법원은 개별적인 사안에서 근로의 내용과 가치, 사용사업주의 근로조건 체계(고용형태나 직군에 따른 임금체계 등), 파견법의 입법 목적, 공평의 관념, 사용사업주가 직접 고용한 다른 파견근로자가 있다면 그 근로자에게 적용한 근로조건의 내용 등을 종합하여 사용사업주와 파견근로자가 합리적으로 정하였을 근로조건을 적용할 수 있다. 다만 이와 같이 파견근로자에게 적용될 근로조건을 정하는 것은 본래 사용사업주와 파견근로자가 자치적으로 형성했어야 하는 근로조건을 법원이 정하는 것이므로 한쪽 당사자가 의도하지 아니하는 근로조건을 불합리하게 강요하는 것이 되지 않도록 신중을 기할 필요가 있다(대판 2019다223303·223310).

(4) 사용사업주가 직접고용의무를 이행하지 않는 경우 소정의 벌칙이 적용되고 불법행위에 따른 손해배상책임을 진다.
파견근로자는 사용사업주의 직접고용의무 불이행에 대하여 직접고용관계가 성립할 때까지의 임금 상당액을 손해배상금을 청구할 수 있다.

> **참조판례** 대판 2015.11.26. 2013다14965
>
> 1. 개정된 파견법 하에서 파견기간 제한을 위반한 사용사업주는 직접고용의무 규정에 의하여 파견근로자를 직접 고용할 의무가 있으므로, 파견근로자는 사용사업주가 직접고용의무를 이행하지 아니하는 경우 사용사업주를 상대로 고용 의사표시에 갈음하는 판결을 구할 사법상의 권리가 있고, 그 판결이 확정되면 사용사업주와 파견근로자 사이에 직접고용관계가 성립한다. 또한 파견근로자는 이와 아울러 사용사업주의 직접고용의무 불이행에 대하여 직접고용관계가 성립할 때까지의 임금 상당 손해배상금을 청구할 수 있다.
> 2. 직접고용간주 규정이나 직접고용의무 규정은 사용사업주가 파견기간의 제한을 위반하여 계속적으로 파견근로자를 사용하는 행위에 대하여 행정적 감독이나 처벌과는 별도로 사용사업주와 파견근로자 사이의 사법관계에서도 직접고용관계의 성립을 간주하거나 사용사업주에게 직접고용의무를 부과함으로써 근로자파견의 상용화·장기화를 방지하면서 파견근로자의 고용안정을 도모할 목적에서 사용사업주와 파견근로자 사이에 발생하는 법률관계 및 이에 따른 법적 효과를 설정하는 것으로서, 그 내용이 파견사업주와는 직접적인 관련이 없고, 그 적용 요건으로 파견기간 중 파견사업주의 동일성을 요구하고 있지도 아니하므로, 사용사업주가 파견기간의 제한을 위반하여 해당 파견근로자로 하여금 대상 업무를 계속 수행하도록 한 경우에는, 특별한 사정이 없는 한 그 파견기간 중 파견사업주가 변경되었다는 이유만으로 직접고용간주 규정이나 직접고용의무 규정의 적용을 배제할 수는 없다고 봄이 타당하다.

(5) 사용사업주와 파견근로자 사이에 직접고용관계의 성립이 간주되거나 사용사업주에게 직접고용의무가 발생한 후 파견근로자가 파견사업주에 대한 관계에서 사직하거나 해고를 당하였다고 하더라도, 이러한 사정은 원칙적으로 사용사업주와 파견근로자 사이의 직접고용간주나 직접고용의무와 관련된 법률관계에 영향을 미치지 않는다(대판 2017다219072).

(6) 사용사업주는 직접고용의무 규정에 따라 근로계약을 체결할 때 기간을 정하지 않은 근로계약을 체결하여야 함이 원칙이다.

> **참조판례** 대판 2022.1.27. 2018다207847
>
> 파견법의 직접고용의무 규정의 입법취지 및 목적에 비추어 볼 때, 특별한 사정이 없는 한 사용사업주는 직접고용의무 규정에 따라 근로계약을 체결할 때 기간을 정하지 않은 근로계약을 체결하여야 함이 원칙이다. 다만, 파견법 제6조의2 제2항에서 파견근로자가 명시적으로 반대의사를 표시하는 경우에는 직접고용의무의 예외가 인정되는 점을 고려할 때 파견근로자가 사용사업주를 상대로 직접고용의무의 이행을 구할 수 있다는 점을 알면서도 기간제 근로계약을 희망하였다거나, 사용사업주의 근로자 중 해당 파견근로자와 같은 종류의 업무 또는 유사한 업무를 수행하는 근로자가 대부분 기간제 근로계약을 체결하고 근무하고 있어 파견근로자로서도 애초에 기간을 정하지 않은 근로계약 체결을 기대하기 어려웠던 경우 등과 같이 직접고용관계에 계약기간을 정한 것이 직접고용의무 규정의 입법취지 및 목적을 잠탈한다고 보기 어려운 특별한 사정이 존재하는 경우에는 사용사업주가 파견근로자와 기간제 근로계약을 체결할 수 있을 것이다. 그리고 이러한 특별한 사정의 존재에 관하여는 사용사업주가 증명책임을 부담한다. 따라서 직접고용의무를 부담하는 사용사업주가 파견근로자를 직접고용하면서 앞서 본 특별한 사정이 없음에도 기간제 근로계약을 체결하는 경우 이는 직접고용의무를 완전하게 이행한 것이라고 보기 어렵고, 이러한 근로계약 중 기간을 정한 부분은 파견 근로자를 보호하기 위한 파견법의 강행규정을 위반한 것에 해당하여 무효가 될 수 있다.

(7) 사용사업주는 파견근로자를 사용하고 있는 업무에 근로자를 직접 고용하려는 경우에는 해당 파견근로자를 우선적으로 고용하도록 노력하여야 한다.

Ⅱ. 파견사업주 · 사용사업주 · 파견근로자의 관계

1. 파견사업주와 사용사업주간의 관계

(1) 근로자파견계약의 당사자는 고용노동부령으로 정하는 바에 따라 다음 각 호의 사항을 포함하는 근로자파견계약을 서면으로 체결하여야 한다.

    1) 파견근로자의 수

    2) 파견근로자가 종사할 업무의 내용

    3) 파견사유(제5조 제2항의 규정에 의하여 근로자파견을 행하는 경우에 한한다)

    4) 파견근로자가 파견되어 근로할 사업장의 명칭 및 소재지 기타 파견근로자의 근로장소

    5) 파견근로중인 파견근로자를 직접 지휘 · 명령할 자에 관한 사항

    6) 근로자파견기간 및 파견근로 개시일에 관한 사항

    7) 시업 및 종업의 시각과 휴게시간에 관한 사항

    8) 휴일 · 휴가에 관한 사항

    9) 연장 · 야간 · 휴일근무에 관한 사항

    10) 안전 및 보건에 관한 사항

    11) 근로자파견의 대가

    12) 기타 고용노동부령이 정하는 사항

(2) 파견사업주는 파견근로자의 고용관계가 끝난 후 사용사업주가 그 파견근로자를 고용하는 것을 정당한 이유 없이 금지하는 내용의 근로자파견계약을 체결하여서는 아니 된다.

(3) 파견사업주는 근로자파견을 할 경우에는 파견근로자의 성명 등 고용노동부령으로 정하는 사항을 사용사업주에게 통지하여야 한다.

(4) 파견사업주는 쟁의행위 중인 사업장에 그 쟁의행위로 중단된 업무의 수행을 위하여 근로자를 파견하여서는 아니 된다.

(5) 누구든지 근로기준법 제24조에 따른 경영상 이유에 의한 해고를 한 후 대통령령으로 정하는 기간(2년, 다만, 해당 사업 또는 사업장에 근로자의 과반수로 조직된 노동조합이 있는 경우 그 노동조합(근로자의 과반수로 조직된 노동조합이 없는 경우에는 근로자의 과반수를 대표하는 자를 말한다)이 동의한 때에는 6개월)이 지나기 전에는 해당 업무에 파견근로자를 사용하여서는 아니 된다.

(6) 사용사업주는 파견근로자의 성별, 종교, 사회적 신분, 파견근로자의 정당한 노동조합의 활동 등을 이유로 근로자파견계약을 해지하여서는 아니 된다.

(7) 파견사업주는 사용사업주가 파견근로에 관하여 이 법 또는 이 법에 따른 명령, 근로기준법 또는 같은 법에 따른 명령, 산업안전보건법 또는 같은 법에 따른 명령을 위반하는 경우에는 근로자파견을 정지하거나 근로자파견계약을 해지할 수 있다.

2. 파견사업주와 파견근로자와의 관계

(1) 파견사업주는 근로자를 파견근로자로서 고용하려는 경우에는 미리 해당 근로자에게 그 취지를 서면으로 알려 주어야 한다.

(2) 파견사업주는 그가 고용한 근로자 중 파견근로자로 고용하지 아니한 사람을 근로자파견의 대상으로 하려는 경우에는 미리 해당 근로자에게 그 취지를 서면으로 알리고 그의 동의를 받아야 한다.

(3) 파견사업주는 파견근로자 또는 파견근로자로 고용되려는 사람과 그 고용관계가 끝난 후 그가 사용사업주에게 고용되는 것을 정당한 이유 없이 금지하는 내용의 근로계약을 체결하여서는 아니 된다.

(4) 파견사업주는 근로자파견을 하려는 경우에는 미리 해당 파견근로자에게 제20조 제1항(근로자파견계약) 각 호의 사항과 그 밖에 고용노동부령으로 정하는 사항을 서면으로 알려 주어야 한다.

(5) 파견근로자는 파견사업주에게 해당 근로자파견의 대가에 관하여 그 내역을 제시할 것을 요구할 수 있으며, 파견사업주는 그 내역의 제시를 요구받았을 때에는 지체 없이 그 내역을 서면으로 제시하여야 한다.

(6) 파견사업주는 파견근로자의 적절한 고용관리를 위하여 제8조 제1호부터 제5호까지에 따른 결격사유에 해당하지 아니하는 사람 중에서 파견사업관리책임자를 선임하여야 한다.

Ⅲ. 파견근로자의 근로관계

1. 파견근로자의 개별적 근로관계

(1) 파견근로자에게 근로기준법을 적용하는 경우 파견사업주 및 사용사업주의 양자를 근로기준법상의 사용자로 보는 것이 원칙이다.

  1) 근로기준법 제15조부터 제36조까지, 제39조, 제41조부터 제48조까지, 제56조, 제60조, 제64조, 제66조부터 제68조까지 및 제78조부터 제92조가지의 규정의 적용에 있어서는 파견사업주를, 같은 법 제50조부터 제55조까지, 제58조, 제59조, 제62조, 제63조 및 제69조부터 제75조까지의 규정의 적용에 있어서는 사용사업주를 사용자로 본다.

  2) 사용사업주가 정당한 사유없이 근로자파견계약을 해지하거나 정당한 사유없이 근로자파견계약에 의한 근로자파견의 대가를 지급하지 아니하여 파견사업주가 근로자의 임금을 지급하지 못한 때에는 사용사업주는 당해 파견사업주와 연대하여 책임을 진다.

  3) 사용사업주가 유급휴일 또는 유급휴가를 주는 경우 그 휴일 또는 휴가에 대하여 유급으로 지급되는 임금은 파견사업주가 지급하여야 한다.

(2) 파견근로자에게 산업안전보건법을 적용하는 경우 사용사업주를 동법상의 사용자로 보는 것이 원칙이다.

  1) 산업안전보건법 제5조, 제43조 제5항(작업장소의 변경, 작업의 전환 및 근로시간 단축의 경우에 한한다), 제43조 제6항 단서, 제52조 제2항의 적용에 있어서는 파견사업주 및 사용사업주를 동법 제2조 제3호의 규정에 의한 사업주로 본다.

  2) 산업안전보건법 제43조 제1항의 규정에 의하여 사업주가 정기적으로 실시하여야 하는 건강진단중 고용노동부령이 정하는 건강진단에 대하여는 파견사업주를 동법 제2조 제3호의 규정에 의한 사업주로 본다.

2. 파견근로자의 집단적 노동관계

파견근로자 보호 등에 관한 법률 제22조 제1항은 "사용사업주는 파견근로자의 성별·종교·사회적 신분이나 파견근로자의 정당한 노동조합의 활동 등을 이유로 근로자파견계약을 해지하여서는 아니 된다."라고 규정하여 파견근로자의 노동조합 활동을 보장하고 있다.

IV. 차별적 처우금지

(1) 차별적처우란 ① 근로기준법 제2조 제1항 제5호의 임금, ② 정기상여금, 명절상여금 등 정기적으로 지급되는 상여금, ③ 경영성과에 따른 성과금, ④ 그 밖에 근로조건 및 복리후생 등에 관한 사항에서 합리적인 이유없이 불리하게 처우하는 것을 말한다.

(2) 파견사업주와 사용사업주는 파견근로자라는 이유로 사용사업주의 사업 내의 같은 종류의 업무 또는 유사한 업무를 수행하는 근로자에 비하여 파견근로자에게 차별적 처우를 하여서는 아니 된다.

(3) 파견근로자는 차별적 처우를 받은 경우 노동위원회법에 따른 노동위원회에 그 시정을 신청할 수 있다.

(4) 고용노동부장관은 파견사업주와 사용사업주가 제21조 제1항을 위반하여 차별적 처우를 한 경우에는 그 시정을 요구할 수 있다.

(5) 고용노동부장관은 파견사업주와 사용사업주가 시정요구에 따르지 아니한 경우에는 차별적 처우의 내용을 구체적으로 명시하여 노동위원회에 통보하여야 한다. 이 경우 고용노동부장관은 해당 파견사업주 또는 사용사업주 및 근로자에게 그 사실을 통지하여야 한다.

(6) 노동위원회는 고용노동부장관의 통보를 받은 경우에는 지체 없이 차별적 처우가 있는지 여부를 심리하여야 한다. 이 경우 노동위원회는 해당 파견사업주 또는 사용사업주 및 근로자에게 의견을 진술할 수 있는 기회를 주어야 한다.

(7) 고용노동부장관은 확정된 시정명령을 이행할 의무가 있는 파견사업주 또는 사용사업주의 사업 또는 사업장에서 해당 시정명령의 효력이 미치는 근로자 이외의 파견근로자에 대하여 차별적 처우가 있는지를 조사하여 차별적 처우가 있는 경우에는 그 시정을 요구할 수 있다.

> 근로기준법 제76조(안전과 보건) 근로자의 안전과 보건에 관하여는 산업안전보건법에서 정하는 바에 따른다.

제1절 총칙

(1) 산업안전보건법은 산업 안전 및 보건에 관한 기준을 확립하고 그 책임의 소재를 명확하게 하여 산업재해를 예방하고 쾌적한 작업환경을 조성함으로써 노무를 제공하는 사람의 안전 및 보건을 유지·증진함을 목적으로 한다.

(2) "산업재해"란 노무를 제공하는 사람이 업무에 관계되는 건설물·설비·원재료·가스·증기·분진 등에 의하거나 작업 또는 그 밖의 업무로 인하여 사망 또는 부상하거나 질병에 걸리는 것을 말한다.

(3) "중대재해"란 산업재해 중 사망 등 재해 정도가 심하거나 다수의 재해자가 발생한 경우로서 고용노동부령(① 사망자가 1명 이상 발생한 재해, ② 3개월 이상의 요양이 필요한 부상자가 동시에 2명 이상 발생한 재해, ③ 부상자 또는 직업성 질병자가 동시에 10명 이상 발생한 재해)으로 정하는 재해를 말한다.

(4) "안전보건진단"이란 산업재해를 예방하기 위하여 잠재적 위험성을 발견하고 그 개선대책을 수립할 목적으로 조사·평가하는 것을 말한다.

(5) "작업환경측정"이란 작업환경 실태를 파악하기 위하여 해당 근로자 또는 작업장에 대하여 사업주가 유해인자에 대한 측정계획을 수립한 후 시료(試料)를 채취하고 분석·평가하는 것을 말한다.

(6) 산업안전보건법은 모든 사업에 적용한다. 다만, 유해·위험의 정도, 사업의 종류, 사업장의 상시근로자 수(건설공사의 경우에는 건설공사 금액을 말한다) 등을 고려하여 대통령령으로 정하는 종류의 사업 또는 사업장에는 이 법의 전부 또는 일부를 적용하지 아니할 수 있다.

(7) 정부는 이 법의 목적을 달성하기 위하여 다음 각 호의 사항을 성실히 이행할 책무를 진다.
  1) 산업 안전 및 보건 정책의 수립 및 집행
  2) 산업재해 예방 지원 및 지도
  3) 근로기준법 제76조의2에 따른 직장 내 괴롭힘 예방을 위한 조치기준 마련, 지도 및 지원

4) 사업주의 자율적인 산업 안전 및 보건 경영체제 확립을 위한 지원

5) 산업 안전 및 보건에 관한 의식을 북돋우기 위한 홍보·교육 등 안전문화 확산 추진

6) 산업 안전 및 보건에 관한 기술의 연구·개발 및 시설의 설치·운영

7) 산업재해에 관한 조사 및 통계의 유지·관리

8) 산업 안전 및 보건 관련 단체 등에 대한 지원 및 지도·감독

9) 그 밖에 노무를 제공하는 사람의 안전 및 건강의 보호·증진

(8) 지방자치단체는 제4조 제1항에 따른 정부의 정책에 적극 협조하고, 관할 지역의 산업재해를 예방하기 위한 대책을 수립·시행하여야 한다.

지방자치단체의 장은 관할 지역 내에서의 산업재해 예방을 위하여 자체 계획의 수립, 교육, 홍보 및 안전한 작업환경 조성을 지원하기 위한 사업장 지도 등 필요한 조치를 할 수 있다.

(9) 사업주는 산업안전보건법과 산업안전보건법에 따른 명령으로 정하는 산업재해 예방을 위한 기준, 근로자의 신체적 피로와 정신적 스트레스 등을 줄일 수 있는 쾌적한 작업환경의 조성 및 근로조건 개선, 해당 사업장의 안전 및 보건에 관한 정보를 근로자에게 제공할 것을 이행함으로써 근로자의 안전 및 건강을 유지·증진시키고 국가의 산업재해 예방정책을 따라야 한다.

기계·기구와 그 밖의 설비를 설계·제조 또는 수입하는 자, 원재료 등을 제조·수입하는 자, 건설물을 발주·설계·건설하는 자는 발주·설계·제조·수입 또는 건설을 할 때 이 법과 이 법에 따른 명령으로 정하는 기준을 지켜야 하고, 발주·설계·제조·수입 또는 건설에 사용되는 물건으로 인하여 발생하는 산업재해를 방지하기 위하여 필요한 조치를 하여야 한다.

(10) 근로자는 산업안전보건법과 산업안전보건법에 따른 명령으로 정하는 산업재해 예방을 위한 기준을 지켜야 하며, 사업주 또는 근로기준법 제101조에 따른 근로감독관, 공단 등 관계인이 실시하는 산업재해 예방에 관한 조치에 따라야 한다.

(11) 고용노동부장관은 산업재해 예방에 관한 기본계획을 수립하여야 한다.

1) 고용노동부장관은 제1항에 따라 수립한 기본계획을 산업재해보상보험법 제8조 제1항에 따른 산업재해보상보험 및 예방심의위원회의 심의를 거쳐 공표하여야 한다. 이를 변경하려는 경우에도 또한 같다.

2) 고용노동부장관은 산업재해를 체계적이고 효율적으로 예방하기 위하여 산업재해 예방 통합정보시스템을 구축·운영할 수 있다.

3) 고용노동부장관은 산업재해를 예방하기 위하여 대통령령으로 정하는 사업장의 근로자 산업재해 발생건수, 재해율 또는 그 순위 등을 공표하여야 한다.

4) 고용노동부장관은 산업재해 예방을 위하여 ① 제5조 제2항 각 호의 어느 하나에 해당하는 자가 같은 항에 따라 산업재해를 방지하기 위하여 하여야 할 조치, ② 제38조 및 제39조에 따라 사업주가 하여야 할 조치와 관련된 기술 또는 작업환경에 관한 표준을 정하여 사업주에게 지도·권고할 수 있다.

제2절 안전보건관리체제 등

1. 안전보건관리체제

(1) 상법 제170조에 따른 주식회사 중 대통령령으로 정하는 회사(상시근로자 500명 이상을 사용하는 회사, 건설산업기본법 제23조에 따라 평가하여 공시된 시공능력의 순위 상위 1천위 이내의 건설회사)의 대표이사는 대통령령으로 정하는 바에 따라 매년 회사의 안전 및 보건에 관한 계획을 수립하여 이사회에 보고하고 승인을 받아야 한다.

(2) 사업주는 사업장을 실질적으로 총괄하여 관리하는 사람에게 해당 사업장의 ① 사업장의 산업재해 예방계획의 수립에 관한 사항, ② 안전보건관리규정의 작성 및 변경에 관한 사항, ③ 근로자의 안전보건교육에 관한 사항, ④ 작업환경측정 등 작업환경의 점검 및 개선에 관한 사항, ⑤ 근로자의 건강진단 등 건강관리에 관한 사항, ⑥ 산업재해의 원인 조사 및 재발 방지대책 수립에 관한 사항, ⑦ 산업재해에 관한 통계의 기록 및 유지에 관한 사항, ⑧ 안전장치 및 보호구 구입 시의 적격품 여부 확인에 관한 사항, ⑨ 그 밖에 근로자의 유해·위험 방지조치에 관한 사항으로서 고용노동부령으로 정하는 사항의 업무를 총괄관리하도록 하여야 한다(안전보건관리책임자).
안전보건관리책임자는 안전관리자와 보건관리자를 지휘·감독한다.

(3) 사업주는 사업장의 생산과 관련되는 업무와 그 소속 직원을 직접 지휘·감독하는 직위에 있는 사람(관리감독자)에게 산업 안전 및 보건에 관한 업무로서 대통령령으로 정하는 업무를 수행하도록 하여야 한다.

(4) 사업주는 사업장에 제15조 제1항 각 호의 사항 중 안전에 관한 기술적인 사항에 관하여 사업주 또는 안전보건관리책임자를 보좌하고 관리감독자에게 지도·조언하는 업무를 수행하는 사람(안전관리자)을 두어야 한다.

(5) 사업주는 사업장에 제15조 제1항 각 호의 사항 중 보건에 관한 기술적인 사항에 관하여 사업주 또는 안전보건관리책임자를 보좌하고 관리감독자에게 지도·조언하는 업무를 수행하는 사람(보건관리자)을 두어야 한다.

(6) 사업주는 사업장에 안전 및 보건에 관하여 사업주를 보좌하고 관리감독자에게 지도·조언하는 업무를 수행하는 사람(안전보건관리담당자)을 두어야 한다. 다만, 안전관리자 또는 보건관리자가 있거나 이를 두어야 하는 경우에는 그러하지 아니하다.

(7) 사업주는 근로자의 건강관리나 그 밖에 보건관리자의 업무를 지도하기 위하여 사업장에 산업보건의를 두어야 한다. 다만, 의료법 제2조에 따른 의사를 보건관리자로 둔 경우에는 그러하지 아니하다.

(8) 고용노동부장관은 산업재해 예방활동에 대한 참여와 지원을 촉진하기 위하여 근로자, 근로자단체, 사업주단체 및 산업재해 예방 관련 전문단체에 소속된 사람 중에서 명예산업안전감독관을 위촉할 수 있다.

(9) 사업주는 사업장의 안전 및 보건에 관한 중요 사항을 심의·의결하기 위하여 사업장에 근로자위원과 사용자위원이 같은 수로 구성되는 산업안전보건위원회를 구성·운영하여야 한다.

1) 사업주는 산업재해 예방계획의 수립에 관한 사항, 안전보건관리규정의 작성 및 변경에 관한 사항, 근로자의 안전보건교육에 관한 사항, 작업환경측정 등 작업환경의 점검 및 개선에 관한 사항, 근로자의 건강진단 등 건강관리에 관한 사항, 중대재해에 관한 사항, 유해하거나 위험한 기계·기구·설비를 도입한 경우 안전 및 보건 관련 조치에 관한 사항, 그 밖에 해당 사업장 근로자의 안전 및 보건을 유지·증진시키기 위하여 필요한 사항에 대하여는 산업안전보건위원회의 심의·의결을 거쳐야 한다.
2) 사업주와 근로자는 산업안전보건위원회가 심의·의결한 사항을 성실하게 이행하여야 한다.
3) 산업안전보건위원회는 산업안전보건법, 산업안전보건법에 따른 명령, 단체협약, 취업규칙 및 안전보건관리규정에 반하는 내용으로 심의·의결해서는 아니 된다.
4) 근로자위원은 근로자대표, 명예산업안전감독관이 위촉되어 있는 사업장의 경우 근로자대표가 지명하는 1인 이상의 명예산업안전감독관, 근로자대표가 지명하는 9인 이내의 해당 사업장의 근로자로 구성한다.
5) 사용자위원은 해당 사업의 대표자, 안전관리자 1인, 보건관리자 1인, 산업보건의, 당해 사업의 대표자가 지명하는 9인 이내의 해당 사업장 부서의 장으로 구성한다.
6) 위원장은 위원 중에서 호선하며, 이 경우 근로자위원과 사용자위원 중 각 1인을 공동위원장으로 선출할 수 있다.
7) 산업안전보건위원회의 회의는 정기회의와 임시회의로 구분하되, 정기회의는 분기마다 산업안전보건위원회의 위원장이 소집하며, 임시회의는 위원장이 필요하다고 인정할 때에 소집한다.
8) 회의는 근로자위원 및 사용자위원 각 과반수의 출석으로 개의(開議)하고 출석위원 과반수의 찬성으로 의결한다.
9) 산업안전보건위원회는 산업안전보건위원회에서 의결하지 못한 경우, 산업안전보건위원회에서 의결된 사항의 해석 또는 이행방법 등에 관하여 의견이 일치하지 않는 경우에는 근로자위원과 사용자위원의 합의에 따라 산업안전보건위원회에 중재기구를 두어 해결하거나 제3자에 의한 중재를 받아야 한다.
10) 산업안전보건위원회의 위원장은 산업안전보건위원회에서 심의·의결된 내용 등 회의 결과와 중재 결정된 내용 등을 사내방송이나 사내보, 게시 또는 자체 정례조회, 그 밖의 적절한 방법으로 근로자에게 신속히 알려야 한다.

2. 안전보건관리규정

(1) 사업주는 ① 안전 및 보건에 관한 관리조직과 그 직무에 관한 사항, ② 안전보건교육에 관한 사항, ③ 작업장의 안전 및 보건 관리에 관한 사항, ④ 사고 조사 및 대책 수립에 관한 사항, ⑤ 그 밖에 안전 및 보건에 관한 사항이 포함된 안전보건관리규정을 작성하여야 한다.

(2) 안전보건관리규정은 단체협약 또는 취업규칙에 반할 수 없다. 이 경우 안전보건관리규정 중 단체협약 또는 취업규칙에 반하는 부분에 관하여는 그 단체협약 또는 취업규칙으로 정한 기준에 따른다.

(3) 사업주는 안전보건관리규정을 작성하거나 변경할 때에는 산업안전보건위원회의 심의·의결을 거쳐야 한다. 다만, 산업안전보건위원회가 설치되어 있지 아니한 사업장의 경우에는 근로자대표의 동의를 받아야 한다.

(4) 안전보건관리규정에 관하여 산업안전보건법에서 규정한 것을 제외하고는 그 성질에 반하지 아니하는 범위에서 근로기준법 중 취업규칙에 관한 규정을 준용한다.

제3절 안전보건교육

(1) 사업주는 소속 근로자에게 고용노동부령으로 정하는 바에 따라 정기적으로 안전보건교육을 하여야 한다.
   1) 사업주는 근로자를 채용할 때와 작업내용을 변경할 때에는 그 근로자에게 고용노동부령으로 정하는 바에 따라 해당 작업에 필요한 안전보건교육을 하여야 한다.
   2) 사업주는 근로자를 유해하거나 위험한 작업에 채용하거나 그 작업으로 작업내용을 변경할 때에는 제2항에 따른 안전보건교육 외에 고용노동부령으로 정하는 바에 따라 유해하거나 위험한 작업에 필요한 안전보건교육을 추가로 하여야 한다.
(2) 건설업의 사업주는 건설 일용근로자를 채용할 때에는 그 근로자로 하여금 제33조에 따른 안전보건교육기관이 실시하는 안전보건교육을 이수하도록 하여야 한다. 다만, 건설 일용근로자가 그 사업주에게 채용되기 전에 안전보건교육을 이수한 경우에는 그러하지 아니하다.

제4절 유해·위험 방지 조치

(1) 사업주는 이 법과 이 법에 따른 명령의 요지 및 안전보건관리규정을 각 사업장의 근로자가 쉽게 볼 수 있는 장소에 게시하거나 갖추어 두어 근로자에게 널리 알려야 한다.
(2) 사업주는 건설물, 기계·기구·설비, 원재료, 가스, 증기, 분진, 근로자의 작업행동 또는 그 밖의 업무로 인한 유해·위험 요인을 찾아내어 부상 및 질병으로 이어질 수 있는 위험성의 크기가 허용 가능한 범위인지를 평가하여야 하고, 그 결과에 따라 이 법과 이 법에 따른 명령에 따른 조치를 하여야 하며, 근로자에 대한 위험 또는 건강장해를 방지하기 위하여 필요한 경우에는 추가적인 조치를 하여야 한다.
(3) 사업주는 유해하거나 위험한 장소·시설·물질에 대한 경고, 비상시에 대처하기 위한 지시·안내 또는 그 밖에 근로자의 안전 및 보건 의식을 고취하기 위한 사항 등을 그림, 기호 및 글자 등으로 나타낸 표지를 근로자가 쉽게 알아 볼 수 있도록 설치하거나 붙여야 한다. 이 경우 외국인근로자의 고용 등에 관한 법률 제2조에 따른 외국인근로자(같은 조 단서에 따른 사람을 포함한다)를 사용하는 사업주는 안전보건표지를 고용노동부장관이 정하는 바에 따라 해당 외국인근로자의 모국어로 작성하여야 한다.
(4) 사업주는 기계·기구, 그 밖의 설비에 의한 위험, 폭발성, 발화성 및 인화성 물질 등에 의한 위험, 전기, 열, 그 밖의 에너지에 의한 위험으로 인한 산업재해를 예방하기 위하여 필요한 조치를 하여야 한다.

(5) 사업주는 작업 중 근로자가 추락할 위험이 있는 장소, 토사·구축물 등이 붕괴할 우려가 있는 장소, 물체가 떨어지거나 날아올 위험이 있는 장소, 천재지변으로 인한 위험이 발생할 우려가 있는 장소에서 작업을 할 때 발생할 수 있는 산업재해를 예방하기 위하여 필요한 조치를 하여야 한다.

(6) 사업주는 원재료·가스·증기·분진·흄(fume)·미스트(mist)·산소결핍·병원체 등에 의한 건강장해, 방사선·유해광선·고온·저온·초음파·소음·진동·이상기압 등에 의한 건강장해, 사업장에서 배출되는 기체·액체 또는 찌꺼기 등에 의한 건강장해, 계측감시(計測監視), 컴퓨터 단말기 조작, 정밀공작 등의 작업에 의한 건강장해, 단순반복작업 또는 인체에 과도한 부담을 주는 작업에 의한 건강장해, 환기·채광·조명·보온·방습·청결 등의 적정기준을 유지하지 아니하여 발생하는 건강장해를 예방하기 위하여 필요한 조치를 하여야 한다.

(7) 사업주는 주로 고객을 직접 대면하거나 정보통신망 이용촉진 및 정보보호 등에 관한 법률 제2조 제1항 제1호에 따른 정보통신망을 통하여 상대하면서 상품을 판매하거나 서비스를 제공하는 업무에 종사하는 고객응대근로자에 대하여 고객의 폭언, 폭행, 그 밖에 적정 범위를 벗어난 신체적·정신적 고통을 유발하는 행위로 인한 건강장해를 예방하기 위하여 고용노동부령으로 정하는 바에 따라 필요한 조치를 하여야 한다.

(8) 사업주는 다음 각 호의 어느 하나에 해당하는 경우에는 이 법 또는 이 법에 따른 명령에서 정하는 유해·위험 방지에 관한 사항을 적은 계획서(이하 "유해위험방지계획서"라 한다)를 작성하여 고용노동부령으로 정하는 바에 따라 고용노동부장관에게 제출하고 심사를 받아야 한다.

   1) 대통령령으로 정하는 사업의 종류 및 규모에 해당하는 사업으로서 해당 제품의 생산 공정과 직접적으로 관련된 건설물·기계·기구 및 설비 등 전부를 설치·이전하거나 그 주요 구조부분을 변경하려는 경우

   2) 유해하거나 위험한 작업 또는 장소에서 사용하거나 건강장해를 방지하기 위하여 사용하는 기계·기구 및 설비로서 대통령령으로 정하는 기계·기구 및 설비를 설치·이전하거나 그 주요 구조부분을 변경하려는 경우

   3) 대통령령으로 정하는 크기, 높이 등에 해당하는 건설공사를 착공하려는 경우
   유해위험방지계획서에 대한 심사를 받은 사업주는 고용노동부령으로 정하는 바에 따라 유해위험방지계획서의 이행에 관하여 고용노동부장관의 확인을 받아야 한다.

(9) 고용노동부장관은 공정안전보고서를 고용노동부령으로 정하는 바에 따라 심사하여 그 결과를 사업주에게 서면으로 알려 주어야 한다. 이 경우 근로자의 안전 및 보건의 유지·증진을 위하여 필요하다고 인정하는 경우에는 그 공정안전보고서의 변경을 명할 수 있다.

(10) 고용노동부장관은 추락·붕괴, 화재·폭발, 유해하거나 위험한 물질의 누출 등 산업재해 발생의 위험이 현저히 높은 사업장의 사업주에게 안전보건진단기관이 실시하는 안전보건진단을 받을 것을 명할 수 있다.

(11) 사업주는 산업재해가 발생할 급박한 위험이 있을 때에는 즉시 작업을 중지시키고 근로자를 작업장소에서 대피시키는 등 안전 및 보건에 관하여 필요한 조치를 하여야 한다.
사업주는 중대재해가 발생하였을 때에는 즉시 해당 작업을 중지시키고 근로자를 작업장소에서 대피시키는 등 안전 및 보건에 관하여 필요한 조치를 하여야 한다.

(12) 근로자는 산업재해가 발생할 급박한 위험이 있는 경우에는 작업을 중지하고 대피할 수 있다.

  1) 작업을 중지하고 대피한 근로자는 지체 없이 그 사실을 관리감독자 또는 그 밖에 부서의 장에게 보고하여야 한다.

  2) 사업주는 산업재해가 발생할 급박한 위험이 있다고 근로자가 믿을 만한 합리적인 이유가 있을 때에는 제1항에 따라 작업을 중지하고 대피한 근로자에 대하여 해고나 그 밖의 불리한 처우를 해서는 아니 된다.

> **참조판례** 대판 2023.11.9. 2018다288662
> 인근 공장에서 발생한 화학물질누출 사고에 따른 피해를 우려해 작업중지권을 행사한 것을 두고 무단이탈이라 하여 징계처분을 한 것은 부당하다.

(13) 사업주는 산업재해가 발생하였을 때에는 그 발생 사실을 은폐해서는 아니 되며, 고용노동부령으로 정하는 바에 따라 산업재해의 발생 원인 등을 기록하여 보존하여야 한다.

제5절 도급시 산업재해예방

1. 도급의 제한

(1) 사업주는 근로자의 안전 및 보건에 유해하거나 위험한 작업으로서 도금작업, 수은, 납 또는 카드뮴을 제련, 주입, 가공 및 가열하는 작업, 제118조 제1항에 따른 허가대상물질을 제조하거나 사용하는 작업을 도급하여 자신의 사업장에서 수급인의 근로자가 그 작업을 하도록 해서는 아니 된다.

(2) 사업주는 산업재해 예방을 위한 조치를 할 수 있는 능력을 갖춘 사업주에게 도급하여야 한다.

2. 도급인의 안전조치 및 보건조치

(1) 도급인은 관계수급인 근로자가 도급인의 사업장에서 작업을 하는 경우에는 그 사업장의 안전보건관리책임자를 도급인의 근로자와 관계수급인 근로자의 산업재해를 예방하기 위한 업무를 총괄하여 관리하는 안전보건총괄책임자로 지정하여야 한다. 이 경우 안전보건관리책임자를 두지 아니하여도 되는 사업장에서는 그 사업장에서 사업을 총괄하여 관리하는 사람을 안전보건총괄책임자로 지정하여야 한다.

(2) 도급인은 관계수급인 근로자가 도급인의 사업장에서 작업을 하는 경우에 자신의 근로자와 관계수급인 근로자의 산업재해를 예방하기 위하여 안전 및 보건 시설의 설치 등 필요한 안전조치 및 보건조치를 하여야 한다. 다만, 보호구 착용의 지시 등 관계수급인 근로자의 작업행동에 관한 직접적인 조치는 제외한다.

3. 건설업 등의 산업재해 예방

(1) 2개 이상의 건설공사를 도급한 건설공사발주자는 그 2개 이상의 건설공사가 같은 장소에서 행해지는 경우에 작업의 혼재로 인하여 발생할 수 있는 산업재해를 예방하기 위하여 건설공사 현장에 안전보건 조정자를 두어야 한다.

(2) 건설공사발주자 또는 건설공사도급인(건설공사발주자로부터 해당 건설공사를 최초로 도급받은 수급인 또는 건설공사의 시공을 주도하여 총괄·관리하는 자를 말한다. 이하 이 절에서 같다)은 설계도서 등에 따라 산정된 공사기간을 단축해서는 아니 된다.

(3) 건설공사발주자가 도급계약을 체결하거나 건설공사의 시공을 주도하여 총괄·관리하는 자(건설공사 발주자로부터 건설공사를 최초로 도급받은 수급인은 제외한다)가 건설공사 사업 계획을 수립할 때에는 고용노동부장관이 정하여 고시하는 바에 따라 산업재해 예방을 위하여 사용하는 비용(산업안전보건관리비)을 도급금액 또는 사업비에 계상(計上)하여야 한다.

4. 그 밖의 고용형태에서의 산업재해 예방

(1) 계약의 형식에 관계없이 근로자와 유사하게 노무를 제공하여 업무상의 재해로부터 보호할 필요가 있음에도 근로기준법 등이 적용되지 아니하는 사람으로서 대통령령으로 정하는 직종에 종사할 것, 주로 하나의 사업에 노무를 상시적으로 제공하고 보수를 받아 생활할 것, 노무를 제공할 때 타인을 사용하지 아니할 것의 요건을 모두 충족하는 사람(특수형태근로종사자)의 노무를 제공받는 자는 특수형태근로종사자의 산업재해 예방을 위하여 필요한 안전조치 및 보건조치를 하여야 한다.

(2) 대통령령으로 정하는 특수형태근로종사자로부터 노무를 제공받는 자는 고용노동부령으로 정하는 바에 따라 안전 및 보건에 관한 교육을 실시하여야 한다.

(3) 이동통신단말장치 유통구조 개선에 관한 법률 제2조 제4호에 따른 이동통신단말장치로 물건의 수거·배달 등을 중개하는 자는 그 중개를 통하여 자동차관리법 제3조 제1항 제5호에 따른 이륜자동차로 물건을 수거·배달 등을 하는 사람의 산업재해 예방을 위하여 필요한 안전조치 및 보건조치를 하여야 한다.

제6절 유해·위험기계 등에 대한 조치

1. 유해하거나 위험한 기계 등에 대한 방호조치 등

누구든지 동력(動力)으로 작동하는 기계·기구로서 대통령령으로 정하는 것은 고용노동부령으로 정하는 유해·위험 방지를 위한 방호조치를 하지 아니하고는 양도, 대여, 설치 또는 사용에 제공하거나 양도·대여의 목적으로 진열해서는 아니 된다.

2. 안전인증

(1) 유해·위험기계등 중 근로자의 안전 및 보건에 위해(危害)를 미칠 수 있다고 인정되어 대통령령으로 정하는 것(안전인증대상기계등)을 제조하거나 수입하는 자(고용노동부령으로 정하는 안전인증대상기계등을 설치·이전하거나 주요 구조 부분을 변경하는 자를 포함한다)는 안전인증대상기계등이 안전인증기준에 맞는지에 대하여 고용노동부장관이 실시하는 안전인증을 받아야 한다.
안전인증대상기계등이 아닌 유해·위험기계등을 제조하거나 수입하는 자가 그 유해·위험기계등의 안전에 관한 성능 등을 평가받으려면 고용노동부장관에게 안전인증을 신청할 수 있다.

(2) 안전인증을 받은 자는 안전인증을 받은 유해·위험기계등이나 이를 담은 용기 또는 포장에 고용노동부령으로 정하는 바에 따라 안전인증표시를 하여야 한다.
   1) 안전인증을 받은 유해·위험기계등이 아닌 것은 안전인증표시 또는 이와 유사한 표시를 하거나 안전인증에 관한 광고를 해서는 아니 된다.
   2) 안전인증을 받은 유해·위험기계등을 제조·수입·양도·대여하는 자는 안전인증표시를 임의로 변경하거나 제거해서는 아니 된다.

(3) 누구든지 안전인증을 받지 아니한 경우, 안전인증기준에 맞지 아니하게 된 경우, 안전인증이 취소되거나 안전인증표시의 사용 금지 명령을 받은 경우에 해당하는 안전인증대상기계등을 제조·수입·양도·대여·사용하거나 양도·대여의 목적으로 진열할 수 없다.

3. 자율안전확인의 신고

안전인증대상기계등이 아닌 유해·위험기계등으로서 대통령령으로 정하는 것(자율안전확인대상기계등)을 제조하거나 수입하는 자는 자율안전확인대상기계등의 안전에 관한 성능이 고용노동부장관이 정하여 고시하는 안전기준(자율안전기준)에 맞는지 확인(자율안전확인)하여 고용노동부장관에게 신고(신고한 사항을 변경하는 경우를 포함한다)하여야 한다. 다만, 다음 중 어느 하나에 해당하는 경우에는 신고를 면제할 수 있다.

(1) 연구·개발을 목적으로 제조·수입하거나 수출을 목적으로 제조하는 경우
(2) 제84조 제3항에 따른 안전인증을 받은 경우(제86조 제1항에 따라 안전인증이 취소되거나 안전인증표시의 사용 금지 명령을 받은 경우는 제외한다)
(3) 다른 법령에 따라 안전성에 관한 검사나 인증을 받은 경우로서 고용노동부령으로 정하는 경우

4. 안전검사

유해하거나 위험한 기계·기구·설비로서 대통령령으로 정하는 것(안전검사대상기계등)을 사용하는 사업주(근로자를 사용하지 아니하고 사업을 하는 자를 포함한다)는 안전검사대상기계등의 안전에 관한 성능이 고용노동부장관이 정하여 고시하는 검사기준에 맞는지에 대하여 고용노동부장관이 실시하는 검사(안전검사)를 받아야 한다. 이 경우 안전검사대상기계등을 사용하는 사업주와 소유자가 다른 경우에는 안전검사대상기계등의 소유자가 안전검사를 받아야 한다.

제7절 유해·위험물질에 대한 조치

(1) 고용노동부장관은 고용노동부령으로 정하는 바에 따라 근로자에게 건강장해를 일으키는 화학물질 및 물리적 인자 등(유해인자)의 유해성·위험성 분류기준을 마련하여야 한다.

(2) 화학물질 또는 이를 포함한 혼합물로서 제104조에 따른 분류기준에 해당하는 것(물질안전보건자료대상물질)을 제조하거나 수입하려는 자는 다음 각 호의 사항을 적은 자료(물질안전보건자료)를 고용노동부령으로 정하는 바에 따라 작성하여 고용노동부장관에게 제출하여야 한다. 이 경우 고용노동부장관은 고용노동부령으로 물질안전보건자료의 기재 사항이나 작성 방법을 정할 때 화학물질관리법 및 화학물질의 등록 및 평가 등에 관한 법률과 관련된 사항에 대해서는 환경부장관과 협의하여야 한다.
   1) 제품명
   2) 물질안전보건자료대상물질을 구성하는 화학물질 중 제104조에 따른 분류기준에 해당하는 화학물질의 명칭 및 함유량
   3) 안전 및 보건상의 취급 주의 사항
   4) 건강 및 환경에 대한 유해성, 물리적 위험성
   5) 물리·화학적 특성 등 고용노동부령으로 정하는 사항

(3) 건축물이나 설비를 철거하거나 해체하려는 경우에 해당 건축물이나 설비의 소유주 또는 임차인 등은 해당 건축물이나 설비에 석면이 포함되어 있는지 여부, 해당 건축물이나 설비 중 석면이 함유된 자재의 종류, 위치 및 면적을 고용노동부령으로 정하는 바에 따라 조사(일반석면조사)한 후 그 결과를 기록·보존하여야 한다.

제8절 근로자의 보건관리

(1) 사업주는 유해인자로부터 근로자의 건강을 보호하고 쾌적한 작업환경을 조성하기 위하여 인체에 해로운 작업을 하는 작업장으로서 고용노동부령으로 정하는 작업장에 대하여 고용노동부령으로 정하는 자격을 가진 자로 하여금 작업환경측정을 하도록 하여야 한다.
   1) 사업주는 근로자대표(관계수급인의 근로자대표를 포함한다)가 요구하면 작업환경측정 시 근로자대표를 참석시켜야 한다.
   2) 사업주는 작업환경측정 결과를 기록하여 보존하고 고용노동부령으로 정하는 바에 따라 고용노동부장관에게 보고하여야 한다.
   3) 사업주는 작업환경측정 결과를 해당 작업장의 근로자(관계수급인 및 관계수급인 근로자를 포함한다)에게 알려야 하며, 그 결과에 따라 근로자의 건강을 보호하기 위하여 해당 시설·설비의 설치·개선 또는 건강진단의 실시 등의 조치를 하여야 한다.

(2) 사업주는 근로자(관계수급인의 근로자를 포함한다)가 신체적 피로와 정신적 스트레스를 해소할 수 있도록 휴식시간에 이용할 수 있는 휴게시설을 갖추어야 한다.

(3) 사업주는 상시 사용하는 근로자의 건강관리를 위하여 건강진단(일반건강진단이라 한다)을 실시하여야 한다. 다만, 사업주가 고용노동부령으로 정하는 건강진단을 실시한 경우에는 그 건강진단을 받은 근로자에 대하여 일반건강진단을 실시한 것으로 본다.

1) 근로자대표가 요구하면 건강진단 시 근로자대표를 참석시켜야 한다.

2) 근로자는 사업주가 실시하는 건강진단을 받아야 한다.

3) 일반건강진단이란 상시 사용하는 근로자의 건강관리를 위하여 사업주가 주기적으로 실시하는 건강진단을 말한다.

4) 특수건강진단이란 특수건강진단 대상 유해인자에 노출되는 업무에 종사하는 근로자, 근로자건강진단 실시 결과 직업병 유소견자로 판정받은 후 작업 전환을 하거나 작업장소를 변경하고, 직업병 유소견 판정의 원인이 된 유해인자에 대한 건강진단이 필요하다는 의사의 소견이 있는 근로자의 건강관리를 위하여 사업주가 실시하는 건강진단을 말한다.

5) 배치전건강진단이란 특수건강진단대상업무에 종사할 근로자에 대하여 배치 예정업무에 대한 적합성 평가를 위하여 사업주가 실시하는 건강진단을 말한다.

6) 수시건강진단이란 특수건강진단대상업무로 인하여 해당 유해인자에 의한 직업성 천식, 직업성 피부염, 그 밖에 건강장해를 의심하게 하는 증상을 보이거나 의학적 소견이 있는 근로자에 대하여 사업주가 실시하는 건강진단을 말한다.

7) 임시건강진단이란 같은 부서에 근무하는 근로자 또는 같은 유해인자에 노출되는 근로자에게 유사한 질병의 자각·타각 증상이 발생한 경우, 직업병 유소견자가 발생하거나 여러 명이 발생할 우려가 있는 경우, 그 밖에 지방고용노동관서의 장이 필요하다고 판단하는 경우에 특수건강진단 대상 유해인자 또는 그 밖의 유해인자에 의한 중독 여부, 질병에 걸렸는지 여부 또는 질병의 발생 원인 등을 확인하기 위하여 지방고용노동관서의 장의 명령에 따라 사업주가 실시하는 건강진단을 말한다.

(4) 고용노동부장관은 직업성 질환의 진단 및 예방, 발생 원인의 규명을 위하여 필요하다고 인정할 때에는 근로자의 질환과 작업장의 유해요인의 상관관계에 관한 역학조사를 할 수 있다. 이 경우 사업주 또는 근로자대표, 그 밖에 고용노동부령으로 정하는 사람이 요구할 때 고용노동부령으로 정하는 바에 따라 역학조사에 참석하게 할 수 있다.

(5) 고용노동부장관은 고용노동부령으로 정하는 건강장해가 발생할 우려가 있는 업무에 종사하였거나 종사하고 있는 사람 중 고용노동부령으로 정하는 요건을 갖춘 사람의 직업병 조기발견 및 지속적인 건강관리를 위하여 건강관리카드를 발급하여야 한다.

건강관리카드를 발급받은 사람은 그 건강관리카드를 타인에게 양도하거나 대여해서는 아니 된다.

(6) 사업주는 감염병, 정신질환 또는 근로로 인하여 병세가 크게 악화될 우려가 있는 질병으로서 고용노동부령으로 정하는 질병에 걸린 사람에게는 의료법 제2조에 따른 의사의 진단에 따라 근로를 금지하거나 제한하여야 한다.

(7) 사업주는 유해하거나 위험한 작업으로서 상당한 지식이나 숙련도가 요구되는 고용노동부령으로 정하는 작업의 경우 그 작업에 필요한 자격·면허·경험 또는 기능을 가진 근로자가 아닌 사람에게 그 작업을 하게 해서는 아니 된다.

제9절　보칙

고용노동부장관은 사업주가 다음 각 호의 어느 하나에 해당하는 산업재해를 발생시킨 경우에는 관계 행정기관의 장에게 관계 법령에 따라 해당 사업의 영업정지나 그 밖의 제재를 할 것을 요청하거나 공공기관의 운영에 관한 법률 제4조에 따른 공공기관의 장에게 그 기관이 시행하는 사업의 발주 시 필요한 제한을 해당 사업자에게 할 것을 요청할 수 있다.

(1) 제38조, 제39조 또는 제63조를 위반하여 많은 근로자가 사망하거나 사업장 인근지역에 중대한 피해를 주는 등 대통령령으로 정하는 사고가 발생한 경우

(2) 제53조 제1항 또는 제3항에 따른 명령을 위반하여 근로자가 업무로 인하여 사망한 경우

제7장 재해보상

제1절 재해보상제도의 의의

Ⅰ. 근로기준법상 재해보상

(1) 시민법상 과실책임원칙을 수정하여 무과실 책임을 인정하는 보상제도로 근로기준법상 재해보상제도를 규정하고 있다.
(2) 근로기준법상 재해보상제도는 모든 사업 또는 사업장에 적용된다.

Ⅱ. 산업재해보상보험법상 재해보상

(1) 근로자의 업무상의 재해를 신속하고 공정하게 보상하며, 재해근로자의 재활 및 사회 복귀를 촉진하기 위하여 이에 필요한 보험시설을 설치·운영하고, 재해 예방과 그 밖에 근로자의 복지 증진을 위한 사업을 시행하여 근로자 보호에 이바지하는 것을 목적으로 산업재해보상보험법이 제정되었다.
(2) 산업재해보상보험 사업은 고용노동부장관이 관장하며, 고용노동부장관의 위탁을 받아 산업재해보상보험법의 목적을 달성하기 위한 사업을 효율적으로 수행하기 위하여 근로복지공단을 설립한다.
(3) 산업재해보상보험법은 근로자를 사용하는 모든 사업 또는 사업장에 적용한다. 다만, 위험률·규모 및 장소 등을 고려하여 대통령령으로 정하는 사업에 대하여는 이 법을 적용하지 아니한다.

참고 재해보상제도의 비교

제도	민법	근로기준법	산업재해보상보험법
고의·과실	과실책임	무과실책임	무과실책임
지불방식	민사재판, 직접보상	법정지급, 직접보상	법정지급, 사회보험(간접보상)
장단점	• 근로자가 과실입증책임 • 비용·시간 과다소요 • 근로자의 재해보상 불충분	• 구제절차의 간이화 • 사용자가 지불능력이 없는 경우 실효성 상실	• 보상의 신속·공정 • 충분한 재해보상 • 국고참여
비고	-	무과실책임주의 도입 • 1871년 독일 연방배상책임법 • 1880년 영국 사용자책임법	사회보험방식의 도입 (산업재해보상제도의 효시) • 1884년 독일 재해보험법 • 1897년 영국 근로자보상법

제2절 업무상 재해

(1) 업무상의 재해란 업무상의 사유에 따른 근로자의 부상·질병·장해 또는 사망을 말한다.

(2) 업무상 재해가 성립하기 위하여는 근로자가 업무를 수행하는 도중에 재해가 발생하였다는 의미에서의 업무수행성과 근로자가 수행한 업무로 인하여 재해가 발생하였다는 의미의 업무기인성의 두 가지 요건을 구비하여야 한다.

(3) 직업병이나 과로사 등 직업성 질병의 경우 업무수행 중이 아니라 사업장 밖에서 업무시간 외에 발생하더라도 업무와 재해 사이에 인과관계가 인정되면 업무상 재해로 볼 수 있다.

(4) 업무수행 중이라도 업무와 재해 사이의 인과관계가 추정될 수는 없다.

> **참조판례** 대판 1999.4.23. 97누16459
>
> 산업재해보상보험법상 제4조 제1호가 정하는 업무상 사유에 의한 사망으로 인정되기 위하여는, 당해 사망이 업무수행중의 사망이어야 함은 물론이고 업무에 기인하여 발생한 것으로서 업무와 재해와 사이에 상당인과관계가 있어야 하고, 이 경우 근로자의 업무와 재해 사이의 인과관계는 이를 주장하는 측에서 입증하여야 할 것이므로, 근로자의 사망이 업무수행중에 일어난 경우 그 사인이 분명하지 않다고 하여 바로 업무에 기인한 사망으로 추정할 수는 없다.

(5) 인과관계는 의학적·자연과학적으로 입증되어야만 하는 것은 아니고 취직 당시의 건강상태나 작업장에 질병을 유발·악화할 수 있는 원인물질이 있었는지 등 제반사정을 고려하여 상당인과관계가 추단되면 그 입증이 있는 것으로 보아야 한다.

> **참조판례** 대판 2002.5.28. 2002두1014
>
> 산업재해보상보험법 제4조 제1호 소정의 업무상 재해라고 함은 근로자의 업무수행 중 그 업무에 기인하여 발생한 질병을 의미하는 것이므로 업무와 질병 사이에 인과관계가 있어야 하지만, 질병의 주된 발생원인이 업무수행과 직접적인 관계가 없더라도 적어도 업무상의 과로나 스트레스가 질병의 주된 발생원인에 겹쳐서 질병을 유발 또는 악화시켰다면 그 사이에 인과관계가 있다고 보아야 할 것이고, 그 인과관계는 반드시 의학적·자연과학적으로 명백히 입증하여야 하는 것은 아니고 제반 사정을 고려할 때 업무와 질병 사이에 상당인과관계가 있다고 추단되는 경우에도 그 입증이 있다고 보아야 하고, 또한 평소에 정상적인 근무가 가능한 기초질병이나 기존질병이 직무의 과중 등이 원인이 되어 자연적인 진행속도 이상으로 급격하게 악화된 때에도 그 입증이 있는 경우에 포함되는 것이며, 업무와 질병과의 인과관계의 유무는 보통평균인이 아니라 당해 근로자의 건강과 신체조건을 기준으로 판단하여야 하고, 업무상 과로 등이 업무상 재해인 질병의 원인이 된 이상 그 발병장소가 사업장 밖이었고 업무수행 중 발병한 것이 아니라고 할지라도 업무상의 재해로 보아야 한다.

(6) 근로자가 근로계약에 따른 업무나 그에 따르는 행위를 하던 중 발생한 사고, 사업주가 제공한 시설물 등을 이용하던 중 그 시설물 등의 결함이나 관리소홀로 발생한 사고, 사업주가 제공한 교통수단이나 그에 준하는 교통수단을 이용하는 등 사업주의 지배관리하에서 출퇴근 중 발생한 사고, 사업주가 주관하거나 사업주의 지시에 따라 참여한 행사나 행사준비 중에 발생한 사고, 휴게시간 중 사업주의 지배관리하에 있다고 볼 수 있는 행위로 발생한 사고, 그 밖에 업무와 관련하여 발생한 사고로 부상·질병 또는 장해가 발생하거나 사망하면 업무상의 재해로 본다. 다만, 업무와 재해 사이에 상당인과관계가 없는 경우에는 그러하지 아니하다.

> **참조판례** 대판 2009.5.28. 2007두2784
>
> 사업주가 제공한 교통수단을 근로자가 이용하거나 또는 사업주가 이에 준하는 교통수단을 이용하도록 하는 경우를 비롯하여, 외형상으로는 출·퇴근의 방법과 그 경로의 선택이 근로자에게 맡겨진 것으로 보이나 출·퇴근 도중에 업무를 행하였다거나 통상적인 출·퇴근시간 이전 혹은 이후에 업무와 관련한 긴급한 사무처리나 그 밖에 업무의 특성이나 근무지의 특수성 등으로 출·퇴근의 방법 등에 선택의 여지가 없어 실제로는 그것이 근로자에게 유보된 것이라고 볼 수 없고 사회통념상 아주 긴밀한 정도로 업무와 밀접 불가분의 관계에 있다고 판단되는 경우에는 그러한 출·퇴근 중에 발생한 재해와 업무 사이에는 직접적이고도 밀접한 내적 관련성이 존재하여 그 재해는 사업주의 지배 관리 아래 업무상의 사유로 발생한 것이라고 볼 수 있을 것이다.

(7) 업무수행 과정에서 물리적 인자(因子), 화학물질, 분진, 병원체, 신체에 부담을 주는 업무 등 근로자의 건강에 장해를 일으킬 수 있는 요인을 취급하거나 그에 노출되어 발생한 질병, 업무상 부상이 원인이 되어 발생한 질병, 그 밖에 업무와 관련하여 발생한 질병으로 부상·질병 또는 장해가 발생하거나 사망하면 업무상의 재해로 본다. 다만, 업무와 재해 사이에 상당인과관계가 없는 경우에는 그러하지 아니하다.

> **참조판례** 대판 2004.4.9. 2003두12530
>
> 근무장소 및 근무내용, 작업에 사용된 유기용제의 성분 등에 비추어 원고는 소외 회사에 입사하여 9년간 성형과 및 비드실에서 근무하는 과정에서 발암물질로서 백혈병을 유발하는 벤젠에 지속적으로 노출되어 왔고, 그 노출정도가 한국산업안전공단 보건연구원의 측정결과 0.047ppm에서 최고 0.082ppm정도로 노출허용기준을 초과하지는 않으나, 노출수치가 낮더라도 장기간에 걸쳐 벤젠에 노출됨으로써 이 사건 상병의 유발인자로 작용하기에 충분하므로, 원고의 상병이 다른 원인에 의해 발생되었다는 특별한 사정이 없는 이상 이 사건 원고의 상병은 위와 같이 업무 수행중 벤젠 등 유기용제에 노출되어 발병한 것이거나 적어도 그것이 발병을 촉진한 하나의 원인이 되었다고 추단할 수 있고, 따라서 원고의 상병은 업무와 상당인과관계가 있는 것으로서 업무상 재해에 해당한다.

> **참조판례** 대판 2010.3.25. 2010두733
>
> 망인의 기존질병이 업무와 관련이 없다고 하더라도, 위와 같은 과로와 스트레스가 기존질병을 자연적인 진행속도 이상으로 악화시켜 망인으로 하여금 심인성 급사에 이르게 하였거나 기존질병과 겹쳐 심인성 급사에 이르게 한 것으로 추단된다고 봄이 상당하다.

제3절 재해보상의 내용

1. 요양보상

(1) 사용자는 필요한 요양을 행하거나 또는 필요한 요양비를 부담하여야 한다.
(2) 사용자는 현물보상과 현금보상 중 하나를 선택할 수 있다.
(3) 요양보상은 매월 1회 이상 이어야 한다.

(4) 요양보상을 받는 근로자가 요양을 시작한 지 2년이 지나도 부상 또는 질병이 완치되지 아니하는 경우에는 사용자는 평균임금의 1,340일분의 일시보상을 하여 그 후의 근로기준법에 따른 모든 보상책임을 면할 수 있다(일시보상).

2. 휴업보상

(1) 요양 중에 있는 근로자에게 사용자는 그 근로자의 요양 중 평균임금의 100분의 60의 휴업보상을 하여야 한다.

(2) 휴업보상을 받을 기간에 그 보상을 받을 자가 임금의 일부를 지급받은 경우에는 사용자는 평균임금에서 그 지급받은 금액을 뺀 금액의 100분의 60의 휴업보상을 하여야 한다.

(3) 근로자의 중대한 과실이 있고, 노동위원회의 인정을 받으면 휴업보상을 지급하지 아니할 수 있다.

(4) 휴업보상은 매월 1회 이상 하여야 한다.

3. 장해보상

(1) 근로자가 업무상 부상 또는 질병에 걸리고, 완치된 후 신체에 장해가 있으면 사용자는 그 장해 정도에 따라 평균임금에 별표에서 정한 일수를 곱한 금액의 장해보상(제1급: 1,340일분 내지 제14급: 50일분)을 하여야 한다.

(2) 이미 신체에 장해가 있는 자가 부상 또는 질병으로 인하여 같은 부위에 장해가 더 심해진 경우에 그 장해에 대한 장해보상 금액은 장해 정도가 더 심해진 장해등급에 해당하는 장해보상의 일수에서 기존의 장해등급에 해당하는 장해보상의 일수를 뺀 일수에 보상청구사유 발생 당시의 평균임금을 곱하여 산정한 금액으로 한다.

(3) 근로자가 중대한 과실로 업무상 부상 또는 질병에 걸리고 또한 사용자가 그 과실에 대하여 노동위원회의 인정을 받으면 휴업보상이나 장해보상을 하지 아니할 수 있다.

4. 유족보상

근로자가 업무상 사망한 경우에는 사용자는 근로자가 사망한 후 지체 없이 그 유족에게 평균임금 1,000일분을 유족보상으로 지급하여야 한다.

5. 장의비

근로자가 업무상 사망한 경우 사용자는 근로자가 사망한 후 지체 없이 평균임금의 90일분의 장의비를 지급하여야 한다.

6. 분할보상

사용자는 지급 능력이 있는 것을 증명하고 보상을 받는 자의 동의를 받으면 장해보상, 유족보상, 일시보상에 따른 보상금을 1년에 걸쳐 분할보상을 할 수 있다.

7. 보상청구권

보상을 받을 권리는 퇴직으로 인하여 변경되지 아니하고, 양도나 압류하지 못한다.

8. 다른 손해배상과의 관계

보상을 받게 될 자가 동일한 사유에 대하여 민법이나 그 밖의 법령에 따라 이 법의 재해보상에 상당한 금품을 받으면 그 가액의 한도에서 사용자는 보상의 책임을 면한다.

9. 재해보상에 대한 이의

(1) 고용노동부장관의 심사와 중재

1) 업무상의 부상·질병 또는 사망의 인정, 요양의 방법, 보상금액의 결정 기타 보상실시에 관하여 이의가 있는 자는 고용노동부장관에게 심사 또는 사건의 중재를 청구할 수 있다.
2) 중재의 청구가 있으면 고용노동부장관은 1개월 이내에 심사나 중재를 하여야 한다.
3) 심사라 함은 분쟁에 관한 당사자의 입장 및 쟁점에 관한 사실판단을 하는 것이며, 따라서 행정처분에 해당하지 아니한다.
4) 중재는 분쟁을 해결 할 수 있도록 당사자를 화해·권고시키는 것을 말하며, 당사자를 구속하지 아니한다.

(2) 노동위원회의 심사와 중재

1) 고용노동부장관이 근로기준법 제88조 제2항에 의하여 1월 내에 심사 또는 중재를 하지 않거나 고용노동부장관의 심사 또는 중재에 대하여 불복이 있는 자는 노동위원회에 심사 또는 중재를 청구할 수 있다.
2) 노동위원회의 심사 및 중재도 권고·화해적인 성격을 지니며 행정처분에 해당되지 아니한다.

10. 민사상의 손해배상

근로기준법상의 재해보상에 대하여 근로자는 행정기관에 대한 이의신청 이외에도 민사소송을 제기할 수 있다.

제1절 의의

(1) 취업규칙이란 사업장에서 근로자가 지켜야 할 규율 또는 근로조건에 관해 사용자가 일방적으로 정한 통일적인 규칙을 말한다.

(2) 취업규칙 자체로는 법규범성을 가지지 아니하는 사회규범이지만 근로기준법 제5조, 제97조 등의 규정이 취업규칙에 근로자와 사용자를 구속할 수 있는 효력을 부여함으로써 법규범으로 작용할 수 있도록 한다는 법규범설 중 수권설의 입장이 통설이다.

> **참조판례** 대판 1977.7.26. 77다355
> 취업규칙은 사용자가 기업경영권에 기하여 사업장에 있어서의 근로자의 복무규율이나 근로 조건의 기준을 획일적 통일적으로 정립하기 위하여 작성하는 것으로서 이는 근로기준법이 종속적 노동관계의 현실에 입각하여 실질적으로 불평등한 근로자의 입장을 보호강화하여 그들의 기본적 생활을 보호향상시키려는 목적의 일환으로 그 작성을 강제하고 이에 법규범성을 부여한 것이라고 볼 것

제2절 취업규칙의 작성 및 변경

> **근로기준법 제93조(취업규칙의 작성·신고)** 상시 10명 이상의 근로자를 사용하는 사용자는 다음 각 호의 사항에 관한 취업규칙을 작성하여 고용노동부장관에게 신고하여야 한다. 이를 변경하는 경우에도 또한 같다.
> 1. 업무의 시작과 종료 시각, 휴게시간, 휴일, 휴가 및 교대 근로에 관한 사항
> 2. 임금의 결정·계산·지급 방법, 임금의 산정기간·지급시기 및 승급(昇給)에 관한 사항
> 3. 가족수당의 계산·지급 방법에 관한 사항
> 4. 퇴직에 관한 사항
> 5. 근로자퇴직급여 보장법 제4조에 따라 설정된 퇴직급여, 상여 및 최저임금에 관한 사항
> 6. 근로자의 식비, 작업 용품 등의 부담에 관한 사항
> 7. 근로자를 위한 교육시설에 관한 사항
> 8. 출산전후휴가·육아휴직 등 근로자의 모성 보호 및 일·가정 양립 지원에 관한 사항
> 9. 안전과 보건에 관한 사항
> 9의2. 근로자의 성별·연령 또는 신체적 조건 등의 특성에 따른 사업장 환경의 개선에 관한 사항
> 10. 업무상과 업무 외의 재해부조(災害扶助)에 관한 사항

11. 직장 내 괴롭힘의 예방 및 발생 시 조치 등에 관한 사항
12. 표창과 제재에 관한 사항
13. 그 밖에 해당 사업 또는 사업장의 근로자 전체에 적용될 사항

제94조(규칙의 작성, 변경 절차) ① 사용자는 취업규칙의 작성 또는 변경에 관하여 해당 사업 또는 사업장에 근로자의 과반수로 조직된 노동조합이 있는 경우에는 그 노동조합, 근로자의 과반수로 조직된 노동조합이 없는 경우에는 근로자의 과반수의 의견을 들어야 한다. 다만, 취업규칙을 근로자에게 불리하게 변경하는 경우에는 그 동의를 받아야 한다.
② 사용자는 제93조에 따라 취업규칙을 신고할 때에는 제1항의 의견을 적은 서면을 첨부하여야 한다.

Ⅰ. 취업규칙의 작성 및 변경

1. 취업규칙의 작성의무

(1) 상시 10인 이상의 근로자를 사용하고 있는 사업장의 사용자는 취업규칙을 작성하여 고용노동부장관에게 신고하여야 한다.
(2) 상시 10인 미만의 근로자를 사용하는 사용자도 임의로 취업규칙을 작성할 수 있다.
(3) 근로기준법 제93조에 정한 기재사항 중 일부가 기재되어 있지 아니한 경우 취업규칙의 작성·신고의무 위반으로 벌칙을 받게 되나, 취업규칙으로서의 효력은 인정된다.
(4) 근로자의 근로조건, 근로형태 및 업무의 특수성에 따라 별도의 취업규칙을 작성하는 것은 이를 위법이라고 볼 수 없다.

> **참조판례** 대판 1992.2.28. 91다30828
> 당해 사업장에서 근로자의 직종의 특수성에 따라 근로자 일부에 적용되는 별도의 취업규칙을 정할 수 있는 것이고, 이 경우 2개의 취업규칙을 합한 것이 근로기준법 제94조 소정의 1개의 취업규칙으로 되는 것이다.

2. 의견청취

(1) 취업규칙을 작성 또는 변경하는 경우 근로자의 과반수로 조직된 노동조합이 있는 경우에는 그 노동조합, 근로자의 과반수로 조직된 노동조합이 없는 경우에는 근로자의 과반수의 의견을 들어야 한다.
(2) 근로자 과반수의 산정기준이 되는 근로자는 정규직·기간제 여하, 직종·직급 여하, 노동조합 가입자격 유무 등에 관계없지만, 그 취업규칙의 적용을 받게 될 근로자로 한정되며, 근로자의 과반수는 적용대상 근로자의 과반수를 의미한다.
(3) 노동조합의 의견이란 노동조합 대표자의 의견을 말한다.
(4) 근로자 과반수의 의견을 듣는 방법은 근로자 과반수가 참석한 회의에서 듣는 것이 원칙이지만, 소집단 회의의 누적이나 회람·서명을 통하더라도 근로자 개개인의 의견표시의 자유가 보장되는 이상 무방하다.
(5) 근로자 집단이 반대의견을 표명하더라도 사용자가 이에 구속되는 것은 아니다.
(6) 의견청취 없이 근로자에 불리하지 않은 취업규칙을 작성·변경하더라도 이를 무효라 할 수 없다.

> **참조판례** 대판 1994.12.23. 94누3001
>
> 취업규칙의 작성·변경에 관한 권한은 원칙적으로 사용자에게 있으므로 사용자는 그 의사에 따라 취업규칙을 작성·변경할 수 있다 할 것이고, 단체협약에서 취업규칙의 작성·변경에 관하여 노동조합의 동의를 얻거나 노동조합과의 협의를 거치거나 그 의견을 듣도록 규정하고 있다 하더라도 원칙적으로 취업규칙상의 근로조건을 종전보다 근로자에게 불이익하게 변경하는 경우가 아닌 한 그러한 동의나 협의 또는 의견청취절차를 거치지 아니하고 취업규칙을 작성·변경하였다고 하여 그 취업규칙의 효력이 부정된다고 할 수 없다.

Ⅱ. 불이익한 취업규칙의 변경

1. 불이익 여부의 판단기준

(1) 불이익 여부는 그 변경의 취지와 경위, 해당 사업체의 업무의 성질, 취업규칙 각 규정의 전체적인 체제 등 제반 사정을 종합하여 객관적으로 판단한다.

> **참조판례** 대판 1988.5.10. 87다카2853
>
> 취업규칙의 변경이 근로자에게 불이익하냐 여부는 그 변경의 취지와 경위, 해당 사업체의 업무의 성질, 취업규칙 각 규정의 전체적인 체제 등 제반 사정을 종합하여 판단하여야 한다.

(2) 취업규칙의 일부규정은 유리하게, 일부규정은 불리하게 변경하는 경우 변경되는 근로조건 전체를 종합적으로 고려하여 불이익변경의 여부를 판단한다.

> **참조판례** 대판 1992.2.28. 91다30828
>
> 퇴직금규정이 근속연수의 기산일을 실제 입사한 날이 아닌 그 후의 일자로 정함으로써 근로자에게 불리한 면이 있는가 하면 지급률을 단수제가 아닌 누진제로 정하여 근로자에게 유리한 면이 있는 경우, 위와 같은 규정에 의하여 계산된 금액이 근로기준법의 규정에 의하여 계산된 금액에 미달될 때 그 미달금액범위 내에서만 근로기준법에 위반되어 무효라고 할 것이지 기산일에 관한 규정만을 따로 떼어 내서 그 규정을 무효라고 할 것은 아니다.

(3) 취업규칙의 변경이 일부 근로자에게는 유리하고, 다른 근로자에게는 불리한 경우에는 불이익변경에 해당한다.

> **참조판례** 대판 1993.5.14. 93다1893
>
> 취업규칙의 일부를 이루는 급여규정의 변경이 일부의 근로자에게는 유리하고 일부의 근로자에게는 불리한 경우 그러한 변경에 근로자집단의 동의를 요하는지를 판단하는 것은 근로자 전체에 대하여 획일적으로 결정되어야 할 것이고, 또 이러한 경우 취업규칙의 변경이 근로자에게 전체적으로 유리한지 불리한지를 객관적으로 평가하기가 어려우며, 같은 개정에 의하여 근로자 상호간의 이·불리에 따른 이익이 충돌되는 경우에는 그러한 개정은 근로자에게 불이익한 것으로 취급하여 근로자들 전체의 의사에 따라 결정하게 하는 것이 타당하다.

(4) 종전에 없던 규정을 신설하여 근로조건을 불이익하게 변경하는 경우에도 불이익 변경에 해당한다.

> **참조판례** 대판 1997.5.16. 96다2507
>
> 취업규칙에 정년규정이 없던 운수회사에서 55세 정년규정을 신설한 경우, 그 운수회사의 근로자들은 정년제 규정이 신설되기 이전에는 만 55세를 넘더라도 아무런 제한없이 계속 근무할 수 있었으나, 그 정년규정의 신설로 인하여 만 55세로 정년에 이르고, 회사의 심사에 의하여 일정한 경우에만 만 55세를 넘어서 근무할 수 있도록 되었다면 이와 같은 정년제 규정의 신설은 근로자가 가지고 있는 기득의 권리나 이익을 박탈하는 불이익한 근로조건을 부과하는 것에 해당한다.

2. 동의의 주체

(1) 취업규칙의 변경이 근로자에게 불이익한 경우 사용자는 해당 사업 또는 사업장에 근로자의 과반수로 조직된 노동조합이 있는 경우에는 그 노동조합, 근로자의 과반수로 조직된 노동조합이 없는 경우에는 근로자의 과반수의 동의를 얻어야 한다.

(2) 노동조합의 동의는 노조위원장의 대표권이 제한되었다고 볼 만한 특별한 사정이 없는 한 노동조합의 대표자가 노동조합을 대표하여 동의하면 족하다.

> **참조판례** 대판 2000.9.29. 99다45376
>
> 근로자 과반수로 조직된 노동조합이 있는 회사에서 취업규칙을 근로자에게 불리하게 개정하는 경우 그에 대한 노동조합의 동의를 얻어야 하고, 이 경우 노동조합의 동의는 법령이나 단체협약 또는 노동조합의 규약 등에 의하여 조합장의 대표권이 제한되었다고 볼 만한 특별한 사정이 없는 한 조합장이 노동조합을 대표하여 하면 되는 것이지 노동조합 소속 근로자의 과반수의 동의를 얻어서 하여야 하는 것은 아니다.

(3) 근로자 과반수는 전체 근로자의 과반수가 아니라 당해 취업규칙의 적용이 예상되는 근로자의 과반수를 의미하고, 변경 당시에는 일부 근로자집단만 직접 불이익을 받더라도 장차 그 취업규칙이 다른 근로자집단에도 적용될 것으로 예상되는 경우에는 각 근로자집단의 동의를 받아야 한다.

> **참조판례** 대판 2009.5.28. 2009두2238
>
> 여러 근로자 집단이 하나의 근로조건 체계 내에 있어 비록 취업규칙의 불이익변경 시점에는 어느 근로자 집단만이 직접적인 불이익을 받더라도 다른 근로자 집단에게도 변경된 취업규칙의 적용이 예상되는 경우에는 일부 근로자 집단은 물론 장래 변경된 취업규칙 규정의 적용이 예상되는 근로자 집단을 포함한 근로자 집단이 동의주체가 되고, 그렇지 않고 근로조건이 이원화되어 있어 변경된 취업규칙이 적용되어 직접적으로 불이익을 받게 되는 근로자 집단 이외에 변경된 취업규칙의 적용이 예상되는 근로자 집단이 없는 경우에는 변경된 취업규칙이 적용되어 불이익을 받는 근로자 집단만이 동의주체가 된다.

(4) 노사협의회 근로자위원의 동의는 근로자집단의 동의로 볼 수 없다.

> **참조판례** 대판 1994.6.24. 92다28556
>
> 노사협의회는 근로자와 사용자 쌍방이 이해와 협조를 통하여 노사공동의 이익을 증진함으로써 산업평화를 도모할 것을 목적으로 하는 제도로서 노동조합과 그 제도의 취지가 다르므로 비록 회사가 근로조건에 관한 사항을 그 협의사항으로 규정하고 있다 하더라도 근로자들이 노사협의회를 구성하는 근로자위원들을 선출함에 있어 그들에게 근로조건을 불이익하게 변경함에 있어서 근로자들을 대신하여 동의를 할 권한까지 포괄적으로 위임한 것이라고 볼 수 없으며, 그 근로자위원들이 퇴직금규정의 개정에 동의를 함에 있어서 사전에 그들이 대표하는 각 부서별로 근로자들의 의견을 집약 및 취합하여 그들의 의사표시를 대리하여 동의권을 행사하였다고 볼 만한 자료도 없다면, 근로자위원들의 동의를 얻은 것을 근로자들 과반수의 동의를 얻은 것과 동일시할 수 없다.

3. 동의의 방식

(1) 근로자 과반수로 구성된 노동조합이 없는 경우 근로자들의 회의방식에 의한 과반수 동의가 필요하다.

> **참조판례** 대판 2017.5.31. 2017다209129
>
> 취업규칙 불이익 변경에 대하여 적법한 동의가 있으려면 불이익 변경 내용에 대하여 근로자들이 주지할 수 있도록 적당한 방법에 의한 공고 및 설명 절차가 존재해야 하고, 근로자들이 회의를 개최하여 불이익 변경 내용에 대하여 찬반 의견을 교환해야 하며, 불이익 변경에 대한 집단적 의견이 찬성일 것을 요구된다.
> 근로자들의 회의를 개최하여 불이익 변경 내용에 대하여 찬반 의견 교환해야 함과 관련하여서는 업무의 특성, 사업의 규모, 사업장의 산재(散在) 등의 사정으로 전체 근로자들이 회합하기 어려운 경우에는 단위 부서별로 회합하는 방식도 허용될 수 있겠으나, 근로기준법이 '회의 방식'에 의한 근로자 과반수의 동의를 요구하는 이유는 '집단 의사의 주체로서 근로자'의 의사를 형성하기 위함이므로, 사용자의 특수한 사정으로 인하여 전체 근로자들의 회합이 어려워 단위 부서별로 회합하는 방식을 택할 수밖에 없는 경우에, 사용자는 부분적 회합을 통한 의견 취합을 하더라도 전체 근로자들의 회합이 있었던 것과 마찬가지로 근로자들이 집단 의사를 확인, 형성할 수 있도록 상당한 조치를 취할 의무를 부담한다고 봄이 상당하다.

(2) 회의방식은 사업(장)의 기구별·부서별로 사용자측의 개입이나 간섭이 배제된 상태에서 근로자 간의 의견을 교환하여 찬반의견을 집약한 후 전체적으로 취합하는 방식도 허용된다.

> **참조판례** 대판 2010.1.28. 2009다32522, 32539
>
> 사용자가 취업규칙의 변경에 의하여 기존의 근로조건을 근로자에게 불리하게 변경하려면 종전 근로조건 또는 취업규칙의 적용을 받고 있던 근로자의 집단적 의사결정방법에 의한 동의를 요하고, 이러한 동의를 얻지 못한 근로조건이나 취업규칙의 변경은 효력이 없으며, 그 동의의 방법으로는 근로자 과반수로 조직된 노동조합이 있는 경우에는 그 노동조합의 동의를 요하고, 그와 같은 노동조합이 없는 경우에는 근로자들의 회의방식에 의한 과반수의 동의를 요한다. 그리고 회의방식에 의한 동의는 전 근로자가 반드시 한 자리에 모여 회의를 개최하는 방식만이 아니라 한 사업 또는 사업장의 기구별 또는 단위 부서별로 사용자측의 개입이나 간섭이 배제된 상태에서 근로자 간에 의견을 교환하여 찬반을 집약한 후 이를 전체적으로 모으는 방식도 허용된다. 여기서 사용자측의 개입이나 간섭은 사용자측이 근로자들의 자율적이고 집단적인 의사결정을 저해할 정도로 명시 또는 묵시적인 방법으로 동의를 강요하는 것을 의미하며, 사용자측이 단지 변경될 근로조건이나 취업규칙의 내용을 근로자들에게 설명하고 홍보하는 데 그친 경우에는 사용자측의 부당한 개입이나 간섭이 있었다고 할 수 없다.

(3) 근로자의 개별적 회람·서명을 통하여 과반수의 찬성을 받았더라도 근로자집단의 동의를 받은 것으로 볼 수 없다.

4. 동의를 얻지 못한 취업규칙의 효력

(1) 근로자에게 불이익하게 취업규칙을 변경하는 경우 근로자집단의 동의를 받지 못한 때에는 당해 취업규칙 변경은 무효이다.

> **참조판례** 대판 1992.11.10. 92다30566
>
> 퇴직금의 지급에 관하여 퇴직금급여규정을 근로자에게 불이익하게 변경하면서 근로자의 과반수로 조직된 노동조합이나 근로자들의 회의방식에 의한 과반수의 동의를 얻지 아니한 경우 퇴직금급여규정의 변경은 취업규칙의 변경으로서의 효력이 없다.

(2) 사용자가 취업규칙을 근로자에게 불리하게 작성·변경하면서 근로자의 집단적 동의를 받지 않은 경우 그 작성·변경에 사회통념상 합리성이 있음을 이유로 유효성을 인정할 수는 없다.

> **참조판례** 대판 2023.5.11. 2017다35588·35595(전합)
>
> 사용자가 취업규칙을 근로자에게 불리하게 변경하면서 근로자의 집단적 의사결정방법에 따른 동의를 받지 못한 경우, 노동조합이나 근로자들이 집단적 동의권을 남용하였다고 볼 만한 특별한 사정이 없는 한 해당 취업규칙의 작성 또는 변경에 사회통념상 합리성이 있다는 이유만으로 그 유효성을 인정할 수는 없다. 그 이유는 다음과 같다.
>
> 가. 취업규칙의 불리한 변경에 대하여 근로자가 가지는 집단적 동의권은 사용자의 일방적 취업규칙의 변경 권한에 한계를 설정하고 헌법 제32조 제3항의 취지와 근로기준법 제4조가 정한 근로조건의 노사대등결정 원칙을 실현하는 데에 중요한 의미를 갖는 절차적 권리로서, 변경되는 취업규칙의 내용이 갖는 타당성이나 합리성으로 대체될 수 있는 것이라고 볼 수 없다.
> 나. 대법원은 1989.3.29. 법률 제4099호로 개정된 근로기준법이 집단적 동의 요건을 명문화하기 전부터 이미 취업규칙의 불리한 변경에 대하여 근로자의 집단적 동의를 요한다는 법리를 확립하였다. 즉, 근로자의 집단적 동의권은 명문의 규정이 없더라도 근로조건의 노사대등결정 원칙과 근로자의 권익 보장에 관한 근로기준법의 근본정신, 기득권 보호의 원칙으로부터 도출된다. 이러한 집단적 동의는 단순히 요식적으로 거쳐야 하는 절차 이상의 중요성을 갖는 유효요건이다. 나아가 현재와 같이 근로기준법이 명문으로 집단적 동의절차를 규정하고 있음에도 취업규칙의 내용에 사회통념상 합리성이 있다는 이유만으로 근로자의 집단적 동의를 받지 않아도 된다고 보는 것은 취업규칙의 본질적 기능과 그 불이익변경 과정에서 필수적으로 확보되어야 하는 절차적 정당성의 요청을 도외시하는 것이다.
> 다. 근로조건의 유연한 조정은 단체교섭이나 근로자의 이해를 구하는 사용자의 설득과 노력을 통하여 이루어져야 한다. 또한 노동조합이나 근로자들이 집단적 동의권을 남용하였다고 볼 만한 특별한 사정이 있는 경우에는 취업규칙의 불이익변경의 유효성을 인정할 여지가 있으므로, 근로자의 집단적 동의가 없다고 하여 취업규칙의 불리한 변경이 항상 불가능한 것도 아니다.
> 라. 단체협약은 법률보다 하위의 규범임에도 대법원은 단체협약에 의하여 발생한 노동조합의 동의권을 침해하여 행해진 인사처분을 무효라고 보았고, 다만 동의권 남용 법리를 통해 구체적 타당성을 확보하였다(대법원 2012.6.28. 선고 2010다38007 판결 등 참조). 취업규칙의 불이익변경에 대하여는 단체협약보다 상위 규범인 법률에서 근로자의 집단적 동의권을 부여하고 있으므로, 취업규칙을 근로자에게 불리하게 변경하면서 근로자의 집단적 동의를 받지 않았다면 이를 원칙적으로 무효로 보되, 다만 노동조합이나 근로자들이 집단적 동의권을 남용한 경우에 한하여 유효성을 인정하는 것이 위 대법원 판례의 태도와 일관되고 법규범 체계에 부합하는 해석이다.
> 마. 사회통념상 합리성이라는 개념 자체가 매우 불확정적이어서 어느 정도에 이르러야 법적 규범성을 시인할 수 있는지 노동관계 당사자가 쉽게 알기 어려울 뿐만 아니라, 개별 사건에서 다툼의 대상이 되었을 때 그 인정 여부의 기준으로 대법원이 제시한 요소들을 종합적으로 고려한 법원의 판단 역시 사후적 평가일 수밖에 없는 한계가 있다. 이에 취업규칙 변경의 효력을 둘러싼 분쟁이 끊이지 않고 있고, 그 유효성이 확정되지 않은 취업규칙의 적용에 따른 법적 불안정성이 사용자나 근로자에게 끼치는 폐해 역시 적지 않았다.
> 바. 종전 판례의 해석은 강행규정인 근로기준법 제94조 제1항 단서의 명문 규정에 반하는 해석일 뿐만 아니라, 근로기준법이 예정한 범위를 넘어 사용자에게 근로조건의 일방적인 변경 권한을 부여하는 것이나 마찬가지여서 헌법 정신과 근로자의 권익 보장에 관한 근로기준법의 근본 취지, 근로조건의 노사대등결정 원칙에 위배된다.
>
> 사용자가 근로자의 집단적 동의 없이 일방적으로 취업규칙을 작성·변경하여 근로자에게 기존보다 불리하게 근로조건을 변경하였더라도 해당 취업규칙의 작성 또는 변경에 사회통념상 합리성이 있다고 인정되는 경우 그 적용을 인정한 종전 판례는 이 판결의 견해에 배치되는 범위에서 이를 모두 변경한다.

(3) 근로자의 집단적 동의를 받지 않았더라도 근로자나 노동조합이 집단적 동의권을 남용하였다는 특별한 사정이 있는 경우 취업규칙의 불이익변경을 유효하다고 볼 수 있다.

> **참조판례** 대판 2023.5.11. 2017다35588·35595(전)
>
> 취업규칙의 불이익변경 과정에서 노동조합이나 근로자들이 집단적 동의권을 행사할 때도 신의성실의 원칙과 권리남용금지 원칙이 적용되어야 한다. 따라서 노동조합이나 근로자들이 집단적 동의권을 남용하였다고 볼 만한 특별한 사정이 있는 경우에는 그 동의가 없더라도 취업규칙의 불이익변경을 유효하다고 볼 수 있다. 여기에서 노동조합이나 근로자들이 집단적 동의권을 남용한 경우란 관계 법령이나 근로관계를 둘러싼 사회 환경의 변화로 취업규칙을 변경할 필요성이 객관적으로 명백히 인정되고, 나아가 근로자의 집단적 동의를 구하고자 하는 사용자의 진지한 설득과 노력이 있었음에도 불구하고 노동조합이나 근로자들이 합리적 근거나 이유 제시 없이 취업규칙의 변경에 반대하였다는 등의 사정이 있는 경우를 말한다. 다만, 취업규칙을 근로자에게 불리하게 변경하는 경우에 근로자의 집단적 동의를 받도록 한 근로기준법 제94조 제1항 단서의 입법 취지와 절차적 권리로서 동의권이 갖는 중요성을 고려할 때, 노동조합이나 근로자들이 집단적 동의권을 남용하였는지 여부는 엄격하게 판단할 필요가 있다.

(4) 사용자가 취업규칙의 불이익변경에 있어 기존의 근로자집단의 동의를 얻지 못하여 그 변경이 무효가 된 경우, 기존근로자는 물론 신규근로자에게도 변경의 효력이 없다는 절대적 무효설과 기존근로자에게는 당연히 적용되지 아니하지만 신규근로자에게는 변경의 효력이 미친다는 상대적 무효설이 주장되나 판례는 상대적 무효설의 입장이다.

> **참조판례** 대판 1992.12.22. 91다45165(전합)
>
> 사용자가 취업규칙에서 정한 근로조건을 근로자에게 불리하게 변경함에 있어서 근로자의 동의를 얻지 않은 경우에 그 변경으로 기득이익이 침해되는 기존의 근로자에 대한 관계에서는 변경의 효력이 미치지 않게 되어 종전 취업규칙의 효력이 그대로 유지되지만, 변경 후에 변경된 취업규칙에 따른 근로조건을 수용하고 근로관계를 갖게 된 근로자에 대한 관계에서는 당연히 변경된 취업규칙이 적용되어야 하고, 기득이익의 침해라는 효력배제사유가 없는 변경 후의 취업근로자에 대해서까지 변경의 효력을 부인하여 종전 취업규칙이 적용되어야 한다고 볼 근거가 없다.

(5) 상대적 무효설의 경우 취업규칙변경 후에 취업한 근로자에게 적용되는 취업규칙과 기존근로자에게 적용되는 취업규칙이 병존하는 것처럼 보이지만 현행의 법규적 효력을 가진 취업규칙은 변경된 취업규칙뿐이다.

> **참조판례** 대판 1992.12.22. 91다45165(전합)
>
> 취업규칙변경 후에 취업한 근로자에게 적용되는 취업규칙과 기존근로자에게 적용되는 취업규칙이 병존하는 것처럼 보이지만, 현행의 법규적 효력을 가진 취업규칙은 변경된 취업규칙이고 다만 기존근로자에 대한 관계에서 기득이익침해로 그 효력이 미치지 않는 범위 내에서 종전 취업규칙이 적용될 뿐이므로, 하나의 사업 내에 둘 이상의 취업규칙을 둔 것과 같이 볼 수는 없다.

(6) 근로자집단의 동의를 얻지 못하여 기존근로자의 퇴직금제도와 별개의 퇴직금제도가 신규입사자에게 적용되는 경우에는 퇴직금차등제도를 설정한 것으로 볼 수 없다.

> **참조판례** 대판 1992.12.22. 91다45165
>
> 근로기준법 제28조 제2항은 하나의 사업 내에 차등 있는 퇴직금제도의 설정을 금하고 있으나, 변경된 취업규칙의 퇴직금제도가 기존근로자의 기득이익을 침해하는 것이어서 이들에게는 그 효력이 미치지 않고 부득이 종전제도의 적용을 받게 됨으로써 이러한 기득이익이 없는 취업규칙변경 후의 취업근로자에게 적용되는 퇴직금제도와 별개의 퇴직금제도를 적용하는 결과가 되었다고 하여도, 이러한 경우까지 위 법조에서 금하는 차등 있는 퇴직금제도를 설정한 경우에 해당한다고 볼 수는 없는 것이다.

(7) 취업규칙이 불리하게 변경된 경우 근로자들이 명시적 반대의사를 표시하지 아니하였다고 하여 근로자들이 묵시적인 동의 또는 추인이 있었다고 볼 수 없으며, 불리하게 변경된 취업규칙에 대한 사후승인이 인정될 수 있는지 여부에 대하여 이는 아직 발효되지 아니한 취업규칙의 변경에 대한 동의에 해당되므로 동의 이후부터 효력을 발생하고 소급효는 원칙적으로 인정되지 아니한다.

> **참조판례** 대판 1997.6.10. 95다34316
>
> 단체협약은 노동조합이 사용자 또는 사용자 단체와 근로조건 기타 노사관계에서 발생하는 사항에 관하여 체결하는 협정으로써 노동조합이 사용자측과 기존의 임금, 근로시간, 퇴직금 등 근로조건을 결정하는 기준에 관하여 소급적으로 동의하거나 이를 승인하는 내용의 단체협약을 체결한 경우에 그 동의나 승인의 효력은 단체협약이 시행된 이후에 그 사업체에 종사하며 그 협약의 적용을 받게 될 노동조합원이나 근로자들에 대하여 생기므로, 취업규칙의 변경이 근로자에게 불이익함에도 불구하고, 사용자가 근로자의 집단적 의사결정방법에 의한 동의를 얻지 아니한 채 변경을 함으로써 기득이익을 침해하게 되는 기존의 근로자에 대하여는 종전의 취업규칙이 적용되어야 하는 경우에도 노동조합이 사용자측과의 사이에 새로운 내용의 단체협약을 체결한 경우에는 기득이익을 침해하게 되는 기존의 근로자에 대하여 종전의 취업규칙이 적용되어야 함을 알았는지 여부에 관계없이 원칙적으로 그 협약의 적용을 받게 될 노동조합원이나 근로자들에 대하여 효력이 생기고, 따라서 그 협약의 내용에 따라 개정된 취업규칙은 근로자들에 대하여 적용되어야 한다.

> **참조판례** 대판 2002.6.28. 2001다77970
>
> 단체협약은 노동조합이 사용자 또는 사용자 단체와 근로조건 기타 노사관계에서 발생하는 사항에 관하여 체결하는 협정으로서, 노동조합이 사용자측과 기존의 임금, 근로시간, 퇴직금 등 근로조건을 결정하는 기준에 관하여 소급적으로 동의하거나 이를 승인하는 내용의 단체협약을 체결한 경우에 그 동의나 승인의 효력은 단체협약이 시행된 이후에 그 사업체에 종사하며 그 협약의 적용을 받게 될 노동조합원이나 근로자들에 대하여 생긴다고 할 것이므로, 취업규칙 중 퇴직금 지급률에 관한 규정의 변경이 근로자에게 불이익함에도 불구하고, 사용자가 근로자의 집단적 의사결정 방법에 의한 동의를 얻지 아니한 채 변경을 함으로써 기득 이익을 침해하게 되는 기존의 근로자에 대하여는 종전의 퇴직금 지급률이 적용되어야 하는 경우에도, 노동조합이 사용자측과 사이에 변경된 퇴직금 지급률을 따르기로 하는 내용의 단체협약을 체결한 경우에는, 기득 이익을 침해하게 되는 기존의 근로자에 대하여 종전의 퇴직금 지급률이 적용되어야 함을 알았는지 여부에 관계없이 원칙적으로 그 협약의 적용을 받게 되는 기존의 근로자에 대하여도 변경된 퇴직금 지급률이 적용되어야 한다.

Ⅲ. 취업규칙의 신고 · 심사 및 주지의무

1. 취업규칙의 신고

(1) 취업규칙을 작성 또는 변경한 경우에는 고용노동부장관이 고시하는 서식에 취업규칙 및 근로자집단의 의견 또는 동의를 기입한 서면을 첨부하여 고용노동부장관에게 신고하여야 한다.

(2) 신고의무규정은 행정상의 편의를 위한 절차규정으로서 신고는 취업규칙의 효력요건이 아니므로 신고를 아니하여도 취업규칙의 효력에는 영향이 없다.

2. 취업규칙의 주지의무

> 근로기준법 제14조(법령 요지 등의 게시) ① 사용자는 이 법과 이 법에 따른 대통령령의 요지(要旨)와 취업규칙을 근로자가 자유롭게 열람할 수 있는 장소에 항상 게시하거나 갖추어 두어 근로자에게 널리 알려야 한다.
> ② 사용자는 제1항에 따른 대통령령 중 기숙사에 관한 규정과 제99조 제1항에 따른 기숙사규칙을 기숙사에 게시하거나 갖추어 두어 기숙(寄宿)하는 근로자에게 널리 알려야 한다.

(1) 사용자는 취업규칙을 근로자가 자유롭게 열람할 수 있는 장소에 항상 게시하거나 갖추어 두어 근로자에게 널리 알려야 한다.
(2) 취업규칙의 효력이 발생하기 위해서는 근로기준법 제14조 제1항에 의한 방식을 갖추어야 하는 것은 아니지만, 법령의 공포에 준하는 절차로서 어떠한 방법이든지 적당한 방법에 의한 주지는 필요하다.

> **참조판례** 대판 2004.2.12. 2001다63599
> 취업규칙은 사용자가 정하는 기업 내의 규범이기 때문에 사용자가 취업규칙을 신설 또는 변경하기 위한 조항을 정하였다고 하여도 그로 인하여 바로 효력이 생기는 것이라고는 할 수 없고 신설 또는 변경된 취업규칙의 효력이 생기기 위하여는 반드시 근로기준법 제13조 제1항에서 정한 방법에 의할 필요는 없지만, 적어도 법령의 공포에 준하는 절차로서 그것이 새로운 기업 내 규범인 것을 널리 종업원 일반으로 하여금 알게 하는 절차 즉, 어떠한 방법이든지 적당한 방법에 의한 주지가 필요하다.

Ⅳ. 취업규칙의 효력

> 근로기준법 제95조(제재 규정의 제한) 취업규칙에서 근로자에 대하여 감급(減給)의 제재를 정할 경우에 그 감액은 1회의 금액이 평균임금의 1일분의 2분의 1을, 총액이 1임금지급기의 임금 총액의 10분의 1을 초과하지 못한다.
> 제96조(단체협약의 준수) ① 취업규칙은 법령이나 해당 사업 또는 사업장에 대하여 적용되는 단체협약과 어긋나서는 아니 된다.
> ② 고용노동부장관은 법령이나 단체협약에 어긋나는 취업규칙의 변경을 명할 수 있다.
> 제97조(위반의 효력) 취업규칙에서 정한 기준에 미달하는 근로조건을 정한 근로계약은 그 부분에 관하여는 무효로 한다. 이 경우 무효로 된 부분은 취업규칙에 정한 기준에 따른다.

(1) 취업규칙에 정한 기준에 미달하는 근로계약에 대하여 강행적·보충적 효력을 가진다.
(2) 취업규칙이 법령에 어긋나서는 안 된다는 것은 취업규칙이 근로기준법 등 강행법규에 어긋나서는 안 되고, 강행법규에 어긋나는 취업규칙의 부분은 무효가 된다는 것을 의미한다.
(3) 사회질서에 어긋나는 취업규칙의 부분도 무효가 된다.
(4) 취업규칙이 단체협약에 어긋나서는 안 된다는 것은 단체협약의 적용을 받는 근로자에게 취업규칙이 단체협약에 어긋나서는 안 되고 그 범위에서 단체협약에 어긋나는 취업규칙의 부분이 무효가 된다는 것이다.

제9장 기숙사

Ⅰ. 근로자의 사생활보호

> 근로기준법 제98조(기숙사 생활의 보장) ① 사용자는 사업 또는 사업장의 부속 기숙사에 기숙하는 근로자의 사생활의 자유를 침해하지 못한다.
> ② 사용자는 기숙사 생활의 자치에 필요한 임원 선거에 간섭하지 못한다.

Ⅱ. 기숙사규칙의 작성·변경

> 근로기준법 제99조(규칙의 작성과 변경) ① 부속 기숙사에 근로자를 기숙시키는 사용자는 다음 각 호의 사항에 관하여 기숙사규칙을 작성하여야 한다.
> 1. 기상(起床), 취침, 외출과 외박에 관한 사항
> 2. 행사에 관한 사항
> 3. 식사에 관한 사항
> 4. 안전과 보건에 관한 사항
> 5. 건설물과 설비의 관리에 관한 사항
> 6. 그 밖에 기숙사에 기숙하는 근로자 전체에 적용될 사항
> ② 사용자는 제1항에 따른 규칙의 작성 또는 변경에 관하여 기숙사에 기숙하는 근로자의 과반수를 대표하는 자의 동의를 받아야 한다.
> ③ 사용자와 기숙사에 기숙하는 근로자는 기숙사규칙을 지켜야 한다.

Ⅲ. 기숙사의 안전·보건

> 근로기준법 제100조(부속 기숙사의 설치·운영 기준) 사용자는 부속 기숙사를 설치·운영할 때 다음 각 호의 사항에 관하여 대통령령으로 정하는 기준을 충족하도록 하여야 한다.
> 1. 기숙사의 구조와 설비
> 2. 기숙사의 설치 장소
> 3. 기숙사의 주거 환경 조성
> 4. 기숙사의 면적
> 5. 그 밖에 근로자의 안전하고 쾌적한 주거를 위하여 필요한 사항

제10장 근로관계의 변경

제1절 인사이동

Ⅰ. 인사이동의 의의

(1) 인사이동은 전직, 전적, 전출, 전근, 전보, 출장, 파견, 배치전환, 근로자공급 및 근로관계의 이전 등 다양한 형태의 근로관계의 변경을 포함하는 개념이다.
(2) 인사권은 사용자의 권한에 속하므로 업무상 필요한 범위 내에서 사용자는 상당한 재량을 가진다.

> **참조판례** 대판 1995.10.13. 94다52928
> 근로자에 대한 전보나 전직은 원칙적으로 인사권자인 사용자의 권한에 속하므로 업무상 필요한 범위 내에서는 사용자는 상당한 재량을 가지며, 그것이 근로기준법에 위반되거나 권리남용에 해당되는 등의 특별한 사정이 없는 한 유효하고, 전보처분 등이 권리남용에 해당하는지 여부는 전보처분 등의 업무상 필요성과 전보 등에 따른 근로자의 생활상의 불이익을 비교·교량하여 결정되어야 하고, 업무상의 필요에 의한 전보 등에 따른 생활상의 불이익이 근로자가 통상 감수하여야 할 정도를 현저하게 벗어난 것이 아니라면, 이는 정당한 인사권의 범위 내에 속하는 것으로서 권리남용에 해당하지 않는다.

Ⅱ. 기업 내 인사이동

(1) 전직, 전보, 배치전환 등 기업내 인사이동이란 인력을 사업 목적에 적합하게 배치하기 위하여 근로자의 직무내용이나 근무지를 상당한 기간에 걸쳐 변경하는 인사처분을 말한다.
(2) 사용자는 근로자에게 정당한 이유 없이 전직을 할 수 없다.
(3) 전직처분 등이 정당한 인사권의 범위 내에 속하는지의 여부는 당해 전직처분 등의 업무상 필요성과 전직에 따른 근로자의 생활상 불이익을 비교·교량하고, 근로자가 속하는 노동조합(노동조합이 없으면 근로자 본인)과의 협의 등 그 전직처분을 하는 과정에서 신의칙상 요구되는 절차를 거쳤는지 여부를 종합적으로 고려하여 결정하여야 한다.

> **참조판례** 대판 2009.4.23. 2007두20157
>
> 근로자에 대한 전직이나 전보처분은 근로자가 제공하여야 할 근로의 종류·내용·장소 등에 변경을 가져온다는 점에서 근로자에게 불이익한 처분이 될 수도 있으나, 원칙적으로 인사권인 사용자의 권한에 속하므로 업무상 필요한 범위 안에서는 상당한 재량을 인정하여야 하고, 그것이 근로자에 대하여 정당한 이유 없이 해고·휴직·정직·감봉 기타 징벌을 하지 못하도록 하는 구 근로기준법(2007.4.11. 법률 제8372호로 개정되기 전의 것) 제30조 제1항에 위배되거나 권리남용에 해당하는 등 특별한 사정이 없는 한 무효라고는 할 수 없고, 전직처분 등이 정당한 인사권의 범위 내에 속하는지의 여부는 당해 전직처분 등의 업무상 필요성과 전직에 따른 근로자의 생활상의 불이익을 비교·교량하고, 근로자가 속하는 노동조합(노동조합이 없으면 근로자 본인)과의 협의 등 그 전직처분을 하는 과정에서 신의칙상 요구되는 절차를 거쳤는지 여부를 종합적으로 고려하여 결정하여야 한다.

(4) 업무상 필요성은 사용자가 그 업무의 원활하고 효율적인 운영을 위하여 그 근로자의 직무내용이나 근무지를 변경할 객관적 필요를 말한다.

> **참조판례** 대판 2013.2.28. 2010두20447
>
> 사용자가 전직처분 등을 함에 있어서 요구되는 업무상의 필요란 인원 배치를 변경할 필요성이 있고 그 변경에 어떠한 근로자를 포함시키는 것이 적절할 것인가 하는 인원선택의 합리성을 의미하는데, 여기에는 업무능률의 증진, 직장질서의 유지나 회복, 근로자 간의 인화 등의 사정도 포함된다.

(5) 생활상 불이익은 통근의 소요시간, 노동의 강도, 임금의 차이 등 근로조건상의 불이익은 물론, 주거생활의 수준이나 가족·사회생활 등 근로조건 이외의 불이익도 포함되며, 생활상 불이익의 정도를 판단할 때에는 통근차량이나 숙소의 제공, 특별수당의 지급 등 불이익을 완화하기 위한 조치를 했는지 여부도 고려해야 한다.

(6) 근로자 본인과 성실한 협의절차를 거치지 아니하였다는 사정만으로 전보처분 등이 권리남용에 해당하여 당연히 무효가 된다고는 할 수 없다.

> **참조판례** 대판 1995.10.13. 94다52928
>
> 전보처분 등을 함에 있어서 근로자 본인과 성실한 협의절차를 거쳤는지 여부는 정당한 인사권의 행사인지 여부를 판단하는 하나의 요소라고는 할 수 있으나, 그러한 절차를 거치지 아니하였다는 사정만으로 전보처분 등이 권리남용에 해당하여 당연히 무효가 된다고는 할 수 없다.

(7) 근로계약상 근로자의 직무내용이나 근무지를 한정한 특수한 경우에는 근로자의 동의가 있어야 한다.

> **참조판례** 대판 1992.1.21. 91누5204
>
> 근로자에 대한 전직이나 전보는 원칙적으로 사용자(인사권자)의 권한에 속하므로 업무상 필요한 범위 안에서는 상당한 재량을 사용자에게 인정하여야 할 것이나, 그것이 근로기준법 제27조 제1항 또는 제105조에 위반하거나 권리남용에 해당하는 등 특별한 사정이 있는 경우에는 허용되지 않는다고 할 것이고 또 근로계약상 근로의 장소가 특정되어 있는 경우에 이를 변경하는 전직이나 전보명령을 하려면 근로자의 동의가 있어야 한다.

(8) 직종이나 근무지에 대한 한정여부는 근로자의 종류, 노동관계의 성립이나 전개의 방식 등에 비추어 개별적으로 결정한다.

Ⅲ. 기업 간 인사이동

1. 전출

(1) 전출은 본래의 소속기업에 재적한 채 다른 기업에서 상당히 장기간 동안 근로를 제공하는 것을 말한다.

(2) 전출의 경우 근로자는 소속기업과 근로계약은 존속하나, 근로의 제공은 전출기업에서 하게 되므로 전출기업의 지휘·명령하에서 근로를 제공하여야 한다.

(3) 사용자의 전출명령은 근로기준법 제23조 제1항의 정당한 이유가 있어야 하며, 정당한 이유를 갖추기 위하여는 사용자는 전출명령권을 남용하여서는 안 되고 근로자의 구체적인 동의가 있어야 한다.

2. 전적

(1) 전적이라 함은 본래 소속기업과의 근로계약관계를 종료하고 다른 기업과 근로계약을 새로이 체결하는 것을 말한다.

(2) 전적의 경우 ① 본래의 소속기업과 근로자는 근로계약을 종료하고, ② 전적대상기업과 근로자는 새로운 근로계약을 체결하며, ③ 본래의 소속기업과 전적대상기업이 전적계약을 체결함으로써 이루어진다.

(3) 사용자는 정당한 이유가 없는 한 근로자를 전적할 수 없으며, 정당한 이유가 인정되기 위하여는 사용자의 전적명령이 권리남용에 해당하지 않아야 하고, 근로자의 구체적인 동의를 얻어야 한다.

(4) 계열기업 간 전적의 관행이 있어서 그 관행이 근로계약의 내용을 이루고 있는 경우에는 근로자의 동의가 없더라도 전적은 유효하다.

> **참조판례** 대판 2006.1.12. 2005두9873
> 근로자를 그가 고용된 기업으로부터 다른 기업으로 적을 옮겨 다른 기업의 업무에 종사하게 하는 이른바 전적(전적)은, 종래에 종사하던 기업과 사이의 근로계약을 합의해지하고 이적하게 될 기업과 사이에 새로운 근로계약을 체결하는 것이거나 근로계약상의 사용자의 지위를 양도하는 것이므로, 동일 기업 내의 인사이동인 전근이나 전보와 달라 특별한 사정이 없는 한 근로자의 동의를 얻어야 효력이 생기고, 나아가 기업그룹 등과 같이 그 구성이나 활동 등에 있어서 어느 정도 밀접한 관련성을 갖고 사회적 또는 경제적 활동을 하는 일단의 법인체 사이의 전적에 있어서 그 법인체들 내에서 근로자의 동의를 얻지 아니하고 다른 법인체로 근로자를 전적시키는 관행이 있어서 그 관행이 근로계약의 내용을 이루고 있다고 인정하기 위하여는, 그와 같은 관행이 그 법인체들 내에서 일반적으로 근로관계를 규율하는 규범적인 사실로서 명확히 승인되거나, 그 구성원이 일반적으로 아무런 이의도 제기하지 아니한 채 당연한 것으로 받아들여 기업 내에서 사실상의 제도로서 확립되어 있지 않으면 아니 된다.

(5) 기업그룹 내부의 전적에 관하여 미리 근로자의 포괄적인 동의를 얻어 두면 그때마다 근로자의 동의를 얻지 않더라도 다른 계열기업으로 유효하게 전직시킬 수 있다.

> **참조판례** 대판 1993.1.26. 92다11695
> 근로자의 동의를 전적의 요건으로 하는 이유는 근로관계에 있어서 업무지휘권의 주체가 변경됨으로 인하여 근로자가 받을 불이익을 방지하려는 데에 있다고 할 것인바, 그룹 내의 기업에 고용된 근로자를 다른 계열기업으로 전적시키는 것은 형식적으로는 사용자의 법인격이 달라지게 된다 하더라도 실질적으로 업무지휘권의 주체가 변동된 것으로 보기 어려운 면이 있으므로, 사용자가 기업그룹 내부의 전적에 관하여 미리(근로자가 입사할 때 또는 근무하는 동안에) 근로자의 포괄적인 동의를 얻어 두면 그때마다 근로자의 동의를 얻지 아니하더라도 근로자를 다른 계열기업으로 유효하게 전적시킬 수 있다.

Ⅳ. 휴직

(1) 휴직이란 근로제공이 불가능하거나 부적당한 경우에 근로계약관계를 유지하면서 일정한 기간 동안 근로제공을 금지하거나 근로제공의무를 면제하는 인사처분을 말한다.

(2) 사용자는 근로자에게 정당한 이유없이 휴직을 할 수 없다.

(3) 인사규정에 의한 명령휴직은 근로자가 상당한 기간에 걸쳐 근로의 제공을 할 수 없다거나, 근로제공을 함이 매우 부적당하다고 인정되는 경우에만 정당하다.

> **참조판례** 대판 2005.2.18. 2003다63029
>
> 휴직근거규정에 의하여 사용자에게 일정한 휴직사유의 발생에 따른 휴직명령권을 부여하고 있다 하더라도 그 정해진 사유가 있는 경우, 당해 휴직규정의 설정목적과 그 실제기능, 휴직명령권 발동의 합리성 여부 및 그로 인하여 근로자가 받게 될 신분상, 경제상의 불이익 등 구체적인 사정을 모두 참작하여 근로자가 상당한 기간에 걸쳐 근로의 제공을 할 수 없다거나, 근로제공을 함이 매우 부적당하다고 인정되는 경우에만 정당한 이유가 있다고 보아야 할 것이다.

(4) 사용자의 귀책사유에 해당하는 경영상의 필요에 따라 개별 근로자들에 대하여 실시한 '휴업'은 불이익 처분으로 '휴직'에 해당한다.

> **참조판례** 대판 2009.9.10. 2007두10440
>
> [1] 구 근로기준법 제45조 제1항에서 정하는 "휴업"에는 개개의 근로자가 근로계약에 따라 근로를 제공할 의사가 있음에도 불구하고 그 의사에 반하여 취업이 거부되거나 또는 불가능하게 된 경우도 포함되므로, 이는 "휴직"을 포함하는 광의의 개념이라 할 것이다. 한편 구 근로기준법 제30조 제1항은 "사용자는 근로자에 대하여 정당한 이유 없이 해고, 휴직, 정직, 전직, 감봉 기타 징벌을 하지 못한다"라고 규정하고 있고, 여기서 "휴직"이라 함은 어떤 근로자를 그 직무에 종사하게 하는 것이 불능이거나 또는 적당하지 아니한 사유가 발생한 때에 그 근로자의 지위를 그대로 두면서, 일정한 기간 그 직무에 종사하는 것을 금지시키는 사용자의 처분을 말한다. 그렇다면 사용자가 그의 귀책사유에 해당하는 경영상의 필요에 따라 개별 근로자들에 대하여 구 근로기준법 제45조 제1항에 의한 휴업을 실시한 경우, 이러한 휴업 역시 구 근로기준법 제30조 제1항에서 정하는 "휴직"에 해당하는 불이익한 처분에 해당한다고 할 것이다.
>
> [2] 기업이 그 활동을 계속적으로 유지하기 위해서는 노동력을 재배치하거나 그 수급을 조절하는 것이 필요불가결하므로, 휴직명령을 포함한 인사명령은 원칙적으로 인사권자인 사용자의 고유권한에 속한다 할 것이고, 따라서 이러한 인사명령에 대하여는 업무상 필요한 범위 안에서 사용자에게 상당한 재량을 인정하여야 하고, 그것이 근로자에 대하여 정당한 이유없이 해고·휴직·정직·감봉 기타 징벌을 하지 못하도록 하는 구 근로기준법 제30조 제1항에 위배되거나 권리남용에 해당하는 등 특별한 사정이 없는 한 무효라고 할 수 없으며, 경영상의 필요를 이유로 하여 휴직명령이 취해진 경우 그 휴직명령이 정당한 인사권의 범위 내에 속하는지 여부는 당해 휴직명령 등의 경영상의 필요성과 그로 인하여 근로자가 받게 될 신분상·경제상의 불이익을 비교·교량하고, 휴직명령 대상자 선정의 기준이 합리적이어야 하며, 근로자가 속하는 노동조합과의 협의 등 그 휴직명령을 하는 과정에서 신의칙상 요구되는 절차를 거쳤는지 여부를 종합적으로 고려하여 결정하여야 한다.

(5) 휴직 기간 중이라도 휴직의 사유가 소멸된 경우에는 사용자는 근로자를 복직시킬 의무가 있다.

V. 대기발령

(1) 대기발령은 근로자가 현재의 직위 또는 직무를 장래에 계속 담당하게 되면 업무상 장애 등이 예상되는 경우에 이를 예방하기 위하여 일시적으로 당해 근로자에게 직위를 부여하지 아니함으로써 직무에 종사하지 못하도록 하는 잠정적인 조치를 말한다.

(2) 대기발령은 원칙적으로 인사권자인 사용자의 고유권한에 속하고 이러한 인사명령에 대하여는 업무상 필요한 범위 안에서 사용자에게 상당한 재량이 인정되므로, 이것이 근로기준법 등에 위반되거나 권리남용에 해당하는 등의 특별한 사정이 없는 한 위법하다고 할 수 없다.

> **참조판례** 대판 2011.7.28. 2009두2665
>
> 대기발령을 포함한 인사명령은 원칙적으로 인사권자인 사용자의 고유권한에 속하고 이러한 인사명령에 대하여는 업무상 필요한 범위 안에서 사용자에게 상당한 재량이 인정되므로, 이것이 근로기준법 등에 위반되거나 권리남용에 해당하는 등의 특별한 사정이 없는 한 위법하다고 할 수 없고, 대기발령이 위와 같은 정당한 인사권의 범위 내에 속하는지 여부는 업무상의 필요와 그에 따른 근로자의 생활상의 불이익과의 비교교량, 대기발령을 하는 과정에서 근로자와의 협의 등 신의칙상 요구되는 절차를 거쳤는지 여부 등에 의하여 결정되어야 하나, 이때 근로자 본인과 성실한 협의절차를 거쳤는지 여부는 정당한 인사권의 행사인지 여부를 판단하는 하나의 요소일 뿐 그러한 절차를 거치지 아니하였다는 사정만으로 대기발령이 권리남용에 해당되어 당연히 무효로 되는 것은 아니다. 참가인의 규정위반 대출로 인하여 부실채권이 발생하는 등 원고에게 실질적으로 손해가 발생하였고 원고로서는 추가적인 규정위반 대출 내지 손해의 발생을 사전에 막을 필요성이 인정되는 점 등을 종합하여 볼 때 이 사건 직무정지 및 대기발령이 인사권의 남용에 해당한다고 볼 수 없다.

(3) 부당한 장기간 동안의 대기발령은 무효이다.

> **참조판례** 대판 2007.2.23. 2005다3991
>
> 사용자가 대기발령 근거규정에 의하여 일정한 대기발령 사유의 발생에 따라 근로자에게 대기발령을 한 것이 정당한 경우라고 하더라도 당해 대기발령 규정의 설정 목적과 그 실제 기능, 대기발령 유지의 합리성 여부 및 그로 인하여 근로자가 받게 될 신분상·경제상의 불이익 등 구체적인 사정을 모두 참작하여 그 기간은 합리적인 범위 내에서 이루어져야 하는 것이고, 만일 대기발령을 받은 근로자가 상당한 기간에 걸쳐 근로의 제공을 할 수 없다거나, 근로제공을 함이 매우 부적당한 경우가 아닌데도 사회통념상 합리성이 없을 정도로 부당하게 장기간 동안 대기발령 조치를 유지하는 것은 특별한 사정이 없는 한 정당한 이유가 있다고 보기 어려우므로 그와 같은 조치는 무효라고 보아야 할 것이다.

(4) 사용자가 자신의 귀책사유에 해당하는 경영상의 필요에 따라 개별 근로자들에 대하여 대기발령을 한 경우, 근로자들에게 휴업수당을 지급하여야 한다.

> **참조판례** 대판 2013.10.11. 2012다12870
>
> 근로기준법 제46조 제1항에서 정하는 '휴업'에는 개개의 근로자가 근로계약에 따라 근로를 제공할 의사가 있는데도 그 의사에 반하여 취업이 거부되거나 불가능하게 된 경우도 포함되므로, 이는 '휴직'을 포함하는 광의의 개념인데, 근로기준법 제23조 제1항에서 정하는 '휴직'은 어떤 근로자를 그 직무에 종사하게 하는 것이 불가능하거나 적당하지 아니한 사유가 발생한 때에 그 근로자의 지위를 그대로 두면서 일정한 기간 그 직무에 종사하는 것을 금지시키는 사용자의 처분을 말하는 것이고, '대기발령'은 근로자가 현재의 직위 또는 직무를 장래에 계속 담당하게 되면 업무상 장애 등이 예상되는 경우에 이를 예방하기 위하여 일시적으로 당해 근로자에게 직위를 부여하지 아니함으로써 직무에 종사하지 못하도록 하는 잠정적인 조치를 의미하므로, 대기발령은 근로기준법 제23조 제1항에서 정한 '휴직'에 해당한다고 볼 수 있다. 따라서 사용자가 자신의 귀책사유에 해당하는 경영상의 필요에 따라 개별 근로자들에 대하여 대기발령을 하였다면 이는 근로기준법 제46조 제1항에서 정한 휴업을 실시한 경우에 해당하므로 사용자는 그 근로자들에게 휴업수당을 지급할 의무가 있다.

제2절 징계

Ⅰ. 징계권의 의의

(1) 징계라 함은 근로자가 회사의 복무규율이나 기타의 기업질서를 위반하는 경우 이에 대하여 사용자가 취하는 제재조치를 말한다.
(2) 사용자는 취업규칙·단체협약 등에 징계의 사유와 수단을 명확히 규정하고 이들 규정이 근로계약의 당사자에 대하여 구속력을 갖게 됨으로써 징계권을 가진다.

Ⅱ. 징계의 종류

(1) 견책이란 사용자가 근로자에게 시말서 등을 제출하도록 하는 것이다.
(2) 경고는 상대방을 구두·문서로 훈계하는 것이다.
(3) 감봉(감급)은 근로자의 임금 중 일부를 삭감하는 것이다. 근로기준법 제95조는 감급의 제한으로 취업규칙에서 근로자에 대하여 감급의 제재를 정할 경우에 그 감액은 1회의 금액이 평균임금의 1일분의 2분의 1을, 총액이 1임금지급기의 임금 총액의 10분의 1을 초과하지 못하도록 규정하고 있다.
(4) 출근정지 또는 정직이란 근로계약을 존속시키지만 근로자의 근로제공을 일정기간 금지하는 것이다.
(5) 징계해고는 사용자의 일방적 의사표시로 근로관계를 종료시키는 것이다.

Ⅲ. 징계의 제한

1. 징계의 정당성

(1) 사용자는 근로자에게 정당한 이유없이 정직, 감봉, 그 밖의 징벌을 할 수 없다.
(2) 정당한 이유란 징계가 사회통념상 정당하여야 함을 의미하며, 정당한 이유의 구비여부는 징계의 사유뿐만 아니라 징계의 절차도 사회통념상 합리성을 갖추었는지 여부를 기준으로 판단한다.

2. 징계사유의 정당성

(1) 사용자가 취업규칙·단체협약 등에 징계사유를 미리 정하여 둔 경우에도 취업규칙·단체협약 등의 징계사유가 사회통념상 정당한 징계사유에 해당하여야 한다.
  1) 취업규칙·단체협약에서 정한 징계사유는 제한적 열거로 보아야 한다.

> **참조판례** 대판 1993.11.9. 93다37915
> 단체협약이나 취업규칙에 근로자에 대한 징계해고사유가 제한적으로 열거되어 있는 경우에는 그와 같이 열거되어 있는 사유 이외의 사유로는 징계해고할 수 없다.

2) 취업규칙이 단체협약에서 정해진 징계사유와 관련없는 신규 징계사유를 규정한 경우 이를 단체협약의 규정에 반한 것이라 할 수 없다.

> **참조판례** 대판 1994.6.14. 93누20115
>
> 단체협약에 반하지 않는 한 사용자는 취업규칙에서 새로운 징계사유를 정할 수 있고, 그 징계사유에 터잡아 징계할 수도 있는 것인바, 회사 취업규칙이 단체협약 소정의 징계사유와는 관련이 없는 새로운 징계사유를 규정한 것이라면 이를 단체협약의 규정에 반하는 것이라 할 수 없고, 따라서 취업규칙을 적용하여 징계해고한 것을 위법하다 할 수 없다.

(2) 무단결근, 지각·조퇴의 과다, 근무성적불량, 직장이탈 등 근무태만이 다른 근로자의 근무 태도에 악영향을 주는 등 근무규율 내지 직장질서에 반한다고 인정되어야 비로소 정당한 징계사유가 된다.

(3) 연장근로명령·출장명령·전직명령 등의 위반, 경위서 제출거부 등 업무명령을 위반한 경우에는 그 명령 위반에 따라 근무규율이나 직장질서에 위반하게 되어야 정당한 징계사유가 된다.

(4) 위법한 쟁의행위로 사용자의 업무를 방해하는 행위는 근무규율이나 직장질서를 위반한 것으로 정당한 징계사유가 된다.

(5) 기업에 대한 횡령·배임, 기업물품의 절도·손괴, 동료나 상사에 대한 폭행, 상사에 대한 폭언 등 근무규율 위반행위는 정당한 징계사유가 된다.

(6) 경력사칭이란 고의로 채용시 제출하는 이력서 등에 학력·직업경력·학생운동경력·노동운동경력·전과사실 등을 허위로 기재하는 것을 말한다.

1) 판례는 고용 당시의 사정뿐만아니라 고용 이후 해고에 이르기까지 그 근로자가 종사한 근로의 내용과 기간, 허위기재를 한 학력 등이 종사한 근로의 정상적인 제공에 지장을 초래하는지 여부, 사용자가 학력 등의 허위기재 사실을 알게 된 경위, 알고 난 이후 당해 근로자의 태도 및 사용자의 조치 내용, 학력 등이 종전에 알고 있던 것과 다르다는 사정이 드러남으로써 노사 간 및 근로자 상호 간 신뢰관계의 유지와 안정적인 기업경영과 질서유지에 미치는 영향 기타 여러 사정을 종합적으로 고려하여 판단하여야 한다는 입장이다.

> **참조판례** 대판 2013.9.12. 2013두11031
>
> 근로자가 입사 당시 제출한 이력서 등에 학력 등을 허위로 기재한 행위를 이유로 징계해고를 하는 경우에도 마찬가지이고, 그 경우 사회통념상 고용관계를 계속할 수 없을 정도인지는 사용자가 사전에 그 허위 기재 사실을 알았더라면 근로계약을 체결하지 아니하였거나 적어도 동일 조건으로는 계약을 체결하지 않았으리라는 등 고용 당시의 사정뿐 아니라, 고용 이후 해고에 이르기까지 그 근로자가 종사한 근로의 내용과 기간, 허위기재를 한 학력 등이 종사한 근로의 정상적인 제공에 지장을 초래하는지 여부, 사용자가 학력 등의 허위 기재 사실을 알게 된 경위, 알고 난 이후 당해 근로자의 태도 및 사용자의 조치 내용, 학력 등이 종전에 알고 있던 것과 다르다는 사정이 드러남으로써 노사간 및 근로자 상호간 신뢰관계의 유지와 안정적인 기업경영과 질서유지에 미치는 영향 기타 여러 사정을 종합적으로 고려하여 판단할 것이다.

2) 경력사칭이 근로계약 체결에 관한 의사표시의 무효 또는 취소사유에 해당하는 경우 사용자는 근로관계를 무효 또는 취소할 수 있으며, 그 효과는 장래효를 갖는다.

> **참조판례** 대판 2017.12.22. 2013다25194, 25200
>
> 근로계약은 근로자가 사용자에게 근로를 제공하고 사용자는 이에 대하여 임금을 지급하는 것을 목적으로 체결된 계약으로서(근로기준법 제2조 제1항 제4호) 기본적으로 그 법적 성질이 사법상 계약이므로 계약 체결에 관한 당사자들의 의사표시에 무효 또는 취소의 사유가 있으면 상대방은 이를 이유로 근로계약의 무효 또는 취소를 주장하여 그에 따른 법률효과의 발생을 부정하거나 소멸시킬 수 있다. 다만 그와 같이 근로계약의 무효 또는 취소를 주장할 수 있다 하더라도 근로계약에 따라 그동안 행하여진 근로자의 노무 제공의 효과를 소급하여 부정하는 것은 타당하지 않으므로 이미 제공된 근로자의 노무를 기초로 형성된 취소 이전의 법률관계까지 효력을 잃는다고 보아서는 아니 되고, 취소의 의사표시 이후 장래에 관하여만 근로계약의 효력이 소멸된다고 보아야 한다.

(7) 사생활의 비행 등은 기업 활동과 직접 관련되고 또 기업의 사회적 평가의 훼손을 초래하는 경우에 정당한 징계사유가 된다(대판 93누23275).

3. 징계절차의 정당성

(1) 취업규칙 등에서 근로자를 징계하고자 할 때에는 징계위원회의 의결을 거치도록 명하고 있는 경우, 이러한 절차를 거치지 아니한 징계처분은 원칙적으로 효력을 인정할 수 없다.

> **참조판례** 대판 1996.2.9. 95누12613
>
> 취업규칙 등에서 근로자를 징계하고자 할 때에는 징계위원회의 의결을 거치도록 명하고 있는 경우 이러한 절차를 거치지 않은 징계처분은 원칙적으로 효력을 인정할 수 없는 바, 취업규칙에 징계위원의 자격 및 인원수에 대한 규정이 없더라도 주식회사는 사용자측을 대표하여 행동하는 이사가 적어도 3명 이상일 뿐만 아니라 징계위원회를 구성하는 징계위원은 반드시 사용자측을 대표하여 행동하는 자이어야만 하는 것은 아니고 근로자도 그 자격이 있는 것이므로 근로자를 징계 할 당시 징계위원회의 구성이 사실상 불가능하였다고 볼 수 없으므로 징계위원회의 의결을 거치지 아니한 징계해고는 무효이다.

(2) 징계위원회의 구성에 노동조합대표자의 참석, 징계대상자에게 변경기회를 주도록 한 징계규정이 있다면 이러한 징계절차를 위반한 징계해고는 부당하다.

> **참조판례** 대판 1991.7.9. 90다8077
>
> 단체협약이나 취업규칙 또는 이에 근거를 둔 징계규정에서 징계위원회의 구성에 노동조합의 대표자를 참여시키도록 되어 있고 또 징계대상자에게 징계위원회에 출석하여 변명과 소명자료를 제출할 기회를 부여하도록 되어 있음에도 불구하고 이러한 징계절차를 위배하여 징계해고를 하였다면 이러한 징계권의 행사는 징계사유가 인정되는 여부에 관계없이 절차에 있어서의 정의에 반하는 처사로서 무효라고 보아야 한다.

1) 기업별 단위노동조합이 체결한 단체협약에서 징계위원회를 노사 각 3명의 위원으로 구성하기로 정한 경우 근로자측 징계위원은 사용자 회사에 소속된 근로자에 한정되어야 한다(대판 2013두3351).

2) 취업규칙 등에서 노·사 동수로 징계위원회를 구성하도록 하면서 취업규칙에 직접적으로 징계위원의 자격과 선임절차에 관해서 규정하고 있지는 않은 경우 노측 징계위원들이 이전부터 근로자들을 대표하거나 근로자들의 의견을 대변해왔다는 등의 특별한 사정이 없는 한 근로자들의 의견을 반영하는 과정 없이 임의로 노측 징계위원을 위촉할 수 없다(대판 2006다48069).

(3) 징계위원회의 개최통지는 그 변명과 소명자료를 준비할 수 있을 정도의 시간적 여유를 두고 고지되어야 한다.

> **참조판례** 대판 2007.10.12. 2006다59748
> 취업규칙 등에서 징계해고를 함에 있어서는 징계대상자에게 징계위원회에 출석하여 변명할 기회를 부여하도록 규정하고 있는 경우 징계위원회의 개최통지는 그 변명과 소명자료를 준비할 수 있을 정도의 시간적 여유를 두고 고지되어야 한다.

징계위원회의 개최 3시간 30분 전에 통보받았지만 징계대상자 스스로 징계위원회에 출석하여 변명을 하고 소명자료까지 제출하였으므로 그 흠이 치유되어 적법하다(대판 92다27809).

(4) 단체협약에서 '쟁의기간 중에는 징계나 전출 등의 인사 조치를 아니 한다'고 정하고 있는 경우, 정당하게 개시된 쟁의과정에서 발생한 징계사유를 들어 쟁의기간 중에 징계 등 인사조치를 할 수 없다.

> **참조판례** 대판 2013.2.15. 2010두20362
> 단체협약에서 '쟁의기간 중에는 징계나 전출 등의 인사 조치를 아니 한다'고 정하고 있는 경우, 이는 쟁의기간 중에 쟁의행위에 참가한 조합원에 대한 징계 등 인사조치 등에 의하여 노동조합 활동이 위축되는 것을 방지함으로써 노동조합의 단체행동권을 실질적으로 보장하기 위한 것이므로, 쟁의행위가 그 목적이 정당하고 절차적으로 노동조합 및 노동관계조정법의 제반 규정을 준수함으로써 정당하게 개시된 경우라면, 비록 그 쟁의 과정에서 징계 사유가 발생하였다고 하더라도 쟁의가 계속되고 있는 한 그러한 사유를 들어 쟁의기간 중에 징계위원회의 개최 등 조합원에 대한 징계절차의 진행을 포함한 일체의 징계 등 인사조치를 할 수 없다.

(5) 단체협약에서 '징계위원회는 징계사유 발생일로부터 15일 이내에 개최되어야 하고, 이를 따르지 않는 징계는 무효로 한다'고 정하고 있는 경우, 위 규정을 위반하여 개최된 징계위원회에서 한 징계 결의는 무효이다.

> **참조판례** 대판 2013.2.15. 2010두20362
> 단체협약에서 '징계위원회는 징계사유 발생일로부터 15일 이내에 개최되어야 하고, 이를 따르지 않는 징계는 무효로 한다'고 정하고 있는 경우, 징계대상자 및 징계사유의 조사 및 확정에 상당한 기간이 소요되어 위 규정을 준수하기 어렵다는 등의 부득이한 사정이 없는 한, 위 규정을 위반하여 개최된 징계위원회에서 한 징계 결의는 무효이다. 한편 징계위원회 개최시한의 기산점은 원칙적으로 징계사유가 발생한 때이지만, 쟁의기간 중에 쟁의 과정에서 발생한 징계사유를 들어 징계하는 경우 '쟁의기간 중의 징계금지'와 같이 징계가 불가능한 사유가 있는 경우에는 쟁의행위가 종료된 때로부터 위 기간이 기산된다.

(6) 취업규칙 내지 단체협약 등에 징계절차에 관한 별도의 규정을 두고 있지 않은 경우 법률상 징계절차에 관한 특별한 제한을 두고 있지 않으므로 다른 절차를 거치지 않았다는 사정만으로 징계가 무효가 되는 것은 아니다.

> **참조판례** 대판 1986.7.8. 85다375, 85다카1591
> 일반적으로 근로자를 징계해고함에 있어 취업규칙등에 징계에 관한 절차가 정하여져 있으면 반증이 없는 한 그 절차는 정의가 요구하는 것으로서 징계의 유효조건이라고 할 것이나, 취업규칙등의 징계에 관한 규정에 징계혐의자의 출석 및 진술의 기회부여등에 관한 절차가 규정되어 있지 아니하다면 그와 같은 절차를 밟지 아니하고 해고하였다 하여 이를 들어 그 징계를 무효라고는 할 수 없다.

(7) 징계절차상의 하자가 재심 과정에서 보완된 경우, 그 하자는 치유된다.

> **참조판례** 대판 1997.11.11. 96다23627
>
> 징계처분에 대한 재심절차는 원래의 징계절차와 함께 전부가 하나의 징계처분 절차를 이루는 것으로서 그 절차의 정당성도 징계 과정 전부에 관하여 판단되어야 할 것이므로, 원래의 징계 과정에 절차 위반의 하자가 있더라도 재심 과정에서 보완되었다면 그 절차 위반의 하자는 치유된다.

3. 징계의 상당성 및 형평성

(1) 가벼운 징계사유에 대하여 가혹한 제재를 가하는 것은 징계권자의 재량권을 남용하는 것으로서 허용될 수 없다.

> **참조판례** 대판 2005.3.11. 2004두13332
>
> 단체협약이나 취업규칙 등 인사 관련 규칙에서 징계사유를 규정함에 있어 동일한 사유에 대하여 여러 등급의 징계가 가능한 것으로 규정하였다면 그 중 어떤 징계처분을 선택할 것인지는 원칙적으로 징계권자의 재량에 속한다고 할 것이나, 징계사유와 징계처분과의 사이에는 사회통념상 상당하다고 보여지는 균형이 있을 것이 요구되고, 가벼운 징계사유에 대하여 가혹한 제재를 가하는 것은 징계권자의 재량권을 남용하는 것으로서 허용될 수 없다 할 것이다.

(2) 같은 비위행위에 대하여 종전에 또는 다른 근로자에게 과한 징계수단과 동등하거나 비슷한 수단이어야 한다.

> **참조판례** 대판 2007.10.12. 2007두7093
>
> 징계권자가 일응의 징계양정기준을 정하고 그에 따라 징계처분을 하였을 경우 정해진 징계양정기준이 전혀 합리성이 없다거나 특정의 근로자만을 해고하기 위한 방편이라는 등의 특별한 사정이 없는 한 이로써 바로 당해 징계처분이 형평의 원칙에 반하여 위법하다고 할 수는 없을 것이다.

4. 이중징계의 금지

(1) 정당한 징계사유가 있는 경우에도 같은 사유에 대하여 이중으로 징계를 할 수는 없다.

(2) 종전의 징계가 절차상의 흠 또는 징계수단의 상당성 결여를 이유로 노동위원회의 구제절차 또는 소송절차에서 부당한 것으로 판명된 경우에 사용자가 같은 사유에 대하여 적정절차를 밟거나 징계의 수준을 낮추어 다시 징계하거나 사용자 스스로 종전의 징계를 취소하고 새로이 징계하는 것은 이중징계에 해당하지 않는다.

> **참조판례** 대판 2010.6.10. 2009다97611
>
> 사용자의 근로자에 대한 징계처분은 근로자의 기업질서 위반행위에 대한 제재로서의 벌이고, 자체의 재심절차에서도 징계처분을 취소할 수 있으므로 사용자가 징계절차의 하자, 징계사유의 존부, 징계양정 등에 잘못이 있음을 스스로 인정한 때에는 노동위원회의 구제명령이나 법원의 무효확인판결을 기다릴 것 없이 스스로 징계처분을 취소할 수 있고, 나아가 새로이 적법한 징계처분을 하는 것도 가능하다.

(3) 징계사유가 된 비위행위에 대하여 종전에 징계를 받았다는 점을 징계 여부 및 징계 수단의 결정에 참고하는 것은 이중징계가 아니다.

제3절 근로관계의 이전

Ⅰ. 영업양도와 근로관계

(1) 영업양도라 함은 영업조직체를 그 동일성을 유지하면서 양도인에게서 양수인에게로 이전할 것을 목적으로 하는 채권계약을 말한다.

(2) 영업이 포괄적으로 양도되면 반대의 특약이 없는 한 양도인과 근로자 간의 근로관계도 원칙적으로 양수인에게 포괄적으로 승계된다.

> **참조판례** 대판 1994.6.28. 93다33173
> 가. 영업의 양도라 함은 일정한 영업목적에 의하여 조직화된 업체, 즉 인적·물적 조직을 그 동일성은 유지하면서 일체로서 이전하는 것을 말하고 영업이 포괄적으로 양도되면 반대의 특약이 없는 한 양도인과 근로자 간의 근로관계도 원칙적으로 양수인에게 포괄적으로 승계된다.
> 나. 영업양도 당사자 사이에 근로관계의 일부를 승계의 대상에서 제외하기로 하는 특약이 있는 경우에는 그에 따라 근로관계의 승계가 이루어지지 않을 수 있으나, 그러한 특약은 실질적으로 해고나 다름이 없으므로, 근로기준법 제27조 제1항 소정의 정당한 이유가 있어야 유효하며, 영업양도 그 자체만을 사유로 삼아 근로자를 해고하는 것은 정당한 이유가 있는 경우에 해당한다고 볼 수 없다.

(3) 영업의 동일성이 인정되지 않는 자산양도의 경우 근로관계는 승계되지 않는다.

> **참조판례** 대판 2001.7.27. 99두2680
> 영업재산의 전부를 양도했어도 그 조직을 해체하여 양도했다면 영업의 양도에 해당하지 않는다.

(4) 영업양도된 경우 개별적 근로관계뿐만 아니라 집단적 노사관계도 포괄승계된다.

(5) 영업양도시 근로관계승계를 거부하는 근로자의 근로관계는 양도인과의 사이에 여전히 존재한다.

> **참조판례** 대판 2010.9.30. 2010다41089
> 영업이 양도된 경우에 근로관계의 승계를 거부하는 근로자에 대하여는 그 근로관계가 양수하는 기업에 승계되지 아니하고 여전히 양도하는 기업과 사이에 존속되는 것이며, 이러한 경우 원래의 사용자는 영업 일부의 양도로 인한 경영상의 필요에 따라 감원이 불가피하게 되는 사정이 있어 정리해고로서의 정당한 요건이 갖추어져 있다면 그 절차에 따라 승계를 거부한 근로자를 해고할 수 있다고 할 것이다.

Ⅱ. 합병과 근로관계

(1) 합병이란 수개의 회사 중 1회사만이 존속하게 되고 존속회사가 나머지 소멸회사의 권리의무를 포괄적으로 승계하거나, 수개의 회사가 모두 소멸하고 신설된 회사가 소멸회사의 권리의무를 포괄적으로 승계하는 것을 말한다.

(2) 합병의 경우 존속회사 또는 신설회사는 소멸회사의 모든 권리·의무를 포괄적으로 승계하므로 개별적 근로관계뿐만 아니라 집단적 노사관계도 포괄승계된다.

Ⅲ. 분할과 근로관계

회사 분할이 근로기준법상 해고의 제한을 회피하기 위한 것이라는 등의 특별한 사정이 없는 한 회사 분할에 따른 근로계약의 승계에 대하여 근로자가 이의를 제기하였는지 여부와 상관없이 근로관계는 신설회사에 승계된다.

> **참조판례** 대판 2013.12.12. 2011두4282
>
> 상법 제530조의10은 분할로 인하여 설립되는 회사는 분할하는 회사의 권리와 의무를 분할계획서가 정하는 바에 따라서 승계한다고 규정하고 있으므로, 분할하는 회사의 근로관계도 위 규정에 따른 승계의 대상에 포함될 수 있다. 그런데 헌법이 직업선택의 자유를 보장하고 있고 근로기준법이 근로자의 보호를 도모하기 위하여 근로조건에 관한 근로자의 자기결정권(제4조), 강제근로의 금지(제7조), 사용자의 근로조건 명시의무(제17조), 부당해고 등의 금지(제23조) 또는 경영상 이유에 의한 해고의 제한(제24조) 등을 규정한 취지에 비추어 볼 때, 회사 분할에 따른 근로관계의 승계는 근로자의 이해와 협력을 구하는 절차를 거치는 등 절차적 정당성을 갖춘 경우에 한하여 허용되고, 해고의 제한 등 근로자 보호를 위한 법령 규정을 잠탈하기 위한 방편으로 이용되는 경우라면 그 효력이 부정될 수 있어야 한다. 따라서 둘 이상의 사업을 영위하던 회사의 분할에 따라 일부 사업 부문이 신설회사에 승계되는 경우 분할하는 회사가 분할계획서에 대한 주주총회의 승인을 얻기 전에 미리 노동조합과 근로자들에게 회사 분할의 배경, 목적 및 시기, 승계되는 근로관계의 범위와 내용, 신설회사의 개요 및 업무 내용 등을 설명하고 이해와 협력을 구하는 절차를 거쳤다면 그 승계되는 사업에 관한 근로관계는 해당 근로자의 동의를 받지 못한 경우라도 신설회사에 승계되는 것이 원칙이다. 다만 회사의 분할이 근로기준법상 해고의 제한을 회피하면서 해당 근로자를 해고하기 위한 방편으로 이용되는 등의 특별한 사정이 있는 경우에는, 해당 근로자는 근로관계의 승계를 통지받거나 이를 알게 된 때부터 사회통념상 상당한 기간 내에 반대 의사를 표시함으로써 근로관계의 승계를 거부하고 분할하는 회사에 잔류할 수 있다.

제11장 근로관계의 변경

제1절 해고

Ⅰ. 의의

(1) 해고란 사용자의 일방적인 근로관계 종료의 의사표시를 말한다.
(2) 사용자의 해지의 자유는 근로제공을 유일한 생존수단으로 삼고 있는 근로자에게는 근로기회의 상실을 가져와 생존에 커다란 위협을 주게 되어 근로자의 근로기회 보장을 위하여 사용자의 해고권에 대한 법적 제한이 요구되었다.
(3) 해고는 사용자측 사정에 따른 해고(정리해고)와 근로자측 사정에 따른 해고로 나누어지고 후자는 다시 징계처분의 일종인 징계해고와 징계와 무관한 일반해고로 나누어진다.

Ⅱ. 해고의 실질적 요건: 정당한 이유

1. 의의

> 근로기준법 제23조(해고 등의 제한) ① 사용자는 근로자에게 정당한 이유 없이 해고, 휴직, 정직, 전직, 감봉, 그 밖의 징벌(懲罰)(이하 "부당해고등"이라 한다)을 하지 못한다.

사용자는 정당한 이유없이 근로자를 해고하여서는 아니 되는데 정당한 이유란 사회통념상 근로계약을 계속시킬 수 없을 정도로 근로자에게 책임이 있는 사유를 말한다.

> **참조판례** 대판 1989.9.26. 89다카5475
> 근로기준법 제27조 제1항 소정의 '정당한 이유'라 함은 사회통념상 고용계약을 계속시킬 수 없을 정도로 근로자에게 책임이 있는 사유가 있다든가 부득이한 경영상의 필요가 있는 경우만을 말하는 것이므로 근로계약이나 취업규칙 등에 해고에 관한 규정이 있는 경우 그것이 위 근로기준법에 위배되어 무효가 아닌 이상 그에 따른 해고는 정당한 이유가 있는 해고라고 할 것이다.

> **참조판례** 대판 2002.5.28. 2001두10455
> 해고처분은 사회통념상 고용관계를 계속할 수 없을 정도로 근로자에게 책임 있는 사유가 있는 경우에 행하여져야 그 정당성이 인정되는 것이고, 사회통념상 당해 근로자와의 고용관계를 계속할 수 없을 정도인지의 여부는 당해 사용자의 사업의 목적과 성격, 사업장의 여건, 당해 근로자의 지위 및 담당직무의 내용, 비위행위의 동기와 경위, 이로 인하여 기업의 위계질서가 문란하게 될 위험성 등 기업질서에 미칠 영향, 과거의 근무태도 등 여러 가지 사정을 종합적으로 검토하여 판단하여야 한다.

2. 근로자측의 해고사유

(1) 근로자가 정신적·육체적 기타의 사유로 인하여 법령, 단체협약, 취업규칙 및 근로계약 등에 규정된 근로제공의무를 충분히 이행할 수 없는 경우에는 정당한 해고사유가 될 수 있다.

> 예 ① 질병 및 신체장애, ② 필요한 직무능력의 부족, ③ 동료직원과의 불화, ④ 경쟁업체와의 밀접한 관계, ⑤ 경향사업체에서의 경향의 상실, ⑥ 약물중독·알콜중독, ⑦ 도벽, ⑧ 성격이상 등

1) 자격상실이 간단한 절차로 단기간에 회복될 수 있거나 합리적인 훈련·연수의 기회를 주면 자격·기능 등을 취득·회복할 수 있는 때에는 해고할 수 없다.

2) 사용자는 질병·부상이나 신체 장해가 생겼다는 이유만으로 해고할 수 없고, 질병·부상을 입은 근로자에게 우선 적절한 치료의 기회를 주어야 하고 그런데도 건강 및 노동능력이 회복되지 않은 경우에 비로소 해고할 수 있다.

(2) 근로자가 자신의 귀책사유로 인하여 근로계약·취업규칙·단체협약 및 경영관행상의 의무를 위반하는 행위를 한 경우 정당한 해고사유가 될 수 있다.

> 예 ① 무단결근·조퇴·지각의 경우, ② 약정된 근로제공의 거부, ③ 하자 있는 근로제공, ④ 불법쟁의행위의 참가·선동, ⑤ 업무수행의 태만, ⑥ 회사경영에 대한 손해 야기, ⑦ 회사명예의 훼손, ⑧ 회사상사의 지시 불복종, ⑨ 회사기밀의 누설 등

3. 사용자측의 해고사유: 정리해고

> **근로기준법 제24조(경영상 이유에 의한 해고의 제한)** ① 사용자가 경영상 이유에 의하여 근로자를 해고하려면 긴박한 경영상의 필요가 있어야 한다. 이 경우 경영 악화를 방지하기 위한 사업의 양도·인수·합병은 긴박한 경영상의 필요가 있는 것으로 본다.
> ② 제1항의 경우에 사용자는 해고를 피하기 위한 노력을 다하여야 하며, 합리적이고 공정한 해고의 기준을 정하고 이에 따라 그 대상자를 선정하여야 한다. 이 경우 남녀의 성을 이유로 차별하여서는 아니 된다.
> ③ 사용자는 제2항에 따른 해고를 피하기 위한 방법과 해고의 기준 등에 관하여 그 사업 또는 사업장에 근로자의 과반수로 조직된 노동조합이 있는 경우에는 그 노동조합(근로자의 과반수로 조직된 노동조합이 없는 경우에는 근로자의 과반수를 대표하는 자를 말한다. 이하 "근로자대표"라 한다)에 해고를 하려는 날의 50일 전까지 통보하고 성실하게 협의하여야 한다.
> ④ 사용자는 제1항에 따라 대통령령으로 정하는 일정한 규모 이상의 인원을 해고하려면 대통령령으로 정하는 바에 따라 고용노동부장관에게 신고하여야 한다.
> ⑤ 사용자가 제1항부터 제3항까지의 규정에 따른 요건을 갖추어 근로자를 해고한 경우에는 제23조 제1항에 따른 정당한 이유가 있는 해고를 한 것으로 본다.

(1) 사용자가 경영상 이유에 의하여 근로자를 해고하려면 긴박한 경영상의 필요가 있어야 한다.

1) 긴박한 경영상의 필요라 함은 반드시 기업의 도산을 회피하기 위한 경우에 한정되지 아니하고, 장래에 올 수도 있는 위기에 미리 대처하기 위하여 인원삭감이 필요한 경우도 포함되지만, 그러한 인원삭감은 객관적으로 보아 합리성이 있다고 인정되어야 한다.

> **참조판례** 대판 2003.9.26. 2001두10776·10783
>
> 정리해고의 요건이 되는 긴박한 경영상의 필요라 함은 반드시 기업의 도산을 회피하기 위한 경우에 한정되지 아니하고, 장래에 올 수도 있는 위기에 미리 대처하기 위하여 인원삭감이 객관적으로 보아 합리성이 있다고 인정되는 경우도 포함되는 것으로 보아야 할 것이다.

2) 정리해고를 하지 아니하면 안 될 경영상의 어려움이 계속적으로 누적되어 왔고 장래에도 쉽사리 해소되지 아니할 개연성이 존재하여야 한다. 그러나 ① 노동조합의 파업 등으로 기업에 일시적인 경영난이 있거나, ② 해고된 근로자 수만큼 또는 그 이상의 인원을 즉시 신규채용한 경우 등은 계속되는 경영악화에 해당되지 아니한다.

3) 생산성 향상 또는 경쟁력 강화를 위한 구조조정 또는 기술혁신을 하거나 업종을 전환하는 경우에도 정리해고가 인정된다.

4) 경영악화를 방지하기 위한 사업의 양도·인수·합병은 긴박한 경영상의 필요가 있는 것으로 본다.

(2) 사용자는 해고회피를 위한 노력을 다해야 한다.

1) 과잉인원을 해고하지 않고 노동관계를 유지할 수 있는 방안을 최대한 모색해야 하고, 해고는 그러한 방안이 강구될 수 없는 경우에 보충적 수단으로서만 허용되어야 한다.

2) 해고회피노력을 다한 것인지 여부는 기업의 규모, 사업의 성질, 정리해고의 목적·규모·긴급성의 정도 등 제반 사정에 비추어 개별적으로 판단한다.

예 ① 시간외근로의 중단, 근로시간의 축소 등 조업단축을 실시하거나, ② 전근 및 전직 등을 통한 취업의 유지, ③ 새로운 시장개척 등

> **참조판례** 대판 2019.11.28. 2018두44647
>
> 정리해고의 요건 중 해고를 피하기 위한 노력을 다하여야 한다는 것은 경영방침이나 작업방식의 합리화, 신규 채용의 금지, 일시휴직 및 희망퇴직의 활용, 전근 등 사용자가 해고범위를 최소화하기 위하여 가능한 모든 조치를 취하는 것을 의미하고, 그 방법과 정도는 확정적·고정적인 것이 아니라 당해 사용자의 경영위기의 정도, 정리해고를 실시하여야 하는 경영상의 이유, 사업의 내용과 규모, 직급별 인원상황 등에 따라 달라지는 것이다.

(3) 사용자는 합리적이고 공정한 해고기준을 정하여 해고대상자를 선정하여야 한다.

1) 해고대상근로자의 선정기준은 ① 근로자측의 입장으로서 연령, 건강, 가족상황 및 재취업가능성을 종합적으로 고려하여 사회적·경제적 약자를 우선적으로 보호하고, ② 사용자측의 입장으로서 근로자의 근무능력, 근속기간 및 능률성 등을 고려하여 경영에 필요한 근로자를 우선적으로 보호되도록 설정되어야 한다.

2) 합리적이고 공정한 기준은 확정적·고정적인 것은 아니고 해당 사용자가 직면한 경영위기의 강도와 정리해고를 실시해야 하는 경영상의 이유, 정리해고를 실시한 사업부문의 내용과 근로자의 구성, 정리해고 실시 당시이 사회경제 상황 등에 따라 달라진다.

예 ① 정규직 근로자보다 일용직 근로자를 우선해고 대상으로 삼은 경우, ② 상용직 근로자보다 단시간 근로자를 우선해고 대상으로 삼은 경우, ③ 연령이 낮거나 근속연수가 낮은 근로자를 우선 해고 대상으로 삼은 경우 등

> **참조판례** 대판 2013.6.13. 2011다60193
>
> 정리해고의 요건 중 '합리적이고 공정한 해고의 기준'은 확정적·고정적인 것은 아니고 당해 사용자가 직면한 경영위기의 강도와 정리해고를 실시하여야 하는 경영상의 이유, 정리해고를 실시한 사업 부문의 내용과 근로자의 구성, 정리해고 실시 당시의 사회경제상황 등에 따라 달라지는 것이다. 그리고 해고대상자의 선별 기준은, 대상 근로자들의 사정뿐 아니라 사용자측의 경영상 이해관계와 관련된 사정도 객관적 합리성이 인정되는 한 함께 고려하여 정할 수 있다.

3) 성별·국적·신앙·사회적 신분을 선정기준으로 하거나 노동조합의 조합원 또는 정당한 조합활동을 한 자를 선정기준으로 하는 것은 허용되지 않는다.
4) 판례는 사용자측 입장만을 고려한 해고기준의 설정도 가능하다고 판시한 바 있다.

(4) 사용자는 해고를 피하기 위한 방법과 해고의 기준 등에 관하여 근로자대표에게 해고를 하려는 날의 50일 전까지 통보하고 성실하게 협의하여야 한다.

1) 근로자대표란 당해 사업장에 근로자의 과반수로 조직된 노동조합이 있는 경우에는 당해 노동조합, 이러한 노동조합이 없는 경우에는 근로자의 과반수를 대표하는 자를 말한다.
2) 근로자 과반수를 산정할 때에는 정규직·기간제 여하, 직종·직급여하, 노동조합 가입자격 유무 등에 관계없이 근로자로 보아야 한다.
3) 근로자 과반수란 전체 근로자의 과반수가 아니라 정리해고에 직접 이해관계를 가지는 해당 근로자의 과반수로 볼 것이다.

> **참조판례** 대판 2002.7.9. 2001다29452
>
> 정리해고가 실시되는 사업장에 근로자의 과반수로 조직된 노동조합이 있는 경우 사용자가 그 노동조합과의 협의 외에 정리해고의 대상인 일정 급수 이상 직원들만의 대표를 새로이 선출케 하여 그 대표와 별도로 협의를 하지 않았다고 하여 그 정리해고를 협의절차의 흠결로 무효라 할 수는 없다.

> **참조판례** 대판 2005.9.29. 2005두4403
>
> 근로자 중 주로 4급 이상의 직원을 감원하기로 하는 경우 4급 이상 직원들의 이해관계를 대변할 수 있는 근로자대표와의 협의도 필요하다고 해야 할 것인데, 서울적십자병원이 정리해고와 관련하여 협의하였다고 하는 근로자대표는 한 명을 제외하고는 모두 5급 이하의 직원, 고용원, 기능직 직원들로 구성되어 있고, 근로자의 과반수를 넘지 않고 주로 5급 이하의 근로자로 구성된 노동조합 조합원은 대부분 정리 해고대상자가 아니어서 이 사건 정리해고와 거의 이해관계를 갖고 있지 아니하고, 근로자대표의 선출도 공정하게 이루어졌다고 보기 어려우며, 책임보직을 받지 못하게 될 직원을 선별하기 위한 직제개편에 따른 직원임용기준안에 관하여 협의한 바로 다음날 비보직자 45명을 선정하여 정리해고대상자 선정에 관하여 근로자대표와 성실한 협의를 다하였다고 보기 어려우므로, 이 사건 해고는 정리해고로서의 요건을 갖추지 못하여 위법하다.

(5) 판례는 정리해고가 정당하다고 하기 위해서는 이들 요건의 구비여부를 전체적·종합적으로 고려하여 그 해고가 객관적 합리성과 사회적 상당성을 지닌 것으로 인정되어야 한다고 본다.

> **참조판례** 대판 1999.5.11. 99두1809
>
> 기업이 경영상의 필요에 의하여 근로자를 해고하는 이른바 정리해고가 정당하다고 하려면, 그것이 긴박한 경영상의 필요에 의한 것인지 여부, 사용자가 해고회피를 위하여 상당한 노력을 하였는지 여부, 객관적이고 합리적인 기준에 의하여 해고대상자를 선정하였는지 여부, 그 밖에 노동조합이나 근로자측과의 성실한 협의 등을 거쳤는지 여부 등 여러 사정을 전체적, 종합적으로 고려하여 당해 해고가 객관적 합리성과 사회적 상당성을 지닌 것으로 인정될 수 있어야 하고, 여기서 긴박한 경영상의 필요라 함은 반드시 기업의 도산을 회피하기 위한 경우에 한정되지 아니하고, 인원삭감이 객관적으로 보아 합리성이 있다고 인정될 경우도 포함되는 것으로 보아야 한다.

1) 정리해고의 다른 요건은 충족되지만 근로자 대표에 대한 통지 및 협의의 기간이 법정기준에 미달하는 경우 판례는 정당한 해고로 본다.

> **참조판례** 대판 2003.11.13. 2003두4119
>
> 참가인이 원고에 대하여 한 정리해고는 긴박한 경영상의 필요가 있었고, 정리해고를 시행하기에 앞서 해고를 피하기 위한 노력을 다하였으며, 합리적이고 공정한 기준에 따라 그 대상자를 선정하였고, 해고를 피하기 위한 방법과 해고의 기준 등을 근로자의 과반수로 조직된 근로자대표에게 통보하여 성실하게 협의하는 등의 정리해고 요건을 갖추었으므로, 비록 근로자대표에게 통보한 시기가 해고 실시 60일 이전이 아니었다 하더라도 이 규정 취지는 통보의 대상인 소속근로자의 인원수와 그의 소재지의 원근 등 구체적 사정에 따라 그 통보를 전달하는데 소요되는 시간, 그 통보를 받은 각 근로자들이 통보 내용에 따른 대처를 하는데 소요되는 시간, 근로자대표가 성실한 협의를 할 수 있는 기간으로서 모자라지 않게 허용하기 위하여 모든 경우에 통용될 기간을 규정한 것이어서 60일 기간의 준수는 정리해고의 효력요건이 아니므로 위와 같은 행위를 하는데 소요되는 시간이 부족하였다는 등의 특별한 사정이 없고 그 밖의 정리해고요건은 충족되었다면 그 정리해고는 유효하므로 이 사건 정리해고는 정당하고 따라서 대기발령에 대한 구제실익도 없고 또한 부당노동행위도 성립되지 않는다.

2) 고용안정협약에 반하는 정리해고는 원칙적으로 무효이다. 다만 단체협약을 체결할 당시의 사정이 현저하게 변경되어 사용자에게 그와 같은 단체협약의 이행을 강요한다면 객관적으로 명백하게 부당한 결과에 이르는 경우에는 사용자가 단체협약에 의한 제한에서 벗어나 정리해고를 할 수 있을 것이다.

> **참조판례** 대판 2014.3.27. 2011두20406
>
> 정리해고나 사업조직의 통폐합 등 기업의 구조조정의 실시 여부는 경영주체에 의한 고도의 경영상 결단에 속하는 사항으로서 이는 원칙적으로 단체교섭의 대상이 될 수 없으나, 사용자의 경영권에 속하는 사항이라 하더라도 그에 관하여 노사는 임의로 단체교섭을 진행하여 단체협약을 체결할 수 있고, 그 내용이 강행법규나 사회질서에 위배되지 아니하는 이상 단체협약으로서의 효력이 인정된다. 따라서 사용자가 노동조합과의 협상에 따라 정리해고를 제한하기로 하는 내용의 단체협약을 체결하였다면 특별한 사정이 없는 한 그 단체협약이 강행법규나 사회질서에 위배된다고 볼 수 없고, 나아가 이는 근로조건 기타 근로자에 대한 대우에 관하여 정한 것으로서 그에 반하여 이루어지는 정리해고는 원칙적으로 정당한 해고라고 볼 수 없다. 다만 이처럼 정리해고의 실시를 제한하는 단체협약을 두고 있더라도, 그 단체협약을 체결할 당시의 사정이 현저하게 변경되어 사용자에게 그와 같은 단체협약의 이행을 강요한다면 객관적으로 명백하게 부당한 결과에 이르는 경우에는 사용자가 단체협약에 의한 제한에서 벗어나 정리해고를 할 수 있을 것이다.

3) 기업이 소멸함으로 해고한 것은 정리해고에 해당하지 않는다.

> **참조판례** 대판 2004.3.12. 2003다44363
>
> 정리해고는 기업의 유지·존속을 전제로 하여 긴급한 경영상의 필요에 따라 기업에 종사하는 인원을 줄이기 위하여 일정한 요건 아래 근로자 중 일부를 해고하는 것임에 반하여, 회사의 해산 등에 따라 기업이 소멸함으로 인하여 근로자를 해고하는 것은 정리해고에 해당하지 않으며, 해고에 정당한 사유가 있는 한 유효한 것이다.

4) 사용자가 일부 사업을 폐지하면서 그 사업 부문에 속한 근로자를 해고하려면 근로기준법 제24조에서 정한 경영상 이유에 의한 해고 요건을 갖추어야 하고, 그 요건을 갖추지 못한 해고는 정당한 이유가 없어 무효이다.

5) 일부 사업의 폐지·축소가 사업 전체의 폐지와 같다고 볼 만한 특별한 사정이 인정되는 경우에는 통상해고로서의 정당성을 갖추는 것으로 족하다.

> **참조판례** 대판 2021.7.29. 2016두64876
>
> 어떤 기업이 경영상 이유로 사업을 여러 개의 부문으로 나누어 경영하다가 그 중 일부를 폐지하기로 하였다 하더라도 이는 원칙적으로 사업 축소에 해당할 뿐 사업 전체의 폐지라고 할 수 없으므로, 사용자가 일부 사업을 폐지하면서 그 사업 부문에 속한 근로자를 해고하려면 근로기준법 제24조에서 정한 경영상 이유에 의한 해고 요건을 갖추어야 하고, 그 요건을 갖추지 못한 해고는 정당한 이유가 없어 무효이다.
> 사용자가 일부 사업 부문을 폐지하고 그 사업 부문에 속한 근로자를 해고하였는데 그와 같은 해고가 경영상 이유에 의한 해고로서의 요건을 갖추지 못하였지만 폐업으로 인한 통상해고로서 예외적으로 정당하기 위해서는, 일부 사업의 폐지·축소가 사업 전체의 폐지와 같다고 볼 만한 특별한 사정이 인정되어야 한다. 이때 일부 사업의 폐지가 폐업과 같다고 인정할 수 있는지는 해당 사업 부문이 인적·물적 조직 및 운영상 독립되어 있는지, 재무 및 회계의 명백한 독립성이 갖추어져 별도의 사업체로 취급할 수 있는지, 폐지되는 사업 부문이 존속하는 다른 사업 부문과 취급하는 업무의 성질이 전혀 달라 다른 사업 부문으로의 전환배치가 사실상 불가능할 정도로 업무 종사의 호환성이 없는지 등 여러 사정을 구체적으로 살펴 종합적으로 판단하여야 한다. 근로기준법 제31조에 의하여 부당해고구제 재심판정을 다투는 소송에서 해고의 정당성에 관한 증명책임은 이를 주장하는 사용자가 부담하므로, 사업 부문의 일부 폐지를 이유로 한 해고가 통상해고로서 정당성을 갖추었는지에 관한 증명책임 역시 이를 주장하는 사용자가 부담한다.

(6) 사용자는 1개월 동안에 ① 상시 근로자수가 99명 이하인 사업 또는 사업장의 경우 10명 이상, ② 상시 근로자수가 100명 이상 999명 이하인 사업 또는 사업장의 경우 상시 근로자수의 10퍼센트 이상, ③ 상시 근로자수가 1,000명 이상 사업 또는 사업장의 경우 100명 이상을 해고하려면 최초로 해고하려는 날의 30일 전까지 고용노동부장관에게 신고하여야 한다.

1) 사용자가 신고할 때에는 해고 사유, 해고 예정 인원, 근로자대표와 협의한 내용, 해고 일정을 포함하여야 한다.

2) 신고유무는 정리해고의 효력에 영향을 미치지 않는다.

(7) 경영상 이유에 의하여 근로자를 해고한 사용자는 근로자를 해고한 날부터 3년 이내에 해고된 근로자가 해고 당시 담당하였던 업무와 같은 업무를 할 근로자를 채용하려고 할 경우 경영상 이유에 의하여 해고된 근로자가 원하면 그 근로자를 우선적으로 고용하여야 한다.

(8) 정부는 경영상 이유에 의하여 해고된 근로자에 대하여 생계안정, 재취업, 직업훈련 등 필요한 조치를 우선적으로 취하여야 한다.

Ⅲ. 해고의 절차적 요건

1. 해고시기의 제한

> 근로기준법 제23조(해고 등의 제한) ② 사용자는 근로자가 업무상 부상 또는 질병의 요양을 위하여 휴업한 기간과 그 후 30일 동안 또는 산전(産前)·산후(産後)의 여성이 이 법에 따라 휴업한 기간과 그 후 30일 동안은 해고하지 못한다. 다만, 사용자가 제84조에 따라 일시보상을 하였을 경우 또는 사업을 계속할 수 없게 된 경우에는 그러하지 아니하다.

(1) 근로자가 노동력을 상실한 기간이나 효과적인 구직활동을 할 수 없는 기간에는 근로자를 실직의 위험으로부터 보호하려는 취지에서 설정한 규정이다.

(2) 사용자는 근로자의 업무상 부상 또는 질병의 요양을 위한 휴업기간과 그 후 30일간 및 출산전·후 휴가기간과 그 후 30일간은 근로자를 해고하지 못한다.

(3) 사용자가 일시보상을 지급하였을 경우, 또는 사업을 계속할 수 없게 된 경우에는 해고금지기간 중에도 근로자를 해고할 수 있다.

(4) 육아휴직 기간에는 그 근로자를 해고하지 못한다. 다만, 사업을 계속할 수 없는 경우에는 근로자를 해고할 수 있다.

2. 해고예고제도

> 근로기준법 제26조(해고의 예고) 사용자는 근로자를 해고(경영상 이유에 의한 해고를 포함한다)하려면 적어도 30일 전에 예고를 하여야 하고, 30일 전에 예고를 하지 아니하였을 때에는 30일분 이상의 통상임금을 지급하여야 한다. 다만, 다음 각 호의 어느 하나에 해당하는 경우에는 그러하지 아니하다.
> 1. 근로자가 계속 근로한 기간이 3개월 미만인 경우
> 2. 천재·사변, 그 밖의 부득이한 사유로 사업을 계속하는 것이 불가능한 경우
> 3. 근로자가 고의로 사업에 막대한 지장을 초래하거나 재산상 손해를 끼친 경우로서 고용노동부령으로 정하는 사유에 해당하는 경우

(1) 예측하지 못한 해고로 인하여 근로자가 갑자기 생활기반을 상실하는 것을 방지하고, 재취업에 필요한 충분한 시간적 여유를 부여하기 위하여 해고예고제도를 두고 있다.

(2) 사용자는 해고예고의무와 해고예고수당지급의무 중에서 어느 하나를 선택적으로 이행할 수 있다.

(3) 해고의 예고는 근로기준법 제23조 제1항의 규정에 의한 정당한 이유가 있는 경우에 한하여 인정되는 것이므로 해고의 정당한 이유가 없는 경우에는 해고의 예고를 하였다 할지라도 유효한 해고가 되는 것은 아니다.

(4) 해고예고기간 중 부득이 결근한 경우에도 임금을 지급하여야 한다. 한편, 해고예고수당은 근로제공에 대한 대가가 아니므로 근로기준법상의 임금에 해당되지 않는다.

(5) 근로자가 계속 근로한 기간이 3개월 미만인 경우, 천재·사변 등 부득이한 사유로 인하여 사업계속이 불가능한 경우, 근로자가 고의로 사업에 막대한 지장을 초래하거나 재산에 손해를 끼친 경우로서 고용노동부령이 정하는 사유에 해당하는 경우에는 해고예고가 필요 없으며 즉시해고가 가능하다.

(6) 사업완료에 필요한 일정한 기간을 정하여 채용되고, 당해 사업의 완료와 동시에 근로계약이 종료되는 경우에는 근로관계의 종료시기가 당사자에게 이미 알려져 있으므로 해고예고제도는 적용되지 아니한다.

(7) 해고예고제도를 위반하였더라도 해고가 무효가 되는 것은 아니다.

> **참조판례** 대법93누4199, 1993.9.24
>
> 해고예고의무를 위반한 해고라 하더라도 해고의 정당한 이유를 갖추고 있는 한 해고의 사법상 효력에는 영향이 없다.

3. 해고사유 등의 서면통지

> 근로기준법 제27조(해고사유 등의 서면통지) ① 사용자는 근로자를 해고하려면 해고사유와 해고시기를 서면으로 통지하여야 한다.
> ② 근로자에 대한 해고는 제1항에 따라 서면으로 통지하여야 효력이 있다.
> ③ 사용자가 제26조에 따른 해고의 예고를 해고사유와 해고시기를 명시하여 서면으로 한 경우에는 제1항에 따른 통지를 한 것으로 본다.

(1) 사용자가 해고 여부를 더 신중하고 명확하게 결정하도록 하려는 것이고, 다른 한편으로는 해고사유와 해고시기를 명확하게 함으로써 후일의 분쟁을 해결하는데 도움을 주게 하려는 것이다.

(2) 사용자가 해고사유 등을 서면으로 통지할 때 징계대상자가 위반한 단체협약이나 취업규칙의 조문만 나열하는 것으로는 충분하다고 볼 수 없다.

> **참조판례** 대판 2011.10.27. 2011다42324
>
> 근로기준법 제27조는 사용자가 근로자를 해고하려면 해고사유와 해고시기를 서면으로 통지하여야 효력이 있다고 규정하고 있는데, 이는 해고사유 등의 서면통지를 통해 사용자로 하여금 근로자를 해고하는 데 신중을 기하게 함과 아울러, 해고의 존부 및 시기와 그 사유를 명확하게 하여 사후에 이를 둘러싼 분쟁이 적정하고 용이하게 해결될 수 있도록 하고, 근로자에게도 해고에 적절히 대응할 수 있게 하기 위한 취지이다. 따라서 사용자가 해고사유 등을 서면으로 통지할 때는 근로자의 처지에서 해고사유가 무엇인지를 구체적으로 알 수 있어야 하고, 특히 징계해고의 경우에는 해고의 실질적 사유가 되는 구체적 사실 또는 비위내용을 기재하여야 하며 징계대상자가 위반한 단체협약이나 취업규칙의 조문만 나열하는 것으로는 충분하다고 볼 수 없다.

(3) 해고일자는 확정적이어야 한다.

(4) 사용자가 해고의 예고를 해고사유와 해고시기를 명시하여 서면으로 한 경우에는 해고사유 등의 서면통지를 한 것으로 본다.

제2절 해고 이외의 노동관계 종료사유

Ⅰ. 사직

(1) 사직이라 함은 근로자의 일방적 의사표시에 의하여 근로관계를 해지하는 것을 말한다.

(2) 사직에 관하여 근로기준법은 아무런 규정도 두고 있지 아니하므로 민법의 규정에 의한다.

(3) 기간의 정함이 없는 근로계약의 경우 근로자는 아무런 손해배상책임도 부담하지 아니하고 언제든지 근로계약을 해지할 수 있다. 사용자는 해지의 통고를 받은 후 1월이 경과하면 근로관계는 소멸되고(민법 제660조 제1항), 기간으로 보수를 정한 때에는 사용자가 해지의 통고를 받은 당기 후의 1기를 경과함으로써 해지의 효력이 생긴다(민법 제660조 제2항).

(4) 기간의 정함이 있는 근로계약의 경우 부득이한 사유가 있는 때가 아니면 근로관계를 해지할 수 없고(민법 제661조 본문), 그 사유가 당사자 일방의 과실로 인하여 생긴 때에는 상대방에 대하여 손해를 배상하여야 한다(민법 제661조 단서).

(5) 근로자가 사직서를 제출하면 소정의 통고기간이 지남으로써 노동관계가 종료되거나 사용자가 승낙함으로써 노동관계가 종료되며, 사용자가 이에 따라 노동관계 종료를 통지하는 것은 관념의 통지이지 해지의 의사표시(해고)가 아니다.

> **참조판례** 대판 1996.7.30. 95누7765
> 근로자가 사직서를 작성하여 사용자에게 제출한 경우에 있어서는 그 사직서에 사직의 의사표시라고 볼 수 없는 단순한 농담만을 기재한 것으로 인정되는 등의 특별한 사정이 없는 한 그 사직서는 사용자와의 근로계약관계를 해지하는 의사표시를 담고 있는 것이므로, 사용자가 사직의 의사 없는 근로자로 하여금 어쩔 수 없이 사직서를 작성·제출하게 한 후 이를 수리하는 이른바 의원면직의 형식을 취하여 근로계약관계를 종료시키는 경우처럼 근로자의 사직서 제출이 진의 아닌 의사표시에 해당하는 등으로 무효이어서 사용자의 그 수리행위를 실질적으로 사용자의 일방적 의사에 의하여 근로계약관계를 종료시키는 해고라고 볼 수 있는 경우가 아닌 한, 당사자 사이의 근로계약관계는 사용자가 그 사직서 제출에 따른 사직의 의사표시를 수락하여 합의해지(의원면직)가 성립하거나 민법 제660조 소정의 일정 기간의 경과로 그 사직서 제출에 따른 해지의 효력이 발생함으로써 종료되고, 이와 같은 경우 사용자의 근로자에 대한 근로계약관계의 소멸 통지는 관념의 통지에 불과하여 이를 근로기준법상의 해고라고 할 수 없다.

(6) 근로자는 사용자가 사직을 승낙하기 전까지는 사용자에게 예측할 수 없는 손해를 주는 등 신의칙에 반하는 특별한 사정이 없는 이상 사직의 의사표시를 철회할 수 있다.

> **참조판례** 대판 2000.9.5. 99두8657
> 근로자가 사직원을 제출하여 근로계약관계의 해지를 청약하는 경우 그에 대한 사용자의 승낙의사가 형성되어 그 승낙의 의사표시가 근로자에게 도달하기 이전에는 그 의사표시를 철회할 수 있고, 다만 근로자의 사직 의사표시 철회가 사용자에게 예측할 수 없는 손해를 주는 등 신의칙에 반한다고 인정되는 특별한 사정이 있는 경우에 한하여 그 철회가 허용되지 않는다.

(7) 사직의 의사표시가 진의가 아니고 사용자가 이를 알았거나 알 수 있었던 경우, 또는 통정의 허위표시인 경우에는 무효가 된다.

> **참조판례** 대판 2010.1.14. 2009두15951
>
> 사용자가 근로자로부터 사직서를 제출받고 이를 수리하는 의원면직의 형식을 취하여 근로계약관계를 종료시킨 것이라 할지라도, 사직의 의사가 없는 근로자로 하여금 어쩔 수 없이 사직서를 작성·제출하게 한 경우에는 실질적으로 사용자의 일방적 의사에 의하여 근로계약관계를 종료시키는 것이어서 해고에 해당한다.

사직서의 제출에 의한 의원면직이 최선의 조치라는 내심의 의사를 그대로 반영한 사직서 제출은 유효하다.

> **참조판례** 대판 2003.4.25. 2002다11458
>
> 사용자가 사직의 의사 없는 근로자로 하여금 어쩔 수 없이 사직서를 작성·제출하게 한 후 이를 수리하는 이른바 의원면직의 형식을 취하여 근로계약관계를 종료시키는 경우처럼 근로자의 사직서 제출이 진의 아닌 의사표시에 해당하는 등으로 무효이어서 사용자의 그 수리행위를 실질적으로 사용자의 일방적 의사에 의하여 근로계약관계를 종료시키는 해고라고 볼 수 있는 경우가 아닌 한, 사용자가 사직서 제출에 따른 사직의 의사표시를 수락함으로써 사용자와 근로자 사이의 근로계약관계는 합의해지에 의하여 종료되는 것이므로 사용자의 의원면직처분을 해고라고 볼 수 없고, 진의 아닌 의사표시에 있어서의 '진의'란 특정한 내용의 의사표시를 하고자 하는 표의자의 생각을 말하는 것이지 표의자가 진정으로 마음 속에서 바라는 사항을 뜻하는 것은 아니므로 표의자가 의사표시의 내용을 진정으로 마음 속에서 바라지는 아니하였다고 하더라도 당시의 상황에서는 그것이 최선이라고 판단하여 의사표시를 하였을 경우에는 이를 내심의 효과의사가 결여된 진의 아닌 의사표시라고 할 수 없다 할 것이다.

(8) 사직의 의사표시가 착오나 사기 또는 강박에 따른 경우에는 근로자는 그 의사표시를 취소할 수 있다.

> **참조판례** 대판 2002.7.26 2002다19292
>
> 회사의 중간관리자들이 계속·반복적으로 행한 사내부부 사원 중 한명에 대한 퇴직권유 또는 종용행위는 근로자들에게 우월적인 지위에 있는 회사의 강요행위로 볼 수 있고, 사직서 제출의 대가로 별도의 이득도 없이 퇴직을 원하는 내용의 사직서로 표명한 사직의사는 회사의 강요에 의하여 이루어진 것으로 내심의 효과의사 없는 비진의표시로 의원면직의 외형만을 갖추고 있을 뿐 실질적으로는 회사에 의한 해고이므로, 정당한 해고사유가 없고 정당한 징계절차를 밟아 해고하였거나 정리해고의 요건을 갖추었다는 점에 관하여 회사의 아무런 주장이나 입증이 없으므로 부당해고에 해당한다.

Ⅱ. 계약기간 만료 및 정년 도달

1. 계약기간의 만료

(1) 당사자 사이에 근로계약의 기간을 약정한 경우에는 특별한 사정이 없는 이상 그 기간의 만료에 따라 노동관계는 당연히 종료되고 사용자의 기간만료 통보는 관념의 통지에 불과할 뿐 해고에 해당하지 않는다.

> **참조판례** 대판 1998.5.29. 98두625
>
> 근로계약기간을 정한 경우에는 특별한 사정이 없는 한 그 기간이 만료됨에 따라 별도의 조처를 기다릴 것 없이 근로계약 당사자 사이의 근로관계는 당연히 종료되는 것이므로, 계약기간 만료 전에 원고 회사가 참가인에게 한 계약기간 만료일 및 계약갱신 거절의사의 통지는 근로계약의 해약 즉 해고라고 할 수 없다.

(2) 법령이나 근로계약 등에 따라 기간이 만료된 근로자와 계약을 갱신할 의무가 사용자에게 부여된 경우에는 계약 갱신의 거절은 해고와 마찬가지로 정당한 이유를 요한다.

> **참조판례** 대판 2005.7.8. 2002두8640
>
> 임용의 근거가 된 법령 등의 규정이나 계약 등에서 임용권자에게 임용기간이 만료된 근로자를 재임용할 의무를 지우거나 재임용절차 및 요건 등에 관한 근거규정을 두고 있어 근로자에게 소정의 절차에 따라 재임용될 수 있으리라는 정당한 기대권이 인정되는 경우에는 사용자가 그 절차에 위반하여 부당하게 근로자를 재임용에서 제외하는 것은 실질적으로 부당해고와 동일시할 수 있는 것이므로 근로자로서는 임용기간이 만료된 후에도 재임용에서 제외한 조치의 유효 여부를 다툴 법률상 이익을 가진다.

(3) 기간의 정함이 형식에 불과한 것으로 인정되는 경우에는 사실상 기간의 정함이 없는 것과 같기 때문에 계약 갱신의 거절에 해고와 마찬가지로 정당한 이유를 요한다.

> **참조판례** 대판 2006.2.24. 2005두5673
>
> 기간을 정한 근로계약서를 작성한 경우에도 예컨대 단기의 근로계약이 장기간에 걸쳐서 반복하여 갱신됨으로써 그 정한 기간이 단지 형식에 불과하게 된 경우 등 계약서의 내용과 근로계약이 이루어지게 된 동기 및 경위, 기간을 정한 목적과 채용 당시 계속근로의사 등 당사자의 진정한 의사, 근무기간의 장단 및 갱신 횟수, 동종의 근로계약 체결 방식에 관한 관행 그리고 근로자보호법규 등을 종합적으로 고려하여 그 기간의 정함이 단지 형식에 불과하다는 사정이 인정되는 경우에는 계약서의 문언에도 불구하고 사실상 기간의 정함이 없는 근로계약을 맺었다고 볼 것이며, 이 경우 사용자가 정당한 사유 없이 갱신계약 체결을 거절하는 것은 해고와 마찬가지로 무효이다.

(4) 기간의 정함이 단지 형식에 불과한 것으로 볼 수 없더라도 제반 사정으로 보아 계속 고용이 기대되는 경우에는 계약 갱신의 거절에 해고에 준하는 합리적인 이유를 요한다.

> **참조판례** 대판 2011.9.8. 2009두9789
>
> 근로계약의 내용과 근로계약이 이루어지게 된 동기 및 경위, 계약 갱신의 기준 등 갱신에 관한 요건이나 절차의 설정 여부 및 그 실태, 근로자가 수행하는 업무의 내용 등 당해 근로관계를 둘러싼 여러 사정을 종합하여 볼 때 근로계약 당사자 사이에 일정한 요건이 충족되면 근로계약이 갱신된다는 신뢰관계가 형성되어 있어 근로자에게 그에 따라 근로계약이 갱신될 수 있으리라는 정당한 기대권이 인정되는 경우에는 사용자가 이에 위반하여 부당하게 근로계약의 갱신을 거절하는 것은 부당해고와 마찬가지로 아무런 효력이 없고, 이 경우 기간만료 후의 근로관계는 종전의 근로계약이 갱신된 것과 동일하다고 할 것이다.

(5) 기간제법의 시행만으로 시행 전에 이미 형성된 기간제 근로자의 갱신에 대한 정당한 기대권이 배제 또는 제한된다고 볼 수는 없다.

> **참조판례** 대판 2014.2.13. 2011두12528
>
> [1] 기간을 정하여 근로계약을 체결한 근로자의 경우 기간이 만료됨으로써 근로자로서 신분관계는 당연히 종료되고, 근로계약을 갱신하지 못하면 갱신 거절의 의사표시가 없어도 당연 퇴직되는 것이 원칙이다. 그러나 근로계약, 취업규칙, 단체협약 등에서 기간이 만료되더라도 일정한 요건이 충족되면 당해 근로계약이 갱신된다는 취지의 규정을 두고 있거나, 그러한 규정이 없더라도 근로계약의 내용과 근로계약이 이루어지게 된 동기 및 경위, 계약 갱신의 기준 등 갱신에 관한 요건이나 절차의 설정 여부 및 실태, 근로자가 수행하는 업무의 내용 등 당해 근로관계를 둘러싼 여러 사정을 종합하여 볼 때 근로계약 당사자 사이에 일정한 요건이 충족되면 근로계약이 갱신된다는 신뢰관계가 형성되어 있어 근로자에게 근로계약이 갱신될 수 있으리라는 정당한 기대권이 인정되는 경우에는, 사용자가 이를 위반하여 부당하게 근로계약의 갱신을 거절하는 것은 부당해고와 마찬가지로 아무런 효력이 없고, 기간만료 후의 근로관계는 종전의 근로계약이 갱신된 것과 동일하다.

[2] 기간제 및 단시간근로자 보호 등에 관한 법률(이하 '기간제법'이라고 한다) 제4조 제1항, 제2항에서 규정한 바와 같이 기간제법의 시행으로 사용자가 2년의 기간 내에서 기간제 근로자를 사용할 수 있고, 기간제 근로자의 총 사용기간이 2년을 초과할 경우 기간제 근로자가 기간의 정함이 없는 근로자로 간주되더라도, 위 규정들의 입법 취지가 기본적으로 기간제 근로계약의 남용을 방지함으로써 근로자의 지위를 보장하려는 데에 있는 점을 고려하면, 기간제법의 시행만으로 시행 전에 이미 형성된 기간제 근로자의 갱신에 대한 정당한 기대권이 배제 또는 제한된다고 볼 수는 없다.

2. 정년의 도달

(1) 정년이란 취업규칙·단체협약 등에 따라 근로자가 일정한 연령에 도달하면 근로계약이 당연히 종료된다는 취지를 정한 것을 말하고, 정년에 도달한 자에 대한 퇴직의 통지는 해고가 아니라 관념의 통지내지 사실의 통지에 불과할 뿐이다.

> **참조판례** 대판 1995.2.10. 94누3148
>
> 국가기관이 정년에 달한 소속직원에 대하여 그 규정에 따라 하는 정년퇴직 등의 통지는 그 내용이 정년에 달한 사실을 통보하는 것에 불과한 것이라면 그 규정이 법적으로 유효한 것인지 또는 무효의 것인지의 여부나 그 통지의 형식과 명칭에 상관 없이 당사자에 대하여 그 규정상 정년퇴직자에 해당하여 당연히 퇴직하였다는 것을 공적으로 확인하여 알려주는 사실의 통보에 불과한 것

(2) 취업규칙·단체협약의 정년규정이 근로기준법 등에 위반하여 무효인 경우 이를 근거로 한 정년도래의 통지는 해고에 해당한다.

> **참조판례** 대판 2004.8.16. 2003두13526
>
> 취업규칙의 작성·변경의 권한이 원칙적으로는 사용자에게 있다고 하지만 변경된 근로조건 또는 취업규칙이 노동조합이나 근로자 과반수 이상의 동의를 얻지 못하였다거나 변경된 취업규칙이 기존 근로자의 이익·권리를 침해한다든지 사회통념상 합리성이 결여된다면 그 취업규칙은 사실상 무효이다. 따라서 정년 임기를 수년 남겨둔 피고에게 변경된 취업규칙을 적용하여 정년퇴직을 명한 원고측의 해고조치는 부당해고에 해당된다.

(3) 정년을 산정하는 기준은 실제 생년월일이다.

> **참조판례** 대판 2017.3.9. 2016다249236
>
> 고용상 연령차별금지 및 고령자고용촉진에 관한 법률 제19조에 의하면, 사업주는 근로자의 정년을 60세 이상으로 정하여야 하고(제1항), 사업주가 근로자의 정년을 60세 미만으로 정한 경우에는 정년을 60세로 정한 것으로 간주되므로(제2항), 근로자의 정년을 60세 미만이 되도록 정한 근로계약이나 취업규칙, 단체협약은 위 규정에 위반되는 범위 내에서 무효이다. 그리고 여기서 말하는 '정년'은 실제의 생년월일을 기준으로 산정하여야 한다.

(4) 근로계약 당사자 사이에 근로자가 정년에 도달하더라도 일정한 요건을 충족하면 기간제 근로자로 재고용될 수 있다는 신뢰관계가 형성되어 있는 경우에는 특별한 사정이 없는 한 근로자는 그에 따라 정년 후 재고용되리라는 기대권을 가진다.

> **참조판례** 대판 2023.11.2. 2023두41727
>
> 근로자의 정년을 정한 근로계약, 취업규칙이나 단체협약 등이 법령에 위반되지 않는 한 그에 명시된 정년에 도달하여 당연퇴직하게 된 근로자와의 근로관계를 정년을 연장하는 등의 방법으로 계속 유지할 것인지 여부는 원칙적으로 사용자의 권한에 속하는 것으로서, 해당 근로자에게 정년 연장을 요구할 수 있는 권리가 있다고 할 수 없다. 그러나 근로계약, 취업규칙, 단체협약 등에서 정년에 도달한 근로자가 일정한 요건을 충족하면 기간제 근로자로 재고용하여야 한다는 취지의 규정을 두고 있거나, 그러한 규정이 없더라도 재고용을 실시하게 된 경위 및 그 실시기간, 해당 직종 또는 직무 분야에서 정년에 도달한 근로자 중 재고용된 사람의 비율, 재고용이 거절된 근로자가 있는 경우 그 사유 등의 여러 사정을 종합하여 볼 때, 사업장에 그에 준하는 정도의 재고용 관행이 확립되어 있다고 인정되는 등 근로계약 당사자 사이에 근로자가 정년에 도달하더라도 일정한 요건을 충족하면 기간제 근로자로 재고용될 수 있다는 신뢰관계가 형성되어 있는 경우에는 특별한 사정이 없는 한 근로자는 그에 따라 정년 후 재고용되리라는 기대권을 가진다. 이와 같이 정년퇴직하게 된 근로자에게 기간제 근로자로의 재고용에 대한 기대권이 인정되는 경우, 사용자가 기간제 근로자로의 재고용을 합리적 이유 없이 거절하는 것은 부당해고와 마찬가지로 근로자에게 효력이 없다. 이러한 법리는, 특별한 사정이 없는 한 기간제 근로자가 정년을 이유로 퇴직하게 된 경우에도 마찬가지로 적용된다.

Ⅲ. 당사자의 소멸

(1) 근로계약은 사업주와 근로자 사이의 계약이므로 당사자가 소멸하면 근로계약도 당연히 소멸함이 원칙이다.
(2) 근로자 본인이 사망하면 근로계약은 당연히 종료된다.
(3) 개인사업의 경우 사업주가 사망하면 근로계약은 당연히 종료되나, 근로자의 동의가 있으면 새 사업주인 상속인에게 이전된다.
(4) 법인사업의 경우 그 법인이 해산하면 근로계약관계는 청산의 완료로써 종료되나, 회사의 합병, 사업의 양도, 회사의 분할 등의 경우에는 노동관계가 당연히 종료되는 것은 아니다.

제3절 노동관계 종료에 따른 법률관계

Ⅰ. 퇴직급여제도

> **근로기준법 제34조(퇴직급여 제도)** 사용자가 퇴직하는 근로자에게 지급하는 퇴직급여 제도에 관하여는 근로자퇴직급여 보장법이 정하는 대로 따른다.

1. 의의

(1) 퇴직급여라 함은 계속적인 근로관계의 종료를 사유로 하여 사용자가 퇴직근로자에게 지급하는 금전급부를 말한다.
(2) "퇴직급여제도"란 확정급여형퇴직연금제도, 확정기여형퇴직연금제도, 중소기업퇴직연금기금제도 및 제8조에 따른 퇴직금제도를 말한다.
(3) 근로자퇴직급여 보장법은 근로자를 사용하는 모든 사업 또는 사업장에 적용된다. 다만, 동거의 친족만을 사용하는 사업 및 가사사용인에 대하여는 적용하지 아니한다.

2. 퇴직급여제도의 설정

(1) "퇴직급여제도"란 확정급여형퇴직연금제도, 확정기여형퇴직연금제도, 중소기업퇴직연금기금제도 및 제8조에 따른 퇴직금제도를 말한다.

(2) 퇴직급여를 지급받을 수 있는 근로자는 1년 이상 계속근로한 자이다. 근로연수가 1년 미만인 경우란 입사일 이후 전체 근속연수가 1년 미만임을 뜻한다.

> **참조판례** 대판 2016.12.29. 2016다236285
>
> 근로자퇴직급여 보장법은 "퇴직금제도를 설정하려는 사용자는 계속근로기간 1년에 대하여 30일분 이상의 평균임금을 퇴직금으로 퇴직 근로자에게 지급할 수 있는 제도를 설정하여야 한다."라고 규정하고 있다(제8조 제1항). 따라서 계속근로기간이 1년에 미달하는 경우에는 근로자퇴직급여 보장법에 의한 퇴직금청구권이 발생하지 아니한다.

(3) 4주간을 평균하여 1주간의 소정근로시간이 15시간 미만인 근로자는 퇴직급여제도를 설정하지 아니하여도 무방하다.

(4) 퇴직급여를 지급받을 수 있는 근로자는 사용자와 사이에 적법·유효한 근로관계가 성립되어 근무하다가 퇴직한 근로자이어야 한다.

> **참조판례** 대판 1987.4.14. 86누459
>
> 공무원연금법이나 근로기준법에 의한 퇴직금은 적법한 공무원으로서의 신분취득 또는 근로고용관계가 성립되어 근무하다가 퇴직하는 경우에 지급되는 것이고, 당연무효인 임용결격자에 대한 임용행위에 의하여서는 공무원의 신분을 취득하거나 근로고용관계가 성립될 수 없는 것이므로 임용결격자가 공무원으로 임용되어 사실상 근무하여 왔다고 하더라도 그러한 피임용자는 위 법률소정의 퇴직금청구를 할 수 없다.

(5) 사용자가 퇴직급여제도를 설정하거나 설정된 퇴직급여제도를 다른 종류의 퇴직급여제도로 변경하려는 경우에는 근로자의 과반수가 가입한 노동조합이 있는 경우에는 그 노동조합, 근로자의 과반수가 가입한 노동조합이 없는 경우에는 근로자 과반수(근로자대표)의 동의를 받아야 한다.

(6) 사용자가 이미 설정되거나 변경된 퇴직급여제도의 내용을 변경하려는 경우에는 근로자대표의 의견을 들어야 한다. 다만, 근로자에게 불리하게 변경하려는 경우에는 근로자대표의 동의를 받아야 한다.

(7) 사용자는 퇴직급여제도를 설정하는 경우 하나의 사업에서 급여 및 부담금 산정방법의 적용 등에 관하여 차등을 두어서는 아니된다. 예컨대 ① 생산직 근로자에게는 퇴직연금제도를, 사무직 근로자에게는 퇴직금제도를 채택하거나, ② 과장급 이상은 확정급여형 퇴직연금제도를, 과장급 미만은 확정기여형 퇴직연금제도를 채택하는 것은 금지된다.

   1) 하나의 사업이라 함은 특별한 사정이 없는 한 경영상의 일체를 이루는 기업체 그 자체를 의미한다.

> **참조판례** 대판 1999.8.20. 98다765
>
> 구 근로기준법(1980.12.31. 법률 제3349호로 개정된 것, 이하 같다) 제28조 제2항의 입법 취지는 하나의 사업 내에서 직종, 직위, 업종별로 서로 다른 퇴직금 제도를 두어 차별하는 것을 금지하고 하나의 퇴직금 제도를 적용하게 하고자 함에 있으므로, 여기에서 말하는 '사업'이란 특별한 사정이 없는 한 경영상의 일체를 이루는 기업체 그 자체를 의미한다 할 것이다.

2) 퇴직급여제도의 불리한 변경에 대하여 근로자대표가 동의하지 아니하는 경우 ① 기존의 근로자에게는 변경 전의 퇴직급여제도를 그대로 적용하고, ② 신규근로자에게는 변경된 새로운 취업규칙을 적용함으로써 변경 된 퇴직급여제도를 적용하게 되는 것은 동법 제4조의 퇴직금차등금지의 원칙에 위배되지 아니한다는 것이 판례의 입장이다.

> **참조판례** 대판 1992.12.22. 91다45165(전합)
> 근로기준법 제28조 제2항은 하나의 사업 내에 차등 있는 퇴직금제도의 설정을 금하고 있으나, 변경된 취업규칙의 퇴직금제도가 기존근로자의 기득이익을 침해하는 것이어서 이들에게는 그 효력이 미치지 않고 부득이 종전제도의 적용을 받게 됨으로써 이러한 기득이익이 없는 취업규칙변경 후의 취업근로자에게 적용되는 퇴직금제도와 별개의 퇴직금제도를 적용하는 결과가 되었다고 하여도, 이러한 경우까지 위 법조에서 금하는 차등 있는 퇴직금제도를 설정한 경우에 해당한다고 볼 수는 없는 것이다.

(8) 사용자가 퇴직급여제도나 개인형퇴직연금제도를 설정하지 아니한 경우에는 퇴직금제도를 설정한 것으로 본다.

3. 퇴직금제도

(1) 퇴직금제도를 설정하고자 하는 사용자는 계속근로기간 1년에 대하여 30일분 이상의 평균임금을 퇴직금으로 퇴직하는 근로자에게 지급할 수 있는 제도를 설정하여야 한다.

(2) 퇴직금의 법적성질에 대하여 판례는 기본적으로 임금후불설을 취하고 있다.

> **참조판례** 대법원 2007.3.30. 선고 2004다8333 판결
> 근로기준법상의 퇴직금제도는, 근로자가 1년 이상의 기간 계속 근로를 제공하고 퇴직할 경우에 사용자가 근로자의 근로 제공에 대한 임금 일부를 지급하지 아니하고 축적하였다가 이를 기본적 재원으로 하여 근로자가 퇴직할 때 이를 일시금으로 지급하는 것으로서, 퇴직금은 본질적으로는 후불적 임금의 성질을 지닌 것이다.

누진제 퇴직금의 경우 후불임금으로서의 성격뿐만 아니라 사회보장적 성격과 공로보상적 성격이 포함되어 있다.

> **참조판례** 대판 1995.10.12. 94다36186
> 퇴직금은 후불 임금으로서의 성격 이외에도 사회보장적 급여로서의 성격과 공로보상으로서의 성격을 아울러 가지는 것인 점에 비추어, 한국수자원공사의 퇴직금감액 규정이 퇴직금의 본질에 어긋나는 것이라고 볼 수 없다.

> **참조판례** 헌재 1995.7.21. 94헌바27
> 공무원연금법에 의한 퇴직급여는 공무원의 퇴직에 대하여 적절한 급여를 실시함으로써 공무원 및 그 유족의 생활안정과 복리향상에 기여하기 위한 것으로서 사회보장적 급여로서의 성격을 가짐과 동시에 후불임금으로서의 성격과 공로보상 내지 은혜적 급여로서의 성격을 아울러 가진다.

(3) 계속근로연수라 함은 근로계약을 체결한 후 해지될 때까지의 기간 즉 재직기간을 의미하는 것이 원칙이며, 반드시 계속하여 근로를 제공한 기간을 의미하는 것은 아니다.
  1) 계속근로연수가 1년 이상인 경우에는 1년에 미달하는 기간에 대하여도 그 기간에 비례하여 퇴직금을 지급하여야 한다.

2) 계속근로연수는 근로기준법이 적용되는 근로계약체결일을 기산일로, 근로계약종료일을 마감일로 하는 것이 원칙이므로 휴직기간도 계속근로연수에 포함된다고 보는 것이 다수설이다.

3) 기업의 동일성이 유지되면서 포괄적인 근로관계가 승계되어 근로관계의 계속성이 유지되는 한 계속 근로로 통산된다. 예컨대 영업양도의 경우, 폐업회사와 신설회사가 실질적으로 동일한 경우 등이다.

> **참조판례** 대판 1991.11.12. 91다12806
>
> 근로계약관계가 포괄승계됨에 있어 근로자가 자의에 의하여 사직서를 제출하고 퇴직금을 지급받았다면 계속근로의 단절에 동의한 것으로 볼 여지가 있지만, 이와 달리 피승계회사가 근로자에게 퇴직금을 지급하기 위한 방편으로 내부적으로 퇴사와 재입사의 형식을 취한 것에 불과하다면, 이러한 형식을 거쳐 퇴직금을 지급받았다고 하여 근로자가 계속근로의 단절에 동의하였다고 볼 수 없다.

4) 고용형태가 변경되는 경우 실질적인 근로계약관계가 존속되는 한 계속근로연수에 산입된다.

> **참조판례** 대판 1995.7.11. 93다26168(전합)
>
> 임시고용원으로 채용되어 근무하다가 중간에 정규사원으로 채용되어 공백기간 없이 계속 근무한 경우처럼 근속기간 중에 근로제공형태(직종 또는 직류)의 변경이 있는 경우에도 임시고용원으로서의 근무기간과 정규사원으로서의 근무기간을 통산한 기간을 퇴직금 산정의 기초가 되는 계속근로년수로 보아야 한다.

(4) 사용자는 근로자에게 계속근로 1년에 대해 30일분 이상의 평균임금을 지급하여야 한다.

1) 퇴직금은 퇴직시점의 평균임금을 기준으로 하여 산정하며, 매년도의 평균임금을 기준으로 산정하지 아니한다.

2) 퇴직금규정에 의하여 산출된 퇴직금액이 퇴직급여보장법 제8조 제1항에서 규정한 최저기준을 상회하는 것이라면 비록 퇴직금산정방법의 일부가 근로기준법의 규정과 다를지라도 이를 무효로 볼 수 없다.

> **참조판례** 대판 1996.9.10. 96다3241
>
> 근로기준법 제28조 제1항은 사용자가 퇴직하는 근로자에게 지급할 퇴직금액의 최하한을 정한 것이므로, 그 규정보다 근로자에게 더 유리하게 정한 취업규칙이나 단체협약상의 퇴직금 규정이 있을 경우에는 그에 의하여 퇴직금을 산출하여야 한다.

(5) 퇴직금을 지급받을 수 있는 근로자는 근로기준법 제2조 제1항 제1호 규정에 의한 근로자로서 1년 이상 계속 근로한 이상 퇴직사유는 문제되지 않는다.

퇴직급여는 해고·사직 등 퇴직의 외형적인 명칭 또는 종류와 관계없이 근로계약이 종료되면 계속근로연수를 판단하여 의무적으로 지급하여야 한다. 따라서 자진퇴직하거나, 범법행위 등으로 징계해고되었을 때에도 퇴직급여는 지급되어야 한다.

> **참조판례** 대판 2004.6.25. 2002다51555
>
> 근로기준법 제34조의 퇴직금제도에 관한 규정은 강행규정으로서 퇴직의 사유가 근로자의 임의퇴직이냐 사용자에 의한 해고이냐 여부에 관계없이 근로기준법에 정하여진 하한을 기준으로 한 퇴직금은 반드시 지급되어야 한다.

(6) 사용자는 근로자가 퇴직한 경우에는 그 지급사유가 발생한 날부터 14일 이내에 퇴직금을 지급하여야 한다. 다만, 특별한 사정이 있는 경우에는 당사자간의 합의에 의하여 지급기일을 연장할 수 있다.

(7) 사용자는 주택구입 등 대통령령으로 정하는 사유로 근로자가 요구하는 경우에는 근로자가 퇴직하기 전에 해당 근로자의 계속근로기간에 대한 퇴직금을 미리 정산하여 지급할 수 있다. 이 경우 미리 정산하여 지급한 후의 퇴직금 산정을 위한 계속근로기간은 정산시점부터 새로 계산한다.

1) 중간정산의 사유

① 무주택자인 근로자가 본인 명의로 주택을 구입하는 경우

② 무주택자인 근로자가 주거를 목적으로 민법 제303조에 따른 전세금 또는 주택임대차보호법 제3조의2에 따른 보증금을 부담하는 경우. 이 경우 근로자가 하나의 사업에 근로하는 동안 1회로 한정한다.

③ 근로자가 6개월 이상 요양을 필요로 하는 근로자 본인, 근로자의 배우자, 근로자 또는 그 배우자의 부양가족의 질병이나 부상에 대한 의료비를 해당 근로자가 본인 연간 임금총액의 1천분의 125를 초과하여 부담하는 경우

④ 퇴직금 중간정산을 신청하는 날부터 거꾸로 계산하여 5년 이내에 근로자가 채무자 회생 및 파산에 관한 법률에 따라 파산선고를 받은 경우

⑤ 퇴직금 중간정산을 신청하는 날부터 거꾸로 계산하여 5년 이내에 근로자가 채무자 회생 및 파산에 관한 법률에 따라 개인회생절차개시 결정을 받은 경우

⑥ 사용자가 기존의 정년을 연장하거나 보장하는 조건으로 단체협약 및 취업규칙 등을 통하여 일정나이, 근속시점 또는 임금액을 기준으로 임금을 줄이는 제도를 시행하는 경우

⑦ 사용자가 근로자와의 합의에 따라 소정근로시간을 1일 1시간 또는 1주 5시간 이상 단축함으로써 단축된 소정근로시간에 따라 근로자가 3개월 이상 계속 근로하기로 한 경우

⑧ 법률 제15513호 근로기준법 일부개정법률의 시행에 따른 근로시간의 단축으로 근로자의 퇴직금이 감소되는 경우

⑨ 재난으로 피해를 입은 경우로서 고용노동부장관이 정하여 고시하는 사유에 해당하는 경우

2) 퇴직금 중간정산은 근로자의 자유로운 의사에 의한 중간정산의 요구가 있어야 하며, 근로자 개인의 개별적 요구가 없는 한 중간정산을 강제할 수 없다.

> **참조판례** 대판 2001.11.13. 2000다18608
> 영업양도의 경우에는 특단의 사정이 없는 한 근로자들의 근로관계 역시 양수인에 의하여 계속적으로 승계되는 것으로, 영업양도시 퇴직금을 수령하였다는 사실만으로 전 회사와의 근로관계가 종료되고 인수한 회사와 새로운 근로관계가 시작되었다고 볼 것은 아니고 다만, 근로자가 자의에 의하여 사직서를 제출하고 퇴직금을 지급받았다면 계속근로의 단절에 동의한 것으로 볼 여지가 있지만, 이와 달리 회사의 경영방침에 따른 일방적 결정으로 퇴직 및 재입사의 형식을 거친 것이라면 퇴직금을 지급받았더라도 계속근로관계는 단절되지 않는 것이다.

3) 퇴직금을 매월 지급하는 월급에 분할하여 지급하더라도 근로자의 요구에 의한 것이 아닌 한 퇴직금 중간정산으로서는 효력을 발생할 수 없고 근로자가 퇴직금 명목으로 지급받은 금액은 부당이득에 해당한다.

> **참조판례** 대판 2010.5.20. 2007다90760
>
> 사용자와 근로자가 매월 지급하는 월급이나 매일 지급하는 일당과 함께 퇴직금으로 일정한 금원을 미리 지급하기로 약정(이하 '퇴직금 분할 약정'이라 한다)하였다면, 그 약정은 구 근로기준법 제34조 제3항 전문 소정의 퇴직금 중간정산으로 인정되는 경우가 아닌 한 최종 퇴직 시 발생하는 퇴직금청구권을 근로자가 사전에 포기하는 것으로서 강행법규인 같은 법 제34조에 위배되어 무효이고, 그 결과 퇴직금 분할 약정에 따라 사용자가 근로자에게 퇴직금 명목의 금원을 지급하였다 하더라도 퇴직금 지급으로서의 효력이 없다. 그런데 근로관계의 계속 중에 퇴직금 분할 약정에 의하여 월급이나 일당과는 별도로 실질적으로 퇴직금을 미리 지급하기로 한 경우 이는 어디까지나 위 약정이 유효함을 전제로 한 것인바, 그것이 위와 같은 이유로 퇴직금 지급으로서의 효력이 없다면, 사용자는 본래 퇴직금 명목에 해당하는 금원을 지급할 의무가 있었던 것이 아니므로, 위 약정에 의하여 이미 지급한 퇴직금 명목의 금원은 같은 법 제18조 소정의 '근로의 대가로 지급하는 임금'에 해당한다고 할 수 없다. 이처럼 사용자가 근로자에게 퇴직금 명목의 금원을 실질적으로 지급하였음에도 불구하고 정작 퇴직금 지급으로서의 효력이 인정되지 아니할 뿐만 아니라 같은 법 제18조 소정의 임금 지급으로서의 효력도 인정되지 않는다면, 사용자는 법률상 원인 없이 근로자에게 퇴직금 명목의 금원을 지급함으로써 위 금원 상당의 손해를 입은 반면 근로자는 같은 금액 상당의 이익을 얻은 셈이 되므로, 근로자는 수령한 퇴직금 명목의 금원을 부당이득으로 사용자에게 반환하여야 한다고 보는 것이 공평의 견지에서 합당하다.

4) 퇴직금을 중간정산한 경우 퇴직금 산정을 위한 계속근로기간은 정산시점부터 새로 계산되며, 이는 연차유급휴가 등의 계속근로기간 산정에는 영향이 없다.

(8) 퇴직금은 근로자가 지정한 개인형퇴직연금제도의 계정 또는 제23조의8에 따른 계정(개인형퇴직연금제도의 계정등)으로 이전하는 방법으로 지급하여야 한다. 다만, 근로자가 55세 이후에 퇴직하여 급여를 받는 경우 등 대통령령으로 정하는 사유가 있는 경우에는 그러하지 아니하다.

4. 퇴직연금제도

(1) "퇴직연금제도"란 확정급여형퇴직연금제도, 확정기여형퇴직연금제도 및 개인형퇴직연금제도를 말한다.

(2) "확정급여형퇴직연금제도"란 근로자가 받을 급여의 수준이 사전에 결정되어 있는 퇴직연금제도를 말한다.

1) 확정급여형퇴직연금제도를 설정하려는 사용자는 근로자대표의 동의를 얻거나 의견을 들어 다음 각 호의 사항을 포함한 확정급여형퇴직연금규약을 작성하여 고용노동부장관에게 신고하여야 한다.

① 퇴직연금사업자 선정에 관한 사항

② 가입자에 관한 사항

③ 가입기간에 관한 사항

④ 급여수준에 관한 사항

⑤ 급여 지급능력 확보에 관한 사항

⑥ 급여의 종류 및 수급요건 등에 관한 사항

⑦ 제28조에 따른 운용관리업무 및 제29조에 따른 자산관리업무의 수행을 내용으로 하는 계약의 체결 및 해지와 해지에 따른 계약의 이전(移轉)에 관한 사항

⑧ 운용현황의 통지에 관한 사항

⑨ 가입자의 퇴직 등 급여 지급사유 발생과 급여의 지급절차에 관한 사항

⑩ 퇴직연금제도의 폐지·중단 사유 및 절차 등에 관한 사항

⑪ 부담금의 산정 및 납입에 관한 사항

⑫ 그 밖에 확정급여형퇴직연금제도의 운영을 위하여 대통령령으로 정하는 사항

2) 확정급여형퇴직연금제도의 가입기간은 퇴직연금제도의 설정 이후 해당 사업에서 근로를 제공하는 기간으로 하되, 해당 퇴직연금제도의 설정 전에 해당 사업에서 제공한 근로기간에 대하여도 가입기간으로 할 수 있다. 이 경우 제8조 제2항에 따라 퇴직금을 미리 정산한 기간은 제외한다.

3) 확정급여형퇴직연금제도의 급여 수준은 가입자의 퇴직일을 기준으로 산정한 일시금이 계속근로기간 1년에 대하여 30일분 이상의 평균임금이 되도록 하여야 한다.

4) 확정급여형퇴직연금제도의 급여 종류는 연금 또는 일시금으로 하되 연금은 연금은 55세 이상으로서 가입기간이 10년 이상인 가입자에게 지급하며(이 경우 연금의 지급기간은 5년 이상이어야 한다), 일시금은 연금수급 요건을 갖추지 못하거나 일시금 수급을 원하는 가입자에게 지급한다.

5) 상시 300명 이상의 근로자를 사용하는 사업의 사용자는 퇴직연금제도 적립금의 합리적인 운용을 위하여 대통령령으로 정하는 바에 따라 적립금운용위원회를 구성하여야 한다.

(3) "확정기여형퇴직연금제도"란 급여의 지급을 위하여 사용자가 부담하여야 할 부담금의 수준이 사전에 결정되어 있는 퇴직연금제도를 말한다.

1) 확정기여형퇴직연금제도를 설정하려는 사용자는 근로자대표의 동의를 얻거나 의견을 들어 다음 각 호의 사항을 포함한 확정기여형퇴직연금규약을 작성하여 고용노동부장관에게 신고하여야 한다.

① 부담금의 부담에 관한 사항

② 부담금의 산정 및 납입에 관한 사항

③ 적립금의 운용에 관한 사항

④ 적립금의 운용방법 및 정보의 제공 등에 관한 사항

⑤ 사전지정운용제도에 관한 사항

⑥ 적립금의 중도인출에 관한 사항

⑦ 제13조 제1호부터 제3호까지 및 제6호부터 제10호까지의 사항

⑧ 그 밖에 확정기여형퇴직연금제도의 운영에 필요한 사항으로서 대통령령으로 정하는 사항

2) 확정기여형퇴직연금제도를 설정한 사용자는 가입자의 연간 임금총액의 12분의 1 이상에 해당하는 부담금을 현금으로 가입자의 확정기여형퇴직연금제도 계정에 납입하여야 한다.

3) 사용자는 매년 1회 이상 정기적으로 제1항에 따른 부담금을 가입자의 확정기여형퇴직연금제도 계정에 납입하여야 한다.

4) 확정기여형퇴직연금제도의 가입자는 적립금의 운용방법을 스스로 선정할 수 있고, 반기마다 1회 이상 적립금의 운용방법을 변경할 수 있다.

5) 확정기여형퇴직연금제도에 가입한 근로자는 주택구입 등 대통령령으로 정하는 사유가 발생하면 적립금을 중도인출할 수 있다.

(4) 퇴직급여제도의 일시금을 수령한 사람, 확정급여형퇴직연금제도, 확정기여형퇴직연금제도 또는 중소기업퇴직연금기금제도의 가입자로서 자기의 부담으로 개인형퇴직연금제도를 추가로 설정하려는 사람, 자영업자 등 안정적인 노후소득 확보가 필요한 사람으로서 대통령령으로 정하는 사람은 개인형퇴직연금제도를 설정할 수 있다.

(5) 상시 10명 미만의 근로자를 사용하는 사업의 경우 제4조 제1항 및 제5조에도 불구하고 사용자가 개별 근로자의 동의를 받거나 근로자의 요구에 따라 개인형퇴직연금제도를 설정하는 경우에는 해당 근로자에 대하여 퇴직급여제도를 설정한 것으로 본다.

5. 보칙

퇴직연금제도가 폐지되거나 운영이 중단된 경우에는 폐지된 이후 또는 중단된 기간에 대하여는 제8조 제1항에 따른 퇴직금제도를 적용한다.

Ⅱ. 금품청산

> 근로기준법 제36조(금품 청산) 사용자는 근로자가 사망 또는 퇴직한 경우에는 그 지급 사유가 발생한 때부터 14일 이내에 임금, 보상금, 그 밖에 일체의 금품을 지급하여야 한다. 다만, 특별한 사정이 있을 경우에는 당사자 사이의 합의에 의하여 기일을 연장할 수 있다.
>
> 근로자퇴직급여 보장법 제9조(퇴직금의 지급) 사용자는 근로자가 퇴직한 경우에는 그 지급사유가 발생한 날부터 14일 이내에 퇴직금을 지급하여야 한다. 다만, 특별한 사정이 있는 경우에는 당사자 간의 합의에 따라 지급기일을 연장할 수 있다.

Ⅲ. 귀향여비의 지급

> 근로기준법 제19조(근로조건의 위반) ② 제1항에 따라 근로자가 손해배상을 청구할 경우에는 노동위원회에 신청할 수 있으며, 근로계약이 해제되었을 경우에는 사용자는 취업을 목적으로 거주를 변경하는 근로자에게 귀향 여비를 지급하여야 한다.

Ⅳ. 사용증명서의 교부

> 근로기준법 제39조(사용증명서) ① 사용자는 근로자가 퇴직한 후라도 사용 기간, 업무 종류, 지위와 임금, 그 밖에 필요한 사항에 관한 증명서를 청구하면 사실대로 적은 증명서를 즉시 내주어야 한다.
> ② 제1항의 증명서에는 근로자가 요구한 사항만을 적어야 한다.

(1) 사용증명서의 기재사항은 사용기간, 업무종류, 지위와 임금 기타 필요한 사항 중 근로자가 청구하는 사항만을 기재하여야 하며, 사용자가 임의로 기재하여서는 안 된다.

(2) 사용증명서를 청구할 수 있는 자는 계속하여 30일 이상 근무한 근로자로 하되, 청구할 수 있는 기간은 퇴직한 후 3년 이내로 한다.

Ⅴ. 취업방해의 금지

> 근로기준법 제40조(취업 방해의 금지) 누구든지 근로자의 취업을 방해할 목적으로 비밀 기호 또는 명부를 작성·사용하거나 통신을 하여서는 아니 된다.

제4절 부당해고의 구제

Ⅰ. 의의

(1) 근로자는 사용자의 부당한 처분행위를 다투고자 하는 경우 법원에 의한 사법적 구제와 노동위원회를 통한 행정적 구제를 받을 수 있다. 근로자는 2가지 중 하나를 선택할 수도 있고, 노동위원회에 부당해고 등 구제신청을 함과 동시에 법원에 해고무효확인의 소도 제기할 수 있다.

(2) 현행 부당해고구제제도는 구제명령을 통하여 부당해고가 행하여지기 이전의 상태로 원상회복시킴으로써 침해된 근로자의 권리를 회복하는데 근본취지를 두고 있다. 현행법은 정당한 이유 없는 해고 등에 대한 처벌규정을 삭제하는 대신, 구제명령의 실효성을 제고하고 근로자의 권익보호에 기여하고자 부당해고 등에 대한 구제명령 불이행자에 대하여만 이행강제금제를 도입하고 행정벌로서 벌칙을 부과하도록 개정하였다.

Ⅱ. 노동위원회에 의한 구제절차

1. 구제신청

> 근로기준법 제28조(부당해고등의 구제신청) ① 사용자가 근로자에게 부당해고등을 하면 근로자는 노동위원회에 구제를 신청할 수 있다.
> ② 제1항에 따른 구제신청은 부당해고등이 있었던 날부터 3개월 이내에 하여야 한다.

(1) 사용자가 정당한 이유없이 근로자를 해고, 휴직, 정직, 전직, 감봉 그 밖의 징벌을 한 경우 근로자는 노동위원회에 구제를 신청할 수 있다.

(2) 구제신청을 신청할 수 있는 자는 사용자의 부당해고 등으로 권리를 침해당한 근로자이다. 여기서 근로자는 근로기준법 제2조 제1호의 규정에 의한 요건을 갖춘 자를 말한다.

(3) 피신청인은 원칙적으로 사용자이다. 부당해고구제신청의 상대방으로서의 사용자는 근로기준법 제2조 제1항 제2호의 사용자 중 사업주만을 의미한다.

(4) 초심절차는 부당해고 등이 발생한 사업장의 소재지를 관할하는 지방노동위원회에 부당해고 등이 있은 날부터 3개월 이내에 그 구제를 신청함으로써 개시된다.
관할위반의 구제신청에 대해 노동위원회는 필요적으로 이송하여야 한다.

> **참조판례** 대판 2012.10.11. 2010두18215
> 선원법의 적용을 받는 선원은 원칙적으로 특별노동위원회인 선원노동위원회에 부당해고 구제신청을 하여야 하고 근로기준법의 적용을 받는 근로자들에 대한 부당해고 구제신청 사건을 담당하는 지방노동위원회에 부당해고 구제신청을 할 수 없다. 지방노동위원회가 선원법의 적용을 받는 선원의 부당해고 구제신청을 접수한 경우에는 근로기준법에 따른 부당해고 구제신청의 적격이 없다는 이유로 신청을 각하할 것이 아니라 이송에 관한 규정에 따라 관할 선원노동위원회에 사건을 이송하여야 한다.

(5) 구제신청은 구제신청서라는 서면에 의하며 구제신청서에는 신청이유와 신청취지를 기재하여야 한다.

2. 조사와 심문

> **근로기준법 제29조(조사 등)** ① 노동위원회는 제28조에 따른 구제신청을 받으면 지체 없이 필요한 조사를 하여야 하며 관계 당사자를 심문하여야 한다.
> ② 노동위원회는 제1항에 따라 심문을 할 때에는 관계 당사자의 신청이나 직권으로 증인을 출석하게 하여 필요한 사항을 질문할 수 있다.
> ③ 노동위원회는 제1항에 따라 심문을 할 때에는 관계 당사자에게 증거 제출과 증인에 대한 반대심문을 할 수 있는 충분한 기회를 주어야 한다.
> ④ 제1항에 따른 노동위원회의 조사와 심문에 관한 세부절차는 노동위원회법에 따른 중앙노동위원회(이하 "중앙노동위원회"라 한다)가 정하는 바에 따른다.

(1) 노동위원회는 부당해고 등의 구제신청을 받은 때에는 지체없이 필요한 조사를 하여야 한다.
(2) 조사가 종료된 후에는 부당해고 등의 구제명령을 내리기 이전에 반드시 심문을 하여야 한다.
(3) 심문절차에서는 당사자의 참석기회부여, 증거제출 및 증인의 출석, 심문절차의 공개 및 노사위원의 참여 등이 보장되고 있다.
(4) 노동위원회가 심문을 할 때에는 관계 당사자의 신청 또는 직권으로 증인을 출석하게 하여 필요한 사항을 질문하게 할 수 있다. 심문과정에서는 관계당사자에 대하여 증거의 제출과 증인에 대한 반대심문을 할 수 있는 충분한 기회를 주어야 한다.

3. 판정

> **근로기준법 제30조(구제명령 등)** ① 노동위원회는 제29조에 따른 심문을 끝내고 부당해고등이 성립한다고 판정하면 사용자에게 구제명령을 하여야 하며, 부당해고등이 성립하지 아니한다고 판정하면 구제신청을 기각하는 결정을 하여야 한다.
> ② 제1항에 따른 판정, 구제명령 및 기각결정은 사용자와 근로자에게 각각 서면으로 통지하여야 한다.
> ③ 노동위원회는 제1항에 따른 구제명령(해고에 대한 구제명령만을 말한다)을 할 때에 근로자가 원직복직(原職復職)을 원하지 아니하면 원직복직을 명하는 대신 근로자가 해고기간 동안 근로를 제공하였더라면 받을 수 있었던 임금 상당액 이상의 금품을 근로자에게 지급하도록 명할 수 있다.

④ 노동위원회는 근로계약기간의 만료, 정년의 도래 등으로 근로자가 원직복직(해고 이외의 경우는 원상회복을 말한다)이 불가능한 경우에도 제1항에 따른 구제명령이나 기각결정을 하여야 한다. 이 경우 노동위원회는 부당해고 등이 성립한다고 판정하면 근로자가 해고기간 동안 근로를 제공하였더라면 받을 수 있었던 임금 상당액에 해당하는 금품(해고 이외의 경우에는 원상회복에 준하는 금품을 말한다)을 사업주가 근로자에게 지급하도록 명할 수 있다.

(1) 심판위원회가 심문을 종결하였을 때에는 판정회의를 개최하여야 한다. 심판위원회위원장은 판정하기 전에 심문회의에 참석한 사용자위원 및 근로자위원에게 당해 사건에 대하여 의견을 진술할 기회를 주어야 한다. 심판위원회는 위원들의 의견이 일치하지 아니하여 의결하지 못하는 경우 심문회의를 재개할 수 있다.

(2) 노동위원회는 부당해고 등이 성립한다고 판정하면 사용자에게 구제명령을 하여야 하며, 부당해고 등이 성립하지 아니한다고 판정하면 구제신청을 기각하는 결정을 하여야 한다.

심판위원회는 ① 신청기간을 지나서 구제신청을 한 경우, ② 구제신청서에 대하여 2회 이상 보정 요구를 했음에도 보정을 하지 않은 경우, ③ 당사자 적격이 없는 경우, ④ 구제신청의 내용이 노동위원회의 구제명령 대상이 아닌 경우, ⑤ 같은 당사자가 같은 취지의 구제신청을 거듭하여 제기하거나 같은 당사자가 같은 취지의 판정 또는 화해조서가 있는데도 구제신청을 한 경우, ⑥ 신청하는 구제의 내용이 법령상·사실상 실현할 수 없거나 신청의 이익이 없음이 명백한 경우, ⑦ 신청인이 2회 이상 출석에 불응하거나 주소·소재 불명으로 2회 이상 출석통지서가 반송되거나 그 밖의 사유로 신청의사를 포기한 것으로 인정될 경우에는 구제신청을 각하한다(노위규칙 제60조 제1항).

(3) 구제명령의 내용은 신청인의 청구내용을 존중하되 이에 반드시 구속되는 것은 아니다. 즉 노동위원회는 신청인의 청구를 전부 또는 일부만을 인용하는 등 신청의 취지에 반하지 아니하는 한 그 재량으로 적절한 내용의 구제명령을 발할 수 있다.

1) 구제명령은 원칙적으로 부당해고 등이 행하여지지 아니하였던 것과 동일한 상태로의 회복, 즉 원상회복을 목적으로 하므로 원상회복명령을 하여야 한다. 근로자는 해고 이전의 근로계약관계에 따라 근로를 제공하고 임금지급을 청구할 수 있다.

2) 근로자가 원직복직을 원하지 아니하는 경우에는 원직복직을 명하는 대신 근로자가 해고기간 동안 근로를 제공하였더라면 지급받을 수 있었던 임금상당액 이상의 금품을 근로자에게 지급하도록 명할 수 있다.

3) 근로자가 해고기간 동안 다른 곳에 취업하여 수입을 받은 경우 휴업수당을 초과하는 범위에서만 공제할 수 있다.

> **참조판례** 대판 1996.4.23. 94다446
>
> 근로기준법 제38조는 근로자의 최저생활을 보장하려는 취지에서 사용자의 귀책사유로 인하여 휴업하는 경우에는 사용자는 휴업기간 중 당해 근로자에게 그 평균임금의 100분의 70(1989.3.29, 법률 제4099호로 개정되기 전에는 100분의 60) 이상의 수당을 지급하여야 한다고 규정하고 있고, 여기에서의 휴업이란 개개의 근로자가 근로계약에 따라 근로를 제공할 의사가 있음에도 불구하고 그 의사에 반하여 취업이 거부되거나 또는 불가능하게 된 경우도 포함된다고 할 것이며, 한편 공무원도 임금을 목적으로 근로를 제공하는 근로기준법 제14조 소정의 근로자라 할 것이어서, 공무원연금법, 공무원보수규정, 공무원수당규정 등에 특별한 규정이 없는 경우에는, 공무원에 대하여도 성질에 반하지 아니하는 한 원칙적으로 근로기준법이 적용되는 것이므로, 국가의 부당한 면직처분으로 인하여 공무원이 그 의사에 반하여 근로를 제공할 수 없는 경우 공무원의 최저생활을 보장할 필요성은 사기업의 근로자와 동일하므로 근로기준법 제38조는 공무원에게도 적용된다고 보아야 할 것이고, 따라서 공무원이 지급받을 수 있었던 보수 중 근로기준법 제38조 소정의 휴업수당의 한도에서는 이를 이익공제의 대상으로 삼을 수 없고, 그 휴업수당을 초과하는 금액에서 중간수입을 공제하여야 할 것이다.

4) 근로계약기간의 만료, 정년의 도래 등으로 근로자가 원직복직이 불가능한 경우에도 신청이익이 있다.

> **참조판례** 대판 2020.2.20. 2019두52386
>
> 부당해고 구제명령제도에 관한 근로기준법의 규정 내용과 목적 및 취지, 임금 상당액 구제명령의 의의 및 그 법적 효과 등을 종합적으로 고려하면, 근로자가 부당해고 구제신청을 하여 해고의 효력을 다투던 중 정년에 이르거나 근로계약기간이 만료하는 등의 사유로 원직에 복직하는 것이 불가능하게 된 경우에도 해고기간 중의 임금 상당액을 지급받을 필요가 있다면 임금 상당액 지급의 구제명령을 받을 이익이 유지되므로 구제신청을 기각한 중앙노동위원회의 재심판정을 다툴 소의 이익이 있다고 보아야 한다.

(4) 부당해고 등에 대한 판정, 구제명령 및 기각결정은 사용자와 근로자에게 각각 서면으로 통지하여야 한다.

(5) 노동위원회는 근로기준법 제28조에 따른 판정·명령 또는 결정이 있기 전까지 관계 당사자의 신청 또는 직권에 의하여 화해를 권고하거나 화해안을 작성함에 있어서 관계 당사자의 의견을 충분히 들어야 하며, 관계당사자가 화해안을 수락한 때에는 화해조서를 작성하여야 하고, 화해조서에는 관계 당사자와 화해에 관여한 위원 전원이 서명 또는 날인하여야 한다.
화해조서는 '민사소송법'에 따른 재판상 화해의 효력을 갖는다.

(6) 부당해고 등 구제제도는 헌법상 근로의 권리의 대사인적 효력을 구체화한 제도로서 부당해고 등 구제명령은 사용자에 대하여 공법상의 의무를 부담시키는 것에 국한되며, 당사자간의 사법상 법률관계를 발생·변경 또는 소멸시키는 것은 아니다(대판 95다53102).

4. 재심 및 행정소송

근로기준법 제31조(구제명령 등의 확정) ① 노동위원회법에 따른 지방노동위원회의 구제명령이나 기각결정에 불복하는 사용자나 근로자는 구제명령서나 기각결정서를 통지받은 날부터 10일 이내에 중앙노동위원회에 재심을 신청할 수 있다.
② 제1항에 따른 중앙노동위원회의 재심판정에 대하여 사용자나 근로자는 재심판정서를 송달받은 날부터 15일 이내에 행정소송법의 규정에 따라 소(訴)를 제기할 수 있다.
③ 제1항과 제2항에 따른 기간 이내에 재심을 신청하지 아니하거나 행정소송을 제기하지 아니하면 그 구제명령, 기각결정 또는 재심판정은 확정된다.

제32조(구제명령 등의 효력) 노동위원회의 구제명령, 기각결정 또는 재심판정은 제31조에 따른 중앙노동위원회에 대한 재심 신청이나 행정소송 제기에 의하여 그 효력이 정지되지 아니한다.

제33조(이행강제금) ① 노동위원회는 구제명령(구제명령을 내용으로 하는 재심판정을 포함한다. 이하 이 조에서 같다)을 받은 후 이행기한까지 구제명령을 이행하지 아니한 사용자에게 3천만원 이하의 이행강제금을 부과한다.
② 노동위원회는 제1항에 따른 이행강제금을 부과하기 30일 전까지 이행강제금을 부과·징수한다는 뜻을 사용자에게 미리 문서로써 알려 주어야 한다.
③ 제1항에 따른 이행강제금을 부과할 때에는 이행강제금의 액수, 부과 사유, 납부기한, 수납기관, 이의제기방법 및 이의제기기관 등을 명시한 문서로써 하여야 한다.
④ 제1항에 따라 이행강제금을 부과하는 위반행위의 종류와 위반 정도에 따른 금액, 부과·징수된 이행강제금의 반환절차, 그 밖에 필요한 사항은 대통령령으로 정한다.
⑤ 노동위원회는 최초의 구제명령을 한 날을 기준으로 매년 2회의 범위에서 구제명령이 이행될 때까지 반복하여 제1항에 따른 이행강제금을 부과·징수할 수 있다. 이 경우 이행강제금은 2년을 초과하여 부과·징수하지 못한다.
⑥ 노동위원회는 구제명령을 받은 자가 구제명령을 이행하면 새로운 이행강제금을 부과하지 아니하되, 구제명령을 이행하기 전에 이미 부과된 이행강제금은 징수하여야 한다.

⑦ 노동위원회는 이행강제금 납부의무자가 납부기한까지 이행강제금을 내지 아니하면 기간을 정하여 독촉을 하고 지정된 기간에 제1항에 따른 이행강제금을 내지 아니하면 국세 체납처분의 예에 따라 징수할 수 있다.
⑧ 근로자는 구제명령을 받은 사용자가 이행기한까지 구제명령을 이행하지 아니하면 이행기한이 지난 때부터 15일 이내에 그 사실을 노동위원회에 알려줄 수 있다.

(1) 지방노동위원회의 구제명령 또는 기각결정에 불복하는 사용자 또는 근로자는 구제명령서 또는 기각결정서를 통지받은 날부터 10일 이내에 중앙노동위원회에 재심을 신청할 수 있으며, 중앙노동위원회의 재심판정에 대하여 사용자 또는 근로자는 재심판정서를 송달받은 날부터 15일 이내에 '행정소송법'이 정하는 바에 따라 소를 제기할 수 있다.

   1) 위에 정한 기간 내에 재심을 신청하지 아니하거나 행정소송을 제기하지 아니하는 때에는 그 구제명령·기각결정 또는 재심판정은 확정된다.
   2) 노동위원회의 구제명령·기각결정 또는 재심판정은 중앙노동위원회에 재심신청이나 행정소송의 제기에 의하여 그 효력이 정지되지 아니한다.
   3) 재심은 신청한 불복의 범위 내에서 행하여지므로 불복신청은 초심에서 청구한 범위를 벗어나지 아니하는 한도 내에서만 재심할 수 있다.
   4) 중앙노동위원회는 재심 결과 ① 그 신청이 이유 없다고 인정하는 경우에는 이를 기각하고, ② 이유 있다고 인정할 때에는 지방노동위원회의 처분을 취소·변경하여야 한다. 다만, 초심의 명령을 변경하는 때에는 불복의 범위 내에서만 할 수 있다.

(2) 정당한 이유 없는 해고 등에 대한 노동위원회의 구제명령의 실효성을 담보하기 위하여 구제명령 불이행자에 대하여 3천만원 이하의 이행강제금을 1년에 2회의 범위 안에서 최대 2년까지 부과하도록 하였다. 이행강제금은 일정한 기한까지 의무를 이행하지 않을 경우 사용자에게 심리적 압박을 가하여 의무이행을 간접적으로 강제하기 위하여 과하는 금전벌이다.
노동위원회는 이행강제금을 부과하는 날의 30일 전까지 이행강제금을 부과·징수한다는 뜻을 사용자에게 미리 문서로써 알려주어야 하며, 이행강제금을 부과하는 때에는 이행강제금의 금액, 부과사유, 납부기한, 수납기관, 이의제기방법 및 이의제기기관 등을 명시한 문서로써 행하여야 한다.

(3) 확정된 구제명령을 이행하지 아니하는 자에 대하여는 1년 이하의 징역 또는 1천만원 이하의 벌금에 처한다.

Ⅲ. 법원에 의한 사법적 구제

(1) 사용자의 부당해고 등에 대하여 근로자는 법원에 해고·전직·휴직·징계 등의 무효를 확인하는 소송을 제기하여 구제받을 수 있다. 신속한 구제를 위하여 이 소송을 본안으로 한 지위보전 가처분 신청이나 임금지급의 가처분신청을 할 수도 있다.

(2) 판례는 해고의 효력을 다투지 않는 등 제반 사정으로 근로자가 오랜 기간이 지난 경우에는 신의칙상 해고무효확인소송을 제기할 수 없다고 한다.
퇴직금을 수령하기 전에 이미 해고의 효력을 객관적으로 다투고 있는 경우에는 퇴직금을 수령함으로써 해고의 효력을 인정하였다고 볼 수 없다.

> **참조판례** 대판 1993.9.240. 93다21736
>
> 사용자로부터 해고된 근로자가 퇴직금 등을 수령하면서 아무런 이의의 유보나 조건을 제기하지 않았다면 특별한 사정이 없는 한 그 해고의 효력을 인정하였다고 할 것이고, 따라서 그로부터 오랜 기간이 지난 후에 그 해고의 효력을 다투는 소를 제기하는 것은 신의칙이나 금반언의 원칙에 위배되어 허용될 수 없으나, 다만 이와 같은 경우라도 해고의 효력을 인정하지 아니하고 이를 다투고 있었다고 볼 수 있는 객관적인 사정이 있다거나 그 외에 상당한 이유가 있는 상황하에서 이를 수령하는 등 반대의 사정이 있음이 엿보이는 때에는 명시적인 이의를 유보함이 없이 퇴직금을 수령한 경우라고 하여도 일률적으로 해고의 효력을 인정하였다고 보아서는 안 된다.

(3) 사용자가 고의로 부당해고를 한 이상 위법하게 상대방에게 정신적 고통을 가하는 것이 되어 불법행위를 구성할 수도 있다.

> **참조판례** 대판 1996.4.23. 95다6823
>
> 일반적으로 사용자의 근로자에 대한 해고 등의 불이익처분이 정당하지 못하여 무효로 판단되는 경우에 그러한 사유만에 의하여 곧바로 그 해고 등의 불이익처분이 불법행위를 구성하게 된다고 할 수는 없으나, 사용자가 근로자에 대하여 징계해고 등을 할 만한 사유가 전혀 없는데도 오로지 근로자를 사업장에서 몰아내려는 의도하에 고의로 어떤 명목상의 해고사유 등의 이유로 된 어느 사실이 취업규칙 등 소정의 징계사유에 해당되지 아니하거나 징계사유로 삼을 수 없는 것임이 객관적으로 명백하고 또 조금만 주의를 기울였더라면 이와 같은 사정을 쉽게 알아 볼 수 있는데도 그것을 이유로 징계해고 등의 불이익처분을 한 경우처럼, 사용자에게 부당해고 등에 대한 고의·과실이 인정되는 경우에 있어서는 불법행위가 성립되어 그에 따라 입게 된 근로자의 정신적 고통에 대하여도 이를 배상할 의무가 있다.

제12장 기타 법령

제1절 직업안정법

Ⅰ. 총칙

(1) 정의
   1) "직업안정기관"이란 직업소개, 직업지도 등 직업안정업무를 수행하는 지방고용노동행정기관을 말한다.
   2) "직업소개"란 구인 또는 구직의 신청을 받아 구직자 또는 구인자(求人者)를 탐색하거나 구직자를 모집하여 구인자와 구직자 간에 고용계약이 성립되도록 알선하는 것을 말한다.
   3) "직업지도"란 취업하려는 사람이 그 능력과 소질에 알맞은 직업을 쉽게 선택할 수 있도록 하기 위한 직업적성검사, 직업정보의 제공, 직업상담, 실습, 권유 또는 조언, 그 밖에 직업에 관한 지도를 말한다.
   4) "무료직업소개사업"이란 수수료, 회비 또는 그 밖의 어떠한 금품도 받지 아니하고 하는 직업소개사업을 말한다.
   5) "유료직업소개사업"이란 무료직업소개사업이 아닌 직업소개사업을 말한다.
   6) "모집"이란 근로자를 고용하려는 자가 취업하려는 사람에게 피고용인이 되도록 권유하거나 다른 사람으로 하여금 권유하게 하는 것을 말한다.
   7) "근로자공급사업"이란 공급계약에 따라 근로자를 타인에게 사용하게 하는 사업을 말한다. 다만, 파견근로자 보호 등에 관한 법률 제2조 제2호에 따른 근로자파견사업은 제외한다.
   8) "직업정보제공사업"이란 신문, 잡지, 그 밖의 간행물 또는 유선·무선방송이나 컴퓨터통신 등으로 구인·구직 정보 등 직업정보를 제공하는 사업을 말한다.
   9) "고용서비스"란 구인자 또는 구직자에 대한 고용정보의 제공, 직업소개, 직업지도 또는 직업능력개발 등 고용을 지원하는 서비스를 말한다.
(2) 고용노동부장관은 직업안정기관에 직업소개, 직업지도 및 고용정보 제공 등의 업무를 담당하는 공무원이 아닌 직업상담원(민간직업상담원)을 배치할 수 있다.

Ⅱ. 직업안정기관의 장이 하는 직업소개 및 직업지도 등

(1) 직업안정기관의 장은 구인신청의 수리(受理)를 거부하여서는 아니 된다. 다만, 다음 각 호의 어느 하나에 해당하는 경우에는 그러하지 아니하다.

1) 구인신청의 내용이 법령을 위반한 경우
2) 구인신청의 내용 중 임금, 근로시간, 그 밖의 근로조건이 통상적인 근로조건에 비하여 현저하게 부적당하다고 인정되는 경우
3) 구인자가 구인조건을 밝히기를 거부하는 경우
4) 구인자가 구인신청 당시 근로기준법 제43조의2에 따라 명단이 공개 중인 체불사업주인 경우

(2) 직업안정기관의 장은 구직신청의 수리를 거부하여서는 아니 된다. 다만, 그 신청 내용이 법령을 위반한 경우에는 그러하지 아니하다.

직업안정기관의 장은 구직자의 요청이 있거나 필요하다고 인정하여 구직자의 동의를 받은 경우에는 직업상담 또는 직업적성검사를 할 수 있다.

(3) 구인자가 직업안정기관의 장에게 구인신청을 할 때에는 구직자가 취업할 업무의 내용과 근로조건을 구체적으로 밝혀야 하며, 직업안정기관의 장은 이를 구직자에게 알려 주어야 한다.

(4) 직업안정기관의 장은 구직자에게는 그 능력에 알맞은 직업을 소개하고, 구인자에게는 구인조건에 적합한 구직자를 소개하도록 노력하여야 하며, 가능하면 구직자가 통근할 수 있는 지역에서 직업을 소개하도록 노력하여야 한다.

직업안정기관의 장은 통근할 수 있는 지역에서 구직자에게 그 희망과 능력에 알맞은 직업을 소개할 수 없을 경우 또는 구인자가 희망하는 구직자나 구인 인원을 채울 수 없을 경우에는 광범위한 지역에 걸쳐 직업소개를 할 수 있다.

(5) 직업안정기관의 장은 구직자의 취업을 위하여 직업능력개발훈련을 받는 것이 필요하다고 인정되면 구직자가 국민 평생 직업능력 개발법에 따른 직업능력개발훈련시설 등에서 직업능력개발훈련을 받도록 알선할 수 있다.

(6) 직업안정기관의 장은 ① 새로 취업하려는 사람, ② 신체 또는 정신에 장애가 있는 사람, ③ 그 밖에 취업을 위하여 특별한 지도가 필요한 사람에게 직업지도를 하여야 한다.

(7) 직업안정기관의 장은 관할 지역의 각종 고용정보를 수시로 또는 정기적으로 수집하고 정리하여 구인자, 구직자, 그 밖에 고용정보가 필요한 자에게 적극적으로 제공하여야 한다.

Ⅲ. 직업안정기관의 장 외의 자가 하는 직업소개사업, 직업정보제공사업, 근로자 모집 또는 근로자공급사업 등

(1) 무료직업소개사업은 소개대상이 되는 근로자가 취업하려는 장소를 기준으로 하여 국내 무료직업소개사업과 국외 무료직업소개사업으로 구분하되, 국내 무료직업소개사업을 하려는 자는 주된 사업소의 소재지를 관할하는 특별자치도지사·시장·군수 및 구청장에게 신고하여야 하고, 국외 무료직업소개사업을 하려는 자는 고용노동부장관에게 신고하여야 한다. 신고한 사항을 변경하려는 경우에도 또한 같다.

1) 무료직업소개사업을 하려는 자는 그 설립목적 및 사업내용이 무료직업소개사업에 적합하고, 당해 사업의 유지·운영에 필요한 조직 및 자산을 갖춘 비영리법인 또는 공익단체이어야 한다.

2) ① 한국산업인력공단법에 따른 한국산업인력공단이 하는 직업소개, ② 장애인고용촉진 및 직업재활법에 따른 한국장애인고용공단이 장애인을 대상으로 하는 직업소개, ③ 교육 관계법에 따른 각급 학교의 장, 국민 평생 직업능력 개발법에 따른 공공직업훈련시설의 장이 재학생·졸업생 또는 훈련생·수료생을 대상으로 하는 직업소개, ④ 산업재해보상보험법에 따른 근로복지공단이 업무상 재해를 입은 근로자를 대상으로 하는 직업소개의 경우에는 신고를 하지 아니하고 무료직업소개사업을 할 수 있다.

3) 무료직업소개사업을 하는 자 및 그 종사자는 구인자가 구인신청 당시 근로기준법 제43조의2에 따라 명단이 공개 중인 체불사업주인 경우 그 사업주에게 직업소개를 하지 아니하여야 한다.

(2) 유료직업소개사업은 소개대상이 되는 근로자가 취업하려는 장소를 기준으로 하여 국내 유료직업소개사업과 국외 유료직업소개사업으로 구분하되, 국내 유료직업소개사업을 하려는 자는 주된 사업소의 소재지를 관할하는 특별자치도지사·시장·군수 및 구청장에게 등록하여야 하고, 국외 유료직업소개사업을 하려는 자는 고용노동부장관에게 등록하여야 한다. 등록한 사항을 변경하려는 경우에도 또한 같다.

1) 등록을 하고 유료직업소개사업을 하려는 자는 둘 이상의 사업소를 둘 수 없다. 다만, 사업소별로 직업소개 또는 직업상담에 관한 경력, 자격 또는 소양이 있다고 인정되는 사람 등 대통령령으로 정하는 사람을 1명 이상 고용하는 경우에는 그러하지 아니하다.

2) 등록을 하고 유료직업소개사업을 하는 자는 고용노동부장관이 결정·고시한 요금 외의 금품을 받아서는 아니 된다. 다만, 고용노동부령으로 정하는 고급·전문인력을 소개하는 경우에는 당사자 사이에 정한 요금을 구인자로부터 받을 수 있다.

(3) 유료직업소개사업을 등록한 자는 타인에게 자기의 성명 또는 상호를 사용하여 직업소개사업을 하게 하거나 그 등록증을 대여하여서는 아니 된다.

(4) 등록을 하고 유료직업소개사업을 하는 자 및 그 종사자는 구직자에게 제공하기 위하여 구인자로부터 선급금을 받아서는 아니 된다.

(5) 무료직업소개사업 또는 유료직업소개사업을 하는 자와 그 종사자(이하 이 조에서 "직업소개사업자등"이라 한다)는 구직자의 연령을 확인하여야 하며, 18세 미만의 구직자를 소개하는 경우에는 친권자나 후견인의 취업동의서를 받아야 한다.

(6) 직업정보제공사업을 하려는 자(제18조에 따라 무료직업소개사업을 하는 자와 제19조에 따라 유료직업소개사업을 하는 자는 제외한다)는 고용노동부장관에게 신고하여야 한다. 신고 사항을 변경하는 경우에도 또한 같다.

(7) ① 결혼중개업의 관리에 관한 법률 제2조 제2호의 결혼중개업, ② 공중위생관리법 제2조 제1항 제2호의 숙박업, ③ 식품위생법 제36조 제1항 제3호의 식품접객업 중 대통령령(다류 배달·판매, 단란주점영업, 유흥주점영업)으로 정하는 영업을 경영하는 자는 직업소개사업을 하거나 직업소개사업을 하는 법인의 임원이 될 수 없다.

(8) 근로자를 고용하려는 자는 광고, 문서 또는 정보통신망 등 다양한 매체를 활용하여 자유롭게 근로자를 모집할 수 있다.

(9) 누구든지 국외에 취업할 근로자를 모집한 경우에는 고용노동부장관에게 신고하여야 한다.

(10) 근로자를 모집하려는 자와 그 모집업무에 종사하는 자는 어떠한 명목으로든 응모자로부터 그 모집과 관련하여 금품을 받거나 그 밖의 이익을 취하여서는 아니 된다. 다만, 제19조에 따라 유료직업소개사업을 하는 자가 구인자의 의뢰를 받아 구인자가 제시한 조건에 맞는 자를 모집하여 직업소개한 경우에는 그러하지 아니하다.

(11) 누구든지 고용노동부장관의 허가를 받지 아니하고는 근로자공급사업을 하지 못한다.

   1) 근로자공급사업 허가의 유효기간은 3년으로 하되, 유효기간이 끝난 후 계속하여 근로자공급사업을 하려는 자는 고용노동부령으로 정하는 바에 따라 연장허가를 받아야 한다. 이 경우 연장허가의 유효기간은 연장 전 허가의 유효기간이 끝나는 날부터 3년으로 한다.
   2) 근로자공급사업은 공급대상이 되는 근로자가 취업하려는 장소를 기준으로 국내 근로자공급사업과 국외 근로자공급사업으로 구분하며, 각각의 사업의 허가를 받을 수 있는 자는 국내 근로자공급사업의 경우는 노동조합 및 노동관계조정법에 따른 노동조합, 국외 근로자공급사업의 경우는 국내에서 제조업·건설업·용역업, 그 밖의 서비스업을 하고 있는 자(다만, 연예인을 대상으로 하는 국외 근로자공급사업의 허가를 받을 수 있는 자는 민법 제32조에 따른 비영리법인으로 한다)로 한다.

IV. 보칙

(1) 직업소개사업, 근로자 모집 또는 근로자공급사업을 하는 자나 이에 종사하는 사람은 거짓 구인광고를 하거나 거짓 구인조건을 제시하여서는 아니 된다.

(2) 유료직업소개사업을 하는 자 또는 국외 근로자공급사업을 하는 자는 직업소개, 근로자 공급을 할 때 고의 또는 과실로 근로자 또는 근로자를 소개·공급받은 자에게 손해를 발생하게 한 경우에는 그 손해를 배상할 책임이 있다.

(3) 다음 각 호의 어느 하나에 해당하는 자는 직업소개사업의 신고·등록을 하거나 근로자공급사업의 허가를 받을 수 없다.

   1) 미성년자, 피성년후견인 및 피한정후견인
   2) 파산선고를 받고 복권되지 아니한 자
   3) 금고 이상의 실형을 선고받고 그 집행이 끝나거나 집행을 하지 아니하기로 확정된 날부터 2년이 지나지 아니한 자
   4) 이 법, 성매매알선 등 행위의 처벌에 관한 법률, 풍속영업의 규제에 관한 법률 또는 청소년 보호법을 위반하거나 직업소개사업과 관련된 행위로 선원법을 위반한 자로서 다음 각 목의 어느 하나에 해당하는 자
      ① 금고 이상의 실형을 선고받고 그 집행이 끝나거나 집행을 하지 아니하기로 확정된 날부터 3년이 지나지 아니한 자
      ② 금고 이상의 형의 집행유예를 선고받고 그 유예기간이 끝난 날부터 3년이 지나지 아니한 자
      ③ 벌금형이 확정된 후 2년이 지나지 아니한 자
   5) 금고 이상의 형의 집행유예를 선고받고 그 유예기간 중에 있는 자
   6) 제36조에 따라 해당 사업의 등록이나 허가가 취소된 후 5년이 지나지 아니한 자
   7) 임원 중에 제1호부터 제6호까지의 어느 하나에 해당하는 자가 있는 법인

(4) 고용노동부장관 또는 특별자치도지사·시장·군수·구청장은 제18조·제19조·제23조 또는 제33조에 따라 신고 또는 등록을 하거나 허가를 받고 사업을 하는 자가 공익을 해칠 우려가 있는 경우로서 다음 각 호의 어느 하나에 해당하는 경우에는 6개월 이내의 기간을 정하여 그 사업을 정지하게 하거나 등록 또는 허가를 취소할 수 있다. 다만, 제2호에 해당할 때에는 등록 또는 허가를 취소하여야 한다.
   1) 거짓이나 그 밖의 부정한 방법으로 신고·등록하였거나 허가를 받은 경우
   2) 제38조 각 호의 어느 하나에 해당하게 된 경우
   3) 이 법 또는 이 법에 따른 명령을 위반한 경우
(5) 직업소개사업, 직업정보제공사업, 근로자 모집 또는 근로자공급사업에 관여하였거나 관여하고 있는 자는 업무상 알게 된 근로자 또는 사용자에 관한 비밀을 누설하여서는 아니 된다.

제2절 외국인근로자의 고용 등에 관한 법률

Ⅰ. 총칙

(1) "외국인근로자"란 대한민국의 국적을 가지지 아니한 사람으로서 국내에 소재하고 있는 사업 또는 사업장에서 임금을 목적으로 근로를 제공하고 있거나 제공하려는 사람을 말한다.
(2) 외국인근로자의 고용 등에 관한 법률은 외국인근로자 및 외국인근로자를 고용하고 있거나 고용하려는 사업 또는 사업장에 적용한다. 다만, 선원법의 적용을 받는 선박에 승무(乘務)하는 선원 중 대한민국 국적을 가지지 아니한 선원 및 그 선원을 고용하고 있거나 고용하려는 선박의 소유자에 대하여는 적용하지 아니한다.

Ⅱ. 외국인근로자 고용절차

(1) 외국인근로자를 고용하려는 자는 직업안정법 제2조의2 제1호에 따른 직업안정기관에 우선 내국인 구인 신청을 하여야 한다.
(2) 제6조 제1항에 따라 내국인 구인 신청을 한 사용자는 같은 조 제2항에 따른 직업소개를 받고도 인력을 채용하지 못한 경우에는 고용노동부령으로 정하는 바에 따라 직업안정기관의 장에게 외국인근로자 고용허가를 신청하여야 한다.
   1) 고용허가 신청의 유효기간은 3개월로 하되, 일시적인 경영악화 등으로 신규 근로자를 채용할 수 없는 경우 등에는 대통령령으로 정하는 바에 따라 1회에 한정하여 고용허가 신청의 효력을 연장할 수 있다.
   2) 직업안정기관의 장은 고용허가의 신청을 받으면 외국인근로자 도입 업종 및 규모 등 대통령령으로 정하는 요건을 갖춘 사용자에게 외국인구직자 명부에 등록된 사람 중에서 적격자를 추천하여야 하며, 추천된 적격자를 선정한 사용자에게는 지체 없이 고용허가를 하고, 선정된 외국인근로자의 성명 등을 적은 외국인근로자 고용허가서를 발급하여야 한다.

3) 직업안정기관이 아닌 자는 외국인근로자의 선발, 알선, 그 밖의 채용에 개입하여서는 아니 된다.

(3) 사용자가 제8조 제4항에 따라 선정한 외국인근로자를 고용하려면 고용노동부령으로 정하는 표준근로 계약서를 사용하여 근로계약을 체결하여야 한다.

1) 고용허가를 받은 사용자와 외국인근로자는 취업활동기간 내에서 당사자 간의 합의에 따라 근로계약을 체결하거나 갱신할 수 있다.

2) 취업활동 기간이 연장되는 외국인근로자와 사용자는 연장된 취업활동 기간의 범위에서 근로계약을 체결할 수 있다.

(4) 외국인근로자 고용허가를 최초로 받은 사용자는 노동관계법령·인권 등에 관한 교육(사용자 교육)을 받아야 한다.

(5) ① 건설업으로서 정책위원회가 일용근로자 노동시장의 현황, 내국인근로자 고용기회의 침해 여부 및 사업장 규모 등을 고려하여 정하는 사업 또는 사업장, ② 서비스업, 제조업, 농업, 어업 또는 광업으로서 정책위원회가 산업별 특성을 고려하여 정하는 사업 또는 사업장의 사용자는 특례고용가능확인을 받은 후 대통령령으로 정하는 사증을 발급받고 입국한 외국인으로서 국내에서 취업하려는 사람을 고용할 수 있다. 이 경우 근로계약의 체결에 관하여는 제9조를 준용한다.

1) 내국인 구인 신청을 한 사용자는 같은 조 제2항에 따라 직업안정기관의 장의 직업소개를 받고도 인력을 채용하지 못한 경우에는 고용노동부령으로 정하는 바에 따라 직업안정기관의 장에게 특례고용가능확인을 신청할 수 있다. 이 경우 직업안정기관의 장은 외국인근로자의 도입 업종 및 규모 등 대통령령으로 정하는 요건을 갖춘 사용자에게 특례고용가능확인을 하여야 한다.

2) 특례고용가능확인을 받은 사용자는 제2항에 따른 외국인구직자 명부에 등록된 사람 중에서 채용하여야 하고, 외국인근로자가 근로를 시작하면 고용노동부령으로 정하는 바에 따라 직업안정기관의 장에게 신고하여야 한다.

3) 특례고용가능확인의 유효기간은 3년으로 한다. 다만, 제1항 제1호에 해당하는 사업 또는 사업장으로서 공사기간이 3년보다 짧은 경우에는 그 기간으로 한다.

Ⅲ. 외국인근로자의 고용관리

(1) 외국인근로자를 고용한 사업 또는 사업장의 사용자는 외국인근로자의 출국 등에 따른 퇴직금 지급을 위하여 외국인근로자를 피보험자 또는 수익자로 하는 보험 또는 신탁(출국만기보험등)에 가입하여야 한다. 이 경우 보험료 또는 신탁금은 매월 납부하거나 위탁하여야 한다.

1) 사용자가 출국만기보험등에 가입한 경우 근로자퇴직급여 보장법 제8조 제1항에 따른 퇴직금제도를 설정한 것으로 본다.

2) 출국만기보험등의 가입대상 사용자, 가입방법·내용·관리 및 지급 등에 필요한 사항은 대통령령으로 정하되, 지급시기는 피보험자등이 출국한 때부터 14일(체류자격의 변경, 사망 등에 따라 신청하거나 출국일 이후에 신청하는 경우에는 신청일부터 14일) 이내로 한다.

3) 출국만기보험등의 지급사유 발생에 따라 피보험자등이 받을 금액(이하 "보험금등"이라 한다)에 대한 청구권은 상법 제662조에도 불구하고 지급사유가 발생한 날부터 3년간 이를 행사하지 아니하면 소멸시효가 완성한다. 이 경우 출국만기보험등을 취급하는 금융기관은 소멸시효가 완성한 보험금등을 1개월 이내에 한국산업인력공단에 이전하여야 한다.

(2) 사용자 및 사용자에게 고용된 외국인근로자에게 국민건강보험법을 적용하는 경우 사용자는 같은 법 제3조에 따른 사용자로, 사용자에게 고용된 외국인근로자는 같은 법 제6조 제1항에 따른 직장가입자로 본다.

(3) 외국인근로자는 귀국 시 필요한 비용에 충당하기 위하여 보험 또는 신탁에 가입하여야 한다.

(4) 사용자는 외국인근로자와의 근로계약을 해지하거나 그 밖에 고용과 관련된 중요 사항을 변경하는 등 대통령령으로 정하는 사유가 발생하였을 때에는 고용노동부령으로 정하는 바에 따라 직업안정기관의 장에게 신고하여야 한다.

(5) 외국인근로자는 입국한 날부터 3년의 범위에서 취업활동을 할 수 있다.

(6) 다음 각 호의 외국인근로자는 제18조에도 불구하고 한 차례만 2년 미만의 범위에서 취업활동 기간을 연장받을 수 있다.

1) 제8조 제4항에 따른 고용허가를 받은 사용자에게 고용된 외국인근로자로서 제18조에 따른 취업활동 기간 3년이 만료되어 출국하기 전에 사용자가 고용노동부장관에게 재고용 허가를 요청한 근로자

2) 제12조 제3항에 따른 특례고용가능확인을 받은 사용자에게 고용된 외국인근로자로서 제18조에 따른 취업활동 기간 3년이 만료되어 출국하기 전에 사용자가 고용노동부장관에게 재고용 허가를 요청한 근로자

고용노동부장관은 제1항 및 제18조에도 불구하고 감염병 확산, 천재지변 등의 사유로 외국인근로자의 입국과 출국이 어렵다고 인정되는 경우에는 정책위원회의 심의·의결을 거쳐 1년의 범위에서 취업활동 기간을 연장할 수 있다.

(7) 국내에서 취업한 후 출국한 외국인근로자(제12조 제1항에 따른 외국인근로자는 제외한다)는 출국한 날부터 6개월이 지나지 아니하면 이 법에 따라 다시 취업할 수 없다.

(8) 고용노동부장관은 다음 각 호의 요건을 모두 갖춘 외국인근로자로서 제18조의2에 따라 연장된 취업활동 기간이 끝나 출국하기 전에 사용자가 재입국 후의 고용허가를 신청한 외국인근로자에 대하여 출국한 날부터 1개월이 지나면 이 법에 따라 다시 취업하도록 할 수 있다.

1) 다음 각 목의 어느 하나에 해당할 것

① 제18조 및 제18조의2에 따른 취업활동 기간 중에 사업 또는 사업장을 변경하지 아니하였을 것

② 제25조 제1항 제1호 또는 제3호에 해당하는 사유로 사업 또는 사업장을 변경하는 경우(재입국 후의 고용허가를 신청하는 사용자와 취업활동 기간 종료일까지의 근로계약 기간이 1년 이상인 경우만 해당한다)로서 동일업종 내 근속기간 등 고용노동부장관이 정하여 고시하는 기준을 충족할 것

③ 제25조 제1항 제2호에 해당하는 사유로 사업 또는 사업장을 변경하는 경우로서 재입국 후의 고용허가를 신청하는 사용자와 취업활동 기간 종료일까지의 근로계약 기간이 1년 이상일 것

④ 제25조 제1항 제2호에 해당하는 사유로 사업 또는 사업장을 변경하는 경우로서 재입국 후의 고용허가를 신청하는 사용자와 취업활동 기간 종료일까지의 근로계약 기간이 1년 미만이나 직업안정기관의 장이 제24조의2제1항에 따른 외국인근로자 권익보호협의회의 의견을 들어 재입국 후의 고용허가를 하는 것이 타당하다고 인정하였을 것

2) 정책위원회가 도입 업종이나 규모 등을 고려하여 내국인을 고용하기 어렵다고 정하는 사업 또는 사업장에서 근로하고 있을 것
3) 재입국하여 근로를 시작하는 날부터 효력이 발생하는 1년 이상의 근로계약을 해당 사용자와 체결하고 있을 것

(9) 직업안정기관의 장은 다음 각 호의 어느 하나에 해당하는 사용자에 대하여 그 사실이 발생한 날부터 3년간 외국인근로자의 고용을 제한할 수 있다.
1) 제8조 제4항에 따른 고용허가 또는 제12조 제3항에 따른 특례고용가능확인을 받지 아니하고 외국인근로자를 고용한 자
2) 제19조 제1항에 따라 외국인근로자의 고용허가나 특례고용가능확인이 취소된 자
3) 이 법 또는 출입국관리법을 위반하여 처벌을 받은 자
4) 외국인근로자의 사망으로 산업안전보건법 제167조 제1항에 따른 처벌을 받은 자
5) 그 밖에 대통령령으로 정하는 사유에 해당하는 자
  ① 법 제8조에 따라 고용허가서를 발급받은 날 또는 법 제12조에 따라 외국인근로자의 근로가 시작된 날부터 6개월 이내에 내국인근로자를 고용조정으로 이직시킨 자
  ② 외국인근로자로 하여금 근로계약에 명시된 사업 또는 사업장 외에서 근로를 제공하게 한 자
  ③ 법 제9조 제1항에 따른 근로계약이 체결된 이후부터 법 제11조에 따른 외국인 취업교육을 마칠 때까지의 기간 동안 경기의 변동, 산업구조의 변화 등에 따른 사업 규모의 축소, 사업의 폐업 또는 전환, 감염병 확산으로 인한 항공기 운항 중단 등과 같은 불가피한 사유가 없음에도 불구하고 근로계약을 해지한 자

Ⅳ. 외국인근로자의 보호

(1) 사용자는 외국인근로자라는 이유로 부당하게 차별하여 처우하여서는 아니 된다.
(2) 사업의 규모 및 산업별 특성 등을 고려하여 대통령령으로 정하는 사업 또는 사업장의 사용자는 임금체불에 대비하여 그가 고용하는 외국인근로자를 위한 보증보험에 가입하여야 한다.
(3) 외국인근로자를 고용한 사업 또는 사업장에서 취업하는 외국인근로자는 질병·사망 등에 대비한 상해보험에 가입하여야 한다.
(4) 외국인근로자의 권익보호에 관한 사항을 협의하기 위하여 직업안정기관에 관할 구역의 노동자단체와 사용자단체 등이 참여하는 외국인근로자 권익보호협의회를 둘 수 있다.

제3절 근로복지기본법

Ⅰ. 총칙

(1) 근로복지(임금·근로시간 등 기본적인 근로조건은 제외한다)정책은 근로자의 경제·사회활동의 참여 기회 확대, 근로의욕의 증진 및 삶의 질 향상을 목적으로 하여야 한다.

(2) 근로복지정책을 수립·시행할 때에는 근로자가 성별, 나이, 신체적 조건, 고용형태, 신앙 또는 사회적 신분 등에 따른 차별을 받지 아니하도록 배려하고 지원하여야 한다.

(3) 근로복지기본법에 따른 근로자의 복지향상을 위한 지원을 할 때에는 중소·영세기업 근로자, 기간제 근로자(기간제 및 단시간근로자 보호 등에 관한 법률 제2조 제1호에 따른 기간제근로자를 말한다), 단시간근로자(근로기준법 제2조 제1항 제9호에 따른 단시간근로자를 말한다), 파견근로자(파견근로자 보호 등에 관한 법률 제2조 제5호에 따른 파견근로자를 말한다. 이하 같다), 하수급인(고용보험 및 산업재해보상보험의 보험료징수 등에 관한 법률 제2조 제5호에 따른 하수급인을 말한다)이 고용하는 근로자, 저소득근로자 및 장기근속근로자가 우대될 수 있도록 하여야 한다.

(4) 누구든지 국가 또는 지방자치단체가 근로자의 주거안정, 생활안정 및 재산형성 등 근로복지를 위하여 근로복지기본법에 따라 보조 또는 융자한 자금을 그 목적사업에만 사용하여야 한다.

(5) 고용노동부장관은 관계 중앙행정기관의 장과 협의하여 근로복지증진에 관한 기본계획을 5년마다 수립하여야 한다.

　1) 기본계획에는 다음 각 호의 사항이 포함되어야 한다.

　　① 근로자의 주거안정에 관한 사항

　　② 근로자의 생활안정에 관한 사항

　　③ 근로자의 재산형성에 관한 사항

　　④ 우리사주제도에 관한 사항

　　⑤ 사내근로복지기금제도에 관한 사항

　　⑥ 선택적 복지제도 지원에 관한 사항

　　⑦ 근로자지원프로그램 운영에 관한 사항

　　⑧ 근로자를 위한 복지시설의 설치 및 운영에 관한 사항

　　⑨ 근로복지사업에 드는 재원 조성에 관한 사항

　　⑩ 직전 기본계획에 대한 평가

　　⑪ 그 밖에 근로복지증진을 위하여 고용노동부장관이 필요하다고 인정하는 사항

　2) 고용노동부장관은 기본계획을 수립한 때에는 지체 없이 국회 소관 상임위원회에 보고하고 이를 공표하여야 한다.

(6) 지방자치단체, 국가의 보조를 받는 비영리법인이 근로복지사업을 추진하는 경우에는 고용노동부장관과 협의하여야 한다. 다만, 지방자치단체가 관할 구역 안에서 해당 지방자치단체의 예산으로만 근로복지사업을 추진하는 경우에는 협의를 거치지 아니할 수 있다.

(7) 국가 또는 지방자치단체는 이 법에 따른 주거안정·생활안정·재산형성, 근로복지시설 및 근로복지진흥기금의 설치·운영, 우리사주제도 및 사내근로복지기금제도의 활성화 등 근로자의 복지증진을 위하여 조세에 관한 법률에서 정하는 바에 따라 세제상의 지원을 할 수 있다.
(8) 고용노동부장관은 근로복지정책을 효과적으로 수행하기 위하여 근로복지종합정보시스템을 구축하여 운영할 수 있으며, 근로복지종합정보시스템을 통하여 근로자지원프로그램 및 선택적 복지제도의 운영을 지원할 수 있다.

Ⅱ. 공공근로복지

(1) 국가 또는 지방자치단체는 근로자의 주택취득 또는 임차 등을 지원하기 위하여 주택사업자가 근로자에게 주택을 우선하여 분양 또는 임대하도록 하는 제도를 운영할 수 있으며, 국토교통부장관은 주거기본법 제5조에 따른 주거종합계획에 제1항에 따라 근로자에게 공급하는 주택(근로자주택)의 공급계획을 포함하여야 한다.
(2) 국가는 ① 주택사업자가 근로자주택을 건설하거나 구입하는 경우, ② 근로자가 주택사업자로부터 근로자주택을 취득하는 경우에는 주택사업자 또는 근로자가 그 필요한 자금(근로자주택자금)을 융자받을 수 있도록 주택도시기금법에 따른 주택도시기금으로 지원할 수 있다.
(3) 국가는 근로자의 주거안정을 위하여 근로자가 주택을 구입 또는 신축하거나 임차하는 경우 그에 필요한 자금(주택구입자금등)을 융자받을 수 있도록 주택도시기금법에 따른 주택도시기금으로 지원할 수 있으며, 국가 또는 지방자치단체는 융자업무취급기관으로 하여금 주택구입자금등을 일반대출 이자율보다 낮은 이자율로 근로자에게 융자하게 하고 그 이자 차액을 보전(補塡)할 수 있다.
(4) 국가는 취업 또는 근무지 변경 등으로 이주하거나 가족과 떨어져 생활하는 근로자의 주거안정을 위하여 필요한 지원을 할 수 있다.
(5) 국가는 근로자의 생활안정을 지원하기 위하여 근로자 및 그 가족의 의료비·혼례비·장례비 등의 융자 등 필요한 지원을 하여야 하며, 경제상황 및 근로자의 생활안정자금이 필요한 시기 등을 고려하여 임금을 받지 못한 근로자 등의 생활안정을 위한 생계비의 융자 등 필요한 지원을 할 수 있다.
(6) 국가는 근로자 및 그 자녀의 교육기회를 확대하기 위하여 장학금의 지급 또는 학자금의 융자 등 필요한 지원을 할 수 있다.
(7) 국가는 근로자의 재산형성을 지원하기 위하여 근로자를 우대하는 저축에 관한 제도를 운영하여야 한다.
(8) 국가 또는 지방자치단체는 근로자를 위한 복지시설(이하 "근로복지시설"이라 한다)의 설치·운영을 위하여 노력하여야 하며, 고용노동부장관은 사업의 종류 및 사업장 근로자의 수 등을 고려하여 근로복지시설의 설치기준을 정하고 사업주에게 이의 설치를 권장할 수 있다.

Ⅲ. 우리사주제도

(1) "우리사주조합"이란 주식회사의 소속 근로자가 그 주식회사의 주식을 취득·관리하기 위하여 이 법에서 정하는 요건을 갖추어 설립한 단체를 말한다.
(2) "우리사주"란 주식회사의 소속 근로자 등이 그 주식회사에 설립된 우리사주조합을 통하여 취득하는 그 주식회사의 주식을 말한다.

(3) 우리사주제도는 근로자로 하여금 우리사주조합을 통하여 해당 우리사주조합이 설립된 주식회사(우리사주제도 실시회사")의 주식을 취득·보유하게 함으로써 근로자의 경제·사회적 지위향상과 노사협력 증진을 도모함을 목적으로 한다.

(4) 우리사주조합을 설립하려는 주식회사의 소속 근로자는 제34조에 따른 우리사주조합원의 자격을 가진 근로자 2명 이상의 동의를 받아 우리사주조합설립준비위원회를 구성하여 대통령령으로 정하는 바에 따라 우리사주조합을 설립할 수 있다. 이 경우 우리사주조합설립준비위원회는 우리사주조합의 설립에 대한 회사의 지원에 관한 사항 등 고용노동부령으로 정하는 사항을 미리 해당 회사와 협의하여야 한다. 우리사주조합의 설립 및 운영에 관하여 이 법에서 규정한 사항을 제외하고는 민법 중 사단법인에 관한 규정을 준용한다.

(5) 우리사주제도 실시회사의 우리사주조합에 조합원으로 가입할 수 있는 근로자는 다음 각 호와 같다.

1) 우리사주제도 실시회사의 소속 근로자

2) 우리사주제도 실시회사가 대통령령으로 정하는 바에 따라 해당 발행주식 총수의 100분의 50 이상의 소유를 통하여 지배하고 있는 주식회사(이하 "지배관계회사"라 한다)의 소속 근로자 또는 우리사주제도 실시회사로부터 도급받아 직전 연도 연간 총매출액의 100분의 50 이상을 거래하는 주식회사(이하 "수급관계회사"라 한다)의 소속 근로자로서 다음 각 목의 요건을 모두 갖춘 근로자

① 지배관계회사 또는 수급관계회사의 경우에는 각각 소속 근로자 전원의 과반수로부터 동의를 받을 것

② 해당 우리사주제도 실시회사의 우리사주조합으로부터 동의를 받을 것

③ 해당 지배관계회사 또는 해당 수급관계회사 자체에 우리사주조합이 설립되어 있는 경우 자체 우리사주조합이 해산될 것. 다만, 제47조 제1항 제4호 단서에 해당하는 경우는 제외한다.

(6) 근로자가 다음 각 호의 어느 하나에 해당하는 경우에는 우리사주제도 실시회사의 우리사주조합원이 될 수 없으며, 우리사주조합원이 다음 각 호의 어느 하나에 해당하게 되는 경우에는 우리사주제도 실시회사의 우리사주조합원의 자격을 상실한다. 다만, 제1호에 해당하는 근로자는 제37조에 따라 배정받은 해당 우리사주제도 실시회사의 주식과 제39조에 따라 부여된 우리사주매수선택권에 한정하여 우리사주조합원의 자격을 유지할 수 있다.

1) 해당 우리사주제도 실시회사, 지배관계회사 및 수급관계회사의 주주총회에서 임원으로 선임된 사람

2) 해당 우리사주제도 실시회사, 지배관계회사, 수급관계회사의 소속 근로자로서 주주. 다만, 대통령령으로 정하는 소액주주인 경우는 제외한다.

3) 지배관계회사 또는 수급관계회사의 근로자가 해당 우리사주제도 실시회사의 우리사주조합에 가입한 후 소속 회사에 우리사주조합을 설립하게 되는 경우의 그 지배관계회사 또는 수급관계회사의 근로자

4) 그 밖에 근로기간 및 근로관계의 특수성 등에 비추어 우리사주조합원의 자격을 인정하기 곤란한 근로자로서 대통령령으로 정하는 사람

(7) 우리사주조합원은 자유로이 우리사주조합에서 탈퇴할 수 있다. 다만, 우리사주조합은 탈퇴한 우리사주조합원에 대하여 2년을 초과하지 아니하는 범위에서 제35조 제2항 제1호에 따른 규약에서 정하는 기간 동안 재가입을 제한할 수 있다.

(8) 1) 우리사주조합은 전체 우리사주조합원의 의사를 반영하여 민주적으로 운영되어야 하며, 다음 각 호의 사항은 우리사주조합원총회의 의결을 거쳐야 한다.

① 규약의 제정과 변경에 관한 사항

② 제36조에 따른 우리사주조합기금의 조성에 관한 사항

③ 예산 및 결산에 관한 사항

④ 우리사주조합의 대표자 등 임원 선출

⑤ 그 밖에 우리사주조합의 운영에 관하여 중요한 사항

2) 우리사주조합은 규약으로 우리사주조합원총회를 갈음할 대의원회를 둘 수 있다. 다만, 제2항 제1호에 관한 사항은 반드시 우리사주조합원총회의 의결을 거쳐야 한다.

3) 우리사주조합의 대표자는 매년 1회 이상 총회를 개최하여야 한다. 다만, 해당 연도에 법 제35조 제2항에 따른 의결사항이 없는 경우에는 규약으로 정하는 바에 따라 조합의 운영 상황을 공고함으로써 총회의 개최를 갈음할 수 있다.

4) 조합의 대표자는 전체 우리사주조합원의 5분의 1 이상이 총회에 부칠 사항을 명시하여 총회 소집을 요구하였을 때에는 3주 이내에 총회를 개최하여야 한다.

5) 우리사주조합의 대표자 등 임원과 대의원은 우리사주조합원의 직접·비밀·무기명 투표로 선출한다.

6) 우리사주조합의 대표자는 우리사주조합원이 열람할 수 있도록 다음 각 호의 장부와 서류를 작성하여 그 주된 사무소에 갖추어 두고, 이를 10년간 보존하여야 한다. 이 경우 그 장부와 서류를 전자문서 및 전자거래 기본법 제2조 제1호에 따른 전자문서(이하 "전자문서"라 한다)로 작성·보관할 수 있다.

① 우리사주조합원 명부

② 규약

③ 우리사주조합의 임원 및 대의원의 성명과 주소록

④ 회계에 관한 장부 및 서류

⑤ 우리사주조합 및 우리사주조합원의 우리사주 취득·관리에 관한 장부 및 서류

(9) 우리사주조합은 우리사주 취득 등을 위하여 다음 각 호의 재원으로 우리사주조합기금을 조성할 수 있다.

1) 우리사주제도 실시회사, 지배관계회사, 수급관계회사 또는 그 주주 등이 출연한 금전과 물품. 이 경우 우리사주제도 실시회사, 지배관계회사 및 수급관계회사는 매년 직전 사업연도의 법인세 차감전 순이익의 일부를 우리사주조합기금에 출연할 수 있다.

2) 우리사주조합원이 출연한 금전

3) 제42조 제1항에 따른 차입금

4) 제37조에 따른 조합계정의 우리사주에서 발생한 배당금

5) 그 밖에 우리사주조합기금에서 발생하는 이자 등 수입금

(10) 자본시장과 금융투자업에 관한 법률 제9조 제15항 제3호에 따른 주권상장법인으로서 대통령령으로 정하는 주권상장법인 또는 주권을 대통령령으로 정하는 증권시장에 상장하려는 법인이 같은 법에 따라 주권을 모집 또는 매출하는 경우에 우리사주조합원은 같은 법 제165조의7제1항에 따라 모집 또는 매출하는 주식 총수의 100분의 20의 범위에서 우선적으로 배정받을 권리가 있다.

(11) 국가는 우리사주제도의 활성화를 위하여 우리사주조합원의 우리사주 보유, 우리사주제도 실시회사 등의 우리사주조합에 대한 지원, 비상장법인의 우리사주에 대한 환금성 보장 등에 필요한 지원을 할 수 있으며, 회사의 도산 등으로 인하여 해당 회사의 근로자가 우리사주조합을 통하여 해당 회사를 인수할 경우 그 주식취득에 필요한 자금 등을 지원할 수 있다.

Ⅳ. 사내근로복지기금제도

(1) 사내근로복지기금제도는 사업주로 하여금 사업 이익의 일부를 재원으로 사내근로복지기금을 설치하여 효율적으로 관리·운용하게 함으로써 근로자의 생활안정과 복지증진에 이바지하게 함을 목적으로 한다.

(2) 사용자는 이 법에 따른 사내근로복지기금의 설립 및 출연을 이유로 근로관계 당사자 간에 정하여진 근로조건을 낮출 수 없다.

(3) 사내근로복지기금은 법인으로 한다.

  1) 사내근로복지기금법인을 설립하려는 경우에는 해당 사업 또는 사업장의 사업주가 기금법인설립준비위원회를 구성하여 설립에 관한 사무와 설립 당시의 이사 및 감사의 선임에 관한 사무를 담당하게 하여야 한다.

  2) 준비위원회는 대통령령으로 정하는 바에 따라 기금법인의 정관을 작성하여 고용노동부장관의 설립인가를 받아야 한다.

  3) 준비위원회는 설립인가를 받았을 때에는 설립인가증을 받은 날부터 3주 이내에 기금법인의 주된 사무소의 소재지에서 기금법인의 설립등기를 하여야 하며, 기금법인은 설립등기를 함으로써 성립한다.

  4) 준비위원회는 법인이 성립됨과 동시에 제55조에 따라 최초로 구성된 사내근로복지기금협의회로 보며, 준비위원회는 기금법인의 설립등기를 한 후 지체 없이 기금법인의 이사에게 사무를 인계하여야 한다.

(4) 기금법인의 정관을 변경하려는 때에는 대통령령으로 정하는 바에 따라 고용노동부장관의 인가를 받아야 한다.

(5) 기금법인에는 복지기금협의회, 이사 및 감사를 둔다.

(6) 복지기금협의회는 근로자와 사용자를 대표하는 같은 수의 위원으로 구성하며, 각 2명 이상 10명 이하로 한다.

  1) 근로자를 대표하는 위원은 대통령령으로 정하는 바에 따라 근로자가 선출하는 사람이 되며, 사용자를 대표하는 위원은 해당 사업의 대표자와 그 대표자가 위촉하는 사람이 된다.

  2) 근로자참여 및 협력증진에 관한 법률에 따른 노사협의회가 구성되어 있는 사업의 경우에는 그 노사협의회의 위원이 복지기금협의회의 위원이 될 수 있다.

3) 복지기금협의회는 다음 사항을 협의·결정한다.

① 사내근로복지기금 조성을 위한 출연금액의 결정

② 이사 및 감사의 선임과 해임

③ 사업계획서 및 감사보고서의 승인

④ 정관의 변경

⑤ 사업 내의 다른 근로복지제도와의 통합운영 여부 결정

⑥ 기금법인의 합병 및 분할·분할합병

(7) 기금법인에 근로자와 사용자를 대표하는 같은 수의 각 3명 이내의 이사와 각 1명의 감사를 둔다.

1) 이사는 정관으로 정하는 바에 따라 기금법인을 대표하며, 다음 각 호의 사항에 대한 사무를 집행한다.

① 기금법인의 관리·운영에 대한 사항

② 예산의 편성 및 결산에 대한 사항

③ 사업보고서의 작성에 대한 사항

④ 정관으로 정하는 사항

⑤ 그 밖에 이사가 집행하도록 복지기금협의회가 협의·결정하는 사항

2) 기금법인의 사무집행은 이사의 과반수로써 결정한다.

3) 감사는 기금법인의 사무 및 회계에 관한 감사를 한다.

4) 복지기금협의회의 위원, 이사 및 감사는 비상근(非常勤)·무보수로 한다.

5) 복지기금협의회의 위원, 이사 및 감사의 기금법인 업무수행에 필요한 시간에 대하여는 근로한 것으로 본다.

(8) 사업주는 직전 사업연도의 법인세 또는 소득세 차감 전 순이익의 100분의 5를 기준으로 복지기금협의회가 협의·결정하는 금액을 대통령령으로 정하는 바에 따라 사내근로복지기금의 재원으로 출연할 수 있다.

(9) 기금법인은 그 수익금으로 대통령령으로 정하는 바에 따라 다음 각 호의 사업을 시행할 수 있다.

1) 주택구입자금등의 보조, 우리사주 구입의 지원 등 근로자 재산형성을 위한 지원

2) 장학금·재난구호금의 지급, 그 밖에 근로자의 생활원조

3) 모성보호 및 일과 가정생활의 양립을 위하여 필요한 비용 지원

4) 기금법인 운영을 위한 경비지급

5) 근로복지시설로서 고용노동부령으로 정하는 시설에 대한 출자·출연 또는 같은 시설의 구입·설치 및 운영

6) 해당 사업으로부터 직접 도급받는 업체의 소속 근로자 및 해당 사업에의 파견근로자의 복리후생 증진

7) 제86조의2 제1항에 따른 공동근로복지기금 지원

8) 사용자가 임금 및 그 밖의 법령에 따라 근로자에게 지급할 의무가 있는 것 외에 대통령령으로 정하는 사업

(10) 기금법인은 다음 각 호의 서류를 대통령령으로 정하는 바에 따라 작성하여야 하며, 작성일부터 5년간 이를 보관하여야 한다. 이 경우 그 서류를 전자문서로 작성·보관할 수 있다.
　　1) 사업보고서
　　2) 재무상태표
　　3) 손익계산서
　　4) 감사보고서
(11) 기금법인은 업무수행을 위하여 필요한 경우를 제외하고는 부동산을 소유할 수 없다.
(12) 사용자는 기금법인의 설치를 이유로 기금법인 설치 당시에 운영하고 있는 근로복지제도 또는 근로복지시설의 운영을 중단하거나, 이를 감축하여서는 아니 된다.
(13) 기금법인에 관하여 이 법에 규정한 것을 제외하고는 민법 중 재단법인에 관한 규정을 준용한다.

Ⅴ. 선택적 복지제도 및 근로자지원프로그램 등

(1) 사업주는 근로자가 여러 가지 복지항목 중에서 자신의 선호와 필요에 따라 자율적으로 선택하여 복지혜택을 받는 제도(선택적 복지제도)를 설정하여 실시할 수 있다.
(2) 사업주는 선택적 복지제도를 실시할 때에는 해당 사업 내의 모든 근로자가 공평하게 복지혜택을 받을 수 있도록 하여야 한다. 다만, 근로자의 직급, 근속연수, 부양가족 등을 고려하여 합리적인 기준에 따라 수혜 수준을 달리할 수 있다.
(3) 사업주는 선택적 복지제도를 설계하는 경우 근로자의 사망·장해·질병 등에 관한 기본적 생활보장항목과 건전한 여가·문화·체육활동 등을 지원할 수 있는 개인별 추가선택항목을 균형 있게 반영할 수 있도록 노력하여야 하며, 근로자가 선택적 복지제도의 복지항목을 선택하고 사용하는 데 불편이 없도록 전산관리서비스를 직접 제공하거나 제3자에게 위탁하여 제공될 수 있도록 노력하여야 한다.
(4) 선택적 복지제도는 사내근로복지기금사업을 하는 데 활용할 수 있다.
(5) 사업주는 근로자의 업무수행 또는 일상생활에서 발생하는 스트레스, 개인의 고충 등 업무저해요인의 해결을 지원하여 근로자를 보호하고, 생산성 향상을 위한 전문가 상담 등 일련의 서비스를 제공하는 근로자지원프로그램을 시행하도록 노력하여야 한다.
(6) 사업주와 근로자지원프로그램 참여자는 제1항에 따른 조치를 시행하는 과정에서 대통령령으로 정하는 경우(근로자지원프로그램 참여 근로자가 공개할 대상이나 내용에 대하여 동의한 경우)를 제외하고는 근로자의 비밀이 침해받지 않도록 익명성을 보장하여야 한다.
(7) 사업주는 해당 사업의 근로자와 협의하여 정한 해당 연도 이익 등의 경영목표가 초과 달성된 경우 그 초과된 성과를 근로자에게 지급하거나 근로자의 복지증진을 위하여 사용하도록 노력하여야 한다.
(8) 사업주는 해당 사업의 근로자가 직무와 관련하여 발명 또는 제안하거나 새로운 지식·정보·기술을 개발하여 해당 사업의 생산성·매출액 등의 증가에 이바지한 경우 이에 따라 적절한 보상을 하도록 노력하여야 하며, 구체적인 보상기준은 근로자참여 및 협력증진에 관한 법률에 따른 노사협의회 등을 통하여 정한다.

Ⅵ. 공동근로복지기금제도

(1) 둘 이상의 사업주는 제62조 제1항에 따른 사업을 시행하기 위하여 공동으로 이익금의 일부를 출연하여 공동근로복지기금(공동기금)을 조성할 수 있다.
(2) 공동근로복지기금법인(이하 "공동기금법인"이라 한다)을 설립하려는 사업주는 공동으로 각 사업주 또는 사업주가 위촉하는 사람으로 설립준비위원회를 구성하여 설립에 관한 사무와 설립 당시의 이사 및 감사의 선임에 관한 사무를 담당하게 할 수 있다.
(3) 공동기금법인은 기금의 운용에 관한 주요사항을 협의·결정하기 위하여 공동근로복지기금협의회를 둔다.
(4) 공동기금협의회는 각 기업별 근로자와 사용자를 대표하는 각 1인의 위원으로 구성한다. 이 경우 근로자를 대표하는 위원은 제55조 제2항을 준용하여 선출하고, 사용자를 대표하는 위원은 해당 사업의 대표자 또는 그 대표자가 위촉하는 사람이 된다.

Ⅶ. 근로복지진흥제도

(1) 고용노동부장관은 근로복지사업에 필요한 재원을 확보하기 위하여 근로복지진흥기금을 설치한다.
(2) 근로복지진흥기금은 다음 각 호의 용도에 사용한다.
    1) 근로자에 대한 주택구입자금등에 대한 융자
    2) 근로자의 생활안정을 위한 자금의 융자
    3) 근로자 또는 그 자녀에 대한 장학금의 지급 및 학자금의 융자
    4) 제14조에 따른 근로복지종합정보시스템 운영
    5) 제22조에 따른 신용보증 지원에 필요한 사업비
    6) 우리사주제도 관련 지원
    7) 사내근로복지기금제도 및 공동기금제도 관련 지원
    8) 근로복지시설 설치·운영자금 지원
    9) 근로자 정서함양을 위한 문화·체육활동 지원
    10) 선택적 복지제도 관련 지원
    11) 근로자지원프로그램 관련 지원
    12) 근로자 건강증진을 위한 의료사업에 필요한 사업비
    13) 근로복지사업 연구·개발에 필요한 경비
    14) 고용정책 기본법 제34조에 따른 실업대책사업의 실시·운영에 필요한 사업비
    15) 근로복지진흥기금의 운용을 위한 수익사업에의 투자
    16) 근로복지진흥기금의 조성·관리·운용에 필요한 경비
    17) 그 밖에 근로자의 복지증진을 위하여 대통령령으로 정하는 사업에 필요한 지원

Ⅷ. 특수형태근로종사자 등에 대한 특례

(1) 국가 또는 지방자치단체는 ① 근로자가 아니면서 자신이 아닌 다른 사람의 사업을 위하여 다른 사람을 사용하지 아니하고 자신이 직접 노무를 제공하여 해당 사업주 또는 노무수령자로부터 대가를 얻는 사람, ② 산업재해보상보험법 제124조 제1항에 따른 중·소기업 사업주(근로자를 사용하는 사업주는 제외한다)를 대상으로 근로복지사업을 실시할 수 있다.

(2) 제1항에 따라 국가 또는 지방자치단체가 실시할 수 있는 근로복지사업은 다음 각 호와 같다. 다만, 지방자치단체가 실시할 수 있는 근로복지사업은 제4호의 근로복지사업으로 한정한다.

　1) 제19조부터 제21조까지에 따른 생활안정 및 재산형성 지원

　2) 제22조부터 제27조까지에 따른 신용보증 지원

　3) 제31조에 따른 민간복지시설 이용비용의 지원

　4) 제1항 제1호에 해당하는 사람 중 다수 이용자의 요청에 따라 배달, 운전 등 대통령령으로 정하는 노무를 제공하는 사람이 이용할 수 있는 휴게시설의 설치·운영. 이 경우 휴게시설은 화장실 등 대통령령으로 정하는 부대시설을 갖추어야 한다.

(3) 제1항 각 호의 어느 하나에 해당하는 사람은 제2조 제1호에도 불구하고 제2항 제1호부터 제3호까지에 따른 근로복지사업을 실시할 때에는 그 사업의 근로자로 본다.

(4) 국가 또는 지방자치단체는 제2항 제4호에 따라 설치한 휴게시설을 효율적으로 운영하기 위하여 필요한 경우에는 대통령령으로 정하는 법인 또는 단체에 운영을 위탁하고, 운영에 필요한 비용을 예산의 범위에서 지원할 수 있다.

law.Hackers.com

해커스 법아카데미
law.Hackers.com

제3편 집단적 노사관계법

제1장 총설
제2장 노동조합의 설립 및 운영
제3장 단체교섭
제4장 단체협약
제5장 노동쟁의조정제도
제6장 단체행동
제7장 부당노동행위제도
제8장 공무원·교원의 근로3권
제9장 노사협의회
제10장 노동위원회

제1장 총설

Ⅰ. 의의

집단적 노사관계법이란 노동조합 등 근로자 단체와 사용자 또는 사용자단체 간의 관계를 규율하는 법을 말한다.

Ⅱ. 근로3권

> **헌법 제33조** ① 근로자는 근로조건의 향상을 위하여 자주적인 단결권·단체교섭권 및 단체행동권을 가진다.
> ② 공무원인 근로자는 법률이 정하는 자에 한하여 단결권·단체교섭권 및 단체행동권을 가진다.
> ③ 법률이 정하는 주요방위산업체에 종사하는 근로자의 단체행동권은 법률이 정하는 바에 의하여 이를 제한하거나 인정하지 아니할 수 있다.

 # 노동조합의 설립 및 운영

제1절 노동조합

Ⅰ. 의의

> 노동조합 및 노동관계조정법(이하 '노조법'이라 함) 제2조(정의) 이 법에서 사용하는 용어의 정의는 다음과 같다.
> 4. "노동조합"이라 함은 근로자가 주체가 되어 자주적으로 단결하여 근로조건의 유지·개선 기타 근로자의 경제적·사회적 지위의 향상을 도모함을 목적으로 조직하는 단체 또는 그 연합단체를 말한다.

노동조합이라 함은 근로자가 주체가 되어 자주적으로 단결하여 근로조건의 유지·개선, 기타 근로자의 경제적·사회적 지위의 향상을 도모함을 목적으로 조직하는 단체 또는 그 연합단체를 말한다.

Ⅱ. 노동조합의 조직형태

1. 조직형태에 따른 구분

(1) 직종별 노동조합은 동일한 직종에 속하는 근로자들이 기업과 산업을 초월하여 횡적으로 결합한 노동조합이다.

　1) 직종별 노동조합은 노동조합의 형태 중 가장 일찍 발달한 형태로서 유럽에 있어서는 숙련노동자의 조직적 독점체로서 등장하였다.

　2) 직종별 노동조합은 ① 임금 기타 근로조건에 관한 근로자의 통일된 입장을 제시할 수 있고, ② 단결력이 강하여 사용자에 의한 어용화의 가능성이 적고, ③ 취업자뿐 아니라 미취업자도 조합원으로 가입할 수 있다는 장점이 있다.

　3) 직종별 노동조합은 ① 조합원과 사용자간의 관계가 밀접하지 못하고, ② 배타적이고 독점적이어서 다른 직종에 종사하는 근로자의 경제적 및 사회적 지위의 향상을 위하여는 적합하지 아니하다는 단점이 있다.

(2) 산업별 노동조합은 동종의 산업에 종사하는 근로자에 의하여 직종과 기업을 초월하여 횡적으로 조직된 노동조합이다. 산업별 노동조합은 산업혁명이 진행됨에 따라 대량의 미숙련 노동자들이 노동시장에 진출하면서 이들의 권익을 보호하기 위하여 발달한 것으로 오늘날 구미 각국에 있어서 일반적으로 채택되고 있는 조직유형이다.

　1) 산업별 노동조합은 대규모조직을 바탕으로 한 강력한 단체교섭권을 기반으로 하여 동종산업에 종사하는 근로자의 지위를 통일적으로 개선할 수 있다는 장점이 있다.

2) 산업별 노동조합은 개별 근로자의 직종별 또는 기업별 특수성에 기인하는 근로조건의 확립이 어렵다는 단점이 있다.

(3) 기업별 노동조합은 하나의 기업에 종사하는 근로자를 직종의 구 별없이 종단적으로 조직된 노동조합이다.

1) 기업별 노동조합은 단일 기업체에 종사하는 근로자들의 근로조건을 체계적으로 정하여 동일한 기업내에 속한 근로자간의 형평성을 도모할 수 있고, 사용자와의 관계가 긴밀하여 노동조합의 경영참가 등 노사협조가 잘 이루어질 수 있다는 장점이 있다.

2) 기업별 노동조합은 사용자에 의하여 노동조합이 어용화될 위험이 높고, 조합원보다는 종업원 의식이 강하여 기업을 초월한 조합원들의 협조가 미약하며 동일 직종에 속하더라도 기업간의 근로조건이 현저하게 차이가 날 수도 있다는 단점이 있다.

(4) 일반노동조합은 근로자들의 직종·산업 또는 소속기업과는 상관없이 근로의 능력과 의사가 있는 근로자는 누구나 가입할 수 있는 노동조합이다.

2. 결합방식에 의한 유형

(1) 단위노동조합은 근로자 개인을 구성원으로 하고 있는 노동조합이다.
(2) 연합단체인 노동조합은 단위노조를 구성원으로 하는 노동조합이다.
(3) 혼합노동조합은 근로자 개인 또는 단위노조를 모두 구성원으로 하는 노동조합이다.

3. 우리나라 노동조합의 조직형태

> 노동조합법 제5조(노동조합의 조직·가입) 근로자는 자유로이 노동조합을 조직하거나 이에 가입할 수 있다. 다만, 공무원과 교원에 대하여는 따로 법률로 정한다.
>
> 제10조(설립의 신고) ② 제1항의 규정에 의한 연합단체인 노동조합은 동종산업의 단위노동조합을 구성원으로 하는 산업별 연합단체와 산업별 연합단체 또는 전국규모의 산업별 단위노동조합을 구성원으로 하는 총연합단체를 말한다.

4. 우리나라 노동조합의 전개과정

(1) 1953년, 제정 노동조합법 - 노동조합형태에 관한 규정이 없었다(자유설립원칙).
(2) 1963년, 개정 노동조합법 - 산업별 조합형태로 강제하였다.
(3) 1973년, 개정 노동조합법 - 산업별 조합형태 삭제하였다.
(4) 1980년, 개정 노동조합법 - 기업별 조합형태로 강제하였다.
(5) 1987년, 개정 노동조합법 - 근로자는 자유로이 노동조합을 조직하거나 이에 가입할 수 있도록 하였다. 따라서 현재 기업별·직종별·산업별 조직형태가 모두 가능하다.

Ⅲ. 노동조합의 기능

(1) 조합원의 질병·재해·폐질·사망·퇴직 등 노동력의 일시적 또는 영구적인 상실과 불행 등의 사고에 대비하여 스스로 적립한 기금에 의하여 이를 구제하고자 하는 활동을 노동조합의 공제적 기능이라 한다. 역사적으로 볼 때 노동조합은 근로자 상호간의 공제적인 기능을 발휘하는 공제단체로서 성장해 온 단체이며, 오늘날에 있어서도 노동조합은 부수적으로 공제적인 기능을 담당하고 있다. 노동조합의 공제적 기능은 노조내부에 있어서 조합원 상호간의 부조를 주목적으로 하는 대내적인 기능이라고 할 수 있다.

(2) 노동조합은 근로조건의 유지·개선을 목적으로 하는 경제적 단체이며, 단체교섭 등을 통해 근로조건을 유지·개선토록 하는 것이 노동조합의 경제적 기능이다. 이러한 경제적인 목적을 제1차적인 목적으로 하지 않는 노동단체는 노동조합이라고 할 수 없다. 노동조합의 경제적 기능을 산업별 기능이라고 하는데, 이와 같은 경제적·산업별 기능은 직접적으로 사용자에 대하여 발휘하는 노동력의 매도인으로서의 집단적 교섭의 기능이라고 할 수 있으며 노동조합의 가장 중추적인 기능이다.

(3) 노동조합은 경제적인 기능을 본질적인 기능으로 하고 있으나 경제는 정치와 불가분의 관계에 있으며, 따라서 노동조합은 경제적인 목적을 달성하기 위하여 부득이 정치적인 활동을 전개하지 않을 수 없다. 즉 정치적 기능은 경제적인 기능과 불가분의 관계에서 발생하는 기능이라고 할 수 있다.

(4) 노동조합은 하나의 사회적인 압력단체로서의 지위를 차지하고 있다. 노동조합의 이와 같은 사회적 세력을 가리켜, "국가속의 국가" 또는 "제2의 국가"라고 비유하기도 한다.

Ⅳ. 노동조합의 발전

(1) 노동조합의 발전의 역사는 억압·소극적 용인·적극적 보호의 시기로 나누어 볼 수 있다.

(2) 최초의 노동조합은 숙련공이 중심이 된 직종별 노동조합으로 비숙련 근로자에 대립하는 배타적 직업 의식을 기초로 하여 강한 연대·높은 조합비·엄격한 내부규율과 closed shop에 의해 유지되었다. 이러한 노동조합의 활동에 대해 국가는 사용자의 계약의 자유나 개별근로자의 자유를 침해하는 것으로 파악하여 가능한 한 모든 수단을 동원하여 억압하고자 하였다. 그리하여 국가는 단결금지입법을 제정하여 형사벌로써 노동조합의 결성 또는 그 활동을 억압하였다.

(3) 19세기에 들어서면서 노동조합의 힘이 급속하고 성장하고 노동조합에 대한 억압정책을 비판하는 다양한 이론이 주장되면서 노동조합에 대한 형사적 제재의 폐지, 산업별 노동조합으로 변화, 반숙련근로자가 숙련근로자를 대신하여 기간공정의 주류를 점하게 되고, union shop을 통한 단체교섭·단체협약에 의한 근로조건의 규제방식이 추구되었다. 그러나 단결활동에 대한 형사면책은 개인근로자의 시민적 자유의 단순한 총화 수준에 한정되었고 노동조합의 결성과 파업은 개인이 가지는 결사의 자유와 퇴직의 자유에 기초하여 허용되었다.

(4) 제1차 세계대전 전후한 시기, 사회주의 국가의 출현으로 자본주의 체제에 대한 위기감이 고조되자 서구국가에서는 그에 대처하기 위하여 노동조합을 법적 단체로 승인함으로써 체제내화하게 되었다. 1919년 독일의 바이마르헌법은 헌법차원의 단결권을 최초로 보장하였으며, 제1차 세계대전 후 ILO가 설립되었으며, 국제노동법시대로 접어들면서 노동의 비상품화, 단결의 자유의 승인, 국제적 근로조건의 개선 등의 적극적 보호수단을 취하게 되었다.

V. 단결의 주체

> **노동조합법 제2조(정의)** 이 법에서 사용하는 용어의 정의는 다음과 같다.
> 1. "근로자"라 함은 직업의 종류를 불문하고 임금, 급료, 기타 이에 준하는 수입에 의하여 생활하는 자를 말한다.

(1) 헌법 제33조 제1항에 규정된 단결권의 주체에는 근로자 개인뿐만 아니라 근로자의 단결체인 노동조합도 포함된다.

(2) 근로자는 직업의 종류에 의하여 한정되지 아니하며, 직종의 구별 없이 모두 근로자의 개념에 포함된다. 육체적·정신적 노동을 구별하지 아니하며, 직원·공원·임시공 등은 물론, 일용직·상용직, 비정규직, 정규직 등 고용형태를 불문한다.

(3) '임금'은 근로기준법상의 임금, 즉 사용자가 근로의 대가로 근로자에게 임금, 봉급, 그 밖에 어떠한 명칭으로든지 지급하는 일체의 금품을 말한다. '급료'는 임금과 같은 의미라고 보아야 할 것이다. 그 밖에 '이에 준하는 수입'은 임금이 아니면서 임금과 비슷한 수입, 즉 사업주가 아닌 개인에게 일시적으로 근로를 제공하거나 타인에게 종속적 근로는 아니지만 이와 비슷한 노무를 공급하는 등의 대가로 얻는 수입을 말한다.

(4) 임금 등의 수입에 의하여 생활하는 자란 다른 수입이 없거나 적어도 임금 등의 수입에 의지하여 생활하는 자를 말한다. 따라서 현실적으로 임금 등의 수입을 받고 있는 자 뿐만 아니라 임금 등의 수입을 받으려는 자, 즉 노동의사를 가진 실업자도 노동조합법상의 근로자에 해당한다. 그러나 소농·영세어민·소상공업자 등 자신의 자산으로 생업을 영위하는 자는 근로자에 해당하지 아니한다.

(5) 판례는 노동조합법상 근로자는 타인과의 사용종속관계 아래서 노무에 종사하고 대가로 임금 등을 받아 생활하는 자를 말한다고 하면서도 초기업별 노동조합의 경우에는 구직중인 자도 노동조합에 가입할 수 있는 근로자에 포함된다고 한다.

> **참조판례** 대판 2014.3.27. 2011두23139
> 노동조합 및 노동관계조정법상의 근로자란 타인과의 사용종속관계 하에서 노무에 종사하고 그 대가로 임금 등을 받아 생활하는 자를 말하고, 그 사용종속관계는 당해 노무공급계약의 형태가 고용, 도급, 위임, 무명계약 등 어느 형태이든 상관없이 사용자와 노무제공자 사이에 지휘·감독관계의 여부, 보수의 노무대가성 여부, 노무의 성질과 내용 등 그 노무의 실질관계에 의하여 결정되는 것이다. 이 사건 골프장의 경기보조원들은 원고의 구체적인 지휘·감독에 따라 노무 제공을 하고 있고, 업무 수행 과정에 원고가 관여하는 정도가 커서 경기보조원들의 원고에 대한 업무의 종속성이 상당하며, 특히 경기보조원들의 캐디 피 수입은 원고에 의하여 상당한 영향을 받고 있으므로 경기보조원 스스로 독립하여 자신의 위험과 계산으로 사업을 영위할 수 있는 독립사업자성의 징표가 미흡하고, 원고가 피고 보조참가인을 노동조합으로 인정하여 단체협약, 별도의 합의, 노동쟁의 조정절차 등을 거쳐온 점 등에 비추어 이 사건 골프장의 경기보조원들은 노조법상의 근로자에 해당한다.

> **참조판례** 대판 2004.2.27. 2001두8568
> 노조법 제2조 제1호 및 제4호 (라)목 본문에서 말하는 '근로자'에는 특정한 사용자에게 고용되어 현실적으로 취업하고 있는 자뿐만 아니라, 일시적으로 실업 상태에 있는 자나 구직중인 자도 노동3권을 보장할 필요성이 있는 한 그 범위에 포함되고, 따라서 지역별 노동조합의 성격을 가진 원고가 그 구성원으로 '구직중인 여성 노동자'를 포함시키고 있다 하더라도, '구직중인 여성 노동자' 역시 노조법상의 근로자에 해당하므로, 구직중인 여성 노동자는 근로자가 아니라는 이유로 원고의 이 사건 노동조합설립신고를 반려한 이 사건 처분을 위법하다고 판단하였는바, 이러한 원심의 판단은 정당하고, 거기에 노조법에 정한 근로자의 개념에 관한 법리를 오해한 위법이 있다고 할 수 없다.

(6) 실업자는 구직의 의사와 능력은 있으나 현실적으로 고용되지 않은 자인데 노동조합법상의 근로자는 임금, 급료 기타 수입에 의하여 생활하는 자를 의미하므로 현실적인 사용종속관계에 있지 않다고 하더라도 실업자의 경우 노동의사를 가지는 이상 노동조합법상의 근로자에 포함된다고 할 것이다.

> **참조판례** 대판 2004.2.27. 2001두8568
>
> 노조법 제2조 제1호 및 제4호 (라)목 본문에서 말하는 '근로자'에는 특정한 사용자에게 고용되어 현실적으로 취업하고 있는 자뿐만 아니라, 일시적으로 실업 상태에 있는 자나 구직중인 자도 노동3권을 보장할 필요성이 있는 한 그 범위에 포함되고, 따라서 지역별 노동조합의 성격을 가진 원고가 그 구성원으로 '구직중인 여성 노동자'를 포함시키고 있다 하더라도, '구직중인 여성 노동자' 역시 노조법상의 근로자에 해당하므로, 구직중인 여성 노동자는 근로자가 아니라는 이유로 원고의 이 사건 노동조합설립신고를 반려한 이 사건 처분을 위법하다고 판단하였는바, 이러한 원심의 판단은 정당하고, 거기에 노조법에 정한 근로자의 개념에 관한 법리를 오해한 위법이 있다고 할 수 없다.

(7) 특정 사업주에 고용되지 않고 부두나 시장 등지에서 불특정 다수인의 짐을 운반하는 것으로 생활하는 하역노무자 또는 여러 건설현장을 옮겨 다니면서 일하는 건설일용근로자 등 자유노무자의 경우 이들이 얻는 수입이 임금에 준하는 수입에 해당한다고 볼 수 있으므로 노동조합법상의 근로자로 볼 것이다. 다만, 판례는 엄격한 사용종속관계의 존재를 전제로 하므로 이들을 근로자로 인정하지 않는 입장이다.

> **참조판례** 대판 1992.5.26. 90누9438
>
> 건해산물의 하역작업에 종사하는 근로자들로 구성된 단체로서 위 회사로부터 아무런 간섭을 받음이 없이 조합의 규약 등이 정한 바에 따라 독자적으로 그 조합원을 가입, 구성하고 있어 그 조합원과 위 회사의 종업원은 각각 별도로 구성, 채용되며 위 회사에서 조합구성원에 대하여 근로시간과 장소 및 방법 등의 작업조건에 관하여 지시하거나 감독을 할 수 없는 등 그 조합원과 위 회사와의 사이에는 종속적인 관계가 있다 할 수 없으므로 그 조합원은 위 회사에 대하여서는 노동조합을 조직할 수 있는 근로자가 될 수 없다고 할 것이다.

판례는 현실적으로 취업하고 있지 않더라도 장래 취업이 확실시 되는 경우 노동조합법상 근로자성을 인정한 특별한 사정이 존재하는 경우에 해당한다고 판시한 바 있다.

> **참조판례** 대판 2011.3.24. 2007두4483
>
> 설립신고 당시에는 원고가 조합원으로 삼은 '항만 내 항만, 창고 등 각 분야 하역 및 운송보관업 이와 유사한 하역과 일용잡역분야에 종사하는 근로자가 되려는 자'는 그들에 의한 노무공급이 이루어지지 못하고 있는 상황이어서 현실적으로 취업하고 있는 자라고 할 수는 없다. 그러나 지역별·업종별 노동조합인 원고는 근로자 공급 사업을 영위하면서 하역업체의 요청이 있으면 그 때마다 소속 조합원들로 하여금 그 하역업체에 근로를 제공하게 할 것을 예정하고 있는데, 원고의 설립신고 당시 조합원들이 노무를 제공할 이 사건 항만의 하역 관련 사업장이 아직 현실적으로 설립되지 아니하였다 하더라도 통상 단계적 준공절차를 거치는 항만공사의 특성 등에 비추어 볼 때 이 사건 항만의 준공예정일 이전이라도 원고 조합원에 의한 노무공급이 이루어질 가능성 자체를 부정할 수 없고, 나아가 이 사건 항만의 건설공사가 이미 착공된 상태로 준공이 예정되어 있었던 결과, 원고 조합이 노동조합법에 의하여 설립되는 경우 조합원들의 취업은 그 시기를 특정할 수 없을 뿐이지 취업 자체는 확실시되어 이 사건 항만에서 원고의 조합원들에 의한 노무공급은 당연히 이루어질 수 있다는 점에서, 원고의 조합원은 일반적인 의미에서의 단순한 실업자 내지 구직자와는 구별되는 사정을 알 수 있다. 위와 같은 ○○노동조합으로서의 원고가 가지는 특성 등을 고려하면, 원고의 설립신고 당시에도 근로3권을 보장할 필요성을 부정할 수 없는 등 노동조합법상 근로자성을 인정한 특별한 사정이 존재하는 경우에 해당한다.

(8) 도급적 노무자란 특정사업주와 고용계약이 아니라 도급·위임 또는 이와 비슷한 특수형태의 계약을 맺고 그 사업주만을 위하여 일하며 그 받는 보수가 실적·성과에 따라 결정되는 자들로서 보험모집인·학습지교사·외판원 등이 이에 속한다. 판례는 노동조합법상 근로자에 해당하는지는 노무제공관계의 실질에 비추어 노동3권을 보장할 필요성이 있는지의 관점에서 판단하여야 하고, 반드시 근로기준법상 근로자에 한정된다고 할 것은 아니라고 하였다.

> **참조판례** 대판 2018.6.15. 2014두12598, 12604
>
> 노동조합 및 노동관계조정법(이하 '노동조합법'이라 한다)상 근로자는 타인과의 사용종속관계하에서 노무에 종사하고 대가로 임금 기타 수입을 받아 생활하는 자를 말한다. 구체적으로 노동조합법상 근로자에 해당하는지는, 노무제공자의 소득이 특정 사업자에게 주로 의존하고 있는지, 노무를 제공 받는 특정 사업자가 보수를 비롯하여 노무제공자와 체결하는 계약 내용을 일방적으로 결정하는지, 노무제공자가 특정 사업자의 사업 수행에 필수적인 노무를 제공함으로써 특정 사업자의 사업을 통해서 시장에 접근하는지, 노무제공자와 특정 사업자의 법률관계가 상당한 정도로 지속적·전속적인지, 사용자와 노무제공자 사이에 어느 정도 지휘·감독관계가 존재하는지, 노무제공자가 특정 사업자로부터 받는 임금·급료 등 수입이 노무 제공의 대가인지 등을 종합적으로 고려하여 판단하여야 한다. 노동조합법은 개별적 근로관계를 규율하기 위해 제정된 근로기준법과 달리, 헌법에 의한 근로자의 노동3권 보장을 통해 근로조건의 유지·개선과 근로자의 경제적·사회적 지위 향상 등을 목적으로 제정되었다. 이러한 노동조합법의 입법 목적과 근로자에 대한 정의 규정 등을 고려하면, 노동조합법상 근로자에 해당하는지는 노무제공관계의 실질에 비추어 노동3권을 보장할 필요성이 있는지의 관점에서 판단하여야 하고, 반드시 근로기준법상 근로자에 한정된다고 할 것은 아니다.

1) 판례는 학습지 교사의 노동조합법상 근로자성을 인정하였다.

> **참조판례** 대판 2018.6.15. 2014두12598, 12604
>
> 학습지 개발 및 교육 등의 사업을 하는 갑 주식회사가 전국학습지산업노동조합 소속 조합원이면서 학습지교사들인 을 등과 학습회원에 대한 관리, 모집, 교육을 내용으로 하는 위탁사업계약을 체결하였다가 그 후 이를 해지하자 을 등이 부당해고 및 부당노동행위에 해당한다는 이유로 구제명령을 신청한 사안에서, 업무 내용, 업무 준비 및 업무 수행에 필요한 시간 등에 비추어 볼 때 학습지교사들이 겸업을 하는 것은 현실적으로 어려워 보여, 갑 회사로부터 받는 수수료가 학습지교사들의 주된 소득원이었을 것으로 보이는 점, 갑 회사는 불특정다수의 학습지교사들을 상대로 미리 마련한 정형화된 형식으로 위탁사업계약을 체결하였으므로, 보수를 비롯하여 위탁사업계약의 주요 내용이 갑 회사에 의하여 일방적으로 결정되었다고 볼 수 있는 점, 을 등이 제공한 노무는 갑 회사의 학습지 관련 사업 수행에 필수적인 것이었고, 을 등은 갑 회사의 사업을 통해 학습지 개발 및 학습지회원에 대한 관리·교육 등에 관한 시장에 접근한 점, 을 등은 갑 회사와 일반적으로 1년 단위로 위탁사업계약을 체결하고 계약기간을 자동연장하여 왔으므로 위탁사업계약관계는 지속적이었고, 갑 회사에 상당한 정도로 전속되어 있었던 것으로 보이는 점 등에 비추어, 을 등은 노동조합 및 노동관계조정법(이하 '노동조합법'이라 한다)상의 근로자에 해당하고, 전국학습지산업노동조합은 노동조합법상 근로자인 학습지교사들이 주체가 되어 자주적으로 단결하여 근로조건의 유지·개선 기타 학습지교사들의 경제적·사회적 지위의 향상을 도모함을 목적으로 조직한 단체이므로 노동조합법 제2조 제4호 본문에서 정한 노동조합에 해당한다고 한 사례.

2) 판례는 레미콘 차주 겸 운송기사의 노동조합법상 근로자성을 부정하였다.

> **참조판례** 대판 2006.5.11. 2005다20910
>
> 레미콘 제조회사와 레미콘운반도급계약을 체결하고 위 회사가 제조한 레미콘을 수요자에게 운반하는 업무를 담당하고 있는 레미콘 차주 겸 운송기사를 위 회사에 대하여 사용종속적인 관계에서 노무에 종사하고 그 대가로 임금 등을 받아 생활하는 노동조합 및 노동관계조정법에 정한 근로자라고 볼 수 없다.

3) 판례는 골프장의 캐디가 노동조합법상 근로자에 해당한다고 판시하였다.

> **참조판례** 대판 2014.2.13. 2011다78804
>
> 노조법상의 근로자의 경우 직접적인 근로계약의 존재가 요구되는 것은 아니므로 그 근로자성 판단기준의 징표를 임금의 종속성 판단 요소보다는 사용자의 지휘·감독의 정도 및 근로자가 독립하여 자신의 위험과 계산으로 사업을 영위할 수 있는지 등의 주로 '업무의 종속성 및 독립사업자성'을 판단하는 평가요소로 삼아야 한다. 피고가 캐디들의 근무내용, 근무시간 및 근무장소에 대하여 상당한 정도의 지휘·감독을 하고 있다고 볼 수 있는 점, 캐디들은 경기보조업무 수행 과정에서 필요한 작업도구를 피고로부터 제공받아 사용하며 노무 이외에 자신의 자본을 투여하는 일이 없고, 그 업무내용이 단순 노무제공의 측면이 강하며, 피고가 지정한 순번에 따라 출장의 기회를 제공받으므로 이용객을 임의로 선택하거나 교체를 요구할 수 없고, 캐디 피의 액수도 캐디들이 이용객과 사이에 임의로 정할 수 있는 것이 아니어서 캐디들 스스로 노무제공을 통한 이윤의 창출과 손실의 위험을 부담하는 독립사업자로 볼 수 없는 점, 이 사건 골프장의 캐디들은 출장일수가 적지 않고, 피고가 정하는 출장순번에 따라 출장하는데 자신의 출장순번이 언제 돌아올지 정확히 예측할 수 없어 실제로 이 사건 골프장 외의 다른 골프장에서 경기보조업무를 수행하는 것은 사실상 불가능하므로 피고에 전속되어 계속적인 경기보조업무를 수행하는 것으로 보아야 하는 점, 피고와 이 사건 노동조합 상호간에 상대방을 노조법상 사용자 또는 노동조합으로 인정하여 단체협약과 별도의 합의나 노동쟁의 조정절차 등을 거쳐 왔고 원고들은 이 사건 노동조합 소속 조합원들로 활동하여 온 점 등에 비추어 이 사건 골프장의 캐디들에 대하여는 노조법상의 근로자성을 인정할 수 있다.

4) 판례는 방송연기자(대판 2015두38092), 용역계약을 체결한 철도역 내 매점 운영자(대판 2016두41361), 자동차판매대리점과 판매용역계약을 체결한 카마스터(대판 2019두33712)에 대해 노동조합법상 근로자성을 인정하였다.

(9) 가내근로자란 타인으로부터 도구와 원료 등을 공급받고 그 작업지침에 따라 자기 집에서 자기가 선택한 시간에 작업을 하고 그 대가로 보수를 받는 자를 말하는데, 이들 역시 노무공급의 구체적 실태 여하에 따라서는 노동조합법상의 근로자에 해당된다고 볼 여지가 있다.

VI. 단결의 상대방

> **노동조합법 제2조(정의)** 이 법에서 사용하는 용어의 정의는 다음과 같다.
> 2. "사용자"라 함은 사업주, 사업의 경영담당자 또는 그 사업의 근로자에 관한 사항에 대하여 사업주를 위하여 행동하는 자를 말한다.
> 3. "사용자단체"라 함은 노동관계에 관하여 그 구성원인 사용자에 대하여 조정 또는 규제할 수 있는 권한을 가진 사용자의 단체를 말한다.

1. 사용자

(1) 사업주란 자신의 이름으로 사업을 경영하는 자를 말한다.

개인기업의 경우에는 기업주 개인, 법인기업의 경우에는 법인 그 자체, 기타 아파트 자치회 등 영리를 목적으로 하지 아니하는 사회단체인 경우에는 그 단체가 사업주가 된다.

(2) 사업의 경영담당자란 사업경영의 전반에 관하여 권한을 보유·행사하고 책임을 지는 자로서, 사업주로부터 사업경영의 전부 또는 일부에 대하여 포괄적인 위임을 받고 대외적으로 사업을 대표하는 자를 말한다.

주식회사의 대표이사·감사, 합명회사 및 합자회사의 업무집행사원, 유한회사의 이사 및 지배인 및 공장·지점·지사 등의 장이 이에 해당한다.

(3) 근로자에 관한 사항에 대하여 사업주를 위하여 행동하는 자라 함은 인사·급여·후생·노무관리 등과 같은 근로조건의 결정·실시에 관하여 지휘명령 내지 감독을 할 수 있는 일정한 책임과 권한이 사업주에 의하여 주어진 자를 말한다.

회사의 인사·노무담당이사, 공장장, 인사·노무부서의 부장·과장, 임금 등 인건비 예산을 기획하는 부서의 부장·과장 등이 이에 해당한다.

(4) 사업주를 위하여 행동하는 자인지 여부는 형식적인 직명에 의해 판단되는 것이 아니라 구체적인 직무의 실태에 따라 결정되어야 한다.

2. 사용자단체

사용자단체에 해당하기 위하여는 당해 단체가 노동관계에 관하여 그 구성원인 사용자에 대하여 조정 또는 규제할 수 있는 권한을 가져야 한다.

> **참조판례** 대판 1999.6.22. 98두137
>
> 참가인들은 구성원들의 경제적 지위의 향상 등을 목적으로 하는 경제단체이지 노동조합에 대응하는 단체가 아니고, 그 정관 및 관행상으로 노동조합과 사이에 단체교섭 및 단체협약을 체결할 권한이 있다거나 이러한 권한을 구성원들로부터 위임받았다고 볼 수 없으므로 노동조합의 단체교섭 요구에 응하여야 할 사용자단체에 해당되지 않는다.

제2절 노동조합의 설립

Ⅰ. 개설

노동조합을 설립하기 위하여는 실질적 설립요건과 형식적 설립요건을 구비하여야 한다.

Ⅱ. 노동조합의 실질적 설립요건

> **노동조합법 제2조(정의)** 이 법에서 사용하는 용어의 정의는 다음과 같다.
> 4. "노동조합"이라 함은 근로자가 주체가 되어 자주적으로 단결하여 근로조건의 유지·개선 기타 근로자의 경제적·사회적 지위의 향상을 도모함을 목적으로 조직하는 단체 또는 그 연합단체를 말한다. 다만, 다음 각 목의 1에 해당하는 경우에는 노동조합으로 보지 아니한다.
>   가. 사용자 또는 항상 그의 이익을 대표하여 행동하는 자의 참가를 허용하는 경우
>   나. 경비의 주된 부분을 사용자로부터 원조받는 경우
>   다. 공제·수양 기타 복리사업만을 목적으로 하는 경우
>   라. 근로자가 아닌 자의 가입을 허용하는 경우
>   마. 주로 정치운동을 목적으로 하는 경우

1. 의의

노동조합법상 노동조합은 제2조 제4호가 정하는 요건을 갖추어야 하는데 그 중 본문은 노동조합이 되기 위하여 필수적으로 구비하여야 하는 '적극적 요건'을 규정한 것이고, 노동조합법 제2조 제4호 단서 각목은 노동조합의 결격사유로서 '소극적 요건'을 정한 것이다.

2. 적극적 요건

(1) 노동조합은 '근로자가 주체가 되어', '자주적으로' 조직하는 단체이어야 한다.

　1) '근로자가 주체'가 된다는 것은 노동조합법 제2조 제1호가 정의하는 근로자가 양적인 면에서 조합원의 대부분을 구성하고 질적인 면에서 노동조합의 운영·활동에서 주도적 지위에 서는 것이다. 노동조합의 구성주체가 될 '근로자'란 직업의 종류에 관계없이 임금·급료, 그 밖에 이에 준하는 수입으로 생활하는 자(노동조합법 제2조 제1호)를 말한다.

　2) '자주적'이라 함은 근로자단체가 사용자뿐만 아니라 국가·사회단체 등 외부세력의 방해나 간섭에서 독립하여 조직·운영되는 것이다.

(2) 노동조합은 '근로조건의 유지·개선 기타 경제적·사회적 지위의 향상을 도모함'을 목적으로 하는 단체이다.

　1) '근로조건'이라 함은 임금, 근로시간, 휴식, 안전보건, 고용보장 등 근로자의 노무제공과 관련된 제 조건을 말하고, '경제적·사회적 지위'라 함은 근로조건 외에 근로조건에 영향을 미치는 인사, 경영사항, 복리후생 등의 경제적 지위와 함께 조세법, 사회보장법 등 각종 입법이나 정책에 대한 사회구성원으로서 가지는 사회적 지위를 포함하는 의미이다.

　2) 노동조합이 근로조건의 유지·개선을 목적으로 하는 것은 자주성과 동일체의 양면에 불과하다고 보아 목적은 자주성에 포함된다고 보는 견해도 있으나 목적성은 근로3권의 행사주체로써 노동조합과 일반 단체를 구별하는 기준이 되므로 자주성과는 구별되어야 할 것이다.

(3) 노동조합으로 인정되려면 '단체 또는 그 연합단체'이어야 한다.

　1) '단체'라 함은 그 기본규칙(조합규약)과 운영조직(기관과 재정)을 갖추고 계속적으로 활동하는 복수의 인적 결합체로써, 단체성이 인정되기 위해서는 2명 이상의 명확한 구성원으로 조직되어야 하고, 규약을 가지고, 구성원의 의사를 초월하여 활동하기 위한 의사결정기관과 업무집행·대표기관을 가지며, 구성원에 대한 통제권을 가져야 한다. 노동조합이 되려면 계속적 결합체이어야 하므로 근로자의 일시적 단결체(예 쟁의단)는 노동조합이 될 수 없다.

　2) 조합원이 1명만 남은 경우라도 조합원 증가의 일반적 가능성이 있으면 단체성을 상실하지 않는다.

> **참조판례** 대판 1998.3.13. 97누19830
>
> 노동조합은 그 요건으로 단체성이 요구되므로 복수인이 결합하여 규약을 가지고 그 운영을 위한 조직을 갖추어야 하는바, 법인 아닌 노동조합이 일단 설립되었다고 할지라도 중도에 그 조합원이 1인밖에 남지 아니하게 된 경우에는, 그 조합원이 증가될 일반적 가능성이 없는 한, 노동조합으로서의 단체성을 상실하여 청산목적과 관련되지 않는 한 당사자능력이 없다.

3) '연합단체'라 함은 자주성, 목적성, 단체성을 구비한 단위노조를 구성원으로 하는 상부단체를 말한다. 노동조합법 제10조 제2항은 "연합단체인 노동조합은 동종산업의 단위노동조합을 구성원으로 하는 산업별 연합단체와 산업별 연합단체 또는 전국규모의 산업별 단위노동조합을 구성원으로 하는 총연합단체를 말한다."라고 규정하고 있으나 이는 예시적 규정으로 연합단체가 반드시 동종 산업별로 구성되어야 하는 것은 아니다.

4) 단위노동조합이 산업별 연합단체인 노동조합에 가입하거나, 산업별 연합단체 또는 전국규모의 산업별 단위노동조합이 총연합단체인 노동조합에 가입한 경우에는 해당 노동조합은 소속 산업별 연합단체인 노동조합 또는 총연합단체인 노동조합의 규약이 정하는 의무를 성실하게 이행해야 한다.

5) 총연합단체인 노동조합 또는 산업별 연합단체인 노동조합은 해당 노동조합에 가입한 노동조합의 활동에 대하여 협조·지원 또는 지도할 수 있다.

6) '지부·분회 등' 노동조합의 산하조직이 독자적인 규약 및 집행기관을 가지고 독립된 조직체로서 활동을 하는 경우에는 설립신고를 하였는지 여부에 관계없이 노동조합으로 볼 수 있다.

> **참조판례** 대판 2001.2.23. 2000도4299
>
> 노동조합의 하부단체인 분회나 지부가 독자적인 규약 및 집행기관을 가지고 독립된 조직체로서 활동을 하는 경우 당해 조직이나 그 조합원에 고유한 사항에 대하여는 독자적으로 단체교섭하고 단체협약을 체결할 수 있고, 이는 그 분회나 지부가 노동조합및노동관계조정법시행령 제7조의 규정에 따라 그 설립신고를 하였는지 여부에 영향받지 아니한다.

7) 산하조직 중 근로조건의 결정권이 있는 독립된 사업 또는 사업장에 조직된 노동단체는 지부·분회 등 명칭이 무엇이든 상관없이 법 제10조 제1항에 따른 노동조합의 설립신고를 할 수 있다(시행령 제7조).

3. 소극적 요건

(1) 노동조합은 사용자 또는 항상 그의 이익을 대표하여 행동하는 자의 참가를 허용하여서는 아니 된다.

1) 이러한 자의 노동조합 참여를 제한하는 것은 노동조합의 결성·운영에 있어서 노동조합이 자주성을 확보할 수 없으며, 나아가 어용조직화할 가능성이 있기 때문이다.

2) 그 사업의 근로자에 관한 사항에 대하여 사업주를 위하여 행동하는 자'란 근로자의 인사, 급여, 후생, 노무관리 등 근로조건 결정 또는 업무상 명령이나 지휘·감독을 하는 등의 사항에 대하여 사업주로부터 일정한 권한과 책임을 부여받은 자를 말하고, '항상 사용자의 이익을 대표하여 행동하는 자'란 근로자에 대한 인사, 급여, 징계, 감사, 노무관리 등 근로관계 결정에 직접 참여하거나 사용자의 근로관계에 대한 계획과 방침에 관한 기밀사항 업무를 취급할 권한이 있는 등과 같이 직무상 의무와 책임이 조합원으로서 의무와 책임에 직접적으로 저촉되는 위치에 있는 자를 의미한다.

3) 사용자 또는 항상 그의 이익을 대표하여 행동하는 자에 해당하는가 여부는 해당 업무의 수행과 조합원으로서의 활동 사이에 실질적인 충돌이 발생할 여지가 있는가 여부에 따라 판단한다.

> **참조판례** 대판 2011.9.8. 2008두13873
>
> [1] 노동조합 및 노동관계조정법(이하 '노동조합법'이라 한다) 제2조 제2호, 제4호 단서 (가)목에 의하면, 노동조합법상 사용자에 해당하는 사업주, 사업의 경영담당자 또는 그 사업의 근로자에 관한 사항에 대하여 사업주를 위하여 행동하는 자와 항상 사용자의 이익을 대표하여 행동하는 자는 노동조합 참가가 금지되는데, 그 취지는 노동조합의 자주성을 확보하려는 데 있다. 여기서 '그 사업의 근로자에 관한 사항에 대하여 사업주를 위하여 행동하는 자'란 근로자의 인사, 급여, 후생, 노무관리 등 근로조건 결정 또는 업무상 명령이나 지휘·감독을 하는 등의 사항에 대하여 사업주로부터 일정한 권한과 책임을 부여받은 자를 말하고, '항상 사용자의 이익을 대표하여 행동하는 자'란 근로자에 대한 인사, 급여, 징계, 감사, 노무관리 등 근로관계 결정에 직접 참여하거나 사용자의 근로관계에 대한 계획과 방침에 관한 기밀사항 업무를 취급할 권한이 있는 등과 같이 직무상 의무와 책임이 조합원으로서 의무와 책임에 직접적으로 저촉되는 위치에 있는 자를 의미한다. 따라서 이러한 자에 해당하는지는 일정한 직급이나 직책 등에 의하여 일률적으로 결정되어서는 안 되고, 업무 내용이 단순히 보조적·조언적인 것에 불과하여 업무 수행과 조합원 활동 사이에 실질적인 충돌이 발생할 여지가 없는 자도 여기에 해당하지 않는다.
>
> [2] 사립대학교를 설치·운영하는 갑 학교법인이 직책상 노동조합에 참가할 수 없는 자라고 판단한 소속 직원 48명에게 전국대학노동조합 지부 탈퇴를 요구한 행위에 대하여, 전국대학노동조합이 이는 '노동조합의 조직·운영에 대한 지배·개입'에 해당하는 행위라며 부당노동행위 구제신청을 하였으나 중앙노동위원회가 이를 기각하는 재심판정을 한 사안에서, 탈퇴를 요구한 과장급 이상의 직원들은 소속 직원의 업무분장·근태관리 등에 관하여 전결권을 부여받은 자들로서 '근로자에 관한 사항에 대하여 사업주를 위하여 행동하는 자'에 해당하지만, 주임급 이하의 직원들은 인사, 노무, 예산, 경리 등 업무를 담당한다거나 총장 비서 또는 전속 운전기사, 수위 등으로 근무한다고 하여 곧바로 '항상 사용자의 이익을 대표하여 행동하는 자'에 해당한다고 할 수 없으므로, 이들이 실제 담당하는 업무 내용 및 직무권한 등을 확인하여 '항상 사용자의 이익을 대표하여 행동하는 자'에 해당하는지를 심리해야 하고, 또한 조합원 가입 자격 유무에 따라 부당노동행위의사가 있었는지를 판단할 것이 아니라 그 밖에 이를 추정할 수 있는 사정이 있는지 더 심리한 후 부당노동행위 해당 여부를 판단했어야 한다는 이유로, 주임급 이하 직원 전부 또는 대부분이 조합원 자격이 없는 '항상 사용자의 이익을 대표하여 행동하는 자'에 해당한다며 이들에게 노동조합 탈퇴를 요구한 행위가 부당노동행위에 해당하지 않는다고 본 원심판결에 법리오해 등 위법이 있다고 한 사례.

(2) 경비지출의 주된 부분을 사용자로부터 원조받는 경우는 노동조합으로 볼 수 없다.

1) 경비원조의 금지는 노동조합이 재정적인 면에서 사용자로부터 자주성을 유지하기 위하여 필요한 조건이다.

2) '주된'이란 말은 사용자로부터 원조를 조금도 받아서는 아니 된다는 것을 의미하는 것이 아니라 일부분은 받아도 무방하다는 뜻으로 해석된다. 즉, 노동조합의 경비 중에서 성질상 사용자로부터 원조받으면 노동조합의 자주성이 상실될 위험이 있는 것을 말한다.

3) 경비는 노동조합의 존립·활동을 위하여 지출되는 모든 비용을 의미하고, 원조 받는다는 것은 금품이나 그 밖의 경제적 이익을 받는 것을 말한다.

4) 근로자가 근로시간 중에 제24조 제2항에 따른 활동을 하는 것을 사용자가 허용함은 무방하며, 또한 근로자의 후생자금 또는 경제상의 불행 그 밖에 재해의 방지와 구제 등을 위한 기금의 기부와 최소한의 규모의 노동조합사무소의 제공 및 그 밖에 이에 준하여 노동조합의 자주적인 운영 또는 활동을 침해할 위험이 없는 범위에서의 운영비 원조행위는 예외로 한다.

(3) 노동조합은 공제·수양 기타 복리사업만을 목적으로 해서는 안 된다.
  1) 노동조합의 주된 목적은 조합원의 근로조건의 유지·개선이므로 이를 도외시 한 채 공제·수양 기타 복리사업 등만을 목적으로 수행하는 경우 이를 노동조합이라고 할 수 없다는 것을 말한다.
  2) 공제·수양 기타 복리사업을 부수적으로 하는 것은 무방하다.
(4) 노동조합은 근로자가 아닌 자의 가입을 허용하여서는 아니 된다.
  1) 근로자 아닌 자의 가입으로 노동조합의 내부관계 내지 기업 내 노사관계를 혼란스럽게 만들 가능성이 있어 노동조합의 자주성을 확보하고자 규정한 것이다.
  2) 근로자 아닌 자의 의미에 대해 판례는 노동조합법 제2조 제1호 및 제4호 라목에서 말하는 근로자에는 특정한 사용자에게 고용되어 현실적으로 취업하고 있는 자 뿐만 아니라, 일시적으로 실업상태에 있는 자나 구직중인 자도 근로3권을 보장할 필요성이 있는 한 그 범위에 포함된다고 판시하였다.

> **참조판례** 대판 2004.2.27. 2001두8568
>
> 노조법 제2조 제1호 및 제4호 (라)목 본문에서 말하는 '근로자'에는 특정한 사용자에게 고용되어 현실적으로 취업하고 있는 자뿐만 아니라, 일시적으로 실업 상태에 있는 자나 구직중인 자도 노동3권을 보장할 필요성이 있는 한 그 범위에 포함되고, 따라서 지역별 노동조합의 성격을 가진 원고가 그 구성원으로 '구직중인 여성 노동자'를 포함시키고 있다 하더라도, '구직중인 여성 노동자' 역시 노조법상의 근로자에 해당하므로, 구직중인 여성 노동자는 근로자가 아니라는 이유로 원고의 이 사건 노동조합설립신고를 반려한 이 사건 처분을 위법하다고 판단하였는바, 이러한 원심의 판단은 정당하고, 거기에 노조법에 정한 근로자의 개념에 관한 법리를 오해한 위법이 있다고 할 수 없다.

(5) 노동조합은 주로 정치운동을 목적으로 하여서는 아니 된다.
  노동조합의 정치운동은 허용되나, 이를 주로 하는 경우에는 노동조합법상의 노동조합이 될 수 없다.

Ⅲ. 노동조합의 형식적 설립요건

> **노동조합법 제10조(설립의 신고)** ① 노동조합을 설립하고자 하는 자는 다음 각 호의 사항을 기재한 신고서에 제11조의 규정에 의한 규약을 첨부하여 연합단체인 노동조합과 2 이상의 특별시·광역시·특별자치시·도·특별자치도에 걸치는 단위노동조합은 고용노동부장관에게, 2 이상의 시·군·구(자치구를 말한다)에 걸치는 단위노동조합은 특별시장·광역시장·도지사에게, 그 외의 노동조합은 특별자치시장·특별자치도지사·시장·군수·구청장(자치구의 구청장을 말한다. 이하 제12조 제1항에서 같다)에게 제출하여야 한다.
> 1. 명칭
> 2. 주된 사무소의 소재지
> 3. 조합원수
> 4. 임원의 성명과 주소
> 5. 소속된 연합단체가 있는 경우에는 그 명칭
> 6. 연합단체인 노동조합에 있어서는 그 구성노동단체의 명칭, 조합원수, 주된 사무소의 소재지 및 임원의 성명·주소
> ② 제1항의 규정에 의한 연합단체인 노동조합은 동종산업의 단위노동조합을 구성원으로 하는 산업별 연합단체와 산업별 연합단체 또는 전국규모의 산업별 단위노동조합을 구성원으로 하는 총연합단체를 말한다.

제11조(규약) 노동조합은 그 조직의 자주적·민주적 운영을 보장하기 위하여 당해 노동조합의 규약에 다음 각 호의 사항을 기재하여야 한다.
1. 명칭
2. 목적과 사업
3. 주된 사무소의 소재지
4. 조합원에 관한 사항(연합단체인 노동조합에 있어서는 그 구성단체에 관한 사항)
5. 소속된 연합단체가 있는 경우에는 그 명칭
6. 대의원회를 두는 경우에는 대의원회에 관한 사항
7. 회의에 관한 사항
8. 대표자와 임원에 관한 사항
9. 조합비 기타 회계에 관한 사항
10. 규약변경에 관한 사항
11. 해산에 관한 사항
12. 쟁의행위와 관련된 찬반투표 결과의 공개, 투표자 명부 및 투표용지 등의 보존·열람에 관한 사항
13. 대표자와 임원의 규약위반에 대한 탄핵에 관한 사항
14. 임원 및 대의원의 선거절차에 관한 사항
15. 규율과 통제에 관한 사항

제12조(신고증의 교부) ① 고용노동부장관, 특별시장·광역시장·특별자치시장·도지사·특별자치도지사 또는 시장·군수·구청장(이하 "행정관청"이라 한다)은 제10조 제1항의 규정에 의한 설립신고서를 접수한 때에는 제2항 전단 및 제3항의 경우를 제외하고는 3일 이내에 신고증을 교부하여야 한다.
② 행정관청은 설립신고서 또는 규약이 기재사항의 누락 등으로 보완이 필요한 경우에는 대통령령이 정하는 바에 따라 20일 이내의 기간을 정하여 보완을 요구하여야 한다. 이 경우 보완된 설립신고서 또는 규약을 접수한 때에는 3일 이내에 신고증을 교부하여야 한다.
③ 행정관청은 설립하고자 하는 노동조합이 다음 각 호의 1에 해당하는 경우에는 설립신고서를 반려하여야 한다.
1. 제2조 제4호 각 목의 1에 해당하는 경우
2. 제2항의 규정에 의하여 보완을 요구하였음에도 불구하고 그 기간 내에 보완을 하지 아니하는 경우
④ 노동조합이 신고증을 교부받은 경우에는 설립신고서가 접수된 때에 설립된 것으로 본다.

1. 의의

(1) 대외적으로 자주성을, 대내적으로 민주성을 갖추어 노동조합의 실질적 요건을 충족한 노동조합은 설립신고서에 조합규약을 첨부하여 행정관청에 설립신고를 하여야 한다.

(2) 노동조합법이 노동조합의 설립에 관하여 위와 같은 신고주의를 택한 취지는 노동조합의 조직체계에 대한 행정관청의 효율적인 정비·관리를 통하여 노동조합이 자주성과 민주성을 갖춘 조직으로 존속할 수 있도록 보호·육성하려는 데에 있다.

> **참조판례** 대판 1997.10.14. 96누9829
> 노동조합법이 노동조합의 설립에 관하여 신고주의를 택하고 있는 취지는 소관 행정당국으로 하여금 노동조합에 대한 효율적인 조직체계의 정비·관리를 통하여 노동조합이 자주성과 민주성을 갖춘 조직으로 존속할 수 있도록 노동조합을 보호·육성하고 그 지도·감독에 철저를 기하게 하기 위한 노동정책적인 고려에서 마련된 것이다.

> **참조판례** 헌재 2012.3.29. 2011헌바53
>
> 노동조합법 제12조 제3항 제1호가 설립신고서를 제출한 단체에 대하여 같은 법 제2조 제4호 각목에 해당하는지를 심사하여 이에 해당하는 경우 그 설립신고를 반려하도록 한 것은 노동조합의 본질적 요소인 자주성 등을 확보하도록 하기 위한 부득이한 조치로서, 심사 결과 해당 사항이 없으면 의무적으로 설립신고서를 수리하여야 한다는 점에서 단체의 설립 여부 자체를 사전에 심사하여 특정한 경우에 한해서만 그 설립을 허용하는 허가와는 달리 헌법 제21조 제2항 후단에서 금지하는 결사에 대한 허가제라고 볼 수 없고, 과잉금지의 원칙을 위반하여 근로자의 단결권을 침해한다고 볼 수도 없다.

2. 설립신고

(1) 노동조합을 설립하고자 하는 자는 설립신고서에 규약을 첨부하여 연합단체인 노동조합과 2 이상의 특별시·광역시·특별자치시·도·특별자치도에 걸치는 단위노동조합은 고용노동부장관에게, 2 이상의 시·군·구(자치구를 말한다)에 걸치는 단위노동조합은 특별시장·광역시장·도지사에게, 그 외의 노동조합은 특별자치시장·특별자치도지사·시장·군수·구청장(자치구의 구청장을 말한다)에게 제출하여야 한다.

(2) 설립신고서에는 명칭, 주된 사무소의 소재지, 조합원수, 임원의 성명과 주소, 소속된 연합단체가 있는 경우에는 그 명칭, 연합단체인 노동조합에 있어서는 그 구성노동단체의 명칭, 조합원수, 주된 사무소의 소재지 및 임원의 성명·주소를 기재하여야 한다.

3. 설립심사

(1) 노동조합의 설립신고서를 접수한 행정관청은 ① 노동조합법 제2조 제4호에 규정된 노동조합의 소극적 요건에 해당되는지의 여부, ② 설립신고서 또는 규약에 기재사항의 누락 등 보완이 필요한지의 여부 등에 대하여 심사를 한다.

(2) 행정관청은 해당 단체가 노동조합법 제2조 제4호 각목에 해당하는지 여부를 심사할 수 있다.
설립신고서를 접수할 당시 그 해당 여부가 문제 된다고 볼 만한 객관적인 사정이 있는 경우에 한하여 설립신고서와 규약 내용 외의 사항에 대하여 실질적인 심사를 거쳐 반려 여부를 결정할 수 있다.

> **참조판례** 대판 2014.4.10. 2011두6998
>
> 노동조합법이 행정관청으로 하여금 설립신고를 한 단체에 대하여 같은 법 제2조 제4호 각목에 해당하는지를 심사하도록 한 취지가 노동조합으로서의 실질적 요건을 갖추지 못한 노동조합의 난립을 방지함으로써 근로자의 자주적이고 민주적인 단결권 행사를 보장하려는 데 있는 점을 고려하면, 행정관청은 해당 단체가 노동조합법 제2조 제4호 각목에 해당하는지 여부를 실질적으로 심사할 수 있다고 할 것이다. 다만 행정관청에 광범위한 심사권한을 인정할 경우 행정관청의 심사가 자의적으로 이루어져 신고제가 사실상 허가제로 변질될 우려가 있는 점, 노동조합법은 설립신고 당시 제출하여야 할 서류로 설립신고서와 규약만을 정하고 있고(제10조 제1항), 행정관청으로 하여금 보완사유나 반려사유가 있는 경우를 제외하고는 설립신고서를 접수받은 때로부터 3일 이내에 신고증을 교부하도록 정한 점(제12조 제1항)등을 고려하면, 행정관청은 일단 제출된 설립신고서와 규약의 내용을 기준으로 노동조합법 제2조 제4호 각 목의 해당 여부를 심사하되, 설립신고서를 접수할 당시 그 해당 여부가 문제 된다고 볼 만한 객관적인 사정이 있는 경우에 한하여 설립신고서와 규약 내용 외의 사항에 대하여 실질적인 심사를 거쳐 반려 여부를 결정할 수 있다고 보아야 한다.

(3) 고용노동부장관, 특별시장·광역시장·특별자치시장·도지사·특별자치도지사 또는 시장·군수·구청장은 설립신고서를 접수한 때에는 반려처분 또는 보완지시의 경우를 제외하고는 3일 이내에 신고증을 교부하여야 한다.

(4) 행정관청은 3일이 경과한 후에도 설립신고서에 대하여 반려처분 또는 보완지시를 할 수 있다.

> **참조판례** 대판 1990.10.23. 89누3243
>
> 행정관청이 노동조합의 설립신고서를 접수한 때에는 3일 이내에 설립신고증을 교부하도록 되어 있다 하여 그 기간내에 설립신고서의 반려 또는 보완지시가 없는 경우에는 설립신고증의 교부가 없어도 노동조합이 성립된 것으로 본다는 취지는 아니므로 행정관청은 그 기간 경과 후에도 설립신고서에 대하여 보완지시 또는 반려처분을 할 수 있다 할 것이고, 또한 노동조합설립신고서의 보완을 요구하거나 그 신고서를 반려하는 경우에는 노동위원회의 의결이 필요 없는 것이므로 노동부장관인 피고가 이 사건 노동조합설립신고서에 대하여 노동위원회의 의결없이 보완요구를 하고 반려처분하였다 하여 이를 위법하다고 할 수는 없다.

(5) 행정관청은 노동조합의 설립신고가 ① 설립신고서에 규약이 첨부되어 있지 아니하거나 설립신고서 또는 규약의 기재사항 중 누락 또는 허위사실이 있는 경우, ② 임원의 선거절차 또는 규약의 제정절차가 법규정에 위반되는 경우에는 20일 이내의 기간을 정하여 보완을 요구하여야 한다.

(6) 행정관청은 노동조합이 소극적 요건에 해당하는 경우와 행정관청이 보완을 요구하였음에도 불구하고 그 기간 내에 보완을 하지 아니하는 경우에는 설립신고서를 반려한다.

(7) 행정관청은 노동조합에 설립신고증을 교부한 때에는 지체 없이 그 사실을 관할 노동위원회와 해당 사업 또는 사업장의 사용자나 사용자단체에 통보해야 한다.

Ⅳ. 노동조합의 성립시기

노동조합이 설립신고증을 교부받은 경우에는 설립신고서가 접수된 때에 설립된 것으로 본다.

Ⅴ. 신고증 교부 후의 변화

> **노동조합법 제13조(변경사항의 신고등)** ① 노동조합은 제10조 제1항의 규정에 의하여 설립신고된 사항 중 다음 각 호의 1에 해당하는 사항에 변경이 있는 때에는 그 날부터 30일 이내에 행정관청에게 변경신고를 하여야 한다.
> 1. 명칭
> 2. 주된 사무소의 소재지
> 3. 대표자의 성명
> 4. 소속된 연합단체의 명칭
>
> ② 노동조합은 매년 1월 31일까지 다음 각 호의 사항을 행정관청에게 통보하여야 한다. 다만, 제1항의 규정에 의하여 전년도에 변경신고된 사항은 그러하지 아니하다.
> 1. 전년도에 규약의 변경이 있는 경우에는 변경된 규약내용
> 2. 전년도에 임원의 변경이 있는 경우에는 변경된 임원의 성명
> 3. 전년도 12월 31일 현재의 조합원수(연합단체인 노동조합에 있어서는 구성단체별 조합원수)

(1) 노동조합은 명칭, 주된 사무소의 소재지, 대표자의 성명, 소속된 연합단체의 명칭에 해당하는 사항에 변경이 있는 때에는 그 날부터 30일 이내에 행정관청에게 변경신고를 하여야 한다.
행정관청은 변경신고서를 받은 때에는 3일 이내에 변경신고증을 교부해야 한다.

(2) 노동조합은 매년 1월 31일까지 전년도에 규약의 변경이 있는 경우에는 변경된 규약내용, 전년도에 임원의 변경이 있는 경우에는 변경된 임원의 성명, 전년도 12월 31일 현재의 조합원수(연합단체인 노동조합에 있어서는 구성단체별 조합원수)를 행정관청에 통보하여야 한다.

(3) 노동조합이 설립신고증을 교부받은 후 법 제12조 제3항 제1호에 해당하는 설립신고서의 반려사유(노동조합의 소극적요건)가 발생한 경우에는 행정관청은 30일의 기간을 정하여 시정을 요구할 수 있다. 종래 법외노조 통보가 있었으나 대법원이 법률유보원칙에 반하는 것으로 위법으로 판시하였다.

> **참조판례** 대판 2020.9.3. 2016두32992
> 법외노조 통보는 이미 법률에 의하여 법외노동조합이 된 것을 사후적으로 고지하거나 확인하는 행위가 아니라 그 통보로써 비로소 법외노동조합이 되도록 하는 형성적 행정처분이다. 이러한 법외노조 통보는 단순히 노동조합에 대한 법률상 보호만을 제거하는 것에 그치지 않고 헌법상 노동3권을 실질적으로 제약한다. 그런데 노동조합법은 법상 설립요건을 갖추지 못한 단체의 노동조합 설립신고서를 반려하도록 규정하면서도, 그보다 더 침익적인 설립 후 활동 중인 노동조합에 대한 법외노조 통보에 관하여는 아무런 규정을 두고 있지 않고, 이를 시행령에 위임하는 명문의 규정도 두고 있지 않다. 더욱이 법외노조 통보 제도는 입법자가 반성적 고려에서 폐지한 노동조합 해산명령 제도와 실질적으로 다를 바 없다. 결국 이 사건 시행령 조항(노동조합법 시행령 제9조 제2항)은 법률이 정하고 있지 아니한 사항에 관하여, 법률의 구체적이고 명시적인 위임도 없이 헌법이 보장하는 노동3권에 대한 본질적인 제한을 규정한 것으로서 법률유보원칙에 반한다.

VI. 노동조합의 성립의 법적 효과

> **노동조합법 제6조(법인격의 취득)** ① 노동조합은 그 규약이 정하는 바에 의하여 법인으로 할 수 있다.
> ② 노동조합은 당해 노동조합을 법인으로 하고자 할 경우에는 대통령령이 정하는 바에 의하여 등기를 하여야 한다.
> ③ 법인인 노동조합에 대하여는 이 법에 규정된 것을 제외하고는 민법중 사단법인에 관한 규정을 적용한다.
>
> **제7조(노동조합의 보호요건)** ① 이 법에 의하여 설립된 노동조합이 아니면 노동위원회에 노동쟁의의 조정 및 부당노동행위의 구제를 신청할 수 없다.
> ② 제1항의 규정은 제81조 제1항 제1호·제2호 및 제5호의 규정에 의한 근로자의 보호를 부인하는 취지로 해석되어서는 아니 된다.
> ③ 이 법에 의하여 설립된 노동조합이 아니면 노동조합이라는 명칭을 사용할 수 없다.
>
> **제8조(조세의 면제)** 노동조합에 대하여는 그 사업체를 제외하고는 세법이 정하는 바에 따라 조세를 부과하지 아니한다.

(1) 노동조합이 노동조합법상의 설립요건을 모두 구비한 경우 노동쟁의의 조정을 신청할 수 있다.

(2) 노동조합이 노동조합법상의 설립요건을 모두 구비한 경우에는 부당노동행위의 구제를 신청할 수 있다.

(3) 노동조합이 노동조합법상의 설립요건을 모두 구비한 경우에는 노동조합이라는 명칭을 사용할 수 있다. 합법적 노동조합 설립촉진을 위한 형식상 요건을 갖추지 못한 단체에게 노동조합이라는 명칭을 쓰지 못하게 한 노동조합법은 합헌이다.

> **참조판례** 헌재 2008.7.31. 2004헌바9
>
> '이 법에 의하여 설립된 노동조합이 아니면 노동조합이라는 명칭을 사용할 수 없다.'라고 하고, 이에 위반할 경우 형사 처벌하도록 규정한 '노동조합 및 노동관계조정법'(1997.3.13. 법률 제5310호로 제정된 것, 이하 '노동조합법'이라 한다) 제7조 제3항, 제93조 제1호는 노동조합설립 신고주의를 기초로 하는 이 사건 노동조합법 조항은 노동조합법에 따른 적법한 노동조합의 설립을 유도하기 위한 것으로 입법목적이 정당하고, 형식적인 요건을 갖추지 못한 단체에 대하여 노동조합이라는 명칭 사용을 금하고 위반 시 형사상 제재를 가함으로써 합법적인 노동조합의 설립을 촉진하고자 하는 것으로 입법목적을 달성하기 위한 적정한 수단으로 볼 수 있으며, 그로 인하여 근로자들이나 단체가 입는 손해는 노동조합의 명칭을 사용하지 못하고 명칭사용을 위하여 노동조합 설립신고를 해야만 하는 불편함 정도인데 반하여, 실질적인 요건을 갖추지 못한 여러 단체들의 난립을 막고 노동조합의 공신력을 줄 수 있어 근로자의 단결권을 강화하는 효과도 있고, 노동행정에 편의를 기할 수 있는 등 공익이 매우 커서 법익의 균형성도 갖추었다. 또한, 우리의 노동현실하에서 이 사건 노동조합법 조항이 입법재량의 범위를 벗어난 자의적인 입법권의 행사에 해당한다고 보기 어렵고, 법정형에 비추어 과잉형벌의 문제가 발생 한다거나 책임과 형벌의 비례원칙에 반하는 것으로도 볼 수 없으므로, 이 사건 노동조합법 조항이 헌법 제37조 제2항의 과잉금지원칙을 위배하여 청구인들의 단결권을 침해한다고 볼 수 없다.
>
> 한편, 노동조합법상 설립신고를 마쳤는지 여부를 기준으로 노동조합이라는 명칭의 사용 여부를 결정함으로써 법상 설립신고를 마친 노동조합과 실질적인 요건을 갖추었으나 형식적인 요건을 갖추지 못한 헌법상 근로자들의 단결체를 차별 취급하는 것에는, 위에서 본 사정들에 비추어 볼 때 합리적인 이유가 있다 할 것이므로, 이 사건 노동조합법 조항이 설립신고를 마친 노동조합과 그렇지 아니한 헌법상 근로자들의 단결체를 자의적으로 차별하여 청구인들의 평등권을 침해한다고 할 수 없다.

(4) 노동조합법상의 설립요건을 모두 구비한 노동조합은 그 규약이 정하는 바에 의하여 법인으로 할 수 있다.

1) 노동조합을 법인으로 하려는 때에는 그 주된 사무소의 소재지를 관할하는 등기소에 등기해야 한다(시행령 제2조).

2) 등기사항은 명칭, 주된 사무소의 소재지, 목적 및 사업, 대표자의 성명 및 주소, 해산사유를 정한 때에는 그 사유이다(시행령 제3조).

3) 등기는 그 노동조합의 대표자가 신청하며, 등기 신청을 하려는 때에는 등기신청서에 해당 노동조합의 규약과 설립신고증의 사본(변경신고증을 교부받은 경우에는 그 사본)을 첨부해야 한다(시행령 제4조).

4) 법인인 노동조합이 그 주된 사무소를 다른 등기소의 관할 구역으로 이전한 경우 해당 노동조합의 대표자는 그 이전한 날부터 3주 이내에 구소재지에서는 이전등기를 해야 하며, 신소재지에서는 등기사항을 등기해야 한다(시행령 제5조 제1항).

5) 동일한 등기소의 관할구역 안에서 주된 사무소를 이전한 경우에는 그 이전한 날부터 3주 이내에 이전등기를 해야 한다(시행령 제5조 제2항).

6) 노동조합의 대표자는 등기사항 중 변경된 사항이 있는 경우에는 그 변경이 있는 날부터 3주 이내에 변경등기를 해야 한다(시행령 제6조)

(5) 노동조합법상의 설립요건을 모두 구비한 노동조합에 대하여는 그 사업체를 제외하고는 세법이 정하는 바에 따라 조세를 부과하지 아니한다.

노동조합이 사업체를 운영하는 경우에는 사업체에 대한 조세는 면제되지 않는다.

Ⅶ. 법외노동조합

(1) 노동조합법상의 설립요건을 갖추지 못한 경우라도 헌법상의 근로3권의 주체로 보호할 필요성이 있다.

(2) 형식적 요건을 갖추고 있지 못한 조합은 소위 법외노동조합으로서 노사관계법 등의 법적 보호를 받지 못하고 불이익을 받으나, 이러한 법외노동조합도 헌법상의 노동조합으로서 노동조합법 등이 인정하는 법적 보호 이외에 헌법상의 보호 내지 이익은 누릴 수 있다.

> **참조판례** 대판 2001.2.23. 2000도4299
>
> 노동조합의 하부단체인 분회나 지부가 독자적인 규약 및 집행기관을 가지고 독립된 조직체로서 활동을 하는 경우 당해 조직이나 그 조합원에 고유한 사항에 대하여는 독자적으로 단체교섭하고 단체협약을 체결할 수 있고, 이는 그 분회나 지부가 노동조합및노동관계조정법시행령 제7조의 규정에 따라 그 설립신고를 하였는지 여부에 영향받지 아니한다.

(3) 법외노동조합의 경우 정당한 근로3권의 행사로 인한 민·형사면책, 부당노동행위 등 헌법상 기본권 행사의 보호를 받는다.

제3절 노동조합의 운영

Ⅰ. 노동조합의 민주성

노동조합법 제11조(규약) 노동조합은 그 조직의 자주적·민주적 운영을 보장하기 위하여 당해 노동조합의 규약에 다음 각 호의 사항을 기재하여야 한다.
1. 명칭
2. 목적과 사업
3. 주된 사무소의 소재지
4. 조합원에 관한 사항(聯合團體인 勞動組合에 있어서는 그 構成團體에 관한 사항)
5. 소속된 연합단체가 있는 경우에는 그 명칭
6. 대의원회를 두는 경우에는 대의원회에 관한 사항
7. 회의에 관한 사항
8. 대표자와 임원에 관한 사항
9. 조합비 기타 회계에 관한 사항
10. 규약변경에 관한 사항
11. 해산에 관한 사항
12. 쟁의행위와 관련된 찬반투표 결과의 공개, 투표자 명부 및 투표용지 등의 보존·열람에 관한 사항
13. 대표자와 임원의 규약위반에 대한 탄핵에 관한 사항
14. 임원 및 대의원의 선거절차에 관한 사항
15. 규율과 통제에 관한 사항

제14조(서류비치등) ① 노동조합은 조합설립일부터 30일 이내에 다음 각 호의 서류를 작성하여 그 주된 사무소에 비치하여야 한다.
1. 조합원 명부(연합단체인 노동조합에 있어서는 그 구성단체의 명칭)
2. 규약
3. 임원의 성명·주소록
4. 회의록
5. 재정에 관한 장부와 서류
② 제1항 제4호 및 제5호의 서류는 3년간 보존하여야 한다.

제21조(규약 및 결의처분의 시정) ① 행정관청은 노동조합의 규약이 노동관계법령에 위반한 경우에는 노동위원회의 의결을 얻어 그 시정을 명할 수 있다.
② 행정관청은 노동조합의 결의 또는 처분이 노동관계법령 또는 규약에 위반된다고 인정할 경우에는 노동위원회의 의결을 얻어 그 시정을 명할 수 있다. 다만, 규약위반시의 시정명령은 이해관계인의 신청이 있는 경우에 한한다.
③ 제1항 또는 제2항의 규정에 의하여 시정명령을 받은 노동조합은 30일 이내에 이를 이행하여야 한다. 다만, 정당한 사유가 있는 경우에는 그 기간을 연장할 수 있다.

제27조(자료의 제출) 노동조합은 행정관청이 요구하는 경우에는 결산결과와 운영상황을 보고하여야 한다.

(1) 노동조합은 근로자가 자발적으로 조직하는 사적인 임의단체의 일종이기 때문에 노동조합의 내부운영은 조합자치, 규약이나 다수결에 따라 민주적으로 운영되어야 한다.

(2) 노동조합의 민주적 운영을 위하여 노동조합은 규약을 작성하여야 한다.
  1) 노동조합은 그 조직의 자주적·민주적 운영을 보장하기 위하여 당해 노동조합의 규약에 다음 각 호의 사항을 기재하여야 한다.
     ① 명칭
     ② 목적과 사업
     ③ 주된 사무소의 소재지
     ④ 조합원에 관한 사항(연합단체인 노동조합에 있어서는 그 구성단체에 관한 사항)
     ⑤ 소속된 연합단체가 있는 경우에는 그 명칭
     ⑥ 대의원회를 두는 경우에는 대의원회에 관한 사항
     ⑦ 회의에 관한 사항
     ⑧ 대표자와 임원에 관한 사항
     ⑨ 조합비 기타 회계에 관한 사항
     ⑩ 규약변경에 관한 사항
     ⑪ 해산에 관한 사항
     ⑫ 쟁의행위와 관련된 찬반투표 결과의 공개, 투표자 명부 및 투표용지 등의 보존·열람에 관한 사항
     ⑬ 대표자와 임원의 규약위반에 대한 탄핵에 관한 사항
     ⑭ 임원 및 대의원의 선거절차에 관한 사항
     ⑮ 규율과 통제에 관한 사항

2) 규약을 제정 또는 변경하기 위하여는 총회에서 재적조합원 과반수가 출석하여 출석조합원 3분의 2 이상의 찬성을 얻어야 한다.
3) 규약은 설립신고 시 행정관청에 신고하여야 하고, 변경사항을 행정관청에 통보하여야 한다.
4) 조합규약은 노동조합의 조직 및 활동·운영에 관하여 조합원이 자율적으로 정한 기본준칙으로서 조합 내부의 기관이나 조합원을 구속하는 범위 내에서 법원성을 가진다.

> **참조판례** 대판 2002.2.22. 2000다65086
> 노동조합은 근로자들이 자신들의 이익을 옹호하기 위하여 자주적으로 결성한 임의단체로서 그 내부의 운영에 있어 조합규약 등에 의한 자치가 보장되므로 노동조합이 조합규약에 근거하여 자체적으로 만든 신분보장대책기금관리규정은 조합규약과 마찬가지로 일종의 자치적 법규범으로서 소속조합원에 대하여 법적 효력을 가진다고 할 것이다.

(3) 노동조합의 민주성 확보를 위해 노동조합법은 의결기관, 집행기관, 감사기관을 구분하고 있다.
(4) 노동조합의 민주성 확보를 위해 행정관청에 감독권한을 부여하고 있다.
  1) 행정관청은 설립신고시 심사권을 가진다.
  2) 행정관청은 규약이나 결의 또는 처분이 노동관계법령에 위반하면 노동위원회의 의결을 얻어 그 시정을 명할 수 있다.
  3) 노동조합은 행정관청이 요구하면 결산결과와 운영상황을 보고하여야 한다.
  4) 노동조합은 설립일로부터 30일 이내에 조합원명부, 규약, 임원의 성명·주소록, 회의록, 재정에 관한 장부와 서류를 비치하고, 회의록 및 재정에 관한 장부와 서류를 3년 동안 보존하여야 한다.

> **참고 행정관청의 관여사항**
> 1. 설립신고서·규약의 보완요구(제12조 제2항)
> 2. 설립신고서 반려(제12조 제3항)
> 3. 임시총회소집권자의 지명(제18조 제3항·제4항) - 노동위원회 의결사항
> 4. 규약의 시정명령(제21조 제1항) - 노동위원회의 의결사항
> 5. 노동조합의 결의·처분의 시정명령(제21조 제2항) - 노동위원회의 의결사항
> 6. 자료제출, 조사(제27조)
> 7. 조합의 해산(제28조 제1항 제4호) - 노동위원회의 의결사항
> 8. 단체협약의 시정(제31조 제3항) - 노동위원회의 의결사항
> 9. 지역적 구속력의 결정(제36조) - 노동위원회의 의결사항
> 10. 안전보호시설의 쟁의중지통보 - 노동위원회의 의결사항
> 11. 긴급조정결정(제76조 제3항)

(5) 행정관청은 다음 각 호의 경우에는 그 사실을 해당 노동조합의 대표자에게 서면으로 통보해야 한다.
  1) 임시총회 소집권자를 지명하는 경우
  2) 노동조합의 규약 또는 결의·처분에 대하여 시정명령을 하는 경우
  3) 위법한 단체협약에 대하여 시정명령을 하는 경우

4) 지역적 구속력을 결정하는 경우

행정관청은 위법한 단체협약에 대하여 시정명령을 하는 경우와 지역적 구속력을 결정하는 경우에는 해당 사업 또는 사업장의 사용자나 사용자단체에도 그 사실을 통보해야 한다.

Ⅱ. 조합원 지위의 취득과 상실

1. 조합원 지위의 취득

> **노동조합법 제5조(노동조합의 조직·가입·활동)** ① 근로자는 자유로이 노동조합을 조직하거나 이에 가입할 수 있다. 다만, 공무원과 교원에 대하여는 따로 법률로 정한다.
> ② 사업 또는 사업장에 종사하는 근로자(이하 "종사근로자"라 한다)가 아닌 노동조합의 조합원은 사용자의 효율적인 사업 운영에 지장을 주지 아니하는 범위에서 사업 또는 사업장 내에서 노동조합 활동을 할 수 있다.
> ③ 종사근로자인 조합원이 해고되어 노동위원회에 부당노동행위의 구제신청을 한 경우에는 중앙노동위원회의 재심판정이 있을 때까지는 종사근로자로 본다.

(1) 조합원에 관한 사항은 규약의 필요적 기재사항이므로 조합원자격의 제한은 규약으로 정해야 한다.

(2) 노동조합 가입은 노동조합과 가입희망자와의 계약에 의한 것으로 단결권을 바탕으로 하는 집단적 노사관계법상의 특수한 합의라고 할 것이다.

(3) 원칙적으로 조합원자격을 가지는 근로자에 대해서는 가입을 거부할 수 없지만, 단결목적과의 관련성이 인정되는 범위에서 규약으로 조합원의 자격을 제한하거나 가입희망자에 대해 일정한 자격심사를 거치도록 하는 것은 합리적인 사유가 존재하면 가능하다.

> **참조판례** 대판 1996.10.29. 96다28899
> 노동조합과 사용자 사이에 회사의 종업원은 3개월이 경과하면 조합원이 되며 노동조합이입을 거부하거나 탈퇴할 경우 회사는 즉시 해고하여야 한다는 유니온 숍 협정을 체결한 경우 조합은 조합원의 자격을 갖춘 근로자의 조합가입을 함부로 거절할 수 없고 탈퇴 조합원의 재가입에 대한 제약이나 거부는 위법 부당한 것으로 권리남용 또는 신의칙 위반에 해당된다.

(4) 해고된 자가 노동위원회에 부당노동행위의 구제신청을 한 경우에는 중앙노동위원회의 재심판정이 있을 때까지는 종사근로자로 본다.

1) 해고된 자가 종사근로자로서의 지위를 인정받기 위하여는 노동위원회에 부당노동행위구제신청을 한 경우에 한하며, 부당해고 등 구제신청이나 민사법원에 해고무효 등 확인소송을 제기한 것만으로는 종사근로자의 지위가 인정될 수 없다.

2) 종사근로자로서의 지위가 인정되는 기간 역시 중앙노동위원회의 재심판정시까지이다.

3) 종사근로자의 지위가 인정되는 범위는 노동조합법에 한정되며, 근로기준법 및 기타 법령의 적용시에는 종사근로자의 지위가 인정되지 않는다.

> **참조판례** 대판 1993.6.8. 92다42354
>
> "해고의 효력을 다투고 있는 자를 근로자가 아닌 자로 해석하여서는 아니 된다"라는 노동조합법 제3조 제4호 단서 규정은 노동조합의 설립 및 존속을 보호하고 사용자의 부당한 인사권의 행사에 의하여 노동조합의 활동이 방해받는 것을 방지하기 위한 규정으로서 노동조합의 구성원이 될 수 있는 자격에 관하여 규정한 것일 뿐 사용자와 근로자와의 근로관계에 관한 규정은 아니므로 노동조합의 조합원으로서의 지위와 관련하여서만 적용이 되어야 할 것이고, 근로자와 사용자와의 개별적인 근로계약 일반의 효력에 확대적용될 수는 없다.

(5) 미성년자인 근로자도 부모의 동의 없이 단독으로 결성행위에 참여하거나 가입할 수 있다.

2. 조합원 지위의 상실

(1) 근로자가 승진, 승급, 전직, 또는 해고, 퇴직 등으로 법령이나 규약에서 정한 조합원 자격을 잃게 된 경우 조합원의 지위는 당연히 상실된다.

(2) 탈퇴는 조합원이 그 의사에 의하여 자유로이 조합원의 지위를 종료시키는 것이다.

(3) 노조규약에 탈퇴에 대한 제한을 두는 경우라도 조합원의 탈퇴의 자유를 제한할 수는 없으며, 탈퇴에 대해 조합규약에 탈퇴절차를 규정한 경우라도 정당한 이유 없는 승인의 거부는 허용되지 않는다.

(4) 탈퇴조합원은 탈퇴효과가 발생하면 조합원으로서의 권리와 의무를 상실하고, 노동조합이 법인격을 갖지 않을지라도 노동조합의 재산에 대한 재산지분권이나 재산분할청구권이 인정되지 않는다.

(5) 조합으로부터의 제명과 노동조합의 해산에 의한 조합원 지위가 상실된다.

3. 조직강제

> **노동조합법 제81조(부당노동행위)** 사용자는 다음 각 호의 어느 하나에 해당하는 행위(이하 "부당노동행위"라 한다)를 할 수 없다.
> 2. 근로자가 어느 노동조합에 가입하지 아니할 것 또는 탈퇴할 것을 고용조건으로 하거나 특정한 노동조합의 조합원이 될 것을 고용조건으로 하는 행위. 다만, 노동조합이 당해 사업장에 종사하는 근로자의 3분의 2 이상을 대표하고 있을 때에는 근로자가 그 노동조합의 조합원이 될 것을 고용조건으로 하는 단체협약의 체결은 예외로 하며, 이 경우 사용자는 근로자가 그 노동조합에서 제명된 것 또는 그 노동조합을 탈퇴하여 새로 노동조합을 조직하거나 다른 노동조합에 가입한 것을 이유로 근로자에게 신분상 불이익한 행위를 할 수 없다.

(1) 근로자가 노동조합의 조합원이 될 것을 강제하는 단체협약상의 조항을 조직강제조항이라 한다.

(2) 조직강제의 유형

1) 오픈 숍은 사용자가 조합원·비조합원의 여부에 상관없이 임의로 채용할 수 있는 제도를 말한다.

2) 클로즈드 숍은 사용자가 조합원만을 종업원으로 신규채용할 수 있는 제도로서 비조합원은 원칙적으로 신규채용할 수 없다.

3) 유니온 숍은 사용자가 조합원, 비조합원의 여부에 상관없이 임의로 고용할 수 있으나, 일단 고용된 후 일정기간 이내에 근로자는 조합에 가입하여야 하는 제도를 말한다.

4) 에이전시 숍(연대금 조항)은 종업원들 중에서 조합가입의 의사가 없는 자에게는 조합가입이 강제되지 아니하나 조합가입에 대신하여 조합비를 조합에 납입하여야 하는 제도이다.

5) 조합원자격유지제도는 사용자가 조합원 또는 비조합원의 여부에 상관없이 종업원을 고용할 수는 있으나 단체협약체결 당시에 조합원인 종업원은 고용계속의 조건으로서 단체협약의 유효기간동안 조합원 자격을 유지해야 하고 따라서 조합으로부터 제명되거나 탈퇴하는 경우에는 해고되는 제도이다.

6) 조합원우대제도는 사용자가 조합원 또는 비조합원의 여부에 상관없이 아무나 종업원으로 채용할 수 있으나 인사이동·해고 및 승진 등에 있어서 조합원에 우선적 특권을 부여하는 제도이다.

(3) 노동조합법 제81조 제2호 단서는 노동조합이 당해 사업장에 종사하는 근로자의 3분의 2 이상을 대표하고 있을 때에는 근로자가 그 노동조합의 조합원이 될 것을 고용조건으로 하는 단체협약의 체결을 허용하고 있다.

1) 헌법상 단결권에는 소극적 단결권은 포함되지 않으므로 소극적 단결권의 본질적 내용을 침해하지 않는 한 조직강제는 허용된다.

> **참조판례** 헌재 2005.11.24. 2002헌바95
>
> 이 사건 법률조항은 노동조합의 조직유지·강화를 위하여 당해 사업장에 종사하는 근로자의 3분의 2 이상을 대표하는 노동조합(이하 '지배적 노동조합'이라 한다)의 경우 단체협약을 매개로 한 조직강제[이른바 유니언 샵(Union Shop) 협정의 체결]를 용인하고 있다. 이 경우 근로자의 단결하지 아니할 자유와 노동조합의 적극적 단결권(조직강제권)이 충돌하게 되나, 근로자에게 보장되는 적극적 단결권이 단결하지 아니할 자유보다 특별한 의미를 갖고 있고, 노동조합의 조직강제권도 이른바 자유권을 수정하는 의미의 생존권(사회권)적 성격을 함께 가지는 만큼 근로자 개인의 자유권에 비하여 보다 특별한 가치로 보장되는 점 등을 고려하면, 노동조합의 적극적 단결권은 근로자 개인의 단결하지 않을 자유보다 중시된다고 할 것이고, 또 노동조합에게 위와 같은 조직강제권을 부여한다고 하여 이를 근로자의 단결하지 아니할 자유의 본질적인 내용을 침해하는 것으로 단정할 수는 없다.

2) 노동조합법상 유니온 샵 조항은 노동조합의 범위를 엄격하게 제한하고 지배적 노동조합의 권한남용으로부터 개별근로자를 보호하기 위한 규정을 두고 있는 등 전체적으로 상충되는 단결선택권과 적극적 단결권 사이에 합리적인 조화를 이루고 있고 그 제한에 있어서도 적정한 비례관계를 유지하고 있으며, 또 근로자의 단결선택권의 본질적인 내용을 침해하는 것으로도 볼 수 없으므로, 헌법 제33조 제1항에 위배되지 않는다.

> **참조판례** 헌재 2005.11.24. 2002헌바95
>
> 이 사건 법률조항은 단체협약을 매개로 하여 특정 노동조합에의 가입을 강제함으로써 근로자의 단결선택권과 노동조합의 집단적 단결권(조직강제권)이 충돌하는 측면이 있으나, 이러한 조직강제를 적법·유효하게 할 수 있는 노동조합의 범위를 엄격하게 제한하고 지배적 노동조합의 권한남용으로부터 개별근로자를 보호하기 위한 규정을 두고 있는 등 전체적으로 상충되는 두 기본권 사이에 합리적인 조화를 이루고 있고 그 제한에 있어서도 적정한 비례관계를 유지하고 있으며, 또 근로자의 단결선택권의 본질적인 내용을 침해하는 것으로도 볼 수 없으므로, 근로자의 단결권을 보장한 헌법 제33조 제1항에 위반되지 않는다.

3) 현행법상 유니온 샵이 유효하기 위해서는 노동조합이 해당 사업장에 종사하는 근로자의 3분의 2 이상을 대표하고 있어야 한다. 이는 소수가 다수를 강제해서는 안 되고 압도적 다수가 압도적 소수를 강제하는 것만 허용하겠다는 취지이다.

4) 해당 노동조합이 기업별 노조든, 산업별 노조든 조직강제 조항은 하나의 사업 또는 사업장을 단위로 한다.

5) 해당 사업장에 종사하는 근로자란 해당 사업 또는 사업장에 종사하는 전체 근로자를 말하는 것이 아니라 그 중에서 해당 노동조합의 조합원 자격을 가지는 자만을 말한다.

6) 근로자를 대표한다는 것은 근로자를 조합원으로 가입시킨 것을 말한다.

(4) 단체협약에 유니언 숍 협정에 따라 근로자는 노동조합의 조합원이어야만 된다는 규정이 있는 경우에는 다른 명문의 규정이 없더라도 사용자는 노동조합에서 탈퇴한 근로자를 해고할 의무가 있다.

> **참조판례** 대판 1998.3.24. 96누16070
>
> 구 노동조합법(1996.12.31. 법률 제5244호로 폐지되기 이전의 것) 제39조 제2호 단서 소정의 조항, 이른바 유니언 숍(Union Shop) 협정은 노동조합의 단결력을 강화하기 위한 강제의 한 수단으로서 근로자가 대표성을 갖춘 노동조합의 조합원이 될 것을 '고용조건'으로 하고 있는 것이므로 단체협약에 유니언 숍 협정에 따라 근로자는 노동조합의 조합원이어야만 된다는 규정이 있는 경우에는 다른 명문의 규정이 없더라도 사용자는 노동조합에서 탈퇴한 근로자를 해고할 의무가 있다.

(5) 유니언 숍 조항 개별근로자의 근로조건을 규정한 것이 아니라 노동조합에의 가입과 탈퇴에 대한 사용자의 해고 의무를 정한 것으로서 단체협약상의 채무적 부분에 해당하는 것이다. 따라서 사용자가 해고 의무를 위반하였다는 것만으로 부당노동행위가 성립하는 것은 아니다.

> **참조판례** 대판 1998.3.24. 96누16070
>
> 단체협약상의 유니언 숍 협정에 의하여 사용자가 노동조합을 탈퇴한 근로자를 해고할 의무는 단체협약상의 채무일 뿐이고, 이러한 채무의 불이행 자체가 바로 구 노동조합법(1996.12.31. 법률 제5244호로 폐지되기 이전의 것) 제39조 제4호 소정 노동조합에 대한 지배·개입의 부당노동행위에 해당한다고 단정할 수 없다.

(6) 유니온 숍 협정의 효력은 근로자의 노동조합 선택의 자유 및 지배적 노동조합이 아닌 노동조합의 단결권이 영향을 받지 아니하는 근로자, 즉 어느 노동조합에도 가입하지 아니한 근로자에게만 미친다고 보아야 한다.

> **참조판례** 대판 2019.11.28. 2019두47377
>
> 근로자에게는 단결권 행사를 위해 가입할 노동조합을 스스로 선택할 자유가 헌법상 기본권으로 보장되고, 나아가 근로자가 지배적 노동조합에 가입하지 않거나 그 조합원 지위를 상실하는 경우 사용자로 하여금 그 근로자와의 근로관계를 종료시키도록 하는 내용의 유니온 숍 협정이 체결되었다 하더라도 지배적 노동조합이 가진 단결권과 마찬가지로 유니온 숍 협정을 체결하지 않은 다른 노동조합의 단결권도 동등하게 존중되어야 한다. 유니온 숍 협정이 가진 목적의 정당성을 인정한다고 하더라도, 지배적 노동조합이 체결한 유니온 숍 협정은 사용자를 매개로 한 해고의 위협을 통해 지배적 노동조합에 가입하도록 강제한다는 점에서 그 허용 범위가 제한적일 수밖에 없다. 이러한 점들을 종합적으로 고려하면, 근로자의 노동조합 선택의 자유 및 지배적 노동조합이 아닌 노동조합의 단결권이 침해되는 경우에까지 지배적 노동조합이 사용자와 체결한 유니온 숍 협정의 효력을 그대로 인정할 수는 없고, 유니온 숍 협정의 효력은 근로자의 노동조합 선택의 자유 및 지배적 노동조합이 아닌 노동조합의 단결권이 영향을 받지 아니하는 근로자, 즉 어느 노동조합에도 가입하지 아니한 근로자에게만 미친다고 보아야 한다. 따라서 신규로 입사한 근로자가 노동조합 선택의 자유를 행사하여 지배적 노동조합이 아닌 노동조합에 이미 가입한 경우에는 유니온 숍 협정의 효력이 해당 근로자에게까지 미친다고 볼 수 없고, 비록 지배적 노동조합에 대한 가입 및 탈퇴 절차를 별도로 경유하지 아니하였다고 하더라도 사용자가 유니온 숍 협정을 들어 신규 입사 근로자를 해고하는 것은 정당한 이유가 없는 해고로서 무효로 보아야 한다.

4. 조합원의 권리 및 의무

> **노동조합법 제9조(차별대우의 금지)** 노동조합의 조합원은 어떠한 경우에도 인종, 종교, 성별, 연령, 신체적 조건, 고용형태, 정당 또는 신분에 의하여 차별대우를 받지 아니한다.
>
> **제22조(조합원의 권리와 의무)** 노동조합의 조합원은 균등하게 그 노동조합의 모든 문제에 참여할 권리와 의무를 가진다. 다만, 노동조합은 그 규약으로 조합비를 납부하지 아니하는 조합원의 권리를 제한할 수 있다.
>
> **제26조(운영상황의 공개)** 노동조합의 대표자는 회계연도마다 결산결과와 운영상황을 공표하여야 하며 조합원의 요구가 있을 때에는 이를 열람하게 하여야 한다.

(1) 노동조합의 조합원은 어떠한 경우에도 인종, 종교, 성별, 연령, 신체적 조건, 고용형태, 정당 또는 신분에 의하여 차별대우를 받지 아니하며, 노동조합의 조합원은 균등하게 그 노동조합의 모든 문제에 참여할 권리와 의무를 가진다.

(2) 조합원은 그 조합의 임원을 선출하고, 또한 자신이 임원으로 선출될 수 있는 권리를 가지며, 임원을 해임할 수 있다. 총회에 갈음할 대의원회를 두는 경우에 조합원은 대의원을 선출하거나 자신이 선출될 수 있는 권리를 가진다.

(3) 조합원은 총회에 출석하여 발언하고 의결에 참여할 권리를 가지며, 조합원 또는 대의원의 3분의 1이상이 회의에 부의할 사항을 제시하고 임시총회의 소집을 요구할 수 있다.

(4) 조합원의 요구가 있을 때 노동조합의 대표자는 결산결과와 운영상황을 열람하게 하여야 한다.

(5) 법인인 노동조합의 재산은 노동조합의 단독소유이고, 법인이 아닌 노동조합의 재산은 전체 조합원의 총유이므로 법인격 유무를 불문하고 노동조합의 재산에 대한 조합원의 지분은 인정되지 않는다.

(6) 노동조합은 조합원이 규약으로 정한 금액을 납입하지 아니한 때에는 규약으로 그 조합원의 권리를 제한할 수 있다.

(7) 노동조합의 조합원은 조합의 통제에 복종할 의무를 부담한다.

Ⅲ. 노동조합의 기관

1. 의결기관

> **노동조합법 제15조(총회의 개최)** ① 노동조합은 매년 1회 이상 총회를 개최하여야 한다.
> ② 노동조합의 대표자는 총회의 의장이 된다.
>
> **제16조(총회의 의결사항)** ① 다음 각 호의 사항은 총회의 의결을 거쳐야 한다.
> 1. 규약의 제정과 변경에 관한 사항
> 2. 임원의 선거와 해임에 관한 사항
> 3. 단체협약에 관한 사항
> 4. 예산·결산에 관한 사항
> 5. 기금의 설치·관리 또는 처분에 관한 사항
> 6. 연합단체의 설립·가입 또는 탈퇴에 관한 사항
> 7. 합병·분할 또는 해산에 관한 사항

8. 조직형태의 변경에 관한 사항
9. 기타 중요한 사항

② 총회는 재적조합원 과반수의 출석과 출석조합원 과반수의 찬성으로 의결한다. 다만, 규약의 제정·변경, 임원의 해임, 합병·분할·해산 및 조직형태의 변경에 관한 사항은 재적조합원 과반수의 출석과 출석조합원 3분의 2 이상의 찬성이 있어야 한다.

③ 임원의 선거에 있어서 출석조합원 과반수의 찬성을 얻은 자가 없는 경우에는 제2항 본문의 규정에 불구하고 규약이 정하는 바에 따라 결선투표를 실시하여 다수의 찬성을 얻은 자를 임원으로 선출할 수 있다.

④ 규약의 제정·변경과 임원의 선거·해임에 관한 사항은 조합원의 직접·비밀·무기명투표에 의하여야 한다.

제17조(대의원회) ① 노동조합은 규약으로 총회에 갈음할 대의원회를 둘 수 있다.
② 대의원은 조합원의 직접·비밀·무기명투표에 의하여 선출되어야 한다.
③ 하나의 사업 또는 사업장을 대상으로 조직된 노동조합의 대의원은 그 사업 또는 사업장에 종사하는 조합원 중에서 선출하여야 한다.
④ 대의원의 임기는 규약으로 정하되 3년을 초과할 수 없다.
⑤ 대의원회를 둔 때에는 총회에 관한 규정은 대의원회에 이를 준용한다.

제18조(임시총회등의 소집) ① 노동조합의 대표자는 필요하다고 인정할 때에는 임시총회 또는 임시대의원회를 소집할 수 있다.

② 노동조합의 대표자는 조합원 또는 대의원의 3분의 1 이상(연합단체인 노동조합에 있어서는 그 구성단체의 3분의 1 이상)이 회의에 부의할 사항을 제시하고 회의의 소집을 요구한 때에는 지체없이 임시총회 또는 임시대의원회를 소집하여야 한다.

③ 행정관청은 노동조합의 대표자가 제2항의 규정에 의한 회의의 소집을 고의로 기피하거나 이를 해태하여 조합원 또는 대의원의 3분의 1 이상이 소집권자의 지명을 요구한 때에는 15일 이내에 노동위원회의 의결을 요청하고 노동위원회의 의결이 있는 때에는 지체없이 회의의 소집권자를 지명하여야 한다.

④ 행정관청은 노동조합에 총회 또는 대의원회의 소집권자가 없는 경우에 조합원 또는 대의원의 3분의 1 이상이 회의에 부의할 사항을 제시하고 소집권자의 지명을 요구한 때에는 15일 이내에 회의의 소집권자를 지명하여야 한다.

제19조(소집의 절차) 총회 또는 대의원회는 회의개최일 7일 전까지 그 회의에 부의할 사항을 공고하고 규약에 정한 방법에 의하여 소집하여야 한다. 다만, 노동조합이 동일한 사업장내의 근로자로 구성된 경우에는 그 규약으로 공고기간을 단축할 수 있다.

제20조(표결권의 특례) 노동조합이 특정 조합원에 관한 사항을 의결할 경우에는 그 조합원은 표결권이 없다.

(1) 총회는 노동조합의 필수적 의결기관이다.
(2) 총회는 정기총회와 임시총회 두 종류가 있다.
　1) 정기총회는 매년 1회 이상 정기적으로 개최되어야 한다.
　2) 임시총회는 노동조합의 대표자는 필요하다고 인정할 때, 조합원 또는 대의원의 3분의 1 이상(연합단체인 노동조합에 있어서는 그 구성단체의 3분의 1 이상)이 회의에 부의할 사항을 제시하고 회의의 소집을 요구할 때 개최된다.
(3) 규약의 제정과 변경에 관한 사항, 임원의 선거와 해임에 관한 사항, 단체협약에 관한 사항, 예산·결산에 관한 사항, 기금의 설치·관리 또는 처분에 관한 사항, 연합단체의 설립·가입 또는 탈퇴에 관한 사항, 합병·분할 또는 해산에 관한 사항, 조직형태의 변경에 관한 사항, 기타 중요한 사항은 총회의 필요적 의결사항이다.

(4) 총회는 재적조합원 과반수의 출석과 출석조합원 과반수의 찬성으로 의결(일반의결정족수)하나, ① 규약의 제정·변경, ② 임원의 해임, ③ 합병·분할·해산, ④ 조직형태의 변경에 관한 사항은 재적조합원 과반수의 출석과 출석조합원의 3분의 2 이상의 찬성(특별의결정족수)이 있어야 한다.

(5) 임원의 선거에 있어서 출석조합원 과반수의 찬성을 얻은 자가 없는 경우에는 규약이 정하는 바에 따라 결선투표를 실시하여 다수의 찬성을 얻은 자를 임원으로 선출할 수 있다.

(6) ① 규약의 제정·변경과, ② 임원의 선거·해임에 관한 사항은 조합원의 직접·비밀·무기명투표에 의하여야 한다. 다만 노동조합이 특정 조합원에 대하여 의결할 때에는 그 조합원은 표결권이 없다.

(7) 총회의 의장은 노동조합의 대표자이며, 총회의 소집은 노동조합의 대표자가 하여야 한다.

1) 노동조합의 대표자가 조합원 또는 대의원의 3분의 1 이상(연합단체인 노동조합에 있어서는 그 구성단체의 3분의 1 이상)이 회의에 부의할 사항을 제시하고 회의의 소집을 요구하였음에도 회의의 소집을 고의로 기피하거나 이를 해태하여 조합원 또는 대의원의 3분의 1 이상이 소집권자의 지명을 요구한 때에는 행정관청은 15일 이내에 노동위원회의 의결을 요청하고 노동위원회의 의결이 있는 때에는 지체 없이 회의의 소집권자를 지명하여야 한다.

2) 노동조합에 총회 또는 대의원회의 소집권자가 없는 경우에 조합원 또는 대의원의 3분의 1 이상이 회의에 부의할 사항을 제시하고 소집권자의 지명을 요구한 때에는 행정관청은 15일 이내에 회의의 소집권자를 지명하여야 한다.

(8) 노동조합은 규약으로 총회에 갈음할 대의원회를 둘 수 있다.

1) 대의원회의 구성에 관하여는 노동조합법에 아무런 규정도 두고 있지 아니하므로 조합규약으로 이를 정하여야 한다.

2) 대의원은 조합원의 직접·비밀·무기명투표에 의하여 선출되어야 한다.

> **참조판례** 대판 2000.1.14. 97다41349
>
> 노동조합법 제20조 제2항이 노동조합의 최고의결기관인 총회에 갈음할 대의원회의 대의원을 조합원의 직접·비밀·무기명투표에 의하여 선출하도록 규정하고 있는 취지는, 노동조합의 구성원인 조합원이 그 조합의 조직과 운영에 관한 의사결정에 관여할 수 있도록 함으로써 조합내 민주주의 즉 조합의 민주성을 실현하기 위함에 있고 이는 강행규정이라고 할 것이므로, 다른 특별한 사정이 없는 한 위 법 조항에 위반하여 조합원이 대의원의 선출에 직접 관여하지 못하도록 간접적인 선출방법을 정한 규약이나 선거관리 규정 등은 무효라 할 것이다.

3) 하나의 사업 또는 사업장을 대상으로 조직된 노동조합의 대의원은 그 사업 또는 사업장에 종사하는 조합원 중에서 선출하여야 한다.

4) 대의원의 임기는 규약으로 정하되 3년을 초과할 수 없다.

5) 대의원회를 둔 때에는 총회에 관한 규정은 대의원회에 이를 준용한다.

6) 노동조합 규약에서 총회와 대의원회를 병존시키면서 규약의 개정에 관한 사항을 대의원회의 의결사항으로 정하고 있는 경우, 총회에서 규약의 개정에 관한 사항을 의결할 수 있다.

> **참조판례** 대판 2014.8.26. 2012두6063
>
> 노조법 제16조, 제17조 제1항 등의 규정에 따라 노동조합이 그 규약에서 총회와는 별도로 총회에 갈음할 대의원회를 두고 총회의 의결사항과 대의원회의 의결사항을 명확히 구분하여 정하고 있는 경우, 특별한 사정이 없는 이상 총회가 대의원회의 의결사항으로 정해진 사항을 곧바로 의결하는 것은 규약에 반한다. 다만, 규약의 제정은 총회의 의결사항으로서(노조법 제16조 제1항 제1호) 규약의 제·개정권한은 조합원 전원으로 구성되는 총회의 근원적·본질적 권한이라는 점, 대의원회는 그 규약에 의하여 비로소 설립되는 것으로서(노조법 제17조 제1항) 대의원회의 존재와 권한은 총회의 규약에 관한 결의로부터 유래된다는 점 등에 비추어 볼 때, 총회가 규약의 제·개정결의를 통하여 총회에 갈음할 대의원회를 두고 '규약의 개정에 관한 사항'을 대의원회의 의결사항으로 정한 경우라도 이로써 총회의 규약개정권한이 소멸된다고 볼 수 없고, 총회는 여전히 노조법 제16조 제2항 단서에 정해진 재적조합원 과반수의 출석과 출석조합원 3분의 2 이상의 찬성으로 '규약의 개정에 관한 사항'을 의결할 수 있다고 할 것이다.

(9) 총회 또는 대의원회는 회의 개최일 7일 전에 그 회의에 부의할 사항을 공고하고 규약에서 정한 방법에 의하여 소집하여야 한다. 그러나 노동조합이 동일한 사업장의 근로자로 구성된 때에는 그 규약으로 공고기간을 단축할 수 있다.

1) 대의원회 또는 총회의 소집에 절차상 하자가 있다고 하더라도 대의원 또는 조합원 대부분이 참석하였다면 그 대의원대회의 결의는 유효이다.

> **참조판례** 대판 1992.3.27. 91다29071
>
> 노동조합의 대의원대회의 개최에 노조규약상 소집공고기간의 부준수 등 절차상 하자가 있다 하더라도 그 대회에 모든 대의원이 참석하였고, 거기서 다룬 안건의 상정에 관하여 어떠한 이의도 없었으므로 위 하자는 경미한 것이어서 위 대의원대회에서 한 결의는 유효하다.

2) 소집권한이 없는 자에 의한 총회소집은 노동조합법 등의 절차규정을 중대하게 위반한 것이므로 이는 무효라고 할 것이다.

> **참조판례** 대판 2009.3.12. 2008다2241
>
> ○○○○지회 조합원들 대다수가 기업별 노조로의 조직형태 변경을 희망하면서 총회 소집을 원하고 있었다고 하더라도 지회 운영규칙상 지회장에게 총회의 소집을 요청하고 지회장이 위 요청을 거부할 경우 금속노조 위원장에게 지부장으로 하여금 소집권자를 지명하도록 승인하여 줄 것을 요청할 수 있을 뿐 그들 스스로 소집권자를 지정하여 총회를 소집할 수는 없다고 할 것이고, 금속노조 위원장이 지부장으로 하여금 소집권자를 지명하도록 승인하는 것도 거부한다면 노동조합 및 노동관계조정법 제18조 제3항을 준용하여 행정관청에 소집권자를 지명하여 줄 것을 요구할 수 있다고 할 것이므로, ○○○○지회 조합원들이 이러한 절차를 거치지 않은 채 그들 스스로 소외 2를 소집권자로 지정하여 이 사건 총회를 소집한 후 ○○○○지회의 금속노조 탈퇴 및 지회를 기업단위 노동조합으로 조직형태를 변경하기로 결의한 것은, 특별한 사정이 없는 한 그 총회소집 절차에 중대한 하자가 있어 무효라고 보아야 할 것이다.

2. 집행기관(임원)

> **노동조합법 제23조(임원의 자격 등)** ① 노동조합의 임원 자격은 규약으로 정한다. 이 경우 하나의 사업 또는 사업장을 대상으로 조직된 노동조합의 임원은 그 사업 또는 사업장에 종사하는 조합원 중에서 선출하도록 정한다.
> ② 임원의 임기는 규약으로 정하되 3년을 초과할 수 없다.

> **제26조(운영상황의 공개)** 노동조합의 대표자는 회계연도마다 결산결과와 운영상황을 공표하여야 하며 조합원의 요구가 있을 때에는 이를 열람하게 하여야 한다.

(1) 노동조합은 집행기관으로 대표자와 임원을 두어야 한다.
(2) 대표자란 노동조합의 업무를 집행하며 대외적으로 노동조합을 대표하는 자를 말하고, 임원이란 대표자를 보좌하여 노동조합의 업무를 집행하는 자를 말한다.
(3) 노동조합의 대표자는 ① 총회의 의장이 되고, ② 회계감사를 실시하게 되며, ③ 임시총회를 소집하고, ④ 노동조합의 운영상황을 공개하여야 한다.
(4) 집행기관 등 임원의 선임절차는 ① 조합규약의 필요적 기재사항이므로 조합규약에서 정하는 바에 의하며, ② 하나의 사업 또는 사업장을 대상으로 조직된 노동조합의 임원은 그 사업 또는 사업장에 종사하는 조합원 중에서, ③ 조합원의 직접·비밀·무기명투표에 의하여야 하며, ④ 임원의 선거는 총회의 의결사항에 속하므로 재적조합원 과반수의 출석과 출석조합원 과반수의 찬성으로 의결한다.
임원의 입후보 요건을 규약에 따라 합리적인 범위에서 제한하는 것은 허용된다고 볼 것이다.

> **📖 참조판례** 대판 1992.3.31. 91다14413
> 노동조합이 규약으로 임원이 될 수 있는 자격을 일정한 수 이상의 조합원의 추천을 받은 자 및 노동조합원이 된 때로부터 일정한 기간이 경과한 자로 제한한 경우에도, 추천을 받아야 할 조합원의 숫자가 전체 조합원의 숫자에 비추어 소수 조합원의 권리를 해할 우려가 있는 정도에 이르지 아니하고, 요구되는 기간이 사용자와 노동조합의 실정을 파악하여 노동조합의 임원으로 직무를 수행하는 데에 필요하다고 인정되는 합리적인 기간을 넘어서는 것이 아니라면, 노동조합이 자주적인 판단에 따라 규약으로 정할 수 있는 것으로서 조합원들의 피선거권의 평등에 대한 현저한 침해라고는 볼 수 없으므로, 그와 같은 규약은 노동조합법 제22조에 위반하는 것이 아니라고 봄이 상당하다.

(5) 임원의 임기는 조합규약으로 정하되 3년을 초과할 수 없다.
(6) 노동조합의 대표자는 특별한 사정이 없으면 법 제26조에 따른 결산결과와 운영상황을 매 회계연도 종료 후 2개월(제11조의7 제2항에 따라 공인회계사나 회계법인이 회계감사를 실시한 경우에는 3개월로 한다) 이내에 조합원이 그 내용을 쉽게 확인할 수 있도록 해당 노동조합의 게시판에 공고하거나 인터넷 홈페이지에 게시하는 등의 방법으로 공표해야 한다.
(7) 고용노동부장관은 노동조합의 대표자가 그 결산결과를 공표할 수 있도록 노동조합 회계 공시시스템을 구축·운영할 수 있다.
   1) 노동조합의 대표자는 제11조의8에도 불구하고 고용노동부령으로 정하는 서식에 따라 매년 4월 30일까지 공시시스템에 직전 연도의 결산결과를 공표할 수 있다. 이 경우 제11조의8에 따라 결산결과를 공표한 것으로 본다.
   2) 노동조합의 산하조직(노동조합인 경우는 제외한다)의 대표자는 필요한 경우에는 고용노동부령으로 정하는 서식에 따라 매년 4월 30일까지 공시시스템에 직전 연도의 결산결과를 공표할 수 있다.
   3) 제2항 및 제3항에도 불구하고 노동조합 등의 합병·분할 또는 해산 등 부득이한 사유가 있는 경우에는 9월 30일까지 직전 연도의 결산결과를 공표할 수 있다.
   4) 제2항 및 제3항에도 불구하고 회계연도 종료일이 12월 31일이 아닌 경우에는 9월 30일까지 직전 연도에 종료한 회계연도의 결산결과를 공표할 수 있다.

3. 감사기관

> **노동조합법 제25조(회계감사)** ① 노동조합의 대표자는 그 회계감사원으로 하여금 6월에 1회 이상 당해 노동조합의 모든 재원 및 용도, 주요한 기부자의 성명, 현재의 경리 상황등에 대한 회계감사를 실시하게 하고 그 내용과 감사결과를 전체 조합원에게 공개하여야 한다.
> ② 노동조합의 회계감사원은 필요하다고 인정할 경우에는 당해 노동조합의 회계감사를 실시하고 그 결과를 공개할 수 있다.

(1) 노동조합법은 회계감사에 대한 규정만을 두고 있으므로 업무감사에 대하여는 노동조합의 자치에 맡겨두고 있다.

(2) 회계감사원은 재무·회계 관련 업무에 종사한 경력이 있거나 전문지식 또는 경험이 풍부한 사람 등으로 한다.
노동조합의 대표자는 다음 각 호의 어느 하나에 해당하는 경우에는 조합원이 아닌 공인회계사나 공인회계사법 제23조에 따른 회계법인으로 하여금 법 제25조에 따른 회계감사를 실시하게 할 수 있다. 이 경우 회계감사원이 회계감사를 한 것으로 본다.
  1) 노동조합의 대표자가 노동조합 회계의 투명성 제고를 위하여 필요하다고 인정하는 경우
  2) 조합원 3분의 1 이상의 요구가 있는 경우
  3) 연합단체인 노동조합의 경우에는 그 구성노동단체의 3분의 1 이상의 요구가 있는 경우
  4) 대의원 3분의 1 이상의 요구가 있는 경우

Ⅳ. 노동조합의 재정

(1) 조합비는 노동조합의 수입 중 가장 중요한 비중을 차지하고 있으며, 조합비를 납부하지 아니하는 조합원은 조합의 제재를 받게 된다.

(2) 노동조합의 조합비공제제도(Check-off System)라 함은 조합원의 임금으로부터 조합비를 사용자가 사전에 원천공제하고 이를 노동조합에 일괄하여 직접 납입하는 조합비 납입방법이다.
  1) 근로기준법 제43조 제1항은 강행규정으로서 집단적 노사관계하에서의 노동조합에 관한 사항에도 적용되어야 한다. 따라서 조합비공제제도는 근로기준법 제43조 제1항에 따라 단체협약으로 규정되는 경우에 한하여 비로소 유효하게 성립된다.
  2) 조합비공제제도가 유효하게 성립하기 위하여는 조합원 개인이 별도로 이에 동의하는 경우에만 조합원 개인을 구속하는 효력을 갖는다.

(3) 노동조합은 제3자로부터 기부금을 받을 수 있다. 다만, 사용자로부터의 기부금은 근로자의 후생자금, 경제상의 불행 기타의 재액방지와 구제 등을 위한 기금기부 등을 제외하고는 부당노동행위에 해당된다. 노동조합의 대표자는 주요한 기부자의 성명공개 등 기부금에 대한 감사를 실시하고 그 결과를 공개하여야 한다.

(4) 노동조합은 수익사업을 실시하여 그 수익금을 노동조합재정의 재원으로 사용할 수 있다. 이 경우 수익사업을 하는 사업체에 대하여는 조세면제의 특혜가 부여되지 아니한다.

Ⅴ. 노동조합의 통제권

(1) 통제란 규약이나 노동조합의 지시·결의 등에 위반한 조합원에 대하여 노동조합이 제재를 가하는 것을 말한다.

(2) 노동조합은 단체로서의 성질을 가질 뿐만 아니라 일반적 사단과는 구별되는 특성을 지니는 바, 조직을 가진 단체로서 그 구성원에 대해 합리적 범위 내에서 통제권을 행사할 수 있으며, 다른 한편 노동조합이 헌법상 단결권의 보장을 받고 있다는 의미에서 일반 단체의 그것과 구별되므로 노동조합의 통제권은 헌법 제33조 제1항을 함께 그 근거로 삼고 있다고 판단된다.

(3) 조합원은 규약의 준수, 방침·결의·지시의 이행, 조합비 납부 등의 의무를 지므로 조합원이 이러한 의무를 위반한 경우는 통제처분의 대상이 된다.

　1) 노동조합의 위법한 지시·결의에 따르지 않는 행위는 통제처분의 대상이 되지 않는다.

　2) 조합원의 언론활동은 진실한 사실에 근거하고 공정한 것이면 통제처분의 대상이 될 수 없다.

　3) 조합원도 시민으로서 정치적 자유를 가지므로 공직선거에 관한 노동조합의 결정에 반하는 조합원의 독자적 행위는 통제처분의 대상이 될 수 없다.

> **참조판례** 대판 2005.1.28. 2004도227
>
> 노동조합이 그 조합원에 대하여 특정 정당이나 후보자를 지지·반대하거나 지지·반대할 것을 권유하거나 설득하는 정도를 넘어서 노동조합 총회의 결의 내용을 따르지 아니하는 조합원에 대하여는 노동조합의 내부적인 통제권에 기초하여 여러 가지 불이익을 가하는 등 강력하게 대처하겠다는 내용으로서, 이는 조합원인 근로자 각자가 헌법상의 기본권인 선거권에 의하여 자주적으로 행사하여야 할 공직선거에 관한 의사결정을 방해하는 정도의 강요행위에 해당한다고 할 것이다.

(4) 노동조합의 내부통제는 조합원에 대한 불이익을 부과하게 되는 데 특히 제명은 조합원으로서의 자격을 상실하여, 조합원의 단결권을 침해할 우려가 있다. 따라서 조합에는 통제위반에 대하여 제재를 하는 경우 일정한 제재절차가 마련되어야 한다.

(5) 조합의 조합원에 대한 통제는 본질적으로는 조합의 내부문제이므로 조합의 자치에 일임하는 것이 단결권 보장의 취지에 가장 적합하다. 그러나 조합의 통제 수준이 지나치거나 절차상의 하자로 인하여 조합원이 이에 불복하는 경우에는 이를 구제할 수 있는 절차가 마련되어야 한다.

(6) 조합규약에 징계사유와 절차가 명확하고 구체적으로 규정되어 있는 경우에는 조합의 자주적인 결정을 존중해야 할 것이며, 이러한 절차를 현저히 일탈·남용한 경우에만 사법심사의 대상이 된다고 할 것이다. 특히 제명처분은 조합원의 지위가 박탈되는 것이므로 사법심사의 대상이 된다.

> **참조판례** 대판 1994.5.10. 93다21750
>
> 사단법인 ××시개인택시여객운송연합회와 같은 단체의 구성원인 조합원에 대한 제명처분은 조합원의 의사에 반하여 그 조합원인 지위를 박탈하는 것이므로 조합의 이익을 위하여 불가피한 경우에 최종적인 수단으로서만 인정되어야 할 것이고, 또 조합이 조합원을 제명처분한 경우에 법원은 그 제명사유의 존부와 결의내용의 당부 등을 가려 제명처분의 효력을 심사할 수 있다.

제4절 노동조합의 해산과 조직변경

Ⅰ. 해산

> **노동조합법 제28조(해산사유)** ① 노동조합은 다음 각 호의 1에 해당하는 경우에는 해산한다.
> 1. 규약에서 정한 해산사유가 발생한 경우
> 2. 합병 또는 분할로 소멸한 경우
> 3. 총회 또는 대의원회의 해산결의가 있는 경우
> 4. 노동조합의 임원이 없고 노동조합으로서의 활동을 1년 이상 하지 아니한 것으로 인정되는 경우로서 행정관청이 노동위원회의 의결을 얻은 경우
> ② 제1항 제1호 내지 제3호의 사유로 노동조합이 해산한 때에는 그 대표자는 해산한 날부터 15일 이내에 행정관청에게 이를 신고하여야 한다.

(1) 노동조합의 해산이라 함은 노동조합으로서의 존재를 종료하는 것, 즉 노동조합 본래의 기능·활동을 중단하고 소멸하게 되는 것을 말한다.

(2) 노동조합의 해산사유는 ① 규약에서 정한 해산사유가 발생한 경우, ② 합병 또는 분할로 소멸한 경우, ③ 총회 또는 대의원회의 해산결의가 있는 경우, ④ 노동조합의 임원이 없고 노동조합으로서의 활동을 1년 이상 하지 아니한 것으로 인정되는 경우로서 행정관청이 노동위원회의 의결을 얻은 경우이다.

  1) 휴면 노동조합이라 하더라도 행정관청이 노동위원회의 의결을 받아야 해산한다.
  2) 노동조합으로서의 활동을 1년 이상 하지 않은 것으로 인정되는 경우란 계속하여 1년 이상 조합원으로부터 조합비를 징수한 사실이 없거나 총회 또는 대의원회를 개최한 사실이 없는 경우를 말한다.
  3) 노동위원회는 휴면노동조합에 관한 의결을 할 때에 휴면노동조합의 요건을 이미 갖춘 이후의 활동을 고려해서는 안 된다.
  4) 휴면노동조합은 행정관청이 노동위원회의 의결을 받은 때에 해산된 것으로 본다.

(3) 노동조합이 규약에서 정한 해산사유가 발생한 경우, 합병 또는 분할로 소멸한 경우, 총회 또는 대의원회의 해산결의가 있는 경우로 해산한 때에는 그 대표자는 해산한 날부터 15일 이내에 행정관청에게 이를 신고하여야 한다.

Ⅱ. 합병

(1) 노동조합의 합병이라 함은 2개 이상의 노동조합이 하나의 노동조합으로 되는 것으로서, 이에는 신설합병과 흡수합병이 있다.

(2) 합병의 경우 ① 총회의 의결사항이 되고, ② 동 의결에는 재적조합원 과반수의 출석과 출석조합원 3분의 2 이상의 찬성이 필요하다.

(3) 신설합병은 구노동조합을 모두 해산하고 하나의 신노동조합을 결성하는 것을 말하며, 흡수합병은 하나의 노동조합이 다른 노동조합을 모두 흡수하여 하나의 노동조합을 결성하는 것이다. 구노동조합과 신노동조합 간의 실질적 동일성이 인정되는 경우 구노동조합의 권리·의무 및 단체협약은 포괄적으로 신노동조합에 승계되는 것이 원칙이다.

Ⅲ. 분할

(1) 노동조합의 분할이라 함은 하나의 노동조합이 2개 이상의 노동조합으로 나누어지는 것을 말한다.

(2) 분할의 경우 ① 총회의 의결사항이 되고, ② 동 의결에는 재적조합원과반수의 출석과 출석조합원 3분의 2 이상의 찬성이 필요하다.

(3) 노동조합의 분할로 구노동조합과 신노동조합간의 실질적 동일성이 인정되는 경우 구노동조합의 권리·의무 및 단체협약은 포괄적으로 신노동조합에 승계되는 것이 원칙이다.

(4) 조합원 일부가 노동조합에서 집단적으로 탈퇴하여 새로운 노동조합을 설립하는 것은 사실상의 분열이다. 노동조합이 분열된 경우 기존노동조합과 새로운 노동조합 간의 실질적 동일성을 인정할 수 없으므로 기존노동조합의 재산이나 단체협약은 원칙적으로 승계되지 않는다.

Ⅳ. 조직변경

(1) 노동조합의 조직변경은 노동조합이 실질적 동일성을 유지하면서 자신의 조직을 변경하는 것을 말한다.

(2) 조직변경의 종류에는 ① 조합원의 가입자격변경, ② 단위조직과 연합체 간의 상호전환, ③ 산업별 노조·직종별 노조 및 기업별 노조 간의 상호전환 등이 이에 해당한다.

(3) 노동조합의 조직변경이 있는 때에는 ① 총회 또는 대의원회에서 조직변경을 의결하여야 하는바, ② 재적조합원 과반수의 출석과 출석조합원의 3분의 2 이상의 찬성이 있어야 한다.

(4) 노동조합의 조직변경으로 구노동조합과 신노동조합간의 실질적 동질성이 인정되는 경우 구노동조합의 권리·의무 및 단체협약은 포괄적으로 신노동조합에 승계되는 것이 원칙이다.

(5) 산업별 노동조합의 지회 등이 독자적인 노동조합 또는 노동조합 유사의 독립한 근로자단체로서 법인 아닌 사단에 해당하는 경우, 노동조합법 제16조 제1항 제8호 및 제2항에서 정한 조직형태 변경 결의를 통하여 기업별 노동조합으로 전환할 수 있다.

> **참조판례** 대판 2016.2.19. 2012다96120(전합)
>
> 노동조합의 설립 및 조직형태의 변경에 관한 노동조합 및 노동관계조정법(이하 '노동조합법'이라 한다) 제2조 제4호 본문, 제5조, 제10조, 제16조 제1항 제8호, 제2항과 재산상 권리·의무나 단체협약의 효력 등의 법률관계를 유지하기 위한 조직형태의 변경 제도의 취지와 아울러 개별적 내지 집단적 단결권의 보장 필요성, 산업별로 구성된 단위노동조합(이하 '산업별 노동조합'이라 한다)의 지부·분회·지회 등의 하부조직(이하 '지회 등'이라 한다)의 독립한 단체성 및 독자적인 노동조합으로서의 실질에 관한 사정 등을 종합하면, 노동조합법 제16조 제1항 제8호 및 제2항은 노동조합법에 의하여 설립된 노동조합을 대상으로 삼고 있어 노동조합의 단순한 내부적인 조직이나 기구에 대하여는 적용되지 아니하지만, 산업별 노동조합의 지회 등이더라도, 실질적으로 하나의 기업 소속 근로자를 조직대상으로 하여 구성되어 독자적인 규약과 집행기관을 가지고 독립한 단체로서 활동하면서 조직이나 조합원에 고유한 사항에 관하여 독자적인 단체교섭 및 단체협약체결 능력이 있어 기업별로 구성된 노동조합(이하 '기업별 노동조합'이라 한다)에 준하는 실질을 가지고 있는 경우에는, 산업별 연합단체에 속한 기업별 노동조합의 경우와 실질적인 차이가 없으므로, 노동조합법 제16조 제1항 제8호 및 제2항에서 정한 결의 요건을 갖춘 소속 조합원의 의사 결정을 통하여 산업별 노동조합에 속한 지회 등의 지위에서 벗어나 독립한 기업별 노동조합으로 전환함으로써 조직형태를 변경할 수 있다.

또한 산업별 노동조합의 지회 등이 독자적으로 단체교섭을 진행하고 단체협약을 체결하지는 못하더라도, 법인 아닌 사단의 실질을 가지고 있어 기업별 노동조합과 유사한 근로자단체로서 독립성이 인정되는 경우에, 지회 등은 스스로 고유한 사항에 관하여 산업별 노동조합과 독립하여 의사를 결정할 수 있는 능력을 가지고 있다. 의사 결정 능력을 갖춘 이상, 지회 등은 소속 근로자로 구성된 총회에 의한 자주적·민주적인 결의를 거쳐 지회 등의 목적 및 조직을 선택하고 변경할 수 있으며, 나아가 단결권의 행사 차원에서 정관이나 규약 개정 등을 통하여 단체의 목적에 근로조건의 유지·개선 기타 근로자의 경제적·사회적 지위의 향상을 추가함으로써 노동조합의 실체를 갖추고 활동할 수 있다. 그리고 지회 등이 기업별 노동조합과 유사한 독립한 근로자단체로서의 실체를 유지하면서 산업별 노동조합에 소속된 지회 등의 지위에서 이탈하여 기업별 노동조합으로 전환할 필요성이 있다는 측면에서는, 단체교섭 및 단체협약 체결 능력을 갖추고 있어 기업별 노동조합에 준하는 실질을 가지고 있는 산업별 노동조합의 지회 등의 경우와 차이가 없다. 이와 같은 법리와 사정들에 비추어 보면, 기업별 노동조합과 유사한 근로자단체로서 법인 아닌 사단의 실질을 가지고 있는 지회 등의 경우에도 기업별 노동조합에 준하는 실질을 가지고 있는 경우와 마찬가지로 노동조합법 제16조 제1항 제8호 및 제2항에서 정한 결의 요건을 갖춘 소속 근로자의 의사 결정을 통하여 종전의 산업별 노동조합의 지회 등이라는 외형에서 벗어나 독립한 기업별 노동조합으로 전환할 수 있다.

결론적으로 산업별 노동조합의 지회 등이더라도, 외형과 달리 독자적인 노동조합 또는 노동조합 유사의 독립한 근로자단체로서 법인 아닌 사단에 해당하는 경우에는, 자주적·민주적인 총회의 결의를 통하여 소속을 변경하고 독립한 기업별 노동조합으로 전환할 수 있고, 노동조합 또는 법인 아닌 사단으로서의 실질을 반영한 노동조합법 제16조 제1항 제8호 및 제2항에 관한 해석이 근로자들에게 결사의 자유 및 노동조합 설립의 자유를 보장한 헌법 및 노동조합법의 정신에 부합한다.

제5절 조합활동

I. 의의

(1) 조합활동이란 근로자가 노동조합의 목적 달성을 위하여 하는 모든 행위 중 노동조합의 조직·가입, 단체교섭 및 쟁의행위를 제외한 나머지 행위를 말한다.

(2) 조합활동이 단결권에 포함되는가 단체행동권에 포함되는가 견해의 대립은 있으나, 조합활동은 헌법상 근로3권의 보호에 따라 당연히 인정되는 노동조합의 헌법적 권리라는 점에서 정당한 조합활동은 민사·형사면책이 인정되며, 사용자가 이를 제한·침해하는 경우에는 부당노동행위가 성립되므로 이에 대한 구제를 받을 수 있다.

> **참조판례** 대판 1990.5.15. 90도357
> 근로자가 노동조합을 조직하거나 가입했을 때에는 단체행동권으로서 쟁의권과 조합활동권이 있음은 노동조합법 제2조가 "…노동조합의 단체교섭기타의 행위로 제1조에 계기한 목적을 달성하기 위하여 한 정당한 행위…" 전반에 대하여 형사면책을 할 것을 확인하고 특별히 쟁의행위로서 정당한 것이라고 한정하지 않고 있음에 의해서도 분명할 뿐만 아니라 실제상으로도 쟁의권과 단체교섭 이외의 단결체의 행동(전형적으로 삐라 첩부나 배포, 완장착용, 집회, 머리띠, 연설 등의 활동)을 일정한 범위 내에서 보장할 필요성이 있기 때문에도 이를 인정하여야 한다.

> **참조판례** 대판 2006.5.26. 2004다62597
>
> 리본, 배지, 조끼를 패용·착용한 행위는 단순히 노동조합의 내부적 단결을 위한 행위가 아니라 신청인들에 대하여 유형적 위력을 보이는 외부적인 집단행동에 해당한다고 볼 수 있고, 또한 상고이유의 주장과 같이 리본, 배지, 조끼의 패용·착용 등이 '단결권'에 관련된 것이라고 하더라도, 헌법 및 법률에 의하여 특별히 보호되는 근로자의 단결권은 근로조건의 향상 등을 주된 목적으로 하여야 하는데, 원심은 이 사건 사실관계를 토대로 하여 근로조건의 향상과는 별다른 관계가 없는 내용의 리본, 배지, 조끼 등의 패용·착용행위를 금지한 것으로서 선정자들 및 전교조의 적법한 단결권행사에 어떠한 제한을 부과한 것이 아니므로, 원심판결이 이 부분에 대한 가처분결정을 인가한 것은 정당하고, 이와는 다른 견해를 전제로 한 상고이유의 주장은 이유 없다.

Ⅱ. 조합활동의 정당성

1. 판단기준

조합활동은 그 주체·목적·수단의 각 측면에서 정당한 것이어야 한다.

> **참조판례** 대판 1992.4.10. 91도3044
>
> 노동조합의 활동이 정당하다고 하기 위하여는 행위의 성질상 노동조합의 활동으로 볼 수 있거나 노동조합의 묵시적인 수권 혹은 승인을 받았다고 볼 수 있는 것으로서 근로조건의 유지 개선과 근로자의 경제적 지위의 향상을 도모하기 위하여 필요하고 근로자들의 단결 강화에 도움이 되는 행위이어야 하며, 취업규칙이나 단체협약에 별도의 허용규정이 있거나 관행, 사용자의 승락이 있는 경우 외에는 취업시간 외에 행하여져야 하고, 사업장 내의 조합활동에 있어서는 사용자의 시설관리권에 바탕을 둔 합리적인 규율이나 제약에 따라야 하며 폭력과 파괴행위 등의 방법에 의하지 않는 것이어야 한다.

2. 주체의 정당성

(1) 조합활동이 정당성을 가지려면 우선 노동조합의 조합원이 노동조합의 결정이나 지시·승인에 근거한 활동이라야 한다.

(2) 조합원의 자발적 활동이라도 ① 노동조합의 명시적인 수권·지시를 따라 활동하는 경우는 물론, ② 노동조합의 명시적인 수권·지시가 없는 경우라도 노동조합의 묵시적인 승인·지시를 받았다고 볼 수 있거나, 그 활동의 성질상 당연히 노동조합의 활동으로 볼 수 있는 경우 조합원은 조합활동의 주체가 될 수 있다.

> **참조판례** 대판 1996.2.23. 95다13708
>
> 노동조합법 제39조 제1호 소정의 노동조합의 업무를 위한 정당한 행위란 일반적으로는 노동조합의 정당한 활동을 가리키나, 조합원이 조합의 결의나 구체적인 지시에 따라서 한 노동조합의 조직적인 활동 그 자체가 아닐지라도 그 행위의 성질상 노동조합의 활동으로 볼 수 있거나 노동조합의 묵시적인 수권 혹은 승인을 받았다고 볼 수 있을 때에는 그 조합원의 행위를 노동조합의 업무를 위한 행위로 보아야 한다.

(3) 조합원 일부가 노동조합의 결정·방침을 반대·비판하는 활동은 성질상 노동조합의 활동으로 볼 수 있거나 노동조합의 묵시적인 수권·승인을 받았다고 인정될 만한 사정이 없는 이상 정당성이 인정되지 않는다.

> **참조판례** 대판 1992.9.25. 92다18542
> 조합원의 일부가 노동조합 집행부와 조합원 전체의 의사에 따르지 않고 노동조합의 결정이나 방침에 반대하거나 이를 비판하는 행위는 행위의 성질상 노동조합의 활동으로 볼 수 있다거나 노동조합의 묵시적인 수권 혹은 승인을 받았다고 인정할 만한 사정이 없는 한 조합원으로서의 자의적인 활동에 불과하여 노동조합의 활동이라고 할 수 없다.

3. 목적의 정당성

근로자의 조합활동이 정당성을 가지려면 그 활동이 근로조건의 유지·개선이나 단결의 유지·강화를 목적으로 해야 한다.

4. 수단의 정당성

(1) 근로자가 근로시간 중에 근로를 제공하지 아니하고 조합활동을 하는 것은 허용되지 아니하며, 조합활동은 근로시간 외에 행해져야 하는 것이 원칙이다.

(2) 근로시간 중의 조합활동은 ① 단체협약 및 취업규칙 등에 규정되어 있거나, ② 노사관행에 의하여 허용되는 경우 또는 ③ 사용자의 명시적인 승낙이 있는 경우에 한하여 인정될 수 있다고 할 것이다. 그러나 ④ 단체협약·취업규칙·노사관행 또는 사용자의 승낙이 없는 경우에도 근로시간 중의 조합활동이 완전히 부인되는 것은 아니며, 당해 조합활동의 필요성 및 긴급성 등과 노무지휘권의 침해정도 등을 구체적·종합적으로 판단하여 인정된다.

> **참조판례** 대판 1995.3.14. 94누5496
> 노동조합원들이 레미콘차량 운전기사로서 대부분의 시간을 회사 밖의 공사현장에서 보내고 있어 공사현장의 작업상황에 따라 회사의 규정근무시간 이후라도 임의로 작업을 종료할 수 없을 뿐 아니라 작업종료시간을 일률적으로 맞출 수 없는 업무의 특수성 등으로 인하여 취업시간 중의 조합활동이 불가피하고, 회사의 단체협약도 취업시간 중의 조합활동을 허용하고 있는 것이라면, 노동조합총회 등이 취업시간 중에 개최되었다는 사유만으로 위 총회 등의 개최가 정당한 노동조합의 활동범위를 벗어났다고 할 수 없다.

(3) 리본 등의 착용이 정당한 조합활동에 해당하는지 여부는 기업의 업종, 근로자의 직무내용, 직장의 양상 및 리본 등 착용의 태양 등 구체적인 사정을 고려하여 성실노동의무의 이행으로서 정신적·육체적 활동에 지장이 없고 업무에 지장을 미칠 우려가 없는 경우라야 한다.

(4) 사업장 내의 조합활동에 대하여는 사용자의 시설관리권에 바탕을 둔 합리적인 규율이나 제약에 따라야 정당성이 인정된다.

(5) 벽보 등을 부착한 경우라도 부착된 장소나 시설의 성질, 부착의 범위, 벽보의 형상·문언·매수·첨부방법 등 제반 사정에 비추어 그렇게 조합활동을 할 불가피한 필요성이 있고, 또 그 활동 때문에 업무운영·시설관리상의 실질적 지장이 초래되지 않은 경우에는 정당성이 인정된다.

> **참조판례** 대판 1996.4.23. 95누6151
>
> 조합원들이 주동이 되어 임의로 벽보 등을 지정장소 외의 곳에 부착하였고, 또한 노동조합이나 병원과는 직접적인 관련이 없는 전국병원노련위원장의 구속을 즉각 철회하라는 내용의 현수막을 병원 현관 앞 외벽에 임의로 각 설치한 후 병원의 거듭된 자진철거요구에 불응한 사실이 인정된다면, 조합원들의 이와 같은 행위는 병원의 인사규정 제51조 제1호 소정의 징계사유인 "직원이 법령 및 제 규정에 위배하였을 때"에 해당하거나 제4호 소정의 징계사유인 "직무상의 의무를 위반 및 태만히 하거나 직무상의 정당한 명령에 복종하지 아니한 경우"에 해당할 뿐만 아니라, 조합원들이 점심시간을 이용하여 집단행동을 하였더라도 그러한 집단행동이 병원의 질서와 규율을 문란하게 한 경우에는 복무규정을 위반한 것이 되어 역시 위 인사규정 제51조 제1호 소정의 징계사유에 해당한다.

(6) 사용자의 승낙을 받지 않고 유인물을 배포한 경우, 유인물의 내용, 배포의 방법, 배포의 시기 등 제반 사정에 비추어 그 조합활동으로서의 불가피한 필요성이 있고, 또 그 활동 때문에 업무운영·시설관리 상의 실질적인 지장을 초래하지 않는 경우에는 정당성이 인정된다.

> **참조판례** 대판 1992.6.23. 92누4253
>
> 유인물의 배포가 정당한 노동조합의 활동에 해당되는 경우라면 사용자는 비록 취업규칙 등에서 허가제를 채택하고 있다 하더라도 이를 이유로 유인물의 배포를 금지할 수 없을 것이지만, 배포한 유인물은 사용자의 허가를 받지 아니하였을 뿐 아니라 허위사실을 적시하여 회사를 비방하는 내용을 담고 있는 것이어서 근로자들로 하여금 사용자에 대하여 적개심을 유발시킬 염려가 있는 것이고, 위 유인물을 근로자들에게 직접 건네주지 않고 사용자의 공장에 은밀히 뿌렸다는 것이므로 이는 사용자의 시설관리권을 침해하고 직장질서를 문란시킬 구체적인 위험성이 있는 것으로서, 비록 위 유인물의 배포시기가 노동조합의 대의원선거운동기간이었다 할지라도 위 배포행위는 정당화될 수 없다.

(7) 언론활동의 내용이 사용자의 경영전반에 관한 방침 또는 인사노무방침에 대한 것일 경우에는 전체로서 진실한 것이면 성실의무 위반이 아니고 정당한 조합활동으로 인정된다.

> **참조판례** 대판 1993.12.28. 93다13544
>
> 노동조합활동으로서 배포된 문서에 기재되어 있는 문언에 의하여 타인의 인격 신용 명예 등이 훼손 또는 실추되거나 그렇게 될 염려가 있고, 또 그 문서에 기재되어 있는 사실관계의 일부가 허위이거나 그 표현에 다소 과장되거나 왜곡된 점이 있다고 하더라도, 그 문서를 배포한 목적이 타인의 권리나 이익을 침해하려는 것이 아니라 노동조합원들의 단결이나 근로조건의 유지 개선과 근로자의 복지증진 기타 경제적 사회적 지위의 향상을 도모하기 위한 것이고, 또 그 문서의 내용이 전체적으로 보아 진실한 것이라면, 그와 같은 문서의 배포행위는 노동조합의 정당한 활동범위에 속하는 것으로 보아야 한다.

Ⅲ. 편의제공

1. 근로시간면제 및 노조전임자

> **노동조합법 제24조(근로시간 면제 등)** ① 근로자는 단체협약으로 정하거나 사용자의 동의가 있는 경우에는 사용자 또는 노동조합으로부터 급여를 지급받으면서 근로계약 소정의 근로를 제공하지 아니하고 노동조합의 업무에 종사할 수 있다.
> ② 제1항에 따라 사용자로부터 급여를 지급받는 근로자(이하 "근로시간면제자"라 한다)는 사업 또는 사업장별로 종사근로자인 조합원 수 등을 고려하여 제24조의2에 따라 결정된 근로시간 면제 한도(이하 "근로시간 면제 한도"라 한다)를 초과하지 아니하는 범위에서 임금의 손실 없이 사용자와의 협의·교섭, 고충처리, 산업안전 활동 등이 법 또는 다른 법률에서 정하는 업무와 건전한 노사관계 발전을 위한 노동조합의 유지·관리업무를 할 수 있다.

③ 사용자는 제1항에 따라 노동조합의 업무에 종사하는 근로자의 정당한 노동조합 활동을 제한해서는 아니 된다.
④ 제2항을 위반하여 근로시간 면제 한도를 초과하는 내용을 정한 단체협약 또는 사용자의 동의는 그 부분에 한정하여 무효로 한다.

제24조의2(근로시간면제심의위원회) ① 근로시간면제자에 대한 근로시간 면제 한도를 정하기 위하여 근로시간면제심의위원회(이하 이 조에서 "위원회"라 한다)를 경제사회노동위원회법에 따른 경제사회노동위원회(이하 "경제사회노동위원회"라 한다)에 둔다.
② 위원회는 근로시간 면제 한도를 심의·의결하고, 3년마다 그 적정성 여부를 재심의하여 의결할 수 있다.
③ 경제사회노동위원회 위원장은 제2항에 따라 위원회가 의결한 사항을 고용노동부장관에게 즉시 통보하여야 한다.
④ 고용노동부장관은 제3항에 따라 경제사회노동위원회 위원장이 통보한 근로시간 면제 한도를 고시하여야 한다.
⑤ 위원회는 다음 각 호의 구분에 따라 근로자를 대표하는 위원과 사용자를 대표하는 위원 및 공익을 대표하는 위원 각 5명씩 성별을 고려하여 구성한다.
1. 근로자를 대표하는 위원: 전국적 규모의 노동단체가 추천하는 사람
2. 사용자를 대표하는 위원: 전국적 규모의 경영자단체가 추천하는 사람
3. 공익을 대표하는 위원: 경제사회노동위원회 위원장이 추천한 15명 중에서 제1호에 따른 노동단체와 제2호에 따른 경영자단체가 순차적으로 배제하고 남은 사람
⑥ 위원회의 위원장은 제5항 제3호에 따른 위원 중에서 위원회가 선출한다.
⑦ 위원회는 재적위원 과반수의 출석과 출석위원 과반수의 찬성으로 의결한다.
⑧ 위원의 자격, 위촉과 위원회의 운영 등에 필요한 사항은 대통령령으로 정한다.

(1) 근로시간면제자란 단체협약으로 정하거나 사용자동의가 있는 경우에 사용자로부터 급여를 지급받으면서 근로를 제공하지 않고 노조업무에 종사하는 근로자를 말한다.

(2) 근로시간면제자는 사업 또는 사업장별로 종사근로자인 조합원 수 등을 고려하여 제24조의2에 따라 결정된 근로시간 면제 한도를 초과하지 아니하는 범위에서 임금의 손실 없이 사용자와의 협의·교섭, 고충처리, 산업안전 활동 등 이 법 또는 다른 법률에서 정하는 업무와 건전한 노사관계 발전을 위한 노동조합의 유지·관리업무를 할 수 있다.

(3) 근로시간면제자에 대한 근로시간면제한도를 정하기 위하여 근로시간면제심의위원회를 경제사회노동위원회에 둔다.

(4) 근로시간면제심의위원회는 근로시간 면제 한도를 정할 때 사업 또는 사업장에 종사하는 근로자(종사근로자)인 조합원 수와 해당 업무의 범위 등을 고려하여 시간과 이를 사용할 수 있는 인원으로 정할 수 있다.

(5) 근로시간면제심의위원회 위원은 경제사회노동위원회 위원장이 위촉한다.
1) 위원회의 위원으로 추천받을 수 있는 사람은 해당 단체의 전직·현직 임원, 노동문제 관련 전문가의 자격기준을 갖추어야 한다.
2) 공익을 대표하는 위원으로 추천받을 수 있는 사람은 노동 관련 학문을 전공한 자로서 고등교육법 제2조 제1호·제2호·제5호에 따른 학교나 공인된 연구기관에서 같은 법 제14조 제2항에 따른 교원 또는 연구원으로 5년 이상 근무한 경력이 있는 사람, 3급 또는 3급 상당 이상의 공무원으로 있었던 자로서 노동문제에 관하여 학식과 경험이 풍부한 사람, 그 밖에 제1호 및 제2호에 해당하는 학식과 경험이 있다고 인정되는 사람에 해당하는 자격기준을 갖추어야 한다.

3) 위원의 임기는 2년으로 하며, 위원이 궐위된 경우에 보궐위원의 임기는 전임자 임기의 남은 기간으로 한다.

4) 위원은 임기가 끝났더라도 후임자가 위촉될 때까지 계속하여 그 직무를 수행한다.

(6) 근로시간면제심의위원회는 경제사회노동위원회 위원장으로부터 근로시간 면제 한도를 정하기 위한 심의 요청을 받은 때에는 그 심의 요청을 받은 날부터 60일 이내에 심의·의결해야 한다.

1) 위원회의 사무를 처리하기 위하여 위원회에 간사 1명을 두며, 간사는 경제사회노동위원회 소속 직원 중에서 경제사회노동위원회 위원장이 지명한다.

2) 위원회의 위원에 대해서는 예산의 범위에서 그 직무 수행을 위하여 필요한 수당과 여비를 지급할 수 있다.

3) 위원회의 위원장은 필요한 경우에 관계 행정기관 공무원 중 관련 업무를 수행하는 공무원으로 하여금 위원회의 회의에 출석하여 발언하게 할 수 있다.

4) 위원회에 근로시간 면제 제도에 관한 전문적인 조사·연구업무를 수행하기 위하여 전문위원을 둘 수 있다.

(7) 노조전임자란 단체협약으로 정하거나 사용자동의가 있는 경우에 노동조합으로부터 급여를 지급받으면서 근로계약소정의 근로를 제공하지 않고 노동조합업무에 종사하는 사람을 말한다.

(8) 노동조합법 제24조 제1항은 "근로자는 단체협약으로 정하거나 사용자의 동의가 있는 경우"에는 노조전임이 인정될 수 있다고 규정함으로서 협정설을 명문화하고 있다.

(9) 노조전임은 기업 내의 근로자로서의 신분을 그대로 유지하나, 근로계약상의 근로제공의무를 면제받고 있다. 노조전임의 이러한 특성에 따라 노조전임의 법적 지위는 휴직상태에 있는 근로자와 유사한 것으로 본다.

> **참조판례** 대판 2003.9.2. 2003다4815·4822·4839
>
> 노동조합 전임자는 사용자와의 사이에 기본적 노사관계는 유지되고 근로자로서의 신분도 그대로 가지는 것이지만 근로제공의무가 면제되고 사용자의 임금지급의무도 면제된다는 점에서 휴직상태에 있는 근로자와 유사하고, 사용자가 단체협약 등에 따라 노동조합 전임자에게 일정한 금원을 지급한다고 하더라도 이를 근로의 대가인 임금이라고 할 수는 없다.

(10) 노조전임자라 할지라도 사용자와의 사이에 기본적 근로관계는 유지되는 것으로서 취업규칙이나 사규의 적용이 전면적으로 배제되는 것이 아니다.

> **참조판례** 대판 1995.4.11. 94다58087
>
> 노조전임자라 할지라도 사용자와의 사이에 기본적 근로관계는 유지되는 것으로서 취업규칙이나 사규의 적용이 전면적으로 배제되는 것이 아니므로 단체협약에 조합전임자에 관하여 특별한 규정을 두거나 특별한 관행이 존재하지 아니하는 한 출·퇴근에 대한 사규의 적용을 받게 된다.

(11) 노조전임은 휴직상태에 있는 근로자와 유사한 지위를 갖고 있으므로 단체협약 등에 정함이 없는 한 사용자에게 상여금 또는 연차휴가를 청구할 수 있는 권리가 당연히 있는 것은 아니다.

> **참조판례** 대판 1995.11.10. 94다54566
>
> 노조전임자는 기업의 근로자의 신분은 그대로 유지하지만 근로계약상의 근로를 하지 않을 수 있는 지위에 있으므로 휴직상태에 있는 근로자와 유사한 지위를 가진다고 보아야 하고, 따라서 사업주가 급여를 부담한다고 하여 노조전임자의 상여금 지급을 요구하거나 연·월차휴가수당 등을 당연히 사업주에게 청구할 권리가 있는 것은 아니나, 단체협약에 그러한 급여를 부담할 의무가 명시된 경우에는 그 단체협약을 근거로 이를 청구할 수는 있을 것이다.

(12) 노조전임자의 조합활동 중의 재해는 조합활동이 사용자의 사업과 무관한 대외활동 또는 사용자와의 대립관계인 쟁의행위에 해당되는 등의 특별한 사정이 없는 한 이를 산업재해보상보험법상의 업무상 재해로 보아야 한다.

> **참조판례** 대판 1998.12.8. 98두14006
>
> 노동조합업무 전임자가 근로계약상 본래 담당할 업무를 면하고 노동조합의 업무를 전임하게 된 것이 사용자인 회사의 승낙에 의한 것이라면, 이러한 전임자가 담당하는 노동조합업무는, 그 업무의 성질상 사용자의 사업과는 무관한 상부 또는 연합관계에 있는 노동단체와 관련된 활동이나 불법적인 노동조합활동 또는 사용자와 대립관계로 되는 쟁의 단계에 들어간 이후의 활동 등이 아닌 이상, 원래 회사의 노무관리업무와 밀접한 관련을 가지는 것으로서 사용자가 본래의 업무 대신에 이를 담당하도록 하는 것이어서 그 자체를 바로 회사의 업무로 볼 수 있고, 따라서 그 전업자가 노동조합업무를 수행하거나 이에 수반하는 통상적인 활동을 하는 과정에서 그 업무에 기인하여 발생한 재해는 산업재해보상보험법 제4조 제1호 소정의 업무상 재해에 해당한다.

(13) 노조전임자의 임기 또는 지위가 종료되는 경우에는 단체협약, 취업규칙, 노사관행 또는 노사당사자 간의 합의된 사항에 따라 즉시 원직에 복귀된다.
사용자는 일방적으로 노조전임자의 원직복직명령을 내릴 수 없다.

> **참조판례** 대판 1997.6.13. 96누17738
>
> 단체협약이 유효기간의 만료로 효력이 상실되었고, 단체협약상의 노조대표의 전임규정이 새로운 단체협약 체결시까지 효력을 지속시키기로 약정한 규범적 부분이 아닌 경우, 그 단체협약에 따라 노동조합 업무만을 전담하던 노조전임자는 사용자의 원직 복귀명령에 응하여야 할 것이므로 그 원직 복귀명령에 불응한 행위는 취업규칙 소정의 해고사유에 해당하고, 따라서 사용자가 원직 복귀명령에 불응한 노조전임자를 해고한 것은 정당한 인사권의 행사로서 그 해고사유가 표면적인 구실에 불과하여 징계권 남용에 의한 부당노동행위에 해당하지 않는다.

2. 조합사무소의 제공

(1) 노동조합법 제81조 제4호는 운영비원조의 예외로 최소한 규모의 조합사무소 제공을 허용하고 있다. 이러한 조합사무소는 조합활동을 위하여 필요한 물적 시설이다.

(2) 사용자의 시설관리권의 조화를 위하여 조합사무소는 편의제공의 하나로서 그 위치, 규모, 설비 등에 관하여 사용자의 동의나 협정에 따라야 한다.

(3) 사용자가 조합사무소를 제공하는 경우 민법상 사용대차에 준하는 계약이라고 볼 것이다.

(4) 사용자가 일방적으로 조합사무소의 반환을 요구하는 것은 부당노동행위에 해당한다.

> **참조판례** 대판 2008.10.9. 2007두15506
>
> 사용자가 기업별 노동조합의 설립이 같은 사업장에 설치된 산업별 노동조합의 지부의 유효한 조직형태변경의 결의에 따른 것이라고 오인하였다고 하여도, 사용자가 산업별 노동조합의 지부에게 제공하던 사무실을 폐쇄하는 등 편의시설의 제공을 일방적으로 거절한 것은 산업별 노동조합의 운영에 개입하는 부당노동행위에 해당한다.

제3장 단체교섭

제1절 총설

Ⅰ. 단체교섭의 개념

단체교섭은 다의적 개념이지만 법률상으로는 노동조합이나 그 밖의 노동단체가 교섭대표를 통하여 사용자 측과 근로조건 등에 관하여 합의에 도달할 것을 주된 목적으로 하여 교섭하는 것을 말한다.

Ⅱ. 단체교섭의 방식

1. 기업별 교섭

기업별 노동조합과 그 상대방인 사용자와의 사이에 행하는 단체교섭이다. 우리나라와 일본에서의 일반적 교섭방식이다. 또한 미국의 산업별 노동조합의 경우도 하부조합인 지역조합과 개개 사용자와의 기업단위의 교섭이 주요 교섭형태의 하나가 되고 있다.

2. 산업별 교섭

산업별 노동조합과 산업별 노동조합에 대응한 사용자단체 간에 통일적으로 행하는 단체교섭이다. 영국 및 독일 등 서구제국에서는 이 산업별 교섭이 단체교섭의 중심적 형태를 이루고 있다.

3. 공동교섭

기업별 노동조합과 그 상부단체가 각각의 단체교섭권에 기하여 공동으로 사용자와 교섭하는 형태이다.

4. 집단(연합)교섭

산업별 노동조합의 통제하에 수개의 기업별 노동조합과 각 기업 간의 교섭을 동일 장소에서 동시에 행하는 교섭형태, 또는 산업별 노동조합의 통제하에 기업별 노동조합이 동시에 개별적으로 기업별 교섭을 행하는 방식도 이에 포함된다.

5. 대각선교섭

산업별 상부단체가 단독으로 개개의 사용자와 교섭하는 방식이다. 대각선교섭의 상대방 사용자를 한 자리에 합석시켜 그 교섭을 동시에 집단적으로 행하는 방식인 대각선집단교섭도 있다.

6. 기업별 교섭에의 상부단체 임원의 참가

상부단체의 임직원이 산하 기업별 노동조합으로부터 교섭권한의 위임을 받아 기업별 교섭에 참가하는 교섭형태이다.

제2절 단체교섭의 당사자와 담당자

Ⅰ. 단체교섭의 당사자

1. 의의

(1) 헌법 제33조 제1항의 단체교섭권의 주체는 근로자 개인과 노동조합이다. 근로자 개인과 노동조합은 모두 단체교섭권을 보유하고 있으나 단체교섭권의 행사는 노동조합만이 할 수 있다.
(2) 단체교섭의 당사자란 자기 이름으로 단체교섭을 하고 단체협약을 체결할 수 있는 자를 말한다.
(3) 근로자측에서는 근로자 또는 노동조합의 대표자가 아니라 노동조합이 교섭당사자가 되고, 사용자측에서는 사용자 또는 사용자단체가 교섭당사자가 된다.

2. 근로자측 당사자

(1) 노동조합법상 설립요건을 모두 갖춘 노동조합은 당연히 단체교섭의 당사자가 된다.
(2) 노동조합으로서 실질적 요건은 구비하였으나, 형식적 요건을 구비하지 못한 법외노동조합은 단체교섭권, 단체협약의 체결능력은 물론, 정당한 단체교섭에 대한 민사·형사상의 면책특권도 부여되므로 단체교섭의 당사자에 해당한다.
(3) 연합단체인 노동조합은 구성원인 단위노동조합의 공통된 사항에 대하여는 단체교섭의 당사자가 될 수 있다.
(4) 근로조건의 결정권이 독립된 사업(장)의 지부·분회 등 노동조합의 하부조직도 단체교섭의 당사자가 될 수 있다. 그러나 지부·분회가 독립된 조직성을 갖지 못하고, 단순한 의사전달기구로만 기능하는 경우 단체교섭당사자의 지위는 부정된다.

> **참조판례** 대판 2001.2.23. 2000도4299
> 근로조건의 결정권이 독립된 사업 또는 사업장에 조직된 노동단체는 지부·분회 등 명칭여하에 불문하고 당해조직에 특유한 관하여 단체교섭의 당사자가 될 수 있다.

(5) 일시적 쟁의단은 사실상의 대표자가 존재하는 이상 그 요구나 불만의 해결을 위하여 단체교섭만은 할 수 있다는 제한된 의미에서 단체교섭의 당사자가 된다고 보아야 할 것이다.

(6) 유일교섭단체조항이란 사용자가 특정의 노동조합과 단체교섭을 행하고, 다른 노동조합과는 단체교섭을 행하지 아니할 것을 약정하는 단체협약조항을 말한다. 유일교섭단체조항은 다른 노동조합의 단체교섭권을 침해하는 것으로 무효이다.

3. 사용자측 당사자

(1) 단체교섭의 사용자측 당사자라 함은 근로자의 단체교섭 요구에 대하여 이의 응낙의무를 지는 단체교섭의 상대방으로서 사용자를 말한다.

(2) 교섭당사자로서의 사용자는 협의의 사용자, 즉 사업주만을 의미한다.

(3) 단체교섭의 주체로서의 사용자단체란 노동관계에 관하여 그 구성원인 사용자에 대하여 조정 또는 규제할 권한을 가진 사용자 단체를 말한다.

Ⅱ. 단체교섭의 담당자

> **노동조합법 제29조(교섭 및 체결권한)** ① 노동조합의 대표자는 그 노동조합 또는 조합원을 위하여 사용자나 사용자단체와 교섭하고 단체협약을 체결할 권한을 가진다.
> ② 제29조의2에 따라 결정된 교섭대표노동조합(이하 "교섭대표노동조합"이라 한다)의 대표자는 교섭을 요구한 모든 노동조합 또는 조합원을 위하여 사용자와 교섭하고 단체협약을 체결할 권한을 가진다.
> ③ 노동조합과 사용자 또는 사용자단체로부터 교섭 또는 단체협약의 체결에 관한 권한을 위임받은 자는 그 노동조합과 사용자 또는 사용자단체를 위하여 위임받은 범위 안에서 그 권한을 행사할 수 있다.
> ④ 노동조합과 사용자 또는 사용자단체는 제3항에 따라 교섭 또는 단체협약의 체결에 관한 권한을 위임한 때에는 그 사실을 상대방에게 통보하여야 한다.

1. 의의

단체교섭의 담당자는 단체교섭의 주체인 노동조합과 사용자를 각각 대표하여 현실적으로 교섭을 직접 담당하는 자를 말한다.

2. 노동조합측 담당자

(1) 노동조합의 대표자는 당연히 단체교섭권한 및 단체협약체결권한을 보유하며, 이는 노동조합으로부터의 별도의 위임 없이도 당연히 인정된다.

(2) 노동조합 대표자가 단체협약을 체결하는 경우 '노동조합의 규약 또는 총회의 의결에 의하여 노동조합의 추인 또는 승인을 받아야 한다'는 조건을 부과함으로써 노동조합 대표자의 단체협약체결권한을 전면적·포괄적으로 제한하는 것은 무효이다.

> **📖 참조판례** 대판 1993.4.27. 91누12257
> 노동조합의 대표자 또는 수임자가 단체교섭의 결과에 따라 사용자와 단체협약의 내용을 합의한 후 다시 협약안의 가부에 관하여 조합원총회의 의결을 거쳐야만 한다는 것은 대표자 또는 수임자의 단체협약체결권한을 전면적, 포괄적으로 제한함으로써 사실상 단체협약체결권한을 형해화하여 명목에 불과한 것으로 만드는 것이어서 위 법 제33조 제1항의 취지에 위반된다.

> **참조판례** 대판 2018.7.26. 2016다205908
>
> 단체협약은 노동조합의 개개 조합원의 근로조건 기타 근로자의 대우에 관한 기준을 직접 결정하는 규범적 효력을 가지는 것이므로 단체협약의 실질적인 귀속주체는 근로자이고, 따라서 단체협약은 조합원들이 관여하여 형성한 노동조합의 의사에 기초하여 체결되어야 하는 것이 단체교섭의 기본적 요청이다. 노동조합법 제16조 제1항 제3호는 단체협약에 관한 사항을 총회의 의결사항으로 정하여 노동조합 대표자가 단체교섭 개시 전에 총회를 통하여 교섭안을 마련하거나 단체교섭 과정에서 조합원의 총의를 계속 수렴할 수 있도록 규정하고 있기도 하다. 그리하여 노동조합이 조합원들의 의사를 반영하고 대표자의 단체교섭 및 단체협약 체결 업무 수행에 대한 적절한 통제를 위하여 규약 등에서 내부 절차를 거치도록 하는 등 대표자의 단체협약체결권의 행사를 절차적으로 제한하는 것은, 그것이 단체협약체결 권한을 전면적·포괄적으로 제한하는 것이 아닌 이상 허용된다. 이러한 헌법과 법률의 규정, 취지와 내용 및 법리에 비추어 보면, 노동조합의 대표자가 위와 같이 조합원들의 의사를 결집·반영하기 위하여 마련한 내부 절차를 전혀 거치지 아니한 채 조합원의 중요한 근로조건에 영향을 미치는 사항 등에 관하여 만연히 사용자와 단체협약을 체결하였고, 그 단체협약의 효력이 조합원들에게 미치게 되면, 이러한 행위는 특별한 사정이 없는 한 헌법과 법률에 의하여 보호되는 조합원의 단결권 또는 노동조합의 의사 형성 과정에 참여할 수 있는 권리를 침해하는 불법행위에 해당한다고 보아야 한다.

  1) 인준투표제를 위반하더라도 단체협약의 효력에는 영향이 없다.
  2) 인준투표제를 규정한 노동조합의 규약 또는 단체협약은 행정관청의 시정명령의 대상이 될 수 있다.

(3) 노동조합으로부터 교섭 또는 단체협약체결에 관한 권한을 위임받은 자는 당해 노동조합으로부터 위임받은 범위 안에서 그 권한을 행사할 수 있다.

  1) 위임의 상대방은 조합원, 상부단체는 물론 외부의 제3자에게도 단체교섭권한을 위임할 수 있다.
  2) 수임자의 수 및 자격에 대하여는 별도의 제한이 없다.
  3) 노동조합과 사용자 또는 사용자단체는 단체교섭 또는 단체협약체결권한의 위임사실을 상대방에게 통보하여야 한다.
  4) 노동조합이 단체교섭권한을 위임한 후라도 노동조합의 단체교섭권한은 여전히 수임자의 단체교섭권한과 중복하여 경합적으로 남아있다 할 것이고, 단위노동조합이 상부단체인 연합단체에 그러한 권한을 위임한 경우에도 같다.

> **참조판례** 대판 1998.11.13. 98다20790
>
> 구 노동조합법(1996.12.31. 법률 제5244호로 폐지) 제33조 제1항에서 규정하고 있는 단체교섭권한의 '위임'이라고 함은 노동조합이 조직상의 대표자 이외의 자에게 조합 또는 조합원을 위하여, 조합의 입장에서 사용자 측과 사이에 단체교섭을 하는 사무처리를 맡기는 것을 뜻하고, 그 위임 후 이를 해지하는 등의 별개의 의사표시가 없더라도 노동조합의 단체교섭권한은 여전히 수임자의 단체교섭권한과 중복하여 경합적으로 남아 있다고 할 것이며, 같은 조 제2항의 규정에 따라 단위노동조합이 당해 노동조합이 가입한 상부단체인 연합단체에 그러한 권한을 위임한 경우에 있어서도 달리 볼 것은 아니다.

(4) 노사 간의 단체협약으로 단체교섭권한을 당해 노동조합의 조합원 이외의 자에게 위임하지 아니할 것을 약속하고 이를 단체협약에 명시한 경우 이러한 규정을 제3자 위임금지조항이라 한다. 이러한 규정을 두고 있는 경우라도 노동조합은 단체교섭의 원활한 진행을 위하여 이해관계를 가지는 자에게 위임할 수 있다.

3. 교섭창구단일화

노동조합법 제29조의2(교섭창구 단일화 절차) ① 하나의 사업 또는 사업장에서 조직형태에 관계없이 근로자가 설립하거나 가입한 노동조합이 2개 이상인 경우 노동조합은 교섭대표노동조합(2개 이상의 노동조합 조합원을 구성원으로 하는 교섭대표기구를 포함한다. 이하 같다)을 정하여 교섭을 요구하여야 한다. 다만, 제3항에 따라 교섭대표노동조합을 자율적으로 결정하는 기한 내에 사용자가 이 조에서 정하는 교섭창구 단일화 절차를 거치지 아니하기로 동의한 경우에는 그러하지 아니하다.
② 제1항 단서에 해당하는 경우 사용자는 교섭을 요구한 모든 노동조합과 성실히 교섭하여야 하고, 차별적으로 대우해서는 아니 된다.
③ 교섭대표노동조합 결정 절차(이하 "교섭창구 단일화 절차"라 한다)에 참여한 모든 노동조합은 대통령령으로 정하는 기한 내에 자율적으로 교섭대표노동조합을 정한다.
④ 제3항에 따른 기한까지 교섭대표노동조합을 정하지 못하고 제1항 단서에 따른 사용자의 동의를 얻지 못한 경우에는 교섭창구 단일화 절차에 참여한 노동조합의 전체 조합원 과반수로 조직된 노동조합(2개 이상의 노동조합이 위임 또는 연합 등의 방법으로 교섭창구 단일화 절차에 참여한 노동조합 전체 조합원의 과반수가 되는 경우를 포함한다)이 교섭대표노동조합이 된다.
⑤ 제3항 및 제4항에 따라 교섭대표노동조합을 결정하지 못한 경우에는 교섭창구 단일화 절차에 참여한 모든 노동조합은 공동으로 교섭대표단(이하 이 조에서 "공동교섭대표단"이라 한다)을 구성하여 사용자와 교섭하여야 한다. 이 때 공동교섭대표단에 참여할 수 있는 노동조합은 그 조합원 수가 교섭창구 단일화 절차에 참여한 노동조합의 전체 조합원 100분의 10 이상인 노동조합으로 한다.
⑥ 제5항에 따른 공동교섭대표단의 구성에 합의하지 못할 경우에 노동위원회는 해당 노동조합의 신청에 따라 조합원 비율을 고려하여 이를 결정할 수 있다.
⑦ 제1항 및 제3항부터 제5항까지에 따른 교섭대표노동조합을 결정함에 있어 교섭요구 사실, 조합원 수 등에 대한 이의가 있는 때에는 노동위원회는 대통령령으로 정하는 바에 따라 노동조합의 신청을 받아 그 이의에 대한 결정을 할 수 있다.
⑧ 제6항 및 제7항에 따른 노동위원회의 결정에 대한 불복절차 및 효력은 제69조와 제70조 제2항을 준용한다.
⑨ 노동조합의 교섭요구·참여 방법, 교섭대표노동조합 결정을 위한 조합원 수 산정 기준 등 교섭창구 단일화 절차와 교섭비용 증가 방지 등에 관하여 필요한 사항은 대통령령으로 정한다.
⑩ 제4항부터 제7항까지 및 제9항의 조합원 수 산정은 종사근로자인 조합원을 기준으로 한다.

제29조의3(교섭단위 결정) ① 제29조의2에 따라 교섭대표노동조합을 결정하여야 하는 단위(이하 "교섭단위"라 한다)는 하나의 사업 또는 사업장으로 한다.
② 제1항에도 불구하고 하나의 사업 또는 사업장에서 현격한 근로조건의 차이, 고용형태, 교섭 관행 등을 고려하여 교섭단위를 분리하거나 분리된 교섭단위를 통합할 필요가 있다고 인정되는 경우에 노동위원회는 노동관계 당사자의 양쪽 또는 어느 한쪽의 신청을 받아 교섭단위를 분리하거나 분리된 교섭단위를 통합하는 결정을 할 수 있다.
③ 제2항에 따른 노동위원회의 결정에 대한 불복절차 및 효력은 제69조와 제70조 제2항을 준용한다.
④ 교섭단위를 분리하거나 분리된 교섭단위를 통합하기 위한 신청 및 노동위원회의 결정 기준·절차 등에 관하여 필요한 사항은 대통령령으로 정한다.

제29조의4(공정대표의무 등) ① 교섭대표노동조합과 사용자는 교섭창구 단일화 절차에 참여한 노동조합 또는 그 조합원 간에 합리적 이유 없이 차별을 하여서는 아니 된다.
② 노동조합은 교섭대표노동조합과 사용자가 제1항을 위반하여 차별한 경우에는 그 행위가 있은 날(단체협약의 내용의 일부 또는 전부가 제1항에 위반되는 경우에는 단체협약 체결일을 말한다)부터 3개월 이내에 대통령령으로 정하는 방법과 절차에 따라 노동위원회에 그 시정을 요청할 수 있다.
③ 노동위원회는 제2항에 따른 신청에 대하여 합리적 이유 없이 차별하였다고 인정한 때에는 그 시정에 필요한 명령을 하여야 한다.

④ 제3항에 따른 노동위원회의 명령 또는 결정에 대한 불복절차 등에 관하여는 제85조 및 제86조를 준용한다.

제29조의5(그 밖의 교섭창구 단일화 관련 사항) 교섭대표노동조합이 있는 경우에 제2조 제5호, 제29조 제3항·제4항, 제30조, 제37조 제2항·제3항, 제38조 제3항, 제42조의6 제1항, 제44조 제2항, 제46조 제1항, 제55조 제3항, 제72조 제3항 및 제81조 제1항 제3호 중 "노동조합"은 "교섭대표노동조합"으로 본다.

(1) 하나의 사업 또는 사업장에서 조직형태에 관계없이 근로자가 설립하거나 가입한 노동조합이 2개 이상인 경우 노동조합은 교섭대표노동조합을 정하여 교섭을 요구하여야 한다.

하나의 사업 또는 사업장에 복수의 노동조합을 허용하면서도 그 교섭에 있어서는 창구를 단일화하도록 하고 있는 노동조합법 조항은 단체교섭권과 단체행동권을 침해하는 것이라고 볼 수 없다.

> **참조판례** 헌재 2011헌마338, 2012.4.24
>
> [1] 교섭창구단일화제도는 근로조건의 결정권이 있는 사업 또는 사업장 단위에서 복수 노동조합과 사용자 사이의 교섭절차를 일원화하여 효율적이고 안정적인 교섭체계를 구축하고, 소속 노동조합이 어디든 관계없이 조합원들의 근로조건을 통일하고자 하는 데 그 목적이 있는바, 그 목적의 정당성은 인정되고, 교섭창구를 단일화하여 교섭에 임하는 경우 효율적으로 교섭을 할 수 있으며, 통일된 근로조건을 형성할 수 있다는 점에서 수단의 적절성도 인정된다.
> [2] 교섭창구단일화제도는 근로조건의 결정권이 있는 사업 또는 사업장 단위에서 복수 노동조합과 사용자 사이의 교섭절차를 일원화하여 효율적이고 안정적인 교섭체계를 구축하고 소속 노동조합과 관계없이 조합원들의 근로조건을 통일하기 위한 것으로, 교섭대표노동조합이 되지 못한 소수 노동조합의 단체교섭권을 제한하고 있지만, 소수 노동조합도 교섭대표노동조합을 정하는 절차에 참여하게 하여 교섭대표노동조합이 사용자와 대등한 입장에 설 수 있는 기반이 되도록 하고 있으며, 그러한 실질적 대등성의 토대 위에서 이뤄낸 결과를 함께 향유하는 주체가 될 수 있도록 하고 있으므로 노사대등의 원리 하에 적정한 근로조건의 구현이라는 단체교섭권의 실질적인 보장을 위한 불가피한 제도라고 볼 수 있다.
> [3] 교섭창구단일화를 이루어 교섭에 임하게 되면 효율적이고 안정적인 교섭체계를 구축할 수 있게 됨은 물론, 교섭대표노동조합이 획득한 협상의 결과를 동일하게 누릴 수 있어 소속 노동조합에 관계없이 조합원들의 근로조건을 통일할 수 있게 됨으로써 얻게 되는 공익은 큰 반면, 이로 인해 발생하는 소수 노동조합의 단체교섭권 제한은 교섭대표노동조합이 그 지위를 유지하는 기간 동안에 한정되는 잠정적인 것으로, 조합원을 다수 확보하는 경우 차기 교섭대표노동조합이 되어 직접 교섭 당사자가 될 수도 있다는 점에서 그 침해되는 이익은 그렇게 크다고 할 수 없다.

(2) 교섭창구단일화절차는 해당 노동조합과 사용자가 직접 진행해야 하며 상급노동단체, 사용자단체 등에 위임할 수 없다.

(3) 교섭창구단일화절차에 관한 규정은 강행규정이다.

(4) 노동조합은 해당 사업 또는 사업장에 단체협약이 있는 경우에는 그 유효기간 만료일 이전 3개월이 되는 날부터 사용자에게 교섭을 요구할 수 있으며, 단체협약이 2개 이상 있는 경우에는 먼저 이르는 단체협약의 유효기간 만료일 이전 3개월이 되는 날부터 사용자에게 교섭을 요구할 수 있다.

노동조합은 사용자에게 교섭을 요구하는 때에는 노동조합의 명칭, 그 교섭을 요구한 날 현재의 종사근로자인 조합원 수 등 고용노동부령[노동조합의 명칭과 대표자의 성명, 사무소가 있는 경우에는 주된 사무소의 소재지, 교섭을 요구한 날 현재의 종사근로자인 조합원(법 제29조의2에 따른 교섭대표노동조합 결정 절차에 참여한 노동조합에 소속된 종사근로자인 조합원을 말한다)의 수]으로 정하는 사항을 적은 서면으로 해야 한다.

(5) 사용자는 노동조합으로부터 교섭 요구를 받은 때에는 그 요구를 받은 날부터 7일간 그 교섭을 요구한 노동조합의 명칭 등 고용노동부령으로 정하는 사항을 해당 사업 또는 사업장의 게시판 등에 공고하여 다른 노동조합과 근로자가 알 수 있도록 하여야 한다.

1) 노동조합은 사용자가 교섭요구 사실의 공고를 하지 아니하거나 다르게 공고하는 경우에는 고용노동부령으로 정하는 바에 따라 노동위원회에 시정을 요청할 수 있으며, 노동위원회는 그 요청을 받은 날부터 10일 이내에 그에 대한 결정을 하여야 한다.
2) 교섭요구 사실의 공고 절차는 하나의 사업장에 하나의 노동조합만이 존재하는 경우에도 적용되고, 교섭요구 사실의 공고 절차를 생략한 채 교섭요구 노동조합 확정 공고를 명할 수 없다(대판 2023두49387).

(6) 사용자에게 교섭을 요구한 노동조합이 있는 경우에 사용자와 교섭하려는 다른 노동조합은 노동조합 교섭요구 사실의 공고기간 내에 노동조합의 명칭, 그 교섭을 요구한 날 현재의 종사근로자인 조합원 수 등 고용노동부령으로 정하는 사항을 적은 서면으로 사용자에게 교섭을 요구하여야 한다.

(7) 사용자는 노동조합 교섭요구 사실의 공고기간이 끝난 다음 날에 교섭을 요구한 노동조합을 확정하여 통지하고, 그 교섭을 요구한 노동조합의 명칭, 그 교섭을 요구한 날 현재의 종사근로자인 조합원 수 등 고용노동부령으로 정하는 사항을 5일간 공고해야 한다.

1) 교섭을 요구한 노동조합은 제1항에 따른 노동조합의 공고 내용이 자신이 제출한 내용과 다르게 공고되거나 공고되지 아니한 것으로 판단되는 경우에는 제1항에 따른 공고기간 중에 사용자에게 이의를 신청할 수 있다.
2) 사용자는 이의 신청의 내용이 타당하다고 인정되는 경우 신청한 내용대로 교섭요구노동조합의 확정공고기간이 끝난 날부터 5일간 공고하고 그 이의를 제기한 노동조합에 통지하여야 한다.
3) 사용자가 이의신청에 대하여 사용자가 수정공고를 하지 않은 경우에는 교섭요구노조공고기간이 끝난 다음날부터, 사용자가 해당노동조합이 신청한 내용과 다르게 수정공고를 한 경우에는 그 공고기간이 끝난 날부터 각각 5일 이내에 해당 노동조합은 고용노동부령으로 정하는 바에 따라 노동위원회에 시정을 요청할 수 있다.
4) 노동위원회는 시정 요청을 받은 때에는 그 요청을 받은 날부터 10일 이내에 그에 대한 결정을 하여야 한다.

(8) 교섭창구단일화절차에 참여한 모든 노동조합은 대통령령으로 정하는 기한 내에 자율적으로 교섭대표노동조합을 정한다.

1) 교섭을 요구한 노동조합으로 확정 또는 결정된 노동조합은 자율적으로 교섭대표노동조합을 정하려는 경우에는 참여확정노동조합이 확정 또는 결정된 날부터 14일이 되는 날을 기한으로 하여 그 교섭대표노동조합의 대표자, 교섭위원 등을 연명으로 서명 또는 날인하여 사용자에게 통지해야 한다.

> **참조판례** 대판 2016.1.14. 2013다84643 · 84650
>
> 노동조합 및 노동관계조정법 제29조의2 제1항, 같은 법 시행령(이하 '시행령'이라 한다) 제14조의6 제1항, 제14조의5의 내용과 함께 노동위원회법 제17조의2는 노동위원회는 처분 결과를 당사자에게 서면으로 송달하여야 하고, 처분의 효력은 결정서 등을 송달받은 날부터 발생한다고 규정하고 있는 점, 교섭대표 자율결정기간은 기간이 경과하면 더는 자율적으로 교섭대표노동조합을 결정하거나 사용자가 개별교섭 동의를 할 수 없는 효력이 발생하므로 기간의 기산일은 당사자 간에 다툼의 여지가 없을 정도로 명확하여야 하는 점 등에 비추어 보면, 시행령 제14조의5에 따른 사용자의 공고에 대하여 노동조합이 노동위원회에 시정을 요청하여 노동위원회가 결정을 한 경우에는 결정이 당사자에게 송달되어 효력이 발생한 날부터 교섭대표 자율결정기간이 진행한다.

2) 사용자에게 교섭대표노동조합의 통지가 있은 이후에는 그 교섭대표노동조합의 결정 절차에 참여한 노동조합 중 일부 노동조합이 그 이후의 절차에 참여하지 않더라도 교섭대표노동조합의 지위는 유지된다.

(9) 자율적교섭대표노동조합이 결정되지 못한 경우에는 교섭창구 단일화 절차에 참여한 모든 노동조합의 전체 종사근로자인 조합원 과반수로 조직된 노동조합(둘 이상의 노동조합이 위임 또는 연합 등의 방법으로 교섭창구단일화절차에 참여하는 노동조합 전체 종사근로자인 조합원의 과반수가 되는 경우를 포함한다)은 자율적교섭대표노조결정기한이 끝난 날부터 5일 이내에 사용자에게 노동조합의 명칭, 대표자 및 과반수노동조합이라는 사실 등을 통지해야 한다.

1) 사용자가 과반수노동조합임을 통지받은 때에는 그 통지를 받은 날부터 5일간 그 내용을 공고하여 다른 노동조합과 근로자가 알 수 있도록 해야 한다.

2) 사용자가 과반수노조를 공고하지 않은 경우 또는 공고된 과반수노동조합에 대해 그 과반수 여부에 대하 이의가 있는 경우에 과반수노조통지공고기간 내에 고용노동부령으로 정하는 바에 따라 노동위원회에 이의신청을 해야 한다.

3) 노동조합이 과반수노조통지공고기간 내에 이의신청을 하지 않은 경우에는 같은 항에 따라 공고된 과반수노동조합이 교섭대표노동조합으로 확정된다.

4) 노동위원회는 이의신청을 받은 때에는 교섭창구단일화절차에 참여한 모든 노동조합과 사용자에게 통지하고, 조합원 명부(종사근로자인 조합원의 서명 또는 날인이 있는 것으로 한정한다) 등 고용노동부령으로 정하는 서류를 제출하게 하거나 출석하게 하는 등의 방법으로 종사근로자인 조합원 수에 대하여 조사·확인해야 한다.

5) 종사근로자인 조합원 수를 확인하는 경우의 기준일은 교섭을 요구한 노동조합의 명칭 등을 공고한 날로 한다.

6) 노동위원회는 종사근로자인 조합원 수를 확인하는 경우 둘 이상의 노동조합에 가입한 종사근로자인 조합원에 대해서는 그 종사근로자인 조합원 1명별로 다음 각 호의 구분에 따른 방법으로 종사근로자인 조합원 수를 산정한다.

① **조합비를 납부하는 노동조합이 하나인 경우:** 조합비를 납부하는 노동조합의 종사근로자인 조합원 수에 숫자 1을 더할 것

② **조합비를 납부하는 노동조합이 둘 이상인 경우:** 숫자 1을 조합비를 납부하는 노동조합의 수로 나눈 후에 그 산출된 숫자를 그 조합비를 납부하는 노동조합의 종사근로자인 조합원 수에 각각 더할 것

③ **조합비를 납부하는 노동조합이 하나도 없는 경우:** 숫자 1을 종사근로자인 조합원이 가입한 노동조합의 수로 나눈 후에 그 산출된 숫자를 그 가입한 노동조합의 종사근로자인 조합원 수에 각각 더할 것

7) 노동위원회는 노동조합 또는 사용자가 서류 제출 요구 등 필요한 조사에 따르지 않은 경우에 고용노동부령으로 정하는 기준에 따라 종사근로자인 조합원 수를 계산하여 확인한다.

8) 노동위원회는 조사·확인한 결과 과반수노동조합이 있다고 인정하는 경우에는 그 이의신청을 받은 날부터 10일 이내에 그 과반수노동조합을 교섭대표노동조합으로 결정하여 교섭창구단일화절차에 참여한 모든 노동조합과 사용자에게 통지해야 하며, 다만, 그 기간 이내에 종사근로자인 조합원 수를 확인하기 어려운 경우에는 한 차례에 한정하여 10일의 범위에서 그 기간을 연장할 수 있다.

(10) 자율적 교섭대표노조나 과반수교섭대표노조를 결정하지 못하면 교섭창구 단일화 절차에 참여한 모든 노동조합은 공동으로 교섭대표단(공동교섭대표단)을 구성하여 사용자와 교섭하여야 한다.

   1) 공동교섭대표단에 참여할 수 있는 노동조합은 그 조합원 수가 교섭창구 단일화 절차에 참여한 노동조합의 전체 조합원 100분의 10 이상인 노동조합이어야 한다.

   2) 공동교섭대표단에 참여할 수 있는 노동조합은 사용자와 교섭하기 위하여 과반수노동조합이 없어서 과반수노동조합에 대한 통지 및 공고가 없는 경우에는 자율적 교섭대표노동조합의 결정통지의 기한이 만료된 날부터 10일, 과반수노동조합이 없다고 노동위원회가 결정하는 경우 결정통지가 있은 날부터 5일 이내에 공동교섭대표단의 대표자, 교섭위원 등 공동교섭대표단을 구성하여 연명으로 서명 또는 날인하여 사용자에게 통지해야 한다.

   3) 사용자에게 공동교섭대표단의 통지가 있은 이후에는 그 공동교섭대표단 결정 절차에 참여한 노동조합 중 일부 노동조합이 그 이후의 절차에 참여하지 않더라도 교섭대표노동조합의 지위는 유지된다.

   4) 공동교섭대표단의 구성에 합의하지 못한 경우에 공동교섭대표단 구성에 참여할 수 있는 노동조합의 일부 또는 전부는 노동위원회에 공동교섭대표단 구성에 관한 결정 신청을 해야 한다.

   5) 노동위원회는 공동교섭대표단 구성에 관한 결정 신청을 받은 때에는 그 신청을 받은 날부터 10일 이내에 총 10명 이내에서 각 노동조합의 종사근로자인 조합원 수에 따른 비율을 고려하여 노동조합별 공동교섭대표단에 참여하는 인원 수를 결정하여 그 노동조합과 사용자에게 통지해야 한다. 다만, 그 기간 이내에 결정하기 어려운 경우에는 한 차례에 한정하여 10일의 범위에서 그 기간을 연장할 수 있다.

   6) 공동교섭대표단 결정은 공동교섭대표단에 참여할 수 있는 모든 노동조합이 제출한 종사근로자인 조합원 수에 따른 비율을 기준으로 한다.

   7) 공동교섭대표단 구성에 참여하는 노동조합은 사용자와 교섭하기 위하여 노동위원회가 결정한 인원 수에 해당하는 교섭위원을 각각 선정하여 사용자에게 통지하여야 한다.

   8) 공동교섭대표단을 구성할 때에 그 공동교섭대표단의 대표자는 공동교섭대표단에 참여하는 노동조합이 합의하여 정한다. 다만, 합의되지 않은 경우에는 종사근로자인 조합원 수가 가장 많은 노동조합의 대표자로 한다.

(11) 교섭대표노동조합을 자율적으로 결정하는 기한 내에 사용자가 교섭창구 단일화 절차를 거치지 아니하기로 동의한 경우에는 개별교섭이 가능하다.

개별교섭동의가 있는 경우 사용자는 교섭을 요구한 모든 노동조합과 성실히 교섭하여야 하고, 차별적으로 대우해서는 아니 된다.

(12) 교섭대표노동조합을 결정하여야 하는 단위(교섭단위)는 하나의 사업 또는 사업장으로 한다.

   1) 하나의 사업 또는 사업장에서 현격한 근로조건의 차이, 고용형태, 교섭 관행 등을 고려하여 교섭단위를 분리하거나 분리된 교섭단위를 통합할 필요가 있다고 인정되는 경우에 노동위원회는 노동관계 당사자의 양쪽 또는 어느 한쪽의 신청을 받아 교섭단위를 분리하거나 분리된 교섭단위를 통합하는 결정을 할 수 있다.

2) '교섭단위를 분리할 필요가 있다고 인정되는 경우'란 하나의 사업 또는 사업장에서 별도로 분리된 교섭단위에 의하여 단체교섭을 진행하는 것을 정당화할 만한 현격한 근로조건의 차이, 고용형태, 교섭 관행 등의 사정이 있고, 이로 인하여 교섭대표노동조합을 통하여 교섭창구를 단일화하는 것이 오히려 근로조건의 통일적 형성을 통해 안정적인 교섭체계를 구축하고자 하는 교섭창구 단일화 제도의 취지에도 부합하지 않는 결과를 발생시킬 수 있는 예외적인 경우를 의미한다.

> **참조판례** 대판 2018.9.13. 2015두39361
> 노동조합 및 노동관계조정법(이하 '노동조합법'이라 한다) 제29조의2, 제29조의3 제1항, 제2항의 내용과 형식, 교섭창구 단일화를 원칙으로 하면서도 일정한 경우 교섭단위의 분리를 인정하고 있는 노동조합법의 입법 취지 등을 고려하면, 노동조합법 제29조의3 제2항에서 규정하고 있는 '교섭단위를 분리할 필요가 있다고 인정되는 경우'란 하나의 사업 또는 사업장에서 별도로 분리된 교섭단위에 의하여 단체교섭을 진행하는 것을 정당화할 만한 현격한 근로조건의 차이, 고용형태, 교섭 관행 등의 사정이 있고, 이로 인하여 교섭대표노동조합을 통하여 교섭창구를 단일화하는 것이 오히려 근로조건의 통일적 형성을 통해 안정적인 교섭체계를 구축하고자 하는 교섭창구 단일화 제도의 취지에도 부합하지 않는 결과를 발생시킬 수 있는 예외적인 경우를 의미한다.

3) 교섭단위의 분리를 인정할 수 있는 예외적인 경우에 대해서는 분리를 주장하는 측이 그에 관한 구체적 사정을 주장·증명하여야 한다(대판 2022두53716).
4) 교섭단위분리·통합의 결정은 노동위원회의 전속사항이며 노사합의로 결정할 수 없다.
5) 노동조합 또는 사용자는 사용자가 교섭요구사실을 공고하기 전이나 사용자가 교섭요구사실을 공고한 경우에는 교섭대표노동조합이 결정된 날 이후에 노동위원회에 교섭단위분리·통합의 결정을 신청할 수 있다.
6) 교섭단위분리·통합결정의 신청을 받은 노동위원회는 해당 사업 또는 사업장의 모든 노동조합과 사용자에게 그 내용을 통지해야 하며, 그 노동조합과 사용자는 노동위원회가 지정하는 기간까지 의견을 제출할 수 있다.
7) 노동위원회는 신청을 받은 날부터 30일 이내에 교섭단위를 분리하거나 분리된 교섭단위를 통합하는 결정을 하고 해당 사업 또는 사업장의 모든 노동조합과 사용자에게 통지해야 한다.
8) 교섭단위분리·통합결정의 신청에 대한 노동위원회의 결정이 있기 전에 교섭 요구가 있는 때에는 교섭단위를 분리하거나 분리된 교섭단위를 통합하는 결정이 있을 때까지 교섭요구 사실의 공고 등 교섭창구단일화절차의 진행은 정지된다.

(13) 자율적교섭대표노조·과반수교섭대표노조·공동교섭대표단 등 결정된 교섭대표노동조합은 그 결정이 있은 후 사용자와 체결한 첫 번째 단체협약의 효력이 발생한 날을 기준으로 2년이 되는 날까지 그 교섭대표노동조합의 지위를 유지하되, 새로운 교섭대표노동조합이 결정된 경우에는 그 결정된 때까지 교섭대표노동조합의 지위를 유지한다.

1) 결정된 교섭대표노동조합은 그 결정이 있은 후 사용자와 체결한 첫 번째 단체협약의 효력이 발생한 날을 기준으로 2년이 되는 날까지 그 교섭대표노동조합의 지위를 유지하되, 새로운 교섭대표노동조합이 결정된 경우에는 그 결정된 때까지 교섭대표노동조합의 지위를 유지한다.
2) 교섭대표노동조합이 그 결정된 날부터 1년 동안 단체협약을 체결하지 못한 경우에는 어느 노동조합이든지 사용자에게 교섭을 요구할 수 있다.

3) 교섭대표노동조합의 교섭권은 규범적 부분뿐 아니라 채무적 부분까지 미친다.

4) 사업 또는 사업장에 유일하게 존재하는 노동조합은 형식적으로 교섭창구 단일화 절차를 거쳤더라도 교섭대표노동조합의 지위를 취득할 수 없다(대판 2016두36956).

(14) 교섭대표노동조합과 사용자는 교섭창구 단일화 절차에 참여한 노동조합 또는 그 조합원 간에 합리적 이유 없이 차별을 하여서는 아니 된다.

1) 공정대표의무의 주체는 교섭대표노동조합과 사용자이며, 사용자의 공정대표의무는 교섭대표노조를 우대하거나 소수노조를 차별하지 않을 의무를 말한다.

2) 차별의 대상은 참여확정노동조합과 그 조합원이다.

3) 공정대표의무는 단체교섭의 과정이나 그 결과물인 단체협약의 내용뿐만 아니라 단체협약의 이행 과정에서도 준수되어야 한다.

4) 교섭대표노동조합이나 사용자가 교섭창구 단일화 절차에 참여한 다른 노동조합 또는 그 조합원을 차별한 것으로 인정되는 경우, 그와 같은 차별에 합리적인 이유가 있다는 점은 교섭대표노동조합이나 사용자에게 주장·증명책임이 있다.

5) 교섭대표노동조합이 가지는 대표권은 법령에서 특별히 권한으로 규정하지 아니한 이상 단체교섭 및 단체협약 체결(보충교섭이나 보충협약 체결을 포함한다)과 체결된 단체협약의 구체적인 이행 과정에만 미치는 것이고, 이와 무관하게 노사관계 전반에까지 당연히 미친다고 볼 수는 없다.

> **참조판례** 대판 2019.10.31. 2017두37772
>
> [1] 노동조합 및 노동관계조정법이 복수 노동조합에 대한 교섭창구 단일화 제도를 도입하여 단체교섭 절차를 일원화하도록 한 것은, 복수 노동조합이 독자적인 단체교섭권을 행사할 경우 발생할 수도 있는 노동조합 간 혹은 노동조합과 사용자 간 반목·갈등, 단체교섭의 효율성 저하 및 비용 증가 등의 문제점을 효과적으로 해결함으로써, 효율적이고 안정적인 단체교섭 체계를 구축하는 데에 주된 취지 내지 목적이 있다.
>
> [2] 교섭창구 단일화 제도하에서 교섭대표노동조합이 되지 못한 노동조합은 독자적으로 단체교섭권을 행사할 수 없으므로, 노동조합 및 노동관계조정법은 교섭대표노동조합이 되지 못한 노동조합을 보호하기 위해 사용자와 교섭대표노동조합에 교섭창구 단일화 절차에 참여한 노동조합 또는 그 조합원을 합리적 이유 없이 차별하지 못하도록 공정대표의무를 부과하고 있다(제29조의4 제1항). 공정대표의무는 헌법이 보장하는 단체교섭권의 본질적 내용이 침해되지 않도록 하기 위한 제도적 장치로 기능하고, 교섭대표노동조합과 사용자가 체결한 단체협약의 효력이 교섭창구 단일화 절차에 참여한 다른 노동조합에도 미치는 것을 정당화하는 근거가 된다. 따라서 교섭대표노동조합이 사용자와 체결한 단체협약의 내용이 합리적 이유 없이 교섭대표노동조합이 되지 못한 노동조합 또는 그 조합원을 차별하는 경우 공정대표의무 위반에 해당한다. 그리고 이러한 공정대표의무의 취지와 기능 등에 비추어 보면, 공정대표의무는 단체교섭의 과정이나 그 결과물인 단체협약의 내용뿐만 아니라 단체협약의 이행 과정에서도 준수되어야 한다. 한편 교섭대표노동조합이나 사용자가 교섭창구 단일화 절차에 참여한 다른 노동조합 또는 그 조합원을 차별한 것으로 인정되는 경우, 그와 같은 차별에 합리적인 이유가 있다는 점은 교섭대표노동조합이나 사용자에게 주장·증명책임이 있다.
>
> [3] 교섭창구 단일화 및 공정대표의무에 관련된 법령 규정의 문언, 교섭창구 단일화 제도의 취지와 목적, 교섭대표노동조합이 아닌 노동조합 및 그 조합원의 노동3권 보장 필요성 등을 고려하면, 교섭창구 단일화 절차에서 교섭대표노동조합이 가지는 대표권은 법령에서 특별히 권한으로 규정하지 아니한 이상 단체교섭 및 단체협약 체결(보충교섭이나 보충협약 체결을 포함한다)과 체결된 단체협약의 구체적인 이행 과정에만 미치는 것이고, 이와 무관하게 노사관계 전반에까지 당연히 미친다고 볼 수는 없다.
>
> [4] 사용자가 교섭대표노동조합과 체결한 단체협약에서 교섭대표노동조합이 되지 못한 노동조합 소속 조합원들을 포함한 사업장 내 근로자의 근로조건에 관하여 단체협약 자체에서는 아무런 정함이 없이 추후 교섭대표노동조합과 사용자가 합의·협의하거나 심의하여 결정하도록 정한 경우, 그 문언적 의미와 단체협약에 대한 법령 규정의 내용, 취지 등에 비추어 위 합의·협의 또는 심의결정이 단체협약의 구체적인 이행에 해당한다고

> 볼 수 없고 보충협약에 해당한다고 볼 수도 없는 때에는, 이는 단체협약 규정에 의하여 단체협약이 아닌 다른 형식으로 근로조건을 결정할 수 있도록 포괄적으로 위임된 것이라고 봄이 타당하다. 따라서 위 합의·협의 또는 심의결정은 교섭대표노동조합의 대표권 범위에 속한다고 볼 수 없다. 그럼에도 사용자와 교섭대표노동조합이 단체협약 규정에 의하여, 교섭대표노동조합만이 사용자와 교섭대표노동조합이 되지 못한 노동조합 소속 조합원들의 근로조건과 관련이 있는 사항에 관하여 위와 같이 합의·협의 또는 심의결정할 수 있도록 규정하고, 교섭대표노동조합이 되지 못한 노동조합을 위 합의·협의 또는 심의결정에서 배제하도록 하는 것은, 교섭대표노동조합이 되지 못한 노동조합이나 그 조합원을 합리적 이유 없이 차별하는 것으로서 공정대표의무에 반한다.

6) 합리적인 이유가 없이 소수노동조합의 근로시간면제를 완전히 배제하는 것은 공정대표의무위반이 될 수 있다.

> **참조판례** 대판 2018.8.30. 2017다218642
> 교섭대표노동조합과 사용자가 교섭대표노동조합에게만 노동조합 사무실을 제공하기로 하는 내용으로 체결한 단체협약 및 교섭창구 단일화 이후에도 교섭대표노동조합에게만 근로시간 면제를 인정하면서 교섭대표노동조합이 아닌 노동조합에게는 이를 인정하지 아니한 것은 모두 공정대표의무 위반에 해당하고, 사용자인 피고는 공정대표의무 위반을 이유로 불법행위에 기한 손해배상의무를 부담한다.

7) 공정대표의무는 교섭대표노동조합이 결정된 때부터 발생한다.

8) 노동조합(교섭창구단일화 절차에 참여한 노동조합)은 교섭대표노동조합과 사용자가 공정대표의무를 위반하여 차별한 경우에는 그 행위가 있은 날(단체협약의 내용의 일부 또는 전부가 공정대표의무에 위반되는 경우에는 단체협약 체결일을 말한다)부터 3개월 이내에 대통령령으로 정하는 방법과 절차에 따라 노동위원회에 그 시정을 요청할 수 있다.

9) 노동위원회는 공정대표의무 위반의 시정 신청을 받은 때에는 지체 없이 필요한 조사와 관계 당사자에 대한 심문(審問)을 하여야 하며, 할 때에는 관계 당사자의 신청이나 직권으로 증인을 출석하게 하여 필요한 사항을 질문할 수 있고, 관계 당사자에게 증거의 제출과 증인에 대한 반대심문을 할 수 있는 충분한 기회를 주어야 한다.

10) 노동위원회는 시정신청에 대하여 합리적 이유 없이 차별하였다고 인정한 때에는 그 시정에 필요한 명령을 하여야 하며, 노동위원회는 공정대표의무 위반의 시정 신청에 대한 명령이나 결정을 서면으로 하여야 하고 그 서면을 교섭대표노동조합, 사용자 및 그 시정을 신청한 노동조합에 각각 통지하여야 한다.

11) 교섭대표노동조합이 절차적 공정대표의무를 위반한 경우, 특별한 사정이 없는 한 교섭대표노동조합은 소수노동조합의 비재산적 손해에 대하여 위자료 배상책임을 부담한다.

> **참조판례** 대판 2020.10.29. 2019다262582
>
> 교섭대표노동조합으로서는 단체협약 체결에 이르기까지 단체교섭 과정에서 교섭창구 단일화 절차에 참여한 다른 노동조합(이하 '소수노동조합'이라고 한다)을 합리적인 이유 없이 절차적으로 차별하지 않아야 할 공정대표의무를 부담한다고 봄이 타당하다. 따라서 교섭대표노동조합은 단체교섭 과정에서 절차적 공정대표의무를 적정하게 이행하기 위하여 소수노동조합을 동등하게 취급함으로써 단체교섭 및 단체협약 체결에 관련하여 필요한 정보를 적절히 제공하고 그 의견을 수렴할 의무 등을 부담한다. 다만 단체교섭 과정의 동적인 성격, 노동조합 및 노동관계조정법(이하 '노동조합법'이라 한다)에 따라 인정되는 대표권에 기초하여 교섭대표노동조합 대표자가 단체교섭 과정에서 보유하는 일정한 재량권 등을 고려할 때 교섭대표노동조합의 소수노동조합에 대한 이러한 정보제공 및 의견수렴의무는 일정한 한계가 있을 수밖에 없다. 이러한 사정을 아울러 고려하면, 교섭대표노동조합이 단체교섭 과정의 모든 단계에서 소수노동조합에 대하여 일체의 정보제공 및 의견수렴 절차를 거치지 아니하였다고 하여 절차적 공정대표의무를 위반하였다고 단정할 것은 아니고, 단체교섭의 전 과정을 전체적·종합적으로 살필 때 소수노동조합에게 기본적이고 중요한 사항에 대한 정보제공 및 의견수렴 절차를 충분히 거치지 않았다고 인정되는 경우와 같이 교섭대표노동조합이 가지는 재량권의 범위를 일탈하여 소수노동조합을 합리적 이유 없이 차별하였다고 평가할 수 있는 때에 절차적 공정대표의무 위반을 인정할 수 있다.
>
> 반면 교섭대표노동조합이 사용자와 단체교섭 과정에서 마련한 단체협약 잠정합의안(이하 '잠정합의안'이라 한다)에 대해 자신의 조합원 총회 또는 총회에 갈음할 대의원회의 찬반투표 절차를 거치면서도 소수노동조합의 조합원들에게 동등하게 그 절차에 참여할 기회를 부여하지 않거나 그들의 찬반의사까지 고려하여 잠정합의안에 대한 가결 여부를 결정하지 않았더라도, 그러한 사정만으로 이를 가리켜 교섭대표노동조합의 절차적 공정대표의무 위반이라고 단정할 수는 없다. 이러한 경우 특별한 사정이 없는 한 교섭대표노동조합이 소수노동조합을 차별한 것으로 보기 어렵기 때문이다.
>
> 교섭대표노동조합이 절차적 공정대표의무에 위반하여 합리적 이유 없이 소수노동조합을 차별하였다면, 이러한 행위는 원칙적으로 교섭창구 단일화 절차에 따른 단체교섭과 관련한 소수노동조합의 절차적 권리를 침해하는 불법행위에 해당하고, 이로 인한 소수노동조합의 재산적 손해가 인정되지 않더라도 특별한 사정이 없는 한 비재산적 손해에 대하여 교섭대표노동조합은 위자료 배상책임을 부담한다.

4. 사용자측 단체교섭담당자

(1) 사용자 또는 사용자단체의 대표자는 당연히 단체교섭권한을 갖고, 사용자 또는 사용자단체로부터 위임을 받은 자도 단체교섭권한을 갖는다.

(2) 사용자측에서도 근로자측과 마찬가지로 자유로이 단체교섭권한을 타인에게 위임할 수 있다.

제3절 단체교섭의 대상

I. 의의

단체교섭의 대상이라 함은 근로자측이 단체교섭권에 근거하여 사용자측에 교섭을 요구하고 교섭할 수 있는 사항을 말한다.

Ⅱ. 교섭사항의 일반적 기준과 내재적 한계

(1) 교섭사항의 범위를 어디까지로 볼 것인가에 대해 일반적 기준론과 교섭대상3분론이 대립하나, 노동조합의 단체교섭 요구사항을 의무적, 임의적, 금지적 교섭사항으로 분류하여 이 중 의무적 교섭사항만을 단체교섭의 대상으로 보는 교섭대상3분론이 타당하다.

   1) 의무적 교섭사항이란 노동조합의 교섭요구에 대하여 사용자가 교섭의무를 지는 것을 말한다.

   2) 임의적 교섭사항이란 노동조합의 교섭요구에 대하여 사용자가 교섭의무를 지는 것은 아니지만 강행법규나 기타 사회질서에 반하는 것은 아니므로 노동조합과 사용자가 이를 교섭사항으로 하더라도 무방한 것을 말한다.

   3) 금지적(위법) 교섭사항이란 그 자체가 강행법규나 기타 사회질서에 반하는 것으로서 설령 당사자 간에 합의가 이루어진 경우에도 법적으로 효과가 없는 사항으로 각종 법령에 위반되는 사항이다.

(2) 판례는 노조전임자에 대한 단체교섭을 임의교섭대상이라고 하여 3분체계를 사실상 도입하고 있다.

> **참조판례** 대판 1996.2.23. 94누9177
> 노조전임제는 노동조합에 대한 편의제공의 한 형태로서 사용자가 단체협약 등을 통하여 승인하는 경우에 인정되는 것일 뿐 사용자와 근로자 사이의 근로계약관계에 있어서 근로자의 대우에 관하여 정한 근로조건이라고 할 수 없는 것이고, 단순히 임의적 교섭사항에 불과하여 이에 관한 분쟁 역시 노동쟁의라 할 수 없으므로 특별한 사정이 없는 한 이것 또한 중재재정의 대상으로 할 수 없다.

(3) 교섭사항은 당해 노사관계에서 해결될 수 있는 사항, 즉 사용자가 처분권한을 가지는 사항이어야 한다.

(4) 근로조건뿐만 아니라 근로조건과 밀접한 관련을 가지는 사항도 교섭대상이 된다고 보아야 할 것이다.

(5) 교섭대상은 교섭 당사자인 노동조합의 조합원과 관련되는 사항이어야 한다. 따라서 비조합원에 관한 사항은 원칙적으로 교섭사항이 될 수 없지만 비조합원에 관한 문제라고 하더라도 그것이 조합원의 근로조건 등에 영향을 미치는 경우에는 교섭사항이 될 수 있다고 보아야 한다.

(6) 어느 특정인의 문제라 하더라도 그것이 조합원들의 이해와 관련된 사항인 때에는 교섭사항이 될 수 있다고 보아야 할 것이다.

Ⅲ. 단체교섭대상의 구체적 사례

(1) ① 근로자가 사용자에게 제공하는 근로의 시간, 질, 내용, ② 근로를 제공하는 환경, 위생, 장소 등, ③ 휴일 및 휴가 등의 휴식, ④ 사용자가 근로의 대가로서 지급해야 하는 기본급, 수당, 상여금, 퇴직금 등의 임금, ⑤ 주택, 복지시설 등의 복리후생, ⑥ 전직·징계 및 해고 등의 인사에 관한 기준이나 절차, ⑦ 기타 근로자의 고용 및 근로조건·대우에 관련된 모든 사항 등은 근로조건으로서 당연히 교섭대상이 된다.

(2) 조합활동에 관한 사항, 단체교섭절차에 관한 사항, 노사협의기구, 고충처리기관 등에 관한 사항, 쟁의행위 개시방법에 관한 사항, 알선·조정·중재에 관한 사항 등 집단적 노사관계에 해당하는 사항도 근로조건과 밀접한 관련을 가지는 사항은 의무적 교섭대상에 포함된다고 할 것이다.

1) 판례는 단체적 노사관계의 운영에 관한 사항으로 사용자가 처분할 수 있는 사항은 단체교섭의 대상인 단체교섭사항이라고 판시한 바 있다.

> **참조판례** 대판 2003.12.26. 2003두8906
>
> 단체교섭의 대상이 되는 단체교섭사항에 해당하는지 여부는 헌법 제33조 제1항과 노동조합및노동관계조정법 제29조에서 근로자에게 단체교섭권을 보장한 취지에 비추어 판단하여야 하므로 일반적으로 구성원인 근로자의 노동조건 기타 근로자의 대우 또는 당해 단체적 노사관계의 운영에 관한 사항으로 사용자가 처분할 수 있는 사항은 단체교섭의 대상인 단체교섭사항에 해당한다.

2) 판례는 노조전임제는 편의제공에 불과하여 임의적 교섭사항에 불과하다고 하였다.

> **참조판례** 대판 1996.2.23. 94누9177
>
> 노조전임제는 노동조합에 대한 편의제공의 한 형태로서 사용자가 단체협약 등을 통하여 승인하는 경우에 인정되는 것일 뿐 사용자와 근로자 사이의 근로계약관계에 있어서 근로자의 대우에 관하여 정한 근로조건이라고 할 수 없는 것이고, 단순히 임의적 교섭사항에 불과하여 이에 관한 분쟁 역시 노동쟁의라 할 수 없으므로 특별한 사정이 없는 한 이것 또한 중재재정의 대상으로 할 수 없다.

(3) 경영에 관한 사항은 사용자의 처분권한에 속하는 것으로서 근로조건에 영향을 주는 경우에는 의무적 교섭대상에 포함되지만 근로조건과 무관한 경우에는 임의적 교섭대상에 해당된다.
   1) 판례는 운수회사의 배차문제는 근로자들의 근로조건과도 밀접한 관련이 있는 부분으로서 사용자의 경영권을 근본적으로 제약하는 것은 아니라고 보여지므로 단체협약의 대상이 될 수 있다고 판시하였다.

> **참조판례** 대판 1994.8.26. 93누8993
>
> 단체협약중 조합원의 차량별 고정승무발령, 배차시간, 대기기사 배차순서 및 일당기사 배차에 관한 노동조합과 사전합의를 하도록 한 조항은 그 내용이 한편으로는 사용자의 경영권에 속하는 사항이지만 다른 한편으로는 근로자들의 근로조건과도 밀접한 관련이 있는 부분으로서 사용자의 경영권을 근본적으로 제약하는 것은 아니라고 보여지므로 단체협약의 대상이 될 수 있고 그 내용 역시 헌법이나 노동조합법 기타 노동관계 법규에 어긋나지 아니하므로 정당하다.

   2) 판례는 정리해고의 실시, 사업부서의 폐지 등은 고도의 경영의사의 결단에 속하는 사항이므로 단체교섭의 대상에 해당하지 않는다고 판시하였다.

> **참조판례** 대판 2014.3.27. 2011두20406
>
> 정리해고나 사업조직의 통폐합 등 기업의 구조조정의 실시 여부는 경영주체에 의한 고도의 경영상 결단에 속하는 사항으로서 이는 원칙적으로 단체교섭의 대상이 될 수 없다.

(4) 배치전환, 해고, 징계 등 인사사항은 경영사항과 달리, 그 자체가 근로조건에 속하고 따라서 당연히 단체교섭의 대상이라 할 것이다.

(5) 권리분쟁사항은 원칙적으로 협상에 의하여 양보할 성질이 아니므로, 단체교섭의 대상에 포함되지 않으며 임의적 교섭사항이 될 뿐이다.

제4절 단체교섭의 방법

Ⅰ. 의의

단체교섭의 방식이라 함은 단체교섭의 구체적인 시기·시간·장소·인원 등의 절차 및 교섭태도 등에 관하여 단체교섭이 갖추어야 할 요건을 말한다.

Ⅱ. 단체교섭의 절차

(1) 노동조합법은 단체교섭의 절차에 관하여 아무런 규정을 두고 있지 아니하므로 노사자치의 원칙에 따라 단체교섭의 절차를 노사가 자주적으로 규범화할 것을 기대하고 있는 것으로 보아야 한다.

(2) 단체교섭의 절차에 관하여는 이를 단체협약 등에서 단체교섭의 개시 이전에 미리 정하고 있는 경우가 일반적이며, 단체협약에 의하든 혹은 노동관행에 의하든 단체교섭의 절차가 정립되어 있고 노동조합이 그러한 절차에 따라 사용자측에게 단체교섭을 요구하고 있는 경우에 사용자측이 정당한 이유없이 단체교섭을 거부한다면 이는 부당노동행위가 된다.

Ⅲ. 단체교섭의 태양

1. 성실교섭의무

> **노동조합법 제30조(교섭등의 원칙)** ① 노동조합과 사용자 또는 사용자단체는 신의에 따라 성실히 교섭하고 단체협약을 체결하여야 하며 그 권한을 남용하여서는 아니 된다.
> ② 노동조합과 사용자 또는 사용자단체는 정당한 이유 없이 교섭 또는 단체협약의 체결을 거부하거나 해태하여서는 아니 된다.
> ③ 국가 및 지방자치단체는 기업·산업·지역별 교섭 등 다양한 교섭방식을 노동관계 당사자가 자율적으로 선택할 수 있도록 지원하고 이에 따른 단체교섭이 활성화될 수 있도록 노력하여야 한다.

(1) 노동조합과 사용자는 단체교섭 및 단체협약 체결에 있어 신의성실의 원칙 및 권리남용금지의 원칙에 따라 이를 수행하여야 한다. 노동조합과 사용자는 정당한 이유없이 단체교섭 또는 단체협약의 체결을 거부하거나 해태하여서는 안 된다.

(2) 일반적으로 단체교섭의 구체적인 시기·시간·장소 및 인원 등에 관하여 ① 단체교섭을 개시하지 아니하거나 정당한 이유없이 이를 중단하는 행위, ② 자기 주장을 일방적으로 고집하거나 부당한 내용을 주장하는 행위, ③ 의사전달자에 불과한 자 등 적합한 권한 없는 자를 단체교섭의 담당자로 내세우는 행위 등은 일반적으로 성실교섭의무를 위반한 것이다.

(3) 노동조합과 사용자는 요구나 주장을 명확히 하고 상대방의 요구나 주장에 대하여 자신의 주장이나 대안을 제시하고 그 논거를 설명하거나 관련 자료를 제공할 의무가 있다.

(4) 성실교섭의무에 상대방의 요구를 수락하거나 그것에 대하여 양보를 할 의무까지 포함되는 것은 아니다.

(5) 노동조합과 사용자는 단체교섭의 결과 합의가 성립되면 단체협약을 체결할 의무를 진다. 합의가 성립되었음에도 불구하고 성실한 단체협약의 체결을 정당한 이유없이 거부 또는 해태하는 경우 성실교섭 의무에 위반된다.

2. 폭력행위 등의 금지

단체교섭을 수행하는 경우 어떠한 경우에도 폭력이나 파괴행위는 허용될 수 없다. 그러나 노동조합의 쟁의행위로 인하여 다소 위력적인 분위기가 생기는 것은 당연하고, 또한 노사분쟁의 성질로 보아서 사용자측의 우발적 행동이 개입하는 경우도 있다.

제4장 단체협약

제1절 총설

Ⅰ. 단체협약의 의의

(1) 단체협약이란 노동조합과 사용자 또는 사용자단체 간에 단체교섭의 결과로서 근로조건, 기타 근로자 대우에 관한 개별적 근로관계 사항과 집단적 노사관계에 적용할 제반 사항에 대해 합의하여 서명 또는 날인한 문서를 말한다.
(2) 단체협약은 ① 근로조건의 유지·개선기능, ② 산업평화 유지기능, ③ 기업민주화기능(경영규제기능), ④ 노사관계의 질서형성 및 안정화기능, ⑤ 근로자의 단결강화기능을 갖는다. 그러나 우리나라는 기업별 협약이 주종을 이루므로 노동시장지배기능(카르텔적 기능)은 거의 없다고 볼 수 있다.

Ⅱ. 단체협약의 법적 성질

단체협약은 노사 당사자간의 자주적 합의에 의하여 성립되는 사법상의 계약에 불과하며, 단체협약이 규범적 성질을 갖는 근거는 국가가 법률의 규정(노동조합법 제33조)에 의하여 규범적 성질을 내용으로 하는 법적 효력을 부여하였기 때문이다.

제2절 단체협약의 성립

> 노동조합법 제31조(단체협약의 작성) ① 단체협약은 서면으로 작성하여 당사자 쌍방이 서명 또는 날인하여야 한다.
> ② 단체협약의 당사자는 단체협약의 체결일부터 15일 이내에 이를 행정관청에게 신고하여야 한다.
> ③ 행정관청은 단체협약중 위법한 내용이 있는 경우에는 노동위원회의 의결을 얻어 그 시정을 명할 수 있다.

Ⅰ. 단체협약의 당사자

1. 의의

단체협약의 당사자란 자신의 명의로 단체협약을 체결할 수 있는 자를 말한다.

2. 노동조합측 당사자

(1) 노동조합법상의 노동조합은 당연히 단체협약의 당사자가 될 수 있다.
(2) 노동조합 설립의 형식적 요건을 갖추지 못한 소위 헌법조합 또는 법외조합 등의 근로자단체도 단체협약의 당사자가 될 수 있다.
(3) 연합단체는 독립한 노동조합법상의 노동조합이므로 단체협약의 당사자가 될 수 있다(다만, 소속된 단위노동조합에 공통된 사항에 대하여만 단체교섭의 당사자로 인정되므로 그 범위에 한해 단체협약의 당사자가 될 수 있다.).
(4) 지부·분회는 독자적인 노동조합으로서의 실질적 요건을 갖추고 있는 경우 단체협약의 당사자가 될 수 있다.
(5) 일시적 쟁의단은 단체로서의 계속성이 없으므로 단체협약의 주체는 될 수 없다.

3. 사용자 또는 사용자단체

(1) 단체협약의 당사자로서 사용자는 협의의 사용자, 즉 사업주만을 의미한다.
(2) 단체협약의 당사자가 될 수 있는 사용자단체는 구성원인 사용자에 대하여 조정 또는 규제할 수 있는 권한을 가진 단체라야 한다.

Ⅱ. 교섭상의 자율적 의사에 의한 합의

(1) 단체협약은 단체교섭의 산물이므로 단체교섭이 없는 단체협약은 성립할 수 없다.
단체교섭은 반드시 정식의 교섭절차를 의미하는 것은 아니다.

> **참조판례** 대판 2005.3.11. 2003다27429
> 단체협약은 노동조합이 사용자 또는 사용자단체와 근로조건 기타 노사관계에서 발생하는 사항에 관한 협정(합의)을 문서로 작성하여 당사자 쌍방이 서명날인함으로써 성립하는 것이고, 그 협정(합의)이 반드시 정식의 단체교섭절차를 거쳐서 이루어져야만 하는 것은 아니라고 할 것이므로 노동조합과 사용자 사이에 근로조건 기타 노사관계에 관한 합의가 노사협의회의 협의를 거쳐서 성립되었더라도, 당사자 쌍방이 이를 단체협약으로 할 의사로 문서로 작성하여 당사자 쌍방의 대표자가 각 노동조합과 사용자를 대표하여 서명날인하는 등으로 단체협약의 실질적·형식적 요건을 갖추었다면 이는 단체협약이라고 보아야 할 것이다.

(2) 단체협약도 계약의 일종이므로 대등한 당사자간의 자율적 의사에 의한 합의가 있어야 한다.
(3) 단체협약은 단체교섭이나 쟁의행위를 거쳐 이루어지기 때문에 상당한 힘의 논리가 적용되어 어느 정도의 위력을 배경으로 체결된 단체협약이라 하더라도 불공정한 법률행위 또는 강박에 의한 의사표시로 보아서는 안 될 것이다.

> **참조판례** 대판 2007.12.14. 2007다18584
> 노동조합 및 노동관계조정법 제3조, 제4조에 의하여 노동조합의 쟁의행위는 헌법상 보장된 근로자들의 단체행동권의 행사로서 그 정당성이 인정되는 범위 내에서 보호받고 있는 점에 비추어, 단체협약이 노동조합의 쟁의행위 끝에 체결되었고 사용자 측의 경영상태에 비추어 그 내용이 다소 합리성을 결하였다고 하더라도 그러한 사정만으로 이를 궁박한 상태에서 이루어진 불공정한 법률행위에 해당한다고 할 수 없다.

Ⅲ. 단체협약의 형식

(1) 단체협약을 서면으로 작성함에 있어서 서면의 명칭이나 형식은 이를 불문한다.
  단체협약을 서면으로 작성한 이유는 분쟁방지를 목적으로 한다.
(2) 단체협약은 반드시 당사자 쌍방이 서명 또는 날인하여야 한다.
  1) 서명 또는 날인을 하도록 한 것은 진정성을 담보하기 위한 것이다.
  2) 서명 대신 기명도 허용된다고 보며, 서명·날인 대신에 서명·무인도 무방하다고 본다.

> **참조판례** 대판 2002.8.27. 2001다79457
> 단체협약을 문서화하고 당사자 쌍방의 서명날인을 하도록 규정한 노동조합및노동관계조정법 제31조 제1항의 취지는 단체협약이 규율대상으로 하고 있는 노사관계가 집단적·계속적이라는 점을 고려하여 체결당사자를 명백히 함과 동시에 당사자의 최종적인 의사를 확인함으로써 단체협약의 진정성과 명확성을 담보하려는 데 있다고 할 것이므로 단체협약의 진정성과 명확성이 담보된다면 단체협약의 당사자 쌍방이 서명날인을 하지 아니하고 기명날인을 하였다고 하더라도 그 단체협약이 위 강행법규에 위반하여 무효라고 할 수는 없다.

> **참조판례** 대판 1995.3.10. 94마605
> 단체협약을 문서화하고 당사자 쌍방의 서명날인을 하도록 규정한 노동조합법 제34조 제1항의 취지가 단체협약이 규율대상으로 하고 있는 노사관계가 집단적·계속적이라는 점을 고려하여 체결당사자를 명백히 함과 동시에 당사자의 최종적인 의사를 확인함으로써 단체협약의 진정성과 명확성을 담보하려는 것으로서, 그 단체협약에 대한 서명날인 대신 서명무인을 하였다 하더라도 이를 무효로 볼 수는 없다.

Ⅳ. 신고

(1) 단체협약의 당사자는 단체협약의 체결일부터 15일 이내에 이를 행정관청에게 신고하여야 한다.
(2) 단체협약의 당사자가 단체협약이 체결되었음을 신고하지 아니한 경우 신고의무가 단체협약의 효력요건은 아니므로 단체협약의 효력은 인정되는 것으로 보아야 할 것이다.

제3절 단체협약의 효력

> **노동조합법 제33조(기준의 효력)** ① 단체협약에 정한 근로조건 기타 근로자의 대우에 관한 기준에 위반하는 취업규칙 또는 근로계약의 부분은 무효로 한다.
> ② 근로계약에 규정되지 아니한 사항 또는 제1항의 규정에 의하여 무효로 된 부분은 단체협약에 정한 기준에 의한다.

Ⅰ. 총설

단체협약은 본질이 계약이므로 채무적 효력을 가지며, 노동조합법 제33조에 의하여 특별히 부여된 규범적 효력을 가진다.

Ⅱ. 단체협약의 규범적 효력

1. 의의

(1) 단체협약의 규범적 효력이라 함은 단체협약 중 일정한 부분에 대하여 근로자 개인과 사용자 사이에 직접 적용되는 효력을 말한다.
(2) 단체협약의 규범적 효력은 노동조합법 제33조 제1항에 의하여 새로이 창설된 것이다(수권설).

2. 단체협약의 규범적 효력의 내용

(1) 단체협약에서 정한 근로조건 기타 근로자의 대우에 관한 기준에 위반하는 근로계약 또는 취업규칙의 부분을 무효로 하는 효력을 단체협약의 강행적 효력이다 한다. 이는 단체협약의 본질상 그 효력이 근로계약의 효력보다 우월하므로 당연히 인정되는 효력이다.
(2) 근로조건 기타 근로자의 대우에 관한 기준에 관하여 단체협약의 강행적 효력이 적용됨으로써 근로계약에 무효가 된 부분이 있거나, 근로계약에 아무런 관련 규정을 두고 있지 아니한 경우에 단체협약에서 정한 기준이 대신하여 적용되는 것을 단체협약의 보충적 효력이라 한다.
   1) 단체협약의 보충적 효력은 취업규칙에 대하여는 적용되지 않는다.
   2) 단체협약의 내용은 근로계약의 내용으로 되어 근로계약의 한 부분으로서 적용된되는 것이며, 단체협약이 근로계약의 외부에서 별개의 효력을 가지고 근로계약에 적용되는 것은 아니다.

> **참조판례** 대판 2000.6.9. 98다13747
> 단체협약이 실효되었다고 하더라도 임금, 퇴직금이나 노동시간, 그 밖에 개별적인 노동조건에 관한 부분은 그 단체협약의 적용을 받고 있던 근로자의 근로계약의 내용이 되어 그것을 변경하는 새로운 단체협약, 취업규칙이 체결, 작성되거나 또는 개별적인 근로자의 동의를 얻지 아니하는 한 개별적인 근로자의 근로계약의 내용으로서 여전히 남아 있는 것

3. 규범적 부분

(1) 단체협약의 규범적 효력이 생기는 부분을 규범적 부분이라 한다.
(2) 근로조건이나 그 밖의 근로자의 대우에 관한 기준은 단체협약의 규범적 부분에 속한다.
   1) 근로조건이란 근로계약상의 조건 내지 약속사항 및 노동관계상 근로자에 대한 그 밖의 대우를 말한다.
   2) 근로자의 대우에 관한 기준이란 근로조건에 관한 구체적이고 객관적인 준칙을 말한다.

(3) 사용자의 경영권에 속하는 사항이라 하더라도 그에 관하여 노사는 임의로 단체교섭을 진행하여 단체협약을 체결할 수 있고, 그 내용이 강행법규나 사회질서에 위배되지 아니하는 이상 단체협약으로서의 효력이 인정된다.

> **참조판례** 대판 2014.3.27. 2011두20406
>
> 정리해고나 사업조직의 통폐합 등 기업의 구조조정의 실시 여부는 경영주체에 의한 고도의 경영상 결단에 속하는 사항으로서 이는 원칙적으로 단체교섭의 대상이 될 수 없으나, 사용자의 경영권에 속하는 사항이라 하더라도 그에 관하여 노사는 임의로 단체교섭을 진행하여 단체협약을 체결할 수 있고, 그 내용이 강행법규나 사회질서에 위배되지 아니하는 이상 단체협약으로서의 효력이 인정된다. 따라서 사용자가 노동조합과의 협상에 따라 정리해고를 제한하기로 하는 내용의 단체협약을 체결하였다면 특별한 사정이 없는 한 그 단체협약이 강행법규나 사회질서에 위배된다고 볼 수 없고, 나아가 이는 근로조건 기타 근로자에 대한 대우에 관하여 정한 것으로서 그에 반하여 이루어지는 정리해고는 원칙적으로 정당한 해고라고 볼 수 없다. 다만 이처럼 정리해고의 실시를 제한하는 단체협약을 두고 있더라도, 그 단체협약을 체결할 당시의 사정이 현저하게 변경되어 사용자에게 그와 같은 단체협약의 이행을 강요한다면 객관적으로 명백하게 부당한 결과에 이르는 경우에는 사용자가 단체협약에 의한 제한에서 벗어나 정리해고를 할 수 있을 것이다.

4. 규범적 효력과 유리의 원칙

단체협약에서 정한 기준은 '절대기준'이며 단체협약의 기준이 개별 근로자에게 최종적으로 적용되는 기준이고 그 기준이 유리한 경우는 물론 불리한 경우에도 단체협약의 기준만이 유효하게 적용된다.

> **참조판례** 대판 2002.12.27. 2002두9063
>
> 협약자치의 원칙상 노동조합은 사용자와 사이에 근로조건을 유리하게 변경하는 내용의 단체협약뿐만 아니라 근로조건을 불리하게 변경하는 내용의 단체협약도 체결할 수 있으므로, 근로조건을 불리하게 변경하는 내용의 단체협약이 현저히 합리성을 결하여 노동조합의 목적을 벗어난 것으로 볼 수 있는 것과 같은 특별한 사정이 없는 한 그러한 노사간의 합의를 무효라고 볼 수는 없고, 단체협약의 개정에도 불구하고 종전의 단체협약과 동일한 내용의 취업규칙이 그대로 적용된다면 단체협약의 개정은 그 목적을 달성할 수 없으므로 개정된 단체협약에는 당연히 취업규칙상의 유리한 조건의 적용을 배제하고 개정된 단체협약이 우선적으로 적용된다는 내용의 합의가 포함된 것이라고 봄이 당사자의 의사에 합치한다고 할 것이고, 따라서 개정된 후의 단체협약에 의하여 취업규칙상의 면직기준에 관한 규정의 적용은 배제된다고 보아야 한다.

5. 근로조건의 불이익 변경

(1) 근로조건을 불리하게 변경하는 내용의 단체협약도 현저히 합리성을 결하여 노동조합의 목적을 벗어난 것으로 볼 수 있는 특별한 사정이 없는 한 무효라고 할 수 없다.

> **참조판례** 대판 2000.9.29. 99다67536
>
> 협약자치의 원칙상 노동조합은 사용자와 사이에 근로조건을 유리하게 변경하는 내용의 단체협약뿐만 아니라 근로조건을 불리하게 변경하는 내용의 단체협약을 체결할 수 있으므로, 근로조건을 불리하게 변경하는 내용의 단체협약이 현저히 합리성을 결하여 노동조합의 목적을 벗어난 것으로 볼 수 있는 경우와 같은 특별한 사정이 없는 한 그러한 노사간의 합의를 무효라고 볼 수는 없고, 노동조합으로서는 그러한 합의를 위하여 사전에 근로자들로부터 개별적인 동의나 수권을 받을 필요가 없으며, 단체협약이 현저히 합리성을 결하였는지 여부는 단체협약의 내용과 그 체결경위, 당시 사용자 측의 경영상태 등 여러 사정에 비추어 판단해야 한다.

(2) 모든 근로자들을 대상으로 하는 객관적·일반적 기준이 아닌 연령만으로 조합원을 차별하는 것은 현저히 합리성을 결한 것으로 무효이다.

> **참조판례** 대판 2011.7.28. 2009두7790
>
> 학교법인 갑이 자신이 운영하는 병원 소속 근로자들로 구성된 노동조합과 '2005년·2006년 임·단 특별협약'을 체결하면서 근로자들 정년을 60세에서 54세로 단축하기로 합의하고 취업규칙의 정년 규정도 같은 내용으로 변경한 후, 그에 따라 54세 이상인 을을 포함한 일반직원 22명을 정년퇴직으로 처리한 사안에서, 제반 사정에 비추어 이는 일정 연령 이상의 근로자들을 정년 단축의 방법으로 일시에 조기 퇴직시킴으로써 사실상 정리해고의 효과를 도모하기 위하여 마련된 것으로 보이고, 모든 근로자들을 대상으로 하는 객관적·일반적 기준이 아닌 연령만으로 조합원을 차별하는 것이어서 합리적 근거가 있다고 보기 어려우므로, 특별협약 중 정년에 관한 부분 및 이에 근거하여 개정된 취업규칙은 근로조건 불이익변경의 한계를 벗어나 무효이고, 을 등에게 한 퇴직처리는 사실상 해고에 해당한다.

6. 소급적 동의의 효력

(1) 단체협약으로 근로자에게 이미 지급한 임금을 반환하도록 하는 것은 그에 관하여 근로자들의 개별적인 동의나 수권이 없는 한 효력이 없다.

> **참조판례** 대판 2010.1.28. 2009다76317
>
> 이미 구체적으로 그 지급청구권이 발생한 임금(상여금 포함)이나 퇴직금은 근로자의 사적 재산영역으로 옮겨져 근로자의 처분에 맡겨진 것이어서, 노동조합이 근로자들로부터 개별적인 동의나 수권을 받지 않는 이상 사용자와 사이의 단체협약만으로 이에 대한 포기나 지급유예와 같은 처분행위를 할 수 없으므로, 단체협약으로 근로자에게 이미 지급한 임금을 반환하도록 하는 것은 그에 관하여 근로자들의 개별적인 동의나 수권이 없는 한 효력이 없다.

(2) 노동조합이 사용자측과 기존의 임금·근로시간·퇴직금 등 근로조건을 결정하는 기준에 관하여 소급적으로 동의하거나 이를 승인하는 내용의 단체협약을 체결한 경우에 그 동의나 승인의 효력은 단체협약이 시행된 이후에 그 사업체에 종사하면서 그 협약의 적용을 받게 될 노동조합원이나 근로자들에 대해서만 생긴다.

> **참조판례** 대판 2002.4.23. 2000다50701
>
> 원래 단체협약이란 노동조합이 사용자 또는 사용자단체와 근로조건 기타 노사관계에서 발생하는 사항에 관하여 체결하는 협정으로서, 노동조합이 사용자 측과 기존의 임금·근로시간·퇴직금 등 근로조건을 결정하는 기준에 관하여 소급적으로 동의하거나 이를 승인하는 내용의 단체협약을 체결한 경우에 그 동의나 승인의 효력은 단체협약이 시행된 이후에 그 사업체에 종사하면서 그 협약의 적용을 받게 될 노동조합원이나 근로자들에 대해서만 생기고 단체협약 체결 이전에 이미 퇴직한 근로자에게는 위와 같은 효력이 생길 여지가 없으며, 근로조건이 근로자에게 유리하게 변경된 경우라 하더라도 다를 바 없다.

(3) 노동조합이 취업규칙 불이익변경의 요건을 갖추지 못하여 무효라는 사실을 알았는지와 관계없이 단체협약을 체결하면서 불이익하게 변경된 취업규칙을 소급적으로 승인하였다 하더라도 이는 유효이다.

> **참조판례** 대판 1997.8.22. 96다6967
>
> 단체협약은 노동조합이 사용자 또는 사용자 단체와 근로조건 기타 노사관계에서 발생하는 사항에 관하여 체결하는 협정으로서, 노동조합이 사용자 측과 기존의 임금, 근로시간, 퇴직금 등 근로조건을 결정하는 기준에 관하여 소급적으로 동의하거나 이를 승인하는 내용의 단체협약을 체결한 경우에 그 동의나 승인의 효력은 단체협약이 시행된 이후에 그 사업체에 종사하며 그 협약의 적용을 받게 될 노동조합원이나 근로자들에 대하여 생기므로, 취업규칙 중 퇴직금 지급률에 관한 규정의 변경이 근로자에게 불이익함에도 불구하고 사용자가 근로자의 집단적 의사결정방법에 의한 동의를 얻지 아니한 채 변경을 함으로써 기득이익을 침해하게 되는 기존의 근로자에 대하여는 종전의 퇴직금 지급률이 적용되어야 하는 경우에도 노동조합이 사용자 측과 변경된 퇴직금 지급률은 따르기로 하는 내용의 단체협약을 체결한 경우에는, 기득이익을 침해하게 되는 기존의 근로자에 대하여 종전의 퇴직금 지급률이 적용되어야 함을 알았는지 여부에 관계없이 원칙적으로 그 협약의 적용을 받게 되는 기존의 근로자에 대하여도 변경된 퇴직금 지급률이 적용되어야 한다.

Ⅲ. 단체협약의 채무적 효력

1. 의의

단체협약의 채무적 효력이라 함은 협약 당사자 간의 단체협약을 준수하여야 할 의무를 말한다.

2. 채무적 효력의 구체적 내용

(1) 단체협약은 원래 당사자인 노동조합과 사용자 또는 사용자단체 사이의 계약의 일종이므로 당사자는 단체협약에서 합의한 모든 내용을 상대방에게 성실하게 이행할 의무를 가진다.

(2) 단체협약의 이행의무에는 당사자가 그 구성원에게 단체협약을 위반하지 않도록 또는 단체협약을 이행하도록 적절한 제재수단으로 영향을 미칠 의무(영향의무)가 포함되어 있다.

(3) 평화의무라 함은 단체협약의 유효기간 중에 그 내용 변경을 목적으로 하는 쟁의행위를 하여서는 안 되는 의무를 말한다.

1) 평화의무는 단체협약의 헌법적 성질상 단체협약에 당연히 내재하는 의무이다.

> **참조판례** 대판 1992.9.1. 92누7733
>
> 단체협약의 당사자인 노동조합은 단체협약의 유효기간중에 단체협약에서 정한 근로조건 등에 관한 내용의 변경이나 폐지를 요구하는 쟁의행위를 행하지 아니하여야 함은 물론, 조합원들에 대하여도 통제력을 행사하여 그와 같은 쟁의행위를 행하지 못하게 방지하여야 할 이른바 평화의무를 지고 있다고 할 것인바, 이와 같은 평화의무가 노사관계의 안정과 단체협약의 질서형성적 기능을 담보하는 것인 점에 비추어 보면, 단체협약이 새로 체결된 직후부터 뚜렷한 무효사유를 내세우지도 아니한 채 단체협약의 전면 무효화를 주장하면서 평화의무에 위반되는 쟁의행위를 행하는 것은 이미 노동조합활동으로서의 정당성을 결여한 것이라고 하지 아니할 수 없다.

2) 단체협약의 유효기간 중에 어떠한 경우에도 쟁의행위를 하여서는 안 되는 의무를 절대적 평화의무라 한다. 절대적 평화의무는 기존의 단체협약에 규정된 사항 이외의 다른 사항에 관하여 사용자와 단체교섭을 실시하고 동 단체교섭이 결렬된 경우에도 기존의 단체협약의 유효기간 중에는 쟁의행위를 할 수 없으므로 근로자의 헌법상 단체교섭권 및 단체행동권의 본질적 내용을 침해하게 되므로 당사자간의 특약으로 절대적 평화의무를 단체협약에 규정하여도 이는 무효로 보아야 할 것이다.

3) 평화의무는 단체협약의 유효기간 중에만 발생하는 효력으로 단체협약이 실효된 경우에는 평화의무는 소멸한다.
4) 평화의무는 단체협약의 내용을 변경하는 것을 금지할 뿐이므로 종전에 없던 내용을 새로이 주장하는 것은 평화의무 위반이 아니다.
5) 평화의무는 쟁의행위를 금지하는 것이므로 단체교섭을 요구하는 것은 허용된다.
6) 평화의무는 배제하기로 하는 특약은 허용되지 않는다.
7) 평화의무를 위반하여 노동조합이 쟁의행위를 하는 경우, 당해 쟁의행위는 헌법상 단체교섭권의 본질적 내용을 침해하고 단체행동권의 내재적 한계를 일탈한 것으로서 그 정당성을 상실하게 된다. 따라서 정당한 쟁의행위에 부여되는 민사·형사상의 면책을 받을 수 없다.

> **참조판례** 대판 1994.9.30. 94다4042
>
> 단체협약에서 이미 정한 근로조건이나 기타 사항의 변경·개폐를 요구하는 쟁의행위를 단체협약의 유효기간 중에 하여서는 아니 된다는 이른바 평화의무를 위반하여 이루어진 쟁의행위는 노사관계를 평화적·자주적으로 규율하기 위한 단체협약의 본질적 기능을 해치는 것일 뿐 아니라 노사관계에서 요구되는 신의성실의 원칙에도 반하는 것이므로 정당성이 없다.

8) 평화의무는 노사당사자의 합의유무와 상관없이 단체협약의 체결로 당연히 효력이 발생하나, 평화조항은 노사당사자가 단체협약의 내용으로 삼기로 하는 합의가 있는 경우에 한하여 효력이 발생한다.

3. 채무적 부분

(1) 단체협약의 채무적 효력만을 가지는 부분을 채무적 부분이라 한다.
(2) 단체협약 중 규범적 부분을 제외하고 강행법규나 사회질서에 반하지 않는 부분은 채무적 부분에 속한다. 따라서 집단적 노동관계에 관한 규정들은 전형적인 채무적 부분이다.
  예 조합원범위, 유니온 숍 등 조직강제, 조합활동보장, 편의제공, 평화의무, 평화조항 등

Ⅳ. 단체협약의 문제조항

1. 인사절차조항

(1) 판례는 해고동의조항이 있는 경우와 해고협의조항이 있는 경우를 구분하여 해고동의조항에 위반한 해고의 경우는 원칙적으로 무효이나, 해고협의조항에 위반한 해고의 경우에는 영향이 없다고 한다.

> **참조판례** 대판 1993.9.28. 91다30620
>
> 단체협약 등에 규정된 인사조항의 구체적 내용이 사용자가 인사처분을 함에 있어서 신중을 기할 수 있도록 노동조합이 의견을 제시할 수 있는 기회만을 주어야 하도록 규정된 경우에는 그 절차를 거치지 아니하였다고 하더라도 인사처분의 효력에는 영향이 없다고 보아야 하지만, 사용자가 인사처분을 함에 있어 노동조합의 사전동의를 얻어야 한다거나 또는 노동조합의 승낙을 얻거나 노동조합과 인사처분에 관한 논의를 하여 의견의 합치를 보아 인사처분을 하도록 규정된 경우에는 그 절차를 거치지 아니한 인사처분은 원칙적으로 무효라고 보아야 한다.

> **참조판례** 대판 1993.4.23. 92다34940
>
> 단체협약에 징계해임처분에 노동조합과 "사전협의"를 거치도록 한 취지는 단체협약 전체의 체계와 내용 및 노사의 관행에 비추어 노동조합의 임원, 지부장, 역원 등 노동조합 간부에 대한 사용자의 자의적인 인사권 행사로 인하여 노동조합의 정상적인 활동이 저해되는 것을 방지하려는 뜻에서 사용자로 하여금 노동조합의 임원 등에 대한 인사의 내용을 미리 노동조합에 통지하는 등 노동조합을 납득시키려는 노력을 하게 하고, 노동조합에 의견을 제시할 기회를 주게 하며, 아울러 노동조합으로부터 제시된 의견을 참고자료로 고려하게 하려는 것에 지나지 않는 것이라고 봄이 상당하므로, 근로자에 대한 징계해임처분이 위와 같은 "사전협의"를 거치지 아니한 채 행하여졌다고 하여 반드시 무효라고 할 수는 없다.

(2) 해고동의 또는 징계동의 조항이 있는 경우라도 노동조합이 동의권 행사를 포기하거나 동의권을 남용한 경우에는 동의를 받지 않았더라도 무효라 할 수 없다.

> **참조판례** 대판 1993.9.28. 91다30620
>
> 노사협상의 산물로서 단체협약에 노동조합 간부에 대한 징계해고를 함에 있어 노동조합의 사전동의를 받도록 정하여져 있다고 하더라도 이는 사용자의 노동조합 간부에 대한 부당한 징계권 행사를 제한하자는 것이지 사용자의 본질적 권한에 속하는 피용자에 대한 징계권행사 그 자체를 부정할 수는 없는 것이므로 노동조합의 사전동의권은 어디까지나 신의성실의 원칙에 입각하여 합리적으로 행사되어야 할 것이고, 따라서 피징계자에게 객관적으로 명백한 징계사유가 있고 이에 대한 징계를 함에 있어 사용자가 노동조합측의 동의를 얻기 위하여 성실하고 진지한 노력을 다하였음에도 불구하고 노동조합측이 합리적 근거나 이유제시도 없이 무작정 반대함으로써 동의거부권을 남용한 것이라고 인정되거나 노동조합측이 스스로 이러한 사전동의권의 행사를 포기하였다고 인정된다면 사용자가 노동조합측의 사전동의를 받지 못하였다고 하여 그 징계처분을 무효로 볼 수는 없다.

2. 평화조항

(1) 평화조항은 쟁의행위의 구체적인 방법·절차 등을 단체협약에 명문으로 규정하고 있는 조항을 말한다.
(2) 평화조항은 단체협약에 명문의 규정을 두지 아니하더라도 그 효력이 당연히 발생하는 평화의무와는 달리 단체협약 내에 구체적인 명문의 규정을 둠으로써 그 효력을 발생한다.
(3) 평화조항의 위반은 쟁의행위의 단순한 절차를 위반한 것에 불과하므로 쟁의행위의 정당성을 상실하는 것은 아니라고 보아야 할 것이다.

3. 조합원의 범위에 관한 조항

노동조합에의 가입자격은 노동조합이 자주적으로 결정하여 조합규약으로 정하는 것이 원칙이다. 따라서 단체협약으로 조합원의 범위를 규정하고 있는 조항은 근로자와 사용자의 범위가 불명확한 경우에 조합원의 범위를 노사 간에 단순히 확인하는 규정으로 보아야 할 것이다.

> **참조판례** 대판 2004.1.29. 2001다5142
>
> 노동조합및노동관계조정법 제5조, 제11조의 각 규정에 의하면, 근로자는 자유로이 노동조합을 조직하거나 이에 가입할 수 있고, 구체적으로 노동조합의 조합원의 범위는 당해 노동조합의 규약이 정하는 바에 의하여 정하여지며, 근로자는 노동조합의 규약이 정하는 바에 따라 당해 노동조합에 자유로이 가입함으로써 조합원의 자격을 취득하는 것인바, 한편 사용자와 노동조합 사이에 체결된 단체협약은 특약에 의하여 일정 범위의 근로자에 대하여만 적용하기로 정하고 있는 등의 특별한 사정이 없는 한 협약당사자로 된 노동조합의 구성원으로 가입한 조합원 모두에게 현실적으로 적용되는 것이 원칙이고, 다만 단체협약에서 노사간의 상호 협의에 의하여 규약상 노동조합의 조직 대상이 되는 근로자의 범위와는 별도로 조합원이 될 수 없는 자를 특별히 규정함으로써 일정 범위의 근로자들에 대하여 위 단체협약의 적용을 배제하고자 하는 취지의 규정을 둔 경우에는, 비록 이러한 규정이 노동조합 규약에 정해진 조합원의 범위에 관한 규정과 배치된다 하더라도 무효라고 볼 수 없다.

4. 면책특약

(1) 면책특약이라 함은 단체교섭 또는 쟁의행위를 거쳐 당사자들이 단체협약을 체결하는 경우에 당해 단체교섭 또는 쟁의행위로 인하여 발생된 민사·형사상의 책임을 묻지 아니하기로 하는 내용의 약정을 체결하는 것을 말한다.

(2) 형사책임의 면책은 국가의 형벌권과 관련되므로 사용자가 형사상 고소를 하지 아니한다고 하여 형사책임이 면제되는 것은 아니므로 형사면책특약은 아무런 효력을 갖지 못한다.

V. 단체협약 효력 위반시 구제

(1) 협약당사자가 단체협약 이행의무를 위반하면 채무불이행에 대한 민사상 구제수단을 행할 수 있다.
   1) 단체협약은 쌍무계약과 달리 일방 당사자의 의무가 상대방의 다른 의무와 대가·견련관계를 가지지 않고 각각 독자적인 의미를 가지는 경우가 대부분이어서 동시이행의 항변은 적절한 수단이 될 수 없다.
   2) 단체협약 자체의 해지·해제는 노사관계당사자 간의 신뢰를 저해할 우려가 있으므로 적절한 수단이 될 수 없다.
   3) 강제집행은 단체협약이 인격과 밀접한 관련을 가진다는 점에서 적절한 수단이 될 수 없다.
   4) 채무적 부분에 대하여 협약당사자가 위반한 당사자를 상대로 이행의 청구 또는 손해배상의 청구를 할 수 있다.
   5) 규범적 부분은 조합원 개개인이 청구권을 실현을 기할 수 없는 경우에는 노동조합이 사용자에 대하여 이행소송을 제기할 수 있다.
   6) 사용자와 조합원 사이에 규범적 부분의 해석에 관한 다툼이 발생하여 이에 대한 유권적 해석으로 그 규정을 둘러싼 분쟁이 한꺼번에 해결될 것으로 예상되고 노동조합이 제기하는 단체협약 규정의 확인 소송이 개개 조합원이 제기하는 근로계약상의 지위확인 소송보다 효과적인 분쟁해결 방법이라고 인정되는 경우에는 확인의 이익이 인정될 수 있다.
   7) 사용자가 규범적 부분을 이행하지 않는 경우 노동조합은 손해배상을 청구할 수 있다.

(2) 단체협약의 내용 중 소정의 사항을 위반한 경우 벌칙이 적용된다.

> **노동조합법 제92조(벌칙)** 다음 각 호의 1에 해당하는 자는 1천만원 이하의 벌금에 처한다.
>   2. 제31조 제1항의 규정에 의하여 체결된 단체협약의 내용중 다음 각 목의 1에 해당하는 사항을 위반한 자
>   가. 임금·복리후생비, 퇴직금에 관한 사항
>   나. 근로 및 휴게시간, 휴일, 휴가에 관한 사항
>   다. 징계 및 해고의 사유와 중요한 절차에 관한 사항
>   라. 안전보건 및 재해부조에 관한 사항
>   마. 시설·편의제공 및 근무시간중 회의참석에 관한 사항
>   바. 쟁의행위에 관한 사항

제4절 단체협약의 적용범위

Ⅰ. 단체협약의 인적 적용범위

(1) 단체협약의 효력은 단체협약의 당사자인 노동조합과 사용자에게만 적용되는 것이 원칙이다.
(2) 단체협약으로 정한 바에 따라 단체협약 내용의 전부 또는 일부에 대하여 그 적용범위를 일부조합원으로 축소할 수 있다.
(3) 협약당사자인 노동조합의 조합원인 이상 노동조합의 가입시기에 관계없이 단체협약이 적용된다.

Ⅱ. 단체협약의 일반적 구속력

1. 사업장단위의 일반적 구속력

> **노동조합법 제35조(일반적 구속력)** 하나의 사업 또는 사업장에 상시 사용되는 동종의 근로자 반수 이상이 하나의 단체협약의 적용을 받게 된 때에는 당해 사업 또는 사업장에 사용되는 다른 동종의 근로자에 대하여도 당해 단체협약이 적용된다.

(1) 하나의 사업 또는 사업장에 상시 사용되는 동종의 근로자 반수 이상이 하나의 단체협약의 적용을 받게 된 때에는 당해 사업 또는 사업장에 사용되는 다른 동종의 근로자에 대하여도 당해 단체협약이 적용된다.
(2) 사업장단위의 일반적 구속력제도는 하나의 사업장에 동종근로자의 반수 이상이 하나의 단체협약을 적용받게 되는 경우 근로자에게 적용되는 단체협약의 기준을 공정근로기준으로 간주함으로써 모든 근로자에게 형평성 있게 근로조건을 적용하고자 하는 것이다.
(3) 하나의 단체협약의 적용을 받는 근로자가 반수 이상인지의 여부는 '하나의 사업 또는 사업장'을 단위로 산출한다.
(4) 상시 사용되는 근로자란 사실상 계속적으로 고용되고 있다는 것을 의미하며 근로자의 고용형태가 상용이라는 의미는 아니다. 따라서 일용직 근로자, 임시직 근로자, 파트타임 근로자 등 계약의 형식은 불문하고 작업의 내용과 성격에 따라 실질적으로 판단하여야 한다.
(5) 동종의 근로자라 함은 실질적으로 직종이나 직무 또는 근무형태가 동일한 근로자로서 당해 단체협약의 규정에 의하여 그 협약의 적용이 예상되는 자를 말한다.

> **참조판례 대판 1992.12.22. 92누13189**
> 단체협약의 적용을 받지 않는 근로자에게 노동조합법 제37조 소정의 일반적 구속력에 의하여 단체협약이 적용되기 위하여는 하나의 공장, 사업장 기타 직장에 상시 사용되는 동종의 근로자의 반수 이상의 근로자가 하나의 단체협약의 적용을 받게 됨을 필요로 하는바, 여기에서 상시 사용되는 동종의 근로자라 함은 하나의 단체협약의 적용을 받는 근로자가 반수 이상이라는 비율을 계산하기 위한 기준이 되는 근로자의 총수로서 근로자의 지위나 종류, 고용기간의 정함의 유무 또는 근로계약상의 명칭에 구애됨이 없이 사업장에서 사실상 계속적으로 사용되고 있는 동종의 근로자 전부를 의미하므로, 단기의 계약기간을 정하여 고용된 근로자라도 기간만료시마다 반복갱신되어 사실상 계속 고용되어 왔다면 여기에 포함되고, 또한 사업장 단위로 체결되는 단체협약의 적용범위가 특정되지 않았거나 협약 조항이 모든 직종에 걸쳐서 공통적으로 적용되는 경우에는 직종의 구분 없이 사업장 내의 모든 근로자가 동종의 근로자에 해당된다.

(6) 반수 이상의 근로자를 산출하는 기준은 당해 단체협약의 본래적 적용을 받는 노동조합의 조합원만이 포함된다.

(7) 확장적용의 요건은 확장적용의 개시요건인 동시에 존속요건이므로 비조합원의 신규채용·조합원의 탈퇴 등으로 반수 이상의 요건을 충족하지 못하게 되면 단체협약의 일반적 구속력은 당연히 종료된다.

(8) 위의 요건을 구비하면 당해 사업 또는 사업장에 사용되는 다른 동종의 근로자에 대하여도 당해 단체협약의 규범적 부분이 확장 적용된다.

(9) 단체협약의 확장적용은 소수조합의 헌법상 단체교섭권을 침해하고 독자성을 부정하는 것이므로 소수조합에는 인정되지 않는다.

(10) 사업장 단위 효력확장으로 단체협약을 적용받는 경우에는 유리의 원칙이 적용된다.

2. 지역단위의 일반적 구속력

> **노동조합법 제36조(지역적 구속력)** ① 하나의 지역에 있어서 종업하는 동종의 근로자 3분의 2 이상이 하나의 단체협약의 적용을 받게 된 때에는 행정관청은 당해 단체협약의 당사자의 쌍방 또는 일방의 신청에 의하거나 그 직권으로 노동위원회의 의결을 얻어 당해 지역에서 종업하는 다른 동종의 근로자와 그 사용자에 대하여도 당해 단체협약을 적용한다는 결정을 할 수 있다.
> ② 행정관청이 제1항의 규정에 의한 결정을 한 때에는 지체없이 이를 공고하여야 한다.

(1) 하나의 지역에 있어서 종업하는 동종의 근로자 3분의 2 이상이 하나의 단체협약의 적용을 받게 된 때에는 행정관청은 당해 단체협약의 당사자 쌍방 또는 일방의 신청에 의하거나 그 직권으로 노동위원회의 의결을 얻어 당해 지역에서 종업하는 다른 동종의 근로자와 그 사용자에 대하여도 당해 단체협약을 확장 적용하는 제도를 지역단위 일반적 구속력이라 한다.

(2) 지역단위의 일반적 구속력 제도는 일정 지역에 있어 다수의 근로자에게 적용되는 단체협약상의 근로조건을 그 지역의 동종 근로자를 위한 공정근로기준으로 간주하여 다른 근로자에게도 확장적용함으로써 근로자간의 근로조건에 대하여 형평성을 도모하고, 근로조건이 낮은 수준의 근로자를 고용한 기업이 다른 기업에 비하여 부당경쟁력을 확보하는 것을 방지하는 데에 있다.

(3) 하나의 지역이란 단체협약의 지역단위의 일반적 구속력의 입법취지 중의 하나가 사용자간의 부당경쟁을 방지하고자 하는 것임을 감안하여 볼 때 공단지역과 같이 서로 경쟁관계에 있는 동종·유사업종에 종사하는 공장·사업장 등이 밀집되어 있는 지역 등 동일한 경제적 지역이라고 할 것이다.

(4) 상시 사용되는 근로자란 사실상 계속적으로 고용되고 있다는 것을 의미하며 근로자의 고용형태가 상용이라는 의미는 아니다. 따라서 일용직 근로자, 임시직 근로자, 파트타임 근로자 등 계약의 형식에 불구하고 작업의 내용과 성격에 따라 실질적으로 판단하여야 한다.

(5) 같은 종류의 근로자라 함은 실질적으로 직종이나 직무 또는 근무형태가 동일한 근로자로서 당해 단체협약의 규정에 의하여 그 협약의 적용이 예상되는 자를 말한다.

(6) 3분의 2 이상의 근로자의 산출에는 당해 단체협약의 본래적 적용을 받는 노동조합의 조합원만이 포함되는 것으로 해석하여야 한다.

(7) 확장적용의 요건은 확장적용의 개시요건인 동시에 존속요건이므로 비조합원의 신규채용·조합원의 탈퇴 등으로 반수 이상의 요건을 충족하지 못하게 되면 단체협약의 일반적 구속력은 당연히 종료된다.

(8) 절차적 요건은 ① 단체협약 당사자의 쌍방 또는 일방의 확장적용 신청 또는 행정관청이 직권으로 노동위원회의 의결을 얻어, ② 행정관청의 결정과 그 공고이다.
(9) 행정관청의 이 같은 결정에 따라 단체협약은 그 지역에서 종사하는 다른 동종의 근로자와 그 사용자에게도 규범적 부분이 확장 적용된다.
(10) 단체협약을 체결하고 있는 다른 노동조합의 조합원에게는 단체협약의 지역적 구속력이 확장 적용되지 않는다.

> **참조판례** 대판 1993.12.21. 92도2247
> 단체행동권을 가진다고 규정하여 근로자의 자주적인 단결권뿐 아니라 단체교섭권과 단체행동권을 보장하고 있으므로, 노동조합법 제38조가 규정하는 지역적 구속력 제도의 목적을 어떠한 것으로 파악하건 적어도 교섭권한을 위임하거나 협약체결에 관여하지 아니한 협약 외의 노동조합이 독자적으로 단체교섭권을 행사하여 이미 별도의 단체협약을 체결한 경우에는 그 협약이 유효하게 존속하고 있는 한 지역적 구속력 결정의 효력은 그 노동조합이나 그 구성원인 근로자에게는 미치지 않는다고 해석하여야 할 것이고, 또 협약 외의 노동조합이 위와 같이 별도로 체결하여 적용받고 있는 단체협약의 갱신체결이나 보다 나은 근로조건을 얻기 위한 단체교섭이나 단체행동을 하는 것 자체를 금지하거나 제한할 수는 없다고 보아야 할 것이다.

(11) 단체협약의 지역적 구속력에 따라 단체협약을 적용받게 되는 경우에는 유리의 원칙이 적용된다.

제5절 단체협약의 실효

Ⅰ. 유효기간의 만료

> **노동조합법 제32조(단체협약 유효기간의 상한)** ① 단체협약의 유효기간은 3년을 초과하지 않는 범위에서 노사가 합의하여 정할 수 있다.
> ② 단체협약에 그 유효기간을 정하지 아니한 경우 또는 제1항의 기간을 초과하는 유효기간을 정한 경우에 그 유효기간은 3년으로 한다.
> ③ 단체협약의 유효기간이 만료되는 때를 전후하여 당사자 쌍방이 새로운 단체협약을 체결하고자 단체교섭을 계속하였음에도 불구하고 새로운 단체협약이 체결되지 아니한 경우에는 별도의 약정이 있는 경우를 제외하고는 종전의 단체협약은 그 효력만료일부터 3월까지 계속 효력을 갖는다. 다만, 단체협약에 그 유효기간이 경과한 후에도 새로운 단체협약이 체결되지 아니한 때에는 새로운 단체협약이 체결될 때까지 종전 단체협약의 효력을 존속시킨다는 취지의 별도의 약정이 있는 경우에는 그에 따르되, 당사자 일방은 해지하고자 하는 날의 6월 전까지 상대방에게 통고함으로써 종전의 단체협약을 해지할 수 있다.

(1) 단체협약은 유효기간 동안 존속하는 것이 원칙이다.
(2) 단체협약의 최장유효기간은 3년이다. 단체협약의 유효기간을 정하는 이유는 당사자가 단체협약의 약정유효기간을 너무 장기간으로 정하는 경우 경제적·사회적 변화를 제대로 수용하지 못함으로써 현실성이 결여된 단체협약이 될 우려가 있기 때문이다.

(3) 당사자가 법정유효기간보다 짧은 기간을 단체협약의 유효기간으로 정하는 것은 무방하지만, 법정유효기간 이상의 기간을 단체협약의 유효기간으로 정하거나 단체협약에 유효기간을 정하지 아니한 경우에는 법정유효기간이 단체협약의 유효기간이 된다.

(4) 단체협약의 유효기간이 만료되기 전에 단체협약의 당사자가 새로운 단체협약을 체결하기 위한 단체교섭을 진행하였으나 단체협약이 체결되지 아니한 경우 종전의 단체협약은 만료일부터 3개월 동안 그 효력이 연장된다.

(5) 자동갱신협정이란 단체협약에 그 유효기간의 종료전 일정기일까지 양 당사자의 어느 쪽으로부터도 협약의 개정 또는 파기의 통고가 없는 한 당해 협약을 다시 동일기간 또는 일정기간 유효한 것으로 갱신한다는 규정을 두는 것을 말한다.
자동갱신협정에 따라 단체협약이 갱신된 경우 유효기간은 3년이다.

> **참조판례** 대판 1993.2.9. 92다27102
>
> 당사자가 단체협약 만료시에 협약의 연장이나 갱신협정을 체결하는 것은 종전 단체협약과 같은 내용의 단체협약을 다시 체결하는 것과 같은 것으로서 당연히 유효하고, 단체협약의 만료시 일정한 기간 내에 협약의 개정이나 폐기의 통고가 없으면 자동갱신되는 것으로 미리 규정하는 것도 당사자의 유효기간 만료 후의 단체협약체결권을 미리 제한하거나 박탈하는 것이 아니므로 유효하고, 다만 그 새로운 유효기간은 같은 법 제35조 제1, 2항의 제한을 받는다.

(6) 자동연장협정이란 단체협약의 기간이 만료되어도 신단체협약의 체결을 위한 노사간의 단체교섭이 타결되지 아니하고 있을 경우 신단체협약이 성립될 때까지 또는 일정기간 동안 구단체협약의 유효기간을 연장한다고 하는 규정을 말한다.

1) 당사자 일방이 자동연장협정을 해지하고자 하는 경우 해지일 6개월 전에 통고하여야 한다.

2) 단체협약의 해지권을 정한 노동조합 및 노동관계조정법 제32조 제3항 단서는 강행규정에 해당한다.

> **참조판례** 대판 2016.3.10. 2013두3160
>
> 단체협약의 유효기간을 제한한 노동조합법 제32조 제1항, 제2항이나 단체협약의 해지권을 정한 노동조합법 제32조 제3항 단서는 모두 성질상 강행규정이라고 볼 것이어서, 당사자 사이의 합의에 의하더라도 단체협약의 해지권을 행사하지 못하도록 하는 등 그 적용을 배제하는 것은 허용되지 않는다.

3) 단체협약이 유효기간이 경과한 후에 자동연장조항에 따라 계속 효력을 유지하게 된 경우, 그 효력이 유지된 단체협약의 유효기간이 2년으로 제한되지는 않는다.

> **참조판례** 대판 2015.10.29. 2012다71138
>
> 단체협약이 노동조합법 제32조 제1항, 제2항의 제한을 받는 본래의 유효기간이 경과한 후에 불확정기한부 자동연장조항에 따라 계속 효력을 유지하게 된 경우에, 그 효력이 유지된 단체협약의 유효기간은 노동조합법 제32조 제1항, 제2항에 의하여 일률적으로 2년으로 제한되지는 아니한다고 봄이 타당하다. 이 사건 지회에 적용되는 이 사건 단체협약은 2006.3.31. 그 유효기간이 만료되고 이후 새로운 단체협약이 체결되지 아니하였는데, 이 사건 단체협약 부칙 제2조에서 '협약의 유효기간이 만료되어도 갱신협약이 체결될 때까지는 본 협약의 효력은 지속한다.'고 규정하고 있으며, 피고가 2010.2.1. 이 사건 단체협약의 해지를 통보한 사실에 비추어 볼 때, 이 사건 단체협약은 노동조합법 제32조 제3항 단서에 따라 그 유효기간 만료 후에도 효력이 지속되다가 피고의 해지 의사표시가 도달한 2010.2.1.부터 6개월이 경과한 2010.8.1. 실효되었다고 봄이 타당하므로 그 전까지는 이 사건 단체협약이 적용되고, 또한 그 실효 전인 2009.3.31. 이 사건 지회에 가입한 일부 선정자들에게도 이 사건 단체협약이 적용된다.

Ⅱ. 단체협약의 취소

단체협약은 당사자 간의 의사표시에 기한 합의에 의하여 성립되는 것이므로 당해 의사표시의 중요부분에 착오가 있거나, 사기·강박에 의한 것일 때에는 당사자의 일방에 의하여 이를 취소할 수 있다.

Ⅲ. 단체협약의 해지

(1) 상대방이 단체협약을 위반하는 경우 다른 당사자는 단체협약을 해지할 수 있다.
(2) 단체협약체결의 명시적·묵시적 전제조건이 되는 경제적·사회적 사정이 단체협약체결 당시에 예측할 수 없을 만큼 중대한 변화를 가져옴으로써 단체협약의 존립이 무의미하고 일방당사자에게 단체협약의 준수를 강요하는 것이 지극히 불합리·불공평할 때에는 소위 사정변경의 원칙에 의하여 이를 해지할 수 있다.
(3) 단체협약의 당사자는 단체협약이 유효기간 중에 합의에 의하여 단체협약을 해지할 수 있다.

Ⅳ. 단체협약 당사자의 변경

1. 사용자의 변경

(1) 청산절차 중에 노동조합의 조합원이 모두 해고됨으로써 단체협약은 종료된다.
(2) 합병, 분할, 영업양도 등 회사의 동일성이 인정되는 한 단체협약은 그대로 존속된다.

2. 노동조합의 변경

(1) 노동조합의 해산으로 단체협약 당사자의 실체가 없어지므로 단체협약은 당연히 종료된다.
(2) 노동조합의 합병, 분할, 조직형태의 변경이 있는 경우 실질적 동일성이 인정되는 한 단체협약은 그대로 존속한다.
(3) 노동조합이 분열하여 두 개의 새로운 노동조합이 결성된 경우 기존 노동조합에 대하여는 단체협약이 그대로 존속하나, 새로운 노동조합에 대해서는 당해 단체협약의 효력이 미치지 않는다.

Ⅴ. 신단체협약의 체결

구단체협약의 유효기간 중에 신단체협약을 체결하면 구단체협약은 소멸하게 된다.

Ⅵ. 단체협약 실효 후의 근로관계

단체협약이 실효되었다고 하더라도 근로조건에 관한 부분은 근로계약으로 여전히 당사자를 구속한다.

> **참조판례** 대판 2000.6.9. 98다13747
> 단체협약이 실효되었다고 하더라도 임금, 퇴직금이나 노동시간, 그 밖에 개별적인 노동조건에 관한 부분은 그 단체협약의 적용을 받고 있던 근로자의 근로계약의 내용이 되어 그것을 변경하는 새로운 단체협약, 취업규칙이 체결, 작성되거나 또는 개별적인 근로자의 동의를 얻지 아니하는 한 개별적인 근로자의 근로계약의 내용으로서 여전히 남아 있는 것

제6절 단체협약의 해석

> **노동조합법 제34조(단체협약의 해석)** ① 단체협약의 해석 또는 이행방법에 관하여 관계 당사자간에 의견의 불일치가 있는 때에는 당사자 쌍방 또는 단체협약에 정하는 바에 의하여 어느 일방이 노동위원회에 그 해석 또는 이행방법에 관한 견해의 제시를 요청할 수 있다.
> ② 노동위원회는 제1항의 규정에 의한 요청을 받은 때에는 그 날부터 30일 이내에 명확한 견해를 제시하여야 한다.
> ③ 제2항의 규정에 의하여 노동위원회가 제시한 해석 또는 이행방법에 관한 견해는 중재재정과 동일한 효력을 가진다.

(1) 단체협약이 해석 또는 이행방법과 관련한 집단적 권리분쟁에 대하여 법원에 의한 사법적 구제는 소송비용 및 시간소요 등 현실적인 어려움이 따르므로 노동위원회의 유권해석을 통하여 신속한 해결을 도모하기 위한 것이다.

(2) 단체협약과 같은 처분문서를 해석함에 있어서는 그 명문의 규정을 근로자에게 불리하게 변형 해석할 수 없다.

> **참조판례** 대판 2011.10.13. 2009다102452
>
> 처분문서는 그 진정성립이 인정되면 특별한 사정이 없는 한 그 처분문서에 기재되어 있는 문언의 내용에 따라 당사자의 의사표시가 있었던 것으로 객관적으로 해석하여야 하나, 당사자 사이에 계약의 해석을 둘러싸고 이견이 있어 처분문서에 나타난 당사자의 의사해석이 문제되는 경우에는 문언의 내용, 그와 같은 약정이 이루어진 동기와 경위, 약정에 의하여 달성하려는 목적, 당사자의 진정한 의사 등을 종합적으로 고찰하여 논리와 경험칙에 따라 합리적으로 해석하여야 한다. 한편 단체협약과 같은 처분문서를 해석함에 있어서는, 단체협약이 근로자의 근로조건을 유지·개선하고 복지를 증진하여 그 경제적·사회적 지위를 향상시킬 목적으로 근로자의 자주적 단체인 노동조합과 사용자 사이에 단체교섭을 통하여 이루어지는 것이므로, 그 명문의 규정을 근로자에게 불리하게 변형 해석할 수 없다.

제5장 노동쟁의조정제도

제1절 총설

Ⅰ. 노동쟁의조정제도의 의의

단체교섭은 합의상태에 이르지 못하고 분쟁상태에 놓이게 되는 경우가 있는 바, 이러한 분쟁상태를 양 당사자가 아닌 제3자의 개입으로 해결하는 제도가 노동쟁의조정제도이다.

Ⅱ. 노동분쟁의 유형

1. 개별분쟁과 집단분쟁

(1) 근로자 개인과 사용자 사이의 분쟁을 개별분쟁이라고 하며, 노동조합과 사용자 내지 사용자단체 사이의 분쟁을 집단분쟁이라고 한다.

(2) 한 명의 근로자에 관한 문제라도 노동조합이 문제를 제기하여 사용자와의 분쟁이 야기된 경우에는 집단분쟁에 해당되나, 다수의 근로자가 관련된 경우라도 노동조합이 개입되지 아니하고 각기 자신의 문제를 주장하는 경우에는 개별분쟁에 해당된다.

2. 이익분쟁과 권리분쟁

(1) 이익분쟁이란 근로계약이나 단체협약을 체결하기 이전, 즉 권리의무관계가 형성되기 이전에 당사자가 이러한 권리의무관계를 어떠한 내용으로 형성할 것인지에 대하여 각자의 이익을 주장함으로써 발생하는 분쟁을 말한다.

(2) 권리분쟁이란 바로 근로자의 권리의무관계를 이미 형성하고 있는 근로계약, 단체협약 및 법률의 해석·적용에 관한 당사자 간의 분쟁을 의미한다.

Ⅲ. 노동쟁의조정의 대상

> **노동조합법 제2조(정의)** 이 법에서 사용하는 용어의 정의는 다음과 같다.
> 5. "노동쟁의"라 함은 노동조합과 사용자 또는 사용자단체(이하 "勞動關係 當事者"라 한다) 간에 임금·근로시간·복지·해고 기타 대우 등 근로조건의 결정에 관한 주장의 불일치로 인하여 발생한 분쟁상태를 말한다. 이 경우 주장의 불일치라 함은 당사자간에 합의를 위한 노력을 계속하여도 더이상 자주적 교섭에 의한 합의의 여지가 없는 경우를 말한다.

(1) 노동쟁의란 노사관계 당사자 간에 임금·근로시간·복지·해고 기타 대우 등 근로조건의 결정에 관한 주장의 불일치로 인하여 발생한 분쟁상태를 말한다.
(2) 노동관계 당사자 사이의 분쟁이라야 노동쟁의가 된다. 따라서 노사협의회에서 노사의 합의노력이 실패한 경우나, 노동조합과 정부사이, 노동조합과 근로자 사이, 노동조합 상호 간의 분쟁은 노동쟁의가 아니다.
(3) 노동쟁의의 대상은 근로조건으로 규정되어 있으나 이는 예시적인 것이므로 단체교섭의 대상이 되는 사항은 노동쟁의의 대상이 된다고 할 것이다.

판례는 노사관계 당사자 쌍방이 합의하여 단체협약의 대상이 될 수 있는 사항에 대하여 중재를 해 줄 것을 신청한 경우이거나 이와 동일시할 수 있는 사정이 있는 경우에는 근로조건 이외의 사항에 대하여도 중재재정을 할 수 있다고 판시하였다.

> **참조판례** 대판 1996.2.23. 94누9177
> 중재절차는 원칙적으로 노동쟁의가 발생한 경우에 노동쟁의의 대상이 된 사항에 대하여 행하여지는 것이고, 노동쟁의조정법 제2조에서는 노동쟁의를 "임금·근로시간·후생·해고 기타 대우 등 근로조건에 관한 노동관계 당사자 간의 주장의 불일치로 인한 분쟁상태"라고 규정하고 있으며, 근로조건은 사용자와 근로자 사이의 근로계약관계에 있어서 근로자의 대우에 관하여 정한 조건을 말하고, 구체적으로는 근로기준법에 정하여진 임금·근로시간·후생·해고뿐만 아니고 같은 법 제94조 제1호 내지 제11호, 같은법시행령 제7조 제1호, 제3호 소정의 사항이 포함될 것인바, 따라서 이러한 근로조건 이외의 사항에 관한 노동관계 당사자 사이의 주장의 불일치로 인한 분쟁상태는 근로조건에 관한 분쟁이 아니어서 현행법상의 노동쟁의라고 할 수 없고, 특별한 사정이 없는 한 이러한 사항은 중재재정의 대상으로 할 수 없다.

> **참조판례** 대판 2003.7.25. 2001두4818
> 중재절차는 노동쟁의의 자주적 해결과 신속한 처리를 위한 광의의 노동쟁의조정절차의 일부분이므로 노사관계 당사자 쌍방이 합의하여 단체협약의 대상이 될 수 있는 사항에 대하여 중재를 해 줄 것을 신청한 경우이거나 이와 동일시할 수 있는 사정이 있는 경우에는 근로조건 이외의 사항에 대하여도 중재재정을 할 수 있다고 봄이 상당하다.

(4) 노동쟁의는 근로조건의 결정을 대상으로 한다. 따라서 노동쟁의는 이익분쟁에 한정되고 권리분쟁은 노동쟁의조정 대상이 될 수 없다.
(5) 노동쟁의란 주장의 불일치 상태를 말하며, 주장의 불일치란 당사자 사이에 합의를 위한 노력을 계속해도 더이상 자주적 교섭을 통한 합의의 여지가 없는 경우, 즉 단체교섭이 결렬된 경우를 말한다.
(6) 노동쟁의는 분쟁상태 그 자체를 말하며, 분쟁상태란 쟁의행위가 발생할 우려가 있는 상태 또는 쟁의행위가 발생한 상태를 말한다.
(7) 노동관계 당사자는 노동쟁의가 발생한 때에는 어느 일방이 이를 상대방에게 서면으로 통보하여야 한다.

Ⅳ. 노동쟁의 조정의 유형

1. 조정과 중재

(1) 조정이란 해결안을 당사자 쌍방이 수락하여야 비로소 구속력을 가지는 것을 말한다.
(2) 중재란 당사자의 수락여부와 상관없이 해결안이 당연히 당사자를 구속하는 것을 말한다.

2. 임의조정과 강제조정

(1) 임의조정은 당사자 쌍방의 신청이 있어야 시작되는 것을 말한다.

(2) 강제조정은 당사자 일방의 신청이 있으면 상대방의 의사에 반하여 강제적으로 시작하는 일방적 조정과 제3자의 발의 또는 결정에 따라 강제로 시작하는 직권조정이 포함된다.

강제조정은 그 해결안에 구속력이 없으므로 이를 허용하더라도 특별한 문제가 없으나, 강제중재는 그 해결안이 구속력을 가지므로 이를 허용하는 것은 단체교섭권과 쟁의권을 제약할 수 있다.

3. 사적조정과 공적조정

(1) 사적조정은 당사자가 미리 또는 그때그때 분쟁해결절차에 관하여 단체협약이나 그 밖의 합의를 하고, 이에 따라 선정된 민간의 제3자에게 그 분쟁의 조정·중재를 행하는 것을 말한다.

(2) 공적조정은 국가가 법률에 따라 분쟁해결절차를 규정하고 소정의 공적 기관이 조정·중재를 하는 것을 말한다.

V. 노동쟁의조정의 기본원칙

> **노동조합법 제47조(자주적 조정의 노력)** 이 장의 규정은 노동관계 당사자가 직접 노사협의 또는 단체교섭에 의하여 근로조건 기타 노동관계에 관한 사항을 정하거나 노동관계에 관한 주장의 불일치를 조정하고 이에 필요한 노력을 하는 것을 방해하지 아니한다.
>
> **제48조(당사자의 책무)** 노동관계 당사자는 단체협약에 노동관계의 적정화를 위한 노사협의 기타 단체교섭의 절차와 방식을 규정하고 노동쟁의가 발생한 때에는 이를 자주적으로 해결하도록 노력하여야 한다.
>
> **제49조(국가등의 책무)** 국가 및 지방자치단체는 노동관계 당사자간에 노동관계에 관한 주장이 일치하지 아니할 경우에 노동관계 당사자가 이를 자주적으로 조정할 수 있도록 조력함으로써 쟁의행위를 가능한 한 예방하고 노동쟁의의 신속·공정한 해결에 노력하여야 한다.
>
> **제50조(신속한 처리)** 이 법에 의하여 노동관계의 조정을 할 경우에는 노동관계 당사자와 노동위원회 기타 관계기관은 사건을 신속히 처리하도록 노력하여야 한다.

(1) 노동쟁의로 인한 분쟁은 노사관계당사자의 자주적 해결을 원칙으로 한다. 따라서 관계 당사자는 노동쟁의가 발생한 때에는 자주적으로 해결하도록 노력해야 하고, 국가 및 지방자치단체는 노동관계 당사자 사이에 노동관계에 관한 주장이 일치하지 않을 경우에 당사자가 이를 자주적으로 조정할 수 있도록 조력해야 함을 규정하고 있다.

(2) 분쟁해결은 신속·공정한 해결을 원칙으로 한다. 따라서 국가나 지방자치단체는 노동쟁의의 자주적 해결에 조력함으로써 쟁의행위를 가능한 한 예방하고 노동쟁의의 신속·공정한 해결에 노력하고, 노동관계의 조정을 할 경우에는 노동관계당사자와 노동위원회나 그 밖의 관계기관은 사건을 조속히 처리하도록 노력해야 한다.

제2절 노동쟁의조정의 절차

Ⅰ. 일반사업에 대한 공적 조정·중재

1. 조정

노동조합법 제53조(조정의 개시) ① 노동위원회는 관계 당사자의 일방이 노동쟁의의 조정을 신청한 때에는 지체 없이 조정을 개시하여야 하며 관계 당사자 쌍방은 이에 성실히 임하여야 한다.
② 노동위원회는 제1항의 규정에 따른 조정신청 전이라도 원활한 조정을 위하여 교섭을 주선하는 등 관계 당사자의 자주적인 분쟁 해결을 지원할 수 있다.

제54조(조정기간) ① 조정은 제53조의 규정에 의한 조정의 신청이 있은 날부터 일반사업에 있어서는 10일, 공익사업에 있어서는 15일 이내에 종료하여야 한다.
② 제1항의 규정에 의한 조정기간은 관계 당사자간의 합의로 일반사업에 있어서는 10일, 공익사업에 있어서는 15일 이내에서 연장할 수 있다.

제55조(조정위원회의 구성) ① 노동쟁의의 조정을 위하여 노동위원회에 조정위원회를 둔다.
② 제1항의 규정에 의한 조정위원회는 조정위원 3인으로 구성한다.
③ 제2항의 규정에 의한 조정위원은 당해 노동위원회의 위원중에서 사용자를 대표하는 자, 근로자를 대표하는 자 및 공익을 대표하는 자 각 1인을 그 노동위원회의 위원장이 지명하되, 근로자를 대표하는 조정위원은 사용자가, 사용자를 대표하는 조정위원은 노동조합이 각각 추천하는 노동위원회의 위원중에서 지명하여야 한다. 다만, 조정위원회의 회의 3일전까지 관계 당사자가 추천하는 위원의 명단제출이 없을 때에는 당해 위원을 위원장이 따로 지명할 수 있다.
④ 노동위원회의 위원장은 근로자를 대표하는 위원 또는 사용자를 대표하는 위원의 불참 등으로 인하여 제3항의 규정에 따른 조정위원회의 구성이 어려운 경우 노동위원회의 공익을 대표하는 위원 중에서 3인을 조정위원으로 지명할 수 있다. 다만, 관계 당사자 쌍방의 합의로 선정한 노동위원회의 위원이 있는 경우에는 그 위원을 조정위원으로 지명한다.

제56조(조정위원회의 위원장) ① 조정위원회에 위원장을 둔다.
② 위원장은 공익을 대표하는 조정위원이 된다. 다만, 제55조 제4항의 규정에 따른 조정위원회의 위원장은 조정위원 중에서 호선한다.

제57조(단독조정) ① 노동위원회는 관계 당사자 쌍방의 신청이 있거나 관계 당사자 쌍방의 동의를 얻은 경우에는 조정위원회에 갈음하여 단독조정인에게 조정을 행하게 할 수 있다.
② 제1항의 규정에 의한 단독조정인은 당해 노동위원회의 위원중에서 관계 당사자의 쌍방의 합의로 선정된 자를 그 노동위원회의 위원장이 지명한다.

제58조(주장의 확인등) 조정위원회 또는 단독조정인은 기일을 정하여 관계 당사자 쌍방을 출석하게 하여 주장의 요점을 확인하여야 한다.

제59조(출석금지) 조정위원회의 위원장 또는 단독조정인은 관계 당사자와 참고인외의 자의 출석을 금할 수 있다.

제60조(조정안의 작성) ① 조정위원회 또는 단독조정인은 조정안을 작성하여 이를 관계 당사자에게 제시하고 그 수락을 권고하는 동시에 그 조정안에 이유를 붙여 공표할 수 있으며, 필요한 때에는 신문 또는 방송에 보도등 협조를 요청할 수 있다.
② 조정위원회 또는 단독조정인은 관계 당사자가 수락을 거부하여 더 이상 조정이 이루어질 여지가 없다고 판단되는 경우에는 조정의 종료를 결정하고 이를 관계 당사자 쌍방에 통보하여야 한다.

> ③ 제1항의 규정에 의한 조정안이 관계 당사자의 쌍방에 의하여 수락된 후 그 해석 또는 이행방법에 관하여 관계 당사자간에 의견의 불일치가 있는 때에는 관계 당사자는 당해 조정위원회 또는 단독조정인에게 그 해석 또는 이행방법에 관한 명확한 견해의 제시를 요청하여야 한다.
> ④ 조정위원회 또는 단독조정인은 제3항의 규정에 의한 요청을 받은 때에는 그 요청을 받은 날부터 7일 이내에 명확한 견해를 제시하여야 한다.
> ⑤ 제3항 및 제4항의 해석 또는 이행방법에 관한 견해가 제시될 때까지는 관계 당사자는 당해 조정안의 해석 또는 이행에 관하여 쟁의행위를 할 수 없다.
>
> **제61조(조정의 효력)** ① 제60조 제1항의 규정에 의한 조정안이 관계 당사자에 의하여 수락된 때에는 조정위원 전원 또는 단독조정인은 조정서를 작성하고 관계 당사자와 함께 서명 또는 날인하여야 한다.
> ② 조정서의 내용은 단체협약과 동일한 효력을 가진다.
> ③ 제60조 제4항의 규정에 의하여 조정위원회 또는 단독조정인이 제시한 해석 또는 이행방법에 관한 견해는 중재재정과 동일한 효력을 가진다.
>
> **제61조의2(조정종료 결정 후의 조정)** ① 노동위원회는 제60조 제2항의 규정에 따른 조정의 종료가 결정된 후에도 노동쟁의의 해결을 위하여 조정을 할 수 있다.
> ② 제1항의 규정에 따른 조정에 관하여는 제55조 내지 제61조의 규정을 준용한다.

(1) 조정은 조정안을 당사자 쌍방이 수락함으로써 분쟁을 해결하는 방식이다.
(2) 노동위원회는 조정신청전이라도 원활한 조정을 위하여 교섭을 주선하는 등 관계당사자의 자주적인 분쟁해결을 지원할 수 있다.
   1) 조정전 지원제도의 개시요건 및 기간의 제한은 없다.
   2) 조정전 지원의 경우 담당자에 관한 제한은 없다.
(3) 노동위원회는 관계당사자의 일방이 노동쟁의의 조정을 신청한 때에는 지체없이 조정을 개시하여야 하며 관계 당사자 쌍방은 이에 성실히 임하여야 한다.
(4) 조정은 노동위원회가 설치된 조정위원회가 담당한다.
   1) 조정위원회는 조정위원3인으로 구성되며, ① 당해 노동위원회의 위원 중에서 사용자를 대표하는 자, ② 노동조합을 대표하는 자 및 ③ 공익을 대표하는 자 각 1인을 당해 노동위원회의 위원장이 지명한다. 이 경우 노동조합을 대표하는 근로자위원은 사용자가, 사용자를 대표하는 사용자위원은 노동조합이 각각 추천하는 위원 중에서 지명하여야 한다. 다만, 회의 3일 전까지 관계당사자가 추천하는 위원의 명단제출이 없을 때에는 당해 위원을 위원장이 따로 지명할 수 있다. 조정위원회의 위원장은 공익을 대표하는 조정위원이 된다.
   2) 노동위원회의 위원장은 근로자를 대표하는 위원 또는 사용자를 대표하는 위원의 불참 등으로 인하여 조정위원회의 구성이 어려운 경우 공익위원 중에서 3명을 조정위원으로 지명할 수 있으며, 당사자 쌍방의 합의로 선정한 노동위원회의 위원이 있는 경우에는 그 위원을 조정위원으로 지명한다. 이 경우 조정위원회의 위원장은 조정위원 중에서 호선한다.
   3) 노동위원회는 관계 당사자 쌍방의 신청이 있거나 관계 당사자 쌍방의 동의를 얻은 경우에는 조정위원회에 갈음하여 단독조정인에게 조정을 행하게 할 수 있다.
   4) 단독조정인은 당해 노동위원회의 위원 중에서 당사자쌍방의 합의로 선정된 자를 그 노동위원회의 위원장이 지명한다.

(5) 조정위원회 또는 단독조정인은 기일을 정하여 당사자쌍방을 조정위원회에 출석하게 하여 주장의 요점을 확인하여야 한다.
조정위원회의 위원장 또는 단독조정인은 관계당사자와 참고인 이외의 자의 회의출석을 금할 수 있다.
(6) 조정위원회는 조정안을 작성하여 이를 관계당사자에게 제시하고 그 수락을 권고하는 동시에 당해 조정안에 이유를 붙여 공표할 수 있으며, 필요한 때에는 신문 또는 방송에 의한 협력을 요청할 수 있다.
(7) 조정은 당사자로부터 조정의 신청이 있는 날부터 일반사업에 있어서는 10일, 공익사업에 있어서는 15일 이내에 종료되어야 한다. 조정기간은 관계당사자간의 합의로 일반사업에 있어서는 10일, 공익사업에 있어서는 15일 이내에서 연장할 수 있다.
(8) 조정안이 당사자에 의하여 수락된 때에는 조정위원 전원은 조정서를 작성하고 관계당사자와 함께 서명 또는 날인하여야 한다.
(9) 조정서의 내용은 단체협약과 동일한 효력을 가진다.
(10) 조정안이 관계당사자 쌍방에 의하여 수락된 후 그 해석 또는 이행방법에 관하여 관계당사자 사이에 의견의 불일치가 생긴 때에는 관계당사자는 당해 조정위원회 또는 단독조정인에게 그 해석 또는 이행방법에 관한 명확한 견해의 제시를 요청하여야 한다.
  1) 조정위원회 또는 단독조정인은 그 요청을 받은 날부터 7일 이내에 명확한 견해를 제시하여야 한다.
  2) 당사자는 조정안의 해석 또는 이행방법에 관한 조정위원회의 견해가 제시될 때까지는 당해 조정안의 해석 또는 이행에 관하여 쟁의행위를 할 수 없다.
  3) 조정위원회 또는 단독조정인이 제시한 해석 또는 이행방법에 관한 견해는 중재재정과 동일한 효력을 갖는다.
(11) 조정위원회 또는 단독조정인은 관계당사자가 수락을 거부하여 더 이상 조정이 이루어질 여지가 없다고 판단되는 경우에는 조정의 종료를 결정하고 이를 관계 당사자 쌍방에 통보하여야 한다.
(12) 노동위원회는 조정의 종료가 결정된 후에도 노동쟁의의 해결을 위하여 조정을 할 수 있다.
  1) 사후조정의 개시요건에는 제한이 없다. 따라서 당사자의 신청이 없더라도 노동위원회가 필요하다고 인정하는 때에 언제든지 직권으로 시작할 수 있다.
  2) 사후조정은 기간의 제한이 없으므로 특별한 사정이 없는 이상 장기에 걸쳐 할 수도 있다.
  3) 사후조정의 경우에는 그 담당자, 절차, 성립한 때의 효력 등에 관하여 조정에 관한 규정이 준용된다.

2. 중재

노동조합법 제62조(중재의 개시) 노동위원회는 다음 각 호의 어느 하나에 해당하는 때에는 중재를 행한다.
  1. 관계 당사자의 쌍방이 함께 중재를 신청한 때
  2. 관계 당사자의 일방이 단체협약에 의하여 중재를 신청한 때

제63조(중재시의 쟁의행위의 금지) 노동쟁의가 중재에 회부된 때에는 그 날부터 15일간은 쟁의행위를 할 수 없다.

제64조(중재위원회의 구성) ① 노동쟁의의 중재 또는 재심을 위하여 노동위원회에 중재위원회를 둔다.
② 제1항의 규정에 의한 중재위원회는 중재위원 3인으로 구성한다.
③ 제2항의 중재위원은 당해 노동위원회의 공익을 대표하는 위원 중에서 관계 당사자의 합의로 선정한 자에 대하여 그 노동위원회의 위원장이 지명한다. 다만, 관계 당사자 간에 합의가 성립되지 아니한 경우에는 노동위원회의 공익을 대표하는 위원 중에서 지명한다.

제65조(중재위원회의 위원장) ① 중재위원회에 위원장을 둔다.
② 위원장은 중재위원 중에서 호선한다.

제66조(주장의 확인등) ① 중재위원회는 기일을 정하여 관계 당사자 쌍방 또는 일방을 중재위원회에 출석하게 하여 주장의 요점을 확인하여야 한다.
② 관계 당사자가 지명한 노동위원회의 사용자를 대표하는 위원 또는 근로자를 대표하는 위원은 중재위원회의 동의를 얻어 그 회의에 출석하여 의견을 진술할 수 있다.

제67조(출석금지) 중재위원회의 위원장은 관계 당사자와 참고인외의 자의 회의출석을 금할 수 있다.

제68조(중재재정) ① 중재재정은 서면으로 작성하여 이를 행하며 그 서면에는 효력발생 기일을 명시하여야 한다.
② 제1항의 규정에 의한 중재재정의 해석 또는 이행방법에 관하여 관계 당사자간에 의견의 불일치가 있는 때에는 당해 중재위원회의 해석에 따르며 그 해석은 중재재정과 동일한 효력을 가진다.

제69조(중재재정등의 확정) ① 관계 당사자는 지방노동위원회 또는 특별노동위원회의 중재재정이 위법이거나 월권에 의한 것이라고 인정하는 경우에는 그 중재재정서의 송달을 받은 날부터 10일 이내에 중앙노동위원회에 그 재심을 신청할 수 있다.
② 관계 당사자는 중앙노동위원회의 중재재정이나 제1항의 규정에 의한 재심결정이 위법이거나 월권에 의한 것이라고 인정하는 경우에는 행정소송법 제20조의 규정에 불구하고 그 중재재정서 또는 재심결정서의 송달을 받은 날부터 15일 이내에 행정소송을 제기할 수 있다.
③ 제1항 및 제2항에 규정된 기간내에 재심을 신청하지 아니하거나 행정소송을 제기하지 아니한 때에는 그 중재재정 또는 재심결정은 확정된다.
④ 제3항의 규정에 의하여 중재재정이나 재심결정이 확정된 때에는 관계 당사자는 이에 따라야 한다.

제70조(중재재정 등의 효력) ① 제68조 제1항의 규정에 따른 중재재정의 내용은 단체협약과 동일한 효력을 가진다.
② 노동위원회의 중재재정 또는 재심결정은 제69조 제1항 및 제2항의 규정에 따른 중앙노동위원회에의 재심신청 또는 행정소송의 제기에 의하여 그 효력이 정지되지 아니한다.

(1) 중재는 중재재정안을 작성하면 당사자의 수락여부와 관계없이 그 중재안을 받아들이도록 함으로써 분쟁을 해결하는 조정방법이다.

(2) 중재는 관계당사자의 쌍방이 함께 중재의 신청을 하거나, 관계당사자의 일방이 단체협약에 의하여 중재신청을 한때 개시된다.

(3) 중재는 노동위원회에 설치되는 3인의 중재위원으로 구성된 중재위원회가 담당한다. 중재위원은 노동위원회의 공익위원 중에서 관계당사자의 합의로 선정한 자에 대하여 노동위원회의 위원장이 지명한다. 다만 관계당사자의 합의가 이루어지지 아니한 경우에는 노동위원회의 위원장이 공익위원 중에서 지명한다.

(4) 중재위원회의 위원장은 중재위원 중에서 호선한다.

(5) 중재위원회는 기일을 정하여 관계당사자 쌍방 또는 일방을 중재위원회에 출석하게 하여 주장의 요점을 확인하여야 한다.

   1) 중재위원회가 중재를 하는 경우 관계당사자가 지명한 노동위원회의 사용자를 대표하는 위원 또는 근로자를 대표하는 위원은 중재위원회의 동의를 얻어 중재위원회의 회의에 출석하여 의견을 진술할 수 있다.

   2) 중재위원회의 위원장은 당사자와 참고인 이외의 자의 회의출석을 금하며 그 회의의 공정한 진행을 방해하는 자의 퇴장을 명할 수 있다.

(6) 노동쟁의가 중재에 회부된 때에는 그 날부터 15일간은 쟁의행위를 할 수 없다.
(7) 중재의 결과 작성된 중재안을 중재재정이라고 한다. 중재재정은 서면으로 작성하고, 그 서면에는 효력발생기일을 명시하여야 한다.
(8) 중재재정안은 단체협약과 동일한 효력을 갖는다.
(9) 중재재정의 해석 또는 이행방법에 관하여 관계당사자간의 의견의 불일치가 있는 때에는 당해 중재위원회의 해석에 따르며 그 해석은 중재재정과 동일한 효력을 갖는다.
(10) 중재재정에 대한 불복절차에는 재심절차와 행정소송제기절차의 두 가지가 있는 데 일정 기간 내에 이들 절차를 밟지 아니하는 경우 그 중재재정 또는 재심결정은 확정되며, 당사자는 이를 따라야 한다.
  1) 당사자는 지방노동위원회 또는 특별노동위원회의 중재재정이 위법이거나 월권에 의한 것이라고 인정하는 경우에는 그 중재재정서의 송달을 받은 날부터 10일 이내에 중앙노동위원회에 그 재심을 신청할 수 있다.
  2) 위법이란 법령에 위반하거나, 법령의 적용을 잘못하거나 중대한 법리 오해를 한 경우를 가리키고, 월권이란 중재재량권을 일탈 내지 남용한 경우라고 해석된다. 중재재정이 위법하거나 월권에 의한 것이 아니라 단순히 어느 일방에게 불리하여 부당하거나 불합리한 내용이라는 사유만으로는 불복이 허용되지 아니한다.
  3) 당사자는 ① 중앙노동위원회가 지방노동위원회 또는 특별노동위원회의 중재재정에 대하여 행한 재심결정이나, ② 중앙노동위원회의 중재재정이 위법하거나 월권에 의한 것이라고 인정하는 경우에는 그 재심결정서 또는 중재재정서의 송달을 받은 날부터 15일 이내에 행정소송을 제기할 수 있다.
(11) 노동위원회의 중재재정 또는 재심결정은 당사자가 이에 대한 불복절차를 밟는 경우에도 이러한 불복절차의 개시에 의하여 그 효력이 정지되지 아니한다.

Ⅱ. 공익사업에 대한 노동쟁의조정

노동조합법 제51조(공익사업등의 우선적 취급) 국가 · 지방자치단체 · 국공영기업체 · 방위산업체 및 공익사업에 있어서의 노동쟁의의 조정은 우선적으로 취급하고 신속히 처리하여야 한다.

제71조(공익사업의 범위등) ① 이 법에서 "공익사업"이라 함은 공중의 일상생활과 밀접한 관련이 있거나 국민경제에 미치는 영향이 큰 사업으로서 다음 각 호의 사업을 말한다.
 1. 정기노선 여객운수사업 및 항공운수사업
 2. 수도사업, 전기사업, 가스사업, 석유정제사업 및 석유공급사업
 3. 공중위생사업, 의료사업 및 혈액공급사업
 4. 은행 및 조폐사업
 5. 방송 및 통신사업
② 이 법에서 "필수공익사업"이라 함은 제1항의 공익사업으로서 그 업무의 정지 또는 폐지가 공중의 일상생활을 현저히 위태롭게 하거나 국민경제를 현저히 저해하고 그 업무의 대체가 용이하지 아니한 다음 각 호의 사업을 말한다.
 1. 철도사업, 도시철도사업 및 항공운수사업
 2. 수도사업, 전기사업, 가스사업, 석유정제사업 및 석유공급사업
 3. 병원사업 및 혈액공급사업
 4. 한국은행사업

       5. 통신사업

   제72조(특별조정위원회의 구성) ① 공익사업의 노동쟁의의 조정을 위하여 노동위원회에 특별조정위원회를 둔다.
   ② 제1항의 규정에 의한 특별조정위원회는 특별조정위원 3인으로 구성한다.
   ③ 제2항의 규정에 의한 특별조정위원은 그 노동위원회의 공익을 대표하는 위원중에서 노동조합과 사용자가 순차적으로 배제하고 남은 4인 내지 6인중에서 노동위원회의 위원장이 지명한다. 다만, 관계 당사자가 합의로 당해 노동위원회의 위원이 아닌 자를 추천하는 경우에는 그 추천된 자를 지명한다.

   제73조(특별조정위원회의 위원장) ① 특별조정위원회에 위원장을 둔다.
   ② 위원장은 공익을 대표하는 노동위원회의 위원인 특별조정위원중에서 호선하고, 당해 노동위원회의 위원이 아닌 자만으로 구성된 경우에는 그중에서 호선한다. 다만, 공익을 대표하는 위원인 특별조정위원이 1인인 경우에는 당해 위원이 위원장이 된다.

1. 의의

(1) 공익사업은 일반적인 공익사업과 필수공익사업으로 분류된다.

(2) 공익사업이라 함은 공중의 일상생활과 밀접한 관련이 있거나 국민경제에 미치는 영향이 큰 사업으로서 ① 정기노선여객운수사업 및 항공운수사업, ② 수도사업·전기사업·가스사업·석유정제 및 석유공급사업, ③ 공중위생사업 및 의료사업, ④ 은행 및 조폐사업, ⑤ 방송·통신사업 등에 해당하는 사업을 말한다.

(3) 필수공익사업이라 함은 공익사업 중에서 그 업무의 정지 또는 폐지가 공중의 일상생활을 현저히 위태롭게 하거나 국민경제를 현저히 저해하고 그 업무의 대체가 용이하지 아니한 사업으로서 ① 철도사업·도시철도사업 및 항공운수사업, ② 수도사업·전기사업·가스사업·석유정제 및 석유공급사업, ③ 병원사업 및 혈액공급사업, ④ 한국은행사업, ⑤ 통신사업 등의 사업을 말한다.

2. 공익사업에 대한 특칙

(1) 공익사업에 관한 노동쟁의의 조정은 일반사업의 노동쟁의에 있어서 보다 우선적으로 취급되고 신속히 처리되어야 한다.

(2) 공익사업에 있어서 조정기간은 15일로 일반사업의 조정기간이 10일임에 비추어 5일 더 길다.

(3) 공익사업은 긴급조정의 대상이다.

(4) 공익사업에 대한 조정은 특별조정위원회가 담당한다.

3. 공익사업에 대한 특별조정절차

(1) 공익사업의 노동쟁의조정을 위하여 노동위원회에 특별조정위원회를 둔다.

(2) 특별조정위원회는 특별조정위원 3인으로 구성하되, 공익위원 중에서 노동조합과 사용자가 순차적으로 배제하고 남은 4인 내지 6인 중에서 노동위원회의 위원장이 지명한다. 다만, 관계당사자가 합의로 당해 노동위원회의 위원이 아닌 자를 추천하는 경우에는 그 추천된 자를 지명한다.

(3) 특별조정위원회에 위원장을 두되, 위원장은 ① 노동위원회의 공익위원인 특별조정위원 중에서 호선하고, ② 당해 노동위원회의 위원이 아닌 자만으로 구성된 경우에는 그 중에서 호선하되, ③ 공익을 대표하는 위원인 특별조정위원이 1인인 경우에는 당해 위원이 위원장이 된다.

(4) 특별조정위원회의 조정절차 및 방법 등에 관하여 노동조합법은 아무런 명문의 규정을 두고 있지 않으므로 일반사업에 대한 조정절차 및 방법 등이 적용된다.

(5) 조정이 성립된 경우 일반사업이 조정과 마찬가지로 조정안을 작성하여야 한다.

(6) 조정이 성립되지 아니한 경우 일반사업과 마찬가지로 파업을 할 수 있다.

Ⅲ. 긴급조정

> **노동조합법 제76조(긴급조정의 결정)** ① 고용노동부장관은 쟁의행위가 공익사업에 관한 것이거나 그 규모가 크거나 그 성질이 특별한 것으로서 현저히 국민경제를 해하거나 국민의 일상생활을 위태롭게 할 위험이 현존하는 때에는 긴급조정의 결정을 할 수 있다.
> ② 고용노동부장관은 긴급조정의 결정을 하고자 할 때에는 미리 중앙노동위원회 위원장의 의견을 들어야 한다.
> ③ 고용노동부장관은 제1항 및 제2항의 규정에 의하여 긴급조정을 결정한 때에는 지체없이 그 이유를 붙여 이를 공표함과 동시에 중앙노동위원회와 관계 당사자에게 각각 통고하여야 한다.
>
> **제77조(긴급조정시의 쟁의행위 중지)** 관계 당사자는 제76조 제3항의 규정에 의한 긴급조정의 결정이 공표된 때에는 즉시 쟁의행위를 중지하여야 하며, 공표일부터 30일이 경과하지 아니하면 쟁의행위를 재개할 수 없다.
>
> **제78조(중앙노동위원회의 조정)** 중앙노동위원회는 제76조 제3항의 규정에 의한 통고를 받은 때에는 지체없이 조정을 개시하여야 한다.
>
> **제79조(중앙노동위원회의 중재회부 결정권)** ① 중앙노동위원회의 위원장은 제78조의 규정에 의한 조정이 성립될 가망이 없다고 인정한 경우에는 공익위원의 의견을 들어 그 사건을 중재에 회부할 것인가의 여부를 결정하여야 한다.
> ② 제1항의 규정에 의한 결정은 제76조 제3항의 규정에 의한 통고를 받은 날부터 15일 이내에 하여야 한다.
>
> **제80조(중앙노동위원회의 중재)** 중앙노동위원회는 당해 관계 당사자의 일방 또는 쌍방으로부터 중재신청이 있거나 제79조의 규정에 의한 중재회부의 결정을 한 때에는 지체없이 중재를 행하여야 한다.

(1) 긴급조정제도는 노동쟁의가 국민경제나 국민생활을 위태롭게 할 위험이 있는 경우 고용노동부장관이 쟁의행위를 중지시키고 긴급하게 조정할 것을 결정하여 행하는 조정이다.

(2) 긴급조정을 발하기 위하여는 쟁의행위가 ① 공익사업에 관한 것이거나 또는 그 규모가 크거나 그 성질이 특별한 것으로서 ② 현저히 국민경제를 해하거나 국민의 일상생활을 위태롭게 할 위험이 현존하여야 한다.

(3) 고용노동부장관이 긴급조정의 결정을 하고자 할 때에는 중앙노동위원회위원장의 의견을 들어야 한다. 고용노동부장관이 중앙노동위원회위원장의 의견을 듣는다 함은 중앙노동위원회위원장의 의견에 구속된다는 것이 아니고, 의견을 참조한다는 의미로 해석된다.

(4) 고용노동부장관은 긴급조정을 결정한 때에는 지체 없이 그 이유를 붙여 이를 공표함과 동시에 중앙노동위원회와 관계 당사자에게 각각 통고하여야 한다.
긴급조정 결정의 공표는 신문·라디오 기타 공중이 신속히 알 수 있는 방법으로 하여야 한다.

(5) 관계 당사자는 긴급조정의 결정이 공표된 때에는 즉시 쟁의행위를 중지하여야 하며, 공표일부터 30일이 경과하지 아니하면 쟁의행위를 재개할 수 없다.

(6) 중앙노동위원회는 고용노동부장관의 통고를 받으면 지체없이 조정을 개시하여야 한다.

(7) 중앙노동위원회가 조정이 성립할 가능성이 없다고 인정하는 경우에는 공익위원의 의견을 들어 긴급조정결정의 통고를 받은 날부터 15일 이내에 그 사건을 중재에 회부할 것인가의 여부를 결정하여야 한다. 긴급조정시 조정기간은 최장 15일이며, 중재기간은 30일에서 조정기간을 뺀 잔여일수가 된다.
(8) 중앙노동위원회는 ① 관계 당사자의 일방 또는 쌍방으로부터 중재신청이 있거나, ② 중앙노동위원회 위원장이 직권으로 중재회부의 결정을 한 때에는 지체없이 중재를 행하여야 한다.
(9) 긴급조정에 의한 조정안과 중재재정은 일반적인 조정안과 중재재정과 마찬가지로 단체협약과 동일한 효력을 가진다.

IV. 사적조정

> **노동조합법 제52조(사적 조정·중재)** ① 제2절 및 제3절의 규정은 노동관계 당사자가 쌍방의 합의 또는 단체협약이 정하는 바에 따라 각각 다른 조정 또는 중재방법(이하 이 조에서 "사적조정등"이라 한다)에 의하여 노동쟁의를 해결하는 것을 방해하지 아니한다.
> ② 노동관계 당사자는 제1항의 규정에 의하여 노동쟁의를 해결하기로 한 때에는 이를 노동위원회에 신고하여야 한다.
> ③ 제1항의 규정에 의하여 노동쟁의를 해결하기로 한 때에는 다음 각 호의 규정이 적용된다.
> 1. 조정에 의하여 해결하기로 한 때에는 제45조 제2항 및 제54조의 규정. 이 경우 조정기간은 조정을 개시한 날부터 기산한다.
> 2. 중재에 의하여 해결하기로 한 때에는 제63조의 규정. 이 경우 쟁의행위의 금지기간은 중재를 개시한 날부터 기산한다.
> ④ 제1항의 규정에 의하여 조정 또는 중재가 이루어진 경우에 그 내용은 단체협약과 동일한 효력을 가진다.
> ⑤ 사적조정등을 수행하는 자는 노동위원회법 제8조 제2항 제2호 각 목의 자격을 가진 자로 한다. 이 경우 사적조정 등을 수행하는 자는 노동관계 당사자로부터 수수료, 수당 및 여비 등을 받을 수 있다.

(1) 사적조정제도는 노동위원회 등 공적기관과는 별도로 노사관계당사자의 의사에 따라 국가기관이 아닌 민간인 또는 민간단체에서 노동쟁의의 조정을 행하는 제도이다.
(2) 사적조정절차는 ① 노동쟁의가 발생하기 이전에, ② 노동쟁의가 발생한 후 공적조정절차가 개시되기 이전에, ③ 공적조정절차가 개시된 이후라도 언제든지 당사자의 합의 또는 단체협약이 정하는 바에 따라 채택될 수 있다.
(3) 당사자가 사적조정절차를 채택한 경우에는 이를 노동위원회에 신고하여야 한다.
(4) 사적조정절차는 물론 공적조정절차도 적용받지 아니하기로 하는 당사자 간의 약정은 무효이다.
(5) 당사자는 내용·절차·시기 및 조정기구 등의 모든 측면에서 노동조합법에 규정된 공적조정절차와는 다른 조정 또는 중재절차를 채택할 수 있다. 당사자는 조정·중재의 모든 절차를 채택할 수 있으며, 이 중 어느 절차를 생략할 수도 있다. 조정 및 중재의 형태는 노동조합법에 규정된 조정·중재의 형태와 반드시 일치하지 아니하여도 무방하다.
  1) 노동조합법 제45조 제2항에 의한 노동쟁의 조정전치주의의 원칙은 적용된다.
  2) 동법 제54조에 의하여 조정을 개시한 날부터 일반사업에 있어서는 10일, 공익사업에 있어서는 15일 이내에 종료하여야 한다.

3) 노동쟁의를 중재에 의하여 해결하기로 한 때에는 제63조에 의하여 중재개시 이후 15일간은 쟁의행위를 할 수 없다.

4) 공적조정절차에 관한 규정 중 강행적 효력을 갖고 있는 규정은 이를 위반하여서는 아니 된다. 예컨대 긴급조정절차의 적용은 사적조정에 의하여 이를 배제할 수 없다.

(6) 사적조정을 수행하는 자는 지방노동위원회의 조정담당공익위원의 자격을 가진 자로 하며, 노동관계 당사자로부터 수수료, 수당 또는 여비 등을 받을 수 있다.

> **참고 지방노동위원회의 조정담당공익위원의 자격**
>
> 1. 고등교육법 제2조 제1호부터 제6호까지의 학교에서 조교수 이상으로 재직하고 있거나 재직하였던 사람
> 2. 판사·검사·군법무관·변호사 또는 공인노무사로 3년 이상 재직하고 있거나 재직하였던 사람
> 3. 노동관계 업무에 3년 이상 종사한 사람으로서 3급 또는 3급 상당 이상의 공무원이나 고위공무원단에 속하는 공무원으로 재직하고 있거나 재직하였던 사람
> 4. 노동관계 업무에 10년 이상 종사한 사람으로서 4급 또는 4급 상당 이상의 공무원으로 재직하고 있거나 재직하였던 사람
> 5. 그 밖에 노동관계 업무에 10년 이상 종사한 사람 또는 사회적 덕망이 있는 사람으로서 조정담당 공익위원으로 적합하다고 인정되는 사람

(7) 사적조정절차에 의하여 노동쟁의가 해결될 경우 조정안 또는 중재안은 단체협약과 동일한 효력을 갖는다.

(8) 사적조정절차에 의하여 노동쟁의가 해결되지 아니하는 경우 ① 당사자는 쟁의행위를 행할 수 있으며, 또한 ② 법정조정절차에 의한 조정·중재를 하여 줄 것을 관할 노동위원회에 신청할 수도 있다.

제6장 단체행동

제1절 단체행동의 개념

Ⅰ. 의의

(1) 단체행동은 단체협약의 체결을 위한 다수 근로자의 의식적이며 적극적인 공동행위를 말한다.
(2) 단체행동권의 범위에 대하여 견해의 대립은 있으나 단체행동권은 쟁의행위를 할 수 있는 권리로서 단체행동과 쟁의행위는 같은 개념이라고 할 것이다.

Ⅱ. 쟁의행위

> **노동조합법 제2조(정의)** 이 법에서 사용하는 용어의 정의는 다음과 같다.
> 6. "쟁의행위"라 함은 파업·태업·직장폐쇄 기타 노동관계 당사자가 그 주장을 관철할 목적으로 행하는 행위와 이에 대항하는 행위로서 업무의 정상적인 운영을 저해하는 행위를 말한다.

(1) 쟁의행위라 함은 노동조합 또는 사용자가 분쟁상태를 자기 측에게 유리하게 전개하여 그 주장을 관철할 목적으로 행하는 실력행위로서 업무의 정상운영을 저해하는 것을 말한다.
(2) 노동조합법상 쟁의행위 개념은 사용자 측의 쟁의행위를 포함하고 있으며, 헌법 제33조 제1항의 단체행동권에 포함되는 쟁의행위는 근로자 측의 쟁의행위만을 의미한다.
(3) 쟁의행위는 노사관계 당사자 사이의 행위이어야 한다.
(4) 쟁의행위는 상대방에 대하여 그 주장을 관철할 목적으로 하는 행위이어야 하는데, 여기서 그 주장이란 근로조건에 대한 주장에 한한다.

> **참조판례** 대판 1991.1.29. 90도2852
>
> 쟁의조정법 제3조에 규정된 쟁의행위는 쟁의관계 당사자가 그 주장을 관철 할 목적으로 행하는 행위로서 여기에서 그 주장이라 함은 같은 법 제2조에 규정된 임금·근로시간·후생·해고 기타 대우 등 근로조건에 관한 노동관계 당사자간의 주장을 의미한다고 볼 것이므로, 위와 같은 근로조건의 유지 또는 향상을 주된 목적으로 하지 않는 쟁의행위는 노동쟁의조정법의 규제대상인 쟁의행위에 해당하지 않는다고 보아야 할 것인바, 피고인이 노동조합의 위원장으로서 조합원들과 함께 한 집단조퇴, 월차휴가신청에 의한 결근 및 집회 등 쟁의행위가 주로 구속 근로자에 대한 항소심 구형량이 1심보다 무거워진 것에 대한 항의와 석방 촉구를 목적으로 이루어진 것이라면 피고인의 행위는 근로조건의 유지 또는 향상을 주된 목적으로 한 쟁의행위라고 볼 수 없어 노동쟁의조정법의 적용대상인 쟁의행위에 해당하지 않는다고 할 것이다.

> **참조판례** 헌재 2004.7.15. 2003헌마878
>
> 전교조 조합원들이 다수 조합원들과 함께 집단 연가서를 제출한 후 수업을 하지 않고 무단 결근 내지 무단 조퇴를 한 채 교육인적자원부가 추진하고 있는 교육행정정보시스템(NEIS) 반대집회에 참석하는 등의 쟁의행위는 NEIS의 시행을 저지하기 위한 목적으로 이루어진 것인바, 청구인들의 행위는 직접적으로는 물론 간접적으로도 근로조건의 결정에 관한 주장을 관철할 목적으로 한 쟁의행위라고 볼 수 없어 노동조합및노동관계조정법의 적용대상인 쟁의행위에 해당하지 않는다고 할 것이다.

(5) 쟁의행위는 업무의 정상적인 운영을 저해하는 행위이다.

업무를 저해하는 행위란 반드시 업무 저해의 결과가 발생하여야 하는 것은 아니고 업무 저해의 위험성이 있으면 족하다.

Ⅲ. 준법투쟁

(1) 준법투쟁이란 근로자들이 그 주장을 관철하기 위하여 집단적으로 법령이나 취업규칙 등의 규정을 평소보다 철저히 준수하는 것을 말한다.

(2) 준법투쟁은 안전·보건에 관한 규정상의 의무를 철저히 준수하는 안전투쟁과 근로시간이나 휴가 등에 관한 근로자 개개인의 권리를 동시에 행사하는 권리행사투쟁이 있다.

(3) 준법투쟁이 업무의 정상성을 저해하는지가 문제되는데, 판례는 업무를 통상적으로 제공하여 온 사실상의 업무로 보아 이를 저해하는 행위는 쟁의행위라는 입장이다.

   1) 택시회사가 과속, 부당요금징수 등 교통법규를 준수하는 준법운행은 쟁의행위에 해당한다.

   > **참조판례** 대판 1991.12.10. 91누636
   >
   > 택시회사의 노동조합의 간부들이 운영위원회의 결의를 거쳐 준법운행(당시까지 관행화 되어 있던 과속, 부당요금징수, 합승행위 등 불법적 운행의 중지)을 주도하여 시행하면서 그 준법운행사항 외에 수입금의 상한선까지 정하여 1일 입금액을 통제함으로써 회사에 큰 손해를 입히고, 일부 조합원들은 이에 맞추기 위하여 파행적인 운행까지 하게 된 경우, 이는 노동쟁의조정법 제3조 소정의 쟁의행위(태업 또는 부분파업)에 해당한다.

   2) 관행화된 연장근로를 거부하는 것은 쟁의행위에 해당한다.

   > **참조판례** 대판 1991.10.22. 91도600
   >
   > 연장근로가 당사자 합의에 의하여 이루어지는 것이라고 하더라도 근로자들을 선동하여 근로자들이 통상적으로 해오던 연장근로를 집단적으로 거부하도록 함으로써 회사업무의 정상운영을 저해하였다면 이는 쟁의행위로 보아야 한다.

   3) 집단적으로 휴가를 사용하는 것은 쟁의행위에 해당한다.

   > **참조판례** 대판 1991.12.24. 91도2323
   >
   > 노동조합의 간부들이 시간외수당의 감소와 태업기간 내의 식대환수조치를 철회시킬 의도로 소속 노조원 총 307명 중 181명으로 하여금 하루 전에 사용자 측에 집단적으로 월차휴가를 신청하게 하여 업무수행의 지장을 이유로 한 신청 반려에도 불구하고 하루동안 일제히 월차휴가를 실시하게 하였다면, 위 집단적 월차휴가는 형식적으로는 월차휴가권을 행사하려는 것이었다고 하여도 사용자 측 업무의 정상한 운영을 저해하는 행위를 하여 그들의 주장을 관철할 목적으로 하는 것으로서 실질적으로는 쟁의행위에 해당한다고 보아야 한다.

4) 관행화된 휴일근로를 거부하는 것은 쟁의행위에 해당한다.

> **참조판례** 대판 1994.2.22. 92누11176
>
> 근로자들이 주장을 관철시킬 목적으로 종래 통상적으로 실시해 오던 휴일근무를 집단적으로 거부하였다면, 이는 회사업무의 정상적인 운영을 저해하는 것으로서 노동쟁의조정법 제3조 소정의 쟁의행위에 해당한다.

5) 간호사가 평상복을 착용하는 것은 쟁의행위에 해당한다.

> **참조판례** 대판 1994.6.14. 93다29167
>
> 사용자와의 단체협약갱신협상에서 유리한 지위를 차지하기 위하여 조합원들로 하여금 집단으로 월차휴가를 실시하게 한 것은 이른바 쟁의적 준법투쟁으로서 쟁의행위에 해당하고, 위생문제에 특히 주의해야 하고 신분을 표시할 필요가 있는 간호사들이 집단으로 규정된 복장을 하지 않는 것은 병원업무의 정상적인 운영을 저해하는 것으로서 역시 쟁의행위에 해당한다.

제2절 쟁의행위의 정당성

Ⅰ. 정당성의 의의

(1) 쟁의행위의 정당성이라 함은 쟁의행위가 헌법상 형사면책, 민사면책, 불이익취급 금지 등 특별한 효과를 부여받기 위한 요건을 말한다.
(2) 정당성은 개개 법규에 형식적으로 위반되는지 여부의 문제가 아니라 법질서 전체의 견지에서 허용된다고 볼 것인지 여부의 문제이므로 법규를 위반하는 쟁의행위에 대해 벌칙이 적용되는 것과는 달리 언제나 정당성을 부정할 수는 없다.

Ⅱ. 정당성 판단의 기준

> 노동조합법 제37조(쟁의행위의 기본원칙) ① 쟁의행위는 그 목적·방법 및 절차에 있어서 법령 기타 사회질서에 위반되어서는 아니 된다.
>
> 제38조(노동조합의 지도와 책임) ③ 노동조합은 쟁의행위가 적법하게 수행될 수 있도록 지도·관리·통제할 책임이 있다.

(1) 노동조합법은 쟁의행위는 그 목적·방법 및 절차에 있어서 법령 기타 사회질서에 위반되어서는 아니 된다고 규정하고 있으나 이는 쟁의행위는 이를 제한하는 법령의 규정을 준수하고 정당하게 수행해야 한다는 당연한 이치를 확인하는 의미의 규정이다.

(2) 근로자의 쟁의행위가 정당하기 위하여는 ① 그 주체가 단체교섭의 주체로 될 수 있는 자여야 하고, ② 그 목적이 근로조건의 향상을 위한 노사간의 자치적 교섭을 조성하는 데에 있어야 하며, ③ 사용자가 근로자의 근로조건 개선에 관한 구체적인 요구에 대하여 단체교섭을 거부하였을 때 개시하되 특별한 사정이 없는 한 조합원의 찬성결정 등 법령이 규정한 절차를 거쳐야 하고, ④ 그 수단과 방법이 사용자의 재산권과 조화를 이루어야 함은 물론, 폭력의 행사에 해당되지 아니하여야 한다는 여러 조건을 모두 구비하여야 한다.

> **참조판례** 대판 2001.10.25. 99도4837(전합)
> 근로자의 쟁의행위가 형법상 정당행위가 되기 위하여는 첫째 그 주체가 단체교섭의 주체로 될 수 있는 자이어야 하고, 둘째 그 목적이 근로조건의 향상을 위한 노사간의 자치적 교섭을 조성하는 데에 있어야 하며, 셋째 사용자가 근로자의 근로조건 개선에 관한 구체적인 요구에 대하여 단체교섭을 거부하였을 때 개시하되 특별한 사정이 없는 한 조합원의 찬성결정 등 법령이 규정한 절차를 거쳐야 하고, 넷째 그 수단과 방법이 사용자의 재산권과 조화를 이루어야 함은 물론 폭력의 행사에 해당되지 아니하여야 한다는 여러 조건을 모두 구비하여야 한다.

(3) 노동조합법은 노동조합에게 쟁의행위가 적법하게 수행될 수 있도록 지도·관리·통제할 책임을 부여하고 있으나 이는 개개의 조합원이 정당한 쟁의행위 중이라도 노동조합법의 제한규정을 위반하지 않도록 할 의무를 규정한 것이다.

Ⅲ. 쟁의행위 주체와 정당성

> 노동조합법 제37조(쟁의행위의 기본원칙) ② 조합원은 노동조합에 의하여 주도되지 아니한 쟁의행위를 하여서는 아니 된다.

1. 의의

(1) 쟁의행위의 주체라 함은 쟁의행위를 할 수 있는 법적 자격을 갖추고 있는 자를 말한다.
(2) 쟁의행위의 정당한 주체로 인정되기 위하여는 그 주체가 단체교섭의 주체로 될 수 있는 자이어야 한다.

2. 공인파업

(1) 노동조합이 주도·승인하는 파업을 공인파업이라 한다.
(2) 노동조합법상 설립요건을 모두 갖춘 노동조합은 당연히 쟁의행위의 정당한 주체가 된다.
(3) 법외노동조합은 헌법상 근로3권의 주체가 될 수 있다는 점에서 쟁의행위의 정당한 주체가 된다.

3. 비공인파업

(1) 노동조합에 의하여 주도·승인되지 않은 파업을 비공인파업이라 한다.
(2) 살쾡이 파업은 금지된다.
　1) 조합원이 노동조합의 의사에 반하여 독자적으로 하는 쟁의행위를 살쾡이파업이라 한다.
　2) 살쾡이파업은 노동조합이 통제책임을 수행할 수 없게 하고, 노사간의 질서를 훼손한다는 점에서 이를 금지하고 있다.

3) 조합원이 노동조합의 결의내지 승인 없이 독자적으로 쟁의행위를 하는 경우 노동조합 통제권행사의 대상이 될 뿐만 아니라 쟁의행위의 주체의 정당성을 상실한다.

> **참조판례** 대판 1995.10.12. 95도1016
>
> 현행법상 적어도 노동조합이 결성된 사업장에 있어서의 쟁의행위가 노동조합법 제2조 소정의 형사상 책임이 면제되는 정당행위가 되기 위하여는 반드시 그 쟁의행위의 주체가 단체교섭이나 단체협약을 체결할 능력이 있는 노동조합일 것이 요구되고, 일부 조합원의 집단이 노동조합의 승인 없이 또는 그 지시에 반하여 쟁의행위를 하는 경우에는 형사상 책임이 면제될 수 없다.

(3) 일시적 쟁의단은 최소한 단체교섭의 주체가 될 수 있다는 점에서 쟁의행위의 정당한 주체가 될 수 있다.

(4) 노동조합의 산하기구인 지부·분회가 쟁의행위의 정당한 주체가 될 수 있는가에 대해 견해의 대립은 있으나 판례는 독립된 지부·분회는 독자적인 단체교섭권을 가진다고 한 점에 비추어 정당한 쟁의행위가 주체가 될 수 있다.

4. 기타 쟁의행위 주체에 대한 법령상 제한

> **헌법 제33조** ② 공무원인 근로자는 법률이 정하는 자에 한하여 단결권·단체교섭권 및 단체행동권을 가진다.
> ③ 법률이 정하는 주요방위산업체에 종사하는 근로자의 단체행동권은 법률이 정하는 바에 의하여 이를 제한하거나 인정하지 아니할 수 있다.
>
> **노동조합법 제41조(쟁의행위의 제한과 금지)** ② 방위사업법에 의하여 지정된 주요방위산업체에 종사하는 근로자중 전력, 용수 및 주로 방산물자를 생산하는 업무에 종사하는 자는 쟁의행위를 할 수 없으며 주로 방산물자를 생산하는 업무에 종사하는 자의 범위는 대통령령으로 정한다.

(1) 방위사업법으로 지정한 주요방위산업체에 종사하는 근로자 중 전력, 용수 및 주로 방산물자를 생산하는 업무에 종사하는 자는 쟁의행위를 할 수 없다.

1) "주로 방산물자를 생산하는 업무에 종사하는 자"라 함은 방산물자의 완성에 필요한 제조·가공·조립·정비·재생·개량·성능검사·열처리·도장·가스취급 등의 업무에 종사하는 자를 말한다(시행령 제20조). 따라서 주요방위산업체의 근로자 할지라도 순수한 인사·경리 담당자, 주요방위산업체에서 민수물자 또는 수출목적의 방산물자의 생산 업무에 종사하는 자는 쟁의행위가 허용된다.

2) 헌법 제33조 제3항은 방위산업체에 종사하는 근로자의 쟁의행위를 금지하는 근거규정을 두고 있으며, 우리나라 국방의 특수성을 고려하여 규정된 것이다.

3) 쟁의행위가 제한되는 근로자가 쟁의행위에 나아간 경우 국가 안전 유지에 심대한 위협을 초래한다는 점에서는 정당한 주체가 될 수 없다.

4) 주요방위산업체로 지정된 회사의 하수급업체에 소속된 근로자는 '주요방위산업체에 종사하는 근로자'에 해당한다고 볼 수 없다.

> **참조판례** 대판 2017.7.18. 2016도3185
>
> 주요방위산업체로 지정된 회사가 그 사업의 일부를 사내하도급 방식으로 다른 업체에 맡겨 방산물자를 생산하는 경우에 그 하수급업체에 소속된 근로자는 노동조합법 제41조 제2항이 쟁의행위를 금지하는 '주요방위산업체에 종사하는 근로자'에 해당한다고 볼 수 없다.

(2) 헌법 제33조 제2항에 따라 국가공무원법 제66조와 지방공무원법 제58조는 사실상 노무에 종사하는 공무원 이외에는 근로3권의 행사를 금지하고 있다.

   1) 사실상 노무에 종사하는 공무원은 미래창조과학부 소속 현업기관의 작업 현장에서 노무에 종사하는 우정직공무원(우정직공무원의 정원을 대체하여 임용된 일반임기제공무원 및 시간선택제일반임기제공무원을 포함한다)을 말한다. 다만, ① 서무·인사 및 기밀 업무에 종사하는 공무원, ② 경리 및 물품출납 사무에 종사하는 공무원, ③ 노무자 감독 사무에 종사하는 공무원, ④ 보안목표시설의 경비 업무에 종사하는 공무원, ⑤ 승용자동차 및 구급차의 운전에 종사하는 공무원은 제외한다.
   2) 공무원노조법은 노동조합과 그 조합원은 파업·태업 기타 업무의 정상적인 운영을 저해하는 일체의 쟁의행위를 할 수 없도록 규정하고 있다.
   3) 공무원은 국민 전체에 대한 봉사자이며, 공무원의 직무가 고도의 공공성을 띠고 있다는 점에서 공무원노조법을 위반하여 행해진 쟁의행위는 주체의 정당성이 인정되지 않는다.

(3) 교원노조법은 노동조합과 그 조합원은 파업·태업 기타 업무의 정상적인 운영을 저해하는 일체의 쟁의행위를 할 수 없도록 규정하고 있다.
헌법상 국민은 교육을 받을 권리를 가지고 있고 교원이 이를 침해하는 쟁의행위를 하는 경우 쟁의행위 주체의 정당성은 인정되지 않는다.

(4) 선원법은 선박사업 및 선원노동관계의 특수성을 고려하여 ① 선박이 외국의 항구에 있는 경우, ② 여객선이 승객을 태우고 항행 중인 경우, ③ 위험물운송을 전용으로 하는 선박이 항행 중인 경우로서 위험물의 종류별로 국토해양부령이 정하는 경우, ④ 선장이 선박의 조종을 직접 지휘하여 항행 중인 경우, ⑤ 어선이 어장에서 어구를 내릴 때부터 이를 들어 올리고 냉동처리 등을 완료할 때까지의 일련의 어획작업 중인 경우, ⑥ 그 밖에 선원근로관계에 관한 쟁의행위로 인하여 인명이나 선박의 안전에 현저한 위해를 줄 우려가 있는 경우에는 선원근로관계에 관한 쟁의행위를 금지하고 있다.

   1) 선박에서의 쟁의행위는 그 특수성에 비추어 인명 및 신체에 위해를 가져올 우려가 크고 국위의 손상을 가져올 우려가 있으므로 이를 제한하기 위한 것이다.
   2) 선원이 이를 위반하여 쟁의행위를 한 경우 인명이나 선박의 안전에 위험을 초래하는 것이므로 주체의 정당성을 인정할 수 없다.

Ⅳ. 쟁의행위 목적의 정당성

1. 의의

쟁의행위의 목적이란 쟁의행위로 달성하고자 하는 바를 의미한다.

2. 쟁의행위의 목적과 단체교섭의 대상

(1) 쟁의행위의 목적의 정당성이 인정되기 위하여는 단체교섭의 대상이 될 수 있는 사항을 관철할 목적이어야 한다.

> **참조판례** 대판 1994.9.30. 94다4042
>
> 근로자의 쟁의행위가 정당성을 갖추기 위하여는, 그 주체가 단체교섭이나 단체협약을 체결할 능력이 있는 노동조합이어야 하고, 그 목적이 근로조건의 향상을 위한 노사간의 자치적 교섭을 조성하기 위한 것이어야 하며, 그 시기는 사용자가 근로자의 근로조건 개선에 관한 구체적인 요구에 대하여 단체교섭을 거부하거나 단체교섭의 자리에서 그러한 요구를 거부하는 회답을 했을때 개시하되 특별한 사정이 없는 한 법령이 정하는 바에 따라 조합원의 찬성결정 및 노동쟁의 발생신고를 거쳐야 하고, 그 방법은 소극적으로 근로의 제공을 전면적 또는 부분적으로 정지하여 사용자에게 타격을 주는 것이어야 하며 노사관계의 신의성실의 원칙에 비추어 공정성의 원칙에 따라야 하고, 사용자의 기업시설에 대한 소유권 기타의 재산권과 조화를 이루어야 함은 물론 폭력이나 파괴행위를 수반하여서는 아니며, 여기서 그 목적이 근로조건의 향상을 위한 노사간의 자치적 교섭을 조성하기 위한 것이라 함은 그 쟁의에 의하여 달성하려는 요구사항이 단체교섭사항이 될 수 있는 것을 의미한다.

(2) 정리해고나 사업의 통·폐합 등 기업의 구조조정 실시여부는 경영권의 본질적 사항으로서 이는 단체교섭의 대상이 될 수 없고, 이를 목적으로 하는 쟁의행위는 정당성이 결여된다.

> **참조판례** 대판 2002.2.26. 99도5380
>
> 정리해고나 사업조직의 통폐합 등 기업의 구조조정의 실시 여부는 경영주체에 의한 고도의 경영상 결단에 속하는 사항으로서 이는 원칙적으로 단체교섭의 대상이 될 수 없고, 그것이 긴박한 경영상의 필요나 합리적인 이유없이 불순한 의도로 추진되는 등의 특별한 사정이 없는 한, 노동조합이 실질적으로 그 실시 자체를 반대하기 위하여 쟁의행위에 나아간다면, 비록 그 실시로 인하여 근로자들의 지위나 근로조건의 변경이 필연적으로 수반된다 하더라도 그 쟁의행위는 목적의 정당성을 인정할 수 없다 할 것이다.

(3) 집단적 노사관계에 관한 사항은 근로조건과 밀접한 관련을 가지고 사용자가 처분권한을 가지는 이상 단체교섭의 대상이 될 수 있으므로 이를 관철하기 위한 쟁의행위는 목적의 정당성이 인정된다.

(4) 권리분쟁사항은 단체교섭의 대상이 될 수 없으므로 원칙적으로 쟁의행위의 목적이 될 수 없다. 그러나 사용자가 명백히 노동관계법령·단체협약·취업규칙 등을 위반하여 노사관계 전반에 중대한 영향을 미치고, 그 시정이 시급한 경우에 그 위반에 항의하고 그 준수를 촉구하기 위한 쟁의행위는 예외적으로 정당성이 인정되어야 할 것이다.

사용자의 부당노동행위는 근로자의 헌법상 근로3권을 침해하는 행위로서 이에 대항하여 근로자의 근로3권을 보호하는 것을 목적으로 하는 쟁의행위는 정당성이 인정된다.

> **참조판례** 대판 1991.5.14. 90누4006
>
> 사용자 측이 정당한 이유없이 근로자의 단체협약 체결요구를 거부하거나 해태한 경우에 노동조합법 제40조의 규정에 의한 구제신청을 하지 아니하고 노동쟁의의 방법을 택하였다고 하여 노동조합법을 위반한 것이라고 할 수 없다.

(5) 평화의무은 단체협약에 본질적으로 내재하는 의무이므로 이를 위반한 쟁의행위는 정당성이 인정되지 않는다.

> **참조판례** 대판 1992.9.1. 92누7733
>
> 평화의무가 노사관계의 안정과 단체협약의 질서형성적 기능을 담보하는 것인 점에 비추어 보면, 단체협약이 새로 체결된 직후부터 뚜렷한 무효사유를 내세우지도 아니한 채 단체협약의 전면무효화를 주장하면서 평화의무에 위반되는 쟁의행위를 행하는 것은 이미 노동조합활동으로서의 정당성을 결여한 것이라고 하지 아니할 수 없다.

(6) 쟁의행위에서 추구하는 목적이 여러 가지이고 그 중 일부가 정당하지 못한 경우에는 주된 목적 내지 진정한 목적의 당부에 의하여 그 쟁의목적의 당부를 판단하여야 한다.

> **참조판례** 대판 1992.1.21. 91누5204
> 쟁의행위에서 추구되는 목적이 여러 가지이고 그 중 일부가 정당하지 못한 경우에는 주된 목적 내지 진정한 목적의 당부에 의하여 그 쟁의목적의 당부를 판단하여야 할 것이고, 부당한 요구사항을 뺐더라면 쟁의행위를 하지 않았을 것이라고 인정되는 경우에는 그 쟁의행위 전체가 정당성을 갖지 못한다고 보아야 할 것이다.

3. 정치파업과 동정파업

(1) 정부에 대한 주장을 관철하려는 파업을 정치파업이라 한다.
정치파업은 그 추구하는 목적이 정당성을 가지지 않는다고 보는 견해도 있으나, 정치파업이라도 특정 국가와의 외교관계 단절 등을 요구하는 경우처럼 근로조건의 향상과 무관한 순수정치파업은 목적의 정당성을 갖지 않으나, 노동법 개정 등 근로조건의 향상 또는 노동기본권의 개선을 관철하려는 경제적 정치파업은 그 목적의 정당성을 가진다고 할 것이다.

(2) 자신을 위한 주장은 없이 오로지 다른 근로자의 파업 또는 그 주장을 지원·지지할 목적만으로 하는 파업을 동정파업이라 한다.
동정파업은 사용자와의 단체교섭을 유리하게 타결하기 위한 것이 아니므로 목적상의 정당성이 부정된다는 견해도 있으나, 동정파업은 그 주체가 원파업의 주체나 그 밖에 지원하려는 근로자와 근로조건에 관하여 실질적으로 이해관계를 같이하거나 조직적 결합관계에 있는 경우에는 향후의 단체교섭을 유리하게 하려는 목적도 포함하므로 목적의 정당성을 인정해야 하고, 그러한 관련이 없이 단순히 근로자로서의 연대의식에 근거한 순수동정파업의 경우에는 목적의 정당성이 부정된다고 할 것이다.

4. 기타 쟁의행위 목적에 대한 법령상 제한

> **노동조합법 제44조(쟁의행위 기간 중의 임금지급 요구의 금지)** ① 사용자는 쟁의행위에 참가하여 근로를 제공하지 아니한 근로자에 대하여는 그 기간 중의 임금을 지급할 의무가 없다.
> ② 노동조합은 쟁의행위 기간에 대한 임금의 지급을 요구하여 이를 관철할 목적으로 쟁의행위를 하여서는 아니 된다.

쟁의행위 기간에 대한 임금의 지급을 요구하여 이를 관철할 목적으로 쟁의행위는 목적의 정당성이 인정되지 않는다.

(1) 노동조합의 쟁의행위 기간에 대한 임금지급 요구를 관철하기 위한 쟁의행위는 금지하고 있다.
(2) 이러한 목적의 쟁의행위를 허용하는 경우에는 당초 쟁의행위를 통하여 관철하려는 주장과 관계없이 쟁의행위가 장기화하고 그 피해가 지나치게 커질 우려가 있고, 이는 쟁의권 보장의 취지에 반하는 결과가 된다는 점을 고려한 것이다.
(3) 쟁의행위 기간에 대한 임금의 지급을 요구하는 단체교섭까지 금지하는 것은 아니며, 이는 임의적 교섭사항에 해당한다고 할 것이다.
(4) 쟁의행위 기간에 대한 임금지급요구는 단체교섭의 대상이 될 수 없으므로 이를 관철하기 위한 쟁의행위는 목적의 정당성을 인정할 수 없다.

V. 쟁의행위의 수단·방법상의 정당성

1. 의의

쟁의행위는 그 수단·방법이 정당하여야 한다. 쟁의행위가 그 수단·방법에 있어 정당하려면 소극적으로 근로제공을 전면적 또는 부분적으로 정지함으로써 사용자의 업무를 저해하는 것이어야 하고, 노사관계의 신의성실의 원칙에 비추어 공정성의 원칙에 따라야 하며, 사용자의 기업시설에 대한 소유권이나 그 밖의 재산권과 조화를 기하고, 인신의 자유·안전을 해치는 폭력을 사용해서는 안 된다.

2. 소극적 수단

(1) 쟁의행위는 근로제공의 전면적 또는 부분적 정지라는 소극적 투쟁방법이라야 정당성이 인정된다.

(2) 파업이라 함은 다수의 근로자가 하나의 단결체를 형성하여 근로조건의 유지·개선을 목적으로 조직적인 방법에 의하여 사용자에게 근로제공을 일시적으로 거부하는 행위를 말하며, 근로계약상의 근로제공을 전면적으로 정지하는 소극적 투쟁방법이므로 정당성이 인정된다.

(3) 태업이라 함은 근로의 제공은 하되 불완전하게 하여 작업능률을 저하시키는 쟁의행위를 말한다. 그러므로 태업은 근로의 제공은 하되, 동일한 시간에 제공되는 근로의 양을 줄이거나, 근로의 질을 저하시키는 쟁의행위이다.

　1) 업무의 속도를 제한하는 감속근무 등 소극적 태업의 경우에는 정당성이 인정된다.

　2) 태업 중 원료나 기계 또는 제품 등 사용자가 소유·관리하는 재산을 손괴·처분 또는 은닉하거나 의도적으로 작업을 거칠게 하여 불량품을 생산하는 적극적 태업은 일반적으로 정당성을 인정받지 못한다.

(4) 생산관리란 노동조합이 사용자의 지휘명령권을 배제하면서 자신들의 의사에 따라 기업의 경영을 행하는 쟁의수단이다.
쟁의행위는 소극적인 근로제공의 거부를 원칙으로 하기 때문에 사용자의 생산수단을 적극적으로 통제하는 생산관리는 정당한 쟁의행위라 할 수 없다.

3. 공정성의 원칙

(1) 쟁의행위는 노사 간의 신의칙상 요구되는 공정성의 원칙에 따라야 정당성이 인정된다.

(2) 쟁의행위를 통하여 얻으려는 이익에 비하여 상대방에게 미치는 손해가 지나치게 큰 경우에는 공정성의 원칙에 어긋난 것으로 정당성이 인정되지 않는다.

4. 재산권과의 균형

> 노동조합법 제38조(노동조합의 지도와 책임) ② 작업시설의 손상이나 원료·제품의 변질 또는 부패를 방지하기 위한 작업은 쟁의행위 기간중에도 정상적으로 수행되어야 한다.
>
> 제42조(폭력행위등의 금지) ① 쟁의행위는 폭력이나 파괴행위 또는 생산 기타 주요업무에 관련되는 시설과 이에 준하는 시설로서 대통령령이 정하는 시설을 점거하는 형태로 이를 행할 수 없다.

(1) 쟁의행위는 사용자의 기업시설에 대한 소유권이나 그 밖의 재산권과 균형·조화가 이루어져야 정당성이 인정된다.
(2) 쟁의행위는 파괴행위로 할 수 없다. 파괴행위는 어떠한 경우에도 정당화될 수 없음을 확인하는 규정이다.
(3) 직장점거란 노동조합이 그 주장 관철을 위한 압박수단으로 사업장의 시설을 점거하는 방식의 쟁의행위를 말한다.
  1) 쟁의행위는 생산 기타 주요업무에 관련되는 시설과 이에 준하는 시설로서 대통령령이 정하는 시설을 점거하는 형태로 이를 행할 수 없다.
  2) "이에 준하는 시설로서 대통령령이 정하는 시설"이라 함은 ① 전기·전산 또는 통신시설, ② 철도(도시철도를 포함한다)의 차량 또는 선로, ③ 건조·수리 또는 정박중인 선박. 다만, 선원법에 의한 선원이 당해 선박에 승선하는 경우를 제외함, ④ 항공기·항행안전시설 또는 항공기의 이·착륙이나 여객·화물의 운송을 위한 시설, ⑤ 화약·폭약 등 폭발위험이 있는 물질 또는 유해화학물질 관리법에 의한 유독물을 보관·저장하는 장소, ⑥ 기타 점거될 경우 생산 기타 주요업무의 정지 또는 폐지를 가져오거나 공익상 중대한 위해를 초래할 우려가 있는 시설로서 고용노동부장관이 관계중앙행정기관의 장과 협의하여 정하는 시설을 말한다.
  3) 이 규정은 직장점거로 사용자의 시설관리권이 침해되는 것을 방지하고, 파업 중에도 생산이나 그 밖의 주요업무를 계속할 수 있는 가능성을 확보하려는 것이다.
  4) 점거가 금지되는 대상은 생산 기타 주요업무에 관련되는 시설과 이에 준하는 시설로서 대통령령이 정하는 시설에 한정되므로 사업장 내의 운동장, 정원, 대체수단이 있는 통로, 강당, 구내식당, 휴게실, 조합사무소 등은 이에 해당하지 않는다.
  5) 직장점거는 점거의 범위가 사업장의 시설의 일부로 한정되고 사용자 측의 출입·관리·조업을 배제·방해하지 않는 부분적·병존적 점거는 정당하지만, 사업장 시설의 전체를 점거하여 사용자 측의 출입·관리·조업을 배제·방해하는 전면적·배타적 점거는 정당하지 않다.

> **참조판례** 대판 1992.7.14. 91다43800
> 쟁의행위 중 파업은 그 노무정지의 효율성을 확보, 강화하기 위하여 그 보조수단으로 소위 '피케팅'을 동반하거나, 직장에 체류하여 연좌, 농성하는 직장점거를 동반하기도 하는 것으로서 그 자체가 위법하다고 할 수 없으나, 이 경우 '피케팅'은 파업에 가담하지 않고 조업을 계속하려는 자에 대하여 평화적 설득, 구두와 문서에 의한 언어적 설득의 범위 내에서 정당성이 인정되는 것이 원칙이고, 폭행, 협박 또는 위력에 의한 실력적 저지나 물리적 강제는 정당화될 수 없는 것이며, 직장점거는 사용자 측의 점유를 완전히 배제하지 아니하고 그 조업도 방해하지 않는 부분적, 병존적 점거일 경우에 한하여 정당성이 인정되는 것이고, 이를 넘어 사용자의 기업시설을 장기간에 걸쳐 전면적, 배타적으로 점유하는 것은 사용자의 시설관리권능에 대한 침해로서 정당화될 수 없는 것이다.

(4) 불매동맹(boycott)이란 노동조합이 쟁의행위의 상대방인 사용자의 제품의 불매를 호소하거나 그 제품의 취급을 거부하게 함으로써 그 제품의 거래를 방해하는 쟁의수단이다.
  1) 제1차 보이콧은 노동조합이 사용자에 대하여 사회적·경제적 압력을 가할 목적으로 사용자가 생산한 상품의 불매를 결의하거나 일반시민에게 불매 또는 거래정지를 호소하는 쟁의수단이다. 이는 정당한 쟁의행위로 보아야 할 것이다.

2) 제2차 보이콧은 쟁의당사자인 사용자를 상품시장으로부터 고립시키기 위하여 그 거래선에게 사용자와의 거래를 정지하도록 호소하고, 이에 불응하면 그 거래선의 상품에 대하여 보이콧을 행하는 것이다. 제2차 보이콧은 정당한 쟁의행위가 아니라고 할 것이다.

(5) 작업시설의 손상이나 원료·제품의 변질 또는 부패를 방지하기 위한 작업을 긴급작업이라 하며, 쟁의행위 기간 중이라도 긴급작업은 정상적으로 수행되어야 한다.

1) 이는 쟁의권과 재산권의 균형을 기하고자 마련된 규정이다.

2) 긴급작업의 수행을 방해하는 것은 사용자의 재산권을 침해하는 것이므로 정당성을 인정받지 못한다.

5. 인신의 자유 및 안전의 보호

> **노동조합법 제38조(노동조합의 지도와 책임)** ① 쟁의행위는 그 쟁의행위와 관계없는 자 또는 근로를 제공하고자 하는 자의 출입·조업 기타 정상적인 업무를 방해하는 방법으로 행하여져서는 아니되며 쟁의행위의 참가를 호소하거나 설득하는 행위로서 폭행·협박을 사용하여서는 아니 된다.
>
> **제42조(폭력행위등의 금지)** ① 쟁의행위는 폭력이나 파괴행위 또는 생산 기타 주요업무에 관련되는 시설과 이에 준하는 시설로서 대통령령이 정하는 시설을 점거하는 형태로 이를 행할 수 없다.
> ② 사업장의 안전보호시설에 대하여 정상적인 유지·운영을 정지·폐지 또는 방해하는 행위는 쟁의행위로서 이를 행할 수 없다.
> ③ 행정관청은 쟁의행위가 제2항의 행위에 해당한다고 인정하는 경우에는 노동위원회의 의결을 얻어 그 행위를 중지할 것을 통보하여야 한다. 다만, 사태가 급박하여 노동위원회의 의결을 얻을 시간적 여유가 없을 때에는 그 의결을 얻지 아니하고 즉시 그 행위를 중지할 것을 통보할 수 있다.
> ④ 제3항 단서의 경우에 행정관청은 지체 없이 노동위원회의 사후승인을 얻어야 하며 그 승인을 얻지 못한 때에는 그 통보는 그때부터 효력을 상실한다.

(1) 인신의 자유와 안전은 법질서가 보호해야 할 가장 기본적인 가치이므로 쟁의행위로 이를 침해하는 것은 정당성을 상실한다.

(2) 쟁의행위로 폭력행위를 하는 것은 금지되며, 폭력행위는 어떠한 경우에도 정당화될 수 없음을 확인한 규정이다.

쟁의행위로 폭행·협박·감금·살상 등의 행위를 수반하는 경우에는 당연히 정당성이 인정되지 않으며, 쟁의행위가 전체적으로 정당한 경우라도 개개의 폭행·협박·감금·살상 등의 행위에 대하여는 정당성을 인정할 수 없다.

(3) 안전보호시설에 대하여 정상적인 유지·운영을 정지·폐지 또는 방해하는 행위는 쟁의행위로서 이를 행할 수 없다.

1) 안전보호시설이란 가동을 중단하면 사람의 생명·신체를 위태롭게 하는 시설을 말한다.

2) 안전보호시설에 해당하는지 여부는 그 시설의 객관적 용법에 따라 판단하는 것이 아니라 사업장의 성질, 시설의 기능, 시설의 정상적인 유지·운영이 되지 않을 경우에 일어날 수 있는 위험 등 제반 사정을 구체적·종합적으로 고려하여 판단해야 한다.

> **참조판례** 대판 2005.9.30. 2002두7425
>
> [1] 노동조합 및 노동관계조정법 제42조 제2항은 "사업장의 안전보호시설에 대하여 정상적인 유지·운영을 정지·폐지 또는 방해하는 행위는 쟁의행위로서 이를 행할 수 없다."고 규정하고 있는바, 여기서 '안전보호시설'이라 함은 사람의 생명이나 신체의 안전을 보호하는 시설을 말하는 것으로, 이에 해당하는지 여부는 당해 사업장의 성질, 당해 시설의 기능 등의 제반 사정을 구체적·종합적으로 고려하여 판단하여야 한다.
> [2] 가연성·폭발성·유독성이 강한 석유화학제품을 생산 및 유지하기 위하여 전기, 증기 등의 동력을 생산하여 공급하는 동력부문이 정상적으로 가동되지 못하였을 경우에는 위 화학물질에서 발생하는 가연성 가스 등이 누출되거나 전량 소각되지 못하여 대규모 폭발사고를 야기할 수 있고, 소방수의 공급 및 재해 진압 설비의 작동이 곤란하여 대형화재를 초래할 수도 있어, 사람의 생명과 신체의 안전이 구체적으로 위협받는다고 할 것이므로, 위 동력부문은 노동조합 및 노동관계조정법 제42조 제2항에서 정한 '안전보호시설'에 해당한다.

3) 관할 행정관청은 쟁의행위가 사업장의 안전보호시설에 대하여 정상적인 유지·운영을 정지·폐지·방해하는 행위에 해당한다고 인정하는 경우에는 노동위원회의 의결을 얻어 그 행위를 중지할 것을 통보할 수 있다.

4) 사태가 급박하여 노동위원회의 의결을 얻을 시간적 여유가 없을 때에는 그 의결을 얻지 아니하고 즉시 그 행위의 중지를 중지할 것을 통보할 수 있다.

5) 관할 행정관청은 노동위원회의 사후승인을 얻어야 하며 그 승인을 얻지 못한 때에는 그 명령은 그 때부터 효력을 상실한다.

6) 행정관청의 중지통보는 파업이나 태업 자체를 중지하라는 통보가 아니라 안전보호시설의 정상적인 유지·운영을 정지·폐지·방해하는 특정의 행위를 중지하라는 통보이어야 한다.

7) 중지통보에 따르지 않는 경우에 대한 벌칙규정은 없으며, 안전보호시설 정지·폐지·방해 금지 위반에 대해 해당 벌칙이 적용된다.

8) 쟁의행위가 안전보호시설 정지 등의 금지를 위반하여 행해진 경우 인신의 자유와 안전보호에 위험을 초래하는 것이므로 정당성을 상실한다.

(4) 쟁의행위는 그 쟁의행위와 관계없는 자 또는 근로를 제공하고자 하는 자의 출입·조업 기타 정상적인 업무를 방해하는 방법으로 행하여져서는 안 되며, 쟁의행위의 참가를 호소하거나 설득하는 행위로서 폭행·협박을 사용하여서는 안 된다.

1) 파업감시를 하는 경우에 그 상대방의 신체행동 내지 의사결정의 자유를 보호하기 위한 규정이다.

2) 쟁의행위와 관계없는 자란 해당 노동조합의 조합원으로서 원래 쟁의행위에 참가하도록 되어 있는 자가 아닌 자를 말하고, 사용자나 비조합원인 근로자, 고객 등이 이에 해당한다.

3) 근로를 제공하고자 하는 자란 쟁의행위가 발생한 사업장에서 근로계약상의 근로를 제공하려는 자를 말하고, 해당 노동조합의 조합원 여부, 해당 사업 소속인지 여부 또는 파업으로 정지된 업무를 대체할 근로자인지 여부와는 관계없다.

4) 파업감시가 언어적·평화적 설득의 방법으로 하는 경우에는 정당성이 인정되나, 반대로 폭력적·물리적 설득 방법에 의한 경우에는 정당성을 인정할 수 없다.

> **참조판례** 대판 1990.10.12. 90도1431
> 파업의 보조적 쟁의수단인 피케팅은 파업에 가담하지 않고 조업을 계속하려는 자에 대하여 평화적 설득, 구두와 문서에 의한 언어적 설득의 범위 내에서 정당성이 인정되는 것이고, 폭행, 협박 또는 위력에 의한 실력저지나 물리적 강제는 정당화 될 수 없다.

6. 필수업무의 최소유지

> **노동조합법 제42조의2(필수유지업무에 대한 쟁의행위의 제한)** ① 이 법에서 "필수유지업무"라 함은 제71조 제2항의 규정에 따른 필수공익사업의 업무 중 그 업무가 정지되거나 폐지되는 경우 공중의 생명·건강 또는 신체의 안전이나 공중의 일상생활을 현저히 위태롭게 하는 업무로서 대통령령이 정하는 업무를 말한다.
> ② 필수유지업무의 정당한 유지·운영을 정지·폐지 또는 방해하는 행위는 쟁의행위로서 이를 행할 수 없다.
>
> **제42조의3(필수유지업무협정)** 노동관계 당사자는 쟁의행위기간 동안 필수유지업무의 정당한 유지·운영을 위하여 필수유지업무의 필요 최소한의 유지·운영 수준, 대상직무 및 필요인원 등을 정한 협정(이하 "필수유지업무협정"이라 한다)을 서면으로 체결하여야 한다. 이 경우 필수유지업무협정에는 노동관계 당사자 쌍방이 서명 또는 날인하여야 한다.
>
> **제42조의4(필수유지업무 유지·운영 수준 등의 결정)** ① 노동관계 당사자 쌍방 또는 일방은 필수유지업무협정이 체결되지 아니하는 때에는 노동위원회에 필수유지업무의 필요 최소한의 유지·운영 수준, 대상직무 및 필요인원 등의 결정을 신청하여야 한다.
> ② 제1항의 규정에 따른 신청을 받은 노동위원회는 사업 또는 사업장별 필수유지업무의 특성 및 내용 등을 고려하여 필수유지업무의 필요 최소한의 유지·운영 수준, 대상직무 및 필요인원 등을 결정할 수 있다.
> ③ 제2항의 규정에 따른 노동위원회의 결정은 제72조의 규정에 따른 특별조정위원회가 담당한다.
> ④ 제2항의 규정에 따른 노동위원회의 결정에 대한 해석 또는 이행방법에 관하여 관계당사자간에 의견이 일치하지 아니하는 경우에는 특별조정위원회의 해석에 따른다. 이 경우 특별조정위원회의 해석은 제2항의 규정에 따른 노동위원회의 결정과 동일한 효력이 있다.
> ⑤ 제2항의 규정에 따른 노동위원회의 결정에 대한 불복절차 및 효력에 관하여는 제69조와 제70조 제2항의 규정을 준용한다.
>
> **제42조의5(노동위원회의 결정에 따른 쟁의행위)** 제42조의4 제2항의 규정에 따라 노동위원회의 결정이 있는 경우 그 결정에 따라 쟁의행위를 한 때에는 필수유지업무를 정당하게 유지·운영하면서 쟁의행위를 한 것으로 본다.
>
> **제42조의6(필수유지업무 근무 근로자의 지명)** ① 노동조합은 필수유지업무협정이 체결되거나 제42조의4제2항의 규정에 따른 노동위원회의 결정이 있는 경우 사용자에게 필수유지업무에 근무하는 조합원 중 쟁의행위기간 동안 근무하여야 할 조합원을 통보하여야 하며, 사용자는 이에 따라 근로자를 지명하고 이를 노동조합과 그 근로자에게 통보하여야 한다. 다만, 노동조합이 쟁의행위 개시 전까지 이를 통보하지 아니한 경우에는 사용자가 필수유지업무에 근무하여야 할 근로자를 지명하고 이를 노동조합과 그 근로자에게 통보하여야 한다.
> ② 제1항에 따른 통보·지명시 노동조합과 사용자는 필수유지업무에 종사하는 근로자가 소속된 노동조합이 2개 이상인 경우에는 각 노동조합의 해당 필수유지업무에 종사하는 조합원 비율을 고려하여야 한다.

(1) 필수유지업무라 함은 필수공익사업의 업무 중 그 업무가 정지되거나 폐지되는 경우 공중의 생명·건강 또는 신체의 안전이나 공중의 일상생활을 현저히 위태롭게 하는 업무로서 대통령령이 정하는 업무를 말한다.

(2) 필수유지업무의 정당한 유지·운영을 정지·폐지 또는 방해하는 행위는 쟁의행위로서 이를 행할 수 없다. 필수유지업무의 정당한 유지·운영을 정지·폐지 또는 방해하는 행위를 쟁의행위로서 하면 벌칙이 적용되고, 공중의 생명·보건·신체안전이나 일상생활에 대한 위해가 발생할 것을 요하지 않는다.

(3) 노동관계 당사자는 쟁의행위기간 동안 필수유지업무의 정당한 유지·운영을 위하여 필수유지업무의 필요 최소한의 유지·운영 수준, 대상직무 및 필요인원 등을 정한 협정을 서면으로 체결하여야 한다. 이 경우 필수유지업무협정에는 노동관계 당사자 쌍방이 서명 또는 날인하여야 한다.

(4) 노동관계 당사자 쌍방 또는 일방은 필수유지업무협정이 체결되지 아니하는 때에는 노동위원회에 필수유지업무의 필요 최소한의 유지·운영, 대상직무 및 필요인원 등의 결정을 신청하여야 한다.

   1) 신청을 받은 노동위원회는 사업 또는 사업장별 필수유지업무의 특성 및 내용 등을 고려하여 필수유지업무의 필요최소한의 유지·운영 수준, 대상직무 및 필요인원 등을 결정할 수 있다.

   2) 노동위원회의 결정에 대한 해석 또는 이행방법에 관하여 관계 당사자간에 의견이 일치하지 아니하는 경우에는 특별조정위원회의 해석에 따른다. 이 경우 특별조정위원회의 해석은 노동위원회의 결정과 동일한 효력이 있다.

   3) 관계당사자는 소정의 기간 내에 재심 신청 또는 행정소송을 제기하지 않으면 그 결정 또는 재심결정은 확정되며, 당사자는 이에 따라야 한다. 노동위원회의 결정 또는 재심결정은 재심신청 또는 행정소송의 제기에 의하여 그 효력이 정지되지 아니한다.

   4) 노동조합은 필수유지업무협정이 체결되거나 노동위원회의 결정이 있는 경우 사용자에게 필수유지업무에 근무하는 조합원 중 쟁의행위기간 동안 근무하여야 할 조합원을 통보하여야 하며, 사용자는 이에 따라 근로자를 지명하고 이를 노동조합과 그 근로자에게 통보하여야 한다. 다만 노동조합이 쟁의행위 개시 전까지 이를 통보하지 아니한 경우에는 사용자가 필수유지업무에 근무하여야 할 근로자를 지명하고 이를 노동조합과 그 근로자에게 통보하여야 한다.

(5) 노동조합이 필수유지업무협정이나 노동위원회의 결정에 따라 쟁의행위를 한 때에는 필수유지업무를 정당하게 유지·운영하면서 쟁의행위를 한 것으로 보아 정당성이 인정되나, 반대로 필수유지업무협정이나 노동위원회의 결정에 따르지 않고 쟁의행위를 한 경우에는 공중의 일상생활 등에 위해를 줄 수 있는 것이므로 정당성이 인정되지 않는다.

VI. 쟁의행위 시기·절차의 정당성

1. 의의

(1) 쟁의행위는 신의칙상 적절한 시기에 행사되어야 하며, 법령, 단체협약, 노동조합 규약 등이 정한 절차를 위반하여서는 안 된다.

(2) 쟁의행위가 시기·절차상의 정당성을 갖춘 것으로 인정되기 위하여는 사용자가 근로자의 근로조건 개선에 관한 구체적인 요구에 대하여 단체교섭을 거부하였을 때 개시하되 특별한 사정이 없는 한 조합원의 찬성결정 등 법령이 규정한 절차를 거쳐야 한다.

2. 쟁의행위의 시기상 정당성

(1) 쟁의행위는 단체교섭에서 유리한 지위를 갖고 교섭을 하기 위한 수단상의 권리라 할 것이다.

(2) 쟁의행위는 사용자가 노동조합의 구체적 요구에 대하여 단체교섭 자체를 거부하거나 단체교섭의 자리에서 그러한 요구를 거부한다는 회답을 한 뒤에 시작해야 정당성을 가진다.

> **참조판례** 대판 1990.5.15. 90도357
>
> 쟁의행위의 정당성은, …중략… 사용자가 근로자의 근로조건의 개선에 관한 구체적 요구에 대하여 단체교섭을 거부하거나 단체교섭의 자리에서 그러한 요구를 거부하는 회답을 했을 때에 개시하여야 한다.

(3) 쟁의행위는 최후의 수단으로 볼 수 없으므로 단체교섭에서 절충이 일단 시작된 이상 어느 단계에서 쟁의행위를 시작할 것인가는 노동조합이 전술적으로 결정할 수 있다.

3. 노동조합법상 절차규정 위반

> **노동조합법 제41조(쟁의행위의 제한과 금지)** ① 노동조합의 쟁의행위는 그 조합원(제29조의2에 따라 교섭대표노동조합이 결정된 경우에는 그 절차에 참여한 노동조합의 전체 조합원)의 직접·비밀·무기명투표에 의한 조합원 과반수의 찬성으로 결정하지 아니하면 이를 행할 수 없다. 이 경우 조합원 수 산정은 종사근로자인 조합원을 기준으로 한다.
>
> **제45조(조정의 전치)** ① 노동관계 당사자는 노동쟁의가 발생한 때에는 어느 일방이 이를 상대방에게 서면으로 통보하여야 한다.
> ② 쟁의행위는 제5장 제2절 내지 제4절의 규정에 의한 조정절차(제61조의2의 규정에 따른 조정종료 결정 후의 조정절차를 제외한다)를 거치지 아니하면 이를 행할 수 없다. 다만, 제54조의 규정에 의한 기간 내에 조정이 종료되지 아니하거나 제63조의 규정에 의한 기간 내에 중재재정이 이루어지지 아니한 경우에는 그러하지 아니하다.
>
> **제60조(조정안의 작성)** ⑤ 제3항 및 제4항의 해석 또는 이행방법에 관한 견해가 제시될 때까지는 관계 당사자는 당해 조정안의 해석 또는 이행에 관하여 쟁의행위를 할 수 없다.
>
> **제63조(중재시의 쟁의행위의 금지)** 노동쟁의가 중재에 회부된 때에는 그 날부터 15일간은 쟁의행위를 할 수 없다.
>
> **제77조(긴급조정시의 쟁의행위 중지)** 관계 당사자는 제76조 제3항의 규정에 의한 긴급조정의 결정이 공표된 때에는 즉시 쟁의행위를 중지하여야 하며, 공표일부터 30일이 경과하지 아니하면 쟁의행위를 재개할 수 없다.

(1) 쟁의행위는 조정절차를 거치지 않으면 이를 할 수 없다.
  1) 노동쟁의 조정을 통해 분쟁해결을 모색하도록 하려는 정책적 고려에서 특별히 설정된 규정이다
  2) 조정절차 내지 중재절차를 거쳐야 하는 것으로 규정하고 있으나 이는 조정 또는 중재를 거치라는 의미로 해석하여야 할 것이다.
  3) 사적조정을 거친 경우에는 공적조정을 거치지 않더라도 조정전치주의를 준수한 것이다.
  4) 조정절차를 거쳐 쟁의행위에 들어간 후 새로운 요구사항이 추가되더라도 그 요구사항이 기존의 쟁의사항과 밀접한 관계가 있을 경우에는 그 요구사항에 관하여 다시 조정절차를 거치지 않아도 된다.

> **참조판례** 대판 2012.1.27. 2009도8917
>
> 근로조건에 관한 노동관계 당사자 간 주장의 불일치로 인하여 근로자들이 조정전치절차 및 찬반투표절차를 거쳐 정당한 쟁의행위를 개시한 후 쟁의사항과 밀접하게 관련된 새로운 쟁의사항이 부가된 경우에는, 근로자들이 새로이 부가된 사항에 대하여 쟁의행위를 위한 별도의 조정절차 및 찬반투표절차를 거쳐야 할 의무가 있다고 할 수 없다.

5) 조정전치주의를 거치지 않은 경우 정당성을 인정할 수 있는가에 대해 견해의 대립은 있으나, 노동쟁의 조정제도는 분쟁해결방법을 정한 정책적 고려의 규정으로 이를 위반하였다는 것만으로 정당성이 상실되는 것으로 볼 수 없다.

> **참조판례** 대판 2000.10.13. 99도4812
>
> 노동조합및노동관계조정법 제45조의 조정전치에 관한 규정의 취지는 분쟁을 사전 조정하여 쟁의행위 발생을 회피하는 기회를 주려는 데에 있는 것이지 쟁의행위 자체를 금지하려는 데에 있는 것이 아니므로, 쟁의행위가 조정전치의 규정에 따른 절차를 거치지 아니하였다고 하여 무조건 정당성이 결여된 쟁의행위라고 볼 것이 아니고, 그 위반행위로 말미암아 사회·경제적 안정이나 사용자의 사업운영에 예기치 않는 혼란이나 손해를 끼치는 등 부당한 결과를 초래할 우려가 있는지의 여부 등 구체적 사정을 살펴서 그 정당성 유무를 가려 형사상 죄책 유무를 판단하여야 할 것인 바, 피고인들이 파업에 이르게 된 과정에 관한 주장과 기록에 의하여 드러나는 바와 같이, 전국민주택시연맹이 같은 달 13일 기자회견 등을 통하여 미리 파업시기를 공표한 점 등에 비추어 보면, 결과적으로 피고인들이 조정절차를 거치지 않고 파업에 이르기는 하였지만, 사회·경제적 안정이나 사용자의 사업운영에 예기치 않은 혼란이나 손해를 끼치는 등 부당한 결과를 초래하였다고 보기도 어렵다.

6) 노동조합의 조정신청에 대하여 노동위원회가 교섭미진을 이유로 행정지도를 하면서 실질적인 조정을 하지 않은 상태에서 한 쟁의행위는 조정을 거친 것으로 인정된다.

> **참조판례** 대판 2001.6.26. 2000도2871·99노534
>
> 조정은 당사자 사이의 자주적인 해결에 노동위원회가 조력하는 제도인 점, 이 사건과 같이 사용자 측의 교섭거절로 실질적인 교섭이 이루어지지 아니한 경우 중노위가 이를 노동쟁의가 아니라는 이유로 조정결정을 하지 아니한다면 오히려 조정전치주의 때문에 노동조합의 쟁의권이 부당하게 침해된다는 점, 헌법상 단체행동권을 보장하는 규정 취지와 노조법 제45조, 제54조의 해석상 조정종결원인과 관계없이 조정이 종료되었다면 노조법 제5장 제2절의 조정절차를 거친 것으로 보는 것이 타당한 점 등에 비추어 보면 중노위의 행정지도 이후에 이루어진 이 사건 쟁의행위는 노조법 제45조의 규정에 따라 일응 조정절차를 거친 이후에 이루어진 쟁의행위로 보는 것이 옳고, 이렇게 본다면 이 사건 쟁의행위의 절차적 정당성도 인정된다 할 것이다.

(2) 노동쟁의가 중재에 회부된 때에는 그 날부터 15일간은 쟁의행위를 할 수 없다.

1) 중재가 개시되면 중재재정을 기다리고 쟁의행위를 보류하도록 하려는 정책적 고려의 규정이다.

2) 쟁의행위 금지기간은 중재에 회부된 때라고 규정하고 있으므로 당사자가 중재를 신청한 날부터 기산한다.

3) 이를 위반한 경우 벌칙이 적용된다.

4) 노동조합이 중재시 쟁의행위의 금지규정을 위반하여 쟁의행위를 한 경우라도 정당성이 상실되는 것은 아니다.

(3) 관계 당사자는 긴급조정의 결정이 공표된 때에는 즉시 쟁의행위를 중지하여야 하며, 공표일부터 30일이 경과하지 아니하면 쟁의행위를 재개할 수 없다.
   1) 쟁의행위에 따른 국민경제 또는 국민의 일상생활에 대한 피해를 줄이고 조정을 통해 분쟁을 해결하기 위한 정책적 고려의 규정이다.
   2) 노동조합이 긴급조정시의 쟁의행위 중지규정을 위반하였다는 사유만으로 정당성이 상실되는 것은 아니다.
(4) 조정서의 해석 또는 이행방법에 관한 견해가 제시될 때까지는 관계 당사자는 당해 조정안의 해석 또는 이행에 관하여 쟁의행위를 할 수 없다.
   노동조합이 조정서 해석 기간 중에 쟁의행위를 하였다는 사유만으로 쟁의행위 정당성이 상실되는 것은 아니다.
(5) 노동조합의 쟁의행위는 그 조합원의 직접·비밀·무기명투표에 의한 조합원 과반수의 찬성으로 결정하지 아니하면 이를 행할 수 없다.
   1) 쟁의행위가 그 참가자의 임금삭감을 초래하고 직장폐쇄를 야기하는 등 조합원 전체에게 중요한 영향을 미치므로 그 결정을 자주적·민주적인 절차로 하도록 하자는 정책적 고려에서 노동조합법이 특별히 설정한 규정이다.
   2) 쟁의행위는 조합원의 직접·비밀·무기명투표 방식에 의해야 한다.
   3) 조합원 투표로 족하고 반드시 총회의 개최·의결을 거쳐야 하는 것은 아니다.
   4) 조합원 과반수의 찬성이란 재적 조합원 과반수의 찬성을 의미한다.
   5) 쟁의행위를 주도하는 노동조합에 소속된 전체 조합원이 투표할 조합원에 해당한다 할 것이다.
   6) 초기업별 노동조합의 특정 지부·분회가 쟁의행위를 하려는 경우 그 지부·분회 소속의 조합원 과반수의 찬성을 얻으면 적법하다.

   > **참조판례** 대판 2009.6.23. 2007두12859
   > 지역별·산업별·업종별 노동조합의 경우에는 총파업이 아닌 이상 쟁의행위를 예정하고 있는 당해 지부나 분회 소속 조합원의 과반수의 찬성이 있으면 쟁의행위는 절차적으로 적법하다고 보아야 한다.

   7) 투표의 시기에는 제한이 없으나, 쟁의행위 시작 전에 해야 할 것이다.
   8) 찬반투표를 거쳐 쟁의행위에 들어간 후 새로운 요구사항이 추가되더라도 그 요구사항이 기존의 쟁의사항과 밀접한 관계가 있을 경우에는 그 요구사항에 관하여 다시 찬반투표를 거치지 않아도 된다.

   > **참조판례** 대판 2012.1.27. 2009도8917
   > 근로조건에 관한 노동관계 당사자 간 주장의 불일치로 인하여 근로자들이 조정전치절차 및 찬반투표절차를 거쳐 정당한 쟁의행위를 개시한 후 쟁의사항과 밀접하게 관련된 새로운 쟁의사항이 부가된 경우에는, 근로자들이 새로이 부가된 사항에 대하여 쟁의행위를 위한 별도의 조정절차 및 찬반투표절차를 거쳐야 할 의무가 있다고 할 수 없다.

9) 쟁의행위 찬반투표절차를 위반한 쟁의행위는 그 절차를 따를 수 없는 객관적인 사정이 인정되지 아니하는 한 정당성을 인정받을 수 없다.

> **참조판례** 대판 2001.10.25. 99도4837
>
> 쟁의행위를 함에 있어 조합원의 직접·비밀·무기명투표에 의한 찬성결정이라는 절차를 거쳐야 한다는 노동조합 및노동관계조정법 제41조 제1항의 규정은 노동조합의 자주적이고 민주적인 운영을 도모함과 아울러 쟁의행위에 참가한 근로자들이 사후에 그 쟁의행위의 정당성 유무와 관련하여 어떠한 불이익을 당하지 않도록 그 개시에 관한 조합의사의 결정에 보다 신중을 기하기 위하여 마련된 규정이므로 위의 절차를 위반한 쟁의행위는 그 절차를 따를 수 없는 객관적인 사정이 인정되지 아니하는 한 정당성을 인정받을 수 없다할 것이다. 만약 이러한 절차를 거치지 아니한 경우에도 조합원의 민주적 의사결정이 실질적으로 확보된 때에는 단지 노동조합 내부의 의사형성 과정에 결함이 있는 정도에 불과하다고 하여 쟁의행위의 정당성이 상실되지 않는 것으로 해석한다면 위임에 의한 대리투표, 공개결의나 사후결의, 사실상의 찬성간주 등의 방법이 용인되는 결과가 되어 위의 관계규정과 종전 대법원의 판례취지에 반하는 것이 된다.

(6) 노동조합은 쟁의행위를 하고자 할 경우에는 고용노동부령이 정하는 바에 따라 행정관청과 관할노동위원회에 쟁의행위의 일시·장소·참가인원 및 그 방법을 미리 서면으로 신고하여야 한다.

1) 쟁의행위 신고제도는 쟁의행위시 행정관청의 감독과 노동위원회의 사후조정의 실효성을 위해 마련된 규정이다.

2) 쟁의행위가 신고를 하지 않았다는 사정만으로 정당성이 상실되는 것은 아니다.

> **참조판례** 대판 2007.12.28. 2007도5204
>
> 노동조합 및 노동관계조정법 시행령 제17조에서 규정하고 있는 쟁의행위의 일시·장소·참가인원 및 그 방법에 관한 서면신고의무는 쟁의행위를 함에 있어 그 세부적·형식적 절차를 규정한 것으로서 쟁의행위에 적법성을 부여하기 위하여 필요한 본질적인 요소는 아니므로, 노동쟁의 조정신청이나 조합원들에 대한 쟁의행위 찬반투표 등의 절차를 거친 후 이루어진 쟁의행위에 대하여 신고절차의 미준수만을 이유로 쟁의행위의 정당성을 부정할 수는 없다.

4. 단체협약 내지 조합규약을 위반의 쟁의행위

(1) 단체협약의 평화조항을 위반하여 쟁의행위를 개시하였다고 하더라도 이는 단순한 채무불이행에 불과할 뿐 쟁의행위 정당성 판단의 기준이 될 수 없다.

(2) 노동조합법 제11조 제12호는 노동조합의 조합규약으로 쟁의행위에 관한 사항을 규정하도록 정하고 있으나, 조합규약은 조합내부에서 규범적 효력을 가지는 것으로 단순한 조합내부의 의사형성과정의 하자에 불과하며 쟁의행위의 대외적 책임으로서의 정당성 문제에는 영향을 주지 않는다.

제3절 정당한 쟁의행위의 보호

Ⅰ. 민·형사 책임의 면책

> **노동조합법 제3조(손해배상 청구의 제한)** 사용자는 이 법에 의한 단체교섭 또는 쟁의행위로 인하여 손해를 입은 경우에 노동조합 또는 근로자에 대하여 그 배상을 청구할 수 없다.
>
> **제4조(정당행위)** 형법 제20조의 규정은 노동조합이 단체교섭·쟁의행위 기타의 행위로서 제1조의 목적을 달성하기 위하여 한 정당한 행위에 대하여 적용된다. 다만, 어떠한 경우에도 폭력이나 파괴행위는 정당한 행위로 해석되어서는 아니 된다.

(1) 정당한 쟁의행위에 대하여 노동조합법 제3조는 민사면책을, 동법 제4조는 형사면책을 규정하고 있는데, 이는 노동조합법이 정당한 쟁의행위에 대한 법적 효과를 창설한 것이 아니라 헌법상의 근로3권의 내용을 확인하는 규정이다.

(2) 쟁의행위는 민법상의 채무불이행 또는 불법행위의 법률요건에 해당하거나 형법상이 범죄구성요건에 해당하는 행위로서 위법한 행위이지만, 그 위법성이 조각되어 민사상·형사상의 책임이 면제된다.

> **참조판례** 대판 2012.8.30. 2010도4420
> 피고인의 행위의 주된 목적은 근로조건의 향상이 아니라 피해자 회사의 경영권에 속하는 사항인 토지자산의 매도에 따른 이익 분배에 관한 주장을 관철하는 데 있으므로, 이를 위법성이 조각되는 정당한 쟁의행위로 볼 수 없다.

헌법재판소는 단체행동권의 행사로서 노동법상의 요건을 갖추어 헌법적으로 정당화되는 행위를 범죄행위의 구성요건에 해당하는 행위임을 인정하되 다만 위법성을 조각하도록 한 취지라고 할 수는 없다고 판시한 바 있다.

> **참조판례** 헌재 2010.4.29. 2009헌바168
> 헌법 제33조 제1항은 근로자의 단체행동권을 헌법상 기본권으로 보장하고 있고, 단체행동권에 대한 어떠한 개별적 법률유보조항도 두고 있지 않으며, 단체행동권에 있어서 쟁의행위는 핵심적인 것인데, 쟁의행위는 고용주의 업무에 지장을 초래하는 것을 당연한 전제로 한다. 헌법상 기본권 행사에 본질적으로 수반되는 것으로서 정당화될 수 있는 업무의 지장 초래가 당연히 업무방해에 해당하여 원칙적으로 불법한 것이라 볼 수는 없다. 한편 노동법 제4조는 노동조합의 쟁위행위로서 노동법의 목적 달성을 위하여 한 정당한 행위에 대하여 위법성 조각사유에 관한 형법 제20조를 적용하도록 하고 있으나, 이것이 단체행동권의 행사로서 노동법상의 요건을 갖추어 헌법적으로 정당화되는 행위를 범죄행위의 구성요건에 해당하는 행위임을 인정하되 다만 위법성을 조각하도록 한 취지라고 할 수는 없다. 그러한 해석은 헌법상 기본권의 보호영역을 하위 법률을 통해 지나치게 축소시키는 것이며, 위 조항은 쟁의행위가 처벌의 대상이 되어서는 안 된다는 점을 강조한 것으로 이해해야 할 것이다. 나아가 노동법 제3조가 사용자로 하여금 적법한 쟁의행위로 인하여 입은 손해를 노동조합 또는 근로자에 대하여 배상청구할 수 없도록 한 것도 동일한 맥락에서 바라보아야 할 것이다.

(3) 쟁의행위로서 파업이 언제나 업무방해죄에 해당하는 것으로 볼 것은 아니고, 전후 사정과 경위 등에 비추어 사용자가 예측할 수 없는 시기에 전격적으로 이루어져 사용자의 사업운영에 심대한 혼란 내지 막대한 손해를 초래하는 등으로 사용자의 사업계속에 관한 자유의사가 제압·혼란될 수 있다고 평가할 수 있는 경우에 비로소 집단적 노무제공의 거부가 위력에 해당하여 업무방해죄가 성립한다.

> **참조판례** 대판 2011.3.17. 선고 2007도482(전합)
>
> 근로자는 원칙적으로 헌법상 보장된 기본권으로서 근로조건 향상을 위한 자주적인 단결권·단체교섭권 및 단체행동권을 가지므로(헌법 제33조 제1항), 쟁의행위로서 파업이 언제나 업무방해죄에 해당하는 것으로 볼 것은 아니고, 전후 사정과 경위 등에 비추어 사용자가 예측할 수 없는 시기에 전격적으로 이루어져 사용자의 사업운영에 심대한 혼란 내지 막대한 손해를 초래하는 등으로 사용자의 사업계속에 관한 자유의사가 제압·혼란될 수 있다고 평가할 수 있는 경우에 비로소 집단적 노무제공의 거부가 위력에 해당하여 업무방해죄가 성립한다고 보는 것이 타당하다.

1) 근로자 182명 중 9명이 부분파업에 참여하는 등 그 파업 규모만으로는 업무방해죄가 성립한다고 보기 어렵다.

> **참조판례** 대판 2012.4.26. 2010도5392
>
> 근로자 182명 중 9명이 부분파업에 참여하는 등 그 파업 규모만으로는 사용자의 사업운영에 심대한 혼란이나 막대한 손해가 초래되었다고 보기 어려운 사업장까지 업무방해죄의 피해 사업장으로 적시되어 있는 점에 비추어, 이 사건 공소사실에 적시된 사업장들 가운데 일부는 사용자의 사업계속에 관한 자유의사가 제압·혼란될 수 있다고 평가할 수 있는 경우에 해당하지 아니한다고 볼 여지가 있다.

2) 쟁의행위로서의 목적의 정당성이 인정되지 않는다는 점만으로 파업이 곧바로 업무방해죄에 해당한다고 볼 수는 없다.

> **참조판례** 대판 2014.11.13. 2011도393
>
> 경영주체의 경영상 결단에 속하는 사항으로서 단체교섭의 대상이 될 수 없는 가스산업 선진화 정책에 대한 반대를 주된 목적으로 한 이 사건 파업은 정당한 쟁의행위로 볼 수 없으나, 이 사건 파업을 위한 절차를 거쳤고, 사용자에게 파업에 돌입함을 예고하고 필수유지업무 근무 대상 조합원의 명단을 통보하였으며, 파업 기간은 1일에 불과하고, 필수유지업무 근무 대상자들은 파업에 참가하지 않고 천연가스의 인수, 제조 및 저장, 공급 업무, 천연가스시설의 긴급정비 및 안전관리 업무를 계속하였고, 이에 따라 이 사건 파업으로 가스의 공급업무나 인수업무가 중단된 바는 없으므로 이 사건 파업으로 말미암아 사업운영에 심대한 혼란 내지 막대한 손해가 초래될 위험이 있었다고 하기는 어렵다. 따라서 쟁의행위로서의 정당성이 인정되지 않는다는 점만을 들어 이 사건 파업이 곧바로 업무방해죄에 해당한다고 볼 수 없다.

Ⅱ. 불이익 취급의 금지

(1) 사용자는 근로자가 정당한 단체행동에 참가한 것을 이유로 해고하거나 불이익을 주는 행위를 할 수 없다(노동조합법 제81조 제5호 참조).
(2) 정당한 쟁의행위에 참가한 근로자에게 불이익을 주는 것은 헌법상 쟁의권의 사용자에 대한 효과로서 무효이고 불이익취급 금지 규정을 이를 확인하는 규정이다.

Ⅲ. 구속의 제한

> **노동조합법 제39조(근로자의 구속제한)** 근로자는 쟁의행위 기간중에는 현행범외에는 이 법 위반을 이유로 구속되지 아니한다.

(1) 쟁의행위 참가자를 구속하면 쟁의조직이 약화·와해되어 노사간 교섭력의 불균형이 초래될 우려가 있어 쟁의행위를 보호하려는 정책적 배려에서 마련된 규정이다.
(2) 구속제한의 기간은 쟁의행위 기간이다.
(3) 구속이 제한되는 것은 현행범 외에는 노동조합법 위반을 이유로 한 구속이 제한된다. 따라서 현행범인 경우, 노동조합법 이외의 법 위반을 이유로 하는 경우에는 적용되지 않는다.
(4) 구속제한은 정당한 쟁의행위에 대해서만 적용된다.

Ⅳ. 대체근로의 제한

> **노동조합법 제43조(사용자의 채용제한)** ① 사용자는 쟁의행위 기간중 그 쟁의행위로 중단된 업무의 수행을 위하여 당해 사업과 관계없는 자를 채용 또는 대체할 수 없다.
> ② 사용자는 쟁의행위기간 중 그 쟁의행위로 중단된 업무를 도급 또는 하도급 줄 수 없다.
> ③ 제1항 및 제2항의 규정은 필수공익사업의 사용자가 쟁의행위 기간 중에 한하여 당해 사업과 관계없는 자를 채용 또는 대체하거나 그 업무를 도급 또는 하도급 주는 경우에는 적용하지 아니한다.
> ④ 제3항의 경우 사용자는 당해 사업 또는 사업장 파업참가자의 100분의 50을 초과하지 않는 범위 안에서 채용 또는 대체하거나 도급 또는 하도급 줄 수 있다. 이 경우 파업참가자 수의 산정 방법 등은 대통령령으로 정한다.

(1) 대체근로는 파업의 효과를 저하시키고 노동조합과 지나친 대결사태를 야기할 우려가 있기 때문에 이러한 위험으로부터 쟁의행위를 보호하려는 정책적 배려에서 설정된 규정이다.
(2) 사용자는 쟁의행위기간 동안 그 쟁의행위로 중단된 업무의 수행을 위하여 해당 사업과 관계없는 자를 채용 또는 대체할 수 없으며, 그러한 업무를 도급 또는 하도급 줄 수 없다.
   1) 해당 사업과 관계없는 자란 평소 해당 사업의 업무에 종사하던 관계가 없는 자를 말한다.
   2) 사용자는 사업장 내의 파업비참가근로자에 한하여 기업의 조업을 계속할 수 있을 뿐이다. 한 사업장 내에 수개의 부서 또는 작업장이 있어 비조합원을 배치이동하는 것은 무방하다.
   3) 채용이란 새로이 근로자를 고용하는 것으로서 임시직이나 시간제 근로자는 물론 일용직 근로자의 채용도 이에 포함된다.
   4) 대체라 함은 다른 사업의 근로자를 파업 참가근로자에 대신하여 근로를 제공하도록 하는 것을 말한다.
   5) 파업으로 중단된 업무를 수행하기 위한 채용이 금지되며, 대체근로에 투입할 목적이 있는 이상 채용의 시기가 파업 개시 전이냐 후이냐는 관계가 없다.
   6) 대체근로의 목적이 아니라 자연감소에 따른 인원충원 등의 목적으로 채용하는 것은 쟁의행위기간 중이라도 허용된다.
   7) 파업으로 중단된 업무를 해당 사업 외부에 도급 또는 하도급을 주는 것은 그 사업과 관계없는 자를 채용 또는 대체하는 것과 같은 효과를 가지므로 이를 금지하고 있다.

8) 근로자파견사업의 경우 파견사업주는 쟁의행위중인 사업장에 그 쟁의행위로 중단된 업무의 수행을 위하여 근로자를 파견하여서는 아니 된다. 대체근로제한의 실효성을 확보하기 위하여 파견사업주에게 별도의 의무를 부과한 것이다.

(3) 필수공익사업의 사용자는 당해 사업 또는 사업장 파업참가자의 100분의 50을 초과하지 않는 범위내에서 채용 또는 대체하거나 도급 또는 하도급 줄 수 있다. 이 경우 파업참가자수는 근로의무가 있는 근로시간 중 파업참가를 이유로 근로의 일부 또는 전부를 제공하지 아니한 자의 수를 1일 단위로 산정하며, 사업자는 파업참가자 수 산정을 위하여 필요한 경우 노동조합에 협조를 요청할 수 있다.

(4) 대체근로의 금지는 정당한 쟁의행위에 한하여 적용된다.

제4절 위법한 쟁의행위와 책임

I. 민사책임

1. 노동조합의 책임

> 노동조합법 제38조(노동조합의 지도와 책임) ③ 노동조합은 쟁의행위가 적법하게 수행될 수 있도록 지도·관리·통제할 책임이 있다.

(1) 노동조합이 단체협약상 평화의무에 위반하여 쟁의행위를 한 경우에는 손해배상책임을 부담한다.

(2) 노동조합의 쟁의행위가 정당성을 갖추지 못한 경우 단체구성원의 불법행위는 단체의 불법행위로 인정되므로 노동조합이 불법행위에 따른 손해배상책임을 진다(민법 제35조 제1항, 제750조 제1항).

(3) 노동조합이 부담하는 손해배상책임은 상당인과관계에 있는 모든 손해이다.

1) 간접반증이 없는 한 제품이 생산되었다면 그 후 판매되어 제조업체가 매출이익을 얻고 생산에 지출된 고정비용을 회수할 수 있다고 추정된다.

> **참조판례** 대판 2018.11.29. 2016다12748
> 제조업체가 불법휴무로 인하여 조업을 하지 못함으로써 입는 손해로는, 조업중단으로 제품을 생산하지 못함으로써 생산할 수 있었던 제품의 판매로 얻을 수 있는 매출이익을 얻지 못한 손해와 조업중단의 여부와 관계없이 고정적으로 지출되는 비용(차임, 제세공과금, 감가상각비, 보험료 등)을 무용하게 지출함으로써 입은 손해를 들 수 있다. 이러한 손해의 배상을 구하는 측에서는 불법휴무로 인하여 일정량의 제품을 생산하지 못하였다는 점뿐만 아니라, 생산되었을 제품이 판매될 수 있다는 점까지 증명하여야 할 것이지만, 판매가격이 생산원가에 미달하는 소위 적자제품이라거나 조업중단 당시 불황 등과 같은 특별한 사정이 있어서 장기간에 걸쳐 당해 제품이 판매될 가능성이 없다거나, 당해 제품에 결함이 있어서 판매가 제대로 이루어지지 않는다는 등의 특별한 사정에 대한 간접반증이 없는 한, 당해 제품이 생산되었다면 그 후 판매되어 당해 업체가 이로 인한 매출이익을 얻고 또 그 생산에 지출된 고정비용을 매출원가의 일부로 회수할 수 있다고 추정함이 타당하다.

2) 쟁의행위 종료 후 상당한 기간 안에 추가 생산을 통하여 쟁의행위로 인한 부족 생산량이 만회되는 등 매출 감소의 결과에 이르지 아니할 것으로 볼 수 있는 사정이 증명된 경우, 고정비용 상당 손해 발생의 추정이 복멸된다.

> **참조판례** 대판 2023.6.15. 2017다46274
> 제조업체가 위법한 쟁의행위로 조업을 하지 못함으로써 입은 고정비용 상당 손해배상을 구하는 경우, 제조업체는 조업중단으로 인하여 일정량의 제품을 생산하지 못하였다는 점 및 생산 감소로 인하여 매출이 감소하였다는 점을 증명하여야 할 것이지만, 제품이 생산되었다면 그 후 판매되어 제조업체가 이로 인한 매출이익을 얻고 또 생산에 지출된 고정비용을 매출원가의 일부로 회수할 수 있다고 추정함이 상당하고, 다만 해당 제품이 이른바 적자제품이라거나 불황 또는 제품의 결함 등으로 판매가능성이 없다는 등의 특별한 사정에 대한 간접반증이 있으면 이러한 추정은 복멸된다. 그리고 쟁의행위 종료 후 상당한 기간 안에 추가 생산을 통하여 쟁의행위로 인한 부족 생산량이 만회되는 등 생산 감소로 인하여 매출 감소의 결과에 이르지 아니할 것으로 볼 수 있는 사정이 증명된 경우도 마찬가지이다.

2. 근로자 개인의 손해배상책임

(1) 쟁의행위가 정당성을 상실하는 경우 근로자 개인은 책임이 없다고 보는 견해도 있으나, 현행법상 근로자 개인의 민사면책은 쟁의행위가 정당성을 가지고 있는 경우에 한해서 인정되고 있으므로, 쟁의행위가 정당하지 못한 경우 노동조합 뿐 아니라 근로자 개인도 손해배상책임을 진다고 할 것이다.

(2) 조합간부가 위법한 쟁의행위를 주도·지시하는 경우 자신의 근로계약위반으로 인한 손해배상책임을 부담하는 것은 물론 불법행위로 인하여 발생된 손해에 대하여 손해배상책임을 부담한다.

> **참조판례** 대판 1994.3.25. 93다32828·32835
> 노동조합의 간부들이 불법쟁의행위를 기획, 지시, 지도하는 등으로 주도한 경우에 이와 같은 간부들의 행위는 조합의 집행기관으로서의 행위라 할 것이므로 이러한 경우 민법 제35조 제1항의 유추적용에 의하여 노동조합은 그 불법쟁의행위로 인하여 사용자가 입은 손해를 배상할 책임이 있고, 한편 조합간부들의 행위는 일면에 있어서는 노동조합 단체로서의 행위라고 할 수 있는 외에 개인의 행위라는 측면도 아울러 지니고 있고, 일반적으로 쟁의행위가 개개 근로자의 노무정지를 조직하고 집단화하여 이루어지는 집단적 투쟁행위라는 그 본질적 특징을 고려하여 볼 때 노동조합의 책임 외에 불법쟁의행위를 기획, 지시, 지도하는 등으로 주도한 조합의 간부들 개인에 대하여도 책임을 지우는 것이 상당하다.

(3) 쟁의행위가 정당성을 가지지 못하는 경우에는 근로제공을 거부한 근로자의 개별적 행위는 근로계약의무에 위반하는 것이 되어 근로계약불이행으로 인한 손해배상책임을 발생한다. 또한 쟁의행위가 정당성을 갖추지 못한 경우, 노동조합의 단체행동상의 불법행위로 발생한 손해전체에 대하여 일반 조합원도 손해배상책임을 부담하는 것이 원칙이다.

(4) 일반조합원이 불법쟁의행위시 노동조합 등의 지시에 따라 단순히 노무를 정지한 것만으로는 손해배상책임이 발생하지 않으나, 근로자의 근로내용 및 공정의 특수성과 관련하여 그 노무를 정지할 때에 발생할 수 있는 위험 또는 손해 등을 예방하기 위하여 그가 노무를 정지할 때에 준수하여야 할 사항 등이 정하여져 있고, 당해 근로자가 이를 준수함이 없이 노무를 정지함으로써 그로 인하여 손해가 발생하였거나 확대되었다면 그와 상당인과관계에 있는 손해에 대하여는 이를 배상할 책임이 있다.

> **참조판례** 대판 2006.9.22. 2005다30610
>
> 불법쟁의행위를 기획·지시·지도하는 등으로 주도한 조합간부들이 아닌 일반조합원의 경우, 쟁의행위는 언제나 단체원의 구체적인 집단적 행동을 통하여서만 현실화되는 집단적 성격과 근로자의 단결권은 헌법상 권리로서 최대한 보장되어야 하는데 일반조합원에게 쟁의행위의 정당성 여부를 일일이 판단할 것을 요구하는 것은 근로자의 단결권을 해칠 수도 있는 점, 쟁의행위의 정당성에 관하여 의심이 있다 하여도 일반조합원이 노동조합 및 노동조합 간부들의 지시에 불응하여 근로제공을 계속하기를 기대하기는 어려운 점 등에 비추어 보면, 일반조합원이 불법쟁의행위시 노동조합 등의 지시에 따라 단순히 노무를 정지한 것만으로는 노동조합 또는 조합 간부들과 함께 공동불법행위책임을 진다고 할 수 없다. 다만, 근로자의 근로내용 및 공정의 특수성과 관련하여 그 노무를 정지할 때에 발생할 수 있는 위험 또는 손해 등을 예방하기 위하여 그가 노무를 정지할 때에 준수하여야 할 사항 등이 정하여져 있고, 당해 근로자가 이를 준수함이 없이 노무를 정지함으로써 그로 인하여 손해가 발생하였거나 확대되었다면, 그 근로자가 일반조합원이라고 할지라도 그와 상당인과관계에 있는 손해에 대하여는 이를 배상할 책임이 있다.

개별 조합원 등에 대한 책임제한의 정도는 노동조합에서의 지위와 역할, 쟁의행위 참여 경위 및 정도, 손해 발생에 대한 기여 정도, 현실적인 임금 수준과 손해배상 청구금액 등을 종합적으로 고려하여 판단하여야 한다.

> **참조판례** 대판 2023.6.15. 2017다46274
>
> 위법한 쟁의행위를 결정·주도한 주체인 노동조합과 개별 조합원 등의 손해배상책임의 범위를 동일하게 보는 것은 헌법상 근로자에게 보장된 단결권과 단체행동권을 위축시킬 우려가 있을 뿐만 아니라 손해의 공평·타당한 분담이라는 손해배상제도의 이념에도 어긋난다. 따라서 개별 조합원 등에 대한 책임제한의 정도는 노동조합에서의 지위와 역할, 쟁의행위 참여 경위 및 정도, 손해 발생에 대한 기여 정도, 현실적인 임금 수준과 손해배상 청구금액 등을 종합적으로 고려하여 판단하여야 한다.

(5) 근로자개인의 책임이 인정되는 경우 노동조합과는 공동불법행위책임을 진다고 할 것이다.

Ⅱ. 징계처분

(1) 정당하지 아니한 쟁의행위에 참가한 조합원에 대하여 사용자는 근로기준법 제23조 제1항의 정당한 이유가 인정되는 한 업무활동의 방해와 기업질서 위반 등을 이유로 징계처분을 할 수 있다.
(2) 징계처분은 그 성질상 노동조합에 대하여 행하여 질 수 없으며, 근로자 개인에게만 행하여진다.
(3) 위법한 쟁의행위시 조합간부가 주도적 역할을 담당한 경우에는 일반 조합원보다 무거운 징계처분을 받게 된다.
(4) 조합간부의 지위에 있다는 외형적 사실만으로 일반 조합원보다 무거운 징계처분을 받아서는 아니 된다.

Ⅲ. 형사책임

(1) 정당하지 아니한 쟁의행위를 한 경우 이는 노동조합법 제4조의 형사면책을 받지 못한다.
(2) 정당하지 못한 쟁의행위에 대하여 노동조합의 형사책임은 관련법령에 명시적으로 규정된 경우에 한하여 인정된다.

(3) 조합간부가 정당하지 아니한 쟁의행위를 결의·주도·지시하였거나 이에 참여한 경우, 또는 정당한 쟁의행위를 하는 과정에서 독자적으로 정당하지 아니한 쟁의행위를 주도·지시·참여하는 경우 등에는 관련 형사범죄의 공동정범·교사범 또는 종범의 책임이 인정된다.

> **참조판례** 대판 1992.11.10. 92도1315
> 업무방해죄는 노동조합 간부의 지시에 의한 공동정범의 형태로도 행해질 수 있다.

(4) 조합간부라는 이유만으로 동일한 행위를 한 일반조합원 보다 높은 수준의 형사책임을 부과하는 것은 허용될 수 없다.
(5) 일반조합원이 노동조합이 주도한 정당하지 아니한 쟁의행위에 참여한 경우 형사책임을 부담한다.
(6) 노동조합의 쟁의행위가 정당하더라도 조합원 개개인이 노동조합의 승인을 얻지 아니하거나 노동조합의 지시·통제에 위반하여 쟁의행위를 한 경우에도 형사책임을 부담한다.

제5절 쟁의행위와 제3자와의 법적 관계

Ⅰ. 사용자의 거래상대방에 대한 손해배상책임

1. 사용자의 손해배상책임

근로자의 쟁의행위로 인하여 사용자가 거래상대방과 체결한 계약의 채무를 이행하지 못한 경우 사용자의 거래상대방에 대한 손해배상책임을 인정하는 견해도 있으나, 쟁의행위는 사용자의 지휘명령을 이탈하여 행하여지는 것이므로 사용자의 이행보조자라 할 수 없어 손해배상책임은 부정된다.

2. 근로자의 손해배상책임

(1) 정당하지 아니한 쟁의행위로 인하여 사용자의 거래상대방에게 손해를 가져올 경우, 이러한 쟁의행위가 불법행위의 요건을 충족시킨다면 불법행위로 인한 손해배상책임을 부담하게 된다.
(2) 근로자는 사용자의 거래상대방과 계약을 체결하고 있지 아니하므로 계약위반으로 인한 손해배상책임을 부담하지 않는다.

Ⅱ. 일반 제3자에 대한 손해배상책임

1. 사용자의 손해배상책임

(1) 사용자가 단체교섭에서 더 이상 양보를 하지 않아 쟁의행위가 발생하고 이로 인하여 일반 공중이 손해를 입더라도 불법행위는 성립되지 않는다.
(2) 사용자가 노동조합의 쟁의행위를 막지 못하였다 하여 불법행위가 성립되는 것은 아니라고 본다.

2. 근로자의 손해배상책임

(1) 쟁의행위로 인하여 제3자가 입은 손해에 대하여 근로자의 쟁의행위가 정당성을 갖는 한, 근로자는 사용자뿐만 아니라 제3자에 대하여도 민사상의 불법행위로 인한 손해배상책임을 부담하지 아니하는 것이 원칙이다.

(2) 쟁의행위가 정당하지 아니한 경우 근로자가 일반 제3자에 대하여 손해배상책임을 부담하는가에 대하여, ① 쟁의행위는 기업내부현상이므로 기업의 외부와의 관계에 대하여는 직접 손해배상책임을 지지 아니한다는 견해가 있으나, ② 정당하지 못한 쟁의행위는 헌법에 의하여 보호받고 있지 아니하므로 일반 사법원리에 기초하여 손해배상책임을 부담하는 것으로 보아야 할 것이다.

(3) 제3자 보호규정이 있는 경우 이를 위반한 쟁의행위에 대하여는 손해배상책임이 인정된다.

제6절 쟁의행위와 근로관계

Ⅰ. 쟁의행위 참가자의 근로관계

1. 쟁의행위 참가자와 사용자의 근로관계

쟁의행위에 의하여 근로계약상의 주된 권리·의무가 정지되고 정지된 권리·의무는 파업의 종료와 더불어 다시 원상회복된다.

> **참조판례** 대판 2013.11.28. 2011다39946
>
> 쟁의행위시의 임금 지급에 관하여 단체협약이나 취업규칙 등에서 이를 규정하거나 그 지급에 관한 당사자 사이의 약정이나 관행이 있다고 인정되지 아니하는 한, 근로자의 근로제공의무 등의 주된 권리 – 의무가 정지되어 근로자가 근로를 제공하지 아니한 쟁의행위 기간 동안에는 근로제공의무와 대가관계에 있는 근로자의 주된 권리로서의 임금청구권은 발생하지 아니한다.

2. 쟁의행위와 임금

노동조합법 제44조(쟁의행위 기간 중의 임금지급 요구의 금지) ① 사용자는 쟁의행위에 참가하여 근로를 제공하지 아니한 근로자에 대하여는 그 기간 중의 임금을 지급할 의무가 없다.
② 노동조합은 쟁의행위 기간에 대한 임금의 지급을 요구하여 이를 관철할 목적으로 쟁의행위를 하여서는 아니 된다.

(1) 파업참가 기간 동안 파업참가 근로자는 무노동 무임금 원칙에 따라 사용자에게 임금지급의무가 발생하지 않는다.

(2) 무노동 무임금 원칙이 적용되는 범위와 관련하여 판례는 모든 임금은 근로의 대가이므로 생활보장적 임금이란 있을 수 없고, 파업참가 기간에 대하여 반대의 특약이나 관행이 없는 이상 어떤 명목의 임금이든 삭감할 수 있다고 한다.

> **참조판례** 대판 1995.12.21. 94다26721(전합)
>
> 근로기준법 제17조, 제18조, 민법 제656조 제2항, 의료보험법 제3조 등 현행 실정법 하에서는, 모든 임금은 근로의 대가로서 "근로자가 사용자의 지휘를 받으며 근로를 제공하는 것에 대한 보수"를 의미하므로 현실의 근로 제공을 전제로 하지 않고 단순히 근로자로서의 지위에 기하여 발생한다는 이른바 생활보장적 임금이란 있을 수 없고, 또한 우리 현행법상 임금을 사실상 근로를 제공한 데 대하여 지급받는 교환적 부분과 근로자로서의 지위에 기하여 받는 생활보장적 부분으로 2분할 아무런 법적 근거도 없다. 뿐만 아니라 임금의 지급 실태를 보더라도 임금은 기본적으로 근로자가 생활하는 데 필요한 생계비와 기업의 지불능력과의 상관관계에 따라 형성되는데 임금을 지불항목이나 성질에 따라 사실상 근로를 제공한 데 대하여 지급받는 교환적 부분과 현실의 근로 제공과는 무관하게 단순히 근로자로서의 지위에 기하여 받는 생활보장적 부분으로 나누고(이른바 임금2분설) 이에 따라 법적 취급을 달리하는 것이 반드시 타당하다고 할 수도 없고, 실제로 현실의 임금 항목 모두를 교환적 부분과 생활보장적 부분으로 준별(峻別)하는 것은 경우에 따라 불가능할 수 있으며, 임금2분설에서 전형적으로 생활보장적 임금이라고 설명하는 가족수당, 주택수당 등도 그 지급 내용을 보면 그것이 근로시간에 직접 또는 비례적으로 대응하지 않는다는 의미에서 근로 제공과의 밀접도(密接度)가 약하기는 하지만 실질적으로는 근로자가 사용자가 의도하는 근로를 제공한 것에 대하여 그 대가로서 지급되는 것이지 단순히 근로자로서의 지위를 보유하고 있다는 점에 근거하여 지급한다고 할 수 없으며, 이러한 수당 등을 지급하게 된 것이 현실의 근로 제공과는 무관하게 단순히 근로자의 생활이나 지위를 보장하기 위한 것이라고 할 수도 없으므로, 이러한 수당 등을 현실적인 근로 제공의 대가가 아닌 것으로 보는 것은 임금의 지급 현실을 외면한 단순한 의제(擬制)에 불과하다.
> 쟁의행위시의 임금 지급에 관하여 단체협약이나 취업규칙 등에서 이를 규정하거나 그 지급에 관한 당사자 사이의 약정이나 관행이 있다고 인정되지 아니하는 한, 근로자의 근로 제공 의무 등의 주된 권리 · 의무가 정지되어 근로자가 근로 제공을 하지 아니한 쟁의행위 기간 동안에는 근로 제공 의무와 대가관계에 있는 근로자의 주된 권리로서의 임금청구권은 발생하지 않는다고 하여야 하고, 그 지급청구권이 발생하지 아니하는 임금의 범위가 임금 중 이른바 교환적 부분에 국한된다고 할 수 없으며, 사용자가 근로자의 노무 제공에 대한 노무지휘권을 행사할 수 있는 평상적인 근로관계를 전제로 하여 단체협약이나 취업규칙 등에서 결근자 등에 관하여 어떤 임금을 지급하도록 규정하고 있거나 임금 삭감 등을 규정하고 있지 않고 있거나 혹은 어떤 임금을 지급하여 온 관행이 있다고 하여, 근로자의 근로 제공 의무가 정지됨으로써 사용자가 근로자의 노무 제공과 관련하여 아무런 노무지휘권을 행사할 수 없는 쟁의행위의 경우에 이를 유추하여 당사자 사이에 쟁의행위 기간 중 쟁의행위에 참가하여 근로를 제공하지 아니한 근로자에게 그 임금을 지급할 의사가 있다거나 임금을 지급하기로 하는 내용의 근로계약을 체결한 것이라고는 할 수 없다.

(3) 파업과 마찬가지로 태업에도 무노동 무임금 원칙이 적용된다.

> **참조판례** 대판 2013.11.28. 2011다39946
>
> 노동조합 및 노동관계조정법 제44조 제1항은 '사용자는 쟁의행위에 참가하여 근로를 제공하지 아니한 근로자에 대하여는 그 기간 중의 임금을 지급할 의무가 없다.'고 규정하고 있고, 같은 법 제2조 제6호는 "'쟁의행위'라 함은 파업 - 태업 - 직장폐쇄 기타 노동관계 당사자가 그 주장을 관철할 목적으로 행하는 행위와 이에 대항하는 행위로서 업무의 정상적인 운영을 저해하는 행위를 말한다."고 규정하고 있다. 그리고 쟁의행위시의 임금 지급에 관하여 단체협약이나 취업규칙 등에서 이를 규정하거나 그 지급에 관한 당사자 사이의 약정이나 관행이 있다고 인정되지 아니하는 한, 근로자의 근로제공의무 등의 주된 권리 - 의무가 정지되어 근로자가 근로를 제공하지 아니한 쟁의행위 기간 동안에는 근로제공의무와 대가관계에 있는 근로자의 주된 권리로서의 임금청구권은 발생하지 아니한다. 근로를 불완전하게 제공하는 형태의 쟁의행위인 태업(怠業)도 근로제공이 일부 정지되는 것이라고 할 수 있으므로, 여기에도 이러한 무노동 무임금 원칙이 적용된다고 봄이 타당하다.

(4) 근로자는 쟁의행위기간에 상응하는 유급휴일에 대한 임금의 지급을 구할 수 없다.

> **참조판례** 대판 2013.11.28. 2011다39946
>
> 근로기준법상 휴일제도는 연속된 근로에서의 근로자의 피로회복과 건강회복 및 여가의 활용을 통한 인간으로서의 사회적·문화적 생활의 향유를 위하여 마련된 것이다. 나아가 '유급휴일'이란 휴일제도의 취지를 살려 근로자가 이를 충분히 활용할 수 있도록 하여 주기 위하여 임금의 지급이 보장되어 있는 휴일, 즉 휴식을 취하더라도 통상적인 근로를 한 것처럼 임금이 지급되는 날을 말하는 것이다. 이러한 휴일 및 유급휴일 제도를 근로기준법에 규정한 목적에 비추어 보면, 근로의 제공 없이도 근로자에게 임금을 지급하도록 한 유급휴일의 특별규정이 적용되기 위하여는 평상적인 근로관계, 즉 근로자가 근로를 제공하여 왔고, 또한 계속적인 근로제공이 예정되어 있는 상태가 당연히 전제되어 있다고 볼 것이다. 이러한 유급휴일에 대한 법리는 휴직 등과 동일하게 근로자의 근로제공의무 등의 주된 권리-의무가 정지되어 근로자의 임금청구권이 발생하지 아니하는 쟁의행위인 파업에도 적용된다 할 것이므로, 근로자는 파업기간 중에 포함된 유급휴일에 대한 임금의 지급 역시 구할 수 없다. 그리고 이와 같은 법리는 앞에서 본 바와 같이 파업과 마찬가지로 무노동 무임금 원칙이 적용되는 태업에도 그대로 적용된다고 할 것이고, 따라서 근로자는 태업기간에 상응하는 유급휴일에 대한 임금의 지급을 구할 수 없다.

(5) 파업기간 중에 포함된 유급휴가에 대한 임금청구권의 행사로서 그에 대한 기본급의 지급을 구할 수 없다.

> **참조판례** 대판 2010.7.15. 2008다33399
>
> 관련 법률의 규정이나 단체협약·취업규칙·근로계약 등에 의하여 근로자에게 부여되는 유급휴가 역시 이를 규정한 규범적 목적에 비추어 보면 유급휴일과 마찬가지로 평상적인 근로관계를 당연히 전제하고 있는 것이다. 따라서 근로자가 유급휴가를 이용하여 파업에 참여하는 것은 평상적인 근로관계를 전제로 하는 유급휴가권의 행사라고 볼 수 없으므로 파업기간 중에 포함된 유급휴가에 대한 임금청구권 역시 발생하지 않는다.

(6) 쟁의행위기간 중 무급휴일에 대하여는 임금을 삭감할 수 없다.

> **참조판례** 대판 2010.7.15. 2008다33399
>
> 파업기간에 포함된 유급휴가 및 유급휴일에 대한 임금을 공제할 수 있을 뿐이고, 기본급에는 '무급'휴일에 대한 임금이 포함되어 있지 아니하므로 설령 파업기간 중에 무급휴일이 포함되어 있다고 하더라도 그에 대한 임금을 공제할 수는 없다.

(7) 판례는 전임자에게 불이익을 주지 않는다는 단체협약 규정은 일반 조합원에 비하여 불이익처우를 하지 않는다는 데 있으므로 파업기간 동안 일반조합원의 임금을 삭감하는 경우에는 전임자의 급여도 삭감할 수 있다고 한다.

> **참조판례** 대판 2011.2.10. 2010도10721
>
> [1] 노동조합 전임자는 사용자에 대하여 기본적 노사관계에 따른 근로자로서의 신분을 그대로 가지지만, 근로제공의무가 면제되고 사용자의 임금지급의무도 면제된다는 점에서 휴직상태에 있는 근로자와 유사하고, 사용자가 단체협약 등에 따라 노동조합 전임자에게 일정한 돈을 지급한다고 하더라도 이를 근로의 대가인 임금이라고 할 수는 없으며, 파업기간 중에 사용자가 노동조합 전임자에 대하여 급여를 지급할 의무가 있는지 여부는 구체적 사건마다 당해 사업장의 단체협약 기타 노사합의의 내용 및 당해 사업장의 노사관행 등을 참작하여 개별적으로 판단하여야 한다.
> [2] 회사 대표이사인 피고인이 노동조합 전임자에게 급여를 지급하기로 되어 있는 단체협약에 반하여 파업기간 중의 급여를 지급하지 않아 '단체협약의 내용 중 편의제공에 관한 사항'을 위반하였다는 이유로 구 노동조합 및 노동관계조정법(2010.1.1. 법률 제9930호로 개정되기 전의 것) 위반으로 기소된 사안에서, 위 회사와 노동조합이 체결한 단체협약 제9조의 규정은 노동조합 전임자를 근로계약상 본래의 근로제공 업무에 종사하는 일반조합원보다 불리한 처우를 받지 않도록 하는 범위 안에서 노동조합 전임자에게 일정한 급여를 지급하기로 한 것이므로, 일반조합원들이 무노동 무임금의 원칙에 따라 사용자로부터 파업기간 중의 임금을 지급받지 못하는 경우에는 노동조합 전임자도 일반조합원과 마찬가지로 사용자에게 급여를 청구할 수 없다는 내용으로 해석하여야 한다.

(8) 사용자가 임의로 임금을 지급하는 것은 허용된다.
(9) 노동조합은 쟁의행위 기간에 대한 임금의 지급을 요구하여 이를 관철할 목적으로 쟁의행위를 하여서는 아니 된다.

3. 쟁의행위 종료와 직장복귀

쟁의행위가 종료하는 경우 근로계약관계는 다시 정상화되므로 파업에 참가했던 근로자들이 근로제공의무와 사용자의 임금지급의무는 원래대로 회복된다. 따라서 근로자가 근로제공을 거부하거나 사용자가 임금지급을 거부하면 근로계약불이행의 책임을 져야 한다.

4. 파업기간과 출근율 산정

연차유급휴가 부여시 쟁의행위에 참가하여 근로를 제공하지 못한 기간이 있는 경우에는 연간 소정근로일수에서 쟁의행위 등 기간이 차지하는 일수를 제외한 나머지 일수를 기준으로 근로자의 출근율을 산정하여 연차유급휴가 취득 요건의 충족 여부를 판단하되, 그 요건이 충족된 경우에는 본래 평상적인 근로관계에서 8할의 출근율을 충족할 경우 산출되었을 연차유급휴가일수에 대하여 '연간 소정근로일수에서 쟁의행위 등 기간이 차지하는 일수를 제외한 나머지 일수'를 '연간 소정근로일수'로 나눈 비율을 곱하여 산출된 연차유급휴가일수를 근로자에게 부여한다.

> **참조판례** 대판 2013.12.26. 2011다4629
> 근로자가 정당한 쟁의행위를 하거나 육아휴직을 하여 현실적으로 근로를 제공하지 아니한 경우, 쟁의행위 등은 헌법이나 법률에 의하여 보장된 근로자의 정당한 권리행사이고 그 권리행사에 의하여 쟁의행위 등 기간 동안 근로관계가 정지됨으로써 근로자는 근로의무가 없으며, 쟁의행위 등을 이유로 근로자를 부당하거나 불리하게 처우하는 것이 법률상 금지되어 있으므로, 근로자가 본래 연간 소정근로일수에 포함되었던 쟁의행위 등 기간 동안 근로를 제공하지 아니하였다 하더라도 이를 두고 근로자가 결근한 것으로 볼 수는 없다. 그런데 다른 한편 그 기간 동안 근로자가 현실적으로 근로를 제공한 바가 없고, 근로기준법, 노동조합 및 노동관계조정법, 남녀고용평등법 등 관련 법령에서 그 기간 동안 근로자가 '출근한 것으로 본다'는 규정을 두고 있지도 아니하므로, 이를 두고 근로자가 출근한 것으로 의제할 수도 없다.
> 따라서 이러한 경우에는 헌법과 관련 법률에 따라 쟁의행위 등 근로자의 정당한 권리행사를 보장하고, 아울러 근로자에게 정신적·육체적 휴양의 기회를 제공하고 문화적 생활의 향상을 기하려는 연차유급휴가 제도의 취지를 살리는 한편, 연차유급휴가가 1년간의 근로에 대한 대가로서의 성질을 갖고 있고 현실적인 근로의 제공이 없었던 쟁의행위 등 기간에는 원칙적으로 근로에 대한 대가를 부여할 의무가 없는 점 등을 종합적으로 고려할 때, 연간 소정근로일수에서 쟁의행위 등 기간이 차지하는 일수를 제외한 나머지 일수를 기준으로 근로자의 출근율을 산정하여 연차유급휴가 취득 요건의 충족 여부를 판단하되, 그 요건이 충족된 경우에는 본래 평상적인 근로관계에서 8할의 출근율을 충족할 경우 산출되었을 연차유급휴가일수에 대하여 '연간 소정근로일수에서 쟁의행위 등 기간이 차지하는 일수를 제외한 나머지 일수'를 '연간 소정근로일수'로 나눈 비율을 곱하여 산출된 연차유급휴가일수를 근로자에게 부여함이 합리적이라 할 것이다.

Ⅱ. 쟁의행위 비참가근로자의 근로관계

(1) 쟁의행위 비참가 근로자만으로 조업이 가능함에도 사용자가 근로의 수령을 거부한 경우에는 사용자는 임금전액을 지급할 의무를 진다.
(2) 쟁의행위 비참가 근로자만으로 조업이 불가능한 경우에는 사용자는 임금 전액을 지급할 의무는 없으며, 근로기준법 제46조 제2항의 부득이한 사유로 사업계속이 불가능한 경우로 노동위원회의 승인을 받은 경우 휴업수당을 감액 지급하는 것뿐만 아니라 전액을 지급하지 않는 것도 가능하다는 것이 판례이다.

제7절 사용자의 쟁의행위

> 노동조합법 제46조(직장폐쇄의 요건) ① 사용자는 노동조합이 쟁의행위를 개시한 이후에만 직장폐쇄를 할 수 있다.
> ② 사용자는 제1항의 규정에 의한 직장폐쇄를 할 경우에는 미리 행정관청 및 노동위원회에 각각 신고하여야 한다.

Ⅰ. 의의

(1) 직장폐쇄라 함은 사용자가 노동조합의 쟁의행위에 대항하여 직장을 폐쇄함으로써 근로자들의 근로수령을 거부하고 임금을 지급하지 아니하는 사용자의 쟁의행위를 말한다.

(2) 사용자는 재산권과 기업의 자유를 가지므로 노동조합의 쟁의행위로 노사 간의 세력균형이 파괴되어 사용자 측이 현저히 불리한 압력을 받게 되는 경우 노사간의 세력균형을 회복하기 위한 대항·방어수단으로 인정되는 것이 직장폐쇄이다.

(3) 노동조합이 쟁의행위를 행하기 전에 이에 앞서 행하는 직장폐쇄를 선제적 직장폐쇄라고 하며, 노동조합이 쟁의행위를 행한 후에 이에 대항하여 행하는 직장폐쇄를 대항적 직장폐쇄라고 한다.

(4) 양 당사자 간의 주장이 불일치하는 경우 사용자의 주장을 관철하기 위하여 행하는 직장폐쇄를 공격적 직장폐쇄라고 하고, 노동조합의 쟁의행위로부터 사용자의 재산권을 보호하기 위하여 행하는 직장폐쇄를 방어적 직장폐쇄라고 한다.

Ⅱ. 직장폐쇄의 정당성

(1) 직장폐쇄의 주체는 쟁의행위가 발생한 사업장의 사용자이다.

(2) 근로자의 쟁의권과 사용자의 재산권의 조화·균형이라는 헌법상의 원리를 직장폐쇄라는 측면에서 고찰하는 경우, ① 사용자는 쟁의행위로부터 기업의 시설 및 경영권 등의 보호 및 ② 단체교섭의 기능 내지 단체협약의 체결을 위한 노사균형을 위하여 직장폐쇄를 할 수 있다고 본다.

(3) 직장폐쇄의 상대방은 쟁의행위를 주도한 노동조합과 근로자이다.

(4) 직장폐쇄는 노동조합이 쟁의행위를 개시한 이후에만 이를 행할 수 있다. 따라서 노동조합이 쟁의행위를 개시하기 전에 행하는 선제적 직장폐쇄는 허용되지 아니하며, 노동조합의 쟁의행위 개시 이후에 행하는 대항적 직장폐쇄만이 인정된다.

(5) 직장폐쇄는 노동조합의 쟁의행위로 사용자가 현저하게 불리한 압력을 받는 경우에 이러한 압력을 임금부담의 경감 등으로 완화하는 방어적 수단으로 인정되는 것이지 사용자가 노동조합을 굴복시켜 자신의 주장을 관철하도록 하기 위하여 인정된 것은 아니다.

　1) 직장폐쇄가 공격적인지 방어적인지의 판단은 노사 간의 교섭태도·경과, 쟁의행위의 구체적 태양, 이 때문에 사용자가 받는 압력 내지 손해의 정도, 그 직장폐쇄의 태양 등 제반사정에 비추어 형평의 견지에서 판단한다.

　2) 사용자가 자신의 주장을 관철하기 위한 경우나 노동조합의 단결력 붕괴 또는 노동조합의 약체화를 목적으로 하는 경우에는 공격적인 것으로 정당성이 인정되지 않는다.

> **참조판례** 대판 2003.6.13. 2003두1097
>
> 사용자의 직장폐쇄는 사용자와 근로자의 교섭태도와 교섭과정, 근로자의 쟁의행위의 목적과 방법 및 그로 인하여 사용자가 받는 타격의 정도 등 구체적인 사정에 비추어 근로자의 쟁의행위에 대한 방어수단으로서 상당성이 있어야만 사용자의 정당한 쟁의행위로 인정될 수 있는바, 원고 회사의 직장폐쇄는 참가인의 쟁의행위가 개시되기 전에 이미 행해졌다는 점에서 노동조합및노동관계조정법 제46조 제1항에 위배될 뿐만 아니라, 참가인 쟁의행위에 대한 방어적인 목적을 벗어나 적극적으로 참가인의 조직력을 약화시키기 위한 목적 등을 갖는 선제적, 공격적 직장폐쇄에 해당하므로 그 정당성이 인정될 수 없다.

3) 교섭에 소극적이던 사용자가 노동조합이 파업을 한 지 4시간 만에 직장폐쇄를 한 경우, 택시회사에서 준법투쟁의 이름으로 태업을 한 지 3일 만에 전격적으로 직장폐쇄를 단행한 경우, 쟁의행위에 참여한 근로자가 소수이고 이 때문에 사용자의 업무에 특별한 지장이 초래되지 않는데도 직장폐쇄를 한 경우, 노동조합의 쟁의행위에 대하여 응급조치를 강구하여 업무수행에 대한 중대한 장애가 발생할 우려가 없는데도 직장폐쇄를 단행한 경우에는 정당성을 인정할 수 없다.

> **참조판례** 대판 2000.5.26. 98다34331
>
> 평균임금이 도내 택시회사 중 가장 높은 수준임에도 노동조합이 최고 수준의 임금인상을 요구하여 임금협상이 결렬되었으나 노동조합이 준법투쟁에 돌입한 지 3일만에 전격적으로 단행한 사용자의 직장폐쇄는 정당성을 결여하였다.

> **참조판례** 대판 2007.12.28. 2007도5204
>
> 사용자 측의 노사간 교섭에 소극적인 태도, 노동조합의 파업이 노사간 교섭력의 균형과 사용자 측 업무수행에 미치는 영향 등에 비추어 노동조합이 파업을 시작한 지 불과 4시간 만에 사용자가 바로 직장폐쇄 조치를 취한 것은 정당한 쟁의행위로 인정되지 아니하므로, 사용자 측 시설을 정당하게 점거한 조합원들이 사용자로부터 퇴거요구를 받고 이에 불응하였더라도 퇴거불응죄가 성립하지 아니한다.

> **참조판례** 대판 2002.9.24. 2002도2243
>
> 남서울대학교의 사무직 근로자로서 남서울대학교노동조합의 조합원인 피고인들이 쟁의행위를 하게 된 경위와 그 목적 및 방법, 그리고 쟁의행위에 참여한 조합원의 수가 소수이고 쟁의행위로 인하여 남서울대학교의 업무 수행에 특별한 지장이 초래될 만한 상황이 아니었던 점 등에 비추어 볼 때, 남서울대학교의 직장폐쇄는 피고인들의 쟁의행위에 대한 방어수단으로서 정당성이 있다고 볼 수 없으므로, 피고인들이 남서울대학교 구내로서 특별히 일반 교직원들의 출입이 통제되지 아니한 주차장과 식당 또는 노동조합 사무실 등지에 출입한 행위가 주거침입죄에 해당하지 아니한다고 판단한 것은 옳고, 거기에 상고이유의 주장과 같은 채증법칙 위배나 법리오해 등의 잘못이 없다.

4) 방어적 직장폐쇄를 하면서 이로써 노동조합이 위축되고 사용자의 주장을 받아들일 것이라고 부수적으로 기대한다고 하여 이를 공격적이라고 볼 수 없다.

5) 직장폐쇄가 정당하게 시작되었다 하더라도 노동조합이 직장폐쇄에 굴복하여 또는 평화적 교섭을 통한 분쟁해결을 위하여 파업의 종료를 선언하고 정상조업을 요구한 경우에는 그 후 계속되는 직장폐쇄는 방어적이라고 볼 수 없다.

(6) 위법한 쟁의행위에 대항하는 직장폐쇄가 허용되지 않는다면, 정당한 쟁의행위는 직장폐쇄로부터 위협당하고 위법한 쟁의행위는 직장폐쇄로부터 보호받는다는 모순이 초래되므로, 근로자가 명백히 위법한 파업이나 태업을 행하고 사용자가 이로 인하여 현저히 불리한 압력이나 손해를 입는 경우에 이에 대항하는 직장폐쇄를 방어적인 것으로 보아야 할 것이다.

(7) 직장폐쇄는 사용자의 통고 내지 선언만으로 성립된다.

(8) 직장폐쇄는 폭력이나 파괴행위로써 이를 해아여서는 아니되며, 안전보호시설의 정당한 유지·운영을 정지·폐지 또는 방해하여서는 아니 된다.

(9) 사용자가 직장폐쇄를 할 경우에는 미리 행정관청 및 노동위원회에 각각 신고하여야 한다. 사용자가 이를 위반하여 신고하지 아니하는 경우에도 직장폐쇄는 유효하다.

Ⅲ. 직장폐쇄의 법적 효과

(1) 직장폐쇄가 정당성을 가지는 경우 사용자는 임금지급의무가 면제된다.

(2) 직장폐쇄가 정당성을 가지는 경우 노동조합이 정당하게 직장점거를 하는 것에 대하여 퇴거를 요구할 수 있다.

> **참조판례** 대판 1991.8.13. 91도1324
>
> 근로자들의 직장점거가 개시 당시 적법한 것이었다 하더라도 사용자가 이에 대응하여 적법하게 직장폐쇄를 하게 되면, 사용자의 사업장에 대한 물권적 지배권이 전면적으로 회복되는 결과 사용자는 점거중인 근로자들에 대하여 정당하게 사업장으로부터의 퇴거를 요구할 수 있고 퇴거를 요구받은 이후의 직장점거는 위법하게 되므로, 적법히 직장폐쇄를 단행한 사용자로부터 퇴거요구를 받고도 불응한 채 직장점거를 계속한 행위는 퇴거불응죄를 구성한다.

(3) 직장폐쇄가 정당한 경우라도 사업장 내의 노조사무실 등 정상적인 노조활동에 필요한 시설, 기숙사 등 기본적인 생활근거지에 대한 출입은 허용되어야 한다.

> **참조판례** 대판 2010.6.10. 2009도12180
>
> 사용자의 직장폐쇄는 사용자와 근로자의 교섭태도와 교섭과정, 근로자의 쟁의행위의 목적과 방법 및 그로 인하여 사용자가 받는 타격의 정도 등 구체적인 사정에 비추어 쟁의행위에 대한 방어수단으로서 상당성이 있어야만 사용자의 정당한 쟁의행위로 인정될 수 있고, 직장폐쇄가 정당한 쟁의행위로 평가받는 경우 사용자의 사업장에 대한 물권적 지배권이 전면적으로 회복되므로 사용자는 직장폐쇄의 효과로서 사업장의 출입을 제한할 수 있다고 할 것이다. 그러나 이러한 경우에도 사업장 내의 노조사무실 등 정상적인 노조활동에 필요한 시설, 기숙사 등 기본적인 생활근거지에 대한 출입은 허용되어야 하고, 다만 쟁의 및 직장폐쇄와 그 후의 상황전개에 비추어 노동조합이 노조사무실 자체를 쟁의장소로 활용하는 등 노조사무실을 쟁의행위와 무관한 정상적인 노조활동의 장소로 활용할 의사나 필요성이 없음이 객관적으로 인정되거나, 노조사무실과 생산시설이 장소적·구조적으로 분리될 수 없는 관계에 있어 일방의 출입 혹은 이용이 타방의 출입 혹은 이용을 직접적으로 수반하게 되는 경우로서 생산시설에 대한 노동조합의 접근 및 점거가능성이 합리적으로 예상되고, 사용자가 노동조합의 생산시설에 대한 접근, 점거 등의 우려에서 노조사무실 대체장소를 제공하고 그것이 원래 장소에서의 정상적인 노조활동과 견주어 합리적 대안으로 인정된다면, 합리적인 범위 내에서 노조사무실의 출입을 제한할 수 있다고 할 것이다.

(4) 직장폐쇄 중인 공장에 사용자 측의 의사에 반하여 들어간 것은 공장을 점거중인 노조원들의 허락이 있었고 그들에 대한 교육활동의 일환이었다 하더라도 정당한 행위로 볼 수 없다.

> **참조판례** 대판 2012.5.24. 2010도9963
>
> 회사 측이 행정관청에 직장폐쇄를 신고하고 공장을 점거 중인 노동조합원들에게 퇴거를 요구하는 등으로 회사 측 관리자 외의 출입을 금지하는 의사를 표시하였으며, 피고인들은 그와 같은 사정을 알고 있었음에도 불구하고 회사 측의 의사에 반하여 공장에 들어간 이상 이러한 행위는 건조물침입죄에 해당하고, 피고인들이 위 노동조합원들의 승낙을 얻어 전국공무원노동조합 교육활동의 일환으로 평화적인 방법에 의해 위 공장에 들어갔다는 사정만으로는 정당한 행위에 해당한다고 볼 수 없다.

(5) 직장폐쇄가 정당성이 없다면 직장폐쇄기간 동안의 임금지급의무를 면할 수 없다.

제7장 부당노동행위제도

제1절 의의

(1) 부당노동행위라 함은 사용자가 근로자의 근로3권을 침해하는 행위를 말하며 부당노동행위구제제도라 함은 사용자의 부당노동행위로부터 근로자의 근로3권을 보호하기 위하여 국가가 정책적으로 설정한 일종의 공법상의 권리구제제도이다.

(2) 부당노동행위제도는 1935년 미국의 Wagner 법에서 사용자의 부당노동행위를 최초로 규정함으로써 인정되었으며, 1947년 Taft-Hatley 법에서는 사용자의 부당노동행위와 함께 노동조합의 부당노동행위를 신설하였고, 1959년 Landrum-Grifin 법에서는 노동조합의 사용자에 대한 부당노동행위와 함께 조합원에 대한 부당노동행위도 제한하는 규정을 신설하였다.

(3) 우리나라는 1953년 노동조합법 제정 당시 사용자의 부당노동행위뿐만 아니라 노동조합의 부당노동행위도 규정하고 있었으나 1963년 개정노동조합법에서 부당노동행위를 독립된 하나의 장으로 규정하고, 노동조합의 부당노동행위 삭제하여 현재에 이르고 있다.

(4) 우리나라의 부당노동행위제도는 사용자의 근로3권 침해행위를 금지하기 위한 규정이다.

> **참조판례** 대판 1993.12.21. 93다11463
> 노동조합법 제39조의 부당노동행위금지규정은 헌법이 규정하는 근로3권을 구체적으로 확보하기 위한 것으로 이에 위반하는 행위에 대하여 처벌규정을 두고 있는 한편 부당노동행위에 대하여 신속한 권리구제를 받을 수 있도록 같은 법 제42조, 제43조에서 행정상의 구제절차까지 규정하고 있는 점에 비추어 이는 효력규정인 강행법규라고 풀이되므로 위 규정에 위반된 법률행위는 사법상으로도 그 효력이 없고, 근로자에 대한 불이익취급행위로서의 법률행위가 부당노동행위로서 무효인 이상 그것이 근로기준법 제27조 소정의 정당한 이유가 있는지 여부는 더 나아가 판단할 필요가 없다.

(5) 노동조합법은 불이익취급, 비열계약, 단체교섭거부, 지배·개입 등 4가지의 부당노동행위를 규정하고 있다.

제2절 부당노동행위의 주체와 객체

Ⅰ. 부당노동행위의 주체

(1) 사용자는 부당노동행위를 해서는 안 되는데, 금지행위의 주체는 광의의 사용자를 의미한다.

(2) 사용자가 구제명령을 받은 경우 이를 따를 의무가 발생하는데 구제명령이행주체로서의 사용자는 협의의 사용자인 사업주만을 의미한다.

(3) 판례도 고용주는 아니면서 해당 근로자에 대한 기본적인 노동조건 등을 실질적·구체적으로 지배·결정할 수 있는 자는 부당노동행위의 주체가 된다고 판시하였다.

> **참조판례** 대판 2010.3.25. 2007두8881
> [1] 근로자의 기본적인 노동조건 등에 관하여 그 근로자를 고용한 사업주로서의 권한과 책임을 일정 부분 담당하고 있다고 볼 정도로 실질적이고 구체적으로 지배·결정할 수 있는 지위에 있는 자가, 노동조합을 조직 또는 운영하는 것을 지배하거나 이에 개입하는 등으로 노동조합 및 노동관계조정법 제81조 제4호에서 정한 행위를 하였다면, 그 시정을 명하는 구제명령을 이행하여야 할 사용자에 해당한다.
> [2] 원청회사가 개별도급계약을 통하여 사내 하청업체 근로자들의 기본적인 노동조건 등에 관하여 고용사업주인 사내 하청업체의 권한과 책임을 일정 부분 담당하고 있다고 볼 정도로 실질적이면서 구체적으로 지배·결정할 수 있는 지위에 있고 사내 하청업체의 사업폐지를 유도하는 행위와 그로 인하여 사내 하청업체 노동조합의 활동을 위축시키거나 침해하는 지배·개입 행위를 하였다면, 원청회사는 노동조합 및 노동관계조정법 제81조 제4호에서 정한 부당노동행위의 시정을 명하는 구제명령을 이행할 주체로서의 사용자에 해당한다.

(4) 사용자단체도 노동조합법상 성실교섭의무를 가진다고 규정하고 있고 노동조합법이 부당노동행위의 주체를 사용자로 규정한 것은 예시적 의미를 갖는데 불과하다고 볼 것이므로 사용자단체도 부당노동행위의 주체가 된다.

Ⅱ. 부당노동행위의 객체

(1) 부당노동행위의 객체는 원칙적으로 노동조합과 근로자 개인이다.

(2) 법외노동조합은 노동위원회에 부당노동행위 구제신청을 할 수 없으나(노동조합법 제7조 제1항), 법외노조역시 헌법상 근로3권의 보호를 받는다는 점에서 부당노동행위의 객체가 될 수 있다.

제3절 불이익취급

> **노동조합법 제81조(부당노동행위)** 사용자는 다음 각 호의 어느 하나에 해당하는 행위(이하 "부당노동행위"라 한다)를 할 수 없다.
> 1. 근로자가 노동조합에 가입 또는 가입하려고 하였거나 노동조합을 조직하려고 하였거나 기타 노동조합의 업무를 위한 정당한 행위를 한 것을 이유로 그 근로자를 해고하거나 그 근로자에게 불이익을 주는 행위
> 5. 근로자가 정당한 단체행위에 참가한 것을 이유로 하거나 또는 노동위원회에 대하여 사용자가 이 조의 규정에 위반한 것을 신고하거나 그에 관한 증언을 하거나 기타 행정관청에 증거를 제출한 것을 이유로 그 근로자를 해고하거나 그 근로자에게 불이익을 주는 행위

Ⅰ. 불이익취급의 원인

(1) 노동조합에의 가입 또는 가입하려고 하였거나 노동조합을 조직하려고 한 것
   1) 노동조합에의 가입이라는 것은 어느 근로자가 기존 노동조합의 조합원이 되는 것을 의미한다.
   2) 근로자가 노동조합을 조직하려고 하였다는 것은 새로운 노동조합을 결성하려는 것을 의미한다. 이에는 노동조합 조직을 위한 준비행위가 당연히 포함되고, 나아가 근로자가 노동조합 조직의 의도로 취하였던 행동은 널리 준비행위로 해석하여야 한다.

(2) 노동조합의 업무를 위한 정당한 행위를 한 것
   1) 노동조합의 업무란 노동조합이 근로조건의 유지향상을 직접적인 목적으로 하는 업무뿐만 아니라 단결력의 유지강화 등 노동조합의 목적달성을 위한 모든 활동을 의미한다.
   2) 노동조합의 업무를 위한 활동은 정당해야 한다. 정당한가의 여부는 구체적인 경우에 사회통념상 합리성을 갖추었는가 여부로 판단하며, 특히 조합활동의 경우 주체, 목적, 수단상의 정당성을 갖추어야 한다.

(3) 정당한 단체행동에 참가하거나 노동위원회에 대하여 구제의 신청 등을 한 것
   1) 근로자가 정당한 단체행동에 참가한 것에는 노동조합의 결정·지시에 따라 쟁의행위에 수동적으로 참가하는 것만이 아니라 쟁의행위를 지도하는 등 능동적으로 참가하는 것도 포함한다.
   2) 노동위원회에 대하여 사용자가 제81조의 규정에 위반한 것을 신고하거나 그에 관한 증언을 하거나 기타 행정관청에 증거를 제출한 것을 이유로 하는 불이익취급은 부당노동행위에 해당된다.

Ⅱ. 불이익취급의 태양

(1) 불이익 처분은 당해 근로자에게 직접적인 불이익뿐만 아니라 다른 근로자에게는 부여하는 이익을 주지 않는 소극적인 불이익도 포함된다.
(2) 해고가 대표적인 것으로 일반해고이든 징계해고이든 불문한다. 해고 이외에 근로자의 신분에 대한 불이익으로 계절근로자나 정년 퇴직자의 재채용 거부, 위장폐업으로 인한 사직등도 여기에 포함된다.

(3) 근로자에게 불이익한 교육훈련, 전직, 전출, 전적, 휴직, 인사평정 강등 또는 승진의 탈락, 징계처분 등은 인사상 불이익에 해당한다. 불이익인지 여부는 지위, 직종, 임금 기타의 대우, 통근사정, 가정의 사정 등에 비추어 판단되어야 할 것이다.

> **참조판례** 대판 2011.7.28. 2009두9574
>
> 원고가 2006년도 영업사원 승격기준을 정함에 있어 노조전임자인 보조참가인들은 사용자에 대한 근로제공의무가 면제되어 영업활동을 하지 아니하는데도 노조전임자들에 대한 승격기준을 별도로 정하지 아니한 채 다른 영업사원과 동일하게 판매실적에 따른 승격기준만을 적용한 것은 이들이 노조전임자로 활동하였다는 이유만으로 승격가능성을 사실상 차단한 것이므로, 이러한 승격기준에 의해 이루어진 위 보조참가인들에 대한 승격배제는 부당노동행위에 해당한다.

(4) 각종의 임금, 퇴직금, 복리후생적 급부 등에 있어서 불이익한 처리는 경제적 불이익으로써, 임금산정 또는 임금삭감 기준의 차별적 적용이 임금에 관한 불이익처분의 전형이다. 또한 연장·야간·휴일근로를 본인의 의사에 반하여 시키지 않거나 연차휴가 신청에 대하여 정당한 사유없이 시기변경권을 행사하는 것도 같은 종류의 불이익처분에 포함된다.

> **참조판례** 대판 2006.9.8. 2006도388
>
> 일반적으로 근로자가 연장 또는 휴일근로를 희망할 경우 회사에서 반드시 이를 허가하여야 할 의무는 없지만, 특정 근로자가 파업에 참가하였거나 노조활동에 적극적이라는 이유로 해당 근로자에게 연장근로 등을 거부하는 것은 해당 근로자에게 경제적 내지 업무상의 불이익을 주는 행위로서 부당노동행위에 해당할 수 있다.

(5) 사용자의 처분이 당해 근로자에게 경제적인 불이익은 없더라도 정신적인 피해를 주거나 특별히 생활상의 곤란을 초래하는 경우에는 정신·생활상의 불이익에 해당한다. 시말서제출의 징계처분을 한 경우, 기존업무에 비하여 부적당한 업무로 배치전환한 경우, 근로자의 생활근거지에서 멀리 떨어진 곳으로 전직시키는 경우 등이다.

> **참조판례** 대판 1993.2.23. 92누11121
>
> 농지개량조합장이 도지사의 인사교류명령에 따라 노동조합원인 직원을 전출시킨 것은 노동조합에 계속 가입하고 있는 것에 대한 보복조치로서 부당노동행위에 해당된다.

(6) 사용자의 처분으로 인해 당해 근로자가 조합활동을 할 수 없거나 곤란하게 된 경우에는 조합활동상 불이익이 인정되며, 조합활동상의 불이익도 처분의 불이익 여부의 판단에 중요한 기준이다. 조합활동에 적극적으로 관여한 근로자를 조합원 자격이 없는 과장대리로 승진시켜 더이상 조합활동을 할 수 없게 하는 경우, 활동적인 조합활동이 곤란한 지역으로 전근시키는 경우, 노조전임자를 사용자가 일방적으로 해제하는 경우 등에는 조합활동상의 불이익이 인정된다.

> **참조판례** 대판 1992.10.27. 92누9418
>
> 사용자가 근로자의 노동조합활동을 혐오하거나 노동조합활동을 방해하려는 의사로 노동조합의 간부이거나 노동조합활동에 적극적으로 관여하는 근로자를 승진시켜 조합원 자격을 잃게 한 경우에는 노동조합활동을 하는 근로자에게 불이익을 주는 행위로서 부당노동행위가 성립될 수 있을 것인바, 이 경우에 근로자의 승진이 사용자의 부당노동행위 의사에 의하여 이루어진 것인지의 여부는 승진의 시기와 조합활동과의 관련성, 업무상 필요성, 능력의 적격성과 인선의 합리성 등의 유무와 당해 근로자의 승진이 조합활동에 미치는 영향 등 제반 사정을 고려하여 판단하여야 할 것이다.

Ⅲ. 인과관계

(1) 불이익취급의 부당노동행위가 성립하려면 사용자의 불이익처분이 근로자의 정당한 근로3권의 행사를 이유로 해야 한다. 여기서 '이유로' 한다는 것은 인과관계를 의미한다.

(2) 판례는 불이익취급의 부당노동행위가 성립하기 위하여는 부당노동행위의사가 필요하며, 부당노동행위의사는 처분시기, 사용자와 노동조합과의 관계, 동종의 사례에 있어서 조합원과 비조합원에 대한 제재의 불균형 여부, 사유의 정당성 유무, 종래의 관행에 부합 여부, 기타 부당노동행위의사의 존재를 추정할 수 있는 제반 사정 등 외에 처분 후에 있어서의 노동조합활동의 쇠퇴 여부도 비교 검토하여 판단하여야 한다고 판시하였다.

> **참조판례** 대판 2011.7.28. 2009두9574
>
> 사용자가 노조전임자의 노동조합활동을 혐오하거나 노동조합활동을 방해하려는 의사로 노조전임자를 승진에서 배제시켰다면 이러한 행위는 노동조합활동을 하는 근로자에게 불이익을 주는 것이어서 부당노동행위에 해당할 것이나, 사용자의 노조전임자에 대한 승진배제 행위가 위와 같이 부당노동행위 의사에 의하여 이루어진 부당노동행위에 해당하는지 여부는 사용자와 노동조합의 관계, 노조전임자와 비전임자 사이에 승진기준의 실질적인 차별이 존재하는지, 종래의 승진 관행에 부합하는지 등과 같이 부당노동행위 의사의 존재 여부를 추정할 수 있는 여러 객관적 사정을 종합하여 판단하여야 할 것이다.

(3) 사용자의 불이익취급사유와 근로자에 대한 징계사유가 경합하는 경우 사용자가 근로자를 해고함에 있어서 표면상의 해고사유와는 달리 실질적으로는 근로자가 노동조합업무를 위한 정당한 행위를 한 것을 이유로 해고한 것으로 인정되는 경우에는 부당노동행위라고 보아야 할 것이다.

(4) 판례는 사용자가 근로자의 노동조합활동을 못마땅하게 여긴 흔적이 있다거나 사용자에게 반노동조합의사가 추정된다고 하더라도 당해 해고사유가 단순히 표면상의 구실에 불과하다고 할 수는 없을 것이므로, 부당노동행위에 해당한다고 할 수 없다고 하였다.

> **참조판례** 대판 1991.2.22. 90누6132
>
> 사용자가 근로자를 해고함에 있어서 근로자의 노동조합업무를 위한 정당한 행위를 그 결정적인 이유로 삼았으면서도 표면적으로는 다른 해고사유를 들어 해고한 것으로 인정되는 경우에는 노동조합법 제39조 제1호에 정한 부당노동행위라고 보아야 할 것이고, 근로자의 노동조합업무를 위한 정당한 행위를 실질적인 해고이유로 한 것인지의 여부는 사용자 측이 내세우는 해고사유와 근로자가 한 노동조합업무를 위한 정당한 행위의 내용, 징계해고를 한 시기, 회사와 노동조합과의 관계, 동종의 사례에 있어서 조합원과 비조합원에 대한 제재의 불균형 여부, 처분 후에 있어서 다른 노동조합원의 탈퇴 등 노동조합활동의 쇠퇴 내지 약화 여부, 기타 부당노동행위의사의 존재를 추정할 수 있는 제반사정을 비교 검토하여 종합적으로 판단하여야 할 것이다.

> **참조판례** 대판 2000.6.23. 98다54960
>
> 사용자가 근로자를 해고함에 있어서 표면적으로 내세우는 해고사유와는 달리 실질적으로는 근로자의 정당한 노동조합활동을 이유로 해고한 것으로 인정되는 경우에 있어서는 그 해고는 부당노동행위라고 보아야 할 것이지만, 정당한 해고사유가 있어 근로자를 해고한 경우에 있어서는 비록 사용자가 근로자의 노동조합활동을 못마땅하게 여긴 흔적이 있다거나 사용자에게 반노동조합의사가 추정된다고 하더라도 당해 해고사유가 단순히 표면상의 구실에 불과하다고 할 수는 없을 것이므로, 부당노동행위에 해당한다고 할 수 없다.

제4절 비열계약

> **노동조합법 제81조(부당노동행위)** 사용자는 다음 각 호의 어느 하나에 해당하는 행위(이하 "부당노동행위"라 한다)를 할 수 없다.
> 2. 근로자가 어느 노동조합에 가입하지 아니할 것 또는 탈퇴할 것을 고용조건으로 하거나 특정한 노동조합의 조합원이 될 것을 고용조건으로 하는 행위. 다만, 노동조합이 당해 사업장에 종사하는 근로자의 3분의 2 이상을 대표하고 있을 때에는 근로자가 그 노동조합의 조합원이 될 것을 고용조건으로 하는 단체협약의 체결은 예외로 하며, 이 경우 사용자는 근로자가 그 노동조합에서 제명된 것 또는 그 노동조합을 탈퇴하여 새로 노동조합을 조직하거나 다른 노동조합에 가입한 것을 이유로 근로자에게 신분상 불이익한 행위를 할 수 없다.

Ⅰ. 의의

(1) 노동조합에의 불가입·탈퇴 또는 가입을 고용조건으로 하는 계약을 이른바 비열계약(Yellow Dog Contract)이라고 한다.
(2) 노동조합에의 불가입·탈퇴를 고용조건으로 하는 경우를 진정비열계약, 특정 노동조합에의 가입을 고용조건으로 하는 경우를 부진정비열계약이라 한다.

Ⅱ. 비열계약의 성립요건

(1) 비열계약이 성립하기 위하여는 모든 노동조합에의 불가입을 조건으로 하는 경우와 특정 노동조합에의 불가입을 조건으로 하는 경우를 모두 포함한다.
(2) 특정 노동조합에서 탈퇴하는 것을 조건으로 하는 경우도 비열계약에 해당한다.
(3) 특정 노동조합의 조합원이 될 것을 조건으로 하는 경우 노동조합의 조직력을 약화시키고 노동조합을 어용화할 수 있다는 점에서 비열계약에 해당한다.
(4) 조합활동 일반을 금지하는 경우 또는 채용 후의 조합의 결성을 금지하는 경우와 같이 단결권의 행사를 억제하는 것 역시 비열계약에 해당한다.
(5) '고용조건으로'라는 규정은 단순한 예시에 불과하고 승진·승급 등에도 노동조합에의 탈퇴 등을 조건으로 하는 경우에는 고용조건으로 하는 경우에 준하여 비열계약의 부당노동행위로 보아야 한다.

Ⅲ. 유니온 숍 제도의 인정

1. 의의

노동조합법 제81조 제2호는 근로자가 특정한 노동조합의 조합원이 될 것을 고용조건으로 하는 행위를 부당노동행위로 규정하고 있으나, 동호 단서는 예외적으로 유니온 숍 협정 체결을 허용하는 바 이는 헌법상 근로자의 단결권을 침해하지 아니한다.

2. 주요내용

(1) 노동조합이 당해 사업장에 종사는 근로자의 3분의 2 이상을 대표할 것

　　1) 본래 근로자의 개념에는 해고자·실업자 등의 미취업자도 포함되나, 이곳에서의 근로자는 당해 사업장에 종사하는 취업자만을 지칭하는 것임을 명문으로 규정하고 있다.

　　2) 노동조합은 근로자의 3분의 2 이상을 대표하여야 한다. 이는 유니온 숍 협정을 체결하는 노동조합이 다수 조합일 것을 말하는 것이다. 근로자의 3분의 2 이상이 특정 노동조합에 가입한 경우 나머지 근로자들은 의무적으로 당해 노동조합에 가입하여야 한다.

(2) 근로자가 노동조합의 조합원이 될 것을 고용조건으로 하는 단체협약을 체결할 것

　　1) 이 경우 근로자는 비조합원인 근로자만을 의미하며, 유니온 숍 협정의 체결 당시 이미 다른 노동조합의 조합원인 경우에는 동 협정이 적용되지 아니하나, 유니온 숍 협정이 체결된 노동조합을 탈퇴하여 조직대상을 같이 하는 다른 노동조합에 가입하는 경우 동 협정이 적용된다.

> **참조판례** 대판 2002.10.25. 2000다23815
>
> 유니언 숍(Union Shop) 협정이 체결된 노동조합을 탈퇴하여 조직대상을 같이 하면서 독립된 단체교섭권을 가지는 다른 노동조합에 가입하는 경우, 이를 허용한다면 사실상 회사 내에는 단체교섭권을 가지는 노동조합이 복수로 존재하게 되어 유니언 숍 협정의 근본이 와해되어 유니언 숍 협정은 유명무실한 것이 되어 버리는 결과가 되므로, 이와 같은 경우에도 유니언 숍 협정이 적용된다.

　　2) 유니온 숍 협정은 단체협약으로 체결되어야 하며, 취업규칙 등에서 규정하는 경우 무효라 할 것이다.

　　3) 대법원은 유니온 숍 협정이 노동조합의 조지유지와 강화에 기여하는 측면을 고려하여 이를 합헌으로 판시하고 있으며(대판 2000다23815), 헌법재판소도 유니온 숍 협정이 특정 노동조합에의 가입을 강제함으로써 근로자의 단결선택권과 노동조합의 집단적 단결권(조직강제권)이 충돌하는 측면이 있으나, 전체적으로 상충되는 두 기본권 사이에 합리적인 조화를 이루고 있고 근로자의 단결선택권의 본질적인 내용을 침해하는 것으로 볼 수 없어 합헌이라는 입장이다(헌재 2002헌바95).

(3) 사용자는 근로자가 그 노동조합에서 제명된 것 또는 그 노동조합을 탈퇴하여 새로 노동조합을 조직하거나 다른 노동조합에 가입한 것을 이유로 근로자에게 신분상 불이익한 행위를 할 수 없을 것

　　1) 유니언 숍 협정하에서는 조합원의 자격을 상실한 자에 대하여 사용자가 해고·전직 등 신분상의 불이익을 줄 수 있도록 허용하는 것이 원칙이다.

　　2) 노동조합법 제81조 제2호 단서에서는 사용자가 노동조합으로부터 '제명'된 근로자에게 해고·전직 및 징계 등 신분상 불이익한 행위를 할 수 없도록 규정하고 있다. 제명되었음을 이유로 사용자가 불이익한 조치를 하는 경우에는 부당노동행위라고 할 것이다. 이 규정은 노동조합의 소수조합원이 노동조합에서의 축출 방법으로 제명의 방법을 선택하는 것에 대한 보호수단으로서의 의미를 가진다. 그러나 이러한 신분상 불이익의 면제조치는 유니언 숍 협정의 실효성을 반감시킬 수 있다.

　　3) 근로자가 노동조합에서 임의로 탈퇴한 경우에는 사용자가 신분상 불이익한 행위를 할 수 있는 것이 원칙이다. 그러나 노동조합을 탈퇴하여 새로 노동조합을 조직하거나 다른 노동조합에 가입한 경우에는 이를 이유로 근로자에게 신분상 불이익을 줄 수 없다.

4) 유니온 숍의 근본취지상 다른 명문의 규정이 없더라도 사용자는 노동조합에서 임의로 탈퇴한 근로자에 대하여는 해고 등 신분상 불이익한 처분을 반드시 내려야 할 의무가 있다.

> **참조판례** 대판 1998.3.24. 96누16070
>
> 구 노동조합법(1996.12.31. 법률 제5244호로 폐지되기 이전의 것) 제39조 제2호 단서 소정의 조항, 이른바 유니언 숍(Union Shop) 협정은 노동조합의 단결력을 강화하기 위한 강제의 한 수단으로서 근로자가 대표성을 갖춘 노동조합의 조합원이 될 것을 '고용조건'으로 하고 있는 것이므로 단체협약에 유니언 숍 협정에 따라 근로자는 노동조합의 조합원이어야만 된다는 규정이 있는 경우에는 다른 명문의 규정이 없더라도 사용자는 노동조합에서 탈퇴한 근로자를 해고할 의무가 있다.

5) 단체협약에 노동조합을 임의로 탈퇴한 근로자에게 불이익처분을 내리도록 규정하고 있음에도 불구하고, 사용자가 탈퇴근로자에게 불이익처분을 내리지 아니하는 경우 이는 단체협약상의 채무불이행으로 인한 책임만을 부담하는 데 불과하며, 부당노동행위가 성립하는 것은 아니다.

> **참조판례** 대판 1998.3.24. 96누16070
>
> 단체협약상의 유니언 숍 협정에 의하여 사용자가 노동조합을 탈퇴한 근로자를 해고할 의무는 단체협약상의 채무일 뿐이고, 이러한 채무의 불이행 자체가 바로 구 노동조합법(1996.12.31. 법률 제5244호로 폐지되기 이전의 것) 제39조 제4호 소정 노동조합에 대한 지배·개입의 부당노동행위에 해당한다고 단정할 수 없다.

6) 유니온 숍 조항이 체결되어 있는 경우에도 탈퇴근로자가 다시 가입원을 제출하는 경우에는 그 승인을 거부할 수 없다.

> **참조판례** 대판 1996.10.29. 96다28899
>
> 조합이 조합원의 자격을 갖추고 있는 근로자의 조합 가입을 함부로 거부하는 것은 허용되지 아니하고, 특히 유니언 숍 협정에 의한 가입강제가 있는 경우에는 단체협약에 명문 규정이 없더라도 노동조합의 요구가 있으면 사용자는 노동조합에서 탈퇴한 근로자를 해고할 수 있기 때문에 조합측에서 근로자의 조합 가입을 거부하게 되면 이는 곧바로 해고로 직결될 수 있으므로 조합은 노동조합이입 신청인에게 제명에 해당하는 사유가 있다는 등의 특단의 사정이 없는 한 그 가입에 대하여 승인을 거부할 수 없고, 따라서 조합 가입에 조합원의 사전 동의를 받아야 한다거나 탈퇴 조합원이 재가입하려면 대의원대회와 조합원총회에서 각 3분의 2 이상의 찬성을 얻어야만 된다는 조합 가입에 관한 제약은 그 자체가 위법 부당하므로, 특별한 사정이 없는 경우에까지 그와 같은 제약을 가하는 것은 기존 조합원으로서의 권리남용 내지 신의칙 위반에 해당된다.

제5절 단체교섭거부

노동조합법 제81조(부당노동행위) 사용자는 다음 각 호의 어느 하나에 해당하는 행위(이하 "부당노동행위"라 한다)를 할 수 없다.
3. 노동조합의 대표자 또는 노동조합으로부터 위임을 받은 자와의 단체협약체결 기타의 단체교섭을 정당한 이유 없이 거부하거나 해태하는 행위

Ⅰ. 의의

(1) 사용자는 노동조합이 단체교섭을 요구하는 경우 정당한 이유없이 이를 거부하여서는 아니 된다.

(2) 단체교섭을 계속하였으나 당사자간의 주장이 첨예하게 대립하여 더 이상 교섭을 계속하는 것이 무의미한 것이 명백해진 경우, 즉 이른바 교섭결렬상태로 된 경우에는 단체교섭을 중단하더라도 단체교섭의 거부는 아니다.

(3) 교섭이 타결되어 당사자간의 합의가 성립된다면 이를 서면으로 작성하고, 단체협약에 서명·날인을 하여야 한다. 이것을 거부하면 단체교섭거부로 인한 부당노동행위에 해당된다고 보는 것이 일반적이다.

Ⅱ. 단체교섭거부의 정당한 이유

(1) 노동조합법 제81조 제3호는 사용자의 단체교섭의무를 규정하고 있으나, 정당한 이유가 있는 경우에는 예외적으로 단체교섭을 거부할 수 있도록 규정하고 있다.

(2) 근로자가 단체교섭의 주체, 목적 및 방법 등에서 단체교섭의 요건을 충족시키기 못하고 있는 경우 사용자가 단체교섭을 거부하여도 이는 단체교섭거부의 정당한 이유로서 부당노동행위에 해당되지 아니한다. 이와 반면에 사용자가 성실하게 단체교섭을 행하지 아니하는 경우에는 단체교섭의 거부이유를 어떤 식으로 내세우더라도 이는 당연히 부당노동행위에 해당된다.

> **참조판례** 대판 2010.11.11. 2009도4558
>
> 기업의 구조조정의 실시 여부는 경영주체에 의한 고도의 경영상 결단에 속하는 사항으로서 이는 원칙적으로 단체교섭의 대상이 될 수 없고, 그것이 긴박한 경영상의 필요나 합리적인 이유 없이 불순한 의도로 추진되는 등의 특별한 사정이 없는 한, 노동조합이 실질적으로 그 실시 자체를 반대하기 위하여 단체교섭을 요청한다면 비록 그 실시로 인하여 근로자들의 지위나 근로조건의 변경이 필연적으로 수반된다 하더라도 기업이 위 단체교섭의 요청을 거부하거나 해태하였다고 하여 정당한 이유가 없다고 할 수 없다.

> **참조판례** 대판 2009.12.10. 2009도8239
>
> 공소외인이 이 사건 회사에 채용된 지 7일 만에 이 사건 회사와의 사전 협의 없이 일방적으로 단체교섭을 요구하는 이 사건 교섭요구서를 팩스로 보내었고, 이 사건 교섭요구서에 구체적인 단체교섭의 사항을 기재하지도 않았으며, 교섭일시를 문서전송일로부터 2일 후로, 교섭장소도 자신의 조합사무실로 정하였던바, 위와 같은 이 사건 교섭요구서의 내용, 전달방식 등에 비추어 보면, 이 사건 교섭요구서를 통한 교섭요구가 사회통념상 합리적이고 정상적인 교섭요구라고 보기 어려워 피고인이 이 사건 교섭요구서에 정해진 일시·장소에 출석하지 않았다는 것만으로 정당한 이유 없이 단체교섭을 거부하거나 해태한 것이라고 단정하기는 어렵다고 할 것이다.

제6절 지배·개입

> 노동조합법 제81조(부당노동행위) ① 사용자는 다음 각 호의 어느 하나에 해당하는 행위(이하 "부당노동행위"라 한다)를 할 수 없다.
> 4. 근로자가 노동조합을 조직 또는 운영하는 것을 지배하거나 이에 개입하는 행위와 근로시간 면제한도를 초과하여 급여를 지급하거나 노동조합의 운영비를 원조하는 행위. 다만, 근로자가 근로시간 중에 제24조 제2항에 따른 활동을 하는 것을 사용자가 허용함은 무방하며, 또한 근로자의 후생자금 또는 경제상의 불행 그 밖에 재해의 방지와 구제 등을 위한 기금의 기부와 최소한의 규모의 노동조합사무소의 제공 및 그 밖에 이에 준하여 노동조합의 자주적인 운영 또는 활동을 침해할 위험이 없는 범위에서의 운영비 원조행위는 예외로 한다.
> ② 제1항 제4호단서에 따른 "노동조합의 자주적 운영 또는 활동을 침해할 위험" 여부를 판단할 때에는 다음 각 호의 사항을 고려하여야 한다.
> 1. 운영비 원조의 목적과 경위
> 2. 원조된 운영비 횟수와 기간
> 3. 원조된 운영비 금액과 원조방법
> 4. 원조된 운영비가 노동조합의 총수입에서 차지하는 비율
> 5. 원조된 운영비의 관리방법 및 사용처 등

Ⅰ. 의의

사용자는 노동조합의 자주성을 침해할 우려가 있는 지배 또는 개입행위를 해서는 안 된다.

Ⅱ. 지배·개입의 성립

1. 지배·개입행위의 존재

(1) 노동조합의 조직·운영에 대한 지배·개입행위

1) 노동조합의 조직이라 함은 조직준비행위 등 노동조합의 결성을 지향하는 근로자의 일체의 행위를 의미한다.

2) 노동조합의 운영이라 함은 노동조합의 내부적 운영뿐 아니라 단체교섭, 쟁의행위 및 고충처리 등의 필요목적을 달성하기 위한 활동은 물론 선전·계몽 및 교육 등의 임의목적을 달성하기 위한 활동을 포함하는 노동조합의 유지·존속 및 확대를 위한 일체의 행위를 의미한다.

3) 지배란 사용자가 지배력을 미쳐 노동조합의 의사결정을 좌우할 정도의 간섭·방해를 말하고, 개입이란 이 정도에 이르지 않은 것을 말하지만 양자를 굳이 구별할 필요는 없다. 즉 지배·개입이란 사용자의 간섭·방해행위 전반을 의미한다.

(2) 운영비의 지원행위

1) 사용자가 노동조합에 운영비 등을 지원하는 행위는 원칙적으로 노동조합의 재정적 자주성을 해할 염려가 있으므로 지배·개입에 해당한다.

2) 근로자가 근로시간 중에 제24조 제4항에 따른 활동을 하는 것을 사용자가 허용하는 것, 근로자의 후생자금 또는 경제상의 불행 기타 재액의 방지와 구제등을 위한 기금의 기부, 최소한의 규모의 노동조합사무소의 제공 및 그 밖에 이에 준하여 노동조합의 자주적인 운영 또는 활동을 침해할 위험이 없는 범위에서의 운영비 원조행위는 운영비 원조의 부당노동행위에 해당하지 않는다.

3) 노동조합의 자주적 운영 또는 활동을 침해할 위험은 운영비 원조의 목적과 경위, 원조된 운영비 횟수와 기간, 원조된 운영비 금액과 원조방법, 원조된 운영비가 노동조합의 총수입에서 차지하는 비율, 원조된 운영비의 관리방법 및 사용처 등을 고려하여 판단한다.

> **참조판례** 헌재 2018.5.31. 2012헌바90
>
> 운영비원조금지조항은 사용자가 노동조합의 운영비를 원조하는 행위(이하 '운영비 원조 행위'라 한다)를 통해 노동조합에 영향력을 행사하는 것을 금지함으로써 노동조합의 사용자로부터의 자주성을 확보하여 궁극적으로 근로 3권의 실질적인 행사를 보장하기 위한 것으로서 그 입법목적이 정당하다.
>
> 운영비 원조 행위가 노동조합의 자주성을 저해할 위험이 없는 경우에는 이를 금지하더라도 노동조합의 자주성을 확보하고자 하는 입법목적의 달성에 아무런 도움이 되지 않는다. 그런데 운영비원조금지조항은 단서에서 정한 두 가지 예외(근로자의 후생자금 또는 경제상의 불행 기타 재액의 방지와 구제 등을 위한 기금의 기부와 최소한의 규모의 노동조합사무소의 제공)를 제외한 일체의 운영비 원조 행위를 금지함으로써 노동조합의 자주성을 저해할 위험이 없는 경우까지 금지하고 있으므로, 입법목적 달성을 위한 적합한 수단이라고 볼 수 없다.
>
> 노동조합의 운영에 필요한 경비를 어떻게 마련할 것인지는 원칙적으로 노동조합이 스스로 결정할 문제이고, 집단적 노사관계에 해당하는 사용자의 노동조합에 대한 운영비 원조에 관한 사항은 대등한 지위에 있는 노사가 자율적으로 협의하여 정하는 것이 근로3권을 보장하는 취지에 가장 부합한다. 노동조합법 제2조 제4호 나목과 노동조합법 제92조 제2호 마목 역시 노동조합의 자주성을 저해하지 않는 범위 내에서의 운영비 원조 행위를 허용하는 취지이다. 그럼에도 불구하고 운영비원조금지조항이 운영비 원조 행위에 제한을 가하는 이유는 노동조합의 자주성을 저해하는 것을 막기 위한 것이므로, 그 제한은 실질적으로 노동조합의 자주성이 저해되었거나 저해될 위험이 현저한 경우에 한하여 이루어져야 한다.
>
> 운영비 원조 행위로 인하여 노동조합의 자주성이 저해되거나 저해될 현저한 위험이 있는지 여부는 그 목적과 경위, 원조된 운영비의 내용, 금액, 원조 방법, 원조된 운영비가 노동조합의 총수입에서 차지하는 비율, 원조된 운영비의 관리 방법 및 사용처 등에 따라 달리 판단될 수 있다. 그럼에도 불구하고 운영비원조금지조항은 단서에서 정한 두 가지 예외를 제외한 일체의 운영비 원조 행위를 금지함으로써 노동조합의 자주성이 저해되거나 저해될 위험이 현저하지 않은 경우까지도 금지하고 있으므로, 그 입법목적 달성을 위해서 필요한 범위를 넘어서 노동조합의 단체교섭권을 과도하게 제한하고 있다.
>
> 노동조합이 근로3권을 실현하는 활동을 하는 데 도움이 되는 운영비 원조 행위를 금지하는 것은 오히려 노동조합의 활동을 위축시킬 수 있고, 협력적 노사자치의 일환으로 이루어지는 운영비 원조 행위를 금지하는 것은 노사의 자율적인 단체교섭에 맡길 사항까지 국가가 지나치게 개입하여 노동조합의 자주적인 활동의 성과를 감소시키는 것에 불과하다. 따라서 노동조합의 자주성을 저해하거나 저해할 현저한 위험을 야기하지 않는 운영비 원조 행위를 금지하는 것은 노사 간 힘의 균형을 확보해 줌으로써 집단적 노사자치를 실현하고자 하는 근로3권의 취지에도 반하는 결과를 초래한다.
>
> 복수 노동조합이 허용되고 있는 상황에서 사용자가 선호하는 특정 노동조합에만 운영비를 원조하는 행위는 차별받은 노동조합의 자주성을 저해할 수 있다. 그러나 노동조합법은 교섭대표노동조합과 사용자에게 공정대표의무를 부과하면서 부당노동행위에 대한 구제절차 규정을 준용하고 있고(제29조의4), 사용자가 특정 노동조합에 대하여만 운영비를 원조함으로써 다른 노동조합을 간섭·방해하는 행위는 '근로자가 노동조합을 조직 또는 운영하는 것을 지배하거나 이에 개입하는 행위'로서 부당노동행위에 해당하므로, 위와 같은 행위를 반드시 운영비원조금지조항으로 포섭하여 규제해야 하는 것도 아니다. 따라서 복수 노동조합의 존재를 고려하더라도, 운영비 원조 행위를 일률적으로 금지할 필요성을 인정할 수 없다.

노동조합법 제81조 제4호는 운영비 원조 행위와 함께 사용자가 노동조합의 전임자에게 급여를 지급하는 행위를 사용자의 부당노동행위로서 원칙적으로 금지하면서, 노동조합법 제24조 제4항의 근로시간 면제 제도가 적용되는 경우는 예외적으로 허용하고 있다. 이와는 별도로 노동조합법은 전임자가 사용자로부터 급여를 지급받는 것을 명시적으로 금지하면서(제24조 제2항), 노동조합법 제24조 제2항과 제4항을 위반하는 급여 지급을 요구하고 이를 관철할 목적으로 쟁의행위를 하는 것도 금지, 처벌하고 있다(제24조 제5항, 제92조 제1호). 헌법재판소는 2014.5.29. 2010헌마606 결정에서 노동조합법 제24조 제2항, 제4항, 제5항이 과잉금지원칙을 위반하여 단체교섭권 등을 침해하지 않는다고 판단하였다. 그런데 전임자급여 지원 행위와는 달리 운영비 원조 행위에 대해서는 노동조합법 제81조 제4호에서 사용자의 부당노동행위로서 금지하고 있을 뿐, 노동조합법상 노동조합이 운영비 원조를 받는 것 자체를 금지하거나 제한하는 별도의 규정이 없고, 운영비 원조 행위와 전임자급여 지원 행위는 그 금지의 취지와 규정의 내용, 예외의 인정 범위 등이 다르므로 노동조합의 단체교섭권을 침해하는지 여부를 판단하면서 운영비 원조 행위를 전임자급여 지원 행위와 동일하게 볼 수는 없다.

이상의 내용을 종합하여 보면, 노동조합의 자주성을 저해하거나 저해할 현저한 위험이 있는 운영비 원조 행위만을 금지하더라도 노동조합의 자주성을 확보하고 근로3권의 실질적인 행사를 보장하고자 하는 입법목적을 달성할 수 있음에도 불구하고, 운영비원조금지조항이 단서에서 정한 두 가지 예외를 제외한 운영비 원조 행위를 일률적으로 부당노동행위로 간주하여 금지하는 것은 침해의 최소성에 반한다.

노동조합의 자주성을 저해하거나 저해할 위험이 현저하지 않은 운영비 원조 행위를 부당노동행위로 규제하는 것은 노동조합의 자주성을 확보함으로써 실질적인 근로3권의 행사를 보장하는 데에 기여하는 바가 전혀 없는 반면, 운영비원조금지조항으로 인하여 청구인은 사용자로부터 운영비를 원조받을 수 없을 뿐만 아니라 궁극적으로 노사자치의 원칙을 실현할 수 없게 되므로, 운영비원조금지조항은 법익의 균형성에도 반한다.

따라서 운영비원조금지조항은 과잉금지원칙을 위반하여 청구인의 단체교섭권을 침해하므로 헌법에 위반된다.

(3) 판례는 사용자는 연설, 사내방송, 게시문, 서한 등을 통하여 의견을 표명할 수 있는 언론의 자유를 가지고 있음은 당연하나, 언론활동의 내용, 방법, 행하여진 장소 및 노조활동 및 운영에 미친 영향 등을 종합하여 노동조합의 조직이나 운영을 지배하거나, 이에 개입하는 의사가 인정되는 경우에 부당노동행위가 인정된다고 한다.

> **참조판례** 대판 1998.5.22. 97누8076
> 사용자가 연설, 사내방송, 게시문, 서한 등을 통하여 의견을 표명할 수 있는 언론의 자유를 가지고 있음은 당연하나, 그것이 행하여진 상황, 장소, 그 내용, 방법, 노동조합의 운영이나 활동에 미친 영향 등을 종합하여 노동조합의 조직이나 운영을 지배하거나 이에 개입하는 의사가 인정되는 경우에는 구 노동조합법(1996.12.31. 법률 제5244호 부칙 제3조로 폐지되기 전의 것) 제39조 제4호에 정한 부당노동행위가 성립한다.

사용자 입장에서 근로자를 상대로 순회설명회를 개최하여 노동조합이 예정한 파업방침에 대해 비판적 견해를 표명하는 행위는 부당노동행위에 해당하지 않는다.

> **참조판례** 대판 2013.1.10. 2011도15497
> 사용자 또한 자신의 의견을 표명할 수 있는 자유를 가지고 있으므로, 사용자가 노동조합의 활동에 대하여 단순히 비판적 견해를 표명하거나 근로자를 상대로 집단적인 설명회 등을 개최하여 회사의 경영상황 및 정책방향 등 입장을 설명하고 이해를 구하는 행위 또는 비록 파업이 예정된 상황이라 하더라도 그 파업의 정당성과 적법성 여부 및 파업이 회사나 근로자에 미치는 영향 등을 설명하는 행위는 거기에 징계 등 불이익의 위협 또는 이익제공의 약속 등이 포함되어 있거나 다른 지배·개입의 정황 등 노동조합의 자주성을 해칠 수 있는 요소가 연관되어 있지 않는 한, 사용자에게 노동조합의 조직이나 운영 및 활동을 지배하거나 이에 개입하는 의사가 있다고 가볍게 단정할 것은 아니라 할 것이다.

(4) 노동조합이 단체협약이나 노사합의 등에 따라 정당하게 기업의 시설을 이용하는 경우에 이를 방해하거나 저지하는 사용자의 행위가 지배·개입이 됨은 물론이지만, 정당한 시설권리권의 행사라고 보이는 사용자의 행위라고 하더라도 경우에 따라서는 지배·개입이 성립할 수 있다.
(5) 노사관행의 일방적 파기는 지배·개입이 성립할 수 있다.

> **참조판례** 대판 2008.10.9. 2007두15506
>
> 사용자가 기업별 노동조합의 설립이 같은 사업장에 설치된 산업별 노동조합의 지부의 유효한 조직형태변경의 결의에 따른 것이라고 오인하였다고 하여도, 사용자가 산업별 노동조합의 지부에게 제공하던 사무실을 폐쇄하는 등 편의시설의 제공을 일방적으로 거절한 것은 산업별 노동조합의 운영에 개입하는 부당노동행위에 해당한다.

2. 지배·개입의 결과발생

부당노동행위제도의 근본취지가 민사법에 있어서와 달리 이미 발생된 손해의 배상을 목적으로 하는 것이 아니라 근로자의 근로3권 보호자체에 그 목적을 두고 있으므로 구체적인 결과나 손해의 발생을 요건으로 하지 아니한다.

> **참조판례** 대판 1997.5.7. 96누2057
>
> 해고의 효력을 다투는 조합장이 회사에 조합장 복귀 통지문을 보내고 단체협약에 따라 조합장 명의로 조합비 등의 일괄공제를 요청하였으나, 회사는 통지문을 반려하고 다른 조합원 명의로 조합비 등의 일괄공제를 요청한 것은 조합장의 노동조합활동을 방해하려는 의도에서 이루어진 것으로서 비록 근로자의 단결권 침해라는 결과가 발생하지 아니하였다고 하더라도 지배 개입으로서의 부당노동행위에 해당한다.

3. 지배·개입의 의사

지배·개입의 경우는 물론 부당노동행위는 일반적으로 사용자의 부당노동행위의사를 필요로 하지만, 지배·개입의 경우는 행위 그 자체로 부당노동행위의사를 이미 추단할 수 있다.

> **참조판례** 대판 2003.3.28. 2002두1134
>
> 전출명령이 부당노동행위에 해당되는지의 여부는 전출명령의 동기, 목적, 전출명령에 관한 업무상의 필요성이나 합리성의 존부, 전출에 따른 근로자의 생활상의 불이익과의 비교교량, 전출명령의 시기, 사용자와 노동조합과의 관계, 전출명령을 하기에까지 이른 과정이나 사용자가 취한 절차, 그 밖에 전출명령 당시의 외형적, 객관적인 사정에 의하여 추정되는 부당노동행위 의사의 존재 유무 등을 종합적으로 검토하여 판단하여야 한다. 참가인 등은 노동조합의 대표자 및 간부들인데 이들의 노동조합 설립 직후에 이 사건 인사조치가 이루어진 점, 노동조합 설립 이후 발생한 노조원과 비노조원 사이의 일련의 갈등상황 및 이에 대하여 원고가 무관한 것으로 보이지 않는 점, 전적발령대상자들과의 협의 등을 전혀 거치지 않은 점, 전적 및 보직변경과 관련한 업무상 필요성이 특별히 발견되지 않는 점 등 이 사건 인사조치는 실제에 있어 참가인 등의 노동조합설립 등 노조활동을 혐오하여 행한 불이익조치임과 동시에 노조원과 비노조원 사이에 반목을 의도적으로 심화시키게 하는 등 원고가 노동조합의 조직, 운영에 지배개입한 것으로 인정된다.

제7절 부당노동행위의 구제절차

Ⅰ. 의의

1. 원상회복주의와 형벌주의

(1) 노동위원회의 원상회복주의에 근거한 구제절차는 구제명령을 통하여 부당노동행위가 행하여지기 이전의 상태로 원상회복시킴으로써 침해된 권익을 바로 잡는다는 데 그 실익이 있다. 그러나 원상회복주의는 당해 사건에 한해 구제를 목적으로 하므로 사용자의 부당노동행위를 예방하는 데는 한계가 있다.

(2) 형벌주의는 사용자의 부당노동행위를 사전에 예방·억제하고 이에 대한 응보로서 부당노동행위를 행한 자를 직접 처벌하고 있다. 형벌주의는 헌법상의 근로3권을 침해하는 사용자의 부당노동행위 자체를 범죄로 보고 있는 것이다. 그러나 형벌주의는 부당노동행위를 사전에 예방하고, 부당노동행위라는 범죄를 저지른 자를 응징하는 데에는 적합하지만 근로3권이 침해된 근로자의 피해를 회복하는 데에는 적합하지 아니하다.

2. 노동위원회에 의한 구제제도와 사법적 구제제도

(1) 노동위원회에 의한 부당노동행위구제제도는 근로자의 근로3권 보호를 주된 목적으로 하고, 사용자의 부당노동행위에 대하여 책임을 부과하는 것은 부차적인 목적이다.
개개인의 권리·의무관계의 존부와 그 범위를 확정하는 사법적 구제제도는 사용자의 부당노동행위에 대한 민사·형사상의 책임을 부과하는 데는 적합할지 모르나, 근로자의 근로3권 보호라는 부당노동행위의 본래적 취지를 달성하는 데는 적합하지 아니하다.

(2) 부당노동행위구제제도는 부당노동행위 결과 발생한 노사 당사자 간의 권리·의무관계의 확정 및 손해의 전보 등을 위하여 적합하지 아니하므로 이를 위하여 법원에 의한 사법적 구제제도가 별도로 필요하게 된다.

> **참조판례** 대판 1988.12.13. 86다204·86다카1035
> 노동조합법 제42조, 제43조에 규정된 노동위원회의 사용자에 대한 구제명령절차는 부당노동행위에 해당하는 해고등 불이익처분에 대한 공법상의 권리구제절차로서 사용자와 노동자 사이의 사법상 법률관계에 직접 영향을 미치는 것은 아니므로, 노동자는 위 권리구제절차와는 별도로 민사소송으로 해고 등 불이익처분이 부당노동행위에 해당함을 이유로 그 사법상 효력을 다툼으로써 권리구제를 구할 수 있다.

(3) 근로자는 동일한 부당노동행위에 대하여 노동위원회에 의한 구제절차와 법원에 의한 구제절차를 동시에 밟을 수 있다. 이 경우 노동위원회에 의한 구제절차와 법원에 의한 구제절차 간에 경합문제가 발생한다. 두 가지 구제제도는 병행되나 법원에 의한 형벌부과의 경우와 마찬가지로 민사소송에 있어서도 노동위원회의 판정을 존중하여야 할 것으로 본다.

Ⅱ. 노동위원회에 의한 구제절차

> **노동조합법 제82조(구제신청)** ① 사용자의 부당노동행위로 인하여 그 권리를 침해당한 근로자 또는 노동조합은 노동위원회에 그 구제를 신청할 수 있다.
> ② 제1항의 규정에 의한 구제의 신청은 부당노동행위가 있은 날(계속하는 행위는 그 終了日)부터 3월 이내에 이를 행하여야 한다.
>
> **제83조(조사등)** ① 노동위원회는 제82조의 규정에 의한 구제신청을 받은 때에는 지체 없이 필요한 조사와 관계 당사자의 심문을 하여야 한다.
> ② 노동위원회는 제1항의 규정에 의한 심문을 할 때에는 관계 당사자의 신청에 의하거나 그 직권으로 증인을 출석하게 하여 필요한 사항을 질문할 수 있다.
> ③ 노동위원회는 제1항의 규정에 의한 심문을 함에 있어서는 관계 당사자에 대하여 증거의 제출과 증인에 대한 반대심문을 할 수 있는 충분한 기회를 주어야 한다.
> ④ 제1항의 규정에 의한 노동위원회의 조사와 심문에 관한 절차는 중앙노동위원회가 따로 정하는 바에 의한다.
>
> **제84조(구제명령)** ① 노동위원회는 제83조의 규정에 의한 심문을 종료하고 부당노동행위가 성립한다고 판정한 때에는 사용자에게 구제명령을 발하여야 하며, 부당노동행위가 성립되지 아니한다고 판정한 때에는 그 구제신청을 기각하는 결정을 하여야 한다.
> ② 제1항의 규정에 의한 판정·명령 및 결정은 서면으로 하되, 이를 당해 사용자와 신청인에게 각각 교부하여야 한다.
> ③ 관계 당사자는 제1항의 규정에 의한 명령이 있을 때에는 이에 따라야 한다.
>
> **제85조(구제명령의 확정)** ① 지방노동위원회 또는 특별노동위원회의 구제명령 또는 기각결정에 불복이 있는 관계 당사자는 그 명령서 또는 결정서의 송달을 받은 날부터 10일 이내에 중앙노동위원회에 그 재심을 신청할 수 있다.
> ② 제1항의 규정에 의한 중앙노동위원회의 재심판정에 대하여 관계 당사자는 그 재심판정서의 송달을 받은 날부터 15일 이내에 행정소송법이 정하는 바에 의하여 소를 제기할 수 있다.
> ③ 제1항 및 제2항에 규정된 기간내에 재심을 신청하지 아니하거나 행정소송을 제기하지 아니한 때에는 그 구제명령·기각결정 또는 재심판정은 확정된다.
> ④ 제3항의 규정에 의하여 기각결정 또는 재심판정이 확정된 때에는 관계 당사자는 이에 따라야 한다.
> ⑤ 사용자가 제2항의 규정에 의하여 행정소송을 제기한 경우에 관할법원은 중앙노동위원회의 신청에 의하여 결정으로써, 판결이 확정될 때까지 중앙노동위원회의 구제명령의 전부 또는 일부를 이행하도록 명할 수 있으며, 당사자의 신청에 의하여 또는 직권으로 그 결정을 취소할 수 있다.
>
> **제86조(구제명령등의 효력)** 노동위원회의 구제명령·기각결정 또는 재심판정은 제85조의 규정에 의한 중앙노동위원회에의 재심신청이나 행정소송의 제기에 의하여 그 효력이 정지되지 아니한다.

1. 개요

노동위원회에 의한 구제절차는 초심절차 및 재심절차로 나누어 볼 수 있으며, 중앙노동위원회의 결정에 대하여 불복하는 자는 행정법원에 행정소송을 제기할 수 있다.

2. 당사자

> **노동조합법 제82조(구제신청)** ① 사용자의 부당노동행위로 인하여 그 권리를 침해당한 근로자 또는 노동조합은 노동위원회에 그 구제를 신청할 수 있다.

(1) 부당노동행위를 당한 근로자 또는 노동조합은 노동위원회에 구제를 신청할 수 있다.

   1) 설립요건을 모두 갖춘 노동조합은 당연히 부당노동행위 구제신청을 할 수 있으나 법외노동조합은 구제신청을 할 수 없다.

   > **참조판례** 대판 2008.9.11. 2007두19249
   >
   > 노동조합 및 노동관계조정법(이하 '법'이라 한다) 제82조 제1항에 의하면, 노동조합은 사용자의 부당노동행위에 대하여 근로자 개인의 구제신청권과는 별개의 독자적인 구제신청권을 가진다고 할 것인바, 노동조합에게 이와 같은 구제신청권을 인정한 이유가 노동조합의 단결권 또는 그 지위 및 기능의 보호·유지에 있고, 법 제5조가 근로자의 노동조합 결성 및 가입의 자유를 보장하고 있으며, 법 제81조 제1호에서 사용자가 노동조합에 가입한 근로자에게 불이익을 주는 행위뿐만 아니라 노동조합에 가입하려고 한 근로자에게 불이익을 주는 행위에 대하여도 부당노동행위로 규정하여 이를 금지하고 있는 점에 비추어 보면, 노동조합으로서는 자신에 대한 사용자의 부당노동행위가 있는 경우뿐만 아니라, 그 소속 조합원으로 가입한 근로자 또는 그 소속 조합원으로 가입하려고 하는 근로자에 대하여 사용자의 부당노동행위가 있는 경우에도 노동조합의 권리가 침해당할 수 있으므로, 그 경우에도 노동조합은 자신의 명의로 그 부당노동행위에 대한 구제신청을 할 수 있는 권리를 가진다고 할 것이다.

   2) 노동조합법 제81조 제1호의 불이익취급, 동조 제2호의 비열계약, 동조 제5호의 불이익취급의 경우에는 법외노동조합이라 할지라도 근로자 개인은 부당노동행위구제의 신청인이 될 수 있다.

(2) 피신청인은 원칙적으로 협의의 사용자이다.

3. 초심절차

(1) 초심절차는 부당노동행위가 발생한 사업장이 소재지를 관할하는 지방노동위원회에 그 구제를 신청함으로써 개시된다.

   1) 부당노동행위의 구제신청은 부당노동행위가 있은 날(계속하는 행위는 그 종료일)부터 3월 이내에 하여야 한다.

   > **참조판례** 대판 2014.5.29. 2011두24040
   >
   > 노동조합 및 노동관계조정법 제82조 제2항에 의하면, 부당노동행위에 대한 구제신청은 부당노동행위가 있은 날 또는 그 행위가 계속하는 행위인 때에는 그 종료일로부터 3월 이내에 하여야 한다. 여기서 '계속하는 행위'란 1개의 행위가 바로 완결되지 않고 일정 기간 계속되는 경우뿐만 아니라 수 개의 행위라도 각 행위 사이에 부당노동행위 의사의 단일성, 행위의 동일성·동종성, 시간적 연속성이 인정될 경우도 포함한다.

   2) 구제신청은 구제신청서라는 서식에 의하며, 신청서에는 ① 근로자의 성명·주소, ② 사업주의 성명·주소, ③ 신청취지, ④ 신청이유, ⑤ 신청일자를 기재해야 한다.

   3) 구제신청 후 누락된 신청취지를 추가하거나 징계처분 변경 등으로 신청 취지를 변경하려면 새로운 구제신청을 하는 대신 노동위원회의 승인을 받아 신청취지를 추가·변경할 수 있다.

(2) 노동위원회는 부당노동행위의 구제신청을 받았을 때에는 지체없이 필요한 조사를 하여야 한다. 조사는 신청인이 주장하는 사실·내용 및 쟁점 등을 정리하고 당사자의 견해를 명확히 하여 사실 인정의 자료로 하기 위하여 행하여진다.

(3) 조사가 종료된 후에는 부당노동행위의 구제명령을 내리기 이전에 반드시 필요한 심문을 하여야 한다. 심판위원회가 관계 당사자를 심문하기 위해 행하는 회의를 심문회의라 하며, 심문회의는 당사자 쌍방이 참석한 가운데 진행한다.

노동위원회가 심문을 할 때에는 관계당사자의 신청 또는 직권으로 증인을 출석하게 하여 필요한 사항을 질문하게 할 수 있다. 심문과정에서는 관계당사자에 대하여 증거의 제출과 증인에 대한 반대심문을 할 수 있는 충분한 기회를 주어야 한다.

(4) 심판위원회는 사건의 조사 과정이나 심문회의 진행 중에 당사자에게 화해를 권고하거나 주선할 수 있다. 심판위원회는 당사자가 화해안을 수락하거나 화해조건에 합의한 경우에는 화해조서를 작성하여야 한다. 화해는 당사자와 화해에 관여한 심판위원이 서명이나 날인함으로써 성립되며 화해가 성립된 후 당사자는 이를 번복할 수 없다.

(5) 심판위원회가 심문을 종결하였을 경우 의장은 판정회의를 개최하여야 한다. 심판위원회는 판정에 앞서 당해 심문회의에 참석한 근로자위원과 사용자위원에게 의견진술의 기회를 주어야 한다.

1) 노동위원회가 심문을 종료하고 부당노동행위가 성립한다고 판정한 때에는 사용자에게 구제명령을 발하여야 하며, 부당노동행위가 성립되지 아니한다고 판정한 때에는 그 구제신청을 기각하는 결정을 하여야 한다.

2) 현행법상 구제명령의 내용을 제한하는 특별한 규정은 없으므로 노동위원회의 합리적 재량에 맡겨진다. 구제명령은 부당노동행위가 행하여지지 아니하였던 것과 동일한 상태로의 회복, 즉 원상회복을 목적으로 하므로 복직명령·임금이 지급 등의 원상회복명령이 내려진다. 그러나 사용자에 대한 형벌의 부과, 손해배상의 명령 및 원상회복을 초과하는 추상적 부작위명령은 원칙적으로 허용되지 아니한다고 할 것이다.

3) 부당노동행위 구제명령은 사용자에 대하여 공법상의 의무를 부담시키는 것에 국한되며, 당사자간의 사법상 법률관계를 발생·변경 또는 소멸시키는 것은 아니다. 따라서 근로자가 부당노동행위에 대하여 사법상의 권리구제를 받기 위하여는 사용자를 상대로 민사소송을 법원에 제기하여야 한다.

4) 부당노동행위의 구제명령은 서면으로 하되, 이를 사용자와 신청인에게 각각 교부하여야 한다. 관계 당사자는 명령서를 교부받은 때부터 지체없이 구제명령을 이행하여야 한다.

5) 노동위원회의 구제명령은 당사자가 중앙노동위원회에 재심을 청구하거나 행정법원에 행정소송을 제기하더라도 그 효력이 정지되지 아니한다.

4. 재심절차

(1) 지방노동위원회(또는 특별노동위원회)의 구제명령 또는 기각결정에 불복이 있는 관계당사자는 중앙노동위원회에 재심신청을 할 수 있다. 그러나 지방노동위원회의 구제명령 또는 기각결정은 중앙노동위원회에의 재심신청에 의하여 그 효력이 정지되지 아니한다.

(2) 지방노동위원회의 구제명령 또는 기각결정에 불복이 있는 관계당사자는 그 명령서 또는 결정서의 송달을 받은 날부터 10일 이내에 중앙노동위원회에 그 재심을 신청할 수 있다.

(3) 당사자의 재심신청은 초심에서 신청한 범위를 넘어서는 아니되며, 중앙노동위원회의 재심 심리와 판정은 당사자가 재심신청한 불복의 범위 안에서 하여야 한다.

(4) 초심절차에 관한 규정은 그 성질에 어긋나지 않는 범위 내에서 재심절차에 준용된다. 즉 초심절차에 적용되었던 신청·조사·심사·합의·명령 등의 절차가 재심절차에서도 그대로 진행된다.

(5) 중앙노동위원회는 재심신청이 요건을 충족하지 못한 경우 재심신청을 각하하고, 재심신청이 이유 없다고 판단하는 경우에는 기각하며, 이유 있다고 판단하는 경우에는 지방노동위원회의 처분을 취소하고 구제명령이나 각하 또는 기각결정을 하여야 한다. 중앙노동위원회는 근로관계의 소멸이나 사업장 폐쇄 등으로 초심의 구제명령 내용을 그대로 유지하는 것이 적합하지 않다고 판단하는 경우에는 그 내용을 변경할 수 있다.

5. 행정소송

(1) 중앙노동위원회의 구제명령이나 기각결정 또는 재심판정에 대하여 관계당사자는 그 명령서·결정서 또는 재심판정서의 송달을 받은 날부터 15일 이내에 행정소송법이 정하는 바에 의하여 행정소송을 제기할 수 있다. 이 기간 내에 행정소송을 제기하지 아니하는 때에는 그 구제명령·기각결정 또는 재심판정은 확정된다. 확정된 명령에 불복하는 경우 형벌이 부과된다.

(2) 재심판정은 행정소송의 제기로 그 효력이 정지되지 않으므로 사용자의 이행을 확보할 필요가 있어 노조법은 긴급이행명령제도를 두고 있다.

　1) 관할법원이 긴급이행명령을 하려면 ① 사용자가 재심판정에 대하여 행정소송을 제기한 경우에 ② 중앙노동위원회의 신청이 있어야 한다.

　2) 중앙노동위원회는 해당 사건의 근로자나 노동조합의 요청에 따라 이행명령 신청여부를 결정해야 한다. 따라서 중앙노동위원회가 이행명령을 직권으로 신청할 수는 없다.

　3) 관할법원은 중앙노동위원회 구제명령의 전부 또는 일부를 이행하도록 명할 수 있다.

　4) 관할법원은 이행명령의 필요성에 관한 사정이 변경되거나 구제명령의 적법성을 인정하기 곤란한 사유가 발견되는 경우 등에는 당사자의 신청이나 직권으로 이행명령을 취소할 수 있다.

　5) 이행명령은 당사자에게 송부된 날부터 효력을 발생하고, 행정소송의 판결이 확정될 때까지 효력을 가진다.

　6) 당해 법원이 구제명령에 위반하는 때에는 ① 당해 명령이 부작위명령인 경우 500만원 이하의, ② 당해 명령이 작위명령인 경우 그 명령의 불이행 일수 1일에 50만원 이하의 이율로 산정한 금액의 과태료가 부과된다.

(3) 행정소송에서 법원은 중앙노동위원회의 재심판정을 취소하는 판결을 하거나 청구를 기각하는 판결을 한다.

　1) 중앙노동위원회의 재심 판정을 취소하는 판결이 확정되면, 그 판결은 중앙노동위원회를 기속하므로, 중앙노동위원회는 취소판결의 취지에 따라 그 사건에 대한 재판정을 소송 당사자의 신청이나 직권으로 해야 하고, 재판정은 중앙노동위원회의 심판위원회가 담당하되 당사자의 신청이나 동의가 있는 경우 단독심판위원이 담당할 수 있으며, 당사자가 신청한 날부터 30일 이내에 해야 한다.

　2) 청구를 기각하는 판결이 확정되면 중앙노동위원회의 재심 판정은 확정된다.

Ⅲ. 법원에 의한 구제절차

(1) 사용자가 근로자의 근로3권을 침해하는 부당노동행위를 행한 경우 노동조합법에 규정된 노동위원회에 의한 부당노동행위구제절차를 통하여 구제받는 것 외에 사용자의 부당노동행위로 인하여 근로3권을 침해당한 근로자 또는 노동조합이 노동위원회에 의한 부당노동행위구제제도 이외에도 법원에 직접 소송을 제기하여 동 규정을 위반한 행위의 무효확인, 손해배상청구 또는 작위·부작위 명령 등의 부당노동행위구제를 받을 수 있다.

(2) 헌법상 보장된 근로3권은 사용자에 대한 효과도 가지므로 사용자는 근로3권을 침해하지 않아야 함은 사법상의 사회질서를 설정하는 것이라 할 것이다. 따라서 근로3권을 침해하는 사용자의 행위는 사법상 무효이며, 불법행위에 해당한다고 할 것이다.

(3) 노동조합의 대표자는 사용자 또는 사용자단체가 단체교섭 요구를 거부하는 경우 소로써 그 이행을 청구할 수 있다.

> **참조판례** 대판 2012.8.17. 2010다52010
>
> 노동조합의 대표자는 그 노동조합 또는 조합원을 위하여 사용자나 사용자단체와 교섭할 권한을 가지고, 사용자 또는 사용자단체는 신의에 따라 성실히 교섭하여야 하며 정당한 이유 없이 교섭을 거부하거나 해태하여서는 아니 되므로, 노동조합의 대표자는 사용자 또는 사용자단체에 대하여 단체교섭에 응할 것을 요구할 권리가 있고, 사용자 또는 사용자단체가 그 요구를 거부하는 경우에는 소로써 그 이행을 청구할 수 있다.

제8장 공무원·교원의 근로3권

Ⅰ. 공무원의 근로3권 제한

1. 공무원의 근로3권 제한의 근거

(1) 헌법은 공무원인 근로자는 법률에 의하여 허용되는 자에 한하여 단결권·단체교섭권·단체행동권을 가진다고 규정하고 있다(헌법 제33조 제2항). 한편, 노동조합법 제5조 단서는 공무원과 교원에 대하여는 따로 법률로 정한다고 규정하고 있다. 국가공무원법 제66조 제1항은 공무원은 노동운동이나 그 밖에 공무 외의 일을 위한 집단 행위를 하여서는 아니 되며, 사실상 노무에 종사하는 공무원에 한해 예외를 인정하고 있고, 제2항은 사실상 노무에 종사하는 공무원의 범위는 국회규칙, 대법원규칙, 헌법재판소규칙, 중앙선거관리위원회규칙 또는 대통령령으로 정하도록 규정하고 있다. 지방공무원법 제58조 제1항 역시 공무원은 노동운동이나 그 밖에 공무 외의 일을 위한 집단행위를 하여서는 아니 되며, 사실상 노무에 종사하는 공무원은 예외로 한다고 규정하고 있다.

사실상 노무에 종사하는 공무원은 미래창조과학부 소속 현업기관의 작업 현장에서 노무에 종사하는 우정직공무원(우정직공무원의 정원을 대체하여 임용된 일반임기제공무원 및 시간선택제일반임기제공무원을 포함한다)으로서 ① 서무·인사 및 기밀 업무에 종사하는 공무원, ② 경리 및 물품출납 사무에 종사하는 공무원, ③ 노무자 감독 사무에 종사하는 공무원, ④ 보안목표시설의 경비에 종사하는 공무원, ⑤ 승용자동차 및 구급차의 운전에 종사하는 공무원을 제외한 자를 말한다. 이들에게는 근로3권 행사에 제한이 없다.

(2) 공무원의 근로3권이 제한되는 이론적 근거에 관해서는 ① 공무원은 국가 또는 지방자치단체와 특별권력관계를 맺고 포괄적 지배를 받는 지위에 있으므로 이에 따라 근로3권이 제한된다는 특별권력관계설, ② 공무원은 국민 전체에 대한 봉사자이기 때문에 근로3권의 향유에 있어 제한을 받는다는 국민전체봉사자설, ③ 공무원의 직무는 공공성이 강하고 그 수행이 중단될 경우 국익을 해할 수 있으므로 그 근로3권이 제한된다는 직무성질설 등의 대립이 있다.

헌법재판소는 국가공무원은 그 임용주체가 궁극에는 주권자인 국민이기 때문에 국민 전체에 대하여 봉사하고 책임을 져야 하는 특별한 지위에 있고, 그가 담당한 업무가 국가 또는 공공단체의 공공적인 일이어서 특히 그 직무를 수행함에 있어서 공공성·공정성·성실성 및 중립성 등이 요구되기 때문에 근로3권 행사가 제한된다고 판시하였다.

> **참조판례** 헌재 2007.8.30. 2003헌바51
>
> 일반적으로 말하여 공무원이란 직접 또는 간접적으로 국민에 의하여 선출 또는 임용되어 국가나 공공단체와 공법상의 근무관계를 맺고 공공적 업무를 담당하고 있는 사람들을 가리킨다고 할 수 있고, 공무원도 각종 노무의 대가로 얻는 수입에 의존하여 생활하는 사람이라는 점에서는 통상적인 의미의 근로자적인 성격을 지니고 있으므로(근로기준법 제14조, 제16조, 노동조합법 제2조 제1호 등 참조) 헌법 제33조 제2항 역시 공무원의 근로자적 성격을 인정하는 것을 전제로 규정하고 있다. 그러나 국가공무원은 그 임용주체가 궁극에는 주권자인 국민이기 때문에 국민전체에 대하여 봉사하고 책임을 져야 하는 특별한 지위에 있고, 그가 담당한 업무가 국가 또는 공공단체의 공공적인 일이어서 특히 그 직무를 수행함에 있어서 공공성·공정성·성실성 및 중립성 등이 요구되기 때문에 일반 근로자와는 달리 특별한 근무관계에 있는 사람이다. 이러한 요인으로 인하여 공무원에게 인정되는 단결권의 성질이나 형태 그리고 근무조건의 향상을 위한 활동에 대한 제한 등에서 일반 근로자와 차이가 있게 된다.

(3) ILO의 협약(결사의 자유 및 단결권보장에 관한 협약)에서 군인과 경찰을 제외한 모든 근로자에게 결사권이 보장된다고 규정하였다. ILO의 협약, 권고에서도 공무원의 단결권을 보장하고 있다.

2. 공무원직장협의회

(1) ILO와 노동단체는 공무원에 대한 근로3권의 인정을 계속적으로 요구하였는바 이에 공무원직장협의회의 설립·운영에 관한 법률을 제정하여 6급 이하의 공무원에 대하여 '공무원직장협의회'를 설립할 수 있도록 하였다.

(2) 6급 이하 공무원 중 사실상 노무에 종사하는 자와 지휘·감독·인사·예산·경리 등의 업무에 종사하는 공무원은 협의회에 가입할 수 없다.

(3) 하나의 기관에는 하나의 협의회만을 인정하고 있다.

(4) 근무환경개선, 업무능률향상, 공무와 관련된 고충처리, 기타 조직의 발전에 관한 사항에 한하여 협의하도록 하고 있다. 협의회의 협의요구에 대하여 소속기관장은 성실히 임하도록만 규정하고 있다. 성실준수노력의무만 규정하고 잇을 뿐 미이행에 대한 어떠한 처벌규정이 없다.

(5) 공무원직장협의회는 노동조합이 아니라 노사협의회에 준하는 기구에 불과하다.

3. 공무원의 노동조합 설립 및 운영 등에 관한 법률(약칭: 공무원노조법)

(1) ILO의 권고 등에 따라 공무원노조법을 제정하여 6급 이하 일반직 공무원 등에 한하여 단결권, 단체교섭권을 제한적으로 인정하게 되었다.

(2) 공무원의 노동조합 설립 및 운영 등에 관한 법률은 헌법 제33조 제2항의 규정의 의한 공무원의 근로3권을 보장하기 위하여 노동조합법 제5조 단서의 규정에 따라 공무원의 노동조합 설립 및 운영 등에 사항을 정하기 위하여 제정되었다.

(3) 노동조합에 가입할 수 있는 공무원의 범위는 ① 일반직공무원, ② 특정직공무원 중 외무영사직렬·외교정보기술직렬 외무공무원, 소방공무원 및 교육공무원(다만, 교원은 제외한다), ③ 별정직공무원, ④ 제1호부터 제3호까지의 어느 하나에 해당하는 공무원이었던 사람으로서 노동조합 규약으로 정하는 사람이다(제6조 제1항).

다만, ① 업무의 주된 내용이 다른 공무원에 대하여 지휘·감독권을 행사하거나 다른 공무원의 업무를 총괄하는 업무에 종사하는 공무원, ② 업무의 주된 내용이 인사·보수 또는 노동관계의 조정·감독 등 노동조합의 조합원 지위를 가지고 수행하기에 적절하지 아니한 업무에 종사하는 공무원, ③ 교정·수사 등 공공의 안녕과 국가안전보장에 관한 업무에 종사하는 공무원은 노동조합에 가입할 수 없다(제6조 제2항).

1) 공무원이 노동조합을 설립하려는 경우에는 국회·법원·헌법재판소·선거관리위원회·행정부·특별시·광역시·특별자치시·도·특별자치도·시·군·구(자치구를 말한다) 및 특별시·광역시·특별자치시·도·특별자치도의 교육청을 최소 단위로 한다(제5조).
2) 노동조합을 설립하려는 사람은 고용노동부장관에게 설립신고서를 제출하여야 한다.
3) 공무원은 임용권자의 동의를 받아 노동조합으로부터 급여를 지급받으면서 노동조합의 업무에만 종사할 수 있다(제7조 제1항).
4) 임용권자의 동의를 받아 노동조합의 업무에만 종사하는 사람[전임자]에 대하여는 그 기간 중 국가공무원법 제71조 또는 지방공무원법 제63조에 따라 휴직명령을 하여야 한다(제7조 제2항).
5) 국가와 지방자치단체는 공무원이 전임자임을 이유로 승급이나 그 밖에 신분과 관련하여 불리한 처우를 하여서는 아니 된다(제7조 제3항).
6) 공무원은 단체협약으로 정하거나 제8조 제1항의 정부교섭대표가 동의하는 경우 공무원근무시간면제심의위원회의 심의의결에 따른 근무시간면제한도를 초과하지 아니하는 범위에서 보수의 손실 없이 정부교섭대표와의 협의·교섭, 고충처리, 안전·보건활동 등 이 법 또는 다른 법률에서 정하는 업무와 건전한 노사관계 발전을 위한 노동조합의 유지·관리업무를 할 수 있다(제7조의2 제1항).
7) 근무시간 면제 시간 및 사용인원의 한도(근무시간 면제 한도)를 정하기 위하여 공무원근무시간면제심의위원회를 경제사회노동위원회법에 따른 경제사회노동위원회에 둔다(제7조의2 제2항).
8) 심의위원회는 노동조합 설립 최소 단위를 기준으로 조합원의 수를 고려하되 노동조합의 조직형태, 교섭구조·범위 등 공무원 노사관계의 특성을 반영하여 근무시간 면제 한도를 심의·의결하고, 3년마다 그 적정성 여부를 재심의하여 의결할 수 있다(제7조의2 제3항).
9) 근무시간 면제 한도를 초과하는 내용을 정한 단체협약 또는 정부교섭대표의 동의는 그 부분에 한정하여 무효로 한다(제7조의2 제4항).
10) 정부교섭대표는 국민이 알 수 있도록 전년도에 노동조합별로 근무시간을 면제받은 시간 및 사용인원, 지급된 보수 등에 관한 정보를 대통령령으로 정하는 바에 따라 공개하여야 한다. 이 경우 정부교섭대표가 아닌 임용권자는 정부교섭대표에게 해당 기관의 근무시간 면제 관련 자료를 제출하여야 한다(제7조의3).

(4) 노동조합의 대표자는 그 노동조합에 관한 사항 또는 조합원의 보수·복지, 그 밖의 근무조건에 관하여 국회사무총장·법원행정처장·헌법재판소사무처장·중앙선거관리위원회사무총장·인사혁신처장(행정부를 대표한다)·특별시장·광역시장·특별자치시장·도지사·특별자치도지사·시장·군수·구청장(자치구의 구청장을 말한다) 또는 특별시·광역시·특별자치시·도·특별자치도의 교육감 중 어느 하나에 해당하는 사람(정부교섭대표)과 각각 교섭하고 단체협약을 체결할 권한을 가진다. 다만, 법령 등에 따라 국가나 지방자치단체가 그 권한으로 행하는 정책결정에 관한 사항, 임용권의 행사 등 그 기관의 관리·운영에 관한 사항으로서 근무조건과 직접 관련되지 아니하는 사항은 교섭의 대상이 될 수 없다(제8조 제1항).

1) 정부교섭대표는 법령 등에 따라 스스로 관리하거나 결정할 수 있는 권한을 가진 사항에 대하여 노동조합이 교섭을 요구할 때에는 정당한 사유가 없으면 그 요구에 따라야 한다(제8조 제2항).
2) 정부교섭대표는 효율적인 교섭을 위하여 필요한 경우 다른 정부교섭대표와 공동으로 교섭하거나, 다른 정부교섭대표에게 교섭 및 단체협약 체결 권한을 위임할 수 있으며, 정부교섭대표는 효율적인 교섭을 위하여 필요한 경우 정부교섭대표가 아닌 관계 기관의 장으로 하여금 교섭에 참여하게 할 수 있고, 다른 기관의 장이 관리하거나 결정할 권한을 가진 사항에 대하여는 해당 기관의 장에게 교섭 및 단체협약 체결 권한을 위임할 수 있다(제8조 제3항·제4항).
3) 노동조합은 노동조합의 대표자와 조합원으로 교섭위원을 구성하여야 한다(제9조 제1항).
4) 교섭노동조합은 교섭노동조합 공고일부터 20일 이내에 법 제9조 제1항에 따른 교섭위원을 선임하여 교섭노동조합의 대표자가 각각 서명 또는 날인한 서면으로 정부교섭대표에게 알려야 한다. 이 경우 교섭위원의 수는 조직의 규모 등을 고려하여 정하되, 10명 이내가 되도록 해야 한다(시행령 제8조 제1항).
5) 노동조합의 대표자는 교섭하려는 사항에 대하여 권한을 가진 정부교섭대표에게 서면으로 교섭을 요구하여야 하며, 정부교섭대표는 교섭을 요구받았을 때에는 교섭을 요구받은 사실을 공고하여 관련된 노동조합이 교섭에 참여할 수 있도록 하여야 한다(제9조 제2항·제3항).
6) 정부교섭대표는 교섭을 요구하는 노동조합이 둘 이상인 경우에는 해당 노동조합에 교섭창구를 단일화하도록 요청할 수 있다. 이 경우 교섭창구가 단일화된 때에는 교섭에 응하여야 한다(제9조 제4항).
7) 교섭노동조합이 둘 이상인 경우에는 교섭노동조합 사이의 합의에 따라 교섭위원을 선임하여 교섭창구를 단일화해야 한다. 다만, 교섭노동조합 공고기간 내에 합의하지 못했을 때에는 교섭노동조합의 조합원 수(법 제6조 제1항 제1호부터 제3호까지의 규정에 해당하는 조합원의 수를 말한다. 이하 이 조에서 같다)에 비례하여 제1항 전단에 따른 기간이 끝난 날부터 20일 이내에 교섭위원을 선임해야 한다(시행령 제8조 제2항).
8) 정부교섭대표는 노동조합과 단체협약을 체결한 경우 그 유효기간 중에는 그 단체협약의 체결에 참여하지 아니한 노동조합이 교섭을 요구하더라도 이를 거부할 수 있다(제9조 제5항).
9) 노동조합에 관한 사항 또는 조합원의 보수·복지, 그 밖의 근무조건에 관한 사항은 교섭대상에 해당한다. 그러나 법령 등에 따라 국가나 지방자치단체가 그 권한으로 행하는 정책결정에 관한 사항, 임용권의 행사 등 그 기관의 관리·운영에 관한 사항으로서 근무조건과 직접 관련되지 아니하는 사항은 교섭의 대상이 될 수 없다.

(5) 법령·조례 또는 예산에 의하여 규정되는 내용과 법령 또는 조례에 의하여 위임을 받아 규정되는 내용은 단체협약으로서의 효력을 가지지 아니하며, 정부교섭대표는 단체협약으로서의 효력을 가지지 아니하는 내용에 대하여는 그 내용이 이행될 수 있도록 성실하게 노력하여야 한다(제10조).

(6) 노동조합과 그 조합원은 파업, 태업 또는 그 밖에 업무의 정상적인 운영을 방해하는 어떠한 행위도 하여서는 아니 된다(제11조).
1) 공무원의 노동조합(이하 "노동조합"이라 한다)의 조직, 가입 및 노동조합과 관련된 정당한 활동에 대하여는 국가공무원법 제66조 제1항 본문 및 지방공무원법 제58조 제1항 본문을 적용하지 아니한다(제3조 제1항).

2) 공무원은 노동조합 활동을 할 때 다른 법령에서 규정하는 공무원의 의무에 반하는 행위를 하여서는 아니 된다(제3조 제2항).

　　3) 노동조합과 그 조합원은 정치활동을 하여서는 아니 된다(제4조).

(7) 단체교섭이 결렬(決裂)된 경우에는 당사자 어느 한쪽 또는 양쪽은 노동위원회법 제2조에 따른 중앙노동위원회(이하 "중앙노동위원회"라 한다)에 조정(調停)을 신청할 수 있다(제12조 제1항).

　　1) 중앙노동위원회는 제1항에 따라 당사자 어느 한쪽 또는 양쪽이 조정을 신청하면 지체 없이 조정을 시작하여야 한다. 이 경우 당사자 양쪽은 조정에 성실하게 임하여야 한다(제12조 제2항).

　　2) 중앙노동위원회는 조정안을 작성하여 관계 당사자에게 제시하고 수락을 권고하는 동시에 그 조정안에 이유를 붙여 공표할 수 있다. 이 경우 필요하면 신문 또는 방송에 보도 등 협조를 요청할 수 있다(제12조 제3항).

　　3) 조정은 조정신청을 받은 날부터 30일 이내에 마쳐야 하며, 다만, 당사자들이 합의한 경우에는 30일 이내의 범위에서 조정기간을 연장할 수 있다(제12조 제4항).

　　4) 중앙노동위원회는 단체교섭이 결렬되어 관계 당사자 양쪽이 함께 중재를 신청한 경우 또는 조정이 이루어지지 아니하여 공무원 노동관계 조정위원회 전원회의에서 중재 회부를 결정한 경우에는 지체 없이 중재를 한다(제13조).

　　5) 단체교섭이 결렬된 경우 이를 조정·중재하기 위하여 중앙노동위원회에 공무원 노동관계 조정위원회를 둔다(제14조 제1항).

　　6) 위원회는 공무원 노동관계의 조정·중재를 전담하는 7명 이내의 공익위원으로 구성하며, 공익위원은 공무원 문제 또는 노동 문제에 관한 지식과 경험을 갖춘 사람 또는 사회적 덕망이 있는 사람 중에서 중앙노동위원회 위원장의 추천과 고용노동부장관의 제청으로 대통령이 위촉한다(제14조 제2항·제3항).

　　7) 위원회에는 전원회의와 소위원회를 둔다(제15조 제1항).

　　8) 전원회의는 공익위원으로 구성하며, 전국에 걸친 노동쟁의의 조정사건, 중재 회부의 결정, 중재재정(仲裁裁定)의 사항을 담당한다(제15조 제2항).

　　9) 소위원회는 위원회의 위원장이 중앙노동위원회 위원장과 협의하여 지명하는 3명으로 구성하며, 전원회의에서 담당하지 아니하는 조정사건을 담당한다(제15조 제3항).

　　10) 관계 당사자는 중앙노동위원회의 중재재정이 위법하거나 월권(越權)에 의한 것이라고 인정하는 경우에는 행정소송법 제20조에도 불구하고 중재재정서를 송달받은 날부터 15일 이내에 중앙노동위원회 위원장을 피고로 하여 행정소송을 제기할 수 있다(제16조 제1항).

　　11) 제소기간 내에 행정소송을 제기하지 아니하면 그 중재재정은 확정되며, 중재재정이 확정되면 관계 당사자는 이에 따라야 한다(제16조 제2항·제3항).

　　12) 중앙노동위원회의 중재재정은 행정소송의 제기에 의하여 그 효력이 정지되지 아니한다(제16조 제4항).

　　13) 확정된 중재재정의 내용은 단체협약과 같은 효력을 가진다(제16조 제5항).

Ⅱ. 교원의 근로3권 제한

1. 도입배경

종전에는 교원의 근로3권이 전면제한 되었으나 1999년 7월 1일 교원노동조합설립및운영에관한법률이 제정·시행되면서 단결권과 단체교섭권이 인정되었다.

2. 제한근거

교원은 고도의 자율성과 사회적 책임성을 부담한다는 점, 교직단체인 교육회를 통한 경제적 사회적 지위 향상을 도모할 수 있다는 점, 학생들의 학습권을 보장하여야 한다는 점 등을 이유로 교원의 근로3권이 제한되어 왔다.

> **참조판례** 헌재 1991.7.22. 89헌가106
>
> [1] 헌법(憲法) 제31조 제6항은 국민(國民)의 교육(敎育)을 받을 기본적(基本的) 권리(權利)를 보다 효과적으로 보장하기 위하여 교원(敎員)의 보수(報酬) 및 근무조건(勤務條件) 등을 포함하는 개념인 "교원(敎員)의 지위(地位)"에 관한 기본적인 사항을 법률(法律)로써 정하도록 한 것이므로 교원(敎員)의 지위(地位)에 관련된 사항에 관한 한 위 헌법조항(憲法條項)이 근로기본권(勤勞基本權)에 관한 헌법(憲法) 제33조 제1항에 우선(優先)하여 적용(適用)된다.
> [2] 사립학교(私立學校) 교원(敎員)에게 헌법(憲法) 제33조 제1항에 정한 근로3권(勤勞3權)의 행사를 제한(制限) 또는 금지(禁止)하고 있다고 하더라도 이로써 사립학교교원(私立學校敎員)이 가지는 근로기본권(勤勞基本權)의 본질적(本質的) 내용(內容)을 침해(侵害)한 것으로 볼 수 없고, 그 제한(制限)은 입법자(立法者)가 교원지위(敎員地位)의 특수성(特殊性)과 우리의 역사적(歷史的) 현실(現實)을 종합하여 공공(公共)의 이익(利益)인 교육제도(敎育制度)의 본질(本質)을 지키기 위하여 결정(決定)한 것으로 필요(必要)하고 적정(適正)한 범위 내(範圍內)의 것이다.
> [3] 사립학교법(私立學校法) 제55조 및 제58조 제1항 제4호는 헌법(憲法)이 교원(敎員)의 지위(地位)에 관한 사항을 국민적(國民的) 합의(合意)를 배경으로 한 입법기관(立法機關)의 권한(權限)에 위임(委任)하고 있는 헌법조항에 따라 규정한 것으로서 사립학교(私立學校) 교원(敎員)을 근로3권(勤勞3權)의 행사(行使)에 있어서 일반(一般) 근로자(勤勞者)의 경우와 달리 취급하여야 할 합리적(合理的)인 이유(理由)가 있다 할 것이고, 또한 공립학교(公立學校) 교원(敎員)에게 적용되는 교육공무원법(敎育公務員法) 및 국가공무원법(國家公務員法)의 관계규정보다 반드시 불리(不利)한 것으로도 볼 수 없으므로 헌법 제11조 제1항에 정한 평등원칙(平等原則)에 위반(違反)되는 것이 아니다.
> [4] 교육(敎育)에 관한 국제법상(國際法上)의 선언(宣言), 규약(規約) 및 권고문(勸告文) 등은 우리의 현실(現實)에 적합한 교육제도의 실시를 제약(制約)하면서까지 교원(敎員)에게 근로권(勤勞權)이 제한(制限)없이 보장(保障)되어야 한다든가 교원단체(敎員團體)를 전문직(專門職)으로서의 특수성(特殊性)을 살리는 교직단체(敎職團體)로서 구성하는 것을 배제(排除)하고 반드시 일반근로조합(一般勤勞組合)으로서만 구성하여야 한다는 주장의 근거로 삼을 수 없다.

3. 교원의 노동조합 설립 및 운영 등에 관한 법률(약칭: 교원노조법)

(1) 교원이란 유아교육법 제20조 제1항에 따른 교원, 초·중등교육법 제19조 제1항에 따른 교원, 고등교육법 제14조 제2항 및 제4항에 따른 교원(강사는 제외)을 말한다(제2조).

(2) 유아교육법 제20조 제1항에 따른 교원, 초·중등교육법 제19조 제1항에 따른 교원은 특별시·광역시·특별자치시·도·특별자치도(이하 "시·도"라 한다) 단위 또는 전국 단위로만 노동조합을 설립할 수 있다(제4조 제1항).

  1) 고등교육법 제14조 제2항 및 제4항에 따른 교원은 개별학교 단위, 시·도 단위 또는 전국 단위로 노동조합을 설립할 수 있다(제4조 제2항).
  2) 노동조합을 설립하려는 사람은 고용노동부장관에게 설립신고서를 제출하여야 한다(제4조 제3항).

3) 노동조합에 가입할 수 있는 사람은 교원과 교원으로 임용되어 근무하였던 사람으로서 노동조합 규약으로 정하는 사람이다(제4조의2).

4) 교원은 임용권자의 동의를 받아 노동조합으로부터 급여를 지급받으면서 노동조합의 업무에만 종사할 수 있으며, 노동조합의 업무에만 종사하는 사람(전임자)은 그 기간 중 교육공무원법 제44조 및 사립학교법 제59조에 따른 휴직명령을 받은 것으로 본다(제5조 제1항·제2항).

5) 전임자는 그 전임기간 중 전임자임을 이유로 승급 또는 그 밖의 신분상의 불이익을 받지 아니한다(제5조 제3항).

6) 교원은 단체협약으로 정하거나 임용권자가 동의하는 경우 교원근무시간면제심의위원회의 근무시간 면제한도 심의 의결에 따라 결정된 근무시간 면제 한도를 초과하지 아니하는 범위에서 보수의 손실 없이 협의·교섭, 고충처리, 안전·보건활동 등 이 법 또는 다른 법률에서 정하는 업무와 건전한 노사관계 발전을 위한 노동조합의 유지·관리업무를 할 수 있다(제5조의2 제1항).

7) 근무시간 면제 시간 및 사용인원의 한도(근무시간 면제 한도)를 정하기 위하여 교원근무시간면제심의위원회를 경제사회노동위원회법에 따른 경제사회노동위원회에 두며, 유치원교사와 초중고등학교의 교원의 경우 시도단위, 대학교 교원의 경우 개별학교단위를 기준으로 조합원(의 수를 고려하되 노동조합의 조직형태, 교섭구조·범위 등 교원 노사관계의 특성을 반영하여 근무시간 면제 한도를 심의·의결하고, 3년마다 그 적정성 여부를 재심의하여 의결할 수 있다(제5조의2 제2항·제3항).

8) 근무시간 면제 한도를 초과하는 내용을 정한 단체협약 또는 임용권자의 동의는 그 부분에 한정하여 무효로 한다(제5조의2 제4항).

9) 임용권자는 국민이 알 수 있도록 전년도에 노동조합별로 근무시간을 면제받은 시간 및 사용인원, 지급된 보수 등에 관한 정보를 대통령령으로 정하는 바에 따라 공개하여야 한다(제5조의3).

(3) 노동조합의 대표자는 그 노동조합 또는 조합원의 임금, 근무 조건, 후생복지 등 경제적·사회적 지위 향상에 관하여 교섭하고 단체협약을 체결할 권한을 가진다(제6조 제1항).

1) 유치원·초중고등학교 교원이 가입한 노동조합의 경우 교육부장관, 시·도 교육감 또는 사립학교 설립·경영자. 이 경우 사립학교 설립·경영자는 전국 또는 시·도 단위로 연합하여 교섭에 응하여야 한다.

2) 대학교 교원이 가입한 노동조합의 대표자는 교육부장관, 특별시장·광역시장·특별자치시장·도지사·특별자치도지사, 국·공립학교의 장 또는 사립학교 설립·경영자와 교섭하고 단체협약을 체결할 권한을 가진다.

3) 노동조합의 교섭위원은 해당 노동조합의 대표자와 그 조합원으로 구성하여야 한다(제6조 제2항).

4) 노동조합의 대표자는 교육부장관, 시·도지사, 시·도 교육감, 국·공립학교의 장 또는 사립학교 설립·경영자와 단체교섭을 하려는 경우에는 교섭하려는 사항에 대하여 권한을 가진 자에게 서면으로 교섭을 요구하여야 한다(제6조 제4항).

5) 교육부장관, 시·도지사, 시·도 교육감, 국·공립학교의 장 또는 사립학교 설립·경영자는 제4항에 따라 노동조합으로부터 교섭을 요구받았을 때에는 교섭을 요구받은 사실을 공고하여 관련된 노동조합이 교섭에 참여할 수 있도록 하여야 한다(제6조 제5항).

6) 교육부장관, 시·도지사, 시·도 교육감, 국·공립학교의 장 또는 사립학교 설립·경영자는 교섭을 요구하는 노동조합이 둘 이상인 경우에는 해당 노동조합에 교섭창구를 단일화하도록 요청할 수 있다. 이 경우 교섭창구가 단일화된 때에는 교섭에 응하여야 한다(제6조 제6항).

7) 교육부장관, 시·도지사, 시·도 교육감, 국·공립학교의 장 또는 사립학교 설립·경영자는 노동조합과 단체협약을 체결한 경우 그 유효기간 중에는 그 단체협약의 체결에 참여하지 아니한 노동조합이 교섭을 요구하여도 이를 거부할 수 있다(제6조 제7항).

8) 단체교섭을 하거나 단체협약을 체결하는 경우에 관계 당사자는 국민여론과 학부모의 의견을 수렴하여 성실하게 교섭하고 단체협약을 체결하여야 하며, 그 권한을 남용하여서는 아니 된다(제6조 제8항).

(4) 체결된 단체협약의 내용 중 법령·조례 및 예산에 의하여 규정되는 내용과 법령 또는 조례에 의하여 위임을 받아 규정되는 내용은 단체협약으로서의 효력을 가지지 아니한다(제7조 제1항).

교육부장관, 시·도지사, 시·도 교육감, 국·공립학교의 장 및 사립학교 설립·경영자는 제1항에 따라 단체협약으로서의 효력을 가지지 아니하는 내용에 대하여는 그 내용이 이행될 수 있도록 성실하게 노력하여야 한다(제7조 제2항).

(5) 노동조합과 그 조합원은 파업, 태업 또는 그 밖에 업무의 정상적인 운영을 방해하는 어떠한 쟁의행위(爭議行爲)도 하여서는 아니 된다(제8조).

교원의 노동조합(이하 "노동조합"이라 한다)은 어떠한 정치활동도 하여서는 아니 된다(제3조).

(6) 단체교섭이 결렬된 경우에는 당사자 어느 한쪽 또는 양쪽은 노동위원회법 제2조에 따른 중앙노동위원회(이하 "중앙노동위원회"라 한다)에 조정(調停)을 신청할 수 있다(제9조 제1항).

1) 당사자 어느 한쪽 또는 양쪽이 조정을 신청하면 중앙노동위원회는 지체 없이 조정을 시작하여야 하며 당사자 양쪽은 조정에 성실하게 임하여야 하며, 조정은 그 신청을 받은 날부터 30일 이내에 마쳐야 한다(제9조 제2항·제3항).

2) 중앙노동위원회는 단체교섭이 결렬되어 관계 당사자 양쪽이 함께 중재를 신청한 경우, 중앙노동위원회가 제시한 조정안을 당사자의 어느 한쪽이라도 거부한 경우, 중앙노동위원회 위원장이 직권으로 또는 고용노동부장관의 요청에 따라 중재에 회부한다는 결정을 한 경우에는 중재를 한다(제10조).

3) 교원의 노동쟁의를 조정·중재하기 위하여 중앙노동위원회에 교원 노동관계 조정위원회를 둔다(제11조 제1항).

4) 위원회는 중앙노동위원회 위원장이 지명하는 조정담당 공익위원 3명으로 구성하되, 관계 당사자가 합의하여 중앙노동위원회의 조정담당 공익위원이 아닌 사람을 추천하는 경우에는 그 사람을 지명하여야 한다(제11조 제2항).

5) 위원회의 위원장은 위원회의 위원 중에서 호선(互選)한다(제11조 제3항).

6) 관계 당사자는 중앙노동위원회의 중재재정(仲裁裁定)이 위법하거나 월권(越權)에 의한 것이라고 인정하는 경우에는 행정소송법 제20조에도 불구하고 중재재정서를 송달받은 날부터 15일 이내에 중앙노동위원회 위원장을 피고로 하여 행정소송을 제기할 수 있다(제12조 제1항).

> **참조판례** 대판 2024.4.16. 2022두57138
>
> [1] 교원노조법은 교원노동조합과 사용자가 단체교섭을 통해 합의를 위한 노력을 계속하여도 자주적 교섭에 의한 합의의 여지가 없는 경우 이를 해결하기 위한 절차로서 중앙노동위원회에 의한 노동쟁의의 조정과 중재 제도를 마련하면서(제9 내지 11조) 관계당사자는 중앙노동위원회의 중재재정이 위법하거나 월권에 의한 것이라고 인정하는 경우에 행정소송을 제기할 수 있다고 규정하고 있다(제12조 제1항). 여기에서 '위법' 또는 '월권'이란 중재재정의 절차가 위법하거나 그 내용이 교원노조법, 근로기준법 위반 등으로 위법한 경우 또는 당사자 사이에 분쟁의 대상이 되어 있지 않는 사항이나 정당한 이유 없이 당사자 간의 분쟁범위를 벗어나는 부분에 대하여 월권으로 중재재정을 한 경우를 말하고, 중재재정이 단순히 어느 노사 일방에 불리하거나 불합리한 내용이라는 사유만으로는 불복이 허용되지 않는다(대법원 2007.4.26. 선고 2005두12992 판결 등 참조).
>
> [2] 교원노조법 제7조 제1항은 '단체협약의 내용 중 법령·조례 및 예산에 의하여 규정되는 내용과 법령 또는 조례에 의하여 위임을 받아 규정되는 내용'(이하 '비효력 사항'이라 한다)은 단체협약으로서의 효력을 가지지 않는다고 규정하면서도 같은 조 제2항은 비효력 사항에 대하여도 사용자 측에 그 내용이 이행될 수 있도록 성실하게 노력할 의무를 부과하고 있고, 같은 법 시행령 제5조는 사용자가 비효력 사항에 대한 이행 결과를 다음 교섭 시까지 교섭노동조합에 서면으로 알리도록 규정하고 있다. 이처럼 교원노조법령이 비효력 사항에 대하여도 사용자에게 노력의무 등 일정한 의무를 부과하고 있고, 중재재정이 단체협약과 동일한 효력을 가지는 점(교원노조법 제12조 제5항) 등에 비추어 보면, 비효력 사항도 중재재정의 대상이 될 수 있고, 다만 그 중재재정 조항의 효력이 위와 같이 제한될 뿐이라고 보아야 한다. 따라서 중재재정이 비효력 사항에 관하여 정하였다는 이유만으로 위법하다고 볼 수 없다.
>
> [3] 교원노조법은 공무원의 노동조합 설립 및 운영 등에 관한 법률 제8조 제1항 단서("다만, 법령 등에 따라 국가나 지방자치단체가 그 권한으로 행하는 정책결정에 관한 사항, 임용권의 행사 등 그 기관의 관리·운영에 관한 사항으로서 근무조건과 직접 관련되지 아니하는 사항은 교섭의 대상이 될 수 없다.")와 같은 비교섭 사항을 규정하고 있지 않으므로, 교원노동조합의 단체교섭에는 위 비교섭 사항에 관한 규정이 적용되지 아니한다. 그러나 헌법과 법률이 교원의 지위를 보장하면서 그 노동3권을 일정 부분 제한하고 있는 취지에 비추어 보면, 근로조건에 관한 사항이라도 교육과정 등 정책결정에 관한 사항이나 교육기관 및 교육행정기관의 관리·운영에 관한 사항으로서 국민의 교육받을 권리 보장을 위한 교육기관 및 교육행정기관의 본질적·근본적 권한을 침해·제한하는 내용을 정한 중재재정은 위법하다고 보아야 한다. 어떠한 사항이 교육기관 및 교육행정기관의 본질적·근본적 권한을 침해하거나 제한하는지는 해당 근로조건의 내용과 성격, 국민의 교육을 받을 권리에 미치는 영향, 사용자 측에게 부과하는 부담의 정도 등을 종합하여 판단하되, 교원노조법이 교원노동조합과 그 조합원의 쟁의행위를 전면적으로 금지함으로 인하여(제8조) 노동조합이 자신의 요구를 관철할 수단이 없기 때문에 중앙노동위원회가 교원의 근로조건의 실태와 단체교섭의 경과 등을 참작하여 적정한 근로조건을 설정해 줄 필요가 크다는 점을 충분히 고려하여야 한다.

7) 제소기간 이내에 행정소송을 제기하지 아니하면 그 중재재정은 확정되며, 중재재정이 확정되면 관계 당사자는 이에 따라야 한다(제12조 제2항·제3항).

8) 중앙노동위원회의 중재재정은 행정소송의 제기에 의하여 효력이 정지되지 아니한다(제12조 제4항).

9) 확정된 중재재정의 내용은 단체협약과 같은 효력을 가진다(제12조 제5항).

제9장 노사협의회

제1절 노사협의제도의 의의 및 유형

1. 의의

노사협의제도는 근로자의 근로조건은 물론 기업의 경영전반에 관한 노사의 공동관심사항에 대하여 노사가 상호 협의함으로써 노사관계를 상호 협조적 관계로 정립하여 근로자의 경제적·사회적 지위를 향상시키고 기업경영을 합리화하고자 하는 제도를 말한다.

2. 유형

(1) 노사협의의 정도에 따라 정보교환방식, 자문방식, 공동협의방식, 공동결정방식 등이 있다.
(2) 노사협의의 방법에는 자본참가제도, 이윤참가제도, 경영참가제도 등이 있다.

제2절 노사협의회

Ⅰ. 노사협의회의 목적

노사협의는 근로자와 사용자 쌍방이 참여와 협력을 통하여 노사 공동의 이익을 증진함으로써 산업평화를 도모하고 국민경제발전에 이바지함을 목적으로 한다.

Ⅱ. 노사협의회의 설치

(1) 노사협의회는 근로조건에 대한 결정권이 있는 사업이나 사업장 단위로 설치하여야 한다. 다만, 상시 30명 미만의 근로자를 사용하는 사업이나 사업장은 그러하지 아니하다.
(2) 하나의 사업에 지역을 달리하는 사업장이 있을 경우에는 그 사업장에도 설치할 수 있다.

Ⅲ. 노사협의회의 구성

1. 노사대표의 선정

노사협의회는 근로자와 사용자를 대표하는 같은 수의 위원으로 구성하되, 각 3명 이상 각 10명 이하로 한다. 노사협의회의 구성을 근로자위원과 사용자위원의 동수로 한 것은 노사대등의 원칙에 입각하여 민주적으로 운영하기 위한 것이다.

2. 근로자위원의 선정

(1) 근로자는 자주적으로 근로자를 대표하는 근로자위원을 선임한다. 사용자는 근로자위원의 선임에 개입하거나 이를 방해하여서는 아니 된다.
(2) 근로자위원은 근로자의 과반수로 조직된 노동조합이 있는 경우에는 그 노동조합의 대표자를 포함하여 노동조합이 위촉하는 자로 한다.
(3) 근로자의 과반수로 구성된 노동조합이 조직되어 있지 아니한 사업 또는 사업장의 근로자위원은 근로자 과반수가 참여하여 직접·비밀·무기명 투표로 선출한다. 다만, 사업 또는 사업장의 특수성으로 인하여 부득이한 경우에는 부서별로 근로자 수에 비례하여 근로자위원을 선출할 근로자를 근로자 과반수가 참여한 직접·비밀·무기명 투표로 선출하고 위원선거인 과반수가 참여한 직접·비밀·무기명 투표로 근로자위원을 선출할 수 있다.

3. 사용자위원의 선임

사용자를 대표하는 사용자위원은 해당 사업이나 사업장의 대표자와 그 대표자가 위촉하는 자로 한다.

4. 노사협의회의 의장

노사협의회에 협의회를 대표하며 회의업무를 총괄하는 의장을 두며, 의장은 위원 중에서 호선한다. 이 경우 근로자위원과 사용자 위원 중 각 1명을 공동의장으로 할 수 있다. 그리고 노·사 쌍방은 회의 결과의 기록 등 사무를 담당하는 간사 1명을 각각 둔다.

5. 위원의 임기 및 지위

(1) 위원의 임기는 3년으로 하되 연임할 수 있다. 보궐위원의 임기는 전임자 임기의 남은 기간으로 하고, 위원은 임기가 끝난 경우라도 후임자가 선출될 때까지 계속 그 직무를 담당한다.
(2) 위원은 비상임·무보수로 하나 위원의 협의회 출석시간과 이와 직접 관련된 시간으로서 협의회규정으로 정한 시간은 근로한 시간으로 본다.
(3) 사용자는 노사협의회 위원으로서의 직무수행과 관련하여 근로자위원에게 불이익을 주는 처분을 하여서는 아니 된다. 불이익처분을 받지 아니한다 함은 임금·근로시간 등의 근로조건은 물론 기타 모든 면에서 다른 근로자와 불평등한 대우를 받지 아니함을 의미한다.
고용노동부장관은 사용자가 근로자위원에게 불이익을 주는 처분을 하거나 근로자위원의 선출에 개입하거나 방해하는 경우에는 그 시정(是正)을 명할 수 있다.

6. 노사협의회의 운영

(1) 노사협의회는 3개월마다 정기적으로 개최되어야 하며 필요에 따라 임시회의를 개최할 수 있다.

   1) 의장은 노사협의회의 회의를 소집한다. 의장은 노사일방의 대표자가 회의의 목적을 문서로 밝혀 회의의 소집을 요구하면 그 요구에 따라야 하고, 회의개최 7일 전에 회의일시·장소·의제 등을 각 위원에게 통보하여야 한다.

   2) 회의는 근로자위원과 사용자위원 각 과반수의 출석으로 개최하고 출석위원 3분의2이상의 찬성으로 의결한다.

   3) 협의회를 개최할 수 있는 정족수를 전체위원의 과반수가 아니라 노사쌍방위원 각각 2분의 1 이상을 출석하도록 한 것은 양 당사자 간의 대등한 관계를 확보하여 특정 사항에 대한 실질적인 협의 및 합의도출에 그 목적을 두고 있기 때문이다.

   4) 회의는 공개를 원칙으로 하나 협의회의 의결로 공개하지 아니할 수 있다.

   5) 노사협의회의 위원은 협의회에서 알게 된 비밀을 누설하여서는 아니 된다.

   6) 노사협의회는 의결된 사항을 신속히 근로자에게 널리 알려야 한다.

   7) 노사협의회는 의결사항에 관하여 협의회가 의결하지 못한 경우, 협의회에서 의결된 사항의 해석이나 이행방법 등에 관하여 의견이 일치하지 아니하는 경우에는 근로자위원과 사용자위원의 합의로 협의회에 중재기구를 두어 해결하거나 노동위원회나 그 밖의 제3자에 의한 중재를 받을 수 있다. 이 경우 중재결정이 있으면 협의회의 의결을 거친 것으로 보며 근로자와 사용자는 그 결정에 따라야 한다.

(2) 근로자위원은 통보된 의제 중 협의사항 및 의결사항과 관련된 자료를 협의회 회의 개최 전에 사용자에게 요구할 수 있으며 사용자는 이에 성실히 따라야 한다. 다만, 그 요구 자료가 기업의 경영·영업상의 비밀이나 개인정보에 해당하는 경우에는 그러하지 아니하다.

(3) 노사협의회는 그 조직과 운영에 관한 협의회 규정을 제정하고 노사협의회를 설치한 날부터 15일 이내에 고용노동부장관에게 제출하여야 하며, 이를 변경한 경우에도 또한 같다.

7. 노사협의회의 기능

(1) 노사협의회의 협의사항

   1) ① 생산성 향상과 성과배분, ② 근로자의 채용·배치 및 교육훈련, ③ 근로자의 고충처리, ④ 안전·보건 그 밖의 작업환경개선과 근로자의 건강증진, ⑤ 인사·노무관리의 제도개선, ⑥ 경영상 또는 기술상의 사정으로 인한 인력의 배치전환·재훈련·해고 등 고용조정의 일반원칙, ⑦ 작업 및 휴게시간의 운용, ⑧ 임금의 지불방법·체계·구조 등의 제도개선, ⑨ 신기계·기술의 도입 또는 작업공정의 개선, ⑩ 작업수칙의 제정 또는 개정, ⑪ 종업원지주제와 그 밖의 근로자의 재산형성에 관한 지원, ⑫ 직무발명 등과 관련하여 해당 근로자에 대한 보상에 관한 사항, ⑬ 근로자의 복지증진, ⑭ 사업장내 근로자감시설비의 설치, ⑮ 여성근로자의 모성보호 및 일과 가정생활의 양립을 지원하기 위한 사항, ⑯ 남녀고용평등과 일·가정 양립 지원에 관한 법률 제2조 제2호에 따른 직장 내 성희롱 및 고객 등에 의한 성희롱 예방에 관한 사항, ⑰ 그 밖의 노사협조에 관한 사항은 협의회의 협의사항이다.

2) 협의사항에 관해서는 근로자위원과 사용자위원이 단순히 의견의 교환 등 협의에 그치지 아니하고, 적극적으로 당사자 간의 합의에 도달하여 의결할 수 있다.
　　3) 노사협의회의 협의결과 의결된 사항에 대해서는 노사협의회가 신속히 근로자에게 널리 알려야 한다.
　　4) 근로자와 사용자는 노사협의회에서 의결된 사항을 성실하게 이행하여야 한다.

(2) 노사협의회의 의결사항
　　1) ① 근로자의 교육훈련 및 능력개발 기본계획의 수립, ② 복지시설이 설치와 관리, ③ 사내근로복지기금의 설치, ④ 고충처리위원회에서 의결되지 아니한 사항, ⑤ 각종 노사공동위원회의 설치에 관한 사항에 대하여는 협의회의 의결을 거쳐야 한다.
　　2) 의결사항의 의결방법에 관하여 근로자참여 및 협력증진에 관한 법률(이하 '근참법'이라고도 함)은 아무런 명문의 규정도 두고 있지 않으나, 동법 제15조에 규정된 일반 의결방법이 적용되어야 할 것이다. 노사협의회가 의결사항에 관하여 의결하지 못한 경우에는 ① 당사자합의로 노사협의회에 중재기구를 두어 해결하거나, ② 노동위원회나 그 밖에 제3자에 의한 중재를 받을 수 있다.
　　3) 의결사항을 의결한 경우 그 이행방법은 협의사항을 의결한 경우와 동일하다.

(3) 노사협의회의 보고사항
　　1) ① 경영계획 전반 및 실적에 관한 사항, ② 분기별 생산계획과 실적에 관한 사항, ③ 인력계획에 관한 사항, ④ 기업의 경제적·재정적 사항에 관하여 성실하게 보고하거나 설명하여야 한다.
　　2) 근로자위원은 근로자의 요구사항을 노사협의회에서 보고·설명할 수 있다.
　　3) 사용자가 보고 및 설명사항을 이행하지 아니한 경우 근로자위원은 보고사항에 관한 자료의 제출을 요구할 수 있으며 사용자는 그 요구에 성실히 따라야 한다.

8. 고충처리제도

(1) 고충이라 함은 근로조건 및 근로환경 등에 대한 근로자 개인의 불만을 말한다. 따라서 이는 근로자 집단의 불만인 노동쟁의와 구별된다. 본래 고충처리는 노사 당사자가 자주적으로 해결하는 것이 원칙이나 현행 근참법은 고충처리제도를 마련하고 있다.

(2) 상시 30인 이상의 근로자를 사용하는 모든 사업 또는 사업장에는 고충처리위원을 두어야 한다.
　　1) 고충처리위원은 노사를 대표하는 3명 이내의 위원으로 구성하되 ① 노사협의회가 설치되어 있는 사업이나 사업장의 경우에는 노사협의회가 그 위원 중에서 선임하고, ② 노사협의회가 설치되어 있지 아니한 경우에는 사용자가 위촉한다.
　　2) 고충처리위원의 임기에 관하여는 노사협의회 위원과 동일한 규정이 준용된다. 따라서 위원의 임기는 3년으로 하되 연임할 수 있고, 보궐위원의 임기는 전임자의 잔임기간으로 하며, 위원의 임기가 만료된 경우라도 후임자가 선출될 때까지 계속 그 직무를 수행하여야 한다.

(3) 근로자가 고충사항이 있는 때에는 고충처리위원에게 구두 또는 서면으로 신고하고 신고를 접수한 고충처리위원은 지체 없이 이를 처리하여야 한다.
고충처리위원이 고충사항을 근로자로부터 청취한 때에는 10일 이내에 조치사항과 그 밖의 처리결과를 해당 근로자에게 통보하여야 한다. 고충처리위원이 처리하기 곤란한 사항은 노사협의회에 부쳐 협의 처리한다.

제10장 노동위원회

제1절 의의

노사문제를 양 당사자에게만 맡겨 놓을 경우 서로 극단적으로 대립되어 합의의 도출 가능성이 거의 없는 때도 있다. 또한 노사문제가 집단적 현상으로 나타날 경우에는 사회 전체에 미치는 영향이 지대한 경우도 있으므로 당사자 간의 입장을 조정할 제3자의 개입이 필요하게 된다. 이 제3자로서 노사문제를 합리적이고 공정하게 해결하기 위하여 설립된 기구가 바로 노동위원회이다.

제2절 노동위원회의 특성

Ⅰ. 노동위원회의 독립성

노동위원회는 행정위원회로서 하나의 행정기관에 해당되지만, 노동위원회법은 노동위원회의 구성·기능·예산 및 인사 등에 있어서 독립성을 보장하고 있다.

Ⅱ. 노동위원회의 공정성

노동위원회법은 노동위원회가 공정하게 업무를 수행할 수 있도록 ① 노동위원회 위원의 임기는 3년으로 하되, 임기 중 자신의 의사에 반하여 면직 또는 해촉되지 아니한다고 규정하여 위원의 신분을 보장하고 있으며, ② 공익위원은 노동위원회 위원장, 노동조합 및 사용자단체가 추천한 자 중에서 노동조합과 사용자단체가 순차적으로 배제하고 남은 자를 위촉대상 공익위원으로 하며, ③ 노동위원회 위원은 자기와 직접적으로 이해관계가 있는 사항에 관하여는 제척·기피할 수 있다.

Ⅲ. 노동위원회의 전문성

(1) 노동위원회의 전문성을 보장하기 위하여 ① 특정 사항을 관장하는 특별노동위원회를 설치하고, ② 공익위원을 심판담당공익위원, 차별시정담당공익위원 및 조정담당공익위원으로 구분하여 위촉하고, 그 담당업무에 따라 자격기준을 달리 정하고 있다.

(2) 노동위원회의 소관사무는 다음과 같다.
   1) 노동조합 및 노동관계조정법, 근로기준법, 근로자참여 및 협력증진에 관한 법률, 교원의 노동조합 설립 및 운영 등에 관한 법률, 공무원의 노동조합 설립 및 운영 등에 관한 법률, 기간제 및 단시간근로자 보호 등에 관한 법률, 파견근로자 보호 등에 관한 법률, 산업현장 일학습병행 지원에 관한 법률 및 남녀고용평등과 일·가정 양립 지원에 관한 법률에 따른 판정·결정·의결·승인·인정 또는 차별적 처우 시정 등에 관한 업무
   2) 노동조합 및 노동관계조정법, 교원의 노동조합 설립 및 운영 등에 관한 법률 및 공무원의 노동조합 설립 및 운영 등에 관한 법률에 따른 노동쟁의 조정(調停)·중재 또는 관계 당사자의 자주적인 노동쟁의 해결 지원에 관한 업무
   3) 위 1) 및 2)의 업무수행과 관련된 조사·연구·교육 및 홍보 등에 관한 업무
   4) 그 밖에 다른 법률에서 노동위원회의 소관으로 규정된 업무

제3절 노동위원회의 종류 및 조직

I. 노동위원회의 종류 및 관장

1. 중앙노동위원회

(1) 중앙노동위원회는 지방노동위원회 및 특별노동위원회의 처분에 대한 재심사건을 관장한다.
   1) 중앙노동위원회는 당사자의 신청이 있는 경우 지방노동위원회 또는 특별노동위원회의 처분을 재심하여 이를 인정·취소 또는 변경할 수 있다. 이 경우 재심신청은 관계법령에 특별한 규정이 있는 경우를 제외하고는 지방노동위원회 또는 특별노동위원회가 행한 처분을 통지받은 날부터 10일 이내에 하여야 한다. 중앙노동위원회는 그 처분에 관하여 당사자에게 서면으로 통지하여야 한다.
   2) 중앙노동위원회의 처분에 대한 소는 중앙노동위원회위원장을 피고로 하여 처분의 통지를 받은 날부터 15일 이내에 이를 제기하여야 한다. 상기 소의 제기로 처분의 효력은 정지하지 아니하며, 상기 15일의 기간은 불변기간으로 한다.
(2) 중앙노동위원회는 2 이상의 지방노동위원회의 관할구역에 걸친 노동쟁의의 조정사건을 관장한다. 중앙노동위원회는 2 이상의 지방노동위원회의 관할구역에 걸친 노동쟁의 조정사건을 담당한다. 다만 중앙노동위원회위원장은 효율적인 노동쟁의의 조정을 위하여 필요하다고 인정되는 경우에는 지방노동위원회를 지정하여 당해 사건을 처리하게 할 수 있다.
(3) 중앙노동위원회는 지방노동위원회 또는 특별노동위원회에 대하여 노동위원회의 사무처리에 관한 기본방침 및 법령의 해석에 관하여 필요한 지시를 할 수 있다(지시권).

(4) 중앙노동위원회는 중앙노동위원회·지방노동위원회 또는 특별노동위원회의 운영 기타 필요한 사항에 관한 규칙을 제정할 수 있다(규칙제정권).
(5) 중앙노동위원회는 다른 법률에 의하여 그 권한에 속하는 것으로 규정된 사건을 관장한다.
  1) 노동조합법은 ① 고용노동부장관의 긴급조정결정에 대한 중앙노동위원회위원장의 의견제시 및 중앙노동위원회의 긴급조정 및 중재의 권한, ② 긴급이행명령의 신청권 등을 규정하고 있다.
  2) 공무원의 노동조합설립 및 운영 등에 관한 법률, 교원의 노동조합 설립 및 운영 등에 관한 법률은 각각 공무원 또는 교원의 노동쟁의의 조정 및 중재를 중앙노동위원회의 권한으로 규정하고 있다.

2. 지방노동위원회

(1) 지방노동위원회는 고용노동부장관 소속하에 두며 그 명칭·위치 및 관할구역은 대통령령으로 정한다.
(2) 지방노동위원회는 당해 관할구역에서 발생하는 사건을 관장하되 2이상의 관할구역에 걸친 사건 중 노동쟁의의 조정사건을 제외한 사건은 주된 사업장의 소재지를 관할하는 지방노동위원회에서 관장한다.
(3) 중앙노동위원회위원장은 주된 사업장을 정하기 어렵거나 주된 사업장의 주소지를 관할하는 지방노동위원회에서 처리하기 곤란한 사정이 있는 경우에는 직권으로 또는 관계당사자나 지방노동위원회위원장의 신청에 따라 지방노동위원회를 지정하여 당해 사건을 처리하게 할 수 있다.

3. 특별노동위원회

(1) 특별노동위원회는 특정한 사항을 관장하기 위하여 필요한 경우에 당해 특정사항을 관장하는 중앙행정기관의 장 소속하에 둔다.
(2) 특별노동위원회는 관계법률이 정하는 바에 따라 그 설치목적으로 규정된 특정사항에 관한 사건을 관장한다.
(3) 현재 특별노동위원회에는 선원법 제4조 제2항의 규정 및 선원노동위원회 규정에 따라 해양수산부 산하에 선원노동위원회가 있다.

Ⅱ. 노동위원회의 조직

1. 노동위원회의 구성

(1) 노동위원회는 근로자를 대표하는 근로자위원과 사용자를 대표하는 사용자위원 및 공익을 대표하는 공익위원으로 구성된다.
(2) 노동위원회 위원의 수는 근로자위원·사용자위원은 각 10인 이상 50인 이하, 공익위원은 10인 이상 70인 이하의 범위 안에서 각 노동위원회의 업무량을 감안하여 대통령령으로 정하며, 이 경우 근로자위원과 사용자위원은 동수로 한다. 다만, 특별노동위원회에 두는 위원의 수는 설치근거가 되는 법률에서 달리 정할 수 있다.

2. 위원의 위촉 및 자격

(1) 근로자위원 및 사용자위원

근로자위원은 노동조합이 추천한 자 중에서, 사용자위원은 사용자단체가 추천한 자 중에서 위촉하되, 중앙노동위원회의 경우 대통령이, 지방노동위원회의 경우 중앙노동위원회위원장이 각각 위촉한다.

구분			중앙노동위원회	지방노동위원회
위원	추천	근로자위원	• 총연합단체인 노동조합에서 추천 • 고용노동부장관의 제청	• 당해 지방노동위원회의 관할구역 안에 조직되어 있는 총연합단체인 노동조합의 지역대표기구에서 추천 • 지방노동위원회위원장의 제청
		사용자위원	• 전국규모의 사용자단체에서 추천 • 고용노동부장관의 제청	• 당해 지방노동위원회이 관할구역 안에 조직되어 있는 사용자단체에서 추천 • 지방노동위원회위원장의 제청
		공익위원	• 노동위원회위원장, 노동조합 및 사용자단체 각각 추천 • 노동조합과 사용자단체가 순차적 배제, 남은 자 대상 위촉 • 고용노동부장관 제청	• 노동위원회위원장, 노동조합 및 사용자단체 각각 추천 • 노동조합과 사용자단체가 순차적 배제, 남은 자 대상 위촉 • 지방노동위원회위원장의 제청
	위촉		대통령	중앙노동위원회의 위원장
	임기		3년	3년
위원장			• 공익위원의 자격을 가진 자 중에서 고용노동부장관의 제청으로 대통령이 임명(정무직) • 공익위원이 되고 심판사건·차별시정사건과 조정사건을 담당	• 공익위원 중에서 중앙노동위원회 위원장의 추천과 고용노동부장관의 제청으로 대통령이 임명 • 공익위원이 되고 심판사건·차별시정사건과 조정사건을 담당
상임위원			• 공익위원의 자격을 가진 자 중에서 중앙노동위원회위원장의 추천과 고용노동부장관의 제청으로 대통령이 임명 • 공익위원이 되고 심판사건·차별시정사건과 조정사건을 담당	

(2) 공익위원

1) 공익위원은 ① 심판사건을 담당하는 심판담당공익위원, ② 차별시정사건을 담당하는 차별시정담당공익위원, ③ 조정사건을 담당하는 조정담당공익위원으로 구분하여 위촉하되, 당해 노동위원회위원장·노동조합 및 사용자단체가 각각 추천한 자 중에서 노동조합과 사용자단체가 순차적으로 배제하고 남은 자를 위촉대상공익위원으로 하고, 그 위촉대상공익위원 중에서 중앙노동위원회의 공익위원은 고용노동부장관의 제청으로 대통령이, 지방노동위원회이 공익위원은 지방노동위원회위원장의 제청으로 중앙노동위원회위원장이 각각 위촉한다. 다만, 노동조합 또는 사용자단체가 공익위원의 추천 또는 추천된 공익위원을 순차적으로 배제하는 절차를 거부하는 경우에는 당해 노동위원회위원장이 위촉대상 공익위원을 선정할 수 있다.

2) 노동위원회의 위원 중 공익위원은 심판담당공익위원 및 차별시정담당공익 및 조정담당공익위원으로 분류하며 일정한 자격요건을 갖춘 자로서 노동문제에 관한 지식과 경험이 있는 자 중에서 위촉한다.

3. 위원회의 구성 및 지위

(1) 위원장

1) ① 중앙노동위원회의 위원장은 중앙노동위원회의 공익위원 자격을 가진 자 중에서 고용노동부장관의 제청으로 대통령이, ② 지방노동위원회의 위원장은 지방노동위원회의 공익위원 자격을 가진 자 중에서 중앙노동위원회위원장의 추천과 고용노동부장관의 제청으로 대통령이 각각 임명한다. 특별노동위원회의 경우에는 근거법령이 정하는 바에 따른다.

2) 위원장은 회무를 통리하고 당해 노동위원회를 대표한다. 위원장이 부득이한 사유로 직무를 수행할 수 없는 때에는 공익위원 중에서 대통령령이 정하는 바에 의하여 선임된 자가 그 직무를 대행한다. 위원장은 공익위원이 되며, 심판사건·차별시정사건과 조정사건을 담당할 수 있다.

(2) 상임위원

1) 노동위원회에 상임위원을 두며 상임위원은 당해 노동위원회의 공익위원 자격을 가진 자 중에서 중앙노동위원회위원장의 추천과 고용노동부장관의 제청으로 대통령이 임명한다.

2) 상임위원은 공익위원이 되며, 심판사건·차별시정사건과 조정사건을 담당할 수 있다. 각 노동위원회에 두는 상임위원의 수 및 직급은 대통령령으로 정한다.

(3) 사무처 및 사무국, 조사관

1) 중앙노동위원회에는 사무처를 두고, 지방노동위원회에는 사무국을 둔다.
2) 중앙노동위원회에는 사무처장 1명을 두며, 사무처장은 중앙노동위원회 상임위원 중 1명이 겸직한다.
3) 사무처장은 중앙노동위원회 위원장의 명을 받아 사무처의 사무를 처리하며 소속 직원을 지휘·감독한다.
4) 노동위원회 사무처 및 사무국에 조사관을 두며, 중앙노동위원회 위원장은 노동위원회 사무처 또는 사무국 소속 공무원 중에서 조사관을 임명한다.
5) 조사관은 위원장, 부문별 위원회의 위원장 또는 주심위원의 지휘를 받아 노동위원회의 소관 사무에 필요한 조사를 하고, 부문별 위원회에 출석하여 의견을 진술할 수 있다.

4. 임기 및 처우

(1) 임기

노동위원회의 위원의 임기는 3년이며 연임할 수 있다. 위원이 궐위된 경우 보궐위원의 임기는 전임자의 잔임기간으로 한다. 다만, 위원장 또는 상임위원이 궐위되어 후임자를 임명한 경우 후임자의 임기는 새로이 개시된다. 그리고 임기가 만료된 경우에도 후임자가 위촉될 때까지는 계속 그 직무를 집행한다.

(2) 처우

1) 위원의 처우에 관하여는 대통령령으로 정한다. 노동위원회의 위원에 대하여는 그 직무수행을 위하여 필요한 수당과 여비를 지급할 수 있되, 공무원인 위원이 그 소관업무와 직접 관련하여 위원이 그 소관업무와 직접 관련하여 위원회에 출석하는 경우에는 그러하지 아니하다.

2) 노동위원회의 상임위원이 아닌 위원에 대한 수당은 출석한 일수에 의하여 지급하고, 여비는 국내여비규정을 준용하여 지급한다.

5. 신분보장 등

(1) 신분보장

노동위원회 위원은 국가공무원법 제33조의 규정에 해당하게 된 경우, 장기간의 심신쇠약으로 직무를 수행할 수 없게 된 경우, 직무와 관련된 비위사실이 있거나 노동위원회 위원직을 유지하기에 적합하지 아니하다고 인정되는 비위사실이 있는 경우, 제11조의2의 규정에 따른 행위규범을 위반하여 위원으로서 직무를 수행하기 곤란한 경우를 제외하고는 그 의사에 반하여 면직 또는 해촉되지 아니한다.

(2) 공무원의제

노동위원회의 위원 중 공무원이 아닌 위원은 형법 기타 법률에 의한 벌칙의 적용에 있어서 공무원으로 본다.

제4절 노동위원회의 회의

Ⅰ. 회의의 구성 및 업무

1. 전원회의

전원회의는 당해 노동위원회 소속위원 전원으로 구성하며, 다음의 사항을 처리한다. 다만 (3), (4) 및 (5)는 중앙노동위원회의 전원회의에 한한다.

(1) 노동위원회의 운영 등 일반적인 사항의 결정
(2) 관련 행정기관에 대한 근로조건의 개선조치에 관한 권고
(3) 지방노동위원회 또는 특별노동위원회에 대하여 노동위원회의 사무처리에 관한 기본방침 및 법령의 해석에 관하여 내리는 지시
(4) 중앙노동위원회·지방노동위원회 또는 특별노동위원회의 운영 기타 필요한 사항에 관한 규칙의 제정
(5) 위원장 또는 위원 3분의 1 이상이 처리를 요구한 사항

2. 부문별 위원회

(1) 노동위원회에는 전원회의 외에 그 권한에 속하는 업무를 부문별로 처리하기 위하여 다른 법률에 특별한 규정이 있는 경우를 제외하고는 심판위원회·차별시정위원회·조정위원회·특별조정위원회·중재위원회·교원노동관계조정위원회 및 공무원노동관계조정위원회를 둔다.

(2) 심판위원회

1) 심판위원회는 심판담당 공익위원 중 위원장이 지명하는 3인으로 구성하되, 위원장 또는 상임위원 1인을 포함하여야 한다. 다만, 위원장 또는 상임위원의 업무가 과도하여 정상적인 업무수행이 곤란하게 되는 등 부득이한 사유가 있는 경우에는 위원장 또는 상임위원을 제외한 심판담당 공익위원 3인으로 심판위원회를 구성할 수 있다.

2) 심판위원회는 노동조합법·근로기준법 및 근참법 기타 법령의 규정에 의하여 노동위원회의 판정·의결·승인 또는 인정 등을 받도록 규정된 사항을 처리한다.

① 노동위원회의 의결권한은 행정관청이 행정처분을 내리기 전에 그 사전절차로서 위원회의 의결을 먼저 거치도록 하는 절차적 권한을 말한다. 노동위원회의 의결권한으로서 노동조합법은 ㉠ 노동조합 임시총회 소집권자 지명에 대한 의결, ㉡ 노동관계법령에 위반한 조합규약의 시정명령에 대한 의결, ㉢ 노동관계법령 또는 규약에 위반한 노동조합의 결의 또는 처분의 시정명령에 대한 의결, ㉣ 휴면노동조합의 해산에 대한 의결, ㉤ 위법한 단체협약의 시정명령에 대한 의결, ㉥ 단체협약의 지역적 구속력 확장에 대한 의결, ㉦ 안전보호시설의 정상적인 유지·운영을 침해하는 쟁의행위 중지명령에 대한 사전의결 및 사후승인 등을 규정하고 있다. 또한 근로기준법은 재해보상에 관한 심사·중재의 권한 등을 규정하고 있다.

② 노동위원회의 판정권한은 법원의 재판기능과 유사한 노사관계에 대한 사법적 판단권한이다. 노동위원회의 판정권한으로서 노동조합법은 ㉠ 부당노동행위에 관한 판정 및 구제명령을 하는 권한, ㉡ 단체협약의 해석 또는 이행 방법에 관한 당사자의 의견불일치에 대한 의견제시를 규정하고 있다. 또한 근로기준법은 ㉠ 근로계약상의 근로조건 위반으로 인한 손해배상청구에 대한 처리, ㉡ 부당해고의 구제신청, ㉢ 휴업수당지급의 예외를 인정하는 부득이한 사유에 관한 인정, ㉣ 휴업보상 또는 장해보상의 면제사유로서 근로자의 중대한 과실 여부에 관한 인정 등의 기능을 갖는다.

(3) 차별시정위원회

1) 차별시정위원회는 차별시정담당 공익위원 중 위원장이 지명하는 3인으로 구성하며, 위원장 또는 상임위원 1인을 포함하여야 한다. 다만, 위원장 또는 상임위원의 업무가 과도하여 정상적인 업무수행이 곤란하게 되는 등 부득이한 사유가 있는 경우에는 위원장 또는 상임위원을 제외한 차별시정담당 공익위원 3인으로 차별시정위원회를 구성할 수 있다.

2) 차별시정위원회는 기간제 및 단시간근로자 보호 등에 관한 법률 또는 파견근로자 보호 등에 관한 법률에 따른 차별시정과 관련된 사항을 처리한다.

(4) 조정위원회·특별조정위원회·중재위원회·교원노동관계조정위원회·공무원노동관계조정위원회

1) 조정위원회·특별조정위원회·중재위원회는 노동조합법이 정하는 바에 따라 구성하며, 교원노동관계조정위원회 및 공무원노동관계조정위원회는 각 공무원노조법과 교원노조법이 정하는 바에 따라 구성하고, 공익위원은 조정담당공익위원 중에서 선정하되, 위원장 또는 상임위원을 포함한다.

2) 조정위원회·특별조정위원회·중재위원회는 노동조합법에 의한 조정·중재 기타 이와 관련된 사항을 각각 처리하며, 교원노동관계조정위원회 및 공무원노동관계조정위원회는 각 공무원노조법 및 교원노조법의 규정에 의한 조정·중재 기타 이와 관련된 사항을 처리한다.

3) 한편 근참법은 노사협의회가 의결하지 못하거나, 의결한 사항에 대하여 해석 또는 이행방법에 대하여 불일치가 있는 경우 노동위원회 등에 의한 중재를 받을 수 있다고 규정하고 있다.

Ⅱ. 회의의 운영

1. 회의의 소집

(1) 위원장은 전원회의의 의장이 되며 부문별 위원회위원장은 다른 법률에 특별한 규정이 있는 경우를 제외하고는 부문별 위원회위원 중에서 호선하고 당해 부문별 위원회의 의장이 된다.

(2) 노동위원회의 회의는 위원장 또는 부문별위원회위원장이 각각 소집한다. 다만, 위원장은 필요하다고 인정하는 경우에는 부문별위원회를 소집할 수 있다. 위원장 또는 부문별위원회위원장은 전원회의 또는 부문별 위원회를 구성하는 위원 과반수가 회의의 소집을 요구한 때에는 이에 응하여야 한다.

2. 회의의 의결

전원회의는 재적위원 과반수의 출석으로 개의하고 출석위원 과반수의 찬성으로 의결하며, 부문별위원회의 회의는 구성위원 전원의 출석으로 개의하고 출석위원 과반수의 찬성으로 의결한다. 이 경우 회의에 참여한 위원은 그 의결사항에 서명·날인하여야 한다.

3. 회의의 진행

(1) 위원장 또는 부문별 위원회위원장은 소관회의에 부과된 사항에 관하여 구성위원 또는 담당공무원 등으로 하여금 회의에 보고하도록 할 수 있다. 심판위원회 및 차별시정위원회는 의결하기 전에 당해 노동위원회의 근로자위원 및 사용자위원 각 1인 이상의 의견을 들어야 한다. 다만, 근로자위원 또는 사용자위원이 출석요구를 받고 정당한 이유 없이 출석하지 아니하는 경우에는 그러하지 아니하다. 고용노동부장관은 노동위원회의 요청이 있거나 필요하다고 인정할 경우 관계공무원으로 하여금 노동위원회의 회의에 출석하여 의견을 진술하게 할 수 있다.

(2) 노동위원회의 회의는 공개한다. 다만 당해 회의의 의결에 의하여 공개하지 아니할 수 있다.

(3) 위원장 또는 부문별 위원회위원장은 소관회의의 공정한 진행을 방해하거나 질서를 문란하게 하는 자에 대하여는 퇴장을 명할 수 있다.

(4) 위원은 자기와 직접 이해관계가 있는 사항에 대하여는 심의·의결 또는 조정에 관여할 수 없다. 당사자는 심의·의결 또는 조정의 공정을 기대하기 어려운 위원이 있을 경우에는 위원장에게 그 사유를 적어 기피신청을 할 수 있으며, 위원장은 기피신청이 이유 있다고 인정되는 경우에는 그 위원을 교체하여야 한다. 위원장은 사건이 접수되는 즉시 제2항의 규정에 의한 기피신청을 할 수 있음을 사건당사자에게 알려야 한다.

제5절 노동위원회의 권한 및 의무

Ⅰ. 노동위원회의 권한

1. 협조요청 등

노동위원회는 그 사무집행을 위하여 필요하다고 인정할 때에는 관계 행정기관에 협조를 요청할 수 있으며, 협조를 요청받은 관계 행정기관은 특별한 사유가 없는 한 이에 응하여야 한다. 노동위원회는 관계 행정기관으로 하여금 노동조건의 개선에 관하여 필요한 조치를 하도록 권고할 수 있다.

2. 조사권

노동위원회는 그 사무집행을 위하여 필요하다고 인정할 때에는 사용자·사용자단체·노동조합 기타 관계인에 대하여 출석·보고 또는 필요한 서류의 제출을 요구하거나, 위원장 또는 부문별위원회위원장이 지명한 위원 또는 직원으로 하여금 사업 또는 사업장의 업무현황·서류 기타 물건을 조사하게 할 수 있다. 이 경우 조사하는 위원 또는 직원은 그 권한을 표시하는 증표를 관계인에게 제시하여야 한다. 관계 당사자 외에 필요하다고 인정되어 노동위원회에 출석한 자에 대하여는 대통령령이 정하는 바에 의하여 비용을 변상한다.

Ⅱ. 노동위원회의 의무

1. 비밀준수의 의무

노동위원회의 위원이나 직원 또는 그 위원이나 직원이었던 자는 그 직무에 관하여 지득한 비밀을 누설하여서는 아니 된다.

2. 공정성의 의무

공익위원은 업무수행에 있어서 중립성을 유지하여야 한다.

Memo

Memo

Memo